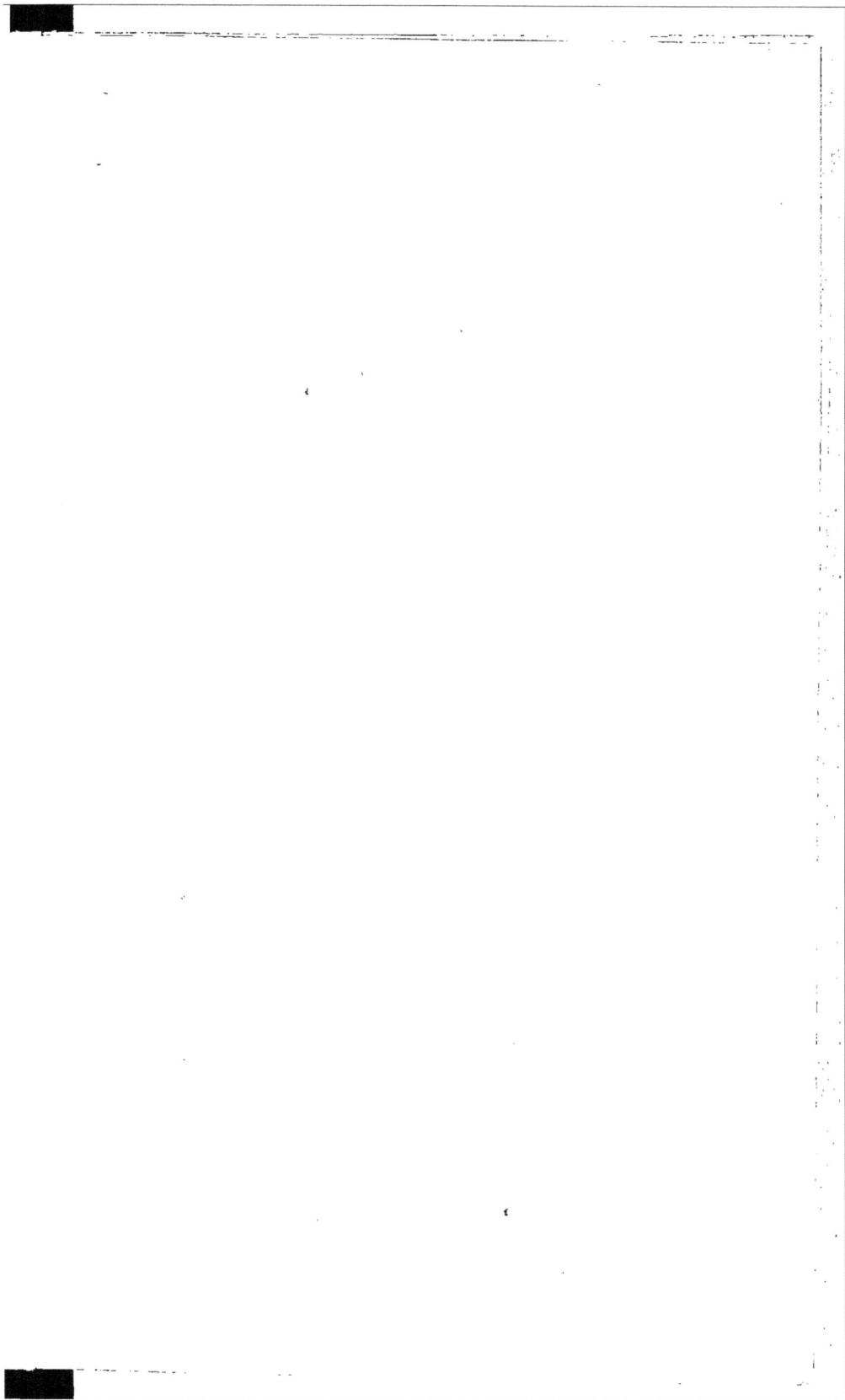

OEUVRES COMPLÈTES

DU CHANCELIER

D'AGUESSEAU.

SE TROUVENT AUSSI

CHEZ L'ÉDITEUR, RUE CHRISTINE, N.º 3, A PARIS;
ET CHEZ LES PRINCIPAUX LIBRAIRES DE FRANCE ET DE L'ÉTRANGER,

~~~~~

DE L'IMPRIMERIE DE I. JACOB, A VERSAILLES.

OEUVRES COMPLÈTES

DU CHANCELIER

D'AGUESSEAU.

NOUVELLE ÉDITION,

AUGMENTÉE DE PIÈCES ÉCHAPPÉES AUX PREMIERS ÉDITEURS,
ET D'UN DISCOURS PRÉLIMINAIRE

PAR M. PARDESSUS,

PROFESSEUR A LA FACULTÉ DE DROIT DE PARIS.

TOME SIXIÈME,

CONTENANT LES QUATRE PREMIÈRES REQUÊTES.

PARIS,

FANTIN ET COMPAGNIE, LIBRAIRES,
QUAI MALAQUAI, N.º 3.

H. NICOLLE, A LA LIBRAIRIE STÉRÉOTYPE,
RUE DE SEINE, N.º 12.

DE PELAFOL, RUE DES GRANDS-AUGUSTINS, N.º 21.

M. DCCC. XIX.

TITRES

DES DIFFÉRENS OUVRAGES

CONTENUS DANS LE TOME SIXIÈME.

REQUÊTES.

FIN DES TITRES DU TOME SIXIÈME.

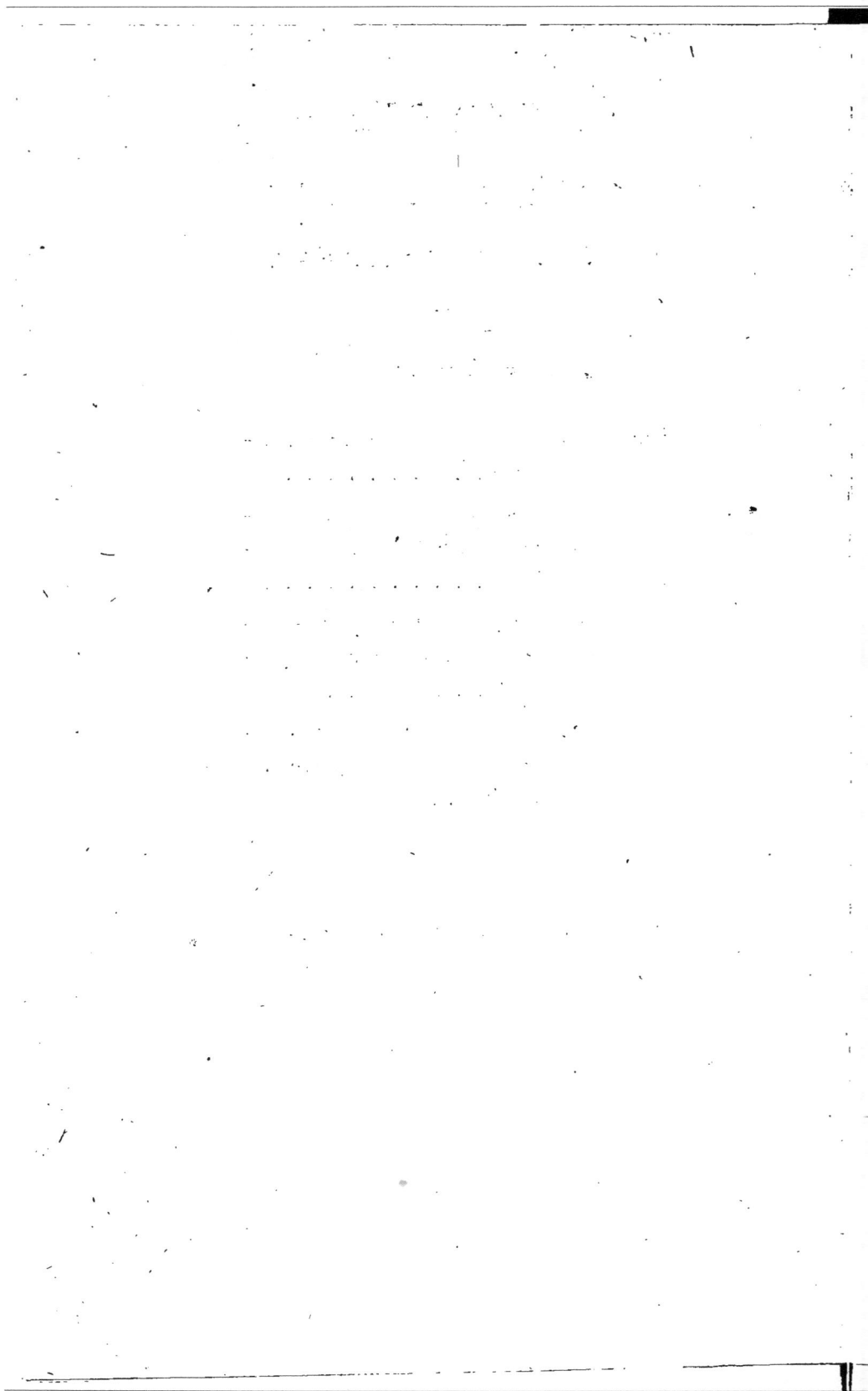

OEUVRES
DE D'AGUESSEAU.

REQUÊTES

DONNÉES AU PARLEMENT.

PREMIÈRE REQUÊTE.

Sur la mouvance du comté de Soissons.

A MESSIEURS DU PARLEMENT.

Supplie le procureur-général du roi, disant qu'ayant pris communication de l'instance qui est pendante en la cour, depuis plusieurs années, entre le sieur évêque de Soissons, et messire Emmanuel-Philibert-Amédée de Savoie, prince de Carignan, touchant la mouvance de la moitié du comté de Soissons, il a reconnu d'abord que l'évêque de Soissons n'a point eu, jusqu'à présent, dans cette instance, de véritable partie ni de contradicteur légitime.

Quelque solides que pussent être les raisons que le propriétaire de la moitié du comté de Soissons opposoit à l'entreprise des évêques de la même ville, elles n'avoient néanmoins aucune force dans sa bouche, pendant que le roi ne le reconnoissoit pas pour son vassal.

D'Aguesseau. Tome VI.   1

Comme il ne désavouoit pas formellement l'évêque de Soissons, on lui opposoit, avec raison, le silence du roi, dont il imploroit depuis long-temps le secours. Et, en effet, il n'en falloit pas davantage pour le combattre, puisque, suivant la maxime : *Nulle terre sans seigneur*, tout vassal est dans une espèce de servitude qui l'assujettit, en quelque manière, au premier occupant, jusqu'à ce que son seigneur légitime le délivre d'une domination étrangère.

C'est donc pour faire cesser un moyen si décisif que le procureur-général du roi a cru qu'il étoit de son devoir de prendre en main la défense d'un ancien vassal de la couronne, qu'il ne lui est pas permis d'abandonner au milieu des moyens qu'il allègue, et de ceux que l'on peut ajouter, en grand nombre, à sa défense.

Le nom illustre d'un des plus dignes défenseurs que le domaine du roi ait jamais eus (1), et la vénération que l'on doit à la mémoire d'un si grand personnage, qui, après avoir examiné, en 1606, la prétention de l'évêque de Soissons, n'a pas cru devoir s'y opposer, ont arrêté, pendant long-temps, le zèle de celui qui remplit aujourd'hui la même place, avec des lumières fort inférieures. Il n'aura jamais la témérité de prétendre égaler, bien loin d'aspirer à surpasser la pénétration du génie et l'étendue des connoissances de ce savant magistrat. Il sait qu'il auroit pu abandonner, sans déshonneur, une défense que M. de la Guesle n'a pas jugé à propos d'entreprendre ; mais, ce qu'il pourroit faire sans manquer à ce qu'il doit à sa réputation, il ne croit pas pouvoir le faire sans manquer à un devoir supérieur, c'est-à-dire, à la défense des droits du roi, qui lui est confiée ; et il est persuadé que si ce grand magistrat, dont le sieur évêque de Soissons regarde le désistement comme son plus fort titre, avoit pu profiter des travaux et des recherches des savans qui

(1) M. de la Guesle.

sont venus après lui, s'il avoit vu les anciens monumens qui vont être produits pour assurer au roi la
mouvance du comté de Soissons, il auroit condamné
son premier jugement, ou plutôt, il auroit profité de
la réserve judicieuse qui se trouve dans ses conclusions ; et, sans s'arrêter à un désistement qui n'étoit
que conditionnel, il auroit repris une poursuite qu'il
n'avoit abandonnée que par le défaut des titres qui
lui manquoient alors, et que l'on rapporte aujour-
d'hui.

C'est un malheur pour la cause du roi, que ces
titres n'aient pas été connus de son temps, et que
de telles armes n'aient pas été remises en des mains
aussi fortes que les siennes ; mais, en quelque temps
qu'elles paroissent, il n'est pas libre au procureur-
général du roi de ne les pas employer pour la conservation d'une des plus anciennes mouvances de la
couronne ; et il espère que, lorsque la cour les aura
examinées, elle ne condamnera pas les raisons qui
l'ont porté à s'écarter, en cette occasion, des vestiges
d'un de ses plus illustres prédécesseurs.

Après avoir parlé pour sa propre défense, avant
que d'entreprendre celle des droits du roi, le procureur-général ne répétera point, dans cette requête,
tout ce qui a été suffisamment expliqué par les parties, touchant l'ordre et la suite de la procédure,
et les différens changemens survenus dans cette affaire ; il entrera d'abord dans le fond de la contestation, et il ne suivra point d'autre ordre dans
cette défense, que celui qui se présente naturellement
à l'esprit.

Établir la justice des droits du roi, détruire tout
ce qu'on lui oppose : ce sont les deux points principaux auxquels se rapportent tous les moyens que
l'on doit expliquer dans cette longue et difficile contestation.

Le droit du roi, sur le comté de Soissons, peut
être considéré en trois temps différens, qui forment
trois époques principales dans cette affaire.

Le premier est celui de son origine, dans lequel

1 *

on verra ce comté naître, pour ainsi dire, et se former entre les mains du roi, y recevoir ce caractère de dépendance immédiate, dont la mouvance est une suite nécessaire.

Le second temps est celui de la durée de ce comté depuis qu'il est sorti des mains du roi, pour passer en celles des comtes héréditaires, jusqu'à ce qu'il y soit rentré, en quelque manière, par l'acquisition que Louis, duc d'Orléans, frère de Charles VI, en fit, en 1404, et par l'érection de ce comté en pairie, que le roi Charles VI fit dans le même temps.

Enfin, le dernier temps est celui qui s'est écoulé depuis cette érection jusqu'à présent.

Les deux extrémités sont pour le roi, le milieu seul est obscur; mais la lumière qui le précède, et celle qui le suit, sont assez fortes pour dissiper les nuages qui semblent d'abord couvrir le second temps.

L'origine du comté de Soissons est aussi ancienne que celles des ducs et des comtes dans le royaume, et, par conséquent, elle remonte presque aussi haut que le commencement de la monarchie française.

Personne n'ignore que, sous la première et sous la seconde race de nos rois, les dignités de duc et de comte, que l'usurpation a rendues patrimoniales et héréditaires, n'étoient que des offices personnels, qui réunissoient toutes les fonctions du gouvernement; en sorte que ceux qui en étoient honorés avoient le commandement des armées, la direction des finances, et l'administration de la justice.

Comme ces dignités n'étoient que de purs offices, elles en avoient aussi tous les caractères : ouvrage de la seule volonté du roi, elles recevoient immédiatement de lui leur puissance et leur autorité; et, comme elles étoient dans la dépendance absolue du souverain, il les donnoit et il les ôtoit à son gré : ce n'étoit que de simples commissions. Le roi rappeloit, quand il lui plaisoit, ceux qu'il en avoit honorés; et, bien loin que ces honneurs fussent héréditaires et patrimoniaux, ils étoient encore plus personnels que les purs offices ne le sont aujourd'hui.

Si l'on applique ces notions générales au comté de Soissons, qui paroît avoir existé dès le temps de la première race de nos rois, et qui même a été d'abord décoré du titre de duché, comme on l'apprend de Grégoire de Tours, livre 9, chapitre 9, on ne peut pas douter que ceux qui étoient envoyés dans le Soissonnois avec le titre de duc ou de comte, ne fussent dans une dépendance immédiate et absolue de l'autorité du roi.

Grégoire de Tours le fait assez entendre dans le passage que l'on vient de citer, lorsqu'il dit que *Ranchin*, duc de Soissons, ayant été tué par ordre du roi Childebert, ce prince envoya en sa place un seigneur, nommé *Magnouald*, avec la même qualité de duc ; *In locum Ranchingi Magnoualdus dirigitur dux.* C'est le roi qui l'envoie, c'est le roi qui lui imprime le caractère de duc ou de gouverneur, et, par conséquent, il est certain que les ducs ou les comtes de Soissons, semblables à tous les autres ducs et comtes du royaume, ne dépendoient que du roi, et recevoient de lui seul le degré de puissance qu'il lui plaisoit de leur communiquer.

Il n'est pas nécessaire, après cela, de chercher, dans nos anciennes histoires, les vestiges obscurs de la suite des anciens ducs ou comtes de Soissons sous la première race de nos rois ; il suffit d'avoir montré, par l'exemple de Ranchin et de Magnouald, que le duc ou le comte de Soissons étoit un officier envoyé par le roi, pour gouverner, en son nom, les peuples du Soissonnais.

La même forme de gouvernement se continua, dans le royaume, sous les rois de la seconde race.

Les comtes de Soissons, simples officiers, destituables au gré de leur maître, demeurèrent dans la même dépendance que les autres comtes et ducs du royaume.

Il est plus que vraisemblable que la division des métropoles ecclésiastiques fut imitée, en quelque manière, par Charlemagne et ses successeurs, dans la distribution des ducs et des comtes. Chaque métropole avoit à sa tête un archevêque pour le gouvernement spirituel et ecclésiastique, et un comte pour le gouvernement temporel et politique; et comme, dans l'ordre de la juridiction ecclésiastique, chaque métropolitain a sous lui plusieurs suffragans, égaux en caractère, inférieurs en juridiction, de même le comte, établi dans la ville métropolitaine, avoit sous lui plusieurs comtes établis dans les villes épiscopales, qui étoient comme autant de gouverneurs particuliers, égaux en caractère au comte supérieur ou au gouverneur-général de la province, puisqu'ils recevoient tous également leur pouvoir des mains du roi, mais inférieurs dans l'ordre de la juridiction.

C'est ce que Valafridus Strabo a parfaitement bien expliqué par ces mots, qui se lisent dans le chap. 31 de son Traité *De Rebus ecclesiasticis:*

Metropolitanos ducibus comparamus, quia sicut duces singularum sunt provinciarum, ita et illi in singulis provinciis singuli ponuntur..... Quod comites, vel præfecti in sæculo, hoc episcopi cæteri in ecclesiâ explent.

Mais il est inutile de faire, en cet endroit, de plus longues recherches pour établir la vérité d'un usage qui est clairement marqué dans le chap. 25 du livre 2 des Capitulaires, par rapport à la métropole de Reims, et à la ville de Soissóns en particulier.

In Remis Ebbo archiepiscopus, quando potuerit, et, quando ei non licuerit, Rurthadus episcopus, ejus vice, et Rustfridus comes sint super sex videlicet comitatus, id est Remis, Cathalonis, Suessionis, Silvanectis, Belvacum, et Laudunum.

On ne peut donc pas disconvenir qu'en l'année 843, pendant laquelle ce capitulaire fut fait, il y avoit un comte à Soissons, établi par le roi, et qui étoit entièrement dans sa dépendance.

Si ces faits sont certains, s'il est constant que les premiers comtes de Soissons ont tous été dans la libre disposition du roi, jusqu'à ce que l'hérédité ait été introduite dans les fiefs et dans les dignités, l'induction qui en résulte pour l'établissement des droits du roi n'est pas moins incontestable; on peut la renfermer dans cette seule proposition :

Tout duché ou comté qui a existé sous la première et sous la seconde race de nos rois, et qui portoit ce nom dans le temps que les fiefs et les plus hautes dignités sont devenues héréditaires, est présumé, de droit, avoir été mouvant immédiatement de la couronne.

Pour rendre cette vérité entièrement évidente, il suffit d'observer ce qui s'est passé dans la conversion des dignités en fiefs héréditaires, et de marquer, en un mot, quels furent les principaux effets de ce changement.

La dignité, qui avoit été, jusqu'alors, passagère et personnelle, devint perpétuelle et héréditaire : jusque-là elle étoit révocable au gré du souverain ; mais, depuis l'usurpation, le vassal se crut en droit de la conserver en propriété, et de la transmettre à ses descendans, comme un domaine privé et un bien patrimonial ; ainsi, au lieu que les honneurs s'accordoient autrefois aux personnes, ils furent, enfin, regardés comme concédés aux familles, sous la seule condition de l'hommage, qui devoit se renouveler à chaque changement de possesseur ; ce qui n'étoit plus que l'ombre de l'ancienne dépendance dans laquelle les premiers ducs et comtes étoient du souverain. Mais cette ombre, quelque obscure qu'elle fût, conservoit toujours une image de l'ancien état de ces dignités, puisque, par l'hommage que l'on en rendoit au roi, on reconnoissoit qu'elles étoient autrefois émanées de la souveraineté, comme de leur source, et que chaque possesseur devoit, au moins une fois en sa vie, les reprendre des mains du souverain, par l'investiture qu'il en recevoit.

Tel fut donc l'effet du changement qui se fit alors ; l'hommage succéda au serment qui consacroit les ducs et les comtes, d'une manière particulière, au service de la couronne : la dignité devint réelle, de personnelle qu'elle étoit auparavant ; mais, en changeant ainsi sa nature, elle conserva, par le moyen de la foi, les restes de sa première dépendance. Ce qui dépendoit du roi, comme office, en dépendit comme fief ; les termes de la relation qui étoit entre le roi et l'officier demeurèrent les mêmes, quoique la dignité, qui étoit la matière de cette relation, fût altérée ; en sorte que l'office, ayant été converti en fief, est demeuré soumis à la mouvance immédiate de celui dont il étoit émané originairement.

En effet, on ne peut douter que les dignités de duc et de comte n'aient été, comme office, dans la dépendance directe et immédiate du roi ; il faut donc reconnoître que ces dignités, ayant changé de nature, et n'étant plus considérées que comme des fiefs héréditaires, ont été, dans le premier moment de ce changement, directement et immmédiatement mouvantes du roi.

On répondra, sans doute, que ce raisonnement prouve trop, et que, si l'on admettoit une fois ce principe, il faudroit en conclure que, comme toutes les dignités sont autrefois émanées de la puissance du souverain, aussi tous les fiefs de dignité sont présumés, de droit, être dans la mouvance immédiate de la couronne.

Mais une telle objection ne peut être qu'avantageuse à la cause du roi, parce qu'elle donne lieu de développer le principe qu'on vient d'établir, et de faire voir que c'est en le renfermant dans ses justes bornes, qu'il démontre que le comté de Soissons n'a pu être originairement que dans la mouvance du roi.

1.º Il n'est point vrai que ce raisonnement prouve trop, et la conséquence qu'on en tire n'a rien qui doive paroître excessif, lorsqu'on ne l'appliquera qu'aux anciens fiefs de dignité, tels que les duchés et les comtés qui, semblables à celui de Soissons, étoient déjà existans lorsque l'hérédité a été introduite dans les fiefs.

A la vérité, lorsque la dignité a été ajoutée au

fief, comme il est arrivé dans toutes les nouvelles érections de duchés et de comtés, on abuseroit du principe qui a été établi, si l'on vouloit en conclure dans l'usage présent (qui est plutôt un abus qu'un usage), que parce que la dignité émane immédiatement de la puissance du roi, le fief est aussi dans la mouvance immédiate de la couronne.

Mais, lorsque l'origine de la dignité est autant, ou même plus ancienne que celle du fief ; lorsque l'un n'a jamais existé sans l'autre, et que le fief n'est, à proprement parler, que l'accessoire de la dignité, comme cela est vrai à l'égard de tous les anciens duchés et comtés qui existoient lorsque ces dignités sont devenues patrimoniales ; alors on est en droit de regarder la dignité et le fief qui en dépendent comme un bien qui, étant une émanation directe de la puissance et du domaine de nos rois, doit toujours être présumé mouvant immédiatement de leur couronne.

2.° Pour mettre cette vérité dans un plus grand jour, en l'appliquant tout d'un coup au comté de Soissons, et pour faire voir combien il est impossible de supposer que la mouvance en ait appartenu, dans sa première origine, à un autre seigneur que le roi, il faut observer ici que l'évêque de Soissons n'a pu acquérir la mouvance du comté de Soissons qu'en deux qualités, ou comme ayant été supérieur du comté de Soissons, dans l'ordre de la juridiction auquel la subordination féodale a succédé, ou comme ayant été autrefois propriétaire du comté de Soissons, et l'ayant ensuite aliéné à titre d'inféodation : il est évident que la mouvance prétendue par l'évêque ne peut avoir que l'un ou l'autre de ces deux fondemens.

Le premier ne peut pas être avancé avec la moindre vraisemblance ; on en sera convaincu, si l'on considère que, comme il y avoit plusieurs degrés de comtes dans le royaume, il a bien pu arriver que, dans le temps du désordre et de la confusion dont le royaume fut affligé à la fin de la seconde race, un comte d'un ordre supérieur ayant usurpé la propriété de sa dignité, ait aussi usurpé la propriété des dignités inférieures à la sienne, et que, se mettant, en quelque manière, à la place du souverain, il ait exigé le serment et l'hommage qui ne se rendoient auparavant qu'au roi ; on ne peut pas même douter que ce ne soit une des voies par lesquelles les différens degrés de ressort et de mouvance se sont établis dans le royaume.

Ainsi, pour se renfermer dans ce qui regarde le comté de Soissons, il auroit bien pu se faire, quoique cela ne soit pas arrivé, que le comte ou le gouverneur de Reims, supérieur de celui de Soissons, se fût attribué, dans le temps de l'usurpation, la mouvance et le ressort sur ce comté ; parce que la féodalité introduite dans les dignités a imité l'ordre de juridiction qui étoit auparavant établi entre ces dignités, et qu'il est arrivé très-souvent que l'officier inférieur est devenu le feudataire de l'officier supérieur.

Mais lorsqu'il n'y avoit aucune subordination entre deux officiers avant l'usurpation, alors, quelque étendue que l'on donne à ces conjectures, on ne peut plus feindre que la dignité de l'un ait commencé à être tenue en fief de la dignité de l'autre ; cette fiction n'a plus de convenance ni de proportion avec tout ce qui s'est passé dans le temps de la conversion des dignités en fiefs, et par conséquent elle ne peut balancer, en aucune manière, la force de la présomption générale établie en faveur du roi.

Or, il est certain qu'avant l'usurpation de la propriété des offices, l'évêque de Soissons n'avoit, dans l'ordre temporel et politique, aucune supériorité sur le comte ; ils étoient également soumis l'un et l'autre à l'archevêque et au comte de Reims : il y avoit donc entr'eux, par rapport au gouvernement extérieur, une parfaite égalité ; et par conséquent, on ne peut trouver aucune raison de présumer que, dans le temps de la conversion des dignités en fiefs, l'évêque de Soissons, qui n'étoit pas le supérieur de la dignité du comte tant qu'elle a été personnelle, soit néanmoins devenu, si l'on peut s'exprimer ainsi, le supérieur de cette même dignité, devenue héréditaire et convertie en fief.

L'exemple du comté de Beauvais, ville voisine de Soissons, et comprise dans le même capitulaire, répandra encore plus de lumière sur cet argument.

Sigebert, sous l'an 1014 et sous l'an 1024, et Alberic, sous l'an 1115, écrivent que, pendant le règne du roi Robert, Roger, évêque de Beauvais, donna la terre de Sancerre à Eudes, comte de Champagne, en échange du comté de Beauvais qu'Eudes lui céda; et l'on voit, dans la charte de confirmation du roi Robert, que M.ᵉ Antoine Loisel a fait imprimer dans son Histoire de Beauvoisis, que le comté de Beauvais relevoit alors nûment de la couronne, comme il en relève encore aujourd'hui.

L'application de cet exemple au comté de Soissons est naturelle. Ce comté, comme celui de Beauvais, étoit originairement un pur office, soumis au même gouverneur-général, et dépendant de la même métropole : tous deux, dans le même temps et par une même usurpation, sont devenus héréditaires. Il est prouvé que dès l'an 1014, c'est-à-dire immédiatement après la conversion des dignités en fiefs, l'un de ces deux comtés étoit tenu en fief du souverain. Comment présumera-t-on après cela (pendant que l'évêque de Soissons n'allègue pas même aucune conjecture qui puisse faire naître le moindre doute sur ce premier temps), que la condition de ces deux comtés, si semblable jusqu'au temps de l'hérédité introduite dans les dignités, soit devenue tout d'un coup si différente; que, pendant que l'un est demeuré dans la mouvance directe et immédiate du roi, l'autre soit tombé dans la dépendance des évêques de Soissons, et ait cessé d'être soumis immédiatement à la couronne?

La seconde voie par laquelle on pourroit prétendre

que les évêques auroient acquis la mouvance du comté de Soissons, c'est-à-dire en inféodant ce comté (qu'il faudroit pour cela qu'ils eussent autrefois possédé en propriété), n'a pas plus d'apparence que la première.

. 1.° Il suffiroit d'opposer à cette vaine supposition, que les évêques de Soissons n'en ont jamais rapporté aucune preuve. Il n'y a aucun acte, aucun ancien monument, aucun historien contemporain, dont on puisse conclure, même par foible conjecture, que le comté de Soissons ait jamais été possédé par les évêques de la même ville.

Il n'est pas nécessaire de s'arrêter ici à réfuter sérieusement l'histoire de la donation faite par Clovis à saint Principe, évêque de Soissons, des seigneuries temporelles de Soissons et de Laon.

Ce seroit faire trop d'honneur à une fable si destituée de toute sorte de vraisemblance, que de faire une longue dissertation pour en montrer la fausseté.

Les évêques de Soissons sont trop éclairés pour donner quelque créance à de semblables traditions populaires. Elles ont pu avoir cours dans des siècles de barbarie et d'ignorance, et grossir les recueils d'histoires fabuleuses dont la plupart des anciens bréviaires ont été remplis; mais, dans un siècle aussi éclairé que le nôtre, dans lequel une critique exacte et pénétrante a su percer les ténèbres de l'antiquité la plus reculée, on a enfin découvert l'imposture de ces anciennes chroniques; on a cherché la vérité dans ses véritables sources; et il n'a pas fallu porter bien loin ces recherches, pour reconnoître que Melchior Renault avoit été fort aveuglé par le zèle qu'il avoit pour les évêques de son pays, lorsque, sur la foi d'un bréviaire, il a avancé, dans son Histoire de Soissons, *que Clovis, lors de son baptême, donna à saint Prince, ou à saint Principe, frère de saint Remy, et depuis évêque de Soissons, les seigneuries temporelles de Soissons et de Laon; que les cérémonies du baptême étant achevées,*

Clovis envoya saint Principe à Soissons, et l'établit comte; les comtes n'étant, en ce temps, que simples gouverneurs et magistrats, destituables à la volonté des rois.... Mais le décès de sa femme étant arrivé, saint Principe quitta le monde et fut élu évêque de Soissons.

Heureusement pour la découverte de la vérité, il s'est élevé une espèce de guerre civile entre les historiens du Soissonnais sur ce point. Dormay s'est moqué de la crédulité de Renault; et, pour détruire la fable avancée par ce dernier, on ne peut rien employer de plus fort que ce que le premier a écrit sur ce sujet.

C'est dans le chapitre 3.e du livre 3.e de son Histoire de Soissons qu'il démontre pleinement la fausseté de l'histoire avancée par Renault; c'est là qu'il fait voir que saint Principe étoit déjà évêque de Soissons lorsque Clovis fut baptisé, puisque Sidonius Apollinaris lui écrit comme à un évêque, et lui donne le nom de *pape,* qu'il donnoit à la plupart des saints évêques auxquels il écrivoit. Or, Sidonius est mort en 482, ou, au plus tard, en 484, et Clovis n'a été baptisé, au plus tôt, qu'en 496; il y avoit donc plus de douze ans, et même, selon la plus commune opinion, plus de trente-cinq, que saint Principe étoit évêque de Soissons lorsque Clovis fut baptisé, et par conséquent il n'étoit plus en état de recevoir une dignité non-seulement séculière et temporelle, mais militaire, telle que celle de comte l'étoit alors, comme Melchior Renault le reconnoît lui-même, lorsqu'il fait entendre que saint Principe renonça à cette dignité, après le décès de sa femme, avant que d'être élu évêque de Soissons.

On pourroit encore relever plusieurs autres faussetés répandues dans tout ce qu'il a plu au même historien d'écrire de saint Principe; mais ce seroit abuser de la patience des juges, que d'employer plus de temps à confondre une supposition qui se détruit d'elle-même : les évêques de Soissons, qui l'ont jetée en passant, dans leurs écritures, en ont si bien reconnu la vanité, qu'après l'avoir expliquée, ils ajoutent incontinent, *qu'il est inutile de raisonner sur des apparences et sur des présomptions, quand on a des titres qui parlent.*

Ils abandonnent donc, avec raison, des apparences si trompeuses et des présomptions si vaines; mais, comme ils n'ont point d'actes par lesquels ils puissent établir que la propriété du comté de Soissons leur ait jamais appartenu, il faut nécessairement qu'ils abandonnent aussi le seul fondement que leur prétendue mouvance puisse avoir.

2.° Cet argument négatif est d'autant plus convaincant, que l'on peut démontrer qu'il est impossible que les évêques de Soissons aient jamais possédé la propriété du comté de Soissons.

On ne peut considérer ce comté qu'en deux temps différens, c'est-à-dire, ou pendant qu'il n'étoit qu'un pur office et une dignité personnelle, ou depuis qu'il est devenu réel, héréditaire et patrimonial, comme le reste des fiefs.

Dans le premier temps, la propriété n'en appartenoit à personne, ou plutôt elle appartenoit au souverain, comme confondue dans la puissance publique, dont toutes les dignités ne sont qu'une émanation.

Dans le second, il est encore impossible de feindre que la propriété de cette dignité, réalisée, pour ainsi dire, et convertie en fief, ait appartenu aux évêques de Soissons, parce que les mêmes seigneurs qui possédoient la dignité de comte comme un pur office, ont commencé à la posséder comme un fief; il n'y a eu aucun vide, aucun intervalle entre ces deux genres de possession, pendant lequel on puisse supposer que la propriété du comté de Soissons soit tombée entre les mains de l'évêque.

Jamais les évêques de Soissons n'ont nié que Guy de Vermandois, comte de Soissons, qui avoit d'abord exercé les fonctions de comte comme simple gouverneur, n'ait été le premier des comtes qui s'est maintenu dans la propriété d'une dignité dont il n'étoit auparavant que le simple dépositaire, ou tout au plus l'usufruitier. Il est donc certain, par leur propre confession, qu'il n'y a eu aucun moment dans lequel le comté ait été possédé par les évêques, puisque le même Guy de Vermandois, qui le tenoit d'abord à vie comme il l'avoit reçu du roi, s'en est attribué ensuite la pleine propriété, ensorte que le fief a succédé à la dignité, sans aucune mutation de la part du possesseur.

Quel peut donc être le titre des évêques de Soissons ? Quelles conjectures peuvent-ils opposer à la présomption générale que le roi a droit d'alléguer en sa faveur ? S'il est vrai, comme on n'en peut pas douter, qu'ils n'ont jamais eu ni la supériorité ni la propriété du comté de Soissons, soit qu'on le considère comme dignité, soit qu'on l'envisage comme fief, on ne peut donc pas présumer que la mouvance leur en ait appartenu dans sa première origine.

3.º Mais, sans vouloir pénétrer dans ce qu'ils pourront dire, il suffit de s'arrêter à ce qu'ils ont déjà dit, et il est très-important de le relever ici, comme l'aveu le plus avantageux que l'on pouvoit jamais faire de la solidité des observations générales qui ont été expliquées jusqu'à présent.

C'est ainsi que l'évêque de Soissons a parlé au fol. 33 de son Avertissement : *Le sieur demandeur ne peut pas contester que Hugues-Capet n'ait donné le domaine et la seigneurie particulière de la ville de Soissons à Guy de Vermandois, et qu'il ne l'ait érigé en comté. Il n'est pas inconvénient que Hugues-Capet, en ce temps, ne possédât la partie de la ville que possèdent les dames défenderesses* (c'est-à-dire, dame Marie de Bourbon, princesse de Carignan, et dame Marie d'Orléans, duchesse de Nemours, comtesses de Soissons), *en domaines et en seigneurie, tant en la ville qu'ès environs d'icelle. Il a pu même ériger le domaine et seigneurie qui étoient mouvans de l'évêque de Soissons, en titre*

de comté perpétuel et héréditaire..... *Il y a appa-*
rence qu'il donna la justice en hérédité audit Guy
de Vermandois, et la mouvance en fief à l'évêque
de Soissons.

On ne fera point ici toutes les observations qu'une
critique exacte et rigoureuse pourroit faire sur cet
endroit des écritures des évêques de Soissons ; on ne
le rapporte que pour montrer, par leurs propres
paroles, qu'il n'ont pas voulu nier que Hugues-Capet
ait donné la seigneurie de Soissons, érigée en comté,
à Guy de Vermandois, et qu'ils reconnoissent expressément qu'il y a apparence *que la justice a été*
donnée en hérédité par le roi audit Guy de Ver-
mandois.

On ne pouvoit jamais avouer, d'une manière plus
formelle, que tout ce que les comtes de Soissons
ont dans ce comté, ils le tiennent de la grâce et de
la concession du roi.

Le domaine, la justice, enfin l'érection en comté,
et la perpétuité de tous ces bienfaits, tout cela vient
de Hugues-Capet ; c'est de ce prince que Guy de
Vermandois a tout reçu : voilà la confession expresse
que la force des maximes générales a arrachée de
la bouche *des défenseurs* de l'église de Soissons.

Mais cependant, pour ne pas abandonner en même
temps la cause de cette église, ils veulent, par une
contradiction inexplicable, que le comte ait rendu
hommage à l'évêque de tous ces dons, qu'il tenoit de
la libéralité du roi, et que, dans le temps que Hugues-
Capet combloit Guy de Vermandois de ses grâces, il
ait souffert que ce prince, contre la nature de sa dignité, contre la loi de son devoir, contre les engagemens de sa reconnoissance, ait privé le roi d'un honneur qui lui étoit dû, pour le rendre à l'évêque de
qu'il n'avoit rien reçu.

Pour donner quelque couleur à une supposition si
extraordinaire, on imagine gratuitement, qu'en même
temps que le roi Hugues-Capet accorda à Guy de
Vermandois le comté héréditaire de Soissons, il at-
tribua la mouvance de ce comté à l'évêque.

Mais sur quoi est fondée cette conjecture? C'est ce que l'on n'a pas jugé à propos d'expliquer. Non-seulement il n'y a rien dans les anciens monumens de l'évêché de Soissons, qui puisse donner quelque crédit à cette fiction; mais on ne peut montrer aucun exemple semblable dans tout le reste du royaume, ni faire voir qu'il soit jamais arrivé, dans le temps de l'hérédité introduite dans les grandes dignités, que le roi, en accordant à un seigneur la dignité héréditaire de comte, l'ait obligé, en même temps, d'en rendre hommage à un seigneur particulier. Une telle supposition ne méritoit pas d'être proposée, et elle ne diminue en rien la force de l'induction que le procureur-général du roi est en droit de tirer de l'aveu précis et de la reconnoissance formelle de l'évêque de Soissons, qui met comme le sceau à toutes les observations que l'on a faites jusqu'ici, pour montrer que, quand on ne s'arrêteroit qu'aux notions les plus simples et les plus générales que nous ayons en cette matière, quand on n'envisageroit que le titre de comte, attribué aux seigneurs de Soissons, dans le temps de l'usurpation des dignités, il n'en faudroit pas davantage pour faire présumer que ce comté a été, dans son origine, soumis immédiatement à la couronne.

Mais, pour donner encore plus de corps et de réalité à cette présomption, et pour montrer, non plus par des notions générales, mais par des autorités directes et précises, que la mouvance du comté de Soissons ayant été acquise de plein droit à la couronne, lorsque ce comté est devenu héréditaire, le roi a joui des droits attachés à la qualité de seigneur immédiat, il faut passer maintenant à l'explication d'un SECOND MOYEN, qui regarde encore ce premier temps, c'est-à-dire, celui *de l'origine* du comté de Soissons.

Ce moyen, qui est fondé sur un passage célèbre de Guillaume, moine de l'abbaye de Jumiége, a déjà été allégué par M.re Thomas-Amédée de Savoie, comte de Soissons; mais comme il ne paroît pas qu'on l'ait mis dans tout son jour, et qu'on en ait tiré tous les avantages qu'on doit en attendre pour la défense des droits du roi, il est nécessaire de le retoucher ici, et de proposer un argument si considérable dans toute l'étendue qu'il mérite.

Guillaume de Jumiége raconte, dans le chap. 1 du liv. 20 de son histoire, que Guillaume Buzac, neveu de Richard II, duc de Normandie, ayant été chassé de son pays, implora l'appui et la protection du roi Henri I; que ce prince le reçut favorablement, et qu'étant touché de son infortune, il lui donna le comté de Soissons, avec une fille de grande qualité qu'il lui fit épouser, de laquelle Buzac, heureux dans son exil, eut une illustre postérité, qui possède encore à présent *l'honneur*, c'est-à-dire LE FIEF *de son père.*

Ce passage est si important, qu'on ne peut se dispenser de le transcrire ici tout entier : *Rex verò ipsum Guillelmum Buzacium, utpote nobilem genere et formá militem, benignè suscepit, et infortunio ejus condolens, comitatum Suesssionis ei, cum quâdam nobili conjuge tribuit, ex quâ postmodum egregiam prolem, jam felix exul, suscepit, quæ patris honorem usque hodiè nobiliter regit.*

Pour bien pénétrer dans le sens de ce passage, il est nécessaire d'observer ici que Guy de Vermandois, premier comte héréditaire de Soissons, étant mort, Renaud, son fils, lui succéda; que ce prince, après avoir été pendant quelque temps fidèle au roi Henri I, abandonna ensuite son service, et se retira à Soissons. Les deux historiens du Soissonnois conviennent que le roi lui fit la guerre, et assiégea la tour de Soissons, vers l'an 1057. Il est peu important d'examiner quelle fut la cause de cette guerre; si l'on doit accuser le comte Renaud de s'être révolté de lui-même contre son souverain, comme Melchior Regnault l'a prétendu, ou si ce comte se trouva malheureusement engagé dans le parti d'Etienne, comte de Troyes, et de Thibaud, comte de Chartres, ses cousins, comme Claude Dormay le conjecture. Sans entrer dans cette dissertation historique, il est certain que le comte Renaud, et le comte Guy, son fils, moururent en l'année 1057, et que la tour de Soissons fut assiégée par le roi dans cette même année.

La preuve de ces deux faits est écrite dans une charte que Melchior Regnault a fait imprimer au fol. 7 des preuves de son histoire. Cette charte est datée de cette manière : *Actum quinto nonas Maii Suessionis, anno incarnati Verbi 1057, mortuis eodem anno Rainaldo, et ejus filio Vuidone, et obsessâ turre Suessionis ab Henrico rege.*

Il résulte de cette charte, lorsqu'on la joint avec le passage de Guillaume de Jumiége, 1.° que le comte Renaud est mort en possession du comté et de sa qualité de comte de Soissons ; les termes même de la charte supposent incontestablement cette vérité *mortuis eodem anno Rainaldo comite*, etc. Il étoit donc encore comte, quand il est mort.

2.° Que, par conséquent, le mariage de Buzac avec cette fille de grande naissance dont parle le moine de Jumiége, ne fut fait qu'après la mort de Renaud et de Guy, son fils.

3.° Qu'il est plus que vraisemblable que le comte Renaud et son fils périrent pendant le siége de la tour de Soissons ; car, quand on voit qu'une charte de l'année 1057 joint la mort du comte de Soissons et de son fils au siége de la tour, et qu'on apprend, par le passage de Guillaume de Jumiége, que le comté de Soissons fut donné par le roi, peu de temps après, à Guillaume Buzac, on ne peut presque pas douter que le comte de Soissons et son fils ne soient morts les armes à la main contre le roi, puisqu'après leur mort, il a disposé du comté de Soissons comme d'un bien dont il étoit le maître.

Ces faits ainsi supposés, on ne craint point d'avancer qu'il est difficile de trouver un titre plus précis et un témoignage plus authentique de la justice des droits du roi sur le comté de Soissons, que ce passage de Guillaume de Jumiége.

Le roi y exerce les droits les plus anciens de la souveraineté et de la féodalité, soit dans la réunion

2 *

du comté de Soissons, soit dans la concession de ce même comté à Guillaume Bizac.

Pour commencer par ce qui regarde la réunion, on peut dire d'abord qu'il est assez indifférent qu'on la considère ou comme la peine de la félonie du comte, ou comme une suite de la conquête du roi, ou enfin comme l'effet de la confiscation acquise de plein droit par le crime de lèze-majesté. Tous ces titres, qui se réunirent alors pour assurer au roi la propriété du comté de Soissons, sont encore aujourd'hui des moyens également décisifs pour lui en faire adjuger la mouvance.

Si ce comté a été acquis au roi par la félonie de Renaud et de son fils, le roi en étoit donc alors le seigneur immédiat.

Si l'on veut, au contraire, faire valoir ici le droit de conquête, par un abus manifeste de ce nom, qui osera soutenir (quand même on pourroit supposer que le comté étoit dans la mouvance de l'église de Soissons), que le droit de conquête n'ait pas entièrement effacé celui de l'évêque, et que le roi, forcé de prendre les armes contre un arrière-vassal, et de punir sa révolte par la privation de son comté, ait été obligé de se dépouiller de ce même comté en faveur du vassal immédiat ? Comme si l'obligation que les rois se sont imposée à eux-mêmes, dans les siècles suivans, de mettre les arrière-fiefs hors de leurs mains, ou d'indemniser le seigneur immédiat, pouvoit jamais tomber sur une terre acquise par la force des armes, à l'égard de laquelle on feroit souvent perdre au roi tout le fruit de sa victoire, si on le réduisoit à la mettre hors de ses mains, ou à indemniser le seigneur immédiat de de qui elle dépendoit avant que le roi en eût fait la conquête.

Comment pourroit-on même faire remonter cette jurisprudence jusqu'au temps de Henri I, et cela en matière de conquête, puisque, long-temps après qu'elle a été introduite, on a jugé qu'elle ne devoit avoir aucune application aux arrière-fiefs confisqués au profit de la couronne, pour crime de lèze-majesté?

C'est la décision célèbre de la déclaration faite par François I, à Villiers-Cotterets, le 10 août 1539. Cette loi porte expressément que, dans le cas du crime de lèze-majesté, non seulement les pleins fiefs, mais tous les arrière-fiefs possédés par le coupable, se réunissent de plein droit au domaine de la couronne, malgré le préjudice sensible que le seigneur immédiat peut en recevoir.

La jurisprudence établie par cette déclaration n'est pas moins juste que sévère, et les premiers principes des fiefs ne l'autorisent pas moins que les règles de l'ordre public.

Les rois n'ont permis ou approuvé l'établissement des arrière-fiefs, qu'à condition que la fidélité descendroit, comme par degrés, jusqu'au dernier rang de leurs sujets, et que la foi des vassaux les plus éloignés, renfermée dans celle des vassaux immédiats, se réuniroit toute entière en leur personne, et remonteroit par eux jusqu'au souverain.

Lorsque cette condition est violée par l'infidélité d'un arrière-vassal, le roi reprend ses premiers droits; il rentre dans un domaine qui n'a été aliéné que sous la promesse d'une foi inviolable. Il importe peu que cette foi soit violée dans le premier ou dans le second degré; il suffit qu'elle le soit en quelque degré que ce puisse être, parce que le premier degré doit être garant, en ce cas, de la foi du second, et que toutes les fois que cette foi, que le vassal immédiat doit porter toute entière au roi, est violée par des arrière-vassaux qui dépendent de lui, il en est responsable envers le prince, qui lui redemande un dépôt qu'il ne lui avoit pas confié pour le remettre en des mains indignes, et capables de faire, des bienfaits même de leur maître, la matière de leur révolte et de leur infidélité.

Tels ont été les principaux motifs de cette loi; motifs aussi anciens que les fondemens des états et des monarchies; motifs qui ont toujours subsisté et

qui subsisteront toujours, et qui condamnent par
avance la comparaison que l'on voudra peut-être
faire des acquisitions que le roi fait par les voies ordinaires, avec les conquêtes (si l'on peut parler ainsi)
que ses sujets rebelles l'obligent de faire sur eux.

Enfin, quand on voudroit soutenir que le comté de
Soissons ne fut alors réuni à la couronne qu'à titre de
confiscation, comme cette confiscation seroit toujours
fondée sur un crime de lèze-majesté, on retomberoit
encore dans les mêmes règles que l'on veut inutilement éviter; et l'on seroit forcé d'avouer que le droit
de confiscation auroit transmis au roi la libre et pleine
propriété du comté de Soissons dès l'année 1057.

Si la réunion de ce comté est d'un grand poids
dans cette affaire pour la défense des droits de la
couronne, la concession qui en fut faite par le roi
Henri I est un titre encore plus incontestable.

Personne n'ignore que dans ce siècle, et long-
temps après, ni le roi, ni les seigneurs ne donnoient
jamais des terres à des personnes nobles qu'à titre
d'inféodation : ainsi l'on ne peut pas douter que ce
ne soit à ce titre que Guillaume Buzac reçut le comté
de Soissons; et en effet, on verra dans la suite que
ses descendans ont été qualifiés *hommes, barons et
comtes du roi*. Il faut donc entendre le passage de
Guillaume de Jumiége, comme s'il y étoit dit expressément que le roi donna en fief le comté de Soissons
à Guillaume Buzac; et, par conséquent, ce n'est pas
sans raison qu'on a dit d'abord que ce passage étoit
un des plus grands titres que l'on pût jamais alléguer
pour l'établissement des droits du roi.

Le conseil des évêques de Soissons, qui en a bien
senti toute l'importance, a fait aussi les derniers
efforts pour l'éluder.

Il a d'abord contesté le fait de la réunion. Il a
soutenu que la charte de 1057 prouvoit bien que la
tour de Soissons avoit été assiégée par le roi Henri I,
et que le comte Renaud et son fils étoient morts
dans l'année de ce siège; mais qu'on ne devoit pas
conclure de là que ce comte et son fils eussent été

véritablement coupables de félonie et de révolte; que d'ailleurs il pouvoit se faire qu'ils fussent morts avant le siège; que c'est ainsi que Claude Dormay, historien moderne du Soissonnais, a cru qu'on pouvoit les excuser, et par conséquent qu'il n'y a aucune preuve solide qui force l'esprit à reconnoître que le comte de Soissons ait été traité comme rebelle, ni que la confiscation et la réunion du comté à la couronne aient été la peine de son crime.

C'est ainsi qu'en séparant toutes les circonstances, et en divisant les inductions, on veut affoiblir la preuve d'un fait dont on craint, avec raison, les justes conséquences.

Mais lorsque, pour rétablir l'argument en son entier, on réunit ce que le conseil des évêques de Soissons affecte de séparer; lorsque l'on voit que, d'un côté, il est certain, de l'aveu même de Claude Dormay, que le roi Henri I a fait la guerre au comte de Soissons en 1057, qu'il a assiégé sa tour, et que le comte et son fils sont morts précisément dans la même année; que, d'un autre côté, il n'est pas moins constant que le roi Henri I a donné, peu de temps après, ce comté de Soissons à Guillaume Buzac; il faudroit fermer les yeux volontairement aux conjectures les plus évidentes, pour ne pas être persuadé que la révolte du comte de Soissons a été punie par la perte de son comté, et que le roi, ayant acquis ce comté à toutes sortes de titres, en a disposé en maître absolu en faveur de celui qu'il a jugé à propos d'en gratifier.

Comme le conseil des évêques de Soissons a enfin reconnu qu'il ne pouvoit résister à l'induction qui se tire de la charte de 1057 et de l'autorité de Guillaume de Jumiége, réunies ensemble, il s'est principalement attaché à énerver l'argument que l'on tire du passage de cet auteur; et, au lieu qu'il en résulte très-clairement que le roi a donné ou inféodé le comté de Soissons à Guillaume Buzac, les évêques de Soissons ont prétendu que le sens de ce passage étoit que le roi donna en mariage à Buzac l'héritière du comté de Soissons, et que c'est seulement en cette manière qu'il faut entendre ce que dit Guillaume de Jumiége, que le roi lui donna le comté de Soissons.

Pour réfuter cette interprétation, il suffit de la comparer avec le passage même que l'on cherche inutilement à interpréter, puisqu'il est si clair qu'il n'a besoin d'aucun commentaire.

1.° Le titre que le moine de Jumiége a donné à ce chapitre, exclut absolument l'idée que le conseil des évêques de Soissons veut en faire concevoir. Il y est dit expressément que le roi donna le comté de Soissons à Buzac, *Suessionicum comitatum dono dedit.* On ne peut qu'affoiblir des termes si forts et si énergiques, en voulant les expliquer. C'est un don que le roi fait à Buzac; c'est un pur don, une parfaite libéralité, *dono dedit*; don qui suppose une entière propriété de la part de celui qui donne, et qui exclut toute ombre de droit de la part de celui qui reçoit; don qui, par conséquent, est incompatible avec la supposition que le conseil des évêques de Soissons a voulu faire, lorsqu'il a prétendu que le roi n'avoit pas la propriété du comté de Soissons, et qu'il ne l'a donnée que dans un sens figuré, c'est-a-dire, en faisant épouser à Buzac l'héritière de ce comté. Qui pourra se persuader que, pour dire que le roi donna en mariage à Buzac la comtesse de Soissons, un historien s'explique en ces termes : *Suessionicum comitatum dono dedit?* Où trouvera-t-on des exemples d'une semblable expression?

Si Buzac n'étoit devenu propriétaire du comté de Soissons que par sa femme, que plusieurs nomment Adé, ou Adelaïde, il est inconcevable qu'une telle circonstance eût échappé à Guillaume de Jumiége, et que, s'agissant de raconter comment Buzac étoit devenu comte de Soissons, il n'eût point dit que ce fut l'héritière de ce comté qui le lui porta en dot; et qu'au lieu d'expliquer ce fait à ses lecteurs, il leur eût donné une idée toute contraire, par des expressions qui ne permettent pas de douter que le comté de Soissons n'ait été, dans la personne de Buzac, un pur don qu'il reçut de la seule libéralité du roi.

3.º On peut encore remarquer que cet auteur ne dit pas que le roi donna à Buzac une fille de grande qualité avec le comté de Soissons, comme il l'auroit dû dire, s'il avoit eu la pensée que les évêques de Soissons lui ont attribuée. Il dit, au contraire, que le roi donna le comté de Soissons à Buzac, avec une fille de naissance distinguée ; ce qui marque que Buzac eut le comté de Soissons par une véritable donation du roi, et non pas par les droits que lui donna le titre de mari sur la personne et sur les biens de sa femme.

4.º Le même historien ajoute aussitôt après ces termes importans : *Ex quâ postmodum egregiam prolem, jam felix, suscepit, quæ patris honorem usque hodiè nobiliter gerit.*

On peut faire deux observations importantes sur la fin de ce passage ; l'une, que Guillaume de Jumiége, auteur de cette histoire, vivoit dans le même temps que les enfans de Guillaume Buzac, et qu'ainsi on ne peut pas présumer qu'il ait ignoré aucune circonstance d'un fait aussi récent, par rapport à lui, que le mariage de Buzac avec la prétendue héritière du comté de Soissons.

L'autre, que cet auteur dit nettement que le fils de Buzac jouissoit encore, de son temps, *de l'honneur de son père,* c'est-à-dire du comté de Soissons : car il n'est pas nécessaire de prouver ici que, dans ce temps-là, les fiefs, et surtout les fiefs de dignité étoient très-souvent désignés par le nom *d'honneurs.* Si le comté de Soissons n'eût pas été regardé comme un bien devenu propre à Buzac, par le don que le roi lui en avoit fait, Guillaume de Jumiége n'auroit pas appelé ce comté *patris honorem,* par rapport au fils de Buzac ; au contraire, dans la supposition des évêques de Soissons, il auroit fallu dire *matris honorem,* puisque ç'auroit été du chef de sa mère, et non pas du chef de son père, que le fils de Guillaume Buzac eût été comte de Soissons.

Toutes ces réflexions concourent donc à la même fin. Plus on examine toutes les expressions du moine de Jumiége, soit dans le titre du chapitre, soit dans le chapitre même, plus on demeure convaincu qu'il a voulu dire que le roi a donné, véritablement et li- libéralement, le comté de Soissons à Guillaume Buzac.

Mais, quand même on voudroit suivre l'ancienne et très-suspecte tradition des historiens du Soissonnais, qui supposent que Guillaume Buzac épousa Adé, fille du comte Renaud; quand on voudroit feindre que ce mariage fût le véritable titre en vertu duquel Buzac posséda le comté de Soissons; malgré toutes ces suppositions, ce passage de Guillaume de Jumiége ne seroit pas moins important ni moins avantageux pour la défense des droits du roi.

Les auteurs qui ont expliqué ce passage de la même manière que les évêques de Soissons, comme Regnaud et Dormay, conviennent qu'il marque évidemment qu'Adé, ou Adélaïde était sous la protection spéciale du roi, puisque ce fut lui qui la maria, et qui donna, avec elle, le comté de Soissons à Buzac. Melchior Regnaud assure même, avec raison, sur le fondement de ce passage, que le roi Henri I prit *Adé en sa garde;* ce sont les termes de cet auteur.

En effet, le sens que cet auteur attribue à Guil- laume de Jumiége, ne peut avoir aucune vraisem- blance, si l'on ne suppose avec lui, qu'après la mort du comte Renaud, Adé, sa fille, tomba dans la garde du roi, lequel acquit par-là une espèce de domaine civil sur le comté de Soissons. Sans cela, comment seroit-il vrai de dire que le roi donna le comté de Soissons à Buzac, comme Guillaume de Jumiége le dit dans ce chapitre; ou qu'il le lui donna en pur don, comme il le dit encore plus clairement dans le titre même du chapitre? Il est évident que ces termes ne peuvent avoir aucun sens raisonnable, qu'en sup- posant, ou que le roi avoit la pleine propriété du comté de Soissons, ou qu'il en avoit au moins une propriété civile et passagère, telle que l'ancien droit français l'a reconnue, et que plusieurs de nos coutumes la reconnoissent encore aujourd'hui dans ceux qu'elles appellent *Gardiens* ou *Baillistes*; et c'est, sans doute, ce qui a déterminé Melchior Regnault à se servir du terme de *garde*, comme d'un terme propre en cette matière.

Cela supposé, il n'est pas nécessaire de faire ici de longues dissertations pour prouver que le passage du moine de Jumiége, pris dans ce dernier sens, est encore une preuve évidente de la justice des droits du roi.

Tout le monde sait que le droit de garde des enfans mineurs du vassal n'a jamais appartenu qu'au seigneur féodal immédiat, tant qu'il a été déféré aux seigneurs; c'est une proposition si certaine, qu'elle n'a pas besoin d'être prouvée.

Dans ces temps de licence et de confusion, où il n'y avoit presque point de possesseur de fief qui ne se crût en droit d'armer et de faire la guerre, même à son souverain, les seigneurs dominans avoient un grand soin, pour leur propre avantage, encore plus que pour celui des enfans de leur vassal, de veiller sur leur éducation, de leur accorder une protection intéressée, et surtout de prendre garde que les filles de leurs vassaux, lorsqu'elles étoient héritières présomptives de leurs fiefs, ne les portassent dans des mains ennemies ou suspectes, par un mariage contracté sans leur consentement.

C'est sur ces fondemens que le droit de garde seigneuriale s'est établi, droit qui attribuoit aux seigneurs trois fonctions principales.

La première étoit celle de veiller, comme on l'a déjà dit, à la défense et à l'éducation des mineurs.

La seconde, de s'acquitter pour eux des services et des devoirs personnels que la foiblesse de leur âge ne leur permettoit pas de remplir.

La dernière, d'être les arbitres du mariage des filles, succédant ainsi au droit des pères qu'ils représentoient, et y joignant celui que la qualité de seigneur leur donnoit.

En conséquence de ces trois fonctions, qui formoient le droit de garde, et parce que le seigneur réunissoit, en quelque manière, en sa personne, les droits de père, de tuteur et de maître, on lui a attribué aussi, par une suite naturelle de toutes ces qualités, une espèce de propriété sur le fief des mineurs, semblable au domaine civil qui appartenoit au mari sur la dot de sa femme; et de même que le mari gagne les fruits du bien dotal, ainsi les fruits des héritages féodaux des mineurs étoient acquis de plein droit au seigneur féodal.

Comme la troisième prérogative du droit de garde, qui concerne le pouvoir attribué au seigneur sur le mariage des filles héritières des fiefs de leur père, est beaucoup plus importante que les autres, par rapport à l'explication du passage de Guillaume de Jumiége, il est nécessaire de s'arrêter un moment en cet endroit, pour envisager quelques-unes des preuves que l'on peut choisir entre une infinité d'autres, pour établir la vérité de ce pouvoir que les seigneurs immédiats exerçoient en qualité de gardiens.

Les lois et les anciens usages de l'Angleterre ont tant de rapport avec les nôtres, que l'on peut citer, sans crainte, une loi d'Angleterre pour prouver une ancienne coutume de la France.

Ainsi on peut alléguer ici, pour premier exemple de la puissance que les rois exerçoient sur les mariages des filles de leurs barons ou des vassaux qui relevoient nûment de leur couronne, la constitution de Henri I, roi d'Angleterre, rapportée par Mathieu Pâris; et cette constitution a d'autant plus d'application au fait expliqué par Guillaume de Jumiége, qu'elle a été faite environ 58 ans avant ce fait, puisqu'elle est de l'année 1000.

Elle est conçue en ces termes: *Si quis baronum vel aliorum hominum meorum filiam suam tradere voluerit...... mecum indè loquatur; sed neque ego aliquid de suo pro hâc licentiâ accipiam, neque defendam ei quin eam det; EXCEPTO, si eam dare voluerit inimico meo; et si mortuo barone, vel alio homine meo, filia hœres remanserit, dabo illam, cum consilio baronum meorum, cum terrâ suâ.*

On observera dans la suite, combien ces dernières paroles ont d'application au passage de Guillaume de Jumiége.

Un second exemple du même usage, et qui est d'autant plus considérable qu'il est arrivé dans le royaume, sous le règne de Louis le Gros, petit-fils de Henri I, roi de France, qui donna le comté de Soissons à Guillaume Buzac, est rapporté par l'abbé Suger dans la vie de ce prince.

Cet historien accuse Foulques, comte d'Anjou, de perfidie, parce qu'étant *homme lige* du roi, et lié avec lui par plusieurs sermens, il auroit marié sa fille au fils du roi d'Angleterre, sans le consentement du roi : *Comes etiam Andegavensis Fulco, cùm et proprio hominio, et multis sacramentis obsidum etiam multiplicato, regi Ludovico confœderatus esset, avaritiam fidelitati prœponens, inconsulto rege, perfidiâ inflammatus, filiam suam, regis Angliœ filio Guillelmo, nuptui dedit.*

On verra dans la suite un troisième exemple semblable, dans une épître de saint Bernard, où il parle de la colère que le roi Louis le Jeune avoit conçue contre Thibault, comte de Champagne, parce qu'il avoit fiancé son fils, sans le consentement de ce prince, à la fille du comte de Flandre, et sa fille au comte de Soissons.

Rigord, dans la vie de Philippe-Auguste, sous l'année 1201, raconte que Thibault, comte de Troyes, étant mort, le roi prit sa terre sous sa garde, avec sa femme et une fille unique que ce comte avoit laissée ; et ce même historien en marque en même temps la raison, qui étoit fondée sur ce que le comte de Troyes n'avoit point d'héritier mâle : *Et quia hœredem masculum non habebat, rex Francorum terram ipsius recepit sub tutelâ et custodiâ, cum uxore et filiâ unicâ quam habebat.*

C'étoit donc alors un droit commun, que les filles des vassaux de la couronne, qui étoient héritières des fiefs de leur père, fussent commises à la garde du roi ; et, comme le principal motif de ce droit étoit d'empêcher qu'elles ne donnassent au roi un vassal malgré lui, *ne regi invito vassallus adcisceretur*, on peut encore ajouter ce quatrième exemple à ceux qui ont été rapportés jusqu'à présent.

On finira tous ces exemples par un fait aussi illustre, qu'il est convenable à l'histoire rapportée par Guillaume de Jumiége.

Ce fait est si bien expliqué dans l'histoire du règne de Philippe-Auguste, que Guillaume Lebreton a composée en vers, qu'il suffit de rapporter les vers de cet auteur, pour en donner une juste idée. Il parle, en cet endroit, de Baudouin, comte de Flandre, et de ses filles.

> *Cui cùm nec proles ulla esset mascula, natæ*
> *Florebant geminæ in patriá, spes grata nepotum;*
> *Quas enutriri tenerè faciebat, ut alti*
> *Sanguinis hæredes, regis tutela Philippi,*
> *Qui primogenitam, postquam de patris earum*
> *Constitit interitu, totali cum comitatu*
> *Ferrando uxorem donavit, munere largo.*

Ce passage renferme tout ce que l'on peut désirer pour assurer la preuve des anciens usages du royaume en cette matière.

On y remarque :

Que les deux filles du comte de Flandre étoient sous la garde et sous la tutelle du roi, qui prenoit soin de leur éducation : *Quas enutriri tenerè faciebat, regis tutela Philippi.*

Que ce soin étoit principalement fondé sur ce que le comte Baudouin n'ayant pas d'enfans mâles, *cui cùm nec proles ulla esset mascula*, le roi avoit intérêt et obligation de les protéger et de les tenir sous sa garde, *ut alti sanguinis hæredes.*

Qu'enfin, en conséquence de ce droit de garde,

le roi disposa de leurs personnes et de leur comté, en le donnant, avec l'une d'elles (pour empêcher la division de ces grandes seigneuries, qui de leur nature sont impartables), à Ferrand de Portugal. *Qui primogenitam, postquam de patris earum constitit interitu, totali cum comitatu, Ferrando uxorem donavit, munere largo.*

Cet usage, fondé sur des exemples si anciens et si illustres, devint si commun et si usité en France, que, lorsque l'on commença, dans quelques provinces du royaume, à accorder la garde des mineurs à la mère ou à leurs parens, on les obligea de donner caution au seigneur, pour l'assurer que les filles de son vassal décédé ne se marieroient point sans son consentement. On trouve cette règle écrite dans le chapitre 61 du premier livre des Etablissemens de saint Louis, et encore dans une ordonnance du même roi faite en l'année 1246 pour l'Anjou et le Maine, qui est à la chambre des comptes au registre du Maine, titre 3, dont voici les termes:

Quicumque, sive mater, sive aliquis amicorum, habeat custodiam feminæ quæ sit hæres, debet præstare securitatem domino à quo tenebit in capite quòd maritata non erit nisi de licentiâ domini, etc.

Enfin, l'on trouve des vestiges de cette ancienne loi du royaume, dans le chapitre 33 du vieux Coutumier de Normandie, qui porte, que *si une fille est en garde, quand elle sera en âge de marier, elle doit être mariée par le conseil et licence de son seigneur, après le conseil et assentement de ses parens et amis.*

Revenons à présent au passage de Guillaume de Jumiége, et voyons si ce n'est pas avec beaucoup de raison que Melchior Regnault, supposant que la femme que Guillaume de Buzac épousa étoit fille du comte Renaud, a cru y trouver des preuves de ce droit de garde que le roi Henri I avoit exercé en la personne de cette héritière prétendue du comté de Soissons.

On peut y distinguer deux caractères sensibles de ce droit.

Le premier est que le roi agit comme propriétaire, ou du moins comme maître du comté de Soissons, que les lois et les usages de la garde royale ou seigneuriale mettoient entre ses mains ; c'est pour cela qu'il est dit dans ce passage, que le roi *donna le comté de Soissons.* On peut dire en effet, même dans la supposition de Melchior Regnault, que le roi donna ce comté, soit parce que, pendant la garde, il en étoit réputé propriétaire, soit parce qu'il se dépouilloit par-là de la possession et de la jouissance de cette seigneurie, qui étoit une suite du droit de garde ; mais, si l'on ne suppose, avec Melchior Regnault, que le roi étoit gardien d'Adé, fille du comte de Soissons, il est impossible d'entendre Guillaume de Jumiége, lorsqu'il dit si clairement, que *le roi donna le comté de Soissons à Buzac en pur don ;* et ce passage n'a plus aucun sens raisonnable, s'il est vrai, comme les évêques l'ont toujours prétendu, que le roi n'avoit alors ni le domaine naturel, ni le domaine civil du comté de Soissons.

Ainsi, ou il faut démentir la foi d'un auteur contemporain, et qui est au-dessus de toute suspicion, ou il faut avouer que le roi avoit tout au moins le domaine civil du comté de Soissons, et, par conséquent, qu'il en avoit *la garde,* selon la pensée de Melchior Regnault.

Le second caractère du même droit de garde, est le mariage d'Adé, fait par le roi Henri I, et le don, si l'on peut parler ainsi, que ce prince fait, et de la comtesse et du comté de Soissons, *comitatum Suessionis, cum quâdam nobili conjuge, tribuit.* Le gardien est établi, comme le tuteur, pour défendre et la personne et les biens du mineur ; ainsi il acquiert un égal pouvoir et sur l'un et sur l'autre : c'est pour cela que Buzac reçoit également, des mains du roi, et la personne et les biens de la comtesse de Soissons.

Et, s'il est vrai que la femme de Guillaume de Buzac fut héritière du comté de Soissons, on peut dire que le roi Henri I a observé exactement ce qui est marqué dans la charte du roi d'Angleterre de l'année 1000, dont on a déjà parlé, et dont on ne peut se dispenser de reprendre encore les termes en cet endroit: *Si, mortuo barone vel alio homine meo, filia hæres erit.*

Voilà précisément l'espèce que supposent les historiens du Soissonnois, et après eux les évêques de Soissons. Le comte Renaud et le comte Guy, son fils, meurent; il ne reste qu'une fille unique, qui est héritière du comté.

Mais, que doit faire le roi en ce cas? La suite du passage le marque: *Si mortuo barone, filia hæres erit, dabo illam cum terrâ suâ.* C'est encore précisément ce qu'a fait le roi Henri I, puisqu'il a donné la fille du comte de Soissons avec sa terre, c'est-à-dire, avec le comté de Soissons, *Comitatum Suessionis cum nobili conjuge tribuit,* ou *dono dedit.*

Le roi Henri I a donc fait, même dans cette supposition, tout ce que ce roi devoit faire, suivant les usages de ce siècle, communs à l'Angleterre et à la France, par rapport au mariage des filles héritières de ses vassaux immédiats.

Or, si cela est, qui pourra douter, après cela, que la fille du comte de Soissons ne fût dans la garde du roi, et, par conséquent, que le comte de Soissons, son père, ne fût au nombre des barons ou des vassaux directs et immédiats de la couronne?

Sans cela, elle ne seroit jamais tombée dans la garde du roi; au contraire, elle auroit été assujettie à celle de l'évêque de Soissons, s'il étoit vrai que son père eût reconnu cet évêque pour son seigneur.

Par une suite du même principe, l'évêque auroit eu soin de son éducation, ou il l'auroit confiée à un de ses parens: c'est ce que fit Leitberg, évêque de Cambray, environ dix ans auparavant, dans un cas presque semblable, comme Baldricus le raconte dans la Chronique de Cambray et d'Arras, liv. 3, chapitre 66 :

Hugonem, Gualteri castellani defuncti nepotem, eò quòd legitimus hæres erat, adscivit, eique castellaturam illam concessit; et, quia iste Hugo adhuc puer erat, qui propinquum quemdam, Ansellum nomine, moribus et armis egregium, habebat, hujus custodiæ puerum, cum bono ejus, commisit..... Il parle de l'évêque de Cambray.

C'est ainsi qu'en usoient alors les évêques à l'égard des enfans de leurs vassaux : ou ils en prenoient soin par eux-mêmes, ou ils les confioient à la garde de leurs parens. C'est ainsi qu'en auroit usé l'évêque de Soissons à l'égard d'Adé, s'il avoit été son seigneur ; mais, parce que c'étoit le roi qui l'étoit, le roi seul se charge de ce soin : c'est le roi qui prend Adé en sa garde ; c'est le roi qui la marie ; c'est le roi qui met son mari en possession du comté ; c'est le roi, en un mot, qui s'acquitte à son égard de tous les devoirs du seigneur féodal.

Ainsi, de quelque manière que l'on entende le passage de Guillaume de Jumiége, il est toujours également favorable aux droits du roi.

Si on le prend dans le sens naturel et littéral que les paroles présentent d'abord à l'esprit, et que l'on doit regarder comme le seul véritable, il prouve que le roi étoit pleinement propriétaire du comté de Soissons, puisqu'il l'a donné *en pur don* à Buzac.

Si, au contraire, on admet l'interprétation forcée que les historiens du Soissonnois et l'évêque de Soissons donnent à ce passage, il prouve que le roi avoit au moins *la garde* du comté de celle qui en étoit la véritable propriétaire ; et, dans l'une et dans l'autre supposition, ce passage montre également que *la mouvance* du comté de Soissons appartenoit au roi, soit qu'il l'eût acquise en donnant ce comté à Buzac comme propriétaire et maître absolu, soit qu'il l'eût conservée, en lui remettant ce même comté comme seigneur et comme gardien.

On pourroit, à la rigueur, se contenter de ces deux argumens; et, après avoir montré que le comté de Soissons a été deux fois concédé par le roi, une première fois à Guy de Vermandois, et une seconde à Guillaume Buzac, on pourroit s'arrêter à ce premier temps, et ne pas pousser plus loin la recherche des titres favorables aux droits de la couronne.

Car, s'il est vrai que le roi ait eu la mouvance du comté de Soissons dans sa première origine, comment prétendra-t-on qu'il l'ait perdue dans la suite? Ce changement ne peut être arrivé que par donation, par convention ou par prescription. L'évêque de Soissons ne rapporte ni donation ni convention, par laquelle le roi lui ait cédé la mouvance du comté de Soissons. Il ne lui reste donc plus d'autre moyen que la prescription; mais, outre que notre jurisprudence n'en admet point contre les droits sacrés du domaine de la couronne, on va montrer, dans la suite de cette requête, que le roi n'a pas même perdu la possession de sa mouvance, bien loin d'en avoir perdu la propriété.

Enfin, quand il y auroit eu quelque interruption pendant un temps peu considérable, cette éclipse n'auroit servi qu'à faire paroître ensuite les droits du roi avec plus d'éclat.

C'est ce qui conduit à entrer, à présent, dans l'explication des actes du *second temps*, c'est-à-dire, de celui de la durée du comté de Soissons, depuis qu'il est sorti des mains du roi, jusqu'à ce qu'il y soit rentré, en quelque manière, par l'érection de ce comté en pairie, c'est-à-dire, depuis l'an 1057 ou 1058, jusqu'en 1404.

Ce temps comprend près de quatre siècles, et l'on verra, dans chacun de ces siècles, un grand nombre d'actes qui ne permettent pas de douter que le roi n'ait conservé dans ce second temps le droit qu'il a eu dès le commencement du premier, sur le comté de Soissons.

Il est presque inutile de s'attacher au onzième siècle; après ce qu'on a expliqué sur le fait rapporté

3 *

par Guillaume de Jumiége, qui est arrivé vers le milieu de ce siècle.

On se contentera donc d'y joindre ce qui se passa un ou deux ans après, dans le temps du couronnement du roi Philippe I.

Ce fut en l'année 1059 que ce prince fut sacré à Reims. Un ancien manuscrit, qu'André Duchesne a donné au public dans le quatrième volume de son Recueil des historiens de France, explique exactement les cérémonies de ce sacre. On y voit l'énumération des seigneurs qui assistèrent à cette cérémonie, et on y trouve Guillaume Buzac, comte de Soissons, nommé dans le rang des comtes, immédiatement après Herbert, comte de Vermandois, et Guy, comte de Ponthieu. On ne peut presque pas douter que tous les comtes qui assistèrent à ce sacre, ne fussent tous vassaux immédiats de la couronne; et c'est un grand préjugé en faveur du comte de Soissons, de le voir ainsi nommé parmi les grands du royaume, au nombre de ceux qui assistent au sacre du roi.

Dans le douzième siècle, on trouve quatre preuves très-importantes de la possession dans laquelle le comte de Soissons s'est maintenu, de ne reconnoître que le roi.

La première est tirée de deux lettres de saint Bernard.

La seconde est écrite dans des lettres-patentes du roi Louis le jeune.

La troisième se trouve dans le registre du roi Philippe-Auguste.

La quatrième est fondée sur un acte de foi et hommage rendu au même roi, par Blanche, comtesse de Champagne.

Ces quatre preuves méritent d'être examinées séparément.

La plus ancienne est celle qui est tirée des deux lettres de saint Bernard.

La première de ces lettres a été écrite par ce saint à Jostenus, évêque de Soissons, en l'année 1142.

La seconde a été écrite par ce même saint à

Etienne, évêque de Préneste, en l'année suivante, c'est-à-dire, en 1143.

Le but de saint Bernard, dans ces deux lettres, est de justifier Thibault, comte de Champagne, et de montrer combien les reproches que l'on faisoit à ce comte, de la part du roi, avoient peu de fondement.

Le plus considérable de ces reproches étoit fondé sur ce que le comte Thibault, contre la fidélité qu'il devoit au roi, vouloit s'allier étroitement avec le comte de Flandre et le comte de Soissons, en mariant son fils avec la fille du comte de Flandre, et sa fille avec le comte de Soissons.

Il est important de peser ici les termes dans lesquels saint Bernard explique lui-même ce reproche que le roi faisoit au comte de Champagne.

Sed rex aliud addit, quod matrimoniis sibi moliatur conjungere, contra ejus fidelitatem, comitem Flandrensem et Suessionensem. C'est de Thibault que saint Bernard parle.

Comment le comte de Champagne pouvoit-il blesser la fidélité qu'il devoit au roi en faisant ces deux mariages ?

Rappelons ici ce qui a déjà été dit de l'étroite obligation dans laquelle étoient tous les vassaux mouvans immédiatement de la couronne, de ne contracter aucun mariage sans le consentement du roi ; on en a déjà rapporté plusieurs preuves : il suffit d'ajouter en cet endroit, que cette obligation étoit si rigoureuse, que, suivant les constitutions de Naples, qui ont un rapport parfait avec l'ancien droit français, le vassal qui se marioit sans l'agrément de son seigneur, perdoit son fief.

Après cela, l'on n'aura pas de peine à concevoir pourquoi le roi Louis le jeune prétendoit que le comte de Champagne violoit la foi qu'il lui devoit, par les deux mariages qu'il étoit sur le point de faire dans sa famille.

C'est sans doute parce qu'il n'avoit pas consulté le roi sur ces alliances ; et par conséquent, ce reproche

semble supposer que le comte de Soissons étoit dans
la mouvance du roi, comme le comte de Champagne
et le comte de Flandre.

Mais la réponse que saint Bernard fait à ce reproche, achève de prouver entièrement cette vérité.

Il dit d'abord que la fidélité du comte de Champagne n'est attaquée que par un simple soupçon ;
et il ajoute ensuite que la qualité de ceux auxquels
on prétend que le comte de Champagne veut s'allier,
dissipe même ce soupçon, quelque léger qu'il fût ;
ce n'est pas, dit saint Bernard, avec les ennemis
de l'état que le comte de Champagne s'unit, c'est,
au contraire, *avec les hommes du roi* et ses plus
fidèles amis. Quel est donc le crime de Thibault,
et en quoi la fidélité qui est due au roi peut-elle
être blessée, lorsqu'un de ses vassaux s'allie *avec
d'autres de ses amis ?* Ce sont les termes mêmes
de saint Bernard, qu'il est nécessaire de transcrire
ici :

*Numquid enim hostes sunt regis quibus alligatur
comes, et non magis homines ejus, et ejus amici ?
Nonne consanguineus regis, et, sicut fatetur, baculus
regni comes Flandrensis est ? Quid ergo contrà regis
fidelitatem facit ejus homo et fidelis ipsius, si aliis
ejus amicis, suorum matrimoniis, copulatur ?*

On peut faire plusieurs observations importantes
sur ce passage.

1.° On y voit clairement qu'il n'y avoit alors
aucune guerre entre le roi et les comtes de Flandre
et de Soissons ; au contraire, il paroît que le roi
Louis le jeune reconnoissoit lui-même, que le comte
de Flandre étoit l'appui de sa couronne, *nonne, ut
fatetur, comes Flandrensis baculus regni est?* Ainsi
il ne pouvoit y avoir que le seul défaut de consentement du roi, qui pût faire passer le mariage du
fils du comte de Champagne, avec la fille du comte
de Flandre, pour une alliance contraire à la fidélité
qui étoit due au roi. Il en est de même du comte

de Soissons, qui y est mis, par cette lettre, au nombre des *hommes* et des amis du roi.

2.° On y remarque que l'alliance que le comte de Champagne vouloit contracter avec le comte de Soissons, est traitée de la même manière que celle que le même comte vouloit contracter avec le comte de Flandre; ce qui prouve que ces trois comtes étoient également regardés comme trois grands vassaux de la couronne, pour le mariage desquels le roi devoit nécessairement être consulté.

3.° On y observe que le comte de Soissons y est nettement qualifié du nom *d'homme du roi : Numquid enim hostes sunt regis, quibus alligatur comes? Et non magis homines ejus, et ejus amici?* Voilà deux qualités très-clairement distinguées : *homines regis;* c'est-à-dire, vassaux immédiats du roi : *amici regis;* c'est-à-dire, fidèles au roi, attachés à sa personne et à son état. Or, ces deux qualités sont également données et au comte de Flandre et au comte de Soissons; tous deux, selon saint Bernard, étoient également attachés au roi, et par les liens de la féodalité, et par ceux de la fidélité : ce passage renferme donc une preuve directe et formelle de la véritable mouvance du comté de Soissons.

4.° En réunissant les trois observations précédentes, on en peut faire une quatrième sur la parfaite uniformité qui se trouve, dans ce passage, entre toutes les expressions dont saint Bernard se sert pour désigner les qualités de ces trois comtes.

Tous trois sont appellés *comtes;* tous trois sont nommés *hommes du roi;* tous trois, enfin, y sont qualifiés *amis du roi.*

Qui pourra se persuader, en voyant cette égalité parfaite qui se trouve, dans cette lettre, entre ces trois comtes, par rapport à leurs qualités et à leurs titres, que le comte de Soissons, égalé dans cette lettre au comte de Flandre et au comte de Champagne, ne fût néanmoins alors, qu'un arrière-vassal de la couronne?

5.° .On ne doit pas omettre de relever ici que cette lettre est écrite à Jostenus, évêque de Soissons; or il est bien difficile de concevoir que, s'il étoit vrai que le comte de Soissons reconnût alors l'évêque de Soissons pour son seigneur immédiat, saint Bernard, en écrivant à cet évêque, eût donné au comte le titre *d'homme du roi*, et qu'il l'eût égalé, dans toutes ses expressions, aux comtes de Flandre et de Champagne.

La seconde lettre de saint Bernard roule encore sur le même fait; il s'y explique en ces termes :

Atque hoc grande crimen quod impingitur comiti, quia cum baronibus regis de liberis suis contrahit matrimonia.

Voici une expression encore plus forte que celle de la lettre précédente.

Le comte de Soissons est expressément désigné dans celle-ci par le nom de *baron du roi.*

On fera voir, dans l'explication de la preuve suivante, que le seul titre de baron, donné dans le siècle de saint Bernard, renferme en soi une preuve parfaite de la qualité de vassal immédiat de la couronne.

Mais on peut supposer dès-à-présent, comme un principe qui n'a jamais été révoqué en doute, que lorsqu'un seigneur n'est pas seulement appellé *baron*, mais encore *baron du roi*, alors il est indubitable que ce seigneur étoit du nombre des vassaux qui relevoient nûment du roi; et en effet, on voit que ce terme s'applique ici au comte de Flandre, qui est confondu, par cette expression, avec le comte de Soissons : on retrouve donc encore, dans cette lettre, la même égalité de titres et de qualités qu'on a remarquée dans l'épître précédente; et cette observation est d'autant plus importante, que la qualité de *baron du roi*, donnée également par saint Bernard au comte de Flandre et au comte de Soissons, explique et détermine absolument le sens du terme *d'homme du roi*, qui s'entendoit assez par lui-même, dans la lettre précédente, mais qui devient encore plus décisif par celui *de baron du roi* que saint Bernard donne, par la seconde lettre, à ceux qu'il avoit appelés hommes du roi dans la première.

Il faut passer maintenant à la seconde preuve du douzième siècle.

C'est celle qui se tire des lettres patentes données par Louis le jeune en l'année 1155, rapportées dans le recueil de Duchesne, vol. 4, page 584.

Dans ces lettres, le roi explique ce qui s'étoit passé dans le concile, ou plutôt dans l'assemblée des différens ordres de son royaume, qu'il avoit convoquée à Soissons. Il y marque les conditions de la paix qu'il avoit donnée à son royaume, sur les instantes prières du clergé, et du consentement du corps de ses barons. C'est ainsi qu'il s'explique : *Postulationibus cleri, et assensu baroniæ, toti regno pacem constituimus.* Et le roi ajoute ensuite : *In pacem istam juraverunt dux Burgundiæ, comes Flandriæ, comes Henricus, comes Nivernensis, et comes Suessionensis, et reliqua baronia quæ aderat.*

Nous retrouvons encore ici le comte de Soissons placé avec les plus grands vassaux de la couronne ; mais ce qui est encore plus considérable, est qu'on l'y trouve compris dans le corps et dans l'ordre des barons de l'avis desquels la paix fut conclue et qui jurèrent de l'observer.

Tous ceux qui ont quelque connoissance de l'antiquité, savent que, dans le siècle de Louis le jeune, le nom de *Baron,* pris absolument et sans aucun rapport à un seigneur particulier, ne se donnoit jamais qu'aux nobles qui possédoient les grands fiefs mouvans immédiatement de la couronne.

Si l'on cherche une définition exacte de cette qualité, il suffit de consulter encore une fois la constitution du roi d'Angleterre Henri I, de l'an 1000 : *Si quis baronum meorum, comitum, vel aliorum qui de me tenent;* et ainsi le baron peut être revêtu de la dignité de comte ou d'un autre titre d'honneur : mais ce qui le caractérise dans l'ordre des fiefs, est *de relever nûment du roi*.

L'on trouve cette même notion encore plus clairement exprimée dans les coutumes d'Angleterre, rapportées par le même auteur ; c'est Mathieu Pâris qui nous a conservé la charte du roi Henri I : *Archiepiscopi, episcopi, et universæ personæ regni qui de rege tenent in capite, habeant possessiones suas de rege sicut baroniam ;* c'est-à-dire, que tous ceux qui relèvent du roi directement doivent tenir leurs terres à titre de baronnie : ainsi, tenir directement du roi et tenir en baronnie, sont deux expressions synonymes.

Mais il ne faut point chercher des preuves de cette vérité ailleurs que dans les monumens de l'antiquité que l'on vient d'expliquer.

On a vu, dans la seconde épître de saint Bernard, le comte de Flandre désigné sous le nom de baron ; et dans les lettres patentes qu'il s'agit maintenant d'expliquer, l'on remarque que les plus grands vassaux de la couronne, ceux que le roi avoit assemblés à Soissons, ceux de l'avis desquels il avoit fait la paix, enfin ceux qui avoient juré cette paix, n'y sont appelés que barons, *de assensu baroniæ.* Cette charte fait l'énumération de quelques-uns de ceux qui avoient juré la paix faite par le roi, au nombre desquels on trouve les grands noms des ducs de Bourgogne, des comtes de Flandre, des comtes de Troyes ; et tous ces grands vassaux de la couronne y sont compris sous le nom générique de barons : *Item, barones, comes Flandrensis, Trecassinus et Nivernensis, et quam plures alii, et dux Burgundiæ.* Les mêmes noms sont encore répétés ensuite et suivis de ces mots, *et reliqua baronia quæ aderat :* ensorte que le nom générique de barons commence et finit l'énumération des grands vassaux qui assistoient à cette assemblée.

On ne sauroit ouvrir l'histoire de saint Louis, écrite par le sire de Joinville, sans y remarquer que le nom de barons s'appliquoit encore spécifiquement aux seigneurs qui relevoient immédiatement de la couronne.

Mais il n'y a point d'endroit où cela soit plus clairement marqué, que dans ce que cet auteur raconte de lui-même. Il dit que le roi saint Louis, avant que de partir pour la terre sainte, *convoqua à Paris tous les barons de France et leur fit faire foi et hommage.* Voilà donc, en ce temps, tous les barons de France qui rendent hommage au roi ; mais ce que cet auteur ajoute est encore plus important : il dit qu'*il fut aussi mandé avec les autres seigneurs, mais que comme il n'étoit pas sujet du roi, il ne voulut point faire le serment.*

Le sieur Ducange, dans la dissertation qu'il a faite sur ce passage, prouve que le sire de Joinville a parlé correctement suivant l'usage de son siècle, lorsqu'il a dit qu'il n'étoit point sujet du roi, parce qu'il n'étoit pas son vassal immédiat, et qu'il dépendoit du comte de Champagne. On peut voir les preuves que ce savant homme a recueillies pour démontrer son opinion : il y fait voir, comme dans son glossaire, que l'on appeloit *barons tous les nobles qui possédoient les grands fiefs qui relevoient de la couronne ou de quelque souveraineté ; que le sire de Joinville ne comparut point avec les barons, parce qu'il n'avoit aucune terre qui relevât nûment du roi, à cause de laquelle il lui dût hommage comme les autres barons de France, qui seuls étoient appelés à cette assemblée, c'est-à-dire, ceux qui relevoient nûment et immédiatement du roi et qui lui devoient hommage lige sans réserve ; c'est la force du mot de baron.*

On trouveroit la même chose dans tous ceux qui ont traité des antiquités françaises et des origines de notre droit, s'il étoit nécessaire de les parcourir.

Mais, sans faire ici une longue suite de citations inutiles, il suffit de remarquer que le passage du sire de Joinville prouve évidemment que le caractère essentiel des barons étoit de posséder les grands fiefs de la couronne, et de ne dépendre, à cet égard, que du souverain. Ceux qui n'avoient pas cet honneur, ne prêtoient point le serment avec eux; ils ne se disoient pas même sujets du roi : tant il est vrai que ces termes de *vassal*, d'*homme*, de *sujet*, se prenoient alors dans une signification étroite et rigoureuse, et ne se rapportoient qu'au seigneur direct et immédiat, comme il seroit facile de le prouver par un grand nombre d'exemples.

On se contentera d'en expliquer deux qui ne peuvent souffrir aucune contradiction.

Le premier se trouve dans le livre intitulé : *Gesta sancti Ludovici*, page 365.

L'auteur de ce livre raconte qu'Enguerrant de Coucy, étant accusé d'avoir fait tuer deux ou trois jeunes enfans qui avoient chassé dans ses bois, demanda d'être jugé par les pairs de France, *secundùm consuetudinem baroniæ;* mais que l'on prouva contre lui qu'il ne tenoit pas sa terre *en baronnie*, parce que le titre de baronnie étoit attaché à la terre de Boucs et de Gournay, qui avoit été séparée de celle de Coucy par un partage : ainsi tout vassal qui tenoit en baronnie avoit le privilége d'être jugé par les pairs, et par conséquent, dans la première origine, il étoit souvent confondu avec les pairs de France.

Le second exemple est encore plus illustre. Le même historien, page 371, parlant du traité de 1259, par lequel Henri, roi d'Angleterre, renonça au duché de Normandie, aux comtés d'Anjou, du Maine, de Poitou et de Touraine, s'explique en ces termes : *Rex verò Franciæ dedit ei magnam summam pecuniæ, cum quâdam terrâ, quæ Petragoricum nominatur, versùs partes Gasconiæ situatâ ; eâ conditione, quòd cum terrâ illâ, totam Gasconiam de cætero à regibus Franciæ teneret in feodum, et indè homagium faciens, in numero baronum Franciæ adscriberetur; et, tanquam dux Aquitaniæ, esset de cætero unus de paribus Franciæ appellatus.*

On ne sauroit lire attentivement ces deux passages, sans être convaincu que, tenir en pairie et tenir en baronnie, étoient alors deux expressions synonymes; que les noms de baron et de pair se donnoient indifféremment à la même espèce de nobles, et que l'un de ces titres n'étoit pas moins honorable que l'autre, puisque le roi d'Angleterre demande à être admis au nombre des barons et à être appelé un des pairs de France.

En effet, l'un étoit alors une suite de l'autre; et c'est sans doute par cette raison, que, dans un acte de 1235, que les sieurs Dupuy ont fait imprimer dans le chapitre 7, n.º 5, des Preuves des libertés de l'église gallicane, et qui est au trésor des chartes de la couronne, il est dit expressément, « Que » l'archevêque de Reims et l'évêque de Beauvais » tiennent leur temporel du roi, *in paritate et* » *baroniâ* ».

Ainsi, comme le titre de pair, donné absolument, et sans aucune restriction qui le détermine, à la qualité de pair d'un seigneur particulier, signifie un pair de France; de même le titre de baron, donné en général et absolument, signifie un baron de France, ou, ce qui est la même chose, un grand vassal de la couronne.

Mais, si le nom seul de baron a cette force et cette signification, que sera-ce lorsque ce titre est rapporté manifestement au royaume en général; lorsque l'on voit que ceux auxquels les historiens ou les chartes donnent ce nom, sont appelés au gouvernement, et participent, comme barons du royaume, à l'administration des affaires publiques; alors, qui pourra douter qu'ils ne fussent attachés à la couronne par le plus sacré et le plus immédiat de tous les sermens, c'est-à-dire, celui des vassaux et des *hommes liges?*

Ainsi, quand Rigord rapporte, dans la Vie de Philippe-Auguste, page 53, que le comte de Boulogne s'étant soustrait à l'obéissance du roi pour s'allier avec Othon, empereur d'Allemagne, et avec Jean, roi d'Angleterre; le roi lui fit offrir de lui rendre ses terres et ses châteaux, s'il vouloit se soumettre au jugement *de sa cour et des barons du royaume;* quand le même auteur raconte, dans le même endroit, que le roi ayant mis en délibération s'il passeroit en Angleterre, cette proposition fut agréée *de tous les barons: Placuit iste sermo baronibus universis, et spoponderunt auxilium, et quòd etiam personaliter transfretarent cum ipso;* peut-on douter que les barons dont il est parlé dans ces deux passages, ne fussent les grands vassaux de la couronne, juges naturels de leurs pairs, et avec lesquels le roi traitoit alors les plus grandes affaires de la monarchie?

Or, ces deux degrés de preuves se réunissent ici en faveur du comte de Soissons. Il est appelé *baron* en général; il est compris, sous ce nom, avec les plus grands seigneurs du royaume. Si ce nom lui est donné, comme à eux, dans une occasion où il s'agissoit de ce qu'il y a de plus élevé et de plus important dans l'ordre du gouvernement, c'est-à-dire, de pacifier les troubles excités dans le royaume, et, par conséquent, de faire un acte de la plus haute baronnie, si l'on peut s'exprimer ainsi; qui pourra se persuader, après cela, qu'il ne tenoit pas le comté de Soissons à titre de baronnie, c'est-à-dire, immédiatement de la couronne?

Que si, malgré l'évidence de ces preuves, les évêques de Soissons ne veulent pas se rendre sur ce point, jusqu'à ce qu'on leur montre que le comte de Soissons a été mis précisément au nombre *des barons du roi,* et non pas seulement des barons en général, il est encore facile de les satisfaire, en leur faisant voir que ceux qui sont appelés simplement barons dans le titre qu'on vient de rapporter, sont nommés barons du roi dans une pièce du même temps, c'est-à-dire, dans une lettre du roi Louis le jeune au pape, par laquelle il lui explique ce qui s'étoit passé à Soissons. Cette lettre est aussi

rapportée, dans le même endroit, par André Duchesne, page 584, et elle commence par ces mots :
*Pro negotiis regni, convenimus cum baronibus
nostris, Suessionis.*

Il n'y a donc point ici d'équivoque à faire sur
le titre de barons ; c'est uniquement des barons du
roi, c'est des seigneurs, qu'il appelle ses barons
dans la lettre écrite au pape, que les lettres-patentes
de 1155 doivent être entendues ; et par conséquent
ces lettres prouvent évidemment qu'en 1155, le comte
de Soissons étoit un des barons du roi.

Si le roi Louis le jeune a donné, par ses lettres-
patentes de 1155, des preuves certaines de la véritable qualité du comte de Soissons, et de l'honneur
qu'il avoit de relever nûment de la couronne,
Philippe-Auguste, fils et successeur de ce prince,
lui a assuré pour toujours cet honneur, vers la fin
du même siècle, par la preuve de toutes la plus
authentique.

Un malheur qui arriva à ce roi, lui donna lieu de
laisser à sa postérité le monument précieux dans
lequel on trouve cette preuve.

Ce prince, à l'exemple des rois de la troisième
race, ses prédécesseurs, avoit accoutumé de faire
toujours porter avec lui le recueil des titres de la
couronne. Il tomba malheureusement dans une em-
buscade que le roi d'Angleterre lui avoit dressée
entre Blois et Fresteval : tout ce qu'il put faire fut
de sauver sa personne ; mais tous les titres de son
domaine demeurèrent entre les mains des Anglois.

Il chercha les moyens de réparer cette perte, et
il fit faire des perquisitions exactes de tous ses droits.
Il fit transcrire dans trois registres tout ce qu'une
recherche pénible et laborieuse put découvrir ; et,
pour prévenir un malheur pareil à celui qu'il venoit
d'éprouver, il ordonna qu'on déposeroit à l'avenir
les originaux de tous les actes qu'il avoit recouvrés,
ou qu'il passeroit à l'avenir, dans un lieu qui fut
ensuite appelé le trésor des chartes de la couronne,
et qu'outre cela, on enregistreroit ces actes dans des

registres qui pourroient suppléer, au défaut, les actes mêmes.

La perte que Philippe-Auguste fit dans cette occasion, et les soins qu'il prit pour la réparer, sont très-exactement décrits dans ces vers de Guillaume Lebreton.

Est inter fractam vallem, blesenseque castrum
Non multum celebri Belsogia nomine vicus,
. . . .
Quo dùm fortè suis rex cum baronibus esset,
. . . .
Emicat è latebris subitò rex anglus, inerme
De facili vulgus, onustum rebus et escis,
Dissipat, occidit, abducit, plaustra reducit.
. . . .
Nec parcit raptor nummis quibus arcta tumebant
Dolia, nec saccis quibus ornamenta latebant;
Scripta tributorum, fiscique chirographa, necnon
Cum reliquis rapitur rebus regale sigillum.
. . . .
Rex simul aspexit hostes non esse sequendos,
Ceptum pergit iter, amissaque cuncta novari
Imperat, et curâ majore novata tueri;
Qui sibi pro rebus amissis, vel meliora,
Aut œquè pretiosa quidem, reparare valebat,
De facili; sed scripta quibus prænosse dabatur,
Quid deberetur fisco, quæ, quanta tributa,
Nomine quid census, quæ vectigalia, quantùm,
Quisque teneretur feodali solvere jure;
Qui sunt exempti, vel quos angaria damnet,
Qui sint vel glebæ servi, vel conditionis,
. . . .
Nonnisi cùm summo potuit rescire labore.
Præfuit huic operi Galterus junior, ille
Hoc grave sumpsit onus in se qui cuncta reduxit
Ingenio natùrali, sensusque vigore,
In solitum rectumque statum præstructus ab illo
Esdra, qui docuit reparare volumina legis,
Atque prophetarum. . . . .

Ce n'est pas ici le lieu d'examiner si la comparaison que ce poëte fait de Galterus avec Esdras, est juste et convenable; mais cette comparaison sert au moins à faire voir quel étoit le respect que l'on avoit, du temps de Guillaume Lebreton, pour les recueils que Galterus avoit faits des anciens monumens qui pouvoient servir à établir les droits du roi. On a encore à présent une partie de ces recueils, dans deux registres qui sont au trésor des chartes, et qui sont apparemment deux des trois exemplaires qu'on prétend que Philippe-Auguste fit faire des actes qu'il recouvra par les soins de Galterus.

Il n'est pas nécessaire de s'étendre ici sur l'autorité que doivent avoir de tels registres, soit par leur grande antiquité, soit par la précaution avec laquelle on doit présumer qu'ils ont été faits.

Il reste maintenant à expliquer ce qu'ils contiennent par rapport au comté de Soissons, considéré dans le douzième siècle.

On trouve, à la tête de ces registres, une énumération des ducs et des comtes du royaume de France, sous le titre de *duces et comites regni Franciæ*.

Ce seroit une espèce de crime de douter de la fidélité et de la sincérité de cette liste, qui a sans doute été faite sur la représentation dés titres qui étoient entre les mains des vassaux; et d'ailleurs la mouvance des grands fiefs, comme le comté de Soissons et les autres, étoit si connue et si notoire en ce temps-là, qu'on n'avoit pas même besoin de la représentation des titres pour les mettre dans cette liste.

Or, dans l'énumération des ducs et des comtes *du royaume de France*, on trouve le nom du *comte de Soissons*.

La conséquence de ce fait est si naturelle et si évidente, qu'il n'est pas nécessaire de la tirer expressément.

On ne prévoit qu'un seul moyen que l'on puisse opposer à une preuve si convaincante.

D'Aguesseau. Tome VI. 4

Le sieur évêque de Soissons dira peut-être que le titre de *duces et comites regni Franciæ* signifie bien que les ducs et les comtes, dont le dénombrement est fait dans cette liste, étoient tous compris dans l'étendue du royaume de France ; mais que ce titre ne prouve pas que tous ces ducs et comtes, quoique compris dans le royaume, fussent mouvans immédiatement de la couronne.

Quatre observations détruisent pleinement cette objection.

La première est tirée de la conformité qui se trouve entre ces deux expressions, *comites regni* et *barones regni*. Or, on a déjà remarqué qu'il est indubitable que la dernière de ces deux expressions signifie un vassal immédiat de la couronne ; on doit donc porter le même jugement de la première.

La seconde observation est, qu'après l'énumération des comtes et des ducs, on trouve dans le même registre celle des barons, avec un titre semblable à celui qui est à la tête des ducs et des comtes, et qui est conçu en ces termes, *barones regni Franciæ*.

On ne peut pas douter que, par le titre de barons du royaume de France, on n'entende ici ceux qui tenoient leurs baronnies du roi ; autrement, si on avoit voulu comprendre dans cette liste tous les barons qui étoient dans le royaume, soit qu'ils fussent barons du roi, soit qu'ils fussent barons d'un comte ou d'un duc, comme du comte de Champagne ou du duc de Bourgogne, l'énumération en auroit été très-longue, au lieu que celle qui est faite dans le registre de Philippe-Auguste, se trouve bornée à un assez petit nombre de barons, qui n'excède pas celui de cinquante-sept.

Or, s'il est évident que, sous le titre *barones regni Franciæ*, on n'a voulu comprendre que les barons qui relèvent nûment du roi, il est certain que les termes *regni Franciæ* s'entendent de la mouvance, et non de la situation des terres ; mais si cela est vrai à l'égard des barons, comment pourra-t-on soutenir que les mêmes termes s'entendent d'une autre manière à l'égard des comtes, et que, pendant qu'il est certain que le titre de *barones regni Franciæ* signifie les barons qui étoient mouvans nûment de la couronne, ce même titre, appliqué dans le même registre, aux ducs et comtes, qui certainement ne sont pas inférieurs aux simples barons, n'ait plus qu'une signification vague et générale, et ne prouve autre chose si ce n'est que ces ducs et ces comtes étoient dans le royaume de France?

La dernière observation est, que l'on ne sauroit prouver que, de tous les autres comtes qui sont compris dans les listes du registre de Philippe-Auguste, il y en eût un seul qui ne fût pas alors dans la mouvance immédiate du roi.

Or, si cela est, comment pourra-t-on se persuader qu'au milieu de trente-trois comtes qui étoient tous vassaux de la couronne, on ait placé le comte de Soissons, qui, seul de tant de seigneurs compris dans cette liste, étoit, à ce que l'on prétend, vassal d'un seigneur particulier, c'est-à-dire, de l'évêque de Soissons, et cela pendant que, partout ailleurs, le comte de Soissons est égalé à ces mêmes comtes, c'est-à-dire, qu'il est appelé comme eux, *homme du roi, féal du roi, baron du roi?* Une telle supposition a si peu de vraisemblance, qu'elle ne mérite pas d'être réfutée avec plus d'étendue.

Enfin, pour achever d'expliquer les preuves du douzième siècle, on joindra, aux lettres de saint Bernard, à celles de Louis le Jeune, et à la liste tirée du registre de Philippe-Auguste, une quatrième preuve, qui est de même genre que les deux premières.

C'est un acte de l'an 1200, qui est inséré dans le même registre de Philippe-Auguste, par lequel ce prince déclare qu'il a reçu l'hommage de Blanche, veuve du comte de Champagne, et lui promet d'observer les conditions du traité fait entr'eux. Le roi ajoute ensuite à son engagement, suivant l'usage

4 *

de ce siècle, le serment *de ses barons*, et entre
autres *du comte de Soissons;* ce qu'il exprime par
ces termes :

Hæc omnia juravimus tenere et servare bonâ fide,
et fecimus jurari à baronibus nostris infrà scriptis,
videlicet, O. duce Burgundiæ, Heruco comite Ni-
vernensi, Goffrido comite Partici, R. comite Dro-
carum, Radulpho comite Suessionensi, etc.

Une telle pièce n'a pas besoin d'explication. Philippe-Auguste met le comte de Soissons au nombre
de *ses barons*, et il l'y met avec le duc de Bourgogne, le comte de Nivernois, le comte du Perche,
le comte de Dreux, qui étoient certainement alors
vassaux immédiats de la couronne. Il est difficile
de prévoir ce que l'on peut opposer à un tel argument.

Le treizième siècle, auquel il faut passer présentement, fournit au roi trois preuves différentes de
la mouvance immédiate du comté de Soissons.

La première est une sentence arbitrale, rendue,
en 1225, entre le comte de Soissons et l'évêque de
Laon.

La contestation, qui fut terminée par une sentence
arbitrale, regardoit les limites des terres du comte
et de celles de l'évêque, entre Ursel, qui appartenoit à l'évêque, et Pargny, qui appartenoit au
comte, et qui est, selon Dormey, une dépendance
du vicomté d'Ursel, membre du comté de Soissons,
super finibus et limitibus baroniarum nostrarum,
inter Parrigniacum et Ursellum; ce sont les termes
de la sentence.

Ils s'adressèrent au roi, leur commun seigneur,
et, en sa présence, ils passèrent un compromis entre
les mains de deux arbitres : *In præsentiâ excellen-*
tissimi domini nostri Ludovici, Francorum regis,
nos et dictus comes constituti (c'est l'évêque qui
parle), *in bonos viros compromisimus.* L'évêque de
Laon nomma, de sa part, Usuaris de Bania, chanoine
de son église ; le comte choisit Gauthier de Nanteuil,

chevalier, pour son arbitre, et le roi commit Regnault de Béronne, chevalier, son bailli, pour sur-
arbitre, en cas que les deux arbitres choisis par les
parties ne pussent s'accorder ; ce qui arriva, et le
sur-arbitre nommé par le roi, rendit une sentence par laquelle il régla les limites des lieux contestés.

On peut faire deux observations sur cette sentence, qui est au trésor des chartes.

L'une, que le comté de Soissons y est désigné
sous le nom *de baronnie*, et que ce nom lui est
commun avec le domaine de l'évêché de Laon, qui
étoit tenu du roi en pairie, et, par conséquent,
sans moyen. Ainsi, voilà le quatrième pair de France
avec lequel le comte de Soissons est égalé, quant
au titre et à la qualité de baron du roi ; car on a
déjà vu, dans les preuves précédentes, les comtes
de Soissons confondus avec les ducs de Bourgogne,
les comtes de Flandre et les comtes de Champagne.

La seconde observation est, que c'est au roi, leur
commun seigneur, qu'ils s'adressent, et non pas à
l'évêque de Soissons : *In præsentiâ excellentissimi
domini nostri Ludovici, regis Francorum..... compromisimus.*

Ce n'est point au roi, comme juge souverain,
qu'ils ont recours ; saint Louis n'entre, dans cette
affaire, que comme seigneur, puisqu'il ne fait qu'y
nommer un arbitre. Il est vrai que, comme le roi
étoit le seigneur commun, et qu'ainsi il n'avoit aucun
intérêt dans cette contestation, parce qu'il ne pouvoit perdre d'un côté sans acquérir de l'autre, l'évêque et le comte se soumettent au jugement de l'arbitre nommé par le roi ; mais cela n'empêche pas
que l'affaire ne se termine toujours par voie d'arbitrage, et rien n'étoit plus naturel que de s'adresser
au seigneur commun, dont la confirmation auroit
toujours été nécessaire, parce que l'on ne pouvoit
alors faire le moindre changement dans les fiefs,

sans le consentement et l'autorité du seigneur immédiat.

Pourquoi, dans tout cela, ne nomme-t-on pas seulement l'évêque de Soissons, s'il étoit vrai qu'il fût le seigneur direct du comté? On répondra peut-être que l'évêque de Laon ne devoit pas s'adresser à lui, parce que les intérêts de l'évêque de Soissons étoient les mêmes que ceux du comte son vassal; mais si l'évêque de Soissons n'entroit pas dans cette affaire comme juge, il devoit au moins y être appelé comme partie intéressée : cependant on n'y fait aucune mention de lui, le roi seul y agit comme seigneur commun et immédiat de l'une et de l'autre partie.

La seconde preuve du même siècle est tirée du jugement rendu par saint Louis, en 1230, contre Pierre de Dreux, dit Mauclerc, auquel assistèrent les *barons* du royaume : ils ne sont pas tous nommés dans l'acte, dont l'original est au trésor des chartes; mais le comte de Soissons est du nombre de ceux qu'on y nomme, avec les comtes de Champagne, de Flandre, de Nevers, de Blois, de Chartres, de Montfort, de Vendôme, de Roucy, Mathieu de Montmorency, connétable de France, Etienne de Sancerre, le vicomte de Beaumont.

Il est vrai que l'on trouve ces mots à la fin de l'acte, *et autres barons et chevaliers;* d'où l'on pourroit conclure que tous ceux qui ont assisté à ce jugement n'étoient pas barons, et par conséquent que cet acte ne prouve pas que le comte de Soissons le fût.

Mais quand on joindra cette pièce à toutes les autres dans lesquelles le nom de baron du roi est donné si expressément au comte de Soissons, on ne pourra pas douter que ce comte ne soit du nombre de ceux qui sont désignés sous le nom de barons, dans le jugement rendu contre Pierre de Dreux.

La dernière preuve du même siècle est tirée des lettres-patentes de l'an 1300, qui sont au trésor des chartes, par lesquelles le roi Philippe le Bel approuve et confirme la vente faite par Huës, comte de Soissons, à Charles de Valois, de tout le droit et de toute la seigneurie qui pouvoient lui appartenir en la forêt de Rets.

Il est important de transcrire ici les termes dans lesquels le comte de Soissons prie le roi d'accorder cette confirmation : *Supplions à très-haut prince et très-noble, nostre chier seigneur Phelipe, roi de France par la grace de Dieu, que il ladite vente ou ledit contract et toutes les choses dessus escrites, et chacune d'icelles, veuille loer et approuver, et par l'authorité royale confirmer.*

Si cette charte prouve, comme Claude Dormey l'a remarqué, que les comtes de Soissons ont autrefois possédé une partie de la forêt de Rets, elle ne prouve pas moins évidemment que cette dépendance du comté étoit dans la mouvance immédiate de la couronne, puisque c'est au roi seul qu'ils s'adressent pour obtenir la confirmation de la vente qu'ils en avoient faite, et qu'on ne peut pas douter que ce ne soit en qualité de seigneur féodal et immédiat que le roi approuve cette vente, puisqu'on n'y fait mention d'aucun autre seigneur.

Le quatorzième siècle, qu'il s'agit à présent de parcourir, finira le second temps, que l'on a distingué d'abord : à mesure qu'on avance dans ce siècle, et qu'on approche du troisième temps, on voit croître la lumière et la clarté ; c'est ce qu'il est facile de montrer par la simple exposition de deux sortes de pièces qui regardent deux faits importans renfermés dans l'espace de ce siècle.

Le premier est le partage fait entre les enfans de Louis de Châtillon, comte de Blois et de Soissons, et les pièces qui en dépendent.

Le second est le don ou délaissement fait par Guy de Châtillon, du comté de Soissons à Enguerrant, de Coucy et à Isabelle d'Angleterre, sa femme.

Pour expliquer les unes et les autres, il est nécessaire de reprendre ici, en peu de paroles, la suite des possesseurs du comté de Soissons.

Après la mort de Renaud, dernier comte de la maison de Vermandois, Guillaume de Buzac, de la maison des anciens comtes d'Eu, posséda ce comté, comme on l'a déjà expliqué. Il le transmit à ses descendans, qui en jouirent successivement pendant plus de 100 années.

Le dernier de ces comtes, qui s'appeloit aussi Regnauld, n'ayant point laissé d'enfans, le comté de Soissons passa dans la maison de Nesle, où il demeura pendant plus de deux siècles.

Hugues, dernier comte de cette maison, ne laissa qu'une fille héritière de ce comté, qui épousa Jean de Hainaut, seigneur de Valenciennes et de Beaumont.

Mais ce seigneur n'ayant laissé lui-même qu'une fille, le comté de Soissons fut porté dans la maison de Châtillon par le mariage de Jeanne de Hainaut avec Louis de Châtillon, comte de Blois.

De ce mariage sortirent trois enfans, Louis, Jean et Guy de Châtillon, qui partagèrent les biens de leur père en l'année 1361.

Le comté de Blois, avec plusieurs autres grandes seigneuries, échut en partage à Louis, qui étoit l'aîné; Jean, qui étoit le second, eut les terres de Hollande, Zélande et Frise; le comté de Soissons avec les terres d'Argies, Clary et Catheu, furent donnés à Guy de Châtillon. On trouve à la fin de ce partage, cette clause importante :

Nous requérons et supplions notre très-cher et redouté seigneur monsieur le roi, que les choses dessus dites de son autorité royale il veuille approuver, ratifier et confirmer, et y mettre son décret; et semblablement le requérons à notre seigneur et cousin le comte de Hainault, de Hollande et de Zélande, quant à ce qui lui peut toucher pour les terres dessusdites qui sont tenues de lui et de sa seigneurie.

Ce partage fut suivi d'un acte de délaissement et de dessaisine, fait par Louis de Châtillon, en faveur du même Guy, le 13 juillet 1366; cet acte étoit nécessaire, parce que Louis de Châtillon auroit été reçu en foi pour le comté de Soissons, dont il avoit apparemment rendu hommage comme aîné et principal héritier, et parce que la coutume de Vermandois, qui régit ce comté, est une coutume *de vest et devest*, dans laquelle le fief qui change de possesseur doit être remis entre les mains du seigneur, qui en investit ensuite le nouveau vassal, et qui lui en donne la possession. Il falloit donc que Louis de Châtillon se démît de la foi dans laquelle il étoit entré, pour substituer son frère à sa place par le ministère et l'autorité du seigneur.

C'est pour cela qu'il est dit, dans l'acte du 13 juillet 1366, que Louis de Châtillon requiert les seigneurs de qui les terres comprises dans le partage de Guy de Blois sont tenues, de le recevoir en leur foi et hommage; et il ajoute ensuite ces termes importans : *Et nous, à cette fin, nous délaissons de la foi et hommage en quoi nous en fusmes envers eux ; et d'abondant nous avons fait et établi.... nos procureurs.... auxquels donnons pouvoir de reconnoître pour nous, en notre nom, devant tous seigneurs, ledit partage au profit dudit Guy, notre frère ; d'eux dessaisir pour nous, si le convient, de la possession que nous en avons, et délaisser de la foi et hommage en laquelle nous en fusmes.... de requerre que ledit Guy, notre frère, ou son procureur, en soit reçu en foi et hommage, ou au moins tenu en souffrance.*

Ce n'étoit pas sans raison que Louis de Châtillon requéroit les seigneurs directs des terres échues à Guy de Châtillon, son frère, de le recevoir à hommage par procureur, ou de lui accorder souffrance. Guy étoit absent depuis long-temps pour la cause publique ; Louis de Châtillon, son frère aîné, ayant été choisi pour être du nombre des ôtages donnés par le roi Jean, lorsque ce prince sortit de sa prison, Guy de Châtillon avoit bien voulu prendre sa place, et il étoit encore retenu en Angleterre, lorsque Louis passa l'acte de délaissement dont on vient de parler.

Tout ce qu'il put faire dans sa captivité, fut de donner une procuration à cinq personnes différentes *pour entrer en foi et souffrance;* c'est ainsi qu'il s'explique dans la procuration datée du lendemain de la pentecôte 1366.

En vertu de cette procuration, Huë de Villiers, un des procureurs constitués par Guy de Châtillon, se présenta au roi pour lui rendre hommage du comté de Soissons et des terres d'Argies, de Clary et de Catheu, ou pour obtenir souffrance.

Le roi prit le dernier parti, et, après avoir reçu le serment de féauté de Huë de Villiers, *il mit Guy de Châtillon en souffrance, jusqu'à un mois après son retour en France.*

Ce seigneur fut obligé d'acheter bien cher ce retour; il lui en coûta le comté de Soissons pour revoir sa patrie; c'est ce que l'on va voir dans les actes qui regardent le second fait de ce siècle, c'est-à-dire, le délaissement du comté de Soissons à Enguerrant de Coucy.

Mais il faut auparavant s'arrrêter en cet endroit, pour tirer les conséquences importantes qui résultent des actes que l'on vient d'expliquer.

1.° Il suffiroit de s'arrêter au premier de ces actes, pour reconnoître que le comté de Soissons étoit alors dans la mouvance immédiate de la couronne.

On a remarqué la clause qui termine cette pièce, par laquelle Louis, Jean et Guy de Châtillon prient le roi et le comte de Hollande d'approuver leur partage; on ne dira pas, sans doute, que le comté de Soissons fût tenu en fief du comte de Hainaut et de Hollande; c'est donc le roi seul que l'on prie, comme seigneur direct et immédiat de ce comté, d'approuver le partage que les trois frères venoient de faire.

C'est en vain que l'évêque de Soissons a prétendu éluder la force de cet argument, en disant que les

enfans de Louis de Châtillon demandoient la confirmation du roi comme souverain et non comme seigneur féodal.

M.ʳᵉ Thomas-Amédée de Savoye lui a fermé la
bouche par des observations qui ne souffrent aucune
réplique.

Il lui a fait voir qu'il étoit inoui que l'on eût jamais
supplié le roi de confirmer un partage qui n'étoit pas
fait entre ses vassaux. Il a remarqué, avec beaucoup
de raison, que, si l'on pouvoit soutenir que les enfans
de Louis de Châtillon s'étoient adressés au roi comme
à leur souverain, il falloit dire aussi qu'ils avoient
regardé le comte de Hainaut comme leur souverain,
puisqu'ils lui font la même prière qu'au roi, dans
le même acte et dans la même clause ; mais qu'au
contraire, puisqu'ils parloient de la même manière
et au roi et au comte de Hainaut, on ne pouvoit
s'empêcher de reconnoître que, de même que la prière
faite au comte Hainaut étoit fondée sur sa qualité
de seigneur féodal, ainsi la supplication faite au
roi avoit pour objet la même qualité de seigneur
direct et immédiat.

Enfin, M.ʳᵉ Thomas-Amédée de Savoye a aussi
relevé fort à propos ces termes décisifs qui se trouvent
dans la clause dont il s'agit, par rapport au comte
de Hainaut : *Quant à ce qui lui peut toucher pour
les terres dessus dites qui sont tenues de lui et de
sa seigneurie.*

Qui pourra douter, après cela, que cette clause ne
soit uniquement fondée sur la qualité de seigneur
féodal ? L'entendra-t-on d'une manière à l'égard du
roi, et d'une autre manière à l'égard du comte de
Hainaut ? Et qui pourra-t-on persuader que la même
prière, conçue dans les mêmes termes, dans le même
acte, dans la même clause, s'applique cependant en
deux sens si différens, qu'à l'égard du roi elle ne
regarde que la qualité de souverain, et qu'à l'égard
du comte de Hainaut elle tombe sur la qualité de
seigneur féodal ?

Une telle objection ne méritoit pas d'être proposée dans une affaire si importante ; ainsi l'induction de cette clause demeure toute entière : le roi
seul est prié de confirmer le partage par rapport
au comté de Soissons; l'évêque n'est pas seulement
nommé dans cet acte, et, par conséquent, ou il n'y
avoit aucune portion du comté qui relevât de lui,
ou si l'on veut soutenir, à cause des énonciations
qui se trouvent dans les actes suivans, que l'évêque
étoit seigneur de quelques terres dépendantes du
comté, il falloit que cette mouvance fût bien peu
importante, puisque l'on n'a pas jugé à propos de
faire mention de lui dans ce partage, ni de lui
demander son approbation.

2.° On ne sauroit examiner attentivement les trois
actes qui suivent le partage, c'est-à-dire, la procuration
de Guy de Châtillon ou de Blois, le délaissement
de Louis, et enfin les lettres-patentes par lesquelles
le roi accorde à Guy la souffrance qu'il demandoit,
sans y découvrir la preuve évidente de trois hommages consécutifs rendus au roi pour le comté de
Soissons.

Telle est la nature de ces actes, que le dernier
hommage y rappelle le second, et que le second suppose nécessairement le premier; ainsi il est nécessaire
de renverser l'ordre naturel, et de remonter du
dernier de ces hommages au premier, pour suivre
la gradation des preuves, au lieu de descendre du
premier au dernier, comme on devroit le faire, s'il
étoit nécessaire de suivre l'ordre des temps.

Pour commencer donc par le dernier hommage,
qui est celui que Guy de Châtillon a rendu par procureur, il est difficile de trouver une preuve plus
solennelle et plus décisive de la justice des droits
du roi sur la mouvance du comté de Soissons.

Dans le préambule des lettres-patentes du roi
Charles V, qui contiennent le récit de ce qui s'est
passé dans cet hommage, le roi marque d'abord,
que Louis de Châtillon, comte de Blois, s'est des-
saisi entre les mains du chancelier de France, à ce

commis par le roi, du comté de Soissons et des terres d'Argies, de Clary et de Catheu, et de toutes les appartenances d'icelles, pour et au profit de Guy, frère dudit comte, et démis de la foi et hommage, en quoi ledit comte étoit tenu envers nous, et quelques autres seigneurs nos sujets.

On développera bientôt le véritable sens de ces derniers termes, dont les évêques de Soissons prétendent tirer avantage. Mais, pour ne point interrompre la suite de l'acte, on continuera d'expliquer le préambule des lettres du 26 juillet 1366. Le roi le finit en marquant, « que Louis de Châtillon l'a » requis et supplié de saisir Huë de Villiers du comté » de Soissons et des autres terres ci-dessus déclarées, » et de le recevoir en foi comme procureur de Guy » de Blois, ou de lui donner souffrance ».

Si le préambule de ces lettres est favorable aux droits du roi, le dispositif l'est encore plus.

Nous ouïe ladite supplication et requête, ledit Huë de Villiers, au nom et comme procureur dudit Guy de Blois, avons saisi et saisissons, en tant comme à nous est, desdits comté de Soissons et terres d'Argies, Clary et de Catheu, et de toutes les appartenances d'iceux; et parce qu'icelui Guy de Blois est en ostage en Angleterre pour notre très-cher seigneur et père, dont Dieu aie l'ame, l'en avons mis et mettons en souffrance, jusques à un mois après qu'icelui Guy de Blois sera retourné ez parties de France, et délivré ou élargi dudit ostage, parmi ce que ledit Huë, pour icelui Guy de Blois et en son nom, nous en a fait serment féauté.

Enfin, l'adresse de ces lettres contient « une in- » jonction aux baillis et receveurs de Vermandois, » et à tous autres officiers, de faire et laisser jouir » ledit Guy de Blois du comté de Soissons et des » terres d'Argies, etc. ».

Ce ne sont point ici de simples énonciations, c'est une preuve directe et invincible de la supériorité immédiate du roi; tout y parle en sa faveur : c'est entre les mains de son chancelier que Louis de Châtillon se démet de la foi; c'est le roi que ce seigneur prie d'accepter sa démission, et de saisir Guy de Blois, son frère; c'est le roi qui saisit ensuite Guy de Blois ou son procureur, qui accorde souffrance à Guy, qui reçoit son procureur à un serment provisionnel; enfin, c'est le roi qui commande à tous ses officiers de faire jouir Guy de Châtillon du comté de Soissons.

Le même fait est encore énoncé dans l'acte de délaissement fait à Enguerrant de Coucy, que l'on va expliquer. Guy de Blois y dit, en parlant de lui-même : *Nous et nos députés avons été mis en bon respy de la foi et hommage que faire devons pour cause dudit comté* (de Soissons) *et acquêts, par notre très-puissant et très-redouté seigneur monsieur le roi de France.*

Ainsi l'hommage est constant, la mouvance est indubitable; on ne peut plus contester que sur l'étendue des terres comprises dans cet hommage. Mais, en attendant qu'on ait montré les limites de ce qui relevoit du roi, et de ce qu'on prétendra avoir été toujours tenu de l'évêque, il est certain que le comté de Soissons est porté au roi comme un plein fief de la couronne.

Ainsi, toutes les conjectures que l'on a faites, toutes les présomptions que l'on a ramassées se trouvent justes et incontestables; elles sont vérifiées par les actes : et, après avoir été portées par le raisonnement jusqu'au dernier degré de la vraisemblance, elles reçoivent par les titres le caractère évident de la vérité.

Mais ce n'est pas assez d'avoir trouvé dans cet acte un hommage rendu par Guy de Blois; il faut aller plus loin, et y découvrir un hommage précédent rendu par Louis de Châtillon.

Cette seconde vérité n'est pas moins sensible que la première.

Pour pouvoir se dessaisir, il faut avoir été saisi; pour se démettre de la foi, il faut y avoir été admis;

or, Louis de Châtillon s'est dessaisi du comté de Soissons, donc il en avoit été saisi ; il s'est démis de la foi, donc il y avoit été admis.

Réunissons ici deux actes importans, qui ont déjà été expliqués.

Le premier est l'acte de dessaisine et de délaissement du comté de Soissons et des terres d'Argies, etc., fait par Louis de Châtillon en faveur de Guy, le 13 juillet 1366.

Le second est l'acte par lequel le roi Charles V a saisi et investi le procureur de Guy de Blois du comté de Soissons, le 26 juillet 1366.

Par le premier, Louis de Châtillon dit expressément *qu'il baille, qu'il délivre* et qu'il *délaisse* le comté à son frère ; *qu'il se délaisse,* c'est ainsi qu'il s'exprime, *de la foi et hommage,* comme s'il disoit *qu'il s'en démet.*

Par le second, le roi déclare formellement *que le comte de Blois s'est dessaisi du comté de Soissons en la main du chancelier de France.*

Qui peut douter, après cela, que Louis de Châtillon n'ait été saisi, investi, revêtu du comté de Soissons, par l'hommage qu'il en avoit rendu ?

Mais, pour ne laisser aucun lieu de douter d'un fait si important, il suffit d'employer les termes mêmes de l'acte du 13 juillet ; ils n'ont besoin d'aucun commentaire. Louis de Châtillon y répéte deux fois « qu'il étoit entré en foi et qu'il avoit été reçu à l'hommage ».

Il le dit une première fois dans la clause par laquelle il *requiert le roi, l'évêque de Soissons et tous autres seigneurs, de qui sont tenues lesdites terres, de recevoir son frère en leur foi et hommage ; et nous,* dit-il, *à cette fin nous délaissons de la foi et hommage en quoi nous fusmes envers eux.*

Il le dit une seconde fois, dans la clause par laquelle il constitue quatre différens procureurs pour consommer sa dessaisine et son délaissement entre les mains des seigneurs, « auxquels, dit-il, nous avons

» donné pouvoir de délaisser de la foi et hommage
» en laquelle nous en fusmes envers lesdits sei-
» gneurs ».

Enfin, à tant de preuves, on peut ajouter celle qui
se tire d'un acte donné par Jean de Châtillon, le jour
de pâques fleuri de l'an 1366 : cet acte sera bientôt
expliqué avec plus d'étendue par rapport au fait
d'Enguerrant de Coucy; mais en attendant, on peut
toujours observer que Jean de Châtillon dit expressément dans cet acte, que son frère, *M. le comte de
Blois* (c'est-à-dire Louis de Châtillon) *s'est dessaisi
et délaissé de la foi et hommage du comté de Soissons;* ce qui concourt avec toutes les autres preuves
que l'on a déjà rapportées, et montre évidemment que
le comte de Blois étoit entré en foi pour le comté de
Soissons.

Voilà donc un second hommage bien prouvé et
bien établi; il reste maintenant à faire voir que ce
second en suppose nécessairement un premier, rendu
par le père de Louis, de Jean et de Guy de Châtillon.

Pour mettre cette proposition dans tout son jour,
il est important de jeter encore une fois les yeux sur
le partage fait entre les trois frères, en l'année 1361,
et de faire de nouvelles réflexions sur la clause par
laquelle ils prient le roi de confirmer et d'approuver
leur partage.

On a déjà fait voir que cette prière s'adresse au
roi comme seigneur féodal; ainsi on ne peut pas
douter que les enfans de Louis de Châtillon ne
fussent persuadés que le comté de Soissons étoit
dans la mouvance du roi; or, comment pouvoient-
ils le savoir, et en donner des preuves dans le
premier acte qu'ils ont fait entr'eux après la mort
de leur père, si ce n'est parce que leur père avoit
lui-même fait hommage de ce comté au roi, et qu'il
l'avoit reconnu pour son seigneur immédiat. Il est
donc vrai de dire que cet acte renferme une preuve
implicite de la foi rendue par le père; et qu'ainsi,
en suivant l'ordre des inductions, plutôt que celui

des temps, on découvre dans ces pièces trois hommages qui remontent de l'un à l'autre, si l'on peut
parler ainsi, et qui se rappellent successivement :
celui de Guy de Blois énonce celui de Louis de
Châtillon, son frère, et le partage fait entr'eux suppose nécessairement l'hommage du père.

Telle est la seconde induction qui résulte de ces
actes, et par laquelle on finira ce qui regarde le
premier fait du quatorzième siècle, c'est-à-dire, le
partage des enfans de Louis de Châtillon, et les
actes qui en dépendent.

Le second fait, qui est le délaissement du comté
de Soissons, fait par Guy de Châtillon en faveur
d'Enguerrant de Coucy et d'Isabelle d'Angleterre, sa
femme, est encore plus considérable que le premier ;
et l'on ne craint point d'avancer que ce fait, bien
développé et expliqué dans toutes ses circonstances,
est si décisif, qu'il suffiroit presque seul pour faire
adjuger au roi la mouvance du comté de Soissons.

On a déja observé que Louis de Châtillon ayant
été choisi pour être du nombre des ôtages que le
roi Jean donna au roi d'Angleterre pour obtenir sa
liberté, Guy de Châtillon, son frère, voulut bien s'engager à prendre sa place, et à passer en Angleterre
au lieu de lui, à condition qu'il paieroit toute sa dé-
pense dans ce royaume, tant que l'ôtage dureroit.

Après plusieurs années de prison, Guy de Châtillon, ennuyé d'une si longue captivité, se résolut
d'acheter sa liberté aux dépens de la plus considérable partie de ses biens ; et la fortune lui en fit
naître l'occasion en l'année 1367. La même disgrâce
qui l'avoit conduit en Angleterre, y avoit aussi
amené Enguerrant de Coucy ; mais ce seigneur ayant
eu le bonheur de plaire à Isabelle, fille du roi
d'Angleterre, il fut enfin choisi pour être le gendre
de celui auquel il avoit été donné en ôtage. A peine
eut-il recouvré sa liberté par une si haute alliance,
qu'il pensa à retourner en sa patrie, et à y augmenter
le nombre des grandes seigneuries qu'il y possédoit ;
le comté de Soissons étoit à sa bienséance, on fit

entrevoir à Guy de Blois qu'il pourroit obtenir sa liberté, s'il abandonnoit ce comté à Enguerrant de Coucy et à Isabelle d'Angleterre. Le désir de revoir sa patrie, et l'ennui d'une longue prison, le déterminèrent à y consentir. Mais comme cet abandonnement étoit la rançon de ce seigneur, comme cette rançon devoit appartenir à la fille du roi d'Angleterre, le conseil de ce prince, qui étoit lui-même intéressé dans cette affaire, parce que, suivant le témoignage de Froissard, la cession du comté de Soissons devoit, en quelque manière, tenir lieu de dot à Isabelle d'Angleterre, et décharger le roi son père de la rente de 4000 livres qu'il lui avoit promise, crut devoir prendre toutes les précautions imaginables pour assurer la cession du comté de Soissons, et contre les défauts de formalité et contre le repentir d'un prisonnier qui n'abandonnoit son bien que pour recouvrer sa liberté.

C'est à ces deux points que peuvent se rapporter toutes les sûretés que l'on exigea de Guy de Châtillon.

Par rapport à la forme, on l'obligea d'abord à rapporter les consentemens de ses frères, et la permission du roi : l'un et l'autre étant également nécessaires ; l'un, par rapport à la qualité du bien, qui étoit un propre ; et l'autre, par rapport à la qualité du fief, qui étoit mouvant du roi.

Mais, parce que le conseil du roi d'Angleterre étoit instruit des anciens usages du royaume, et de la disposition précise de la coutume de Vermandois, qui régit le comté de Soissons, suivant laquelle tout vassal qui aliéne son fief, doit le remettre entre les mains de son seigneur immédiat, il exigea une dernière formalité de Guy de Châtillon, et il l'engagea à obtenir du roi Charles V, qu'il lui plût d'envoyer un commissaire en Angleterre, pour remplir rigoureusement la solennité prescrite par la coutume ; c'est-à-dire, pour recevoir au nom du roi le *devest* ou la démission de Guy de Châtillon, et pour *investir* ensuite Enguerrant de Coucy.

A l'égard du fond, pour prévenir les retours et les changemens de volonté que l'on pouvoit appréhender de la part de Guy de Châtillon, lorsqu'étant revenu en France, il considéreroit à quel prix il avoit acheté sa liberté, on crut que, quoiqu'il traitât par lui-même dans cette affaire, il étoit nécessaire d'exiger de lui qu'il ratifieroit en France la cession qu'il faisoit en Angleterre, et que, dans l'état d'une liberté parfaite, il confirmeroit tout ce qu'il avoit fait pendant sa captivité.

Dans toutes ces vues, et avec toutes ces précautions, se passe le traité du 5 juillet 1367.

On peut y distinguer deux parties; la première ne regarde que les contractans; la seconde regarde également et les contractans et le roi.

Dans la première, Guy de Châtillon « cède, donne » et transporte *à Enguerrant de Coucy et à Isabelle* » *d'Angleterre*, sa femme, tout le comté de Soissons » et aussi tous les acquêts que son frère, Louis de » Châtillon, y avoit faits, *avec toutes appartenances* » *et dépendances*; et il s'engage, *loyalement et de* » *bonne foi, à donner de semblables lettres de la-* » *dite cession, donation et transport*, à Enguerrant » de Coucy, *aussitôt qu'il sera au royaume de* » *France* ».

Dans la seconde, *il se dévestit et démet du comté de Soissons*, entre les mains de Guillaume Blondel, commissaire du roi, et le prie d'en investir Enguerrant de Coucy et Isabelle d'Angleterre, sa femme.

Guillaume Blondel exécute ensuite sa commission; et, après avoir reçu la démission de Guy de Châtillon, il *investit* Enguerrant et Isabelle, et enjoint à Enguerrant de se retirer par-devers le roi aussitôt qu'il sera en France, pour lui rendre hommage du comté de Soissons.

Cet acte fut passé le 5 juillet de l'année 1367.

La liberté de Guy de Châtillon, qui avoit été le prix de cette cession, lui fut rendue apparemment aussitôt qu'il l'eut signée; il passa en France peu de temps après; il y *ratifia*, le 16 de septembre

5 *

suivant, tout ce qu'il avoit fait en Angleterre par rapport à la cession du comté de Soissons.

Ainsi se termina cette grande affaire, dont le simple récit est une espèce de démonstration de la justice des droits du roi sur la mouvance du comté de Soissons.

On y joindra néanmoins trois réflexions importantes, moins pour fortifier l'impression que l'exposition toute nue de cette histoire a dû faire, que pour recueillir en peu de mots et pour réunir toutes les inductions qui en résultent.

1.º On y voit le roi Charles V exercer tous les droits d'un seigneur féodal direct et immédiat; et il semble même que ceux qui ont dressé les actes de cette affaire, aient pris plaisir à prévenir toutes les distinctions et les équivoques par lesquelles on auroit pu diminuer la force de ces actes, si leurs expressions avoient été moins propres et moins énergiques.

On ne relèvera point ici ce qui est dit en plusieurs endroits de ces actes, que le comté de Soissons est *tenu en fief du roi*.

Quelque fortes que soient ces énonciations, comme les actions doivent toujours l'emporter sur les paroles, ce que Guy de Châtillon, ce que le roi et Guillaume Blondel, son commissaire, enfin ce qu'Enguerrant de Coucy et Isabelle d'Angleterre ont fait dans cette affaire, mérite encore plus d'être remarqué que ce qu'ils ont dit.

Or, qu'ont-ils fait, et quelle a été toute la suite de leur démarche, par rapport à la mouvance?

Pour en concevoir toutes les conséquences, il est nécessaire de se remettre devant les yeux la disposition de la coutume de Vermandois, dont la cour trouvera l'application si juste à tout ce qui s'est passé dans cette affaire, qu'elle ne pourra pas douter que le conseil du roi d'Angleterre ne l'ait eue en vue dans la forme qu'il a jugé à propos de donner à cet acte, qui n'est à proprement parler qu'une exécution fidèle et littérale de ce qui est prescrit par cette coutume.

Elle s'exprime en ces termes dans l'article 126 :

En vertu de don fait entre-vifs, legs testamentaire, venditions, ou autres contrats, ceux auxquels sont donnés aucuns fiefs, ou usufruits d'iceux, ne se peuvent dire en possession desdits fiefs, sinon que les donateurs, vendeurs, ou autres, dont ils ont le droit, ou procureur pour eux, se DEVESTENT, ou dessaisissent, ez mains des seigneurs dont ils sont tenus, ou de leurs baillifs et officiers; et que lesdits donataires, ou acheteurs, soient reçus en foi et hommage par iceux seigneurs, ou leurs baillifs, et en soient mis en possession.

Telle est la loi du pays dans laquelle le comté de Soissons est situé; telles sont les formalités qui doivent s'observer dans l'aliénation des fiefs : le seigneur est une partie essentielle et nécessaire du contrat; c'est en ses mains que l'ancien vassal se dépouille; c'est de lui que le nouveau vassal reçoit l'investiture et la possession. Les solennités, que chacune des trois parties qui entrent nécessairement dans cet acte doit observer, sont exactement marquées dans la coutume.

Voyons maintenant comment elles ont été accomplies dans la cession faite à Enguerrant de Coucy, et commençons par ce qui regarde Guy de Châtillon.

Il s'adresse d'abord au roi, pour obtenir la liberté de *disposer* du comté de Soissons en faveur d'Enguerrant de Coucy; et dans quels termes lui demande-t-il cette permission ? C'est le roi lui-même qui les rapporte dans le préambule de la commission adressée à M.ᶜ Guillaume Blondel : *Ad supplicationem Guidonis de Blessis.... nos prædictam translationem et cessionem approbando, ipsum Guidonem ad devestiendum se de comitatu prædicto, et suis adjunctis, nec non de eisdem investiri dictum dominum de Couciaco comitem, authoritate nostrâ regiâ dignaremur.*

Il s'agit donc ici d'un acte de pure féodalité, s'il

est permis de s'exprimer ainsi; il s'agit de *devest* et de *vest*, c'est-à-dire, de dévestir l'ancien vassal, et de vestir le nouveau : voilà ce que l'on demande au roi. Pouvoit-on marquer en termes plus expressifs quel étoit le véritable seigneur féodal dont le comté de Soissons relevoit?

Continuons de suivre exactement les démarches de Guy de Châtillon. Le roi lui accorde la permission qu'il lui demandoit; il ne s'agit plus que de consommer la cérémonie du dévestissement. Voyons de quelle manière la chose est exprimée dans l'acte du 5 juillet 1367; c'est Guy de Châtillon qui parle :

Et d'abondant nous sommes dévestus et démis desdits comté de Soissons, et aussi de tous les acquêts, et des hommages que pour cause d'iceux sommes tenus à faire, ez mains de sage et honorable personne messire Guillaume Blondel, chevalier, conseiller de monsieur le roi de France, et commissaire député de par ledit monsieur le roi de France; et ce que ladite démission et dévestion pour nous, nos hoirs successeurs, veuille recevoir, et notredit cousin le seigneur de Coucy et madame Isabelle, sa compagne.... veuille saisir et investir réellement et de fait.

Comment Guy de Châtillon pouvoit-il mieux montrer que le roi étoit seigneur suzerain immédiat du comté de Soissons, qu'en se démettant entre les mains du commissaire du roi, non-seulement du comté, mais des hommages qu'il étoit tenu de faire pour ce comté, et pour les acquêts que Louis de Châtillon y avoit faits? C'est ainsi que la foi retourne à son principe : il en avoit reçu le gage des mains du roi Charles V, par la souffrance que ce prince lui avoit accordée; il remet cette même foi entre les mains de celui dont il l'avoit reçue, pour en faire passer ensuite le lien et l'engagement dans la personne d'un autre, c'est-à-dire, d'Enguerrant de Coucy.

Telle est donc la conduite de la première partie qui entre dans ce acte de dévestissement.

Examinons présentement ce que le seigneur, c'est-à-dire le roi, fait de sa part dans cette action; et comment il y soutient le caractère, et y remplit les obligations de seigneur immédiat.

Il accorde d'abord à Guy de Blois le consentement qu'il lui demande, et il approuve en même temps et le partage par lequel Guy avoit acquis la propriété du comté de Soissons et le dessein qu'il avoit de s'en dépouiller en faveur d'Enguerrant de Coucy.

Nos igitur dictum partagium, sicut prædicitur, factum inter fratres prædictos ex nunc auctoritate nostrâ regiâ gratum et acceptum habemus; et dictum transportum et cessionem, cùm facta fuerit, habebimus et ratificabimus.

Il commet en même temps Guillaume Blondel pour recevoir la démission de Guy de Châtillon, et pour investir Enguerrant de Coucy :

Vobis...... præsentium tenore mandamus, et committimus, quatenùs dictum Guidonem ad devestiendum de comitatu Suessionensi, et partium suis prædictis adjunctis, admittatis vice et nomine nostro; et devestione hujusmodi receptâ, investiatis dictum dominum de Couciaco.

Enfin, en vertu de cette commission, Guillaume Blondel assiste au traité qui se passe en Angleterre; et voici comme il explique lui-même les deux parties de sa fonction, dont la première consistoit à dévestir Guy de Châtillon, et la seconde à investir Enguerrant de Coucy :

Nous Guillaume Blondel..... ladite démission et dévestion avons reçu et recevons. Voilà la première partie des devoirs ou des prérogatives du seigneur féodal, au nom duquel Guillaume Blondel parle et agit en cette occasion.

Voici maintenant la seconde : *Et ledit seigneur de Coucy et madame Isabelle, sa femme, pour eux, leurs hoirs et successeurs; par la teneur et tradition de ces présentes, investissons et saisissons pour et au nom de notre seigneur le roi de France.....*

*et outre par vertu de notre commission, offrons à
bailler audit sire de Coucy et à madame Isabelle,
sa femme, ou à leurs députés... la saisine et la possession de ladite comté de Soissons, et aussi de tous
les acquêts dessusdits.*

Et, parce que la commission de Guillaume Blondel
ne lui donnoit pas le pouvoir de recevoir l'hommage
d'Enguerrant de Coucy, il ajoute ces mots importans
et décisifs : *Et avec ce, par vertu de notre commission,
et aussi par commandement à nous fait de bouche
de par le roi de France........ avons commandé
et enjoint audit sire de Coucy, que sitôt qu'il sera
au royaume de France, il se traye par-devant le roi
de France monsieur, pour lui faire la féauté et
hommage que tenu lui est de faire, à cause de ladite
comté de Soissons, et aussi de tous les acquêts dessusdits.*

C'est par ces paroles que Guillaume Blondel achève
de remplir le ministère et les fonctions du seigneur
féodal, qu'il avoit l'honneur d'exercer au nom du
roi.

Il reste une dernière partie de cette cérémonie
à expliquer; c'est ce qui regarde la conduite du
nouveau vassal, dont le silence et la soumission ne
publient pas moins hautement la supériorité immédiate du roi, que les expressions de Guy de
Blois, et celles de Guillaume Blondel.

Il reçoit dans cet acte l'investiture du roi par les
mains de son commissaire : « il s'engage de rendre
» hommage au roi du comté de Soissons et de
» ses dépendances, aussitôt qu'il sera revenu en
» France. »

C'est ainsi que les trois parties, qui entrent nécessairement dans cet acte, conspirent également à
établir la justice des droits de la couronne sur la mouvance du comté Soissons.

Que l'on compare exactement leur conduite et
leurs démarches avec la disposition de l'article 126
de la coutume de Vermandois, on trouvera que

Guy de Châtillon, qui se démet, Enguerrant de Coucy, qu'on investit, et le roi, qui reçoit la démission de l'un, et qui accorde l'investiture à l'autre, ont tous trois, chacun dans leur caractère, également accompli toutes les solennités prescrites par la coutume ; Guy de Châtillon y satisfait, lorsqu'en qualité *de donateur*, suivant le texte littéral de la coutume, *il se dévestit et se dessaisit ez mains du seigneur ou de son officier.*

Le roi y satisfait, lorsque, suivant le même texte, il commande à Enguerrant de Coucy, par la bouche de son commissaire, de lui rendre hommage aussitôt qu'il sera en France, et lui offre *de le mettre en possession.*

Enfin, Enguerrant de Coucy y satisfait, lorsqu'il reçoit l'investiture du commissaire du roi, lorsqu'il s'engage à recevoir la possession de sa main, lorsqu'il se soumet à rendre, avant toutes choses, la foi et hommage au roi, lorsqu'il sera revenu en France.

Il est impossible de trouver une exécution plus parfaite de l'ordre établi par la coutume, et par conséquent une preuve plus complète de la seigneurie directe du roi.

2.° Ce n'est pas assez d'avoir montré, dans la première observation, que le roi a exercé pleinement en cette occasion, toutes les fonctions de seigneur féodal immédiat ; il faut encore ajouter ici qu'il a exercé ces fonctions, par rapport à tout le comté de Soissons, sans partage et sans distinction.

En effet, on trouve, à la vérité, dans les actes préliminaires qui ont précédé la donation faite à Enguerrant de Coucy, quelques énonciations qui semblent faire entendre qu'il pouvoit y avoir quelque portion de terre possédée par les comtes de Soissons, qui relevât des évêques ; mais comme apparemment on n'avoit jeté cette énonciation dans ces actes que par un excès de précaution, et dans un temps où l'on n'étoit pas encore suffisamment instruit de la vérité, aussitôt qu'elle a été plus connue, on a entièrement retranché toutes ces expressions équivoques, et l'on a dit absolument et sans aucune exception, que l'hommage étoit dû au roi pour le comté de Soissons.

C'est ce qui paroît dans les actes par lesquels on doit juger véritablement de la mouvance, c'est-à-dire, par la commission donnée à Guillaume Blondel, et par la cession du comté de Soissons, et l'investiture qui l'accompagne.

On ne parle plus, dans ces actes, d'une manière incertaine et équivoque.

Le roi dit clairement et absolument dans le premier, qu'il veut que Guillaume Blondel reçoive Guy de Blois au dévestissement du comté de Soissons: *Guidonem ad devestiendum de comitatu Suessionensi et prædictis adjunctis admittatis.*

Et Guillaume Blondel s'explique aussi fortement dans le second de ces actes, quand il dit « qu'il » investit le seigneur de Coucy du comté de Sois- » sons, et de tous les acquêts qui en dépendent » ; et quand il *commande* et enjoint au même Enguerrant *de se retirer pardevers le roi, aussitôt qu'il sera en France, pour lui faire la féauté et hommage qu'il est tenu de lui faire, à cause de ladite comté de Soissons, et aussi de tous les acquêts dessusdits.*

De toutes ces expressions, il n'y en a pas une qui ne suppose et qui ne prouve évidemment que le roi fut alors reconnu seul seigneur direct du comté de Soissons.

3.º La dernière observation que l'on doit faire sur ces deux actes, c'est-à-dire, sur la commission de Guillaume Blondel, et sur l'acte de cession du comté de Soissons, est qu'il n'y est fait aucune mention de l'évêque de Soissons.

Pour faire voir d'une manière sensible quelle est la force de cet argument négatif, il faut rappeler ici toutes les circonstances de cette affaire, son éclat et son importance, l'élévation de ceux qui y étoient intéressés, le grand desir qu'ils avoient d'en assurer le succès et d'en affermir l'exécution ; l'un, pour se procurer la liberté ; l'autre, pour acquérir avec sûreté une terre telle que le comté de Soissons, qui devenoit en quelque manière la dot d'Isabelle d'Angleterre ; enfin le grand nombre de précautions que l'on prit pour engager Guy de Châtillon d'une manière irrévocable, et pour donner à la cession qu'il faisoit du comté de Soissons, toute la solennité dont un tel acte pouvoit être susceptible.

Au milieu de toutes ces circonstances, qui pourra se persuader que, si la dignité comtale, si le corps même du comté avoient été mouvans, pour quelque partie, de l'évêché de Soissons, ni le conseil de Guy de Châtillon, ni celui d'Enguerrant de Coucy, ni celui du roi d'Angleterre, n'eussent pris aucunes précautions par rapport à l'évêque de Soissons, et qu'on ne lui eût pas seulement fait l'honneur de le nommer dans cet acte.

S'il étoit seigneur en partie du comté de Soissons, on auroit dû lui demander son consentement, comme on a demandé celui du roi ; cependant on ne lui demande pas.

Guy de Châtillon devoit se démettre entre ses mains de la portion du comté qui, dans cette supposition, auroit relevé de l'évêché ; cependant il ne le fait point.

Comme le roi envoyoit un commissaire en Angleterre, pour dégager son ancien vassal, et pour engager le nouveau, de même on auroit dû y faire trouver un procureur de l'évêque de Soissons, pour y faire les mêmes fonctions que le commissaire du roi, par rapport à ce qui dépendoit de l'église de Soissons ; c'est cependant ce que l'on n'observe point.

Enfin, comme le commissaire du roi investit Enguerrant de Coucy, et lui enjoint de rendre hommage au roi dès qu'il sera revenu en France ; ainsi le procureur de l'évêque auroit dû investir le seigneur de Coucy de ce qui relevoit de lui, et le charger de s'acquitter envers l'évêque, du devoir de la foi.

Cependant on ne trouve rien de tout cela dans

cet acte : ni consentement de l'évêque, ni procureur nommé pour assister à la cession du comté, ni investiture de sa part, ni injonction de rendre l'hommage. Est-ce par oubli, ou par négligence, qu'une formalité si essentielle a échappé à un conseil si éclairé ? Mais toutes les autres circonstances de cette affaire excluent absolument cette supposition. Est-ce par ignorance des droits de l'évêque ? Mais il en étoit fait mention dans les actes préliminaires ; ainsi on ne pouvoit pas ignorer ses prétentions.

Que reste-t-il donc à conclure, si ce n'est qu'on avoit apparemment reconnu, dans l'intervalle de ces actes, que si l'évêque avoit quelques droits sur les terres possédées par les comtes, cela ne regardoit ni le corps du comté, ni les nouveaux acquêts faits par Louis de Châtillon ? Voilà pourquoi l'on cesse tout d'un coup de parler de l'évêque ; sans cela ce changement seroit aussi inexplicable qu'il devient facile à comprendre, lorsqu'on en a une fois rendu cette raison.

Qu'on ne dise point ici qu'il n'est pas impossible que l'évêque ait été consulté sur la mutation qui arriva par la donation que Guy de Châtillon fit à Enguerrant de Coucy, et qu'il y ait donné son consentement comme seigneur direct ; mais qu'il peut se faire que l'acte qui en contenoit la preuve ait péri par l'injure des temps.

Une telle supposition, si l'on vouloit la faire, se détruiroit elle-même.

1.° Il seroit assez difficile de concevoir par quelle fatalité un acte si important auroit été tellement anéanti qu'il n'en resteroit aucun vestige, pendant que l'on voit d'ailleurs que les évêques de Soissons ont conservé avec soin les pièces les plus informes et les actes les plus inutiles, pour augmenter les prétendues mouvances.

2.° Quand même la longueur du temps auroit dérobé cet ancien monument aux évêques de Soissons, on devroit toujours en trouver l'énonciation

dans l'acte de transport fait par Guy de Blois. On
ne sauroit trop répéter que cet acte est parfait dans
toutes ses parties, qu'il ne manque rien, ni à sa
solennité, ni à son intégrité : il est indubitable que
si l'on avoit demandé, si l'on avoit obtenu le consentement de l'évêque, il en seroit fait mention
dans cet acte, dans lequel on a non-seulement énoncé,
mais transcrit tous les actes préliminaires qui l'ont
précédé ; ainsi, puisque le consentement de l'évêque
ne se trouve pas inséré dans cette affaire, on est
en droit d'assurer avec confiance que ce consentement
n'a jamais été ni demandé ni donné.

Enfin, il ne faut pas non plus que l'évêque de
Soissons prétende tirer avantage de ce que, dans
une clause de la cession du comté de Soissons,
Guy de Châtillon supplie et requiert le roi de
France, *et tous autres*, de recevoir d'Enguerrant
de Coucy l'hommage du comté de Soissons.

Ces mots *et tous autres*, sont des termes de pur
style ; ils sont si vagues et si généraux, qu'il n'y a
aucun seigneur qui ne pût se les appliquer avec
autant de raison que l'évêque de Soissons ; ce n'est
point par de telles expressions, qui sont visiblement
l'ouvrage de la plume du notaire, c'est par les actions
des parties intéressées, que l'on doit apprendre à
connoître quel est le véritable seigneur ; et, sans répéter ici tout ce qui a déjà été dit sur ce sujet,
il est certain que le véritable seigneur est celui qui
dévestit et qui investit celui auquel Guy de Châtillon avoit rendu hommage, celui auquel Enguerrant de Coucy s'oblige de le rendre, en un
mot, celui qui fait ou qui permet tout ce qui se
passe dans cet acte. Il n'y a pas un de ces caractères qui ne s'applique au roi, et il n'y en a aucun
que l'évêque puisse s'appliquer.

Reprenons donc ici les trois observations qui
viennent d'être expliquées, sur le fait important
de la cession du comté de Soissons, faite en faveur
d'Enguerrant de Coucy.

Le roi y exerce formellement et expressément

les droits de seigneur direct immédiat ; c'est la première observation.

Secondement, le roi y exerce ces droits, par
rapport à tout le comté de Soissons, sans partage
et sans exception.

Enfin, il n'est fait aucune mention de l'évêque
dans ces actes, et il n'y est pas seulement nommé.

On laisse à juger après cela, si l'on n'a pas eu
raison de dire d'abord, que ce qui s'est passé dans
cette affaire pouvoit suffire, lorsqu'on en pèseroit
bien toutes les circonstances, pour faire adjuger au
roi la mouvance du comté de Soissons.

Ce n'est donc pas sans sujet que les évêques de
Soissons ont fait tant d'efforts pour combattre un
si grand argument. Ils l'ont presque confondu avec
celui qui se tire du partage fait entre les enfans
de Louis de Châtillon, et des actes qui l'accompagnent ; et, comme leurs objections contre ces deux
argumens sont fondées sur les mêmes moyens, on
a cru devoir différer d'y répondre jusqu'à cet endroit, afin d'éviter les répétitions dans une affaire
déjà si longue, et si vaste par elle-même.

Dans la forme, ils ont dit que, comme on ne
rapportoit que de simples copies de tous ces actes,
ils ne pouvoient faire aucune foi en justice ; que
d'ailleurs aucun de ces actes n'étant passé ni avec
l'évêque de Soissons, ni en sa présence, ils ne
pouvoient lui faire aucun préjudice.

Dans le fond, ils ont avancé d'abord que, dans
tous ces actes, le roi n'avoit parlé et n'avoit agi que
comme roi, et non comme seigneur féodal.

Mais, comme ils ont bien senti que ce système
ne pouvoit se soutenir, et qu'ils ne persuaderoient
à personne que le roi n'avoit pas agi dans cette
affaire comme seigneur féodal, ils ont prétendu, en
second lieu, que ce n'étoit que par rapport à quelques
directs que les comtes de Soissons tenoient en fief
du roi, comme le droit de battre monnoie, les
aubaines, les bâtardises, etc.

Ils ont dit, en troisième lieu, que tous ces actes

étoient couverts par la reconnoissance formelle qu'Enguerrant de Coucy avoit faite de la justice des droits de l'évêque, depuis qu'il étoit devenu paisible possesseur du comté de Soissons.

Enfin, après avoir contredit ces titres, ils ont voulu en tirer avantage, et ils ont prétendu que ces actes prouvoient au moins qu'une partie du comté relevoit de l'évêché de Soissons.

C'est ainsi que les évêques de Soissons ont accumulé toutes sortes de moyens et de la forme et du fond, pour détruire des actes dont ils craignent, avec raison, les justes conséquences.

On ne croit pas qu'il soit nécessaire de s'attacher à réfuter sérieusement la première objection, qui se tire de la forme dans laquelle ces actes ont été produits.

L'on auroit pu même se contenter de renvoyer les évêques de Soissons aux justes reproches que M.ᵉ Thomas-Amédée de Savoye leur a faits, d'attaquer la forme des pièces qu'ils avoient eux-mêmes produites, et dont on employoit contre eux la copie que le sieur le Gras, évêque de Soissons, en avoit fait signifier dès l'année 1659.

Mais comme, pour retrancher tout prétexte d'incidenter sur la forme de titres qui sont si importans pour la défense des droits de la couronne, M.ᵉ Thomas-Amédée de Savoye a produit une expédition de ces actes en bonne forme, tirée de la chambre des comptes de Blois, il est inutile de s'arrêter plus long-temps à détruire cette objection.

La seconde, qui ne regarde encore que l'extérieur et l'écorce de ces titres, n'est pas plus solide, et ne mérite pas une réponse beaucoup plus longue.

Il est vrai dans le fait, qu'aucun de ces actes n'est passé avec l'évêque de Soissons, ni en sa présence; mais c'est par cette raison-là même qu'ils sont décisifs contre lui; c'est parce qu'il n'a point été appelé à la conclusion d'une affaire à laquelle tout seigneur féodal du comté de Soissons devoit être présent, qu'on a raison de conclure que ceux qui ont dressé le principal et le plus considérable de ces actes, avec tant de prudence et de précaution, n'ont pas cru que la mouvance du comté appartînt à l'église de Soissons. Comment prétend-on donc détruire, par ce défaut de présence de l'évêque, un acte dont une des principales inductions se tire de ce qu'il a été passé en son absence?

Mais cette objection paroîtra encore plus inconcevable, si l'on considère que, par-là, le sieur évêque de Soissons établit des principes qui lui ôtent, en un moment, cette multitude de titres sur lesquels il prétend que sa cause est fondée. Il n'y en a presque aucun qui paroisse fait avec le roi; on ne dira pas, sans doute, que le roi ne puisse pas opposer à l'évêque de Soissons un moyen que l'évêque de Soissons croit pouvoir relever contre le roi. Il faut donc effacer d'un seul trait de plume presque tous les titres produits par les évêques de Soissons, et lorsqu'ils se verront ainsi dépouillés de tous ces actes, ils se repentiront, sans doute, d'avoir établi contre eux-mêmes, sans y penser, une loi qui commencera alors à leur paroître injuste.

Mais qu'ils ne s'y trompent pas, cette loi pourroit bien être juste contre eux, sans être juste contre le roi.

En effet, la qualité de souverain et de seigneur dominantissime met cette extrême différence entre le roi et les autres seigneurs de fief, que, comme la présomption est toujours pour le roi, il n'a pas besoin d'assurer les actes qu'il passe, dans ce qui regarde ses mouvances, par la présence d'un contradicteur légitime; mais il n'en est pas de même des seigneurs particuliers : ils sont toujours dans l'obligation de prouver leurs exceptions contre la règle générale, et de faire approuver par le roi les actes qui confirment leurs prétentions, lorsqu'ils veulent s'en servir contre lui; sans cela, ces actes n'étant point passés avec le roi, ne détruisent pas la présomption générale que le roi a toujours droit d'alléguer en sa faveur.

D'ailleurs, où en réduiroit-on la majesté royale, si l'on obligeoit le roi à faire autoriser par la présence et la signature de ses sujets, les actes qu'il passe par rapport aux fiefs qui dépendent de lui? A quel seigneur faudroit-il qu'il s'adressât? L'assujetti-roit-on à aller chercher et démêler, dans le nombre de tous les seigneurs de fiefs, ceux qui peuvent avoir intérêt de combattre sa mouvance?

Les seigneurs particuliers, au contraire, n'ont point de peine à découvrir ni à reconnoître le contradic-teur légitime dont ils doivent obtenir le consentement et l'approbation; l'ordre public du royaume le leur montre dans la personne du roi seul: ainsi on peut leur imputer justement de n'avoir pas pris la précaution de faire approuver par le roi les actes qu'ils passent; et c'est opposer un contredit très-solide à leurs titres, que de dire que le roi n'en a eu aucune connoissance: mais, lorsqu'ils prétendent rétorquer cette maxime contre leur souverain, ils ne font que fournir des armes contre eux-mêmes, sans pouvoir donner au-cune atteinte aux titres du roi.

Enfin, quand on voudroit oublier, pour un mo-ment, ces différences essentielles qui distinguent le roi des autres seigneurs, par rapport à l'application de cette maxime, il faudroit au moins reconnoître qu'elle peut bien avoir lieu pour des actes obscurs qui ne sont connus que des parties mêmes qui les passent; mais ce seroit abuser étrangement de ce principe, que de l'étendre aux actes qui se passent, pour ainsi dire, à la face de toute la terre, et qui ont deux royaumes pour témoins. Il faudroit que l'évê-que de Soissons eût été bien étranger dans sa patrie, pour ignorer un fait aussi éclatant que celui de la cession du comté de Soissons à Enguerrant de Coucy; et s'il ne l'a pas ignoré, pourquoi l'a-t-il approuvé par son silence? Et comment veut-il, aujourd'hui, se faire, de ce silence même, un moyen pour atta-quer un acte qui est d'autant plus fort pour le roi, que l'évêque y a eu moins de part?

Que si l'on passe, des objections qui regardent la forme et l'extérieur de ces actes, à celles qui en at-taquent le fond et la substance même, elles pourront d'abord paroître un peu plus spécieuses ; mais, après un examen sérieux, on ne les trouvera pas plus solides.

Il faut même retrancher du nombre des objections spécieuses, ce que le conseil des évêques de Soissons a cru devoir avancer, lorsqu'il a prétendu que, dans toute la suite des actes qui ont été expliqués, le roi avoit agi, non comme seigneur féodal, mais comme roi.

Ainsi, quand les enfans de Louis de Châtillon ont supplié le roi de confirmer leur partage, et que, dans le même temps, et par la même clause, ils ont requis le comte de Hainaut de faire la même chose *pour les terres qui étoient tenues de lui et de sa seigneurie*, si l'on en croit les évêques de Soissons, ce n'étoit pas au seigneur féodal, c'étoit au roi qu'ils s'adressoient.

Ainsi, quand Louis de Châtillon déclaroit si précisément qu'il étoit entré *en foi pour* le comté de Soissons, et qu'il s'en étoit démis entre les mains du chancelier de France, quand, sur sa démission, le roi accordoit souffrance à Guy de Châtillon, et recevoir le serment de féauté qui étoit prêté par Huë de de Villiers, son procureur ; cette foi de Louis, cette souffrance de Guy de Châtillon, ce serment de féauté fait par Huë de Villiers, tout cela, suivant les évêques de Soissons, ne signifioit pas que le roi étoit seigneur direct du comté de Soissons, mais seulement qu'il en étoit le souverain, et ces actes appartenoient, non à la seigneurie, mais à la royauté.

Ainsi, quand Charles V charge Guillaume Blondel de recevoir le *dévestissement* de Guy de Châtillon, et d'*investir* Enguerrant de Coucy, ce n'est pas le seigneur féodal qui parle, c'est le roi.

Enfin, quand Guy de Châtillon dit qu'il se démet de l'hommage du comté de Soissons entre les mains du commissaire du roi ; quand ce commissaire investit Enguerrant de Coucy ; quand il commande à ce seigneur d'aller rendre hommage en personne, au roi, du comté de Soissons, c'est un langage impropre ;

selon l'interprétation des évêques, qui veut dire seulement, que le roi avoit la souveraineté du comté de Soissons.

Pour soutenir de si étranges propositions, on a recours à des argumens démentis par le fait, et condamnés par le droit; on avance qu'il ne s'agissoit, dans tout ce qui faisoit le sujet de la commission de Guillaume Blondel, que de faire passer valablement la propriété du comté de Soissons des mains de Guy de Châtillon dans celles d'Enguerrant de Coucy, et qu'il y a une extrême différence entre l'acquisition de la propriété et l'inféodation.

Le roi, ajoute-t-on, a autorisé l'une, mais il ne s'est point mêlé de l'autre, ou s'il a paru y entrer, c'est parce que Guillaume Blondel a excédé son pouvoir, en ordonnant à Enguerrant de Coucy de rendre hommage du comté de Soissons au roi; on ajoute encore que, malgré l'affectation de ce commissaire, il paroît visiblement qu'il n'étoit question, par rapport au roi, que de la simple translation de la propriété, soit parce qu'il est dit dans l'acte que Guillaume Blondel a saisi Enguerrant de Coucy par la tradition du contrat, formalité qui n'appartient pas à l'inféodation; soit parce que, si le roi étoit entré dans cette affaire comme seigneur féodal, il ne devoit pas assister à la cession qui étoit faite par Guy de Châtillon, attendu, dit-on, *qu'un seigneur de fief n'est pas une partie nécessaire dans les actes translatifs de la propriété des biens qui relèvent de lui.*

Enfin, pour donner quelque couleur à toutes ces suppositions, on insinue que la présence du roi n'a été requise dans cet acte, que parce que le roi d'Angleterre a désiré qu'un témoin si auguste scellât irrévocablement un traité dont il avoit tant de raisons de craindre la résolution.

Après l'explication des principes de fait et de droit qui ont été posés, on pourroit se dispenser de répondre à de si foibles objections.

En effet, à qui pourra-t-on persuader qu'il ne soit question dans ces actes, que de la translation de la

6*

propriété, et non pas d'une véritable investiture, quand on voit que Guy de Châtillon prie le roi de lui permettre de céder le comté de Soissons? Ce consentement, cette permission du roi, auroient-ils été nécessaires, s'il n'eût pas été le seigneur féodal, direct et immédiat du comté de Soissons? Mais d'ailleurs, faut-il encore répéter ici les termes dans lesquels cette permission est demandée et accordée? Les expressions de *devest* et de *vest* ne sont-elles pas nées, pour ainsi dire, avec les fiefs? Ne sont-elles pas absolument consacrées aux matières féodales? Et où a-t-on vu un seul exemple d'un acte dans lequel le roi ait accordé l'investiture d'une terre dont il n'étoit pas le seigneur immédiat?

C'est avancer un fait encore plus surprenant, que de soutenir que Guillaume Blondel est sorti des bornes de sa commission, lorsqu'il a commandé à Enguerrant de Coucy de se retirer pardevers le roi, pour lui rendre hommage du comté de Soissons.

En quels termes falloit-il donc que le roi s'expliquât pour lui donner le pouvoir de faire ce commandement, si ceux qui se trouvent dans sa commission ne sont pas suffisans? Guillaume Blondel est nommé pour accorder à Enguerrant de Coucy l'*investiture* du comté de Soissons, et ce pouvoir ne renferme-t-il pas celui de recevoir la foi de ce seigneur, ou du moins de lui enjoindre de la rendre? Mais d'ailleurs on n'a pas pris garde, quand on a fait cette objection, que Guillaume Blondel dit expressément dans l'acte dont il s'agit, qu'il fait ce commandement tant en vertu de sa commission, *qu'en conséquence du commandement à lui fait de bouche par le roi.*

Osera-t-on accuser ce commissaire de fausseté, et lui reprocher d'avoir pris en vain le nom de son maître dans une affaire si délicate et si éclatante? Ou bien voudra-t-on soutenir qu'un acte de l'année 1367, et qui a par conséquent 336 ans d'antiquité, n'est pas encore assez vieux pour pouvoir lui appliquer la règle commune, *in antiquis enunciativa probant?*

Cependant, s'il n'y a rien de plus mal fondé que le reproche que le conseil des évêques de Soissons fait à Guillaume Blondel d'avoir excédé les bornes de son pouvoir, tout leur systême est renversé, toutes leurs distinctions s'évanouissent, parce qu'en un mot, si Guillaume Blondel n'a fait que suivre exactement les bornes de sa commission, on ne peut plus soutenir, avec la moindre apparence de vérité, qu'il ne s'agissoit que d'une simple translation de propriété, et non d'une véritable *investiture*.

C'est donc en vain que l'on relève, comme une circonstance importante, la forme de la *saisine* que Guillaume Blondel accorde à Enguerrant de Coucy, lorsqu'il dit qu'il le saisit par la tradition du contrat.

Il y a même lieu de croire qu'on n'auroit pas fait cette objection, si l'on avoit examiné, avant que de la proposer, la disposition de l'article de la coutume de Vermandois qui a été expliqué; on y auroit remarqué que c'est au seigneur qu'il appartient de mettre l'acquéreur en possession : pourquoi cela ? Parce qu'avant que le nouveau vassal soit revêtu, il faut que l'ancien ait été dépouillé : or, par ce dépouillement, si l'on peut parler ainsi, la possession du fief passe entre les mains du seigneur, et par conséquent, c'est au seigneur qu'il est réservé d'en faire la tradition.

Personne n'ignore qu'il y a deux sortes de traditions : une, réelle et véritable, qui se fait lorsque l'acquéreur est conduit par le vendeur, ou par le seigneur, dans le fief qu'il s'agit de remettre entre ses mains; l'autre, feinte et imaginaire, qui se fait ou par la tradition du contrat, ou par d'autres signes dont le droit romain fournit plusieurs exemples.

De ces deux espèces de traditions, la première étoit impossible, parce que l'acte de cession du comté de Soissons se passoit en Angleterre; ainsi, au défaut de la tradition réelle, il fallut avoir recours à la tradition feinte, et elle se fit par le ministère du seigneur, suivant la disposition de la coutume de Vermandois; on suivit même si exactement cette coutume, que Guillaume Blondel offrit, au nom du roi, de faire mettre Enguerrant de Coucy en possession du comté : par-là, il joignit en quelque manière, les deux espèces de tradition ; et la tradition feinte, qui fut faite en Angleterre, ne fut que le gage et le symbole de la tradition réelle, qui devoit se consommer en France.

Cette conformité parfaite de la coutume de Vermandois avec ce qui se passa dans la cession du comté de Soissons, devoit encore empêcher les évêques de Soissons de dire, comme ils l'ont fait, que le roi, comme seigneur féodal, ne devoit pas assister à la cession du comté de Soissons, parce qu'un seigneur de fief n'est pas partie nécessaire dans les actes translatifs de la propriété des fiefs qui dépendent de lui. La simple lecture de la coutume de Vermandois fait tellement tomber cette objection, qu'il y a lieu de présumer qu'on ne la répétera plus, et qu'on avouera de bonne foi, que la présence du seigneur féodal étoit absolument nécessaire dans cet acte ; si cela est, pourquoi n'y trouve-t-on pas l'évêque de Soissons ?

Enfin, quand on dit que la présence du roi n'a été requise que parce qu'il s'agissoit de traiter en quelque manière avec le roi d'Angleterre, c'est répéter en d'autres termes une objection qui pèche également dans le fait et dans le droit, comme on croit l'avoir suffisamment démontré ; mais quand les évêques de Soissons l'ont proposée, ils n'ont peut-être pas prévu les conséquences que l'on pouvoit en tirer contre eux.

Car enfin, quand on supposeroit que le roi d'Angleterre auroit désiré que le roi confirmât ce traité comme roi, quoique sa confirmation fût inutile s'il n'étoit pas seigneur immédiat du comté de Soissons, il faudroit au moins avouer qu'en cela le roi d'Angleterre prenoit une précaution extraordinaire et surabondante : or, qui pourra se persuader que le même prince qui cherchoit des sûretés extraordinaires dans cette affaire, ait négligé les formalités les plus communes et les plus ordinaires, et que, pendant qu'il fait intervenir le roi dans cette affaire, où sa présence, selon les évêques de Soissons, n'étoit qu'une présence d'honneur et non de nécessité, il ait oublié d'observer une solennité aussi essentielle et aussi inviolable, suivant la coutume de Vermandois, que celle d'appeler l'évêque de Soissons, qui, selon eux, étoit le seigneur direct et immédiat?

Mais c'est trop s'arrêter à effacer des couleurs qui disparoissent d'elles-mêmes au premier rayon de la vérité; il faut passer à la seconde objection que les évêques de Soissons ont faite contre les mêmes actes, par rapport au fond de leurs dispositions.

Ils ont enfin reconnu qu'il étoit impossible que le roi n'eût agi dans toute la suite de cette affaire comme seigneur féodal; mais afin d'éluder la conséquence de cette vérité, ils ont dit que le roi a pu agir comme seigneur féodal, ou parce que le comté de Soissons est un arrière-fief de la couronne, ou même parce qu'il y a quelques droits du comté que les comtes de Soissons tiennent immédiatement du roi, comme la monnoie, les aubaines, les épaves, etc., et ils veulent faire entendre que ce ne peut être tout au plus que par rapport à ces droits que le roi est entré dans cette affaire comme seigneur féodal.

On ne peut s'empêcher de dire ici qu'il est avantageux à la cause du roi d'être combattue par de telles objections.

Qu'y-a-t-il en effet de plus propre à en faire sentir la justice, que de voir que, pour répondre aux titres du roi, on est obligé d'avancer ces propositions singulières? Que c'est comme arrière-vassal que Guy de Châtillon se démet entre les mains du roi; que c'est comme seigneur médiat que le roi investit Engüerrant de Coucy, et que c'est dans la même qualité qu'il lui ordonne, par la bouche de son commissaire, de venir lui rendre la foi : comme si le devoir de la foi avoit jamais été rendu à d'autres qu'au seigneur immédiat : comme si tout autre seigneur n'étoit pas incapable de recevoir le dévestissement de l'ancien vassal et d'investir le nouveau.

Mais on fait encore plus de violence, s'il est possible, à la lettre et au texte des actes, quand on soutient que le roi n'est entré dans cette affaire en qualité de seigneur féodal et immédiat, que par rapport à quelques droits qu'on reconnoît que les comtes de Soissons tenoient en fief de la couronne, comme la monnoie, les aubaines, etc.

Ainsi, dans le style nouveau dont on se sert pour expliquer les actes dont il s'agit, le terme de *comté* ne signifie que quelques droits possédés par les comtes de Soissons.

Nous venons de voir dans l'objection précédente, que l'on a voulu changer la force et la signification naturelle de tous les termes, pour faire entendre de la souveraineté ce qui ne peut jamais être entendu que de la seigneurie féodale, directe et immédiate ; mais dans l'objection présente, on porte encore plus loin ce changement, et l'on suppose que, quoique tout le comté relevât de l'évêque, on a dit néanmoins que ce comté devoit être porté en fief au roi, parce qu'il y avoit quelques-uns des droits possédés par les comtes, qui étoient tenus immédiatement de la couronne.

Cette objection est du nombre de celles qu'il suffit de rapporter pour les détruire. En effet, on pourroit demander ici si le conseil des évêques de Soissons est bien persuadé lui-même que, quand Guy de Châtillon supplie le roi de lui permettre de se dévestir du comté de Soissons et de ses appartenances, et d'en investir Enguerrant de Coucy ; quand le roi commet Guillaume Blondel pour investir ce seigneur de ce même comté ; quand Guy de Châtillon déclare qu'il cède, donne et transporte *toute ladite comté* ; quand Guillaume Blondel dit qu'il offre, au nom du roi, de bailler au sire de Coucy la saisine et la possession de ladite comté, et qu'il enjoint à ce seigneur de se retirer par-devers le roi, *pour lui faire la féauté et hommage que tenu est de*

faire à cause de ladite comté ; enfin, quand les parties contractantes et le commissaire du roi, répètent
dans cet acte, jusqu'à huit fois, le nom de *comté de
Soissons* sans aucune restriction, ils ont entendu parler, non du véritable comté de Soissons, mais de
quelques droits particuliers qui appartenoient aux
comtes.

Une interprétation si forcée et si extraordinaire,
ne sera pas sans doute soutenue plus long-temps ;
mais si on y insistoit encore, il seroit facile de la
faire cesser absolument par trois réflexions qui ne
souffrent aucune réplique.

La première est que, dans la cession faite par Guy
de Châtillon, il enjoint à tous les féaux et sujets du
comté de Soissons, de reconnoître désormais Enguerrant de Coucy pour leur seigneur : dira-t-on
qu'il ne s'agissoit alors que des droits d'aubaines,
d'épaves, etc. ? Et comment osera-t-on seulement
proposer que ces droits, détachés de toute terre et
de tout domaine, composoient un fief dont il y avoit
plusieurs vassaux qui relevoient ?

La seconde est que Guy de Blois cède non-seulement le comté de Soissons, mais les acquêts faits
par Louis de Châtillon son frère : il déclare qu'il se
démet entre les mains du roi, de l'hommage qu'il
avoit rendu *pour les acquêts,* aussi bien que pour
le comté ; et Guillaume Blondel commande au seigneur de Coucy de rendre hommage au roi, *et pour
la comté et pour les acquêts.* Or, si cela est, comme on
n'en peut douter, n'est-il pas évident qu'il s'agissoit,
dans cet acte, du domaine du comté, et non de
quelques droits particuliers seulement ? Sans cela,
comment ces acquêts faits par Louis de Châtillon se
seroient-ils trouvés dans la dépendance du roi ? Il est
certain que les acquêts ne pouvoient tomber dans la
même mouvance que le corps du comté, que par
une espèce d'accroissement, d'union, de confusion :
or, comment supposera-t-on que cet accroissement,
cette union, cette confusion, se soient faits entre des
terres acquises par Louis de Châtillon, et des droits

incorporels qui n'étoient attachés à aucun domaine ? Qui ne voit, au contraire, que ces terres se sont unies naturellement aux autres terres qui composoient le comté dont elles dépendoient, et que, parce que le comté étoit dans la mouvance du roi, ces nouvelles acquisitions sont aussi tombées dans la même mouvance, et par conséquent que c'est le comté, et non pas seulement quelques droits particuliers des comtes, que le roi transmettoit en la personne d'Enguerrant de Coucy, lorsqu'il lui accordoit l'*investiture* dont il est parlé dans cet acte.

La troisième est que ces droits particuliers dont on veut composer le fief mouvant du roi, ne pouvoient pas être dans sa mouvance, puisqu'il les possédoit en propriété, et que ces droits faisoient partie de son domaine.

La preuve en est écrite dans un registre de la chambre des comptes, cotté *Touraine* 139, où l'on trouve une assiette et prisée de terre de l'an 1404, pour 500 livres de rente que Charles VI avoit données à Louis duc d'Orléans, son frère, en augmentation d'apanage, à prendre sur ses domaines de Soissons et de Laon en Vermandois.

On lit, dans cette assiette, un article qui est conçu en ces termes : *Item, le droit que le roi a et prend en la ville de Soissons, comté et appartenances et dépendances, sur les bâtards, espaves, aubaines, etc.*

Comment peut-on donc soutenir que les épaves et les aubaines composoient ce fief, pour raison duquel on suppose que le roi entra dans cette affaire, puisque l'on voit que ces mêmes droits étoient alors compris dans le domaine du roi, et que, par conséquent, ils ne pouvoient pas être dans sa mouvance ? Mais en voilà trop, encore une fois, sur une telle objection.

Le troisième argument dont on se sert pour donner atteinte aux mêmes titres dans le fond, est tiré de deux actes par lesquels les évêques de Soissons ont voulu prouver que le même Enguerrant de Coucy, qui avoit d'abord reconnu la seigneurie directe et immédiate du roi, d'une manière si éclatante, avoit, dans la suite, rendu justice à l'évêque, et l'avoit traité comme son seigneur.

Le fait qui a servi de fondement à ces deux actes, qui sont des années 1393 et 394, est que Jean de Clamecy ayant avancé la somme de 800 livres pour la construction d'un monastère de célestins, qu'Enguerrant de Coucy avoit eu la dévotion de faire bâtir, ce seigneur voulut le dédommager de cette somme qu'il avoit avancée pour lui, et récompenser en même-temps les services qu'il en avoit reçus.

Dans cette vue, il paroît qu'Enguerrant de Coucy et Isabelle de Lorraine, sa seconde femme, commencèrent d'abord par faire Jean de Clamecy leur vassal : ils lui permettent ensuite de prendre le nom de la seigneurie de Clamecy, lieu de sa naissance ; enfin, ils lui donnent cette même seigneurie en fief, et ils marquent que cette terre ne valoit pas les 800 livres que Jean de Clamecy avoit avancées pour le bâtiment du monastère des célestins, quand même on l'auroit vendue *sans charge de service et de féauté.* Ils finissent cet acte par ces mots : *Prions et requérons à révérend père en Dieu, monseigneur l'évêque de Soissons, que, en tant comme il seroit ou pourroit être nécessité et besoin, il veuille les choses dessus ratifier et approuver.*

Le second acte, qui est une suite du premier, est une prétendue approbation de l'évêque, conçue en ces termes : *Simon, misericordiâ divinâ Suessionensis episcopus... notum facimus quòd nos contenta in litteris nobilium et potentum, videlicet domini Inguerrani domini de Couciaco ; comitis Suessionensis, et dominæ Isabellæ de Lotharingiâ, ejus consortis, quibus hæ nostræ præsentes infiguntur, laudamus, ratificamus, ac etiam approbamus.*

De ces deux actes, on conclut qu'Enguerrant de Coucy a reconnu l'évêque de Soissons pour son seigneur immédiat, puisqu'il a demandé et obtenu son approbation pour l'aliénation qu'il faisoit de la seigneurie de Clamecy, membre du comté de Soissons.

Il est aisé de répondre à cette objection en plusieurs manières, dont il n'y en a pas une qui ne fût suffisante, indépendamment de toutes les autres.

1.° Dans quelle forme rapporte-t-on ces prétendus actes? On n'en a produit que des copies collationnées, en 1625, sur d'autres copies collationnées en 1449; il est aisé de juger si c'est dans cette forme que l'on doit rapporter des actes que l'on oppose aux droits du roi.

2.° Quand ces actes seroient rapportés dans une meilleure forme, on ne les regarderoit jamais que comme des actes obscurs, inconnus, qui n'ont jamais été approuvés par le roi, et qui, par conséquent, ne peuvent lui faire aucun préjudice.

3.° Le conseil de Mre Thomas-Amédée de Savoye a déjà répondu à ces mêmes actes, que, comme ils avoient beaucoup de rapport avec la fondation du monastère des célestins, on avoit peut-être cru qu'il étoit à propos de demander la confirmation de l'évêque, lequel en effet ne prend, dans le prétendu acte de confirmation, que la qualité d'évêque, et ne se dit point seigneur direct du comté de Soissons, ni même de la terre de Clamecy.

4.° Il peut se faire qu'il y eût dans la seigneurie de Clamecy, quelque légère portion de terres sur lesquelles l'évêque prétendit un droit de fief ou de censive, et que c'est par cette raison qu'on a jugé à propos, dans le doute, de lui faire confirmer cet acte; c'est l'idée naturelle qui se présente d'abord à l'esprit, lorsqu'on lit les termes dans lesquels cette confirmation est demandée : *Prions et requerons monseigneur l'évêque de Soissons, que, en tant comme il seroit ou pourroit être nécessité et besoin, il veuille les choses dessus ratifier et approuver.*

Ce n'est donc que par précaution qu'on le prie, *en tant que besoin seroit*; on croit même en avoir trop dit par ces premières expressions, et on les affoiblit encore par celles qui les suivent, *ou qu'il pourroit être nécessité et besoin*; en sorte qu'aux termes de cet acte, c'est une chose fort douteuse que la confirmation de l'évêque fût requise : or , s'il n'est pas bien certain que cette confirmation fût nécessaire, même par rapport à Clamecy, ou à la portion de cette terre que l'évêque prétendoit être mouvante de l'évêché, quelle conséquence peut-on en tirer par rapport à la mouvance de tout le comté de Soissons ?

Ce raisonnement est d'autant plus fort, que l'on ne peut pas dire que le doute tombât sur le droit; car il étoit certain que le comte de Soissons ne pouvoit pas faire, d'une partie de ses fiefs, un véritable arrière-fief, sans le consentement de son seigneur; ainsi la difficulté ne pouvoit regarder que le fait de la mouvance, qui n'étoit pas bien certaine : or comment pourroit-on tirer, de cette incertitude, un titre certain de l'évêque de Soissons ?

5.º On peut ajouter enfin, que cet argument se rétorque encore contre les évêques de Soissons; car si, pour l'aliénation de quelques portions d'une terre qui ne valoit pas 800 livres une fois payées, En-guerrant de Coucy a cru devoir requérir, *en tant que besoin seroit*, le consentement de l'évêque, quoique sa mouvance ne fût pas certaine, comment pourra-t-on se persuader que le même évêque n'eût pas été consulté pour l'aliénation de tout le comté de Soissons, s'il étoit vrai que ce comté eût été certai-nement dans sa mouvance ?

Passons maintenant au dernier argument, plus plausible à la vérité que tous les autres, mais non pas plus difficile à réfuter.

Les évêques de Soissons, réduits à se servir eux-mêmes de ces actes qu'ils ont vainement attaqués, prétendent enfin que ces actes prouvent au moins qu'une partie du comté de Soissons relevoit d'eux, soit parce que l'acte de délaissement fait par Louis à Guy de Châtillon, du comté de Soissons et de ses appartenances, des terres d'Argies, Clary, Catheu et leurs appartenances, porte qu'il requiert le roi, l'évêque de Soissons et les autres seigneurs de qui sont tenues lesdites terres, de recevoir Guy à leur

foi et hommage; soit parce que, dans le consentement donné par Louis et Jean de Châtillon à l'aliénation du comté de Soissons, il est dit encore expressément, que le comté de Soissons *est tenu, tant du*
roi, que de l'évêque ou d'autres, ou tenu en partie
du roi, et en partie de l'évêque; soit parce que le roi
lui-même, dans les lettres de souffrance accordées à
Guy de Châtillon, autorise, en quelque manière, ce
que l'on y expose, que Louis de Châtillon *s'étoit*
démis de la foi du comté de Soissons, et des terres
d'Argies, de Clary, Catheu et leurs appartenances,
en quoi ledit comté étoit tenu envers nous (c'est-
à-dire envers le roi) *et quelques autres seigneurs*
nos sujets; et que, dans le dispositif de ces mêmes
lettres, le roi déclare qu'il saisit Guy de Châtillon
des terres énoncées dans l'exposé des lettres *en tant*
comme à lui est.

De toutes ces énonciations on tire cette conséquence, qu'il y avoit au moins une partie du comté
de Soissons qui relevoit de l'évêché.

Pour répondre à cette objection, la plus considérable de toutes, ou plutôt la seule qui mérite quelque
attention, il est nécessaire de faire ici plusieurs réflexions également importantes, mais également sommaires, parce qu'on en a jeté les fondemens dans ce
qui a déjà été expliqué.

1.º En relevant cette induction que l'on prétend
tirer de ces actes, et qui avoit paru si utile à la
défense des droits de l'église de Soissons, que ce
sont les évêques qui ont d'abord produit ces titres,
il faut nécessairement qu'ils abandonnent tout
ce qu'ils ont soutenu jusques-là dans le reste du
procès, qu'ils renoncent absolument à la mouvance
de tout ce comté, et qu'ils avouent que leurs principaux titres sont faux dans leur énonciation : car
si l'on en croit ces titres, tout le comté relevoit de
l'évêque; et au contraire, lorsqu'on examine les actes
dont il s'agit, et qui sont infiniment plus authentiques et plus considérables que toutes les autres pièces
produites par les évêques, on voit que, quand on

s'attacheroit à l'induction qu'ils ont eux-mêmes tirée de ces actes, en les produisant, il n'y auroit tout au plus qu'une portion du comté qui releveroit de l'évêché; il faudroit donc retrancher tout ce qui ne s'accorde pas avec ces derniers actes, et par conséquent, le système entier de la mouvance des évêques de Soissons est renversé, et la plus considérable partie de leurs titres tombe et se détruit par leurs propres mains.

2.° Il faut retrancher du nombre des pièces sur lesquelles on fonde cet argument, l'acte de délaissement fait par Louis à Guy de Châtillon, et les lettres de souffrance accordées par le roi : la raison en est évidente; on n'énonce pas seulement dans ces pièces le comté de Soissons, on y comprend encore, dans une même clause, les terres d'Argies, de Clary, de Catheu et leurs appartenances ; on prie ensuite, dans le premier de ces actes, le roi, l'évêque et les autres seigneurs de qui ces terres étoient tenues, de recevoir Guy de Châtillon en foi et hommage ; et dans le second, on énonce que ces terres étoient tenues du roi et de quelques autres seigneurs. Tout ce que l'évêque de Soissons pourroit conclure, à la rigueur, de ces deux actes, est que ceux qui les ont rédigés, ont cru qu'il y avoit quelque portion d'une de ces terres qui étoit tenue de l'évêque, ou de quelque autre seigneur particulier : mais il n'y a rien dans ces actes qui puisse servir à faire voir que c'est sur le comté de Soissons en particulier que tombe cette expression.

Toute la difficulté se réduit donc aux deux actes par lesquels Louis et Jean de Châtillon ont déclaré qu'ils consentoient à l'aliénation du comté de Soissons, *tenu en partie du roi, et en partie de l'évêque;* mais les observations suivantes montreront combien cette énonciation est foible et inutile.

3.° Il paroît évidemment, par le style dans lequel elle est conçue, que ce n'est qu'une énonciation de prudence et de précaution, si l'on peut s'exprimer ainsi.

En effet, dans le premier de ces deux actes, qui est le consentement de Jean de Châtillon, il est dit simplement que le comté de Soissons est tenu, *tant du roi, que de l'évêque, ou d'autres.*

Qui ne voit pas, par l'incertitude de ces expressions, que l'on a évité d'entrer dans un examen pénible et inutile, et que, pour prévenir toute sorte de difficulté, on a employé le nom du roi, celui de l'évêque de Soissons, et de tout autre seigneur, afin qu'on ne pût pas dire qu'on en eût oublié aucun et pour laisser ensuite à l'acquéreur du comté de Soissons le soin de s'assurer de sa véritable mouvance, de démêler ce qui pouvoit relever du roi et ce qui pouvoit être tenu de l'évêque, et de rendre ensuite à chacun ce qui leur seroit dû?

Il est vrai que le second de ces actes, qui est le consentement donné par Louis de Châtillon, paroît plus précis, puisqu'il porte simplement que le comté de Soissons est tenu partie du roi, partie de l'evêque; mais comme on ne se persuadera pas aisément que ces deux actes aient été faits dans un esprit différent, il est certain que l'un doit être entendu comme l'autre, et que tous les deux ne marquent autre chose qu'une précaution surabondante que l'on a voulu prendre pour ne tomber dans aucun inconvénient.

4°. On ne peut se dispenser de répéter ici une observation que l'on a déjà faite, et qui détruit pleinement cette objection. Toutes les énonciations dont on tire tant d'avantage ne se trouvent que dans les actes préliminaires au traité du 5 juillet 1367 : alors on s'exprimoit en termes généraux, on ménageoit les expressions, on prenoit des précautions excessives; mais lorsque l'on a consommé l'affaire, les lumières qu'on avoit acquises depuis qu'elle se négocioit, ont banni cet esprit de doute et d'hésitation qu'on découvre dans les premiers actes; on ne fait plus aucune mention de l'évêque; le roi seul est nommé, est reconnu seigneur immédiat du comté de Soissons.

Pourquoi donc relever vainement des énonciations qui sont effacées et anéanties par ce qui les a suivies? Le temps de l'obscurité est passé, et, malgré la clarté qui environne l'acte de cession du comté de Soissons, on veut nous ramener encore dans les ténèbres qui l'ont précédé, pour se prévaloir de quelques expressions que le doute avoit formées, et que la certitude a dissipées.

5.º Toutes ces énonciations deviennent inutiles, quand les actions commencent à parler. Le véritable seigneur n'est pas celui dont le nom se trouve employé dans un acte d'une manière vague, générale, et par conséquent incertaine; mais celui qui parle, qui agit, qui permet, qui commande; en un mot, qui fait tout dans un changement de vassal. Or, tel est le caractère éminent qui distingue le roi, de l'evêque de Soissons. Pendant que l'évêque demeure dans une inaction parfaite, et dans un silence profond, le roi seul approuve le partage des enfans de Louis de Châtillon; le roi seul reçoit la démission de foi que Louis de Châtillon fait entre les mains de son chancelier; le roi seul accorde souffrance à Guy de Châtillon, et reçoit l'hommage de son procureur; le roi seul permet au même Guy de Châtillon de se dévestir du comté de Soissons; le roi seul nomme un commissaire pour recevoir cette démission, et pour investir le nouveau vassal; le roi seul assiste à cette démission par son commissaire, accorde l'investiture, donne la possession, exige l'hommage. Qui pourroit, à des traits si marqués, ne pas reconnoître le véritable seigneur? Osera-t-on opposer encore à des actions si éclatantes, des énonciations obscures et abandonnées par ceux mêmes qui, d'abord, les avoient employées par un excès de défiance et de précaution.

6.º Quand même on voudroit appuyer sur un fondement si fragile une partie de la défense des évêques de Soissons, et soutenir, sur la foi de ces énonciations, qu'il y avoit au moins quelques portions des terres possédées par les comtes, qui relevoient

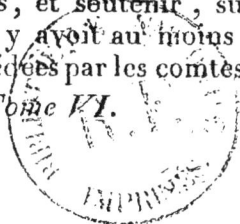

de l'évêché, il faudroit toujours convenir que cela n'empêcheroit pas que *le comté entier*, dont le roi donne ici l'investiture, ne relevât du roi; et que ces énonciations ne pourroient regarder que quelque fief obscur, et peut-être sans nom, que l'on a regardé comme faisant partie du comté, parce qu'il étoit possédé par les comtes.

Toutes les circonstances de cette affaire prouvent également la solidité de cette conjecture, la plus avantageuse que l'on puisse faire pour les évêques de Soissons.

En effet, il falloit que ce fief, tel qu'il fût, fût bien peu considérable, puisque l'on n'a pas jugé à propos de faire aucune mention de l'évêque, ni dans le partage des enfans de Louis de Châtillon, ni dans un acte aussi médité que la cession du comté de Soissons; et que le roi y agit comme seul seigneur, quoiqu'il fût d'une nécessité indispensable, suivant la coutume de Vermandois, d'y appeler l'évêque de Soissons, si le comté de Soissons eût relevé de lui en tout ou en partie.

Mais il faut aller plus loin, et faire voir que ce que l'on a proposé d'abord comme une conjecture puissante et presque démontrée par les circonstances de cette affaire, est une vérité prouvée par une pièce d'autant plus forte, qu'elle est l'ouvrage des évêques de Soissons.

Cette pièce est une déclaration du temporel de l'évêché de Soissons, qui se conserve dans un dépôt de la chambre des comptes, et dont le procureur-général du roi produira une expédition en forme, avec cette requête.

La date de cette déclaration n'est point marquée; mais on reconnoît, par les noms des seigneurs de fiefs qui y sont employés, qu'elle a été donnée entre l'année 1360, et l'année 1371.

Elle est insérée dans le registre cotté 9, des dénombremens du bailliage de Vermandois, et l'on y trouve cette déclaration, marquée dans la table, en ces termes : *L'évêque de Soissons , dénombrement sans date.*

Anciennement, on apportoit à la chambre des comptes les dénombremens en rouleaux, au lieu qu'à présent on les apporte en cahiers ; et l'on transcrivoit ensuite ces rouleaux dans des registres pour en conserver la mémoire, en cas que les rouleaux se perdissent ; et comme ces registres ont été faits par autorité publique, on y ajoute autant de foi qu'aux originaux mêmes.

Telle est la forme de ce titre, dont il faut à présent expliquer la substance : il contient une énumération très-longue des vassaux et des arrière-vassaux de l'évêché de Soissons.

C'étoit là, sans doute, qu'on devoit faire une ample mention d'une mouvance aussi honorable et aussi importante que celle du comté de Soissons ; cependant il n'y en est pas seulement parlé : et qu'on ne dise point que c'est par oubli, car, outre qu'un tel oubli ne seroit pas concevable, on y a fait mention du comte de Soissons ; ainsi on ne peut pas dire que l'on n'a pas pensé à un tel vassal : mais comment est-ce qu'on en parle, et par rapport à quel fief dit-on qu'il est vassal de l'évêque ?

Il n'y a qu'à lire le commencement du fol. 17, v.°, on y trouve ces mots : « Le comte de Soissons » tient dudit *évêque un fief séant à*
» *contenant   et peut valoir par an*

Voilà donc à quoi les évêques de Soissons réduisoient alors cette mouvance, que leurs successeurs ont voulu étendre depuis ce temps-là à tout le comté de Soissons.

Deux observations importantes sur ce titre.

1.° On n'y parle point du comté de Soissons ; et qui pourra présumer qu'une telle mouvance ait échappé par erreur, par oubli, par inadvertance ?

2.° On y parle d'un autre fief, pour raison duquel les comtes de Soissons étoient vassaux de l'évêque ; mais quel étoit ce fief ?

Un fief sans nom, dont on ne désigne pas même

7 *

la situation, dont la continence et le revenu sont laissés en blanc; voilà ce que le comte de Soissons tenoit de l'évêque.

Ce n'est point ici un acte suspect, inconnu à l'évêque, dans lequel il puisse dire qu'il n'a été ni appelé ni présent; c'est une déclaration qui ne peut être que son ouvrage, et dont il a en effet produit un extrait; c'est un acte sorti de ses mains, qui ne pourroit nuire au roi, parce qu'on ne voit pas que le roi l'ait approuvé, mais qui peut toujours servir contre les évêques qui l'ont fait autrefois, et qu'ils produisent encore aujourd'hui; enfin, c'est un acte passé dans le temps que la seigneurie directe du roi sur le comté de Soissons a été reconnue d'une manière si éclatante, par tous les actes qui ont été passés lors de la cession du comté de Soissons à Enguerrant de Coucy.

Ce n'est pas encore ici le lieu de tirer toutes les conséquences qui résultent de cet acte; on le fera dans la suite, lorsqu'on opposera cet acte à une déclaration du temporel de l'évêché de Soissons, et aux autres titres rapportés par les évêques: on montrera alors que cet acte est une espèce de dénouement dans cette affaire, qui concilie, en quelque manière, les titres du roi avec ceux de l'évêque, et qui fait cesser la contradiction surprenante qui se trouve entre ces titres. Il suffit à présent d'appliquer cet acte à l'affaire d'Enguerrant de Coucy.

Il répand une lumière infinie sur cette affaire, comme sur le reste du procès: il nous apprend que, si l'on a cessé de faire mention de l'évêque de Soissons, dans les derniers actes qui ont été passés pour consommer la cession du comté de Soissons; si l'évêque n'a point été appelé pour autoriser cette cession; enfin, si Enguerrant de Coucy ne s'est point engagé à rendre la foi à l'évêque comme au roi, c'est, premièrement, à cause du peu d'importance de ce fief sans nom qui étoit tenu des évêques; et en second lieu, parce qu'on a reconnu que ce fief ne faisoit point partie du domaine du comté, qui étoit le grand objet de toute cette affaire, le reste n'ayant pas paru assez considérable pour mériter que l'on en fît une mention particulière.

Telles sont toutes les objections que les évêques de Soissons ont faites, en différens temps, contre les actes importans que l'on vient d'expliquer. Il n'y en a aucune qui ne soit ou démentie par les actes, ou condamnée par la coutume : le roi même en tire avantage; elles ne servent qu'à confirmer les argumens qu'il emprunte de ces actes, et elles retombent presque toutes sur ceux qui les proposent : ainsi, les deux grands faits du quatorzième siècle, le partage des enfans de Louis de Châtillon, et les titres qui en dépendent, la cession du comté de Soissons à Enguerrant de Coucy, et les actes qui l'accompagnent, demeurent dans leur entier, et terminent avantageusement pour le roi, le second temps que l'on a distingué au commencement de cette requête, c'est-à-dire, celui qui s'est écoulé depuis que le comté de Soissons est sorti des mains du roi, par le don que Henri I en fit à Guillaume Buzac, jusqu'à ce qu'il y soit rentré, en quelque manière, lors de l'érection de ce même comté en pairie, qui fut faite en faveur de Louis, duc d'Orléans, auquel Enguerrant de Coucy le vendit.

On a vu, dans ce second temps, la justice des droits du roi éclater de siècle en siècle, par les témoignages les plus authentiques.

Dans le onzième siècle, par l'honneur qu'eut le comte de Soissons d'assister au sacre de Philippe I, avec les grands vassaux de la couronne.

Dans le douzième siècle, par deux lettres de saint Bernard, où le comte de Soissons est égalé au comte de Flandre et au comte de Champagne, où il est traité comme eux, *d'homme du roi, de féal du roi, de baron du roi*, où enfin l'on voit qu'il étoit du nombre de ceux qui ne devoient point se marier sans l'agrément du roi; ce qui ne convient qu'aux vassaux qui sont immédiats de la couronne; par des lettres-patentes de Louis le jeune, où le

comte de Soissons est placé avec le duc de Bourgogne et le comte de Flandre, dans le nombre des
barons du roi, par l'avis desquels ce prince fit la
paix.

Par le registre de Philippe-Auguste, où l'on
trouve le comte de Soissons dans la liste des comtes
et des ducs du royaume, c'est-à-dire, des plus
grands vassaux de la couronne.

Enfin, par l'hommage de Blanche, comtesse de
Champagne, rendu, en 1200, au roi Philippe-Auguste,
qui le fit signer par ses barons, et entr'autres par
Raoul, comte de Soissons.

Dans le treizième siècle, par une sentence arbitrale
de 1225, qu'il paroît que le roi a rendue comme
seigneur commun, entre l'évêque de Laon et le
comte de Soissons, et où l'on voit que le domaine
de l'évêché, tenu en pairie du roi, et le comté de
Soissons, sont également désignés par le nom de
baronnie.

Par le jugement rendu, en 1230, contre Pierre
de Dreux, duc de Bretagne, auquel le comte de
Soissons assista avec les comtes de Champagne, de
Flandre, etc.

Par des lettres-patentes de l'an 1300, dans lesquelles le roi Philippe le Bel confirma la vente
faite par le comte de Soissons, du droit et de la
seigneurie qu'il avoit en la forêt de Rets, membre
du comté de Soissons.

Dans le quatorzième siècle, par les actes que l'on
vient d'expliquer, peut-être avec trop d'étendue;
mais ils sont si importans, que le procureur-général du roi s'est fait une espèce de religion de ne
rien omettre de tout ce qui pouvoit en faire sentir la
force, et repousser les efforts que l'on a faits pour
les attaquer.

Nous entrons à présent dans un temps encore plus
favorable, s'il est possible, aux droits du roi, que la
fin du second.

On a vu, dans le premier, le comté de Soissons

accordé deux fois en fief par le roi; une première fois à Guy de Vermandois, une seconde à Guillaume de Buzac. On verra, dans ce dernier temps, ce même comté concédé et érigé deux fois en *pairie* par le roi; une première fois, par Charles VI en faveur de son frère Louis, duc d'Orléans, et une seconde fois, par Louis XII, en 1509, en faveur de Claude de France, sa fille.

Ainsi, le dernier temps répond parfaitement au premier; et l'honneur que le comté de Soissons a reçu dans le dernier, est digne de la grandeur de son origine. Dans le premier, on peut dire même que cet honneur n'a fait que le rappeler, en quelque manière, à son ancienne dignité. Le nom de baron du roi, que les comtes de Soissons portoient autrefois, étoit alors égal à celui de pair, comme on a pu le voir dans les exemples qui ont été rappelés; mais celui qui étoit autrefois nommé baron du roi, et qui, dans la suite, a été décoré du titre de pair de France, étoit, dans l'une et dans l'autre de ces qualités, également en droit et en possession de ne reconnoître aucun autre seigneur que le roi : on a donc eu raison de dire que les deux extrêmes, c'est-à-dire, le premier et le dernier temps, sont également pour le roi. C'est ce qu'il faut maintenant expliquer avec plus d'étendue par rapport au dernier.

Enguerrant de Coucy mourut en l'année 1397, après avoir joui, pendant trente ans, du comté de Soissons.

Il avoit eu deux femmes d'une naissance également illustre : la première étoit fille du roi d'Angleterre, comme on l'a déjà dit; la deuxième étoit Isabelle de Lorraine, fille de Jean, duc de Lorraine.

De ces deux mariages il ne laissa que des filles : deux du premier, dont l'aînée, appellée *Marie*, épousa Henri duc de Bar; et la cadette, nommée *Philippe*, fut mariée au duc d'Irlande; une du second lit, qui s'appela *Isabelle* comme sa mère, et qui épousa Philippe, comte de Bourgogne, de Nevers et de Rethel, et qui eut une fille connue sous le nom de *Marguerite* de Nevers.

En l'année 1400, Marie de Coucy, duchesse de Bar, vendit à Louis, duc d'Orléans, frère de Charles VI, les seigneuries de Coucy, de la Fère et de Marle.

Mais Isabelle de Lorraine, veuve d'Enguerrant de Coucy, comme ayant la garde d'Isabelle de Coucy, sa fille, prétendit que cette vente étoit nulle, parce qu'une portion de ces terres appartenoit à sa fille, et qu'elle devoit en avoir la moitié, ou du moins le tiers.

La prétention d'Isabelle fut trouvée juste; elle obtint un arrêt en sa faveur.

Le duc d'Orléans, troublé dans la jouissance des terres que Marie, duchesse de Bar, lui avoit vendues, intenta contre elle une demande en garantie.

Ce fut pour faire cesser cette demande, et pour dédommager le duc d'Orléans de la perte qu'il faisoit par l'éviction d'une partie des seigneuries de Coucy, de la Fère et de Marle, que Marie de Coucy *lui céda tout le droit qu'elle avoit et pouvoit avoir, et qui au temps avenir escheoir lui pouvoit, par la succession d'aucunes de ses sœurs, où autrement par quelque manière ou moyen que ce fût ou pourroit être, en la ville, châtel et comté de Soissons, en la ville, châtel, châtellenies, terres et appartenances de Ham.*

Ce dernier contrat fut passé le 13 mai de l'année 1404; et comme le comté de Soissons et la châtellenie de Ham étoient donnés au duc d'Orléans, pour l'indemniser de ce qu'il perdoit sur les seigneuries de Coucy, de Marle et de la Fère, le prix du premier contrat demeura toujours le même; ce prix étoit de 400,000 livres, dont le duc d'Orléans paya une partie, et demeura débiteur du surplus.

Louis, duc d'Orléans, premier comte de Soissons, de la maison royale, ayant été tué, Charles, son fils aîné, lui succéda dans ce comté, comme dans la plus grande partie de ses seigneuries; mais, n'ayant pu achever le paiement des 400,000 livres dont son père étoit demeuré débiteur, il fut obligé de transiger, en l'année 1412, avec Robert de Bar, fils de Marie de Coucy, et de lui rétrocéder la moitié par indivis, du comté de Soissons.

Charles, duc d'Orléans, fut père de Louis, qui parvint à la couronne par la mort de Charles VIII; par là, la moitié du comté de Soissons, que ce prince possédoit par indivis avec les descendans de Robert de Bar, fut réunie de droit au domaine de la couronne; mais elle ne le fut pas de fait, parce que ce prince déclara que son intention étoit qu'elle fût administrée séparément; et en effet, il la donna, peu de temps après, à Claude, sa fille, qui épousa François I. Cette princesse étant morte, la moitié par indivis du comté de Soissons passa entre les mains de Henri II, sous lequel elle fut enfin réunie de fait au domaine du roi, auquel elle étoit déjà réunie de droit, par l'avénement de Louis XII à la couronne.

Tel a été le sort de cette première moitié du comté de Soissons.

A l'égard de la seconde, Robert de Bar, auquel Charles, duc d'Orléans l'avoit rétrocédée, la laissa à Jeanne de Bar, sa fille, qui la porta en mariage, avec plusieurs autres grandes terres, à Louis de Luxembourg, comte de Saint-Pol.

Pierre de Luxembourg, issu de ce mariage, posséda cette moitié du comté de Soissons; il ne laissa que deux filles, dont l'aînée fut mariée à Jacques de Savoye, comte de Romont, et après sa mort, à François de Bourbon, comte de Vendôme.

Ce fut par ce second mariage, que la moitié du comté de Soissons entra dans cette branche de la maison de Bourbon, où elle a été possédée successivement par Charles I, duc de Vendôme, par Jean, duc d'Enghien, par Louis, prince de Condé, par Henri I, et enfin par Henri II, prince de Condé.

Ce prince céda la moitié du comté de Soissons, qu'il possédoit par indivis avec le roi, à Louis de Bourbon, connu sous le nom de comte de Soissons, qu'il avoit porté long-temps avant que d'en avoir la pleine propriété.

Personne n'ignore la fin tragique de ce prince; il fut tué à la bataille de Sedan; et comme il n'avoit point été marié, il ne laissa aucune postérité légitime. Louise et Marie de Bourbon, ses deux sœurs, furent ses seules héritières.

Louise avoit épousé en 1617 Louis d'Orléans, duc de Longueville, et Marie étoit entrée dans la maison de Savoye, par le mariage qu'elle avoit contracté avec Mre Thomas de Savoye, marquis de Carignan, quatrième fils de Charles-Emmanuel, duc de Savoye.

Elles ont possédé pendant long-temps, en commun, cette moitié du comté de Soissons; et c'est avec elles et leurs descendans, que le procès qu'il s'agit à présent de décider a été commencé ou plutôt renouvelé; car son origine remonte encore beaucoup plus haut.

Enfin, par des accommodemens de famille, cette moitié du comté de Soissons a passé toute entière dans la personne de Mre Thomas-Amédée de Savoye, prince de Carignan, qui est à présent seule partie dans le procès, et qui joint à la qualité de propriétaire de la moitié du comté de Soissons, celle d'*engagiste* de l'autre moitié, qui appartient au roi.

Telle est la suite exacte de ceux qui, dans le dernier des trois temps qu'on a distingué d'abord, ont possédé le comté de Soissons. On a cru qu'il étoit nécessaire d'en donner une idée générale, afin que l'on pût appliquer plus aisément, à chacun d'eux, les faits et les actes qui les regardent, et qu'il est temps d'expliquer avec l'étendue qu'ils méritent.

Pour le faire avec ordre, il est important d'observer ici que le roi a exercé en deux manières, dans ce dernier temps, son pouvoir et sa supériorité directe sur le comté de Soissons.

1.° Par des actes de foi et hommage, et autres titres qui en dépendent.

2.° Par deux érections en pairie, du comté de Soissons.

Il faut expliquer séparément chacune de ces preuves, et détruire ensuite les objections par lesquelles on s'est flatté de pouvoir les éluder.

La première est si considérable, soit par le nombre et la suite des titres, soit par l'élévation de ceux qui y ont eu part, qu'il est surprenant que l'on ait osé avancer, presque à chaque page des écritures des évêques de Soissons, que le roi n'avoit aucuns titres pour lui.

Cependant on va voir jusqu'à sept actes de foi et hommage ou actes équipollens, que le roi a reçus pendant ce dernier temps.

Le premier, et le plus ancien, ne contient pas expressément un hommage rendu au roi, mais il le suppose manifestement ; c'est le don que le roi Charles VI fit à Louis, duc d'Orléans, son frère, des droits seigneuriaux de quint et requint qui pouvoient lui appartenir, à cause de l'acquisition que Louis avoit faite des ville, comté, châtel, châtellenies, terres, seigneuries, appartenances et appendances de *Soissons*, de Ham, etc.

Cet acte, qui prouve si évidemment que Soissons étoit dans la mouvance directe du roi, suppose en même temps que Louis, duc d'Orléans, en a rendu la foi et hommage au roi, puisque le roi remet les droits seigneuriaux.

Contre une pièce si claire et si décisive, les évêques de Soissons ont dit, premièrement, qu'il ne paroît pas que l'évêque n'ait point touché les droits seigneuriaux ; mais c'est en cela même que l'argument est encore plus fort pour le roi, puisqu'il ne paroît pas que l'évêque ait reçu ni remis les droits de quint et requint, et qu'il paroît au contraire que le roi les a remis.

Ils ont ajouté que rien n'est plus facile que d'obtenir un don de droits seigneuriaux, de celui auquel ils n'appartiennent pas ; que tout seigneur est aisément libéral du bien d'autrui.

On auroit de la peine à croire qu'une telle objec-

tion eût pu être proposée, si elle n'étoit écrite dans
le fol. 118 des Ecritures du 7 juin 1700.

En effet, il faut supposer, pour cela, que le roi
Charles VI, et le duc d'Orléans, son frère, ont agi de
concert pour frustrer l'évêque de Soissons des droits
qui lui étoient dûs, et pour usurper une mouvance,
qui, jusque-là, n'avoit jamais appartenu au roi, selon
les évêques de Soissons.

Et cependant, par une contradiction inexplicable,
on veut ensuite que ce même duc d'Orléans, qui
étoit d'intelligence avec le roi pour faire cette espèce
de fraude à l'évêque, ait néanmoins reconnu cet
évêque pour seigneur direct de tout le comté de
Soissons, et cela, dès l'année suivante, car le don du
roi est de l'année 1404, et la prétendue reconnoissance du duc d'Orléans est de 1405.

Enfin, quand on supposeroit ce prétendu dessein
de fraude, qu'on ne peut alléguer sans témérité;
quand on trouveroit le moyen de colorer cette contradiction inconcevable que l'on vient d'expliquer;
il faudroit encore avouer que le conseil du roi Charles VI et celui de Louis, duc d'Orléans, auroient été
aussi aveugles qu'injustes, s'ils avoient pu se persuader que, par une simple donation de droits qui
n'appartenoient point au roi, ils enleveroient à
l'église de Soissons une mouvance aussi considérable
que celle du comté de la même ville; que l'évêque
de Soissons demeureroit dans un profond silence
pendant qu'on lui feroit cette injustice, et qu'il
ne réclameroit pas et la justice et la religion du
roi, contre une fraude si aisée à découvrir et si
facile à confondre.

On dit, en troisième lieu, que le don des droits de
quint et requint ne tombe pas seulement sur le
comté de Soissons, mais sur plusieurs autres terres
énoncées dans les mêmes lettres; et qu'ainsi il peut
se faire que ce soit à ces autres terres que ce don
s'applique, et non pas au comté de Soissons.

Ainsi, l'on suppose que c'est par erreur que toute
une terre, telle que le comté de Soissons, a été

insérée dans ces lettres, et que, quoiqu'elle relevât de l'évêque, cependant on n'a pas laissé de la comprendre dans le nombre de celles qui relevoient du roi, et dont le quint et requint lui étoient dûs ; et cela parce que le roi dit qu'il remet *tous les quints et requints deniers qui pourroient lui appartenir, comment que ce soit.*

Qui ne voit que ces mots, *qui nous pourroient appartenir,* ne signifient autre chose, si ce n'est que le roi remet *ce qui lui pourroit appartenir,* s'il ne faisoit la remise portée par ces lettres ? Il n'y a donc aucune incertitude dans cette expression ; et la suite l'a bientôt fait connoître, puisque, comme on le dira bientôt, le roi a tellement cru que le comté de Soissons relevoit de lui, que, dix jours après ce don, il l'a érigé en comté-pairie, et que, cinq ans après, il en a reçu l'hommage de Valentine de Milan, veuve du duc d'Orléans.

Enfin, on a cru faire une objection plus forte, quand on a dit, en dernier lieu, contre cet acte, que le conseil de Mre Thomas-Amédée de Savoye n'osoit mettre en fait que le désir qu'eut Louis, duc d'Orléans, de se soustraire à la fidélité qu'il devoit à l'évêque, pour ne reconnoître que le roi, l'eût conduit à rendre hommage au roi Charles VI pour le comté de Soissons.

Le procureur-général ignore le parti qu'il plaira au vassal du roi de prendre, sur ce reproche qu'on lui fait ; mais il ne craint point d'avancer précisément le fait contraire à celui qui est articulé par le conseil du sieur évêque de Soissons, et de dire ici qu'il n'y a personne qui ne présume, à la lecture de l'acte de don des droits seigneuriaux, que celui qui avoit obtenu la remise de ces droits n'a pas manqué, sans doute, de reconnoître son seigneur, son bienfaiteur et son roi.

On ne peut s'empêcher de remarquer, encore une fois, le peu de rapport et de convenance des parties du système des évêques de Soissons.

Lorsqu'on leur oppose un acte aussi pressant que

le don des droits de quint et requint du comté de
Soissons, la première réponse qui se présente à leur
esprit, est de dire que cet acte ne prouve autre
chose que le dessein qu'avoit le duc d'Orléans de
rompre les nœuds qui l'attachoient à l'évêque, pour
devenir homme lige du roi seul; et, un moment
après, oubliant cette même réponse qu'ils viennent
de faire, ils veulent que ce même vassal, qui vouloit
absolument échapper à l'évêque, son seigneur légitime, et qui se servoit, pour cela, de l'artifice grossier
d'une remise supposée et imaginaire, ait été assez
scrupuleux pour ne vouloir pas rendre hommage au
roi, comme si la fiction d'un hommage eût été plus
difficile ou plus dangereuse pour lui que la supposition d'une remise de droits seigneuriaux.

Les évêques de Soissons auroient donc agi plus
conséquemment, s'ils avoient abandonné toutes ces
réponses inutiles, pour s'attacher à la seule objection
qui peut avoir quelqu'apparence, et qu'ils tirent
d'un acte par lequel ils veulent faire entendre que
le même Louis, duc d'Orléans, mieux instruit de la
vérité, les a reconnus pour seigneurs du comté de
Soissons.

Il n'y a personne qui, sur la promesse d'un tel
titre, ne s'attende à trouver un acte par lequel le
comté de Soissons a été clairement et formellement
porté en foi et hommage à l'évêque de Soissons.

Mais, lorsqu'on examine, non pas le titre de l'acte,
mais l'acte même, on n'y trouve plus rien qui résiste
aux droits du roi sur le comté de Soissons, et l'on
y découvre, au contraire, un argument négatif contre
les prétentions de l'évêque, auquel il est bien difficile de répondre, quelques efforts que l'on fasse
pour le dissimuler.

Par cet acte, Louis, duc d'Orléans, *avoue tenir en*
foi et hommage de l'évêque de Soissons, toutes
les choses que ses prédécesseurs comtes de Soissons
ont accoutumé de tenir en foi et hommage à cause
dudit évêché, lesquelles choses seront plus ample-
ment déclarées au dénombrement sur ce fait; et

pour en faire les devoirs envers lui , et être son homme au lieu de nous, nous lui avons baillé et nommé..... Jean Planson , etc.

A la première lecture de cette pièce, on connoît évidemment qu'elle prouve, ou plutôt qu'elle suppose que le comté de Soissons ne relevoit point de l'évêque.

1.° Il n'y est pas dit un seul mot du *comté* de Soissons ; et c'est une chose singulière que, dans cet acte, où l'on prétend que le duc d'Orléans rend hommage du comté de Soissons, ce comté n'y soit pas seulement nommé.

Qu'on ne dise point ici qu'il y est désigné par ces mots, *toutes les choses que les comtes de Soissons ont accoutumé à tenir de l'évêque ;* ce sont, au contraire, ces expressions qui prouvent qu'il ne s'agissoit point alors du comté.

Qui pourroit en effet se persuader que, pour exprimer l'hommage qu'on suppose que le duc d'Orléans rendoit du comté, on se fût servi d'une aussi étrange circonlocution que celle de dire que ce prince avoue tenir en fief de l'évêque *toutes les choses que ses prédécesseurs ont accoutumé à tenir de lui ?* Personne, encore une fois, n'ira chercher, sous le voile de ces expressions, une mouvance aussi distinguée et aussi illustre que celle d'un des plus anciens comtés du royaume de France.

Il n'y a personne, au contraire, qui ne présume, à la première lecture de cet acte, qu'il ne s'agissoit alors que de quelques fiefs particuliers et peu connus ; c'est pour cela, sans doute, que l'on a cherché avec art les termes les plus généraux, et en même temps les plus innocens, pour se réserver la liberté d'approfondir plus exactement les prétentions de l'évêque, en examinant ce que c'étoit que cette mouvance que les prédécesseurs du duc d'Orléans avoient reconnue.

2.° Non-seulement l'acte ne présente point à l'esprit l'idée d'un hommage du comté de Soissons ;

non-seulement il présente une image toute contraire, mais même on peut dire qu'en le joignant aux autres actes qui l'environnent, il y a une espèce de démonstration de l'impossibilité de feindre que cet acte ait le moindre rapport avec la mouvance du comté de Soissons.

On a vu que le même duc d'Orléans, qu'on prétend avoir ici reconnu l'évêque de Soissons pour son seigneur, étoit si persuadé que le comté de Soissons relevoit du roi, qu'il lui avoit demandé la remise des droits seigneuriaux, et qu'il avoit obtenu, dès le 22 mai de l'année 1404, l'érection de ce comté en pairie.

On ne dira pas que ce prince ait cru devoir rendre hommage à l'évêque de Soissons, d'une terre qu'il tenoit du roi en pairie, et dont le roi lui avoit donné les droits de quint et requint.

Il est donc absolument impossible de supposer que Louis, duc d'Orléans, dans l'acte dont il s'agit, ait voulu mettre le comté Soissons au nombre des choses qu'il avoue tenir de l'évêque.

Il ne s'agit pas ici de savoir si l'intention du duc d'Orléans étoit juste ou si elle ne l'étoit pas : il n'est pas à présent question du droit, il ne s'agit que du fait, ou plutôt, le droit dépend entièrement du fait; car si le duc d'Orléans n'a pas eu intention de reconnoître l'évêque de Soissons pour le comté, il est évident que l'acte dont il s'agit ne prouve plus rien par rapport au comté : or, on ne peut pas douter que le duc d'Orléans n'ait été très-éloigné de reconnoître l'évêque pour seigneur suzerain du comté de Soissons : toutes ses démarches nous apprennent également cette vérité; et, si elle pouvoit être douteuse, on l'apprendroit dans les écritures du sieur évêque de Soissons, qui répète à tous momens que Louis, duc d'Orléans, ne cherchoit qu'à se soustraire à la fidélité de l'évêque; qui dit, au fol. 116 de ses Contredits du 7 janvier 1700, que l'évêque fut obligé de se contenter de la foi faite en la manière qu'il plût au duc d'Orléans de choisir, et qui avoue, au fol. 109 des mêmes contredits, *que si Messire Thomas - Amédée de Savoye se contentoit de dire que cet hommage du duc d'Orléans tomboit sur quelqu'autre terre que le comté de Soissons, il y avoit plus de vraisemblance dans cette objection.* C'est ainsi que la force de la vérité l'a obligé de s'expliquer ; et on peut dire qu'en cela, il n'a fait que suivre l'impression naturelle que l'acte fait par lui-même sur l'esprit de tous ceux qui le lisent.

3.º Mais, pour faire voir combien cette impression est juste et conforme non-seulement à la vraisemblance, mais à la vérité, il faut joindre à cet acte, et à ceux qui l'environnent, la déclaration du temporel de l'évêché de Soissons qu'on a déjà expliquée, et par laquelle toutes les conjectures que l'on a tirées des autres actes, pour prouver que ce qui étoit tenu en fief des évêques étoit bien peu considérable, se trouvent justifiées : si l'on rappelle ces conjectures, si l'on se souvient de ce fief sans nom, dont la valeur et le revenu sont laissés en blanc dans cette déclaration, et qui est cependant la seule chose, aux termes de cette déclaration, que le comte tînt alors de l'évêque, on sera frappé de la liaison étroite qui est entre cette déclaration et l'acte que nous examinons.

On remarque également dans l'une et dans l'autre, qu'il ne s'y agit en aucune manière du comté de Soissons, et que cependant on y énonce tout ce qui est mouvant de l'évêque : on y trouve également des expressions vagues et générales, pleines de doute et d'incertitude, qui font toujours désirer un plus grand éclaircissement. Dans la déclaration, l'étendue et la valeur du fief sont laissées en blanc ; dans l'acte de Louis, duc d'Orléans, on ne s'explique qu'avec une réserve qui suffit pour faire voir que rien n'étoit moins certain que l'étendue et la qualité du fief que l'évêque prétendoit être mouvant de lui ; on promet, à la vérité, de déclarer les choses tenues de l'évêque dans le dénombrement sur ce fait, et il plaît aux évêques de Soissons de supposer, sans fondement, que ce dénombrement étoit déjà fait, quoique l'on puisse et que l'on doive entendre la clause où il en est parlé, d'un dénombrement à faire ; car c'est ainsi qu'elle est conçue, *lesquelles choses seront plus amplement déclarées au dénombrement sur ce fait.* Toutes ces expressions regardent manifestement le temps à venir ; mais, quand même on entreroit dans l'esprit des évêques de Soissons, et qu'on supposeroit que ce dénombrement étoit déjà dressé, pourquoi n'a-t-il pas été présenté ? Pourquoi, s'il l'a été, les évêques ne le rapportent-ils pas aujourd'hui ? Comment cette pièce ne se trouve-t-elle pas jointe au prétendu acte de foi et hommage auquel elle devoit être attachée ? Par quelle fatalité les évêques ont-ils laissé perdre une pièce si importante, pendant qu'ils en ont conservé de si inutiles ?

On ne peut s'empêcher de relever ici, une proposition nouvelle et une espèce de paradoxe en matière de jurisprudence, qui ont été avancées par les évêques de Soissons. Ils ont soutenu que c'étoit à Mre Thomas-Amédée de Savoye à rapporter ce prétendu dénombrement, que l'on suppose avoir été dressé dès 1405, et à justifier quelles étoient les terres tenues en fief de l'évêque ; comme si un vassal qui réclame le secours du roi, et qui se renferme dans les présomptions générales, étoit obligé de prouver, et comme si ce n'étoit pas, au contraire, au seigneur particulier qui attaque ces présomptions générales, à justifier ce qu'il avance, et à montrer quelle est l'étendue de sa prétendue mouvance.

Mais il y a apparence qu'on n'osera pas avancer contre le roi cette proposition, qui n'étoit pas soutenable lors même qu'on l'avançoit contre Mre Thomas-Amédée de Savoye, comte de Soissons.

La requête du procureur-général du roi, dans cette affaire, forme un véritable combat de fief ; et on ne niera pas, sans doute, que lorsque ce combat se forme entre le roi et un seigneur particulier, le roi n'a rien à prouver de sa part, et que tout le poids de la

preuve, pour parler le langage des lois, tombe nécessairement sur le seigneur particulier.

Que les évêques de Soissons montrent donc, par
titres ou par actes authentiques, en quoi consistoient *ces choses* que le duc d'Orléans a reconnues
être mouvantes de l'évêché, ou qu'ils cessent d'alléguer un acte qui leur est absolument contraire, bien
loin d'être favorable à leur prétention.

Mais, dit-on, il suffit aux évêques de Soissons que
Louis d'Orléans ait reconnu tenir de l'évêché toutes
les choses que ses prédécesseurs comtes avoient accoutumé d'en tenir, pour mettre les évêques en droit
de soutenir qu'il leur a rendu hommage de tout le
comté, parce qu'ils prouvent que ses prédécesseurs
comtes ont effectivement reconnu que le comté étoit
tenu en fief de l'évêché.

Premièrement, quand on fait ce raisonnement, on
met pour principe ce qui est en question, et l'on se
fait, du procès même, un moyen pour le soutenir; car
c'est précisément ce qui est contesté, que ces prétendues reconnoissances faites par les auteurs de Louis,
duc d'Orléans : on verra bientôt, lorsqu'il sera question de réfuter les titres de l'évêque de Soissons, à
quoi se réduisent ces reconnoissances dont on prétend
tirer un si grand avantage.

Mais, en second lieu, sans attendre ce qui sera
dit alors pour les détruire, on peut dire, dès à présent,
qu'il est inutile de remonter jusqu'à ces titres, puisque, comme l'on croit l'avoir démontré, l'acte de
1405 ne peut jamais être appliqué au comté de
Soissons.

Qu'on n'oppose donc plus cet acte au don que le
roi Charles VI a fait au duc d'Orléans des droits qui
lui étoient dûs pour l'acquisition du comté de Soissons : l'un est clair et précis; il suppose, il prouve
la mouvance du roi; l'autre est vague, général, incertain; et, soit que l'on en juge par les termes dans
lesquels il est conçu, soit qu'on l'examine par rapport
à l'intention de celui qui l'a passé et qui est marquée
dans les autres actes qu'il a faits, soit enfin, que l'on

joigne à ce titre la déclaration du temporel de l'évêché de Soissons, avec laquelle il a un rapport parfait, il est également certain que c'est à l'évêque à montrer quelles étoient ces terres que le duc d'Orléans avoue tenir de lui, et que le roi a l'avantage de prouver très-évidemment que ces terres ne pouvoient point être le comté de Soissons.

Pour soutenir toujours ce même fait, c'est-à-dire, que le duc d'Orléans a reconnu l'évêque en qualité de comte de Soissons, on a recours à trois autres pièces beaucoup moins authentiques, que l'on a tirées des archives de l'évêché de Soissons.

Par la première de ces pièces, il paroît qu'Enguerrant de Coucy et Louis, duc d'Orléans, ayant donné les domaines de Villeneuve et de Bagneux pour l'établissement d'un monastère de célestins, l'évêque a accordé l'*amortissement* de ces héritages, qu'il assure être mouvans de lui, et qu'il a reçu la somme de 200 livres pour son indemnité.

La seconde, est la quittance que l'évêque a donnée séparément de cette somme.

La troisième, enfin, est l'approbation et la ratification du chapitre de Soissons.

Mais, premièrement, toutes ces pièces ne sont point faites avec le roi, ni approuvées par ses officiers; jamais ils n'en ont eu aucune connoissance, et par conséquent, on ne peut jamais s'en servir contre lui.

Secondement, l'évêque parle seul dans ces actes; il a exposé, il a énoncé tout ce qui lui a plu; le duc d'Orléans n'a ni approuvé, ni peut-être su toutes ces énonciations. Le premier de ces actes est passé dans le monastère des célestins, qui, comme parties véritablement intéressées, avoient seuls le soin de cette affaire, et auxquels il importoit peu de connoître l'étendue de la mouvance de l'évêque, pourvu qu'ils entrassent promptement en possession des biens qu'on leur avoit donnés.

Mais ce qu'on ne sauroit dissimuler ici, et qui prouve encore mieux combien toutes ces pièces sont non-seulement inutiles, mais suspectes, c'est que la

quittance originale de l'indemnité se trouve entre
les mains de l'évêque : cela auroit pu arriver naturellement, si cette quittance avoit été passée par-
devant notaires ; en ce cas, il n'y auroit rien eu
d'extraordinaire dans la précaution que l'évêque
auroit prise de conserver une expédition de cette
quittance : mais, ce qui est absolument inconcevable,
c'est que c'est l'évêque seul qui parle dans cette
quittance, dont toute la force se tire de sa signature
et de son sceau ; en sorte que tout ce qui en résulte,
est que les évêques de Soissons ont cherché autrefois à se faire des titres, mais avec si peu d'habileté,
que l'on trouve toujours dans leurs propres pièces de
quoi les réfuter.

La confirmation du chapitre est encore un acte
inutile, où ce chapitre, d'intelligence avec l'évêque, dit ce qui lui plaît, et ne mérite pas d'être
plus écouté.

Est-ce donc avec de tels actes que l'on prétend combattre les droits du roi, et soutenir qu'un
prince qui a eu de la libéralité du roi, son frère,
le don des droits de quint et requint du comté
de Soissons, qui a obtenu de lui la grâce de tenir le
comté de Soissons en *pairie*, a néanmoins reporté ce
même comté aux évêques ?

Pour détruire une supposition si peu vraisemblable, il n'auroit fallu employer que le titre qui
suit immédiatement, dans l'ordre des temps, le
don des droits de quint et requint, et l'érection en
pairie.

Ce titre est l'acte de foi et hommage rendu au
roi, en 1407, par Valentine de Milan, veuve du duc
d'Orléans.

Il est nécessaire de distinguer deux parties dans
cet acte, pour en faire sentir toute la force, et pour
prévenir toutes les objections des évêques de Soissons.

Dans la première, Valentine de Milan rend hommage des terres mouvantes du roi, qui étoient possédées par ses enfans.

Dans la seconde, elle rend un hommage particulier de la pairie, dont ces terres avoient été décorées en faveur du feu duc d'Orléans son mari.

Il n'y a rien en cela qui doive paroître surprenant. Tous ceux qui ont étudié la jurisprudence des pairies dans les sources mêmes, savent qu'il y a plusieurs exemples d'actes de cette nature, dans lesquels on trouve deux hommages rendus au roi en même temps, l'un pour la terre, l'autre pour la pairie.

Cet usage est fondé sur ce que la pairie renferme un véritable office, personnel et réel en même temps; ainsi, un des sermens ou des hommages s'applique à la réalité, c'est-à-dire, à la terre qui est la matière de la pairie; et l'autre à la personnalité, c'est-à-dire, à l'office personnel qui est comme la forme, si l'on peut parler ainsi, et le caractère le plus éminent de la pairie.

C'est dans cet esprit que Valentine de Milan rend au roi deux hommages différens.

Le premier est conçu en ces termes; c'est le roi qui parle : *Sçavoir faisons, que notre très-chère et très-amée sœur la duchesse d'Orléans, tant en son nom que comme ayant le bail, garde, administration et gouvernement des enfans du duc d'Orléans, nous a cejourd'hui fait les foi et hommage des duchés d'Orléans et de Valois, et aussi des comtés et vicomtés de Blois, Dunois, Beaumont sur Oise, Angoulesme.... et aussi de tout le droit qui à feu notre très-cher frère le duc d'Orléans appartenoit, à cause du transport à lui fait par notre cousine Marie de Coucy, en la ville, châtel et comté de Soissons, ès ville, châtel et châtellenie de Ham en Vermandois, Pinon, Montcornet.... et de toutes les appartenances et appendances quelconques des duchés, comtés, baronnies, châteaux, châtellenies, terres et seigneuries dessus dites.*

Après ce premier hommage, qui ne regarde que les terres, le second, qui renferme la pairie, est expliqué de cette manière :

Et avec ce, nous a notredite sœur fait, ès noms

que dessus, la foi et hommage qu'elle nous étoit
tenue faire de la pairie qu'elle tient de nous, pour
et à cause desdits duchés, comtés, baronnies, châ-
teaux, châtellenies, terres et seigneuries, ou de ce
qui en est tenu de nous en pairie, etc.

Il semble que cette distinction des deux hommages
ne se trouve dans cet acte, que pour multiplier les
preuves de la justice des droits du roi sur le comté
de Soissons.

En effet, si l'on examine ces deux hommages, on
y trouvera le comté de Soissons employé dans l'un
et dans l'autre, et comme fief et comme pairie :
ensorte qu'il relève du roi à deux titres différens;
un premier titre aussi ancien que les fiefs; un second titre plus récent et qui suppose le premier,
c'est l'érection en pairie.

Telle est l'induction qui résulte de ce titre : voyons
maintenant ce qu'on lui oppose.

On fait d'abord une distinction subtile entre le
comté et la pairie : on dit que l'hommage a été rendu
au roi uniquement à cause de la pairie, et non pas à
cause du comté.

Mais, sur quoi appuie-t-on cette distinction nouvelle et jusqu'à présent inconnue dans les pairies?
Où a-t-on jamais vu qu'on ait rendu hommage au roi
pour une pairie attachée à une terre qui n'étoit pas
mouvante du roi? Comme si la mouvance de la pairie
n'emportoit pas celle de la terre, et que ces deux
mouvances fussent séparables, ensorte qu'on pût
rendre hommage à un seigneur particulier pour la
terre, et hommage au roi pour la pairie attachée à
cette terre.

L'esprit a de la peine à concevoir une pareille
subtilité, par laquelle on fait de la pairie une espèce
d'être de raison qui subsiste sans aucun sujet. On
sait, à la vérité, qu'il y a quelques exemples de
pairies purement personnelles, créées pour un temps
ou pour la vie de ceux auxquels le roi faisoit cet
honneur; mais ces pairies n'étoient que de purs

offices, bien différens de la pairie du comté de Soissons : car, qu'est-ce que le roi avoit voulu faire en
élevant ce comté à la dignité de pairie? Les lettres
d'érection, comme on le dira bientôt, le marquent
expressément; le roi déclare qu'il veut que le duc
d'Orléans et ses enfans mâles, *tiennent perpétuellement en pairie, et comme pairs de France, le comté
de Soissons;* il ne s'agit donc point ici d'une pairie
purement personnelle ; c'est le comté même qui
doit être tenu en pairie, et, par une conséquence
nécessaire, relever immédiatement de la couronne.
Comment peut-on donc diviser l'hommage de la
pairie, de celui de la terre, puisque c'est la terre
même qui doit être portée au roi comme une véritable pairie?

Mais il y a plus, car cette distinction, nouvelle et
insoutenable dans le droit, ne peut pas même s'appliquer au fait; la cour en prévoit la raison après ce
qui a été expliqué. On a fait voir qu'il y avoit deux
hommages très-distincts et très-clairement marqués
dans cet acte; l'un, pour les terres; l'autre pour la
pairie : l'on a montré que le comté de Soissons
se trouve dans tous les deux, et même plus expressément dans l'hommage qui regarde les terres en particulier. Où peut donc être le doute, lorsque les actes
parlent d'une manière si claire et si précise?

Mais, dit-on, et c'est ici la seconde objection que
l'on fait contre le même acte, la moitié du comté de
Soissons qui appartenoit à Valentine de Milan a été
réunie à la couronne; l'évêque de Soissons ne prétend
ni mouvance ni indemnité à cet égard; il ne s'agit
dans le procès, que de l'autre moitié possédée par
Mre Thomas-Amédée de Savoye, à laquelle on soutient que l'acte de foi et hommage de Valentine de
Milan ne peut s'appliquer.

On n'a pas pris garde en faisant cette objection,

1.° Qu'en abandonnant ainsi une des moitiés du
comté de Soissons, on s'engage nécessairement à
abandonner aussi l'autre, comme on le prouvera
bientôt avec plus d'étendue; puisque les évêques

n'ont pas d'autres titres pour cette dernière moitié que pour la première, et que tout leur système est détruit, s'il est vrai qu'une moitié du comté ne relevoit pas d'eux?

2.º On est tombé dans une inadvertance encore plus grande, quand on a dit que l'hommage de Valentine de Milan ne regardoit que la moitié du comté de Soissons : les dates seules des actes auroient prévenu cette erreur de fait, si on y avoit donné plus d'attention.

L'acte de foi et hommage de Valentine de Milan est du 3 janvier de l'année 1407; et la transaction par laquelle Charles, duc d'Orléans, son fils, a rétrocédé à Robert de Bar la moitié du comté de Soissons, n'est que de l'année 1412.

Ainsi, le comté de Soissons étoit encore possédé en entier par Valentine de Milan, comme ayant la garde de ses enfans, lorsqu'elle en fit un double hommage au roi, en l'année 1407, et, par conséquent, cet hommage s'applique également et à la moitié du comté qui est unie au domaine de la couronne, et à la moitié qui en est encore séparée.

Reprenons à présent la suite des hommages rendus au roi; et, parce que c'est en ce temps que s'est faite la division des deux moitiés du comté de Soissons, séparons aussi les hommages, et appliquons-les chacun à la moitié à laquelle ils conviennent, en commençant par celle qui a été possédée par la maison d'Orléans.

Ce fut le 8 août de l'année 1412, que se passa la transaction par laquelle Charles, duc d'Orléans, fut obligé de rendre à Robert de Bar, fils de Marie de Coucy, la moitié du comté de Soissons.

Quinze jours après cet acte, le même prince rend au roi un hommage entièrement semblable à celui de sa mère; on y trouve la même distinction des deux hommages; l'un, des terres, l'autre de la pairie; l'un et l'autre s'appliquent également au comté de Soissons, comme dans l'acte précédent : on fait les mêmes objections contre cet acte, qui se détruisent par les mêmes réponses.

Ainsi il faut passer à la dernière reconnoissance faite par la maison d'Orléans, de la supériorité immédiate du roi sur la moitié du comté de Soissons, dont cette maison étoit demeurée en possession.

Charles, duc d'Orléans, fut fait prisonnier à la bataille d'Azincourt, trois ans après l'hommage qu'il rendit au roi ; une captivité de vingt-cinq années lui fit concevoir le dessein de vendre la moitié qu'il possédoit par indivis dans le comté de Soissons, avec quelques autres de ses seigneuries : le duc de Bourgogne avoit alors dessein d'acquérir cette moitié ; et pour en faciliter l'exécution, il obtint du roi Charles VII le don des droits de quint et requint qui seroient dûs pour la vente de ces terres.

Les lettres de don, qui sont de l'année 1440, portent en ces termes exprès : *Que le roi quitte et remet au duc d'Orléans et au duc de Bourgogne, ou autre qui achetera lesdites terres, tout tel droit de quint et requint denier, et autres droits seigneuriaux, qui, à l'occasion de ladite vendition des ville, châtel, baronnie, terre et seigneurie de Coucy, la comté, ville, châtel et seigneurie de Soissons, et les ville, châtel, baronnie, terre et seigneurie de Fère en Tardenois, lui pourroient être dûs, excepté les foi, hommage, ressort et souveraineté au roi, appartenans en icelles terres et seigneuries.*

Une reconnoissance si claire et si formelle ne pourroit être qu'obscurcie par les réflexions que l'on y ajouteroit. On renouvelle en cet endroit, de la part des évêques de Soissons, les mêmes objections par lesquelles ils ont tenté inutilement de diminuer le poids d'une semblable remise, faite en 1404, à Louis, duc d'Orléans, père de Charles ; et surtout on insiste extrêmement sur ces mots, *qui pourroient nous appartenir*, etc.

On en a déjà marqué le véritable sens, en expliquant la première remise ; mais on peut ajouter ici,

1.º Que ce sens est tellement fixé par les actes intermédiaires, qu'il ne paroît plus permis de renouveler une si mauvaise difficulté ;

2.º Que, quelques efforts que l'on fasse pour incidenter sur les termes de ces actes, on sera toujours obligé de céder à la force de ces expressions dont le roi Charles VII a accompagné le don qu'il a fait, *excepté les foi et hommage, ressort et souveraineté à nous appartenans en icelles terres et seigneuries.* Il n'y a point là de doute ni d'incertitude ; toutes les interprétations subtiles et équivoques s'évanouissent à la simple lecture d'un témoignage si puissant et si décisif.

Ce don n'eut aucune suite, parce que le duc d'Orléans ne vendit point sa moitié dans le comté de Soissons ; il la laissa en mourant à son fils Louis, duc d'Orléans, qui parvint ensuite à la couronne, et qui y réunit, au moins *de droit*, cette moitié indivise du comté de Soissons.

Retournons maintenant aux possesseurs de l'autre moitié de ce comté.

Nous trouverons trois actes authentiques par lesquels ils ont successivement reconnu le roi pour leur seigneur.

Le premier et le plus considérable de tous, est l'acte de foi et hommage rendu par Robert de Bar à Charles VI en l'année 1412.

Par cet acte, qui est passé le 8 avril de l'année 1412, le roi déclare *que Robert de Bar a cejourd'hui fait la foi et hommage qu'il nous étoit tenu de faire, de ses terres, châtellenies, et seigneurie de Marle, de la Fère sur Oise, de Soissons, d'Ougny et de Montcornet en Thirache, et de toutes leurs appartenances et appendances, mouvans en fief du roi à cause de la tour de Laon, auquel hommage le roi l'a reçu, sauf tous droits.*

Rien n'est plus singulier que les argumens dont on se sert pour combattre cet hommage.

On a dit d'abord qu'on n'en rapportoit qu'une copie informe ; mais ce moyen a cessé depuis que M.ʳᵉ Thomas-Amédée de Savoye en a produit une expédition en bonne forme, tirée de la chambre des comptes : voici donc à quoi se réduisent à présent les objections des évêques.

Il disent d'abord que ce n'est qu'un simple récit d'un hommage dont l'acte n'est point rapporté ; comme si tous ceux qui ont quelque connoissance de notre antiquité, ne savoient pas que la plus grande partie des actes de foi et hommage s'expédioient en cette forme, qu'on ne s'est peut-être jamais avisé de contester, et comme si le roi ne méritoit pas d'en être cru, lorsqu'il atteste, dans un acte revêtu du caractère de son autorité, qu'il a reçu l'hommage de Robert de Bar.

La seconde objection est encore plus surprenante ; on dit que Soissons n'est compris dans cet acte que confusément, avec plusieurs autres seigneuries : il est assez difficile de concevoir comment on conclut de là, que l'hommage rendu par cet acte ne regarde pas Soissons ; c'est néanmoins la conséquence que l'on en tire.

Si cela est, il n'y a aucune des terres comprises dans cet hommage à laquelle on puisse l'appliquer ; car il n'y en a aucune qui n'y soit marquée aussi confusément que celle de Soissons : ensorte que, pour suivre la pensée de ceux qui ont fait cette objection, il faut dire que Robert de Bar n'a rendu hommage pour aucune de ces terres, parce qu'il l'a rendu pour toutes en même temps.

Qui ne voit, au contraire, que pour raisonner conséquemment, il falloit dire, qu'en joignant ainsi ce comté de Soissons à plusieurs autres terres qui relèvent toutes nûment de la couronne, Robert de Bar a fourni, par un seul acte, deux argumens à la cause du roi ; le premier, fondé sur ce que le comté de Soissons est expressément nommé dans un hommage qui lui est rendu ; l'autre, tiré de ce que le comté de Soissons y est confondu avec d'autres seigneuries mouvantes de la couronne, en sorte que cette *confusion* (pour se servir des termes des évêques de Soissons) fortifie la preuve, bien loin de l'affoiblir ?

Il n'est pas nécessaire, après cela, de répondre à l'autorité de Melchior Regnault, qui dit que c'est par erreur que le comté de Soissons a été glissé dans cet hommage. Il est assez singulier qu'un historien qui débite avec confiance les fables les plus grossières, n'ait de la délicatesse et de la défiance que sur les faits prouvés par des titres authentiques.

Le fondement de son doute est qu'il ne paroît par aucun acte que la mouvance du comté de Soissons ait jamais été attachée à la tour de Laon ; comme si l'ignorance où la perte des anciens titres nous a jetés, étoit une raison de condamner ce qui est écrit dans des actes exempts de toute suspicion ; et comme s'il étoit bien important que le comté de Soissons soit mouvant du roi à cause de la tour de Laon, ou qu'il en dépende à cause de la couronne, comme les plus grands et les plus anciens fiefs de dignité du royaume en dépendoient ; pourvu qu'il soit toujours certain que le roi a été reconnu pour seigneur immédiat de ce comté.

Enfin, on ne s'arrêtera pas non plus à réfuter ce que disent les évêques, que cet hommage de Robert de Bar seroit unique, et par conséquent peu décisif : les actes qu'on a déjà rapportés justifient le contraire ; ceux qu'on va expliquer achèveront de le démontrer, et l'on fera voir ensuite qu'il y a, dans le procès, au moins onze reconnoissances formelles de la mouvance du roi, sans y comprendre même les deux investitures qui se trouvent dans le premier temps, et les deux érections en pairie qui se trouvent dans le dernier.

L'ordre des temps nous conduit à présent, à l'explication d'un titre non moins décisif que le précédent.

Ce sont des lettres-patentes du 18 janvier 1428, par lesquelles le roi Charles VII accorde à Jeanne de Bar, fille de Robert, *répit et souffrance de lui*

faire la foi et hommage, et de bailler le dénom-
brement que tenu lui est de faire et bailler, à
cause des comtés de Marle et de Soissons, et de
sa terre et seigneurie de Montcornet, jusqu'à un an
prochain.

Et il est dit encore dans cet acte, *que ces terres*
sont tenues et mouvantes du roi à cause de la tour
de Laon.

On répète contre cette pièce les mêmes contredits
qu'on a très-inutilement proposés contre la pièce
précédente; on dit que c'est par erreur que le
comté de Soissons y a été inséré; et qu'une preuve
de la confusion qui règne dans cet acte, aussi bien
que dans le précédent, est qu'on y emploie tout le
comté de Soissons, quoiqu'il soit certain que Jeanne
de Bar n'en possédât que la moitié.

Le conseil des évêques de Soissons n'auroit pas
fait une telle objection, s'il avoit fait réflexion.

1.º Que, dans le droit, le seigneur n'étant pas
obligé de diviser la foi, chaque possesseur d'une
portion de fief devoit régulièrement le lui porter
tout entier.

2.º Que, dans le fait, n'y ayant point encore eu
de partage réel et effectif du comté de Soissons,
et chacun des propriétaires possédant sa moitié par
indivis, il devoit aussi rendre hommage du total,
parce qu'il avoit encore droit sur le total pour la
moitié qu'il possédoit par indivis; et que c'est par
cette raison que le duc d'Orléans a reconnu le roi
pour tout le comté, pendant que Robert et Jeanne
de Bar l'ont aussi reconnu pour tout le comté; ce
qui augmente encore la preuve au lieu de la diminuer.

On propose ensuite une objection particulière
contre ces lettres, fondée sur ce qu'il ne paroît
pas que Jeanne de Bar ait satisfait à une des conditions que le roi lui avoit imposées, qui étoit *de*
porter le serment de féauté en la main du bailli
de Vermandois; comme si le défaut d'accomplissement de cette condition de la part du vassal, pouvoit

jamais nuire au seigneur, et l'empêcher de tirer avantage d'un acte aussi décisif que les lettres de *souffrance*, qui, suivant la maxime commune du droit français, *équipollent à la foi tant qu'elle dure.*

Mais d'ailleurs, il y a une raison fort naturelle et fort vraisemblable du défaut d'accomplissement de cette condition ; la souffrance n'étoit accordée que pour un an ; ainsi la briéveté de ce terme a fait, sans doute, que l'on a négligé de remplir cette formalité.

Les évêques de Soissons renouvellent encore en cet endroit les mêmes objections que l'on a déjà faites à l'égard des actes de l'affaire d'Enguerrant de Coucy, et l'on veut faire entendre que cette souffrance n'a été accordée par le roi, que parce que le comté de Soissons est tenu de la couronne en arrière-fief, ou à cause des droits de souveraineté et des autres priviléges accordés aux comtes de Soissons pour la monnoie, pour les aubaines, etc. ; objections si peu solides, si contraires au droit et au fait, si destituées de toute vraisemblance, qu'il est surprenant qu'on les répète encore une fois. Mais, comme le procureur-général du roi n'a peut-être à se reprocher que de les avoir réfutées avec trop d'étendue, il ne tombera pas une seconde fois dans ce défaut, et il se contentera d'employer à cet égard ce qu'il a dit par rapport au fait d'Enguerrant de Coucy.

Enfin, les évêques de Soissons ont opposé à cet acte une dernière réponse, qui auroit dû être la seule : ils prétendent que les descendans de Jeanne de Bar ont reconnu son erreur, et qu'ils ont rendu à l'évêque, avec connoissance de cause, un hommage qu'elle n'avoit rendu au roi que par ignorance.

Pour prouver ce fait, qui ne pourroit pas nuire aux droits du roi quand il seroit véritable, on a cherché, on a ramassé toutes sortes de pièces, jusqu'à des lettres missives, dont on n'a même que des copies collationnées par une main privée.

La première de ces lettres est écrite, à ce que l'on prétend, par Louis de Luxembourg, comte de Saint

Pol, connétable de France; la copie qu'on en a compulsée, est, dit-on, collationnée par son secrétaire : ce seigneur avoit épousé Jeanne de Bar, qui avoit reconnu le roi avant son mariage.

La lettre qu'on lui attribue est si avantageuse aux prétentions de l'église de Soissons, qu'on diroit qu'elle a été dictée par un des évêques. On prétend que dans cette lettre, écrite par Louis à Pierre de Luxembourg, son fils, il lui mande que son avis est, qu'il fera bien de rendre à l'évêque la foi et hommage *pour la moitié par indivis du comté de Soissons, ainsi que lui-même le fit quand ledit comté vint de nouveau entre ses mains.* Cette lettre est datée de l'année 1469.

On y joint une lettre de l'année suivante, dont on n'a aussi qu'une copie collationnée par une main inconnue, par laquelle on prétend que Pierre de Luxembourg, suivant le conseil de son père, s'adressa à l'évêque pour lui demander souffrance, et pour l'assurer qu'aussitôt que ses affaires le lui permettroient, il lui rendroit l'hommage qu'il lui devoit.

Il n'est pas bien difficile de répondre à des pièces dont la forme seule suffit pour les faire rejeter : c'est une entreprise nouvelle que de vouloir opposer à des actes aussi authentiques que ceux que l'on a rapportés pour le roi, des écritures privées, inconnues, et justement suspectes par tout ce qui les précède; mais il est important de ne pas oublier que les évêques de Soissons ont conservé jusqu'à des pièces de cette nature, pour soutenir leur prétendue mouvance. On a déjà fait voir, et on verra encore dans la suite quelles sont les conséquences qui se tirent de cette observation.

Outre ce contredit général, qui suffit pour n'avoir aucun égard à ces copies de lettres, on peut encore remarquer :

1° Qu'il est inconcevable que la première de ces lettres se soit trouvée entre les mains des évêques de Soissons; ce n'est point à eux qu'elle paroît écrite; c'est le connétable de Saint Pol qui écrit à son fils. Par quel hasard une telle lettre est-elle sortie des papiers de la maison de Luxembourg, pour passer dans les archives de l'évêché de Soissons ? C'est assurément ce qu'on aura de la peine à expliquer.

2.º Que, par cette lettre, on fait dire au connétable de Saint Pol une chose encore plus difficile à concevoir, que c'est le hasard qui a jeté cette prétendue lettre entre les mains des évêques de Soissons. Si l'on en croit l'auteur inconnu de cette lettre, le connétable avoit lui-même rendu hommage du comté de Soissons à l'évêque, lorsqu'il épousa Jeanne de Bar : or, qui pourra se persuader que le mari de Jeanne de Bar, qui venoit de demander souffrance au roi pour le comté de Soissons, et dont le père, Robert de Bar, avoit rendu hommage au roi pour ce même comté, dont le bisaïeul, Enguerrant de Coucy, avoit reconnu le roi d'une manière si solennelle, en recevant de ses mains l'investiture de cette seigneurie, ait eu, tout d'un coup, l'aveugle facilité de renoncer à des titres si honorables et si avantageux pour lui, et cela, pour rendre imprudemment à l'évêque de Soissons, un hommage inconnu et à la maison de Bar et à celle de Coucy, dont Jeanne de Bar étoit descendue par sa mère ?

En voilà trop pour montrer les justes soupçons que l'on a droit de concevoir contre ces lettres. On ne voit point ce qui s'est passé, depuis le temps de leur date, dans la maison de Luxembourg, et l'on ne rapporte aucun acte qui prouve ici que Louis de Luxembourg ait reconnu l'évêque, comme on le lui fait dire dans la copie collationnée de sa prétendue lettre, ni que Pierre de Luxembourg, son fils, ait effectivement suivi le conseil qu'on suppose qu'il avoit reçu de son père, et qu'il ait rendu hommage à l'évêque de Soissons; cependant il est difficile de se persuader que, si les actes de ces prétendus hommages avoient jamais existé, les évêques de Soissons les eussent perdus, pendant que l'on voit qu'ils ont encore dans leurs archives des pièces aussi inutiles et aussi suspectes que les copies des lettres prétendues de Louis et de Pierre de Luxembourg.

D'Aguesseau. Tome VI. 9

Après avoir écarté ces premières pièces, on trouve d'autres actes qui méritent beaucoup plus d'attention.

Ces actes sont, 1.° plusieurs saisies féodales faites en 1475, 1476, 1484, sur Jacques de Savoye, comte de Romont, et Marie de Luxembourg (fille de Pierre de Luxembourg) sa femme, de la moitié du comté de Soissons, qui lui appartenoit par indivis avec le duc d'Orléans.

2.° Un acte de souffrance accordé par le bailli de l'évêché à Clément Havé, comme procureur du même Jacques de Savoye, le 2 septembre 1484.

3.° Un acte de foi et hommage rendu à l'évêque par le même Clément Havé, en vertu de la procuration du comte de Romont, *pour la moitié du comté de Soissons, partissant par indivis à l'encontre de M. le duc d'Orléans :* ce sont les termes de l'acte.

Les premiers de ces actes ne servent qu'à faire voir quelles étoient les prétentions des évêques de Soissons ; des saisies féodales ne sont considérées que comme des demandes, et ne servent qu'à former le combat de fief, bien loin de le décider.

Les autres, qui paroissent plus considérables, ne prouvent que ce qui est répandu dans tout le procès, c'est-à-dire, l'usurpation que les évêques ont voulu faire de la mouvance du comté de Soissons.

1.° Ce sont des actes que le roi n'a jamais ni connus ni approuvés, et qui, par conséquent, ne peuvent lui faire aucun préjudice. La condition du roi, qui ne peut veiller par lui-même sur ce qui regarde ses mouvances, seroit bien malheureuse, s'il suffisoit pour l'en dépouiller, que son vassal eût reconnu une seule fois un autre seigneur par surprise, par ignorance, par facilité.

2.° Cet acte solitaire est combattu par onze reconnoissances consécutives, dont on fera bientôt l'énumération, en résumant tous les titres que le roi allègue en sa faveur : et s'il est vrai de dire que dans ces circonstances il n'y a aucun seigneur particulier auquel un pareil acte pût nuire, comment l'opposera-t-on au roi, que l'immensité de ses occupations, que sa propre grandeur et la nécessité où il est de se reposer de la défense de ses droits sur des officiers souvent négligens ou peu instruits, exposent à une infinité d'entreprises que des seigneurs particuliers repoussent avec plus d'attention, parce qu'elles sont plus proportionnées à leur état ; au lieu qu'elles échappent aux rois, par le peu de rapport qu'elles ont avec les objets ordinaires de leur application.

3.º Il est très-important d'observer que, dans un espace de temps assez peu considérable, la moitié indivise du comté de Soissons dont il s'agit, passa de Robert de Bar à Jeanne de Bar, sa fille, et par elle à Louis de Luxembourg, de Louis de Luxembourg à Pierre, et de Pierre à Marie de Luxembourg, et par elle à Jacques de Savoye ; et qu'après ces fréquentes mutations, Jacques de Savoye est excusable en quelque manière d'avoir ignoré la véritable mouvance du comté de Soissons.

Mais quoi qu'il en soit, il importe peu au roi que son erreur soit excusable, ou qu'elle ne le soit pas, parce qu'il est certain que cette erreur ne peut jamais faire aucun préjudice aux droits de sa couronne.

4.º Il est évident que cet acte prouve trop, et par conséquent qu'il ne prouve rien.

Pour bien développer ce raisonnement, il est nécessaire de remarquer que, depuis trois cents ans, tout le droit des évêques est renfermé, selon leurs propres titres, dans la mouvance de la moitié par indivis du comté de Soissons ; à l'égard de l'autre moitié, ils n'ont depuis ce temps-là aucun acte de possession.

Or, s'il étoit vrai que la mouvance de cette moitié par indivis leur appartînt, on devroit trouver deux choses, dans les actes de foi et hommage du comté de Soissons, postérieurs à l'année 1400.

1.º Les ducs d'Orléans, possesseurs par indivis

9 *

de la moitié du comté, auroient dû en rendre deux hommages. Le premier du quart par indivis au roi, et le second de l'autre quart par indivis à l'évêque; la raison en est évidente : car, puisqu'il n'y avoit point eu de partage entre les propriétaires du comté, et que selon l'acte de foi et hommage rendu par Jacques de Savoye, ce n'étoit pas d'une moitié, plutôt que de l'autre, qu'on rendoit hommage aux évêques, mais en général de la moitié par indivis; il est certain que la foi se rendant ainsi par indivis aux deux seigneurs, c'est-à-dire, au roi et à l'évêque, il n'y avoit aucune portion du comté pour laquelle la foi ne dût être rendue à tous deux; parce que, telle est la nature d'une chose indivise, qu'elle se trouve, pour parler le langage de l'école, par rapport à chacun de ceux qui y ont droit, *tota in toto, et tota in quálibet parte.* Ainsi, dans la moitié de la mouvance indivise sur la moitié du comté de Soissons, possédée par la maison d'Orléans, le roi devoit avoir un quart, et l'évêque un autre quart. Cependant les ducs d'Orléans n'ont jamais reconnu que le roi, pour la moitié qu'ils possédoient.

2.º Réciproquement, par rapport à la moitié possédée par Robert de Bar et ses descendans, le roi devoit recevoir la foi pour un quart, et l'évêque pour l'autre quart; c'est ainsi que les choses auroient dû se passer, selon le propre système des évêques, qui supposent que la moitié par indivis relevoit d'eux, et qui ne peuvent nier que l'autre moitié relevoit du roi, au moins depuis Louis, duc d'Orléans; ensorte que, selon eux, tout le comté relevoit du roi et des évêques également, mais par indivis.

Cela supposé, il est aisé de faire voir que l'hommage de Jacques de Savoye ne prouve plus rien, parce qu'il prouve trop.

Suivant les principes que l'on vient d'établir (et en admettant pour un moment la supposition des évêques de Soissons), Jacques de Savoye ne devoit comprendre, dans l'hommage qu'il rendoit à l'église de Soissons, que le quart par indivis, ou la moitié indivise de sa moitié; et il devoit reconnoître le roi pour le surplus. Cependant, il reconnoît l'évêque pour toute la moitié par indivis; donc il a fait plus qu'il ne devoit faire, même suivant les titres rapportés par les évêques depuis l'année 1400.

Donc il est visible qu'on ne doit avoir aucun égard à cet acte, dans lequel il paroît manifestement que le comte de Romont ne savoit ni de quoi il devoit la foi, ni à qui il la devoit.

Les dernières pièces que les évêques de Soissons ont produites, pour prouver que les descendans de Robert de Bar les avoient reconnus, sont trois lettres missives.

La première est celle qu'on prétend avoir été souscrite par Marie de Luxembourg en 1487, après la mort de Jacques de Savoye, son premier mari, pour faire savoir à ses officiers du comté de Soissons, qu'elle demandoit souffrance à l'évêque.

La seconde est adressée à l'évêque de Soissons même, pour lui demander souffrance, et il paroît que cette lettre devoit lui être rendue par les officiers de Marie de Luxembourg.

Enfin, la dernière paroît écrite à l'évêque par François de Bourbon, comte de Vendôme, qui avoit épousé Marie de Luxembourg, pour lui demander une prorogation de la souffrance qu'il avoit accordée à la prière de la princesse sa femme, et dont il le remercie.

Les même contredits qui ont déjà été proposés contre les prétendues lettres de Louis et de Pierre de Luxembourg, s'appliquent naturellement à celle-ci.

Il est même surprenant que la première de ces prétendues lettres, qui n'a point été adressée à l'évêque, et qui paroît avoir été écrite aux officiers du comté, se trouve aujourd'hui entre les mains de l'évêque.

On est pleinement convaincu de la bonne foi avec laquelle on produit ces pièces; mais qui peut répondre de ce que des mains subalternes peuvent avoir fait dans des temps plus reculés, ou par intérêt, ou par un faux zèle pour la dignité des évêques?

Voilà cependant à quoi se réduisent toutes les preuves dont ils se sont servis pour prouver que les descendans de Robert de Bar leur ont rendu hommage de la moitié indivise du comté de Soissons. Un seul acte inutile contre le roi, qui n'en a jamais eu connoissance, combattu, ou plutôt effacé et anéanti par onze reconnoissances que le roi a pour lui, excusable par l'ignorance que les fréquentes mutations arrivées dans le comté de Soissons ont pu causer, mais incapable de faire aucune preuve, parce que, suivant les propres titres des évêques, il prouve trop, et que Jacques de Savoye n'a rien fait pour les évêques, en voulant trop faire pour eux.

Il ne reste plus maintenant que d'achever la suite des hommages rendus au roi dans ce troisième temps.

Le dernier des hommages est celui qui fut rendu par messire Louis de Bourbon, prince de Condé, en 1558, dans lequel, entre plusieurs terres que ce prince avoue tenir en fief du roi, on trouve *la moitié par indivis du comté de Soissons mouvante du roi à cause de sa couronne.*

Il est vrai, comme on l'a remarqué pour le sieur évêque de Soissons, que cet acte paroît postérieur au procès formé pour raison de la mouvance du comté, puisque le premier compulsoire de la plus grande partie des titres de l'évêque est de l'année 1549.

Mais, comme cet acte n'est qu'une suite des précédens, rendus dans un temps non suspect, il sert toujours à faire voir la continuation de la possession du roi, laquelle n'étoit pas troublée par le procès, puisque le roi n'y étoit pas encore partie.

Telle est donc la première espèce de preuve que le roi a pour lui dans ce dernier temps.

Sept reconnoissances formelles de sa mouvance,

faites par des actes authentiques auxquels les évêques n'ont rien à opposer.

Deux de ces actes, faits pour tout le comté de Soissons, avant qu'il fût possédé par indivis par deux différens propriétaires ; la remise des droits seigneuriaux accordée au duc d'Orléans, et l'hommage de Valentine de Milan, sa veuve, qui avoit la garde de leurs enfans.

Deux faits pour la moitié par indivis, qui a été possédée par la maison d'Orléans ; l'hommage de Charles, duc d'Orléans, de 1412, et la remise des droits seigneuriaux, de 1440, avec réserve expresse de l'hommage du comté de Soissons, et trois pour l'autre moitié possédée par les maisons de Bar, de Luxembourg, de Savoye et de Bourbon-Vendôme ; l'hommage de Robert de Bar en 1412 ; les lettres de souffrance accordées à Jeanne de Bar en 1428, et l'hommage rendu par messire Louis de Bourbon, prince de Condé, en 1558.

Il est temps de finir la première partie de cette requête, dans laquelle on s'est proposé de rassembler tout ce qui peut servir à établir les droits du roi sur la mouvance du comté de Soissons ; et l'on ne peut mieux terminer cette première partie, que par la seconde espèce de preuves que l'on trouve dans ce dernier temps, c'est-à-dire, par les deux érections de ce comté en pairie ; la première, faite par le roi Charles VI en l'année 1404, en faveur de Louis, duc d'Orléans, son frère ; et la seconde, faite en 1505 par Louis XII, en faveur de Claude de France, sa fille.

C'est ici un des points décisifs du procès : car il est important de remarquer, avant que d'entrer dans l'explication de cette dernière preuve, qu'elle est bien différente de toutes celles qui ont été expliquées jusqu'à présent.

Quelque fortes que paroissent toutes ces preuves, elles n'ont néanmoins qu'un seul effet, qui est de faire voir que le comté de Soissons a toujours été reconnu pour un des plus grands vassaux de la couronne.

Mais la dernière preuve qui se tire des deux érections du comté de Soissons en pairie, va beaucoup plus loin : non-seulement elle fait voir que ce comté étoit mouvant immédiatement de la couronne; mais à ce premier caractère, qui lui est commun avec toutes les autres preuves expliquées dans cette requête, elle en ajoute un second qui lui est propre, et qui doit être regardé comme un principe de décision indépendant de tous les titres que l'on peut alléguer d'ailleurs pour la défense des droits du roi.

Ce principe est que, quand même la mouvance du comté de Soissons auroit autrefois appartenu aux évêques, ils auroient perdu cet avantage par l'érection de ce comté en pairie, et que toutes leurs prétentions se seroient réduites, il y a trois cents ans, à demander une indemnité aux possesseurs du comté de Soissons, indemnité à laquelle ces seigneurs ne manqueroient pas sans doute d'opposer la prescription si elle étoit demandée, mais qui n'empêcheroit pas que la mouvance n'appartînt au roi, quand même l'indemnité seroit adjugée à l'évêque de Soissons.

On doit donc envisager l'érection du comté de Soissons en pairie sous deux faces différentes.

Premièrement, cette érection prouve invinciblement que le comté de Soissons étoit mouvant du roi lorsqu'elle a été faite.

Deuxièmement, on doit en tirer cette conséquence, que, sans examiner ce qui a précédé cette érection, du moment qu'elle a été consommée, la mouvance de ce comté a été acquise au roi irrévocablement.

La première proposition peut être prouvée en deux manières différentes, c'est-à-dire, ou dans la thèse générale et par des réflexions communes à toutes les pairies, ou dans l'hypothèse du comté de Soissons, et par les circonstances particulières de l'érection de ce comté en pairie.

Commençons par les réflexions générales.

La maxime fondamentale de toute cette matière, est que la première et la plus essentielle de toutes les qualités que doit avoir une terre pour être érigée en pairie, c'est de relever immédiatement du roi.

Telle est la loi commune de ces sortes d'érections, loi aussi ancienne que la pairie, loi qui auroit dû être aussi inviolable dans les suites qu'elle est juste dans son principe, loi enfin qui n'avoit pas encore été violée en aucun cas, lorsque le comté de Soissons a été érigé en pairie, et qui n'a commencé de l'être pour la première fois, que près de cent cinquante ans après la première érection de ce comté en pairie, et environ quarante ans après la seconde.

Cette proposition est si certaine, qu'on peut avancer avec confiance que, jusqu'aux dernières écritures des évêques de Soissons, il ne s'étoit encore trouvé aucun auteur qui eût entrepris de la révoquer en doute.

Mais, puisque l'on a jugé à propos de faire naître ce doute nouveau, et de réduire par-là ceux qui sont chargés de défendre la cause du roi à prouver jusqu'aux premiers principes, il est nécessaire pour en rétablir pleinement la vérité, de faire ici quelques réflexions importantes sur la pairie, et de montrer, en aussi peu de paroles que la grandeur de la matière le pourra permettre, que,

Soit qu'en premier lieu on examine l'origine et la nature de cette haute dignité;

Soit, qu'en second lieu l'on envisage l'exemple de six anciennes pairies;

Soit, qu'en troisième lieu l'on parcoure ce qui s'est passé dans l'érection des nouvelles;

Soit, enfin, que l'on observe attentivement l'époque du changement qui est survenu en cette matière;

On n'y trouvera rien qui ne confirme ce que l'on a avancé d'abord, c'est-à-dire, que, dans la saine jurisprudence des pairies, et jusqu'au relâchement de ces derniers siècles, nulle terre ne pouvoit être érigée en pairie, si elle n'étoit mouvante immédiatement du roi avant l'érection.

Si l'on examine d'abord ce que c'est qu'un pair de France, dans l'origine et dans les véritables idées de cette qualité, on trouvera que trois choses différentes entrent dans sa définition.

Premièrement, la fonction, l'office, ou pour se servir d'un terme encore plus général, les droits personnels qui sont attachés au titre de pair de France.

Secondement, le fief de haute dignité, auquel le nom et les prérogatives de la pairie ont été attachés, comme à leur sujet sensible et matériel.

Troisièmement, les noms de pair et de pairie, que l'on donne au seigneur qui est revêtu de ce titre éminent et à la terre qu'il possède.

Si l'on s'attache d'abord aux fonctions et aux droits personnels, on ne sauroit en faire une description plus noble et plus éclatante, mais en même temps plus convenable, qu'en employant ces expressions magnifiques dont le roi Jean s'est servi, lorsqu'il a dit, dans les lettres d'érection du comté de Mâcon en pairie, que *les rois de France, pour la conservation de leur couronne, conseil et aide de la chose publique, ont institué les douze pairs, qui assistent ausdits rois et hauts conseils, et de fidélité entre eux pareille, les accompagnent les premiers en bon ordre ez vaillans faits d'armes, pour la défense d'iceux rois et royaume.*

De là ces titres *de conseils naturels, de membres de la couronne, d'assesseurs du roi, laterales regis,* que nos rois leur ont donnés en tant d'occasions différentes; de là cette déclaration si honorable pour la pairie, qu'elle étoit la plus éclatante dignité à laquelle le roi pût élever un fils de France.

Ces fonctions si élevées ont succédé à celles des ducs et des comtes, dont il n'est pas inutile de donner une notion générale en cet endroit, parce que rien n'est plus propre à faire concevoir une juste idée de la dignité ancienne des pairs, qui n'étoit, pour ainsi dire, qu'une suite et une continuation de celle des ducs et des comtes de la première et de la seconde race.

Le gouvernement des peuples, la distribution de la justice, la protection des églises, la conduite et la direction des finances, sous les ordres immédiats du souverain, étoient les prérogatives et les fonctions importantes de cette dignité;

Dignité purement personnelle dans son origine, qui ne s'accordoit que pour un temps, et qui étoit toujours absolument dépendante de la volonté du souverain.

Dans la suite, ces offices n'eurent point d'autres bornes que celles de la vie du sujet qui en étoit revêtu; mais enfin l'indulgence et la bonté de nos rois, la facilité qu'ils eurent de permettre aux pères de disposer de leurs honneurs en faveur de leurs enfans, la promesse que fit Charles-le-Chauve, en partant pour son voyage de Rome, de conférer aux enfans les dignités de leurs pères, et plus que tout cela, la violence et l'usurpation des seigneurs, jointes à la foiblesse des derniers rois de la seconde race, rendirent peu à peu les offices des ducs et des comtes héréditaires; en sorte que ce qui n'étoit dans son origine et dans les véritables maximes du gouvernement, qu'un droit purement temporel, une grâce personnelle, une portion du domaine public et une émanation de la souveraineté, devint enfin, par une suite funeste du désordre et de la licence du dixième siècle, un droit réel, une grâce nécessaire et transmissible aux héritiers, et pour tout dire en un mot, un *office patrimonial*; ce qui forme un des principaux caractères de la dignité des pairs de France.

Si nous passons, des fonctions et de la dignité, au fief et à la terre, qui est la seconde partie de la pairie, il sera facile d'y observer le même progrès; et sans vouloir s'étendre ici sur l'origine des fiefs, il est certain que, si on les considère seulement dans la personne des ducs et des comtes, ils consistoient

dans un simple usufruit qui leur tenoit lieu d'appointemens ou de récompense.

De là cette maxime introduite plutôt pour les
bénéfices profanes que pour les bénéfices ecclésiastiques, *beneficium datur propter officium*; le bénéfice étoit l'accessoire de l'office; l'un étoit le service
que l'officier rendoit à l'état; l'autre le salaire et
la récompense que l'état accordoit à l'officier; et
l'on n'avoit pas encore confondu, dans l'église et
dans l'état, les idées justes et naturelles des choses,
en regardant l'office comme l'accessoire, et le bénéfice comme le principal.

Comme la durée du bénéfice étoit attachée à celle
de l'office, les mêmes causes qui ont changé la
nature des offices des ducs et des comtes, ont aussi
changé celle des bénéfices ou des fiefs, en les rendant
héréditaires et patrimoniaux; et c'est ainsi que s'est
formé cet assemblage nouveau de fief et d'office,
qui a composé ce que nous avons appelé depuis
une pairie.

Tous ceux qui ont étudié les antiquités françaises
savent que ce nom, qui est la troisième chose qui
entre dans l'idée de la pairie, se prend dans nos
anciens auteurs en deux sens différens.

Il a une première signification naturelle, dans
laquelle il ne marque qu'une simple égalité, de
quelque nature qu'elle puisse être: c'est ainsi que,
dans les lois des Allemands et dans les capitulaires
de Charlemagne, les soldats sont appelés *pairs*, par
l'égalité de leurs services; que dans les formules de
Marculphe, les frères et les amis sont appelés *pairs*,
par cette égalité que le sang ou l'amitié établit entre
eux; que dans d'autres titres, les évêques s'appellent
mutuellement *pairs*, par l'égalité de leur ministère;
que dans le traité fait entre les enfans de Louis le
Débonnaire, ils se donnent réciproquement la qualité de *pairs*, soit par l'égalité de la naissance, ou
par celle de la puissance; et qu'enfin les vassaux
qui relèvent immédiatement d'un même seigneur,
ont été dans la suite appelés *pairs de fief*.

Mais outre ce premier sens, le terme de pair reçoit encore une autre interprétation, moins naturelle à la vérité, mais non pas moins commune que la première ; elle est tirée de l'ancien usage du royaume, suivant lequel chacun devoit être jugé par ses pairs, *unusquisque per pares suos judicandus est*, disent les lois de Henri I, roi d'Angleterre, qui sont toutes tirées des usages de la France.

Ainsi le terme de *pairs*, dans sa signification naturelle, n'est pas différent de celui d'*égal* ; le même terme considéré dans ses effets, marque la qualité de *juge* : dans l'un et l'autre sens, il convenoit également aux ducs et aux comtes devenus héréditaires.

Egaux en fonctions et en dignité, égaux en mouvance de la couronne, et juges les uns des autres, sur le fondement de cette égalité, ils portèrent justement le nom de pairs, puisqu'ils renfermoient, pour parler ainsi, une double pairie, dans leur personne, c'est-à-dire, une pairie de dignité et une pairie de fief.

Après avoir ainsi développé les trois idées différentes qui entrent dans la description de la pairie, il est aisé d'en tirer cette conséquence, qu'il est si naturel, ou pour mieux dire, si essentiel à tout pair de France de relever nûment de la couronne, qu'il cesseroit d'être pair s'il cessoit d'avoir cette prérogative.

Si l'on s'attache d'abord à la première idée, c'est-à-dire à celle des fonctions et de la dignité, comme l'éminence de ces fonctions ne convenoit qu'aux premiers seigneurs du royaume, c'est-à-dire aux ducs et aux comtes qui étoient dans la dépendance immédiate du roi, il est évident que cette dignité ayant un rapport essentiel et immédiat avec la majesté royale, ne pouvoit jamais relever que de la couronne ; et cela par la nature même de la pairie, et sans le secours d'aucune loi.

Si l'on envisage ensuite la seconde idée, c'est-à-dire, celle de la qualité du fief qui est la matière

de la pairie, comme ce fief et la dignité à laquelle
il est uni ne composent qu'un seul tout, et que
d'ailleurs, dans les saines maximes de la pairie, la
dignité est le principal, et le fief l'accessoire qui a
succédé aux gages que l'on donnoit autrefois aux
premiers officiers du royaume, il est encore de la
dernière évidence que cette seule raison suffiroit
pour imprimer sur la pairie le caractère de la mouvance immédiate de la couronne, puisque l'office
et la terre étant unis si intimément, qu'ils ne forment
plus qu'un même corps de seigneurie, il est impossible que l'office dépende du roi immédiatement,
sans que la terre en dépende de la même manière :
de même que la concession de l'office émane immédiatement du roi, la terre qui fournit à l'officier
les moyens de soutenir sa dignité, doit émaner pareillement de la concession immédiate du souverain.

Mais, outre cette première raison, qui se tire de
l'union de la terre avec la dignité, et de leur concours
et coopération pour remplir un même objet, pour
satisfaire à des fonctions publiques qui intéressent
l'état, il y en a encore une seconde qui est propre
à la terre même, et qui n'est pas moins considérable.

Elle est fondée sur ce que les pairies, dans leur
première origine, étoient de véritables démembremens du domaine de la couronne, faits à titre d'inféodation ; et quoique dans la suite on ait commencé
à ériger en pairie des terres qui n'avoient pas fait
partie du domaine de nos rois, comme toutes les
anciennes pairies, on a toujours conservé l'esprit
de la première origine, et il en reste encore des
vestiges, ou plutôt des effets aussi éclatans que certains, dans toutes les nouvelles érections.

De là vient que les termes d'*apanage* et de *pairie*
ont été quelquefois confondus, et cela dans les lettres
d'érection accordées à des seigneurs qui n'avoient
pas l'honneur d'être du sang de nos rois.

De là vient encore que, comme les apanages se
réunissent au domaine de la couronne par le défaut

de descendans mâles, de même les pairies doivent
s'y réunir, suivant la disposition de l'édit de 1566,
dont on a reconnu la justice toutes les fois que l'on
a obtenu de la bonté du roi qu'il lui plût d'y
déroger.

Or, quel est le fondement de cette loi, si ce n'est
que toute pairie étoit anciennement une véritable
inféodation d'une portion illustre du domaine de la
couronne, et que l'on ne peut, encore à présent,
ériger une terre en pairie, sans feindre qu'elle rentre
dans le domaine du roi, pour recevoir de ses mains
la capacité d'être décorée du titre de pairie, et pour
être revêtue de ce caractère éminent qui la distingue
des autres biens du royaume? C'est pour cela qu'ayant
une fois reçu cette impression de la puissance royale,
qui l'égale, au moins par fiction, aux autres domaines
de la couronne, elle seroit infailliblement soumise à
la loi de la réversion, comme les apanages, si le
prince ne renonçoit par équité à un droit qui lui
appartient par justice, et qui est si légitime, que
le parlement a signalé pendant plusieurs années son
zèle pour la défense de l'ordre public, par la ré-
sistance respectueuse qu'il a apportée à l'enregistrement des lettres qui contenoient une dérogation
formelle à cette loi?

Qui pourroit douter, après cela, que le fief et la
terre même, qui est la matière de la pairie, ne
soient toujours présumés, de droit, être dans la mouvance du roi, lorsque l'on voit encore aujourd'hui
que, par une suite de la première origine des pairies,
elles sont regardées comme une portion du domaine
de la couronne, qui ne peut assurément relever d'aucun autre fief que de la couronne même?

Enfin, le nom seul et le terme même de pair de
France, ne fournissent pas une preuve moins décisive
de la vérité de cette maxime.

Car enfin, si le nom de pair se prend dans son
premier sens, dans lequel il ne signifie qu'une simple
égalité, il n'en faudra pas davantage pour montrer
que tout pair doit nécessairement tenir une terre

mouvante du roi ; sans cela, il ne pourroit porter le nom de *pair*, car cette égalité, qui a fait donner ce nom aux pairs de France, suppose qu'ils sont tous vassaux immédiats de la couronne ; autrement il n'y auroit point d'égalité entr'eux, ils seroient au contraire d'une condition fort inégale, si l'un d'entr'eux n'étoit qu'arrière-vassal de la couronne, pendant que les autres en seroient les vassaux immédiats : or, s'il n'y avoit plus d'égalité, il n'y auroit plus de pairie, puisque ce terme de pairie, dans la signification naturelle, ne signifie qu'égalité.

Que si le nom de pair se prend dans la seconde signification, c'est-à-dire, dans le sens de juge des pairs, qui osera avancer qu'un seigneur qui n'auroit été qu'arrière-vassal du roi, eût jamais pu, contre l'ordre ancien du royaume, qui vouloit que chacun fût jugé par ses égaux, aspirer à la haute prérogative de juger avec les pairs mêmes, sous prétexte d'une érection qui avoit été absolument nulle dans notre ancienne jurisprudence, dès le moment qu'elle auroit eu pour sujet une terre non mouvante de la couronne ?

Ce droit éminent que les pairs exercent sous l'autorité du roi, a été tellement regardé comme une suite de l'égalité de la mouvance, qu'on n'a fait aucune attention à la différence qui est entre la dignité de duc et celle de comte, pour régler les rangs des pairs de France.

On a vu les comtes d'Eu et plusieurs autres, précéder, au parlement, des pairs qui avoient la qualité de ducs, parce que ces comtes étoient plus anciens que les ducs qu'ils précédoient ; en sorte que c'est à la qualité de pair et non pas à celle de duc ou de comte que le rang est attaché. Tant il est vrai que, dans le principe et dans l'origine, c'est l'égalité de la mouvance de la couronne qui a formé le caractère dominant de la pairie, et qui a été regardée d'abord comme la matière de toutes les prérogatives attachées à cette grande dignité.

Encore que ces premières notions de la pairie

fussent plus que suffisantes pour détruire le paradoxe que l'on a avancé, lorsque, pour soutenir la prétention des évêques de Soissons, l'on n'a pas craint de dire qu'une pairie pouvoit autrefois relever d'un autre seigneur que du roi, et qu'ainsi, l'érection du comté de Soissons en pairie ne supposoit pas que ce comté fût mouvant de la couronne ; on appuiera encore ces réflexions par trois preuves différentes.

La première, tirée de l'autorité des anciens actes et des monumens de notre histoire, qui, confondant les pairs de France avec les barons du royaume, c'est-à-dire, comme on l'a déjà prouvé, avec les premiers vassaux de la couronne, marquent assez par là que la proposition que l'on avance pour les évêques de Soissons est démentie par toute l'antiquité.

La seconde est la définition que plusieurs de nos coutumes nous donnent de la qualité de pair.

Et la troisième, enfin, le sentiment unanime des plus savans écrivains qui aient travaillé sur les antiquités de notre histoire et de notre jurisprudence.

Si le premier point pouvoit être douteux, il suffiroit, pour le prouver, de parcourir les anciennes lois d'Angleterre, qui expliquent le mot de barons par celui de pairs : *barons nous appelons piers del reelme.* .

Les lettres-patentes expédiées sur le jugement rendu en 1216, entre le jeune Thibault, comte de Champagne, et Erard de Brienne, où l'on voit que ceux qui sont appelés *pares regni Franciæ*, dans les lettres de l'archevêque de Rheims et des évêques de Langres, de Châlons, de Beauvais et de Noyon, sont appelés *barones regni Franciæ* dans celles du duc de Bourgogne, insérées comme les autres dans le chartulaire de Champagne ;

Les lettres que Philippe-Auguste écrivit, l'année suivante, au pape Honoré III, au sujet de Manassès, évêque d'Orléans, où l'on remarque encore qu'il désigne à la fin de sa lettre, par le nom de *parium prædictorum*, ceux qu'il avoit nommés au commencement de la même lettre *barones regni Franciæ* ;

Un acte de 1235, qui est dans le trésor des chartes de la couronne, et que les sieurs Dupuy ont donné au public dans les Preuves des libertés de l'église gallicane, où il est dit que l'archevêque de Rheims et l'évêque de Beauvais tiennent leur temporel *in baroniâ et paritate ;*

Le traité de 1259, par lequel l'Aquitaine fut rendue au roi d'Angleterre, sous la condition de l'hommage, *et indè homagium faciens, in numero baronum Franciæ adscriberetur, tanquam dux Aquitaniæ, de cætero unus de paribus Franciæ appellatus ;*

Enfin, l'arrêt rendu, en 1267, contre l'évêque de Châlons, qui l'oblige de se défendre dans la cour des pairs, parce qu'il étoit, dit l'arrêt, *baro et par Franciæ, et homo ligens domini regis..... et quod actum fuerat ratione baroniæ suæ, egerit et agatur de foris facto in suâ laciali justitiâ quam tenet à rege.* Paroles remarquables, et qui font voir qu'alors les termes *de baron, de pair, d'homme lige du roi,* étoient employés comme des expressions synonymes ; et que la pairie de Châlons a été désignée, en ce temps-là, par le nom *de baronnie ou de justice tenue du roi,* ce qui suppose que toute l'essence de la pairie, quant à sa matière, étoit renfermée dans la mouvance immédiate de la couronne.

Or, s'il est constant, par toutes ces autorités et par toutes celles qu'on pourroit y joindre, que tout pair de France devoit être un des premiers barons du royaume, pourra-t-on douter qu'il ne dût avoir par conséquent, une seigneurie mouvante directement de la couronne ?

Car enfin, soit que le nom de baron n'ait signifié, dans son origine, qu'un serviteur ou un esclave ; soit que, dans la langue germanique, de laquelle il a été tiré, il n'ait point eu d'abord d'autre signification propre et naturelle que celle d'*homme* ; il est toujours certain que ce terme est devenu propre et consacré aux vassaux de la couronne, dans la personne desquels les deux significations de ce mot se rencontrent

également, puisqu'ils sont, par excellence, et les ser-
viteurs et les hommes du roi.

Or, l'on a vu que le nom de *pair*, autrefois syno-
nyme avec celui de *baron du roi*, renfermoit essentiellement en soi la qualité de premier vassal de la
couronne.

Que reste-t-il donc à conclure, si ce n'est qu'un
seigneur qui auroit voulu être pair, sans être vassal
immédiat du roi, auroit passé pour une espèce de
monstre dans l'ordre des pairs, qui auroit entrepris
de violer l'essence, et de changer la nature de la pairie,
dans le temps même qu'il auroit aspiré à la qualité
de pair.

La seconde preuve, qui se tire des idées que nos
coutumes nous ont conservées de la pairie, est d'autant plus considérable, que c'est un principe certain
que ce qui s'est fait à l'égard du fief dominant de
tout le royaume, c'est-à-dire de la couronne, que
nos rois ne tiennent que de Dieu même, a servi de
modèle à ce qui s'est passé dans les autres fiefs qui
en dépendent ; et l'on peut dire que la nouvelle forme
de gouvernement, que l'usage des fiefs a introduite,
est descendue, comme par degrés, depuis le fief de la
couronne jusqu'au dernier des fiefs qui en relèvent
immédiatement.

Le roi a eu ses pairs, qui étoient d'abord les
grands vassaux de la couronne, égaux les uns aux
autres, en ce qu'ils ne reconnoissoient que le roi,
comme roi, pour seigneur immédiat.

Chacun de ces grands vassaux, à l'exemple du roi,
a eu aussi ses pairs, c'est-à-dire ses grands vassaux,
qui tenoient nûment de lui ; tels ont été les pairs
des comtes de Champagne, des comtes de Flandres,
des comtes de Boulogne, des comtes de Vermandois,
de Hainault, et d'une infinité d'autres grands seigneurs dont il seroit aussi long qu'inutile de citer
ici les exemples, puisque ce fait n'est plus ni ignoré
ni contesté par aucun de ceux qui ont la moindre
teinture des origines de notre droit.

10*

Les pairs même de ces seigneurs avoient aussi sous eux d'autres pairs, et ainsi successivement jusqu'au dernier degré.

Qu'il soit donc permis ici de juger des originaux par les copies, et des pairs du grand fief de la couronne, par les pairs de chaque fief particulier.

Nous avons encore plusieurs coutumes qui en font une mention expresse; et, sans vouloir les parcourir toutes, il suffit de s'arrêter à celles dans lesquelles on trouve une espèce de définition de la qualité des pairs.

Telle est la coutume d'Amiens, qui emploie ces termes dans l'article 25. *Le vassal tenant en pairie, ou en plein hommage*, et qui marque par là que tenir en pairie et relever pleinement et nûment d'un seigneur, c'est précisément la même chose.

Telle est aussi celle de Senlis, qui s'exprime avec encore plus d'étendue, lorsqu'elle dit, dans l'article 158, *que les pairs sont les vassaux du seigneur féodal, tenant de lui fief de pareille nature et condition.*

Telle est enfin la coutume de Saint-Quentin, qui marque, dans l'article 82, une des fonctions principales des pairs de fief, tracée sur le modèle des pairs de France, lorsqu'elle dit, *que le seigneur peut faire saisir le fief de son vassal, par faute de service de cour et de plaids; c'est à savoir, quand commandement a été fait audit vassal de comparoir à certain jour, et assister aux plaids de la seigneurie dont son fief est mouvant, avec ses pairs, compagnons et vassaux, par-devant le bailly ou garde de justice dudit seigneur féodal.*

Ainsi, selon cette coutume, *pairs, compagnons, vassaux d'un même seigneur*, ce sont trois termes synonymes, qui ne signifient qu'une seule et même chose.

Comme il seroit absurde encore aujourd'hui de prétendre, à l'égard des fiefs inférieurs, qu'un vassal qui ne seroit pas dans la mouvance directe d'un seigneur, pût prendre la qualité de pair, il ne l'auroit pas moins été, dans l'ancienne jurisprudence des pairies de France, d'avancer qu'un vassal dont la seigneurie n'eût pas été mouvante directement de la couronne, auroit pu jouir du titre et de la dignité de pair du royaume.

C'est ce qui a été solidement établi par les plus grandes lumières de notre droit français, dont l'autorité servira de troisième preuve de la justesse des observations que l'on a faites sur la nature des pairies.

M.ᶜ Jean du Tillet se propose d'abord la question de l'origine des pairies, et il répond *que la cause en sera assez connue, quand sera entendu que les fiefs étant devenus héréditaires et patrimoniaux en ce royaume..... en chacun fief dominant fut établi nombre certain de vassaux appelés pairs, ou francs hommes de fief, chargés de tenir la cour du sieur et juger les causes féodales, ayant pour raison de ce, grandes prérogatives et noblesse;* ce qu'il prouve ensuite par un grand nombre d'exemples.

Si l'on consulte M.ᵉ Pierre Pithou, dans son Histoire des comtes de Champagne et de Brie, liv. 1, pag. 39, on y verra qu'après avoir réfuté, et l'opinion fabuleuse de ceux qui rapportent l'origine des pairs au temps de Charlemagne, et les vaines conjectures de ceux qui veulent les trouver dans les patrices romains, il établit ensuite que tout cela n'a rien de commun avec nos pairs; *qu'il ne faut les tirer d'ailleurs que de l'usage commun des fiefs, qui est tel, que les vassaux qui tiennent fiefs mouvans pleinement et directement d'un même seigneur, sont appelés pares curiæ, ou domûs, assistent au seigneur quand il prend possession de sa terre, et sont présens aux nouvelles investitures....; se trouvent aux jours; jugent des causes de fief, et autres qui en dépendent, avec le seigneur; et ont plusieurs autres droits, qui leur sont communs par proportion avec nos pairs de France; lesquels, en cette même qualité, assistent au sacre et couronnement du roi; sont conseillers en la cour de son royaume, qui pour ce est appellée la cour des pairs, où se traitent, par leurs avis, toutes les causes du fief dominant, c'est-à-dire, du domaine de la couronne, et celles qui en dépendent, comme celles qui concernent les pairies; en laquelle aussi s'homologuent les érections de duchés, comtés, principautés, pairies et toutes telles autres dignités. En somme, on ne trouvera droit ou privilège en ceux-ci, dont on ne puisse aisément remarquer l'origine ès anciens pairs de cour entre les vieilles coutumes des fiefs. Tellement qu'à dire en un mot pair de France, n'est autre chose que tenant du royaume; par cela il appert aussi que tous barons qui tiennent fiefs royaux comme duchés, comtés, et tels autres mouvans nûment du roi à cause de sa couronne, se pourroient dire pairs du royaume.*

Les pairs de France, dit Loiseau (Traité des seigneuries, chap. 5.), *sont, sans controverse, les principaux vassaux de la couronne...... : ils furent choisis, selon la plus vraisemblable opinion, par Louis le Jeune, du tout à la manière des anciens pairs de fiefs....., et ont aussi toutes les mêmes charges qu'eux, à savoir d'assister le roi en son investiture, qui est son sacre et son couronnement, et de juger avec lui les différends des vassaux du royaume.*

Le savant André Duchesne n'est pas d'un autre sentiment, lorsqu'il dit, dans le chap. 5 du liv. 1 de son Histoire de la maison de Montmorency, qu'*il est certain que le mot de baron égaloit jadis et comprenoit la dignité de pair de France. . . . . .; que les barons étoient les premiers sujets, après le roi, pareils et égaux entre eux en dignité. . . .;* et en un autre endroit du même chapitre, *que les barons, qui tenoient leurs terres en baronnie, c'est-à-dire en toute justice et en tous droits, mouvans du roi immédiatement, étoient les anciens et vrais pairs de la couronne; et telles baronnies, les plus grandes et honorables seigneuries, les premiers après la souveraineté du roi, et comme les pairs du royaume.*

Enfin, le sieur Ducange ne s'explique pas moins clairement, lorsque, dans son Glossaire de la moyenne et basse latinité, il donne cette idée de la qualité des pairs : *Pares exindè appellati unius domini convassalli, quòd ratione hominii ac tenuræ, sibi invicem pares sint, unique domino subsint, à quibus solis judicari poterant; nam convassalli diversarum baroniarum, seu territoriorum, eidem domino subjecti non dicuntur propriè pares. . . . . A paritate igitur conditionis et dignitatis appellatio ista profluxit; proindè jure exploditur virorum doctissimorum sententia qui pares à patriciis Francicis duducunt.*

La mouvance immédiate de la couronne n'est donc point, comme il semble qu'on ait voulu l'insinuer pour la défense des évêques de Soissons, un nouveau degré d'honneur ajouté, dans les derniers siècles, à la dignité de pair de France; c'est la base, c'est le fondement, c'est la première et la plus ancienne source de cette dignité; et, par conséquent, toute terre qui ne relevoit pas nûment de la couronne, n'avoit pas aussi la disposition primitive et essentielle qui devoit s'y trouver anciennement pour la mettre en état d'être décorée du titre de pairie.

L'exemple des douze anciennes pairies, qui est la seconde chose que l'on s'est proposé d'examiner, est une suite naturelle de ce qui vient d'être expliqué sur la nature et l'origine de la pairie.

Personne n'ignore que les douze premières pairies étoient toutes mouvantes directement du roi.

On ne peut pas même douter que, dans la réforme de la pairie, et dans la réduction du nombre des pairs, qui fut faite, ou à l'occasion du sacre de Philippe-Auguste, selon la commune opinion, ou sous le règne de saint Louis, suivant la conjecture de quelques savans, les six anciens pairs laïcs n'aient été préférés à tous les autres barons du roi, parce qu'ils possédoient ces grands fiefs, qui étoient mouvans du roi, non comme ducs de France, ou à cause de quelque autre fief particulier, mais à cause de sa couronne. En effet, il est certain que ces six pairs ne possédoient pas tant des seigneuries, que des portions entières du royaume, qui, jointes avec le duché de France, dont nos rois avoient conservé la propriété, composoient la plénitude de la couronne.

Ce n'est point ici le lieu d'examiner, s'il n'y eut point encore d'autres raisons de ce choix, ni pourquoi on a préféré les six anciens pairs ecclésiastiques aux autres évêques du royaume, qui jouissoient tous originairement de la qualité de barons du roi, et qui étoient mis au rang des grands du royaume et des premiers vassaux de la couronne.

Soit que ce choix ait été fondé, ou sur l'honneur qu'avoient alors ces six prélats d'être parens du roi, comme il est aisé de le prouver, au moins à l'égard de cinq d'entr'eux ; soit que leur attachement et leur fidélité au service de la couronne aient mérité cette distinction, et qu'ils ne l'aient obtenue que par faveur et par un effet de leur crédit, il est toujours certain que le temporel de leurs évêchés étoit dans la mouvance immédiate du roi; et que, si tous les autres évêques, qui avoient le même avantage, n'ont pas été admis au même honneur, c'est sans doute parce que le nombre des pairs laïcs a déterminé celui des pairs ecclésiastiques; et que, comme on n'a pas appelé à la dignité de pairs, lorsqu'elle a été réduite à un petit nombre de personnes, tous les seigneurs laïcs qui avoient l'honneur d'être vassaux immédiats du roi, on n'a pas cru non plus qu'il fût convenable d'élever à cette dignité tous les seigneurs ecclésiastiques qui tenoient leur temporel à titre de baronnie ou de pairie réelle de la couronne.

C'est, en effet, à ce temps-là qu'il faut rapporter la première origine de la distinction de la pairie réelle et de la pairie personnelle.

Jusque-là on avoit confondu, sous le nom de

barons du roi, tous les grands vassaux de la couronne, et on les avoit admis à l'exercice des mêmes fonctions.

Mais alors on commença insensiblement à renfermer les fonctions personnelles des barons et des pairs dans un petit nombre, qui a été enfin fixé à douze, et les autres grands vassaux du roi furent réduits à la seule pairie réelle, qui ne consista plus que dans l'honneur de relever directement du roi.

Et, pour montrer toujours que l'on a suivi, dans les autres fiefs, l'exemple de ce qui se passoit à l'égard du fief dominant, c'est-à-dire, de la couronne, il n'est pas inutile de remarquer, ici, que le même changement est aussi arrivé à l'égard des pairs des grands vassaux de la couronne.

Au lieu qu'originairement tous ceux qui tenoient des terres mouvantes immédiatement de ces seigneurs étoient appelés barons ou pairs, on commença à en choisir un certain nombre, auxquels, seuls, on communiqua, dans la suite, le nom et les prérogatives personnelles des pairs.

C'est ainsi que, quoiqu'il y eût un grand nombre de vassaux illustres et considérables qui tinssent leurs terres en plein fief des comtes de Champagne, cependant il n'y en eût que sept qui retinrent le titre et les fonctions de pairs de Champagne.

Là même chose arriva dans le comté de Flandre, dans celui de Boulogne et dans plusieurs autres.

Le dernier siècle a vu encore un exemple d'une pareille réformation, faite, en 1611, par les archiducs Albert et Isabelle, dans la cour de Mons en Hainault ; cette cour avoit toujours été composée, jusqu'au temps de ces princes, de tous les vassaux immédiats de ce comté ; mais ils réformèrent cet ancien usage, et ils réduisirent le nombre des pairs de Hainault à douze, suivant le modèle de la réformation de la pairie de France.

Telle a été, soit par rapport au roi, soit par rapport aux grands seigneurs du royaume, la source de la distinction de la pairie réelle et de la pairie personnelle ; distinction qui a donné lieu à un usage dont on a déjà parlé, et dont nous trouvons plusieurs vestiges dans les monumens de notre antiquité, suivant lequel les pairs qui jouissoient en même temps et des honneurs personnels et des droits réels de la pairie, rendoient, au roi, deux hommages différens : l'un, pour la dignité de pair ; l'autre, pour le duché ou comté auquel cette dignité étoit unie ; le premier, pour la pairie personnelle ; le second, pour la pairie réelle.

Par là, tous les principes que l'on a établis se trouvent encore confirmés, puisque cet usage prouve évidemment que la terre étoit dans une dépendance du roi, aussi étroite et aussi immédiate que la dignité ; la distinction des deux espèces de pairies n'ayant servi qu'à lier et attacher les pairs par un double serment et par deux hommages également inviolables, à la personne du roi et à sa couronne.

Mais, c'est trop s'arrêter sur une preuve aussi constante que celle de l'exemple des douze anciennes pairies.

Passons maintenant à ce qui regarde les nouvelles ; nous trouverons qu'ayant été tracées sur le modèle des anciennes, elles forment une troisième preuve aussi forte que les deux premières, pour faire voir que toute terre érigée en pairie, avant le relâchement de la nouvelle jurisprudence, est présumée de droit avoir été mouvante du roi avant l'érection.

En effet, si l'on parcourt toutes les érections des nouvelles pairies, à commencer depuis l'an 1297, que celles d'Anjou, de Bretagne et d'Artois furent érigées, jusqu'en 1551, qui est l'époque du changement de la jurisprudence à cet égard, on y trouvera plus de vingt érections différentes, dont il y en a eu au moins sept ou huit antérieures à celle du comté de Soissons, et quatorze ou quinze de postérieures.

Or, dans ce grand nombre d'érections, on n'a pu en alléguer une seule par laquelle une terre, non mouvante du roi, ait été élevée à la dignité de pairie de France.

N'est-il pas permis, après cela, de demander aux évêques de Soissons comment ils pourront soutenir que, contre la nature des pairies, contre un usage qui, en l'année 1404 (temps de la première érection du comté de Soissons en pairie), n'avoit encore reçu aucune atteinte, et qui n'en a reçu que près de cent cinquante ans après, contre l'exemple des douze anciennes pairies, contre celui de plus de vingt pairies nouvelles, au milieu desquelles celles du comté de Soissons se trouve placée, ce comté seul aura été érigé en pairie, sans avoir été, auparavant, dans la mouvance du roi ?

Encore une fois, cet argument est si fort, cette induction est si concluante, qu'on ignore quelle réponse les évêques de Soissons pourront y faire.

Mais il faut conduire cette preuve jusqu'au dernier degré d'évidence, en y ajoutant ce qui s'est passé dans le temps du premier changement arrivé dans la jurisprudence sur ce point ; quatrième et dernier argument, qui achèvera de démontrer que, lorsqu'on envisage l'érection du comté de Soissons, faite en l'année 1404, il est impossible de douter que ce comté ne fût alors dans la mouvance immédiate du roi.

L'ancienne jurisprudence avoit été inviolablement observée jusqu'en l'année 1551 ; c'est-à-dire, pendant plus de cent quarante-sept ans après la première érection du comté de Soissons en pairie.

Les princes, seuls, pendant long-temps, avoient eu part à l'honneur de la pairie.

Dans le commencement du seizième siècle, on vit naître l'usage d'admettre les autres seigneurs à la possession de cette haute dignité ; mais, soit par rapport aux princes, soit par rapport aux seigneurs d'un ordre inférieur, on ne s'étoit jamais relâché de cette règle générale, qui vouloit que toute terre érigée en pairie fût mouvante du roi avant l'érection.

Le connétable de Montmorency fut le premier qui osa comprendre, dans le nombre des terres dont la nouvelle pairie de Montmorency devoit être composée, la seigneurie d'Ecouen, qui étoit tenue en plein fief de l'abbaye de saint Denis.

La faveur de ce connétable fit apparemment recevoir, sans beaucoup d'examen, l'énonciation qu'il fit de la terre d'Ecouen, dans l'exposé des lettres que le roi eut la bonté de lui accorder; mais elle n'étouffa pas la voix des religieux de l'abbaye de saint Denis. Ils se plaignirent de la perte qu'ils souffroient par cette érection, qui leur ôtoit une mouvance considérable, la terre d'Ecouen ne pouvant relever que du roi, dès le moment qu'elle seroit unie à la pairie de Montmorency.

Comme ce cas ne s'étoit pas encore présenté, et que l'expédient d'obliger le seigneur de se contenter de l'indemnité de sa mouvance n'avoit pas été imaginé, le roi Henri II prit un parti qui étoit digne de sa justice, et qui marque en même temps combien on étoit encore éloigné de croire qu'une terre mouvante d'un seigneur particulier pût être érigée en pairie, quoiqu'elle ne fût pas l'objet principal de l'érection, et qu'elle n'y entrât que pour donner plus de relief à la baronnie de Montmorency.

Cet expédient fut de séparer, par justice, ce qu'on avoit uni par faveur, et de distraire la seigneurie d'Ecouen de la pairie de Montmorency, pour en rendre la mouvance à l'abbaye de Saint-Denis; et, c'est ce que le roi ordonna par des lettres-patentes du mois de septembre 1551, qui furent registrées au parlement le 4 du même mois.

Voilà donc le premier exemple où l'on s'est écarté de la règle générale; mais cet exemple la confirme, bien loin de la détruire, puisque l'on a corrigé ce qui n'avoit été fait que par erreur, et que les lettres patentes qui ont désuni la terre d'Ecouen de la pairie de Montmorency ne peuvent être fondées que sur la maxime tant de fois répétée dans cette requête, que, régulièrement, une terre qui n'est pas mouvante du roi ne peut être érigée en pairie.

Mais, comme les dispenses et les exceptions de la règle ne s'arrêtent jamais où elles ont commencé, l'année suivante vit paroître un second exemple d'une pareille contravention aux anciennes maximes des pairies, qui fut plus heureuse que la première, par l'invention nouvelle de l'expédient de l'indemnité.

Le duc de Nevers, voulant augmenter son duché et le rendre plus considérable, obtint, en l'année 1552, des lettres d'érection de la baronnie de Donzy en pairie, avec union au duché de Nevers.

Mais la mouvance de cette baronnie, prétendue par l'évêque d'Auxerre, et l'exemple récent de ce qui s'étoit passé à l'égard de la seigneurie d'Ecouen, sembloient mettre un obstacle invincible à la grâce que le duc de Nevers demandoit au roi.

En cet état, on imagina, pour la première fois, le tempérament d'obliger le seigneur à se contenter d'une indemnité, et cette clause fut conçue en ces termes : *Sauf toutes fois aux seigneurs de fief leurs droits, tenures et mouvances féodales, pour lesquelles notredit cousin sera tenu de leur donner bonne et deue récompense.*

Cette clause a été imitée depuis, dans les lettres d'érection du duché de Gesvres, par rapport à une partie des terres qui composent ce duché.

On ne peut se dispenser de faire quelques réflexions sur un changement si important, d'où l'on tirera autant de conséquences décisives pour établir la justice des droits du roi dans cette affaire, quand même ils ne seroient fondés que sur la seule érection du comté de Soissons en pairie.

La première réflexion est, qu'en comparant ce qui s'est passé dans l'érection de Montmorency en pairie, avec ce qui s'est fait par rapport à celle de Donzy, on peut fixer précisément l'époque du changement de la jurisprudence en cette matière.

En effet, quand on voit, d'un côté, qu'en l'année 1551, un seigneur d'une aussi grande distinction que le connétable de Montmorency ne put pas empêcher que l'on ne désunît la terre d'Ecouen de la pairie de Montmorency, parce que cette terre n'étoit pas mouvante du roi; quand on remarque, de l'autre, que les lettres d'érection de la baronnie de Donzy en pairie, sont les premières qui contiennent la réserve du droit des seigneurs, et l'obligation de les indemniser; peut-on s'empêcher de reconnoître que, jusqu'au temps de ces dernières lettres, c'est-à-dire, jusqu'en l'année 1552, on avoit toujours cru qu'il n'étoit pas possible d'imprimer à une terre le caractère et la dignité de pairie, lorsqu'elle n'étoit pas mouvante du roi?

Sans cela, on auroit pris, à l'égard d'Ecouen, le même tempérament que l'on prit, un an après, à l'égard de Donzy, et l'on se seroit contenté d'obliger le connétable de Montmorency à indemniser les religieux de Saint-Denis.

Si l'on n'en a pas abusé de cette manière, c'est parce que ce tempérament n'avoit pas encore été imaginé, et que, jusque-là, deux raisons également solides avoient empêché nos rois d'ériger en pairie des terres mouvantes d'un seigneur particulier.

La première, fondée sur l'honneur et la dignité de la pairie de France, qui ne devoit être attachée qu'aux terres les plus nobles, c'est-à-dire, à celles qui relevoient immédiatement de la couronne.

La seconde, tirée d'un principe d'équité et d'intérêt des seigneurs particuliers, auxquels ces sortes d'érections auroient fait un préjudice sensible, en leur faisant perdre une mouvance dont la perte ne pouvoit souvent être entièrement réparée par quelque indemnité qu'on pût leur donner.

Or, si ces raisons avoient paru invincibles jusqu'au temps de l'érection de Donzy en pairie, si cette érection doit être regardée comme le point fixe et le premier moment du relâchement de la jurisprudence à cet égard, tout ce qui a précédé ce moment, et surtout ce qui l'a précédé de cent quarante-huit ans, comme la première érection du comté de Soissons en pairie, a été assujetti aux anciennes règles, c'est-à-dire, à cette loi, née avec la pairie même, qu'aucune terre ne peut être décorée de ce titre, si elle n'est mouvante du roi. Il résulte donc, de cette première réflexion, une preuve infaillible de la justice des droits du roi, fondée sur ce que le comté de Soissons a été érigée en pairie cent quarante-huit ans avant que cette ancienne règle eût jamais souffert aucune atteinte.

La seconde réflexion est qu'il est impossible de feindre aucun changement de jurisprudence plus ancien que celui qui est arrivé en l'année 1552, à l'occasion de l'érection de Donzy ; car, s'il y avoit eu quelque changement antérieur, c'est-à-dire, si l'on avoit érigé en pairie une terre mouvante d'un seigneur particulier, il est certain que ce seigneur s'en seroit plaint, comme l'on voit que les religieux de l'abbaye de Saint-Denis le firent par rapport à la terre d'Écouen ; et, en ce cas, ou on lui auroit rendu la même justice que l'on rendit à ces religieux, en l'année 1551, ou l'on auroit prévenu ses plaintes, comme l'on prévint, en 1552, celle de l'évêque d'Auxerre, en obligeant celui qui avoit obtenu du roi l'érection en pairie, à l'indemniser.

Or, jamais ni l'un ni l'autre n'a été pratiqué avant l'année 1552; on ne trouve aucun exemple d'un seigneur qui se soit plaint, aucune preuve de la justice qui lui ait été rendue ; comment pourroit-on donc se persuader que la même jurisprudence eût souffert quelque relâchement avant cette époque décisive ? Les évêques de Soissons ne l'allèguent pas même dans cette cause; ce sont eux, au contraire, qui ont relevé et qui ont établi, en quelque manière, cette époque importante ; et le procureur-général du roi n'a fait presque, en cet endroit, que recueillir leurs propres observations, dont les conséquences sont, à la vérité, fort différentes de celles qu'ils ont voulu en tirer.

Enfin, la troisième réflexion, qui n'est pas moins importante que les deux premières, est que, quelques affoiblissemens que les anciennes règles aient souffert par leur vieillesse même, et par le crédit des seigneurs qui ont obtenu de nouvelles érections en pairie, il n'est néanmoins jamais arrivé que le roi ait érigé une terre en pairie qui fût toute entière dans la mouvance d'un autre seigneur, et dont la principale partie ne relevât pas immédiatement du roi.

C'est ce qu'il est facile de reconnoître, si l'on veut parcourir toutes les érections dans lesquelles on a compris quelques terres mouvantes d'un seigneur particulier.

Celle de Montmorency ne comprenoit que la terre d'Escouen, portion si médiocre de ce qui composoit le corps de la pairie, que la distraction qui en fut faite ne donna aucune atteinte à l'érection, parce que, suivant les lettres mêmes de 1551, il restoit encore un assez grand nombre de nobles et importantes seigneuries pour soutenir l'honneur et la dignité de la pairie de Montmorency.

Il en est de même de ce qui s'est passé à l'égard de l'érection de Donzy; ce n'étoit pas, à proprement parler, une nouvelle pairie que le roi vouloit ériger, il vouloit plutôt en augmenter une ancienne, c'est-à-dire, celle de Nivernois, à laquelle la nouvelle pairie de Donzy devoit être unie et incorporée.

Personne n'ignore l'étendue du duché de Nevers; c'est une province plutôt qu'une terre; ainsi la baronnie de Donzy, quelque considérable qu'elle fût par elle-même, n'étoit regardée que comme une accession et une dépendance du duché de Nivernois.

On peut faire encore les mêmes observations sur les terres mouvantes de quelques seigneurs particuliers qui ont été comprises dans la formation du duché de Gesvres; ces terres ont été si peu regardées comme essentielles à l'intégrité du duché, que le roi a permis aux seigneurs de Gesvres de les tenir de lui, avec le reste du duché, en indemnisant les seigneurs dominans, ou de continuer de les tenir de ces seigneurs; et cela, parce qu'indépendamment de ces terres, on a cru qu'il y en avoit assez d'autres, pour être la matière et le fondement de l'érection en pairie.

Il n'y a donc, encore une fois, aucun exemple, même dans ces derniers temps, où l'on a peu à peu oublié les anciennes maximes des pairies, d'une érection dans laquelle ont ait élevé à la dignité de pairie, une terre qui, toute entière, ne fût pas dans la mouvance du roi; on appliquera bientôt cette réflexion, aussi bien que la précédente, à l'érection du comté de Soissons.

Mais on ne peut se dispenser de s'arrêter un moment en cet endroit, pour demander sur quel fondement les évêques de Soissons ont pu dire, avec tant de confiance, dans leurs écritures, que dans les quinzième et seizième siècles *on n'avoit pas sur les pairies les délicatesses*, *on peut dire même, les raffinemens que l'on a aujourd'hui ; qu'à la vérité aujourd'hui la dignité des pairies donne aux pairs le droit de ne relever que du roi ;* comme si ce droit étoit une chose nouvelle et inconnue à l'antiquité plus simple et moins délicate que notre âge; mais ce qui est encore plus surprenant, c'est que l'on a été plus loin, et l'on n'a pas craint de demander *où étoit la loi qui porte que les pairies ne pourroient relever que du roi.*

C'est comme si l'on demandoit où est la loi qui porte que les pairies seront des pairies? car on a fait voir qu'il est tellement essentiel à la pairie de ne relever que du roi, qu'elle cesseroit d'être pairie, si elle cessoit d'être mouvante de la couronne.

Il en est encore de même, que si l'on demandoit où est la loi qui porte que les grands officiers de la couronne ne peuvent dépendre que du roi? Où est la loi qui veut que tous les officiers royaux ne puissent recevoir le caractère qui les rend officiers, que de l'autorité du roi? Où est la loi qui porte que ceux qui doivent l'hommage le plus lige de tous au roi, seront nécessairement vassaux de sa couronne.

L'essence et la nature des choses est supérieure à toutes les lois, ou plutôt c'est la plus forte de toutes les lois; loi d'autant plus respectable, comme le dit un jurisconsulte, dans une occasion semblable, qu'elle n'a pas eu besoin d'être écrite pour être observée : *Magnæ authoritatis et ut jus habetur, quod in tantum probatum est, ut non fuerit necesse in scripto comprehendere.* L. 36. ff. de Legibus.

Telle est la loi qui veut que toute pairie soit nécessairement dans la mouvance immédiate du roi. Et, encore une fois, il n'est pas plus permis de demander où est écrite une telle loi, qu'il le seroit de demander où est écrite celle qui porte que les pairs de fiefs, dont parlent nos coutumes, ne peuvent relever immédiatement que du seigneur du fief dominant.

On a donc vu jusqu'ici que, lorsqu'on examine dans la thèse générale la maxime fondamentale de cette question, tout concourt à prouver que, dans la saine jurisprudence des pairies, et jusqu'au temps de l'érection de Donzy, nulle terre ne recevoit ce titre d'honneur, si elle n'étoit mouvante du roi.

Que si de ces raisons générales et communes à toutes les terres érigées en pairies dans le même temps que celle de Soissons, l'on passe aux circonstances particulières de cette érection, il sera encore plus impossible de douter qu'elle ne prouve parfaitement que le comté de Soissons étoit alors dans la mouvance du roi.

Ce qui a précédé cette érection, ce qui l'a suivi, et enfin les termes même de l'érection, concourent également à former une preuve complette de cette vérité.

Ce qui l'a précédée, c'est le dernier état de la mouvance du comté de Soissons. Le roi en étoit certainement en possession, la preuve en est écrite dans les actes célèbres de la cession faite à Enguerrant

de Coucy, et cette preuve a été si pleinement dis-
cutée, qu'il est inutile de la retoucher en cet endroit;
la preuve en résulte encore de la remise des droits
seigneuriaux dûs au roi Charles VI pour le comté
de Soissons, qui n'a précédé que de onze jours l'érection de ce comté en pairie.

Ce qui l'a suivie, ce sont les actes qui ont aussi
été expliqués avec beaucoup d'étendue : l'hommage
de Valentine, rendu en même temps et pour le fief
et pour la pairie de Soissons; l'hommage de Charles,
duc d'Orléans, conçu dans la même forme; l'un
rendu trois ans après l'érection de la pairie; l'autre,
huit ans après cette même érection.

Qui pourra croire qu'une érection, précédée et
suivie par de tels actes, ne renferme pas une preuve
parfaite de la persuasion dans laquelle on étoit alors
de la justice des droits du roi?

Doutera-t-on que le roi, qui venoit de faire don
à Louis, duc d'Orléans, des droits seigneuriaux qui
lui appartenoient à cause du comté de Soissons, ne
crût que ce comté étoit dans sa mouvance, et que
le duc d'Orléans n'en fût également persuadé?

Doutera-t-on même que l'évêque de Soissons n'ait
senti alors ou le vice ou l'incertitude de son droit,
puisqu'il a souffert une érection qui, d'un côté, étoit
si publique, qu'on ne peut pas dire qu'il l'ait ignorée,
et qui, de l'autre, étoit si préjudiciable à ses droits,
qu'on ne peut pas croire qu'il l'eût dissimulée s'il
eût eu de bonnes raisons pour s'en plaindre, ou
du moins pour demander une indemnité?

Mais, sans s'arrêter aux présomptions tirées de ce
qui a précédé et de ce qui a suivi cette érection,
il suffit d'en lire les termes, pour être convaincu
que le roi étoit regardé, dès ce temps là, comme le
seigneur dominant du comté de Soissons.

1.° On n'y trouve aucune réserve du droit des
évêques de Soissons, ni même d'aucun autre seigneur;
ce que l'on n'auroit pas manqué de faire, s'il y avoit eu
alors le moindre doute sur la mouvance.

On n'a donc fait, pour l'évêque de Soissons, ni ce

11*

que l'on fit en 1551 pour l'abbaye de Saint-Denis, par rapport à Ecouen, ni ce que l'on fit en 1552 pour l'évêque d'Auxerre, par rapport à la baronnie de Donzy. Qui pourra présumer, en cet état, que l'évêque de Soissons fût le seigneur dominant du comté? Et auroit-on besoin, à la rigueur, d'une autre preuve pour combattre toutes ses prétentions?

2.º Ce n'est pas seulement le comté de Soissons que le roi Charles VI veut que Louis, duc d'Orléans, son frère, tienne de lui en pairie; il place ce comté entre la baronnie de Coucy et la châtellenie de Ham, qui relevoient alors certainement du roi, et il veut que ces trois terres soient également possédées à titre de pairie.

Or, à qui pourra-t-on persuader qu'entre ces trois seigneuries, Soissons soit la seule qui ne fût pas alors mouvante du roi, et que cependant elle n'ait été distinguée par aucun caractère particulier qui en ait marqué la différence?

3.º Cette réflexion est d'autant plus importante, qu'il faut remarquer qu'il ne s'agissoit pas, à proprement parler, d'accorder un honneur à la personne du duc d'Orléans; ce prince tenoit déjà son apanage en pairie, et il n'avoit pas besoin de cette nouvelle dignité : c'étoient les seigneuries que l'on vouloit honorer; ainsi la dignité tombe ici principalement sur la chose, c'est-à-dire, sur la seigneurie même de Soissons que l'on vouloit honorer, par rapport au rang et à l'élévation de son possesseur.

Quelle apparence y a-t-il donc, que, dans cet état, on eût voulu accorder à une terre qui n'étoit point mouvante de la couronne, le titre et la qualité de pairie, et cela sans indemniser le seigneur?

Il faut maintenant tirer la conséquence générale et décisive qui résulte de toutes ces réflexions; on la renfermera dans ce seul raisonnement.

On ne peut juger de l'érection du comté de Soissons que par les anciennes ou par les nouvelles règles, c'est-à-dire, ou par la sévérité de la maxime qui exclut, de l'honneur de la pairie, toute terre non

mouvante du roi, ou par l'indulgence du tempérament que l'on a trouvé dans les derniers siècles,
et qui consiste à y admettre même les terres mouvantes d'un seigneur particulier, à la charge d'indemniser ce seigneur. Il n'y a point de milieu entre
ces deux partis, puisqu'on ne peut décider une question que par la règle ou par l'exception.

Or, si l'on juge de l'érection du comté de Soissons
par les anciennes règles, il est indubitable que cette
érection prouve que ce comté étoit dans la mouvance
directe du roi ; puisque, suivant ces anciennes règles, la mouvance immédiate étoit la première condition essentielle, et, si l'on peut se servir ici des
termes de l'école, la disposition prochaine à érection.

Que si l'on veut en juger par les règles nouvelles
ou plutôt par l'exception que les anciennes ont souf-
ferte, on sera encore forcé de reconnoître que l'érection du comté de Soissons en pairie prouve sa mouvance immédiate du roi, parce qu'on n'y remarque
point le tempérament que la nouvelle jurisprudence a introduit en cette matière, c'est-à-dire, la
réserve des droits du seigneur, et l'obligation imposée
au nouveau pair de l'indemniser.

Cependant on ne trouvera en aucun temps, que
ce puisse être, aucune érection en pairie d'une terre
mouvante d'un seigneur particulier, qui ne contienne
l'obligation de l'indemnité et la réserve de ses droits ;
d'où l'on peut conclure avec certitude, que, même
dans la nouvelle jurisprudence, partout où cette
clause ne se trouve pas, on doit demeurer convaincu
que les terres érigées en pairie étoient dans la mouvance immédiate du roi.

Ainsi, de quelque côté qu'on envisage cette première question, soit dans la thèse générale, et par
rapport à toutes les pairies, soit dans l'hypothèse
particulière, et par rapport à la pairie de Soissons ;
soit que l'on se détermine par les principes de l'ancienne jurisprudence, soit que l'on s'arrête à la
nouvelle, l'érection du comté de Soissons en pairie

est un argument également décisif pour l'établissement de la justice des droits du roi.

Cependant ce n'est encore là que la première manière d'envisager l'érection du comté de Soissons en
pairie; car l'on a remarqué d'abord que l'on pouvoit
la considérer sous une autre face, et en conclure
que, sans examiner si le comté de Soissons étoit
dans la mouvance du roi avant l'érection en pairie,
cette érection ayant été une fois consommée, elle
auroit éteint de plein droit la mouvance prétendue
par les évêques, pour attacher perpétuellement et
irrévocablement cette mouvance à la couronne; ensorte que le droit que les évêques veulent exercer
aujourd'hui, est un droit qu'ils auroient perdu il
y a plus de trois cents ans, quand même il seroit
vrai qu'ils l'eussent jamais eu.

Comme tous les principes sur lesquels cette proposition est appuyée, ont déjà été établis par rapport
à la première proposition, il sera fort aisé de la
prouver en peu de paroles; et elle ne pourra être
de quelqu'étendue que par la nécessité dans laquelle
le procureur-général du roi se trouvera, de répondre
aux objections que les évêques de Soissons ont proposées contre une vérité si claire et en même temps
si décisive.

Cette seconde proposition peut être prouvée comme
la première, ou par des réflexions générales et communes à toutes les pairies, ou par des réflexions
particulières et propres à la pairie de Soissons.

Pour commencer par les premières, il est certain
d'abord que toutes les preuves de la première proposition s'appliquent parfaitement à celle-ci; on peut
dire même qu'elles reçoivent un nouveau degré d'évidence et de certitude, lorsqu'on s'en sert pour montrer que, du moment de l'érection en pairie, toute
terre qui reçoit cet honneur ne peut plus être mouvante que du roi.

En effet, si la dépendance immédiate de la couronne est une disposition nécessaire pour recevoir

l'honneur de la pairie; si la nature et l'origine de cette dignité, si les fonctions des pairs, si la nature du fief qu'ils possèdent, si le titre même et la qualité de pair démontrent également cette vérité, si l'exemple des douze anciennes pairies, si celui des nouvelles érigées jusqu'en l'année 1552, enfin, si le changement arrivé dans cette année en sont des preuves évidentes, il est encore plus indubitable que cette condition, qui doit régulièrement précéder l'érection, en est certainement une suite nécessaire; et que, quelques doutes que l'on veuille former sur le temps antérieur à l'érection, il n'y a personne qui ose avancer que, même après l'érection, un pair de France puisse tenir sa pairie d'un autre seigneur que du roi.

Ainsi, sans retoucher tous ces argumens, on se contentera d'y ajouter deux preuves qui ne peuvent souffrir aucune contradiction.

La première, fondée sur les clauses de toutes les lettres d'érection en pairie;

La seconde, tirée de la reconnoissance même et de l'aveu formel de l'évêque de Soissons.

Si l'on examine attentivement toutes les lettres d'érection en pairie de quelque terre que ce puisse être, soit qu'elle fût mouvante du roi avant l'érection, soit qu'elle dépendît d'un autre seigneur, on y trouvera toujours quatre dispositions principales, qui sont comme autant de preuves de cette importante vérité, que l'érection d'une terre en pairie éteint et anéantit de plein droit toute autre mouvance que celle du roi, et élève nécessairement la terre à l'honneur de la mouvance immédiate de la couronne.

La première est celle par laquelle le roi ordonne expressément que la terre érigée en pairie sera tenue de lui à une seule foi et hommage.

Quand il n'y auroit que cette clause dans les lettres d'érection, il n'en faudroit pas davantage pour en conclure que toute autre mouvance est éteinte pour faire place à celle du roi.

La seconde est encore plus forte, c'est celle qui porte « que la terre érigée en pairie sera tenue du » roi à cause de sa couronne ».

On ne sauroit mieux développer l'esprit et l'effet de cette clause, qu'en employant ici les termes énergiques d'un des plus savans hommes des seizième et dix-septième siècles (M. Marion), qui dit, en parlant des pairs de France, qu'*ils sont les grands du royaume et les premiers vassaux de la couronne; de laquelle seule ils tiennent leurs pairies en plein fief lige, et du tout immédiat, sans qu'à cause d'icelles ils puissent reconnoître aucun seigneur autre que le roi : le roi, dis-je, pris en la pure essence de la royauté, et sans aucun respect à autre titre qu'à celui de roi même, ni à autre chose qu'à sa propre couronne et au siége d'icelle; tellement que si les terres tenues du roi, non toutefois à cause du château du Louvre, chef-lieu du royaume, mais à cause de quelque duché, comté ou baronnie, sont élevées au suprême honneur de pairie de France, ce titre illustre éteint et supprime la féodalité référée au roi en qualité de duc ou comte, ou baron, et la convertit en une nouvelle, plus noble et plus insigne, nûment référée au roi, comme roi; dont les exemples sont en ce que Montpensier et Mercœur souloient relever du duché d'Auvergne; Aumale, du duché de Normandie; Penthièvre et Retz, du duché de Bretagne; Usez et Joyeuse, du comté de Toulouse; et Epernon, du comté de Montfort; mais, par la nature de l'érection au degré de pairie et d'abondant par clauses expresses mises en celle-ci, elles sont eximées de ces premiers hommages, et purement soumises à la foi lige due à la couronne : ce qui doit avoir lieu, par raison plus forte, entre particuliers, vu que si la pairie ne peut reconnoître le roi comme duc, elle doit beaucoup moins s'incliner aux pieds d'un duc simple duc, et ainsi des autres.*

On trouve dans ces paroles une plénitude de lumières qui ne demande aucune explication.

Ainsi, suivant des maximes si pures et si convenables à la majesté de nos rois et à la dignité des pairs, l'érection en pairie a deux effets également certains :

Le premier, d'affranchir le sujet qui en est revêtu, de la dépendance de tout autre seigneur, parce que la dignité de la pairie, comme le dit si noblement ce savant auteur, *ne pouvant s'incliner aux pieds d'un seigneur particulier*, ne fléchit le genou que devant le trône de la majesté royale ;

Le second, d'attacher si étroitement le pair à la personne du roi et la pairie à la couronne, que ni l'un ni l'autre ne dépendent plus du roi comme duc ou comme comte, mais du roi comme roi ; ensorte *que, par la nature de l'érection, la terre érigée en pairie est eximée de son premier hommage, et purement soumise à la foi lige due à la couronne.*

C'est sur le fondement de ces principes, que, depuis que l'on a commencé à dresser avec plus de soin et d'exactitude les lettres d'érection en pairie, on y a toujours inséré une clause expresse pour en transporter l'hommage et l'attacher uniquement à la couronne ; non que cette clause fût nécessaire, comme le remarque fort bien le même auteur, puisque ce changement est une suite *de la nature de l'érection ;* mais comme les praticiens, dans les derniers temps, ont cru devoir tout exprimer, on a marqué expressément, dans toutes les lettres d'érection, cette translation de mouvance qui fait que le nouveau pair ne relève plus que du roi, comme roi.

C'est ce qui fait que dans plusieurs lettres d'érection, il est dit nommément, « que le roi distrait, » éclipse, démembre et désunit la terre érigée en » pairie, du duché ou du comté dont elle étoit » autrefois mouvante, » et que dans toutes on a inséré ces termes importans, et qui renferment toute la substance de la pairie réelle : *Pour être tenu de nous et de notre couronne, ou de nous à cause de notre couronne.*

Mais rien ne marque mieux combien est grande et étroite l'union qui attache une pairie de France à la couronne, que ce qui s'est passé dans les érections de Penthièvre, de Retz, et d'autres baronnies situées dans des provinces où les barons conservent encore une partie des fonctions attachées autrefois à cette qualité.

Sébastien de Luxembourg, comte de Penthièvre, vouloit bien acquérir les honneurs et les prérogatives des pairs de France, mais il ne vouloit pas perdre les droits des comtes et barons du duché de Bretagne.

Un obstacle invincible sembloit s'opposer à cette prétention ambitieuse; car, d'un côté, il ne pouvoit conserver les droits attachés à la qualité de baron, sans demeurer vassal du roi comme duc de Bretagne; et de l'autre, il ne pouvoit devenir pair de France et homme lige de la couronne, tant qu'il demeureroit vassal du roi, non comme roi, mais comme duc de Bretagne.

On trouva néanmoins un tempérament singulier pour faire concourir ces deux qualités dans un même sujet, et par rapport à la même terre; et ce tempérament fut de démembrer la seigneurie de Penthièvre du duché de Bretagne, pour la foi et hommage et les droits de pairie seulement, et de laisser subsister tout le reste dans son ancien état; ensorte que, par rapport à la pairie et aux droits qui en dépendent, le nouveau duc ne reconnut que le roi, comme roi, sans néanmoins cesser d'être regardé en Bretagne comme un des barons du pays, pour jouir des droits attachés à ce titre.

Dans cette vue, on inséra la clause suivante dans les lettres d'érection..... *Et à cet effet, avons distrait, désuni et démembré, désunissons et démembrons par ces présentes, ledit duché et pairie de Penthièvre, du duché de Bretagne, pour le regard de la foi et hommage et des droits dépendans de la pairie, tant seulement, sans que les ducs et pairs dudit duché et pairie soient pour ce forclos et privés.*

d'assister aux états du duché de Bretagne, comme les comtes de Penthièvre ont accoutumé d'y assister, et user de tous les autres droits....... que lesdits comtes de Penthièvre et autres comtes et barons mouvans de notredit duché de Bretagne ont accoutumé jouir et user.

La même clause se trouve dans les lettres d'érection du duché de Rets, et dans d'autres semblables.

Tant il est vrai que, quelqu'intérêt qu'ait le nouveau pair de conserver son ancienne mouvance qui l'attachoit au roi comme duc, il faut néanmoins, que, dès le moment qu'il devient pair de France, il ne reconnoisse le roi que comme roi; ensorte qu'il ne conserve les anciens priviléges attachés à sa première mouvance que par une grâce spéciale et par une indulgence particulière du souverain, qui ne veut pas que cet accroissement d'honneur que le nouveau pair reçoit, lui fasse perdre les droits dont il jouissoit auparavant.

La dernière clause, qui concourt avec toutes les autres à prouver la même vérité, est celle qui opère ou qui empêche la réversion de la pairie à la couronne, par le défaut de descendans mâles; car il est bon d'observer ici que, soit que le roi suive la rigueur de l'édit de 1566, ou qu'il y déroge par les lettres d'érection, la conséquence qu'on doit en tirer est toujours la même par rapport à l'établissement de cette maxime, que l'effet direct et infaillible de toute érection en pairie est d'en attacher la mouvance irrévocablement à la couronne.

Si le roi ordonne, conformément à l'édit de 1566, que la terre érigée en pairie demeurera réunie à la couronne par le défaut de descendans mâles, comme il l'a fait dans l'érection du duché d'Usèz, il ne sauroit montrer, par une preuve plus évidente, que toute terre érigée en pairie est, par cela seul, réputée domaniale et comparée aux apanages des enfans de France.

Si, au contraire, le roi déroge à l'édit de 1566,

comme il l'a fait dans les autres érections, alors, comme toute exception confirme la règle, cette dérogation sert encore à faire voir que l'érection, par sa nature et par la force du droit commun, imprime sur la terre décorée du titre de pairie, le caractère de bien domanial et réversible à la couronne.

Or, comme toute terre qui a reçu une fois ce caractère ne peut plus dépendre que du roi, il est évident que cette clause prouve aussi clairement que les deux premières, que le premier effet de l'érection d'une terre en pairie est d'empêcher qu'elle ne relève d'aucun autre seigneur que du Roi.

Que si l'on demande quel est le fondement de ce droit, et par quelle raison une terre élevée à la qualité de pairie est de plein droit réversible à la couronne, il sera facile d'y répondre, si l'on se souvient des principes qui ont déjà été établis par rapport à la première proposition.

On y a vu que, dans l'origine, toute pairie étoit essentiellement une portion et un démembrement du domaine de la couronne, et que c'étoit par cette raison que les pairs de France ne pouvoient reconnoître que la couronne même pour le siége et le chef-lieu de leur mouvance.

On y a encore remarqué que les termes de pairie et d'apanage se confondoient souvent, l'un et l'autre étant regardés comme émanés immédiatement du domaine de la couronne.

Enfin, on y a observé que toute érection en pairie renferme en soi une nouvelle inféodation et une nouvelle investiture, dans laquelle on suppose que la terre érigée en pairie rentre dans les mains du roi, et se perd heureusement dans la profondeur de la seigneurie publique, d'où elle sort ensuite revêtue d'un nouveau titre d'honneur, dont elle n'auroit pas été susceptible, si elle n'avoit été au moins pendant quelques momens confondue avec le domaine sacré de la couronne.

C'est sur ces trois principes qu'a été fondé le droit

de réversion des pairies à la couronne, par le défaut
de descendans mâles.

On a conclu du premier, que, puisque les nouveaux pairs vouloient aspirer aux honneurs des anciens, ils devoient consentir aussi que leurs terres
fussent réputées domaniales, et, comme telles, réver-
sibles à la couronne.

On a conclu du second, que de simples seigneurs,
qui, par l'excès de la bonté du souverain, recevoient
un honneur autrefois réservé aux seuls princes de
son sang, ne devoient pas refuser d'être assujettis à
la même loi, et d'éprouver, comme eux, la condition
nécessaire de la réversion à la couronne.

Enfin, on a conclu du troisième principe, que
l'effet de l'inféodation qui se fait par l'érection en
pairie, et de l'investiture que le roi accorde au nouveau pair, étoit de produire un fief masculin, parce
que toute pairie est masculine par sa nature, soit
qu'on la considère par rapport à ses fonctions, soit
qu'on en juge par rapport au fief de la couronne,
qui est essentiellement masculin, et sur le modèle
duquel la pairie a été formée, soit enfin qu'on la
regarde comme un démembrement du domaine de
nos rois, qui n'est pas moins masculin que la couronne même.

Or, dès le moment que la pairie est réputée de
droit un fief masculin, il est indubitable, suivant les
règles des fiefs, qu'elle doit retourner à son auteur,
par le défaut de descendans mâles issus de celui
qui en a reçu l'investiture.

Tels sont les principes sur lesquels le droit de
réversion des pairies à la couronne est appuyé, indépendamment des maximes de politique et de bien
public, qui concourent avec les raisons de droit pour
l'établir.

On n'a touché ces principes en cet endroit, que
parce qu'ils répandent une nouvelle lumière sur
l'argument qui se tire du droit de réversion à la couronne, pour faire voir qu'il est impossible qu'une
pairie, après l'érection, puisse demeurer un seul

moment dans la dépendance d'un seigneur particulier.

S'il manquoit quelque chose à l'évidence de toutes
ces preuves, il ne faudroit, pour y suppléer, que
jeter les yeux sur les écrits même des évêques de
Soissons.

En effet, ils reconnoissent expressément *que le
procureur général du roi est en droit d'obliger un
pair de France à payer l'indemnité qu'il doit au
seigneur, duquel il relevoit avant l'érection ;* ils
avouent *qu'aujourd'hui la dignité des pairies donne
aux pairs le droit de ne relever que du roi pour
les terres qui sont érigées en pairie ;* ils attestent
eux-mêmes la vérité de ce principe, en déclarant
*que c'est un usage qui s'est établi insensiblement
par des raisons de bienséance et par la considération
de la dignité des pairies.*

Il suffiroit donc d'employer une reconnoissance si
précise et si formelle contre eux-mêmes, qui, convenant du principe, veulent en nier la conséquence
lorsqu'on l'applique au comté de Soissons.

Mais leur prétention est d'autant plus insoutenable
sur ce point, qu'outre les raisons générales et communes à toutes les pairies, qui prouvent que le titre
même de cette dignité en attache la mouvance insé-
parablement à la couronne, il y en a encore de particulières et de propres au comté de Soissons, qui
ne laissent aucun lieu de douter de cette vérité,
quand même on ne l'envisageroit que par rapport à
ce comté.

De quelque couleur que l'on puisse se servir pour
éluder l'argument invincible qui se tire de cette
érection, il faut néanmoins convenir que jamais
érection n'a été faite dans des termes plus forts et
plus propres à marquer l'union étroite et indissoluble qui se forma dans ce moment entre le comté
de Soissons et la couronne, au moins par rapport à
la mouvance.

Ce n'est pas sans raison qu'on ajoute ces derniers
mots, car on verra bientôt que cette union parut si

intime et si absolue, que l'on prétendit dans la suite que le comté de Soissons étoit non-seulement un fief immédiat, mais une portion même du domaine de la couronne.

En effet, on ne trouve pas seulement dans les lettres d'érection de l'an 1404, ces termes ordinaires qu'on lit dans toutes les lettres du même temps : *Voulons que Louis, duc d'Orléans, et Valentine de Milan, puissent tenir, posséder et gouverner de là en avant, en pairie perpétuelle, leur baronnie de Coucy, comté de Soissons, etc.*

Il n'y est pas dit seulement qu'*ils jouiront de là en avant de tous priviléges, noblesses, prééminences, prérogatives, libertés et franchises dont les pairs de France jouissoient..... mêmement qu'ils puissent en leurdite baronnie de Coucy, comté de Soissons, etc., avoir et faire tenir leurs grands jours,* etc.

Tous ces droits se trouvent énoncés avec plus ou moins d'étendue dans les autres érections, et supposent tous la mouvance immédiate de la couronne.

Mais ce qui est propre à l'érection du comté de Soissons en pairie, c'est cette disposition que l'on trouve dans les lettres de 1404, qui porte *que le duc d'Orléans le possédera ainsi et par la forme qu'il possédoit son apanage, à cause de la succession du feu roi Charles V, son père.*

Ainsi ce n'est pas seulement une pairie, c'est une espèce d'apanage conventionnel que le roi Charles VI a voulu établir par ces lettres ; ce qui s'accorde parfaitement avec la première idée des pairies, qui, dans leur origine, étoient presque considérées comme les apanages, ou comme des démembremens du domaine de la couronne.

Cette clause qui, jointe à l'érection en pairie, sembloit égaler absolument le comté de Soissons et les autres terres comprises dans les mêmes lettres, à un véritable apanage, parut d'une si grande conséquence, que l'on crut qu'elle pourroit bien produire la réversion du comté de Soissons, et sa réunion à la couronne, au défaut de descendans mâles, si le roi n'expliquoit plus clairement ses intentions.

C'est ce qui fit que Louis XII, petit-fils de Louis, duc d'Orléans, étant parvenu à la couronne, voulut expliquer ce doute en sa faveur, ou plutôt en faveur de Claude de France, sa fille, par les lettres-patentes qu'il fit expédier au mois de février 1505, que l'on peut regarder comme une seconde érection du comté de Soissons en pairie, ou plutôt comme une continuation de la première.

C'est dans le préambule de ces lettres qu'il explique la difficulté qu'il vouloit prévenir par la plénitude de sa puissance, et il l'explique en ces termes :

Après avoir marqué d'abord que le comté de Soissons et les autres terres érigées en pairies pour Louis, duc d'Orléans, ne dépendoient point de son apanage *et devoient retourner, par vraie et droite succession, à ses enfans ou héritiers, soit mâles ou femelles ;* il ajoute ensuite cette réflexion importante : *Toutes fois pour ce que nommément est dit par lesdites lettres et octroi, que nosdits aïeul et aïeule et leurs hoirs mâles descendans d'eux en loyal mariage, tiendront lesdites choses en titre de pairie ; on pourroit douter s'il advenoit (que Dieu ne veuille) que n'eussions aucuns enfans, que l'on vouloit prétendre, dire, maintenir lesdites baronnies de Coucy, comté de Soissons, et autres terres et châtellenies dessusdites, être sujettes à retours, et de annexes de notre couronne, ainsi que les autres terres et seigneuries qui furent baillées en apanage à notredit aïeul, qui seroit, si ainsi étoit, frustrer notre très-chère et très-aimée fille Claude de France, à présent notre fille seule et unique héritière, ou autres nos héritiers, de ce que par raison leur doit venir, compéter et appartenir, si provision n'y étoit sur ce par nous mise,* etc.

Après avoir ainsi posé cette difficulté, il la lève par un effet de son autorité absolue, *et veut que Claude de France et autres ses héritiers jouissent*

*de ces terres en pairie, sans que l'on puisse dire,
maintenir, prétendre ou alléguer, en défaut d'hoirs
mâles, qu'elles soient sujettes à retours, ne des
annexes de la couronne; dont, en tant que mestier
est ou seroit, de notredite puissance et autorité
royale, nous les avons distraites, séparées et dé-
membrées, distrayons, séparons et démembrons par
ces présentes.*

Enfin il finit ces mêmes lettres par ces mots : *Car
tel est notre plaisir, nonobstant les lettres et octroi
ainsi concédées par ledit feu roi Charles, auxquelles, entant que besoin seroit, avons dérogé et
dérogeons par ces présentes.*

On ne peut se dispenser de faire, sur ces lettres,
trois réflexions importantes :

1.º C'est un roi qui parle, et qui parle avec une
autorité absolue : l'auroit-on fait parler sans nécessité,
et lui auroit-on conseillé d'user de la plénitude de
sa puissance, si l'on n'avoit pas été fortement persuadé que l'érection du comté de Soissons en pairie
auroit été nécessairement suivie de la réversion de
ce comté à la couronne au défaut de descendans
mâles, si le roi n'avoit expressément dérogé en ce
point aux lettres d'érection ?

2.º C'est un roi qui parle en sa faveur, et qui,
s'il est permis de le dire, considère plus en cette
occasion les intérêts de Louis XII et de sa famille,
que ceux du roi et de la couronne. Cependant, combien paroit-il douter lui-même de son droit ? tant il
est vrai que les premières idées de la nature des
pairies en général, et de celle de Soissons en particulier, résistoient à ce qu'il vouloit faire.

3.º Par un effet naturel de ce doute et de cette
défiance qu'il avoit de son droit, il se sert de toutes
les précautions imaginables pour affermir la dérogation qu'il faisoit, par ces lettres, et au droit commun
et à l'érection particulière du comté de Soissons en
pairie.

C'est pour cela qu'il ne se contente pas d'ordonner

que Claude de France et autres ses héritiers joui-ront de cette pairie, sans qu'on puisse prétendre, *en défaut d'hoirs mâles, qu'elle soit sujette à re-tourner à la couronne ;* il ajoute encore, pour pro-duire ces effets, *qu'entant que mestier seroit, de sa puissance et autorité royale, il a distrait, séparé et démembré les terres érigées en pairies en faveur de Louis d'Orléans, du domaine de la couronne.*

Et, parce que cette disposition paroissoit contraire aux lettres d'érection, il prend enfin le parti de dé-roger expressément à ces lettres.

Ce n'est pas ici le lieu d'examiner l'effet et l'éten-due de la dérogation faite par Louis XII à la loi de la première érection ; il suffit seulement de faire sentir combien cette dérogation a été jugée nécessaire pour effacer le caractère de bien domanial et réversible à la couronne, qui avoit été imprimé sur le comté de Soissons, dans le moment même de la première érection.

Or, si cela est, et si cette érection a pu produire un si grand effet, comment osera-t-on soutenir qu'elle n'a pas eu la force de changer la prétendue mou-vance du comté de Soissons? Comme si une création en pairie pouvoit avoir plus d'effet sur la propriété que sur la mouvance d'une terre ; comme si une terre devenue domaniale pouvoit demeurer un seul mo-ment dans la mouvance d'un seigneur particulier.

Au milieu de cette multitude de preuves générales et particulières, qui établissent si solidement la justice des droits du roi sur le comté de Soissons, par l'érec-tion de ce comté en pairie, le seul scrupule qui reste au procureur-général du roi est de s'être expliqué avec trop d'étendue sur un argument dont la vérité pouvoit se faire sentir par la seule proposition.

Il faut néanmoins, avant que de sortir de cette matière, répondre aux objections que les évêques de Soissons ont cru devoir faire contre une preuve si puissante et si difficile à réfuter.

Pour les renfermer dans un ordre certain, on ob-servera que les écritures des évêques de Soissons contiennent, sur ce sujet, deux sortes d'objections différentes; les unes, plus hardies, qui vont jusqu'à nier le principe, et à soutenir que, dans la rigueur de notre droit, l'érection en pairie n'a pas, par elle-même, la force d'opérer la réunion de la mouvance au domaine de la couronne;

Les autres, plus timides, dans lesquelles, d'un côté, on reconnoît la vérité du principe, pendant que, de l'autre, on tâche de l'éluder.

Par rapport à la première espèce d'objections, les évêques de Soissons ont dit :

1.º Qu'il n'y avoit nul inconvénient qu'une terre, érigée en duché ou en comté, relevât d'un seigneur particulier;

2.º Que, quand il seroit vrai que, dans l'usage présent, une terre érigée en pairie ne pût relever que du roi, cet usage étoit récent et postérieur à l'érection du comté de Soissons.

Par rapport à la seconde espèce d'objections, ils ont prétendu :

1.º Que les lettres d'érection de l'an 1404 ne contenoient point la clause qui étoit absolument nécessaire pour transférer la mouvance d'une terre érigée en pairie, et pour l'attacher à la couronne;

2.º Que cette érection n'auroit pu se faire qu'à la charge d'indemniser les évêques de Soissons, et que la règle est, en cette matière, que, jusqu'à ce que l'indemnité soit payée, il n'y a point de changement dans la mouvance, surtout lorsqu'il paroît que, depuis l'érection, l'ancien seigneur a été servi, comme on prétend que cela est arrivé à l'égard du comté de Soissons;

3.º Que, quand même l'érection de ce comté auroit produit un véritable changement de mouvance, la cause de ce changement avoit cessé par l'extinction de la pairie, après laquelle la terre, revenue en son premier état, étoit retombée dans la mouvance des évêques;

4.º Que le duc d'Orléans, qui avoit obtenu cette

érection, ayant été évincé de la moitié du comté de Soissons, l'effet de l'érection a été réduit de plein droit à cette moitié ; qu'étant réunie à la couronne, elle ne fait pas le sujet de la contestation présente ; et qu'à l'égard de l'autre moitié, qui est possédée par M.re Thomas-Amédée de Savoye, elle a cessé de participer aux honneurs et aux priviléges de la pairie, dès le moment que le duc d'Orléans l'a vendue à Marie de Bar ; ensorte qu'on ne peut appliquer à cette moitié les argumens qui se tirent de l'érection en pairie.

Telle est la substance et l'abrégé de toutes les objections par lesquelles les évêques de Soissons combattent la preuve qui résulte de cette érection.

Mais, avant que d'y répondre, il est nécessaire de faire ici une observation très-importante.

Lorsque l'on a commencé à examiner l'érection du comté de Soissons en pairie, on a remarqué que cette érection fournissoit un double argument pour la défense des droits de la couronne ; parce que, d'un côté, elle prouve que le comté de Soissons étoit mouvant du roi avant l'érection, n'y ayant eu aucune terre érigée en pairie, ni avant l'érection du comté de Soissons, ni près de cent cinquante ans après, qui ne fût dans la mouvance immédiate du souverain ; parce que, d'une autre part, quand cette érection ne supposeroit pas la mouvance directe du comté de Soissons, elle auroit eu au moins la force de l'opérer et de la produire ; ensorte que l'on peut dire que l'érection a trouvé la terre mouvante du roi, ou qu'elle l'a rendue telle, *aut invenit, aut fecit*.

Or, toutes les objections des évêques de Soissons ne tombent que sur le second de ces argumens, comme il est aisé de s'en convaincre, en parcourant les objections que l'on vient de résumer : le premier subsiste donc en son entier ; et, telle est la force de ce premier argument, qu'il assure au roi la mouvance du comté de Soissons, non-seulement pour le temps qui a suivi l'érection, mais même pour celui qui l'a précédé, et qu'ainsi il lui est infiniment plus avantageux que le second.

Voyons néanmoins ce qu'on oppose au second, et commençons d'abord par la première espèce d'objections, dans laquelle on nie le principe, en soutenant qu'il n'est point essentiel à une terre érigée en pairie de ne relever que du roi.

Cette objection, comme on l'a déjà remarqué, a deux parties.

Dans la première, on soutient qu'il n'y a point d'inconvénient que les terres de la plus haute dignité relèvent d'un seigneur particulier, et on le prouve par l'exemple de plusieurs comtés et marquisats.

Dans la seconde, on dit que l'usage qui s'est établi à cet égard, par rapport aux pairies, n'est fondé que sur une raison de bienséance, et qu'il est plus récent que l'érection de la pairie de Soissons.

Pour répondre à la première partie de l'objection, on ne répétera point tout ce que l'on a déjà dit pour montrer qu'il est si essentiel à toute terre érigée en pairie de ne le relever que du roi, qu'elle cesseroit d'être pairie, si elle cessoit d'avoir cette qualité.

On a démontré cette vérité en tant de manières différentes, qu'on ne peut pas croire que, lorsque ceux qui défendent la cause de l'église de Soissons y auront fait plus de réflexion, ils ne soient forcés d'avouer que ce principe ne peut jamais souffrir la moindre difficulté.

Il ne reste donc plus, pour achever de l'établir, que de détruire l'argument que l'on tire de l'exemple de plusieurs comtés et marquisats qui ne relèvent pas du roi.

Le procureur-général du roi n'est pas assez peu instruit de son devoir et des règles fondamentales de l'ordre public, pour reconnoître ici qu'un comté, un marquisat, un duché, en un mot, tout fief de haute dignité, puisse, à la rigueur, dépendre d'aucun autre seigneur que du roi.

Si l'on oppose quelques exemples du contraire, il est facile de répondre que c'est combattre la règle par un abus que l'ambition des derniers siècles a établi, et qu'il faut espérer que la sagesse du prince réformera un jour ces abus, lorsqu'il lui plaira d'établir une loi fixe et inviolable sur une matière qui en a un très-grand besoin.

Mais, sans s'étendre plus long-temps sur cette matière, il est certain que ces exemples très-abusifs n'ont aucune application aux pairies, qui ont toujours été tellement distinguées des comtés, et même des simples duchés, que l'on ne peut tirer aucun argument de l'un à l'autre.

Cette doctrine n'est pas nouvelle : il y a long-temps que les deux auteurs qui ont déjà été cités, expliquent cette différence essentielle qui est entre les pairies et les autres fiefs de haute dignité.

L'un est M.ᵉ Charles Loiseau, dans son Traité des seigneuries, chap. 6, n.° 1 et suivans.

C'est ainsi qu'il y explique premièrement la nature des duchés, marquisats, comtés et principautés, et ensuite celle des pairies.

Instruit des anciennes maximes de la France, il établit d'abord ce grand principe : Que la première prérogative des duchés, marquisats, comtés et principautés, est que ces seigneuries du premier ordre ne relèvent que du roi, *encore que, de leur nature, elles devroient relever immédiatement de la couronne.*

Il marque ensuite l'abus qui s'est introduit en cette matière, par la trop *grande avidité des Français pour certains titres d'honneur ;* et il ajoute : que, *si quelquefois il arrive que le roi érige en titre de comté, marquisat ou principauté, des terres qui relèvent d'un autre seigneur, telles érections sont nulles de soi ; et néanmoins, comme on ne peut imposer loi à la volonté du souverain, on les tolère pour simples titres honoraires seulement.*

Après avoir ainsi fait voir, en si peu de paroles, quelle est la règle et quel est l'abus en cette matière, il change de langage à l'égard des pairies, n.° 54.

Les pairs, dit cet auteur, *ont cela de particulier, que leurs pairies relèvent, non pas simplement du roi, comme il vient d'être dit ès duchés, marquisats et comtés, mais directement de la couronne, et non d'aucune des pièces d'icelles ou terres du domaine; car ils ne peuvent pas être pairs de France, s'ils ne sont vassaux immédiats de la couronne, tout ainsi qu'il faut que les pairs de fief soient vassaux du fief dont ils se qualifioient pairs; et partant, sont tenus faire l'hommage et rendre leur adveu en la chambre des comptes de Paris, non par-devant les baillis et sénéchaux des provinces, ou autres chambres des comptes, même lorsqu'une terre tenue de quelque bailliage royal, ou de quelqu'autre seigneur, en tout ou partie, a été érigée en pairie, ou ajointe à une pairie, elle est sans doute, dès l'instant, distraite et démembrée, pour l'avenir, de son ancienne teneure, sauf l'indemnité du seigneur subalterne, et devient fief immédiat de la couronne.*

Le second auteur, qui explique les mêmes principes avec encore plus d'élévation, a déjà été cité; c'est M.° Louis Marion, toujours également respectable, soit pendant qu'il a employé sa voix à la défense des particuliers, soit lorsqu'il l'a consacrée à l'exercice du ministère public.

On a vu de quelle manière il fait voir *que le titre illustre de pairie éteint et supprime la féodalité référée au roi, en qualité de duc, ou comte, ou baron, et la convertit en une plus noble et plus insigne, nûment référée au roi comme roi.*

On a remarqué qu'il ajoute, *que cela doit avoir lieu, par raison plus forte, entre particuliers; parce que, si la pairie ne peut reconnoître le roi comme duc, elle doit beaucoup moins s'incliner aux pieds d'un simple duc, et ainsi des autres.*

Tout ainsi, continue-t-il, *que l'arbre transplanté d'un lieu à un autre, n'est plus au seigneur du premier fonds, mais appartient au seigneur du second, d'autant que, par la nourriture prise en nouvelle terre, il devient un autre arbre ; de même la pairie, inspirant au fief une nouvelle ame, le transforme en une autre nature si noble et si généreuse, qu'elle rompt le joug du seigneur inférieur, et s'élève jusqu'au sein du prince qui l'unit à soi.... Tellement, qu'à l'exemple de celui qui disoit, ce n'est plus une cuve vile et abjecte, mais l'image d'un dieu vénérable ; ce n'est plus Amasis, mais un roi d'Egypte, on peut aussi dire, ce n'est plus le vassal d'un vassal, mais un pair de France devenu vassal de la seule couronne.*

Ainsi parloit autrefois ce grand personnage ; ainsi doivent parler encore aujourd'hui ceux qui, comme lui, sont appelés à la défense des droits sacrés de la couronne.

C'est donc inutilement qu'on relève l'autorité de Choppin, de Bodin et de quelques autres auteurs, qui enseignent que l'érection d'une terre en comté ne l'affranchit pas de son ancienne mouvance.

Quand on pourroit tolérer une telle maxime, elle ne seroit ici d'aucune application, parce qu'il y a une différence infinie entre un comté et une pairie ; l'un est, à la vérité, un fief de dignité, mais un fief qui peut dépendre du roi comme duc ou comme comte, et qui, par l'abus qu'on a fait de cette maxime, peut aussi dépendre d'un comte ou d'un duc particulier ; l'autre, au contraire, est la première dignité du royaume, qui, par conséquent, ne peut jamais dépendre que de la couronne et du roi, comme roi, bien loin de pouvoir s'abaisser aux pieds d'un seigneur particulier.

Rien ne fait mieux comprendre cette grande différence qui est entre les pairies et les duchés mêmes, que de voir que, d'un côté, l'on trouve des exemples d'érection de comtés, de marquisats, de duchés mêmes, comme celui de Chevreuse, où l'on a conservé les droits des seigneurs en leur entier ; ensorte que les terres décorées de ces titres de dignité n'ont pas cessé pour cela d'être dans leur mouvance ; au lieu qu'il est impossible de montrer aucune érection de terre en pairie, de quelque temps qu'elle puisse être, où le corps de la terre érigée en pairie ait été laissé dans la mouvance d'un seigneur particulier, soit par les lettres, soit par l'arrêt d'enregistrement.

On opposera, sans doute, l'exemple de Donzy et du duché de Gesvres.

Mais si l'on veut encore s'en prévaloir, il suffira de répondre, comme on l'a déjà fait par avance :

1.° Que, ni dans l'un ni dans l'autre cas, il ne s'agissoit du corps de la terre. Le duché-pairie de Nevers subsistoit déjà par lui-même, et n'avoit pas besoin de l'union de la baronnie de Donzy pour être regardé comme une des plus grandes seigneuries du royaume : on peut faire la même observation sur les terres unies au duché de Gesvres ; comme on ne les incorporoit au duché que par une espèce de bienséance, et pour l'avantage des possesseurs du duché, on a pu, sans blesser les maximes, laisser ces terres dans la mouvance des seigneurs dont elles étoient tenues, tant qu'il plairoit à ceux en faveur desquels l'érection étoit faite, de les posséder en cet état.

Il y a d'ailleurs cette circonstance singulière à observer dans l'érection du duché de Gesvres, que, comme les terres sur lesquelles tombe la difficulté, ne devoient être réunies à la pairie que lorsqu'il plairoit aux possesseurs du duché de le faire, on peut dire que cet exemple est entièrement hors des bornes de la question présente ; parce que, jusqu'à ce que l'union de ces terres soit consommée par la volonté des propriétaires, elles ne font point encore partie ni du duché ni de la pairie. Or, il n'y a aucun inconvénient que des terres, qui ne participent pas encore à l'honneur et à la dignité de la pairie, ne soient pas mouvantes du roi ; mais qu'une terre ait été véritablement et réellement érigée en pairie, et que, dans le même temps que cette érection a été consommée, on ait ordonné que l'hommage en seroit toujours rendu au seigneur duquel elle relevoit avant l'érection, c'est ce qui, jusqu'à présent, n'a pas encore eu d'exemple, même dans les érections de Donzy et de Gesvres en pairie.

Ainsi, ces deux exemples ne détruisent point l'observation qu'on a faite de la différence essentielle qui est entre les pairies et tous les autres fiefs de dignité.

2.° Les lettres d'érection de la baronnie de Donzy en pairie, réservent, à la vérité, le droit des seigneurs particuliers; mais cette réserve se réduit à obliger le duc de Nevers à les indemniser : il en est de même de l'érection du duché de Gesvres, dont les possesseurs, quand il leur plaira de consommer l'union de certaines terres à ce duché, peuvent forcer leurs anciens seigneurs de se contenter d'une indemnité.

Ainsi, ces exemples, bien entendus, prouvent le contraire de l'induction qu'on en tire, et ils ne servent qu'à faire voir que toutes les fois qu'une terre est érigée en pairie, la mouvance en est transférée de plein droit à la couronne, et qu'il ne reste plus au seigneur dont elle relevoit avant l'érection, qu'une action pour le paiement de l'indemnité.

Il n'en est pas de même dans les érections ordinaires des comtés, et même des duchés : on a vu, par les exemples qui ont été rapportés de part et d'autre, que la mouvance se conserve même après l'érection, et que le seigneur ne peut être forcé à recevoir son indemnité.

C'est donc, encore une fois, très-inutilement qu'on allègue ici l'exemple de ces comtés irréguliers et abusifs qui relèvent d'un seigneur particulier : une différence infinie les sépare des pairies, dont le caractère dominant est d'être unies si intimement à la couronne, qu'elles en tirent leur existence, et, si l'on ose le dire, leur vie; ensorte que l'interposition d'un seigneur particulier seroit pour elles, non-seulement une éclipse dangereuse, mais une véritable mort.

Il resteroit maintenant à répondre à la seconde partie de cette première objection, dans laquelle on soutient que l'usage qui attache si étroitement les pairies au domaine de la couronne, et qui les en fait dépendre immédiatement, est un usage récent et postérieur à l'érection du comté de Soissons; mais on a détruit cette supposition en tant de manières différentes, et on a fait voir, par tant d'argumens, qu'elle résistoit encore plus, s'il est possible, à l'ancienne qu'à la nouvelle jurisprudence, qu'on ne pourroit tomber que dans une répétition aussi inutile qu'ennuyeuse, si on vouloit réfuter encore ici cette objection.

On ne peut même s'empêcher de remarquer qu'elle a été proposée par les évêques de Soissons, d'une manière si extraordinaire, qu'on diroit qu'oubliant en cet endroit l'intérêt de leur église, ils n'aient pensé qu'à donner des armes pour le combattre.

Car comment prouvent-ils que cet usage n'est pas ancien ?

Ils disent d'abord, qu'il faut avouer que, dans le premier âge de la pairie, toutes les anciennes pairies étoient mouvantes de la couronne; que dans le second âge, c'est-à-dire dans celui de la multiplication des pairies, on a choisi, autant qu'on a pu, les terres mouvantes du roi, pour les élever au titre et à la dignité de pairie.

Il est évident qu'on ne peut tenir un pareil langage, sans reconnoître expressément que toute l'antiquité n'a point connu d'autre usage sur cette matière, que celui qu'il plaît néanmoins aux évêques de Soissons d'appeler un usage récent.

Ils disent ensuite que, lorsque l'on examine ce qui se passa dans les érections de Montmorency et de Donzy en pairies, on trouve que c'est précisément dans ce temps que l'on a commencé à établir la maxime qu'une pairie ne pouvoit relever que du roi. Sans répéter tout ce que l'on a déjà expliqué, pour faire voir combien ces exemples sont contraires à ceux qui les allèguent, on se contentera d'observer

ici que tout le raisonnement des évêques de Soissons roule sur une équivoque qu'il est très-facile de
lever.

Il ne faut, pour cela, que distinguer deux choses,
principalement dans l'érection de la pairie de Donzy ;
car, à l'égard de celle de Montmorency, comme on
y a suivi si exactement les anciennes règles, qu'on
a mieux aimé en retrancher une des terres qui la
composoient, que de violer la loi qui défendoit
d'ériger en pairie une terre mouvante d'un seigneur
particulier, il est inconcevable que les évêques de
Soissons aient voulu se servir d'un tel exemple, qui
suffiroit seul pour détruire tous les raisonnemens
qu'ils font sur les anciennes maximes des pairies.

Voyons donc ce qui s'est passé dans l'érection de
Donzy.

On peut y distinguer deux choses, comme on l'a
déjà dit.

La première, est qu'on y érige en pairie une
terre mouvante d'un seigneur particulier.

La seconde, qu'on en attache la mouvance à la couronne.

De ces deux choses, il y en a une qui est très-
ancienne, et l'autre qui est très-nouvelle : celle qui
est ancienne, et qui n'a même jamais souffert d'exception, est d'attacher à la couronne la mouvance
d'une terre érigée en pairie : celle qui est très-nouvelle, c'est de choisir une terre mouvante d'un seigneur particulier pour l'ériger en pairie, et c'est ce
qui n'avoit point eu d'exemple jusqu'en l'année 1552 ;
car celui de l'érection de Montmorency n'avoit eu
aucun effet, par la justice que le roi rendit aux religieux de Saint-Denis.

Cependant, par une équivoque qui paroît à présent
entièrement évidente, les évêques de Soissons veulent au contraire que ce qu'il y a de nouveau dans
ces lettres soit d'avoir attaché à la couronne la mouvance d'une terre érigée en pairie ; au lieu qu'ils
devoient dire, au contraire, que ce qu'elles ont de

nouveau consiste dans le choix irrégulier que l'on a fait d'une terre dépendante d'un seigneur particulier, pour l'ériger en pairie.

Mais ils n'ont eu garde de convenir que c'étoit en ce point que consistoit la nouveauté de cet exemple, parce qu'en même temps ils auroient prononcé leur condamnation; ainsi, voulant, à quelque prix que ce fût, expliquer ces lettres en leur faveur, il ont été forcés d'avancer cette proposition extraordinaire, que ce n'étoit qu'en 1552 qu'on avoit commencé à établir, d'une manière décisive et inviolable, que les terres érigées en pairies ne pourroient relever que du roi.

Cette proposition, si évidemment contraire à l'essence de la pairie, tombe d'elle-même, après la distinction que l'on vient de faire; et on ne peut plus tirer aucune autre conséquence de l'exemple de Donzy, si ce n'est que les évêques de Soissons ont été fort malheureux dans le choix de ces exemples, puisque, bien loin de prouver ce qu'ils avoient avancé, c'est-à-dire que ce n'est qu'en 1552 qu'on a commencé à établir que les pairies ne pourroient relever que du roi, ils ont au contraire prouvé, sans y penser, par ces exemples même, que l'usage d'ériger en pairie des terres mouvantes d'un seigneur particulier, n'a commencé qu'en 1552, c'est-à-dire cent quarante-huit ans après l'érection de Soissons.

Après avoir détruit les objections que l'on fait contre le principe même, il faut passer à la seconde espèce d'objections, dans lesquelles, en convenant tacitement du principe, on s'efforce de l'éluder.

On prétend d'abord que les lettres d'érection de l'an 1404 ne contiennent point la clause qui est absolument nécessaire pour changer la mouvance d'une terre érigée en pairie, et pour l'attacher à la couronne.

Si l'on demande aux évêques de Soissons quelle est donc cette clause essentielle? Ils répondent que c'est celle qui se trouve dans les lettres d'érection

du duché de Nemours, et qui porte : « Que les
» terres dont ce duché fut composé, seront tenues
» à une seule foi et hommage de la couronne. »

Ils ajoutent que l'érection de Nemours en pairie
ayant été faite dans la même année que celle de
Soissons, rien n'est plus naturel que de juger de
l'une par l'autre ;

Qu'il étoit d'autant plus nécessaire d'insérer une
clause semblable dans l'érection de Soissons en pairie, qu'il s'agissoit d'en changer la mouvance, qui,
selon les évêques de Soissons, leur appartenoit avant
l'érection ; au lieu que toutes les terres dont le duché de Nemours fut composé étoient déjà mouvantes du roi, dans le temps de l'érection ;

Qu'il est impossible de présumer qu'un tel changement se fasse par une clause sous-entendue, et
sans une disposition expresse contenue dans les lettres
d'érection ; et que, puisque le roi Charles VI n'a
pas exprimé nommément que le comté de Soissons
et les autres terres, érigées en pairie conjointement
avec ce comté, seroient dorénavant tenues de la
couronne à une seule foi et hommage, on doit croire
qu'il ne l'a pas voulu, et que son intention a été
de laisser les choses dans leur premier état ; état
que les évêques de Soissons prétendent toujours leur
être favorable, quoique l'érection même suppose
manifestement le contraire.

1.° Toute cette objection ne roule que sur l'abus
que l'on fait d'une clause qui n'a aucun rapport avec
l'induction qu'on en tire.

En effet, quel est le véritable esprit de la clause
qui porte, que les terres dont une pairie est composée seront tenues du roi *à une seule foi* et
hommage ?

Ce n'est pas, à proprement parler, d'attacher la
mouvance de la pairie à la couronne ; le seul titre
d'érection en pairie renferme essentiellement l'attribution de la mouvance immédiate, car la pairie
réelle n'est autre chose que cette mouvance même.

Le véritable effet de cette clause est donc d'opérer

une réunion et une confusion parfaite de toutes les terres différentes que l'on rassemble pour en composer un seul corps de fief.

Avant l'érection, chaque terre étoit un tout distinct et séparé, pour lequel il étoit dû au roi un hommage particulier ; ensorte que, si la nouvelle pairie étoit composée de six terres, il étoit dû au roi six hommages différens.

Mais, après l'érection, comme toutes ces terres unies ensemble ne composent plus qu'une seule seigneurie, il n'est plus dû qu'une seule foi ; et c'est par cette raison que, dans beaucoup d'érections, on trouve la clause qui porte que toutes les terres qui composent la pairie seront tenues à *une seule foi* et hommage.

Clause qui, comme il est très-important de le remarquer, est une suite de la maxime tant de fois répétée, que toute érection de pairie renferme une nouvelle inféodation ; mais clause qui, ayant pour principal objet la commodité du nouveau vassal, n'appartient pas à l'essence de la pairie ; car l'érection ne subsisteroit pas moins quand il seroit dû à la couronne autant d'hommages différens qu'il y a de terres réunies : ainsi, à la rigueur, cette clause peut se trouver et ne pas se trouver dans une érection, sans que l'essence de la pairie en souffre aucun préjudice.

2.º S'il étoit vrai que l'on dût juger qu'une terre érigée en pairie ne relève pas du roi, lorsque cette clause ne se trouve pas dans les lettres d'érection, il faudroit conclure de cette étrange proposition, que le comté de Poitou ne relevoit pas directement de la couronne, lorsque le roi Louis X l'érigea en pairie, en faveur de Philippe-le-Long, son frère, auquel ce comté avoit été donné en apanage, parce que cette clause, si importante selon les évêques de Soissons, ne se trouve pas dans les lettres d'érection ; car l'érection est conçue en ces termes :

Nos igitur, etc. *eumdem Philippum parem Franciæ , dictumque comitatum pictaviensem pariam*

Franciæ tenore præsentium, ex certâ scientiâ, facimus de nostræ potestatis plenitudine; statuentes et decernentes specialiter et expressè, quòd, ex nunc in perpetuum, dictus Philippus, ejusque successores comites pictavienses, qui pro tempore fuerint, pares sint Franciæ, et aliorum Franciæ parium prærogativis, privilegiis, libertatibus, perpetuò gaudeant et utantur; quod ut firmum permaneat in futurum, præsentibus litteris nostrum fecimus apponi sigillum.

Voila tout ce que contient le dispositif entier de ces lettres, dont les évêques de Soissons pourroient conclure que le comté de Poitou n'étoit pas un fief immédiat de la couronne, parce qu'il n'y est pas fait une mention expresse de la mouvance, avec autant de raison qu'ils en ont de dire aujourd'hui que le comté de Soissons ne relevoit pas du roi, parce que ce même défaut d'expression s'y rencontre.

3.° Cette clause n'ajoute rien aux termes d'érection en pairie, s'il est vrai que toute pairie soit essentiellement, et par sa nature même mouvante de la couronne : or, cette proposition a été démontrée en tant de manières, et elle est si certaine par elle-même, qu'elle peut passer justement pour un premier principe en cette matière. Il est donc fort inutile d'examiner scrupuleusement si cette clause se trouve ou ne se trouve pas dans des lettres, parce qu'il suffit que le terme de pairie y soit employé, pour imposer au vassal la glorieuse nécessité de ne reconnoître aucun autre seigneur que le roi.

On ne niera pas sans doute que le terme de pairie ne se trouve plusieurs fois dans les lettres d'érection de l'an 1404.

Le roi y déclare d'abord, « qu'il veut que Louis, » duc d'Orléans, et Valentine de Milan puissent » tenir, posséder, gouverner, de là en avant, en pai- » rie, perpétuellement, et comme *pairs de France, leur baronnie et seigneurie de Coucy, et comté Soissons.* »

Or, qu'est-ce que tenir en pairie et comme pair de France, si ce n'est tenir nûment et immédiatement de la couronne?

Le roi ajoute ensuite, « qu'il veut que le duc » d'Orléans jouisse de tous les honneurs, préémi- » nences et prérogatives dont les pairs de France » ont accoutumé de jouir. »

Il lui accorde enfin le privilége le plus éminent des pairs, par rapport aux droits de leur justice, c'est-à-dire « la faculté de faire tenir des grands » jours, nommément pour le ressort du comté de » Soissons. »

Et cependant, parce qu'on a pas cru qu'il fût nécessaire d'ajouter expressément que l'hommage de cette pairie seroit rendu au roi, on voudra qu'une pairie créée à *l'instar* de toutes les autres, créée pour un fils de France, et créée « pour être *tenue* » par lui, comme les terres qu'il possédoit à titre » d'apanage, » n'ait pas néanmoins été possédée sous la condition inviolable de la mouvance immédiate de la couronne.

4.º Pour montrer encore plus combien cette supposition est impossible, on peut demander ici s'il est concevable que le roi Charles VI, qui croyoit si bien être le seigneur immédiat du comté de Soissons, qu'il en avoit cédé les droits seigneuriaux à Louis, duc d'Orléans, onze jours avant cette érection, ait cru perdre cette mouvance dans le temps qu'il érigeroit ce comté en pairie, c'est-à-dire dans le temps qu'il l'auroit acquise, s'il ne l'avoit pas déjà eue, et que c'est dans cette pensée qu'il n'a pas fait mettre dans les lettres d'érection, que ce comté seroit tenu de lui en foi et hommage.

5.º Rien ne fait mieux sentir combien on a cru que la faculté de tenir ces terres en pairie, accordée au duc d'Orléans, renfermoit en soi la condition indispensable d'en rendre hommage au roi seul, que de voir en effet que cet hommage lui a été rendu doublement, c'est-à-dire, d'un côté, pour le comté de Soissons, et de l'autre pour la pairie; on l'a prouvé par les actes de l'an 1407 et de l'an 1412, et il est surprenant qu'après une preuve si claire et si décisive, on ait cru pouvoir insinuer que le roi Charles VI n'avoit pas eu intention d'attacher la mouvance du comté de Soissons à la couronne.

6.° Enfin, quand on a fait naître un doute si mal fondé, on n'avoit pas examiné avec assez de réflexion les termes importans des lettres de l'an 1505, qui supposent que l'on regardoit alors le comté de Soissons, non-seulement comme une pairie, mais même comme une espèce d'apanage réversible à la couronne.

Or, qui a jamais osé dire qu'un apanage, ou une terre considérée comme un apanage, pût dépendre d'un seigneur particulier?

La seconde objection par laquelle on prétend encore éluder le principe général en vertu duquel le roi a droit de se dire seigneur direct de toutes les pairies, n'est pas plus solide que la première.

On dit que, quand même l'érection du comté de Soissons en pairie auroit eu la force de changer la mouvance, il auroit toujours été nécessaire d'indemniser l'évêque de Soissons, ce qui n'a point été fait; or, ajoute-t-on, jusqu'à ce que l'indemnité soit payée, le changement que l'érection apporte dans la mouvance n'est point consommé, surtout lorsqu'il paroît que, depuis l'érection, l'ancien seigneur a été reconnu, comme on prétend que l'évêque de Soissons l'a été.

Pour fortifier encore cet argument, on fait une comparaison contraire à tous les principes, entre la mouvance immédiate de la couronne et le ressort immédiat au parlement, pour pouvoir conclure de cette comparaison, que, comme le droit de ressort au parlement n'a lieu qu'après que l'indemnité a été payée aux officiers auxquels le ressort appartenoit avant l'érection : ainsi, la mouvance immédiate de la couronne n'est parfaitement acquise au roi que du jour de l'indemnité payée au seigneur.

On ne sauroit dire en combien de manières différentes cette objection peut être détruite.

1.° Il est nécessaire de remarquer ici, que toutes les fois qu'un seigneur particulier a paru bien fondé à demander une indemnité, on a toujours conservé ses droits expressément, soit par les lettres mêmes d'érection et par l'arrêt d'enregistrement, soit par des lettres postérieures ; les exemples de Donzy, de Chevreuse, de Montmorency et de Gesvres, prouvent clairement cette vérité.

Les évêques de Soissons n'ont jamais allégué, et on peut assurer qu'ils n'allégueront jamais aucun exemple contraire, dans lequel on n'ait fait aucune réserve des droits du seigneur, ni dans l'érection même, ni immédiatement après l'érection ; ainsi, on peut conclure, avec certitude, que toutes les fois que, dans de semblables érections, on n'a fait aucune mention des droits d'un seigneur particulier, c'est une preuve incontestable que l'on n'y a eu aucun égard, et que l'on a regardé sa prétention comme un droit chimérique et destitué de toute apparence.

Or, c'est ce qui se rencontre précisément dans l'érection du comté de Soissons. On ne trouve nulle mention, nulle réserve des droits de l'évêque, ni dans les lettres mêmes, ni dans l'arrêt d'enregistrement, ni dans des lettres postérieures. Quelle idée avoit-on donc alors d'un droit qu'on a traité avec tant de négligence, et, si l'on ose le dire, avec tant de mépris.

Ce n'est donc pas sans raison qu'on a déjà remarqué que la nouvelle et l'ancienne jurisprudence s'élevoient également contre les évêques de Soissons, puisque, selon l'ancienne, on n'auroit pu ériger le comté de Soissons en pairie, si ce comté avoit été mouvant de l'évêque ; puisque, selon la nouvelle, si la mouvance avoit été reconnue, on n'auroit pas manqué de faire une réserve expresse de ses droits, et d'obliger le comte de Soissons à l'indemniser.

2.° Quel jugement les évêques de Soissons ont-ils porté de cette prétendue indemnité, à laquelle, selon

13 *

eux-mêmes, l'érection en pairie réduisoit tous leurs droits ? Car ils conviennent que le roi a droit de forcer le nouveau pair de France à le reconnoître, et à payer l'indemnité que l'ancien seigneur ne peut pas se dispenser de recevoir.

Se sont-ils plaints de l'érection de Soissons, comme les religieux de Saint-Denis se plaignirent de celle de Montmorency ? Ont-ils jamais demandé leur indemnité ? La demandent-ils même encore aujourd'hui pour la portion qui a été réunie à la couronne, et sur laquelle ils prétendent qu'ils avoient le même droit que sur celle qui fait le sujet de la contestation ?

Ils répondront, sans doute, qu'ils ont été reconnus, même depuis l'érection, et que, tant que cette reconnoissance a duré, ils auroient été mal fondés à demander une indemnité.

Mais cette réponse est fondée sur une erreur de fait qu'on a déjà détruite par avance.

On a fait voir que la prétendue reconnoissance de Louis, duc d'Orléans, étoit beaucoup plus contraire que favorable aux évêques de Soissons, et qu'il étoit évident qu'elle ne pouvoit s'appliquer à la dignité comtale et au corps du comté de Soissons.

On a montré ensuite que, depuis l'érection, il falloit distinguer deux temps ; un premier temps, dans lequel le comté de Soissons avoit été possédé par un seul propriétaire ; un second temps dans lequel la propriété en avoit été divisée entre la maison d'Orléans et Marie de Bar et ses descendans.

Que, dans le premier temps, le roi avoit été reconnu deux fois par tout le comté de Soissons, une fois par Valentine de Milan, et une autre fois par Charles, son fils, duc d'Orléans.

Que, dans le second temps, le roi n'avoit pas seulement été servi de la moitié qui appartenoit à la maison d'Orléans, mais qu'il avoit encore en sa faveur trois reconnoissances authentiques de l'autre moitié ; la première, faite par Robert de Bar, en 1412 ; la seconde, faite par Jeanne de Bar, en 1428 ; et la troisième, par messire Louis, prince de Condé, en 1558.

Que cette suite de reconnoissances, d'abord pour le total, et ensuite pour chacune des deux moitiés du comté de Soissons, n'étoit point interrompue par aucun acte contraire de la part des évêques de Soissons ; premièrement, parce qu'ils n'en avoient aucun pour la moitié qui demeuroit entre les mains des ducs d'Orléans ; et, en second lieu, parce qu'à l'égard de l'autre moitié, ils n'avoient qu'une seule reconnoissance de l'an 1484, c'est-à-dire quatre-vingts ans après l'érection ; reconnoissance que le roi n'avoit jamais ni sue ni approuvée, et qui ne pouvoit, par conséquent, lui faire aucun préjudice.

Tout cela a été si exactement discuté dans cette requête, que ce seroit très-inutilement qu'on s'arrêteroit à le prouver encore de nouveau en cet endroit.

Comment donc les évêques de Soissons ont-ils pu avancer que s'ils n'avoient pas demandé l'indemnité qui leur étoit due, à cause de l'érection du comté de Soissons en pairie, c'est parce qu'ils avoient été reconnus même depuis cette érection ?

D'un côté, il est certain qu'ils ne l'ont jamais été pour une des moitiés du comté de Soissons, moitié qui n'est pas différente de l'autre, puisqu'il n'y a jamais eu de partage, et que les deux propriétaires de ce comté l'ont toujours possédé par indivis ; or, si cette moitié est de même nature que l'autre, si les titres des évêques ne s'appliquent pas davantage à la première qu'à la seconde, ni à la seconde qu'à la première, comme on le fera voir bientôt, pourquoi n'ont-ils donc pas demandé leur indemnité prétendue pour cette première moitié possédée par les ducs d'Orléans, puisqu'il faut qu'ils avouent qu'ils n'ont jamais été reconnus pour cette moitié depuis l'érection ?

De l'autre côté, il n'est pas moins constant qu'ils n'ont, pour l'autre moitié, que la reconnoissance de

l'an 1484, et qu'ainsi il s'est passé quatre-vingts ans
entiers depuis que l'érection du comté de Soissons a été
faite, sans que les évêques de Soissons aient fait aucune
démarche pour se plaindre de la perte d'une telle
mouvance, quoique, pendant ces quatre-vingts ans, ils
n'aient aucune reconnoissance, même pour cette dernière moitié.

Qu'ils ne cherchent donc plus à excuser leur silence, en disant que, depuis l'érection même, on a
reconnu la justice de leur droit. Une couleur si vaine
et si aisée à dissiper, n'auroit pas seulement dû être
proposée, et elle ne sert qu'à donner lieu de mettre
dans un plus grand jour cette vérité importante,
que, dès l'an 1404, la prétention des évêques de
Soissons a été condamnée par le jugement de trois
sortes de personnes, c'est-à-dire, 1.º du roi, qui
a érigé le comté de Soissons en pairie, sans aucune
réserve du droit des évêques; 2.º des possesseurs
de ce comté, qui n'ont reconnu que le roi, si ce
n'est une seule fois par erreur, quatre-vingts ans après
l'érection, et pour une moitié seulement; 3.º et enfin
des évêques mêmes, qui n'ont jamais osé demander une
indemnité, quoiqu'ils n'aient point été reconnus depuis
l'érection, pour une des moitiés du comté de Soissons, et qu'ils aient laissé passer quatre-vingts ans sans
se faire reconnoître à l'égard de l'autre.

3.º Mais ce n'est pas assez que d'avoir montré, dans
ces deux premières observations, combien cette objection est mal fondée dans le fait, puisque d'un
côté il n'étoit point dû d'indemnité aux évêques qui
n'étoient pas les seigneurs directs du comté de Soissons, et que de l'autre, cette indemnité n'a été ni
réservée par le roi, ni demandée par les évêques; il
faut aller plus loin, et montrer que l'erreur de droit
seroit encore plus grande que l'erreur de fait, si l'on
persistoit à soutenir une telle objection.

Elle suppose manifestement pour principe, que
lorsqu'une terre mouvante d'un seigneur particulier
est érigée en pairie, la mouvance n'en est acquise à la

couronne que du jour que l'indemnité a été payée au seigneur, et non pas du jour de l'érection ; de la même manière que le ressort immédiat au parlement ne commence à avoir lieu que lorsque les officiers auxquels l'érection fait préjudice en ce point ont été dédommagés.

Or, ce principe, et la comparaison dont on se sert pour l'établir, sont contraires à l'essence même de la pairie, comme il est facile de s'en convaincre par quelques observations aussi courtes que décisives.

La première est, qu'il faut mettre une extrême différence entre ce qui constitue, pour parler ainsi, l'essence et la nature même de la pairie, et ce qui n'en est qu'un accessoire ou un privilége.

L'essence de la pairie, par rapport à la réalité, consiste, comme on l'a déjà dit tant de fois, dans la mouvance directe et immédiate de la couronne ; ensorte qu'autrefois, tout fief qui avoit cet avantage étoit réputé pairie, et qu'à présent encore, nulle terre ne peut porter ce nom, si elle n'a cet honneur.

Il n'en est pas de même du ressort immédiat au parlement ; c'est un privilége qui est une suite ordinaire de l'érection en pairie, mais qui ne fait pas une partie essentielle de l'érection.

Il est convenable que les appellations de la justice d'un pair de France ne soient relevées qu'au parlement ; mais il est nécessaire qu'un pair, pour jouir de ce nom, ne reconnoisse aucun autre seigneur que le roi.

Il résulte de cette différence, qui est fondée sur la nature même des pairies, que l'on ne peut tirer aucune conséquence du ressort à la mouvance.

Une pairie peut exister sans jouir actuellement du droit de ressort, parce que ce droit n'est qu'un privilége accidentel à la pairie ; mais une pairie ne peut exister un seul moment sans être mouvante du roi, parce que la mouvance de la couronne n'est ni un privilége, ni un ornement ; c'est l'essence et la substance même de la pairie, considérée toujours par rapport à la réalité.

La seconde réflexion est une suite et une confirmation de la première.

On peut citer plusieurs exemples de pairs qui, pendant long-temps, n'ont point joui du droit de ressort immédiat au parlement; et tel est encore à présent le duc et pair de Thouars, quoiqu'il y ait plus d'un siècle que sa pairie a été érigée.

Il y a même encore un exemple plus fort et plus décisif; car, à l'égard de Thouars, on peut dire que le droit de ressort est acquis, et qu'il aura lieu dès le moment qu'il aura plu au propriétaire d'indemniser les officiers de la sénéchaussée de Poitiers; mais il y a une pairie qui ne jouira jamais du droit de ressort immédiat en son entier, c'est celle de Châteauroux.

Lorsqu'elle fut érigée, messire Henri de Bourbon, prince de Condé, déclara qu'il consentoit que, dans les deux cas de l'édit des présidiaux, les appellations de ses juges fussent relevées au présidial de Bourges, et les lettres furent enregistrées sous cette condition expresse.

Enfin, la pairie de Langres fournit encore un exemple beaucoup plus fort de cette vérité, puisque les officiers du bailliage et siége présidial de Langres sont en possession de recevoir les appellations de cette pairie, non-seulement dans les deux cas de l'édit des présidiaux, mais même dans les cas ordinaires.

Ces exemples prouvent donc invinciblement que le droit de ressort n'est pas de l'essence de la pairie, et que ce n'est qu'un privilége auquel les pairs peuvent renoncer, parce qu'il n'est introduit qu'en leur faveur.

Mais lorsqu'il s'agit, au contraire, de la mouvance, la maxime change absolument; on ne sauroit alléguer aucun exemple d'une pairie qui ait été reconnue pour telle, sans relever immédiatement du roi dès le temps de l'érection.

Les évêques de Soissons ne rapporteront jamais ni de lettres-patentes, ni d'arrêts d'enregistrement,

qui portent que la mouvance immédiate de la couronne
n'aura lieu que lorsque l'indemnité aura été payée
au seigneur. La condition de la mouvance ne peut
être ni différée, ni suspendue, parce que c'est de
cette mouvance immédiate que dépend l'être et l'existence même de la pairie.

On vient d'en toucher encore en passant une seconde raison, c'est que cette condition n'est pas,
comme le droit de ressort, un avantage qui ne regarde que celui qui obtient la nouvelle érection ;
le roi et le pair y sont également intéressés. On ne
sauroit trop le répéter, toute érection en pairie est
une nouvelle inféodation, et le roi n'honore du
titre de pair que celui qu'il regarde comme vassal immédiat de sa couronne.

Ce n'est donc point une condition qu'un vassal
puisse accomplir quand il lui plaît, il faut qu'il
devienne homme lige du roi dans le temps même
de l'érection ; autrement, il ne peut jamais être
pair, et l'intérêt particulier du seigneur duquel la
terre relevoit avant l'érection est obligé de céder
au droit public du royaume, qui attache un pair à
la couronne, par des liens qui ne souffrent ni délai,
ni condition.

Ce seigneur, après tout, ne sauroit s'en plaindre
avec justice, son vassal n'a fait que ce qu'il pouvoit faire ; il n'y a point de possesseur de fief tenu
médiatement de la couronne, qui ne puisse le remettre entre les mains du roi : il est vrai que si le
roi le retenoit, il seroit obligé d'indemniser le seigneur duquel ce fief relevoit auparavant ; mais,
comme il le rend au propriétaire à un titre plus
noble et plus élevé, il est juste que ce soit ce
propriétaire qui indemnise son ancien seigneur ; cela
n'empêche pas néanmoins que le fief ne soit censé
être rentré dans les mains du roi, et soustrait par
conséquent pour toujours au domaine direct de tout
autre seigneur.

La troisième réflexion est que c'est sur le fondement de ces maximes, que les deux auteurs célèbres

qui ont déjà été cités, ont décidé nettement la question contre la prétention des évêques de Soissons.

M.ᶜ Charles Loiseau, dans le même endroit que l'on a transcrit ci-dessus, dit que, lorsqu'une terre, tenue de quelque bailliage royal ou de quelqu'autre seigneur immédiat, a été érigée en pairie, ou a été jointe à une pairie, *elle est sans doute dès l'instant distraite et démembrée pour l'avenir de son ancienne tenure, sauf l'indemnité du seigneur subalterne, et devient fief immédiat de la couronne.*

M.ᶜ Louis Marion ne s'explique pas moins fortement, lorsqu'il dit que le titre illustre de pairie éteint et supprime la féodalité *référée au roi comme duc ou comte ; qu'elle inspire au fief une nouvelle ame, et le transforme en une autre nature, si noble et si généreuse, qu'elle rompt le joug du seigneur inférieur, et s'élève jusqu'au sein du prince qui l'unit à soi.*

Pouvoit-il marquer, aussi bien que Loiseau, par des expressions plus fortes et plus précises, que le changement que l'érection produit dans la mouvance se fait *in instanti*, et qu'il ne reste plus au seigneur qu'une action pour son indemnité.

Il n'est pas nouveau, ajoute le dernier de ces auteurs, *que, dans cette occurrence, le droit féodal du seigneur, bien qu'il soit réel, demeure supprimé ; car il n'y eut jamais peuple si barbare qui n'ait reconnu Dieu pour créateur de tout, et qui n'ait subduit du droit des particuliers les choses consacrées pour la célébration du service divin.* Il applique ensuite cette comparaison aux choses qui sont séparées du commerce ordinaire des hommes pour le bien de l'état, comme le domaine de la couronne et tout ce qui s'y réunit.

Enfin, il remarque encore *qu'il avient souvent, sans cause publique, qu'en la rencontre de deux choses diverses, et qui appartiennent à divers seigneurs, l'une attire l'autre par prévalence, si que de plusieurs il s'en fait une, laquelle devient propre à l'un des deux seul pour le tout ; le droit réel de l'autre étant tellement amorti, qu'il ne peut plus vendiquer ce qui a été sien, ni le faire exhiber pour le séparer, mais il ne lui reste qu'une action référée à la valeur de la chose éteinte.*

Ce seroit faire tort à la mémoire d'un si grand homme, que de vouloir ajouter à des paroles qui développent, d'une manière si solide, le principe qu'on a cru devoir établir.

Ainsi, selon ce principe, auquel on ne sauroit montrer qu'on ait jamais donné atteinte dans l'érection des pairies, dès le moment que l'érection est faite, le seigneur perd tout le droit de propriété sur la mouvance qui lui appartenoit avant l'érection, *son droit réel est tellement amorti*, suivant l'expression de M. Louis Marion, *qu'il ne peut plus vendiquer ce qui a été sien*, c'est-à-dire, la mouvance de la terre érigée en pairie; *et qu'il ne lui reste qu'une action référée à la valeur de la chose éteinte*, c'est-à-dire, de cette même mouvance.

Enfin, il y a une dernière réponse qui suffiroit seule pour détruire pleinement cette objection par rapport au comté de Soissons, et pour faire voir que, même avant le paiement de l'indemnité, la mouvance d'une terre érigée en pairie est transférée de plein droit à la couronne.

Cette réponse est tirée de ce qui s'est passé depuis l'érection du comté de Soissons en pairie.

Quand même on pourroit avoir quelques doutes sur la mouvance de ce comté avant le temps de l'érection; quand on supposeroit pour un moment que cette mouvance appartenoit alors à l'évêque de Soissons, il faudroit au moins reconnoître que, depuis l'érection, et aussitôt qu'elle a été consommée, le roi a été regardé comme le seigneur direct et immédiat du comté de Soissons, sans attendre que cette prétendue indemnité, dont les évêques de Soissons commencent à parler après 3oo ans de silence, leur eût été payée.

En effet, il n'y avoit que trois ans que ce comté

étoit érigé en pairie, lorsque Valentine de Milan
en rendit hommage au roi, tant pour la terre que
pour la pairie; Charles, duc d'Orléans, son fils, et
Robert de Bar, firent encore la même chose cinq
ans après, en 1412. La souffrance demandée en
1428 par Jeanne de Bar, et le don des droits
seigneuriaux obtenu par le même Charles, duc d'Orléans, en 1440, ne montrent pas d'une manière moins
évidente, que l'on ne pensoit guères en ce temps-
là, ni à cette prétention d'indemnité que les évêques
de Soissons relèvent aujourd'hui, ni à cette maxime
qu'ils ont avancée, sans y faire assez de réflexion,
que jusqu'à ce que l'indemnité soit payée au seigneur, il ne se fait aucun changement dans la
mouvance d'une terre érigée en pairie.

Ainsi le droit et le fait conspirent également à détruire l'objection quel'on tire du défaut de paiement
de l'indemnité.

Dans le fait, on ne prouve point que cette indemnité
fût due, et il est prouvé au contraire qu'elle ne l'étoit
pas, puisqu'elle n'a jamais été ni réservée ni demandée.

Dans le droit, c'est avancer une maxime contraire
à la nature même de la pairie, que de soutenir que
la mouvance n'est point changée jusqu'au paiement
de l'indemnité; et pour détruire une proposition si
peu soutenable, il ne faut que jeter les yeux sur ce
qui s'est passé depuis l'érection du comté de Soissons en pairie. Le roi seul a dû être reconnu depuis
cette érection, et le roi seul l'a été pendant près de
quatre-vingts ans, temps plus que suffisant pour produire une prescription en sa faveur, s'il en avoit besoin,
comme on le fera voir bientôt, en résumant tous
les titres sur lesquels le droit du roi est appuyé.

Passons maintenant à la troisième objection, par
laquelle les évêques de Soissons s'efforcent toujours
d'éluder l'application des principes dont ils ne sauroient combattre la vérité.

Ils ont dit, en troisième lieu, que quand même
il seroit vrai que l'érection du comté de Soissons en

pairie auroit produit un véritable changement de mouvance, la cause de ce changement auroit cessé par l'extinction de la pairie, et la terre, revenue à son premier état, seroit retombée dans la dépendance des évêques.

Avant que d'entrer dans l'examen de cette question, il est bon de marquer d'abord le fait qui donne lieu de l'agiter.

Il est certain, en premier lieu, qu'elle ne peut tomber sur la moitié du comté de Soissons qui appartient au roi; cette moitié n'a jamais perdu le nom et la dignité de pairie, que lorsque Louis XII étant parvenu à la couronne, elle a été élevée à un degré encore plus éminent, ayant été confondue dans la masse du domaine sacré de nos rois.

C'est donc sur la seconde moitié que tombe toute la difficulté.

En second lieu, il est constant, dans le fait, que le duc d'Orléans avoit acquis l'intégrité du comté de Soissons, qu'il l'avoit fait ériger tout entier en pairie, que sa veuve l'a reporté tout entier au roi, que son fils a fait la même chose, et que, jusqu'en l'année 1412, l'honneur et les prérogatives de pairie se sont certainement répandus sur tout le comté de Soissons.

Il est vrai qu'en cette année, le duc d'Orléans, qui pouvoit conserver la totalité du comté de Soissons, prit le parti d'en rétrocéder la moitié à Robert de Bar, pour demeurer quitte d'une partie du prix de ce comté, et de plusieurs autres terres que Louis, duc d'Orléans, avoit acquises de Marie de Coucy, mère de Robert de Bar.

Il faut convenir que, depuis ce temps-là, les honneurs personnels attachés à la qualité de pair de France, ont été renfermés dans la personne du duc d'Orléans et de ses descendans, sans que ni la maison de Bar ni les autres maisons qui ont possédé successivement l'autre moitié du comté de Soissons, aient pû jouir des prérogatives personnelles de la pairie; parce que, comme il est dit dans l'arrêt de 1509, cette érection avoit été faite *personis, non terris*, c'est-à-dire, qu'il ne suffisoit pas de posséder la terre pour en pouvoir jouir, il falloit encore être descendu de celui en faveur duquel l'érection avoit été faite, ce qui n'est pas particulier à la pairie de Soissons, puisque la même règle a lieu dans toutes les autres pairies, lorque les lettres d'érection ne contiennent pas de disposition contraire.

Tous ces faits étant ainsi supposés, le véritable état de la question que les évêques de Soissons ont fait naître, est de savoir si l'on peut dire, comme ils le prétendent, que, parce que les possesseurs de cette moitié du comté de Soissons n'ont pû jouir des droits personnels attachés à la qualité de pair de France, la portion de ce comté qui a passé entre leurs mains, a été dépouillée aussi des droits réels qui sont une suite nécessaire de l'érection en pairie, du nombre desquels est sans doute la mouvance immédiate de la couronne.

Pour décider cette question, il est nécessaire de poser d'abord quelques principes généraux, qui se prouvent par la simple proposition, et dont il sera aisé de conclure, par une conséquence aussi juste que naturelle, que, quelque changement qui arrive, après l'extinction de la pairie, par rapport à la personne des possesseurs de la terre, le roi ne perd jamais la mouvance qu'il a une fois acquise par l'érection.

Le premier principe est que tous les fiefs étant émanés, ou médiatement ou immédiatement du grand fief de la couronne, et n'ayant point d'autre origine que la libéralité des rois à l'égard des pleins fiefs, et de leur tolérance à l'égard des arrière-fiefs, la réunion d'une mouvance à la couronne, qui est la source naturelle et primitive de tous les fiefs, est toujours favorable, qu'elle s'y fait de droit commun, pour ainsi dire, par cette inclination et cette pente naturelle que toutes choses ont à tendre à leur centre et à retourner à leur principe.

De-là vient que, selon M.ᵉ Charles Dumoulin et

nos autres docteurs, une telle réunion doit être regardée, non pas tant comme un changement, que comme un retour et un rétablissement de la chose dans son état naturel ; ce qui est d'autant plus véritable, qu'à remonter à la première origine des inféodations, on trouvera qu'il n'y a que les pleins fiefs qui soient émanés de la volonté libre et bienfaisante de nos rois, au lieu que les arrière-fiefs sont presque tous, dans leur principe, l'effet de l'usurpation du vassal, ou tout au plus, comme on vient de le dire, de la tolérance du prince ; ainsi, comme de droit commun, tous les sujets doivent dépendre du souverain, on peut dire que les arrière-vassaux sont en quelque manière dans un état violent, et qu'ils tendent tous à la réunion.

Et, lorsque cette réunion se fait, il semble qu'il arrive à peu près la même chose que lorsque, dans le droit romain, un père adoptoit son propre fils, qu'il avoit mis auparavant hors de sa main et de sa puissance, par l'émancipation ; comme en ce cas, suivant ces paroles de Papinien : *filius non tam translatus videtur quam redditus*, on peut dire aussi que la mouvance d'un arrière-fief qui retombe entre les mains du roi, n'est pas tant changée que rétablie. Le roi ne fait que lever l'obstacle qui suspendoit une réunion si naturelle, et, dès le moment que cet obstacle est levé, la chose retombe d'elle-même, et comme de son propre poids, dans le lieu qu'elle regarde comme son centre.

Or, si cette réunion est si favorable, c'est une suite nécessaire du même principe, que la désunion soit regardée comme odieuse : il est donc constant, d'un côté, qu'une mouvance se réunit très-aisément à la couronne, et de l'autre, qu'elle n'en peut être séparée que très-difficilement lorsqu'elle y est une fois réunie.

Le second principe est que, si cette maxime est véritable à l'égard de tous les fiefs, elle l'est encore beaucoup plus à l'égard des fiefs qui ont été une fois élevés au plus haut titre d'honneur qu'une terre puisse recevoir, par l'érection de pairie.

Ces sortes de fiefs, approchant beaucoup plus que les autres du domaine sacré de la couronne, y sont aussi attachés beaucoup plus étroitement ; ils participent même à une partie des caractères du domaine.

Ils sont masculins par leur nature, indivisibles, inaliénables, au moins en tant que pairies.

Enfin, ils sont dans une si grande et si étroite relation avec le domaine de la couronne, qu'ils s'y réunissent de plein droit après l'extinction de la pairie ; bien loin que la mouvance en puisse être séparée, la propriété même de ces fiefs rentre pour toujours dans le sein du domaine du roi, si le roi, par un effet de sa bonté, n'arrête cette disposition naturelle qu'ils ont à se rejoindre à leur chef, et ne les laisse encore faire partie du domaine des particuliers.

Le troisième principe est que la dérogation que le roi fait en ce cas à ses ordonnances, pour empêcher cette réunion de la propriété qui se feroit sans cela au domaine de la couronne, est une grâce singulière, dans laquelle on ne présumera jamais que l'intention du roi soit de se nuire à lui-même et de perdre la mouvance de la terre, parce qu'il veut bien renoncer au droit qu'il avoit d'en acquérir la propriété.

Car enfin, pour développer ce principe, il n'y a qu'à considérer ce qui se passeroit, si le roi ne dérogeoit point à l'édit de 1566, concernant la réunion des duchés et pairies au domaine de la couronne.

Il est certain qu'en ce cas, la propriété de la terre érigée en duché, seroit absolument acquise au roi, et qu'on ne penseroit seulement pas à ce prétendu rétablissement de mouvance, que les évêques de Soissons veulent faire regarder comme une suite de l'extinction de la pairie.

Qu'arrive-t-il, au contraire, lorsque le roi a dérogé à cet édit ? A la vérité, la propriété de la terre ne se réunit point au domaine ; mais s'ensuit-il de là que cette grâce se doive rétorquer contre le roi, ensorte qu'il perde en même temps et la propriété et la mouvance de la terre ? C'est ce qui ne se peut avancer sans absurdité ; en effet, comment pourroit-on soutenir que le roi, qui n'a en vue que de gratifier les descendans et les héritiers de celui dont il érige la terre en pairie, eût voulu, par là, se dépouiller lui-même de sa mouvance en faveur d'un seigneur particulier qui a perdu ses droits dès le moment de l'érection, et dont le roi n'envisage nullement les intérêts, lorsqu'il déroge à l'édit de 1566.

Le quatrième principe est, que le domaine du roi, soit qu'il consiste en propriété, soit qu'il consiste en mouvance, est toujours également inaliénable.

Le roi peut acquérir, mais il ne sauroit perdre.

Dans le moment même de l'érection en pairie, il se contracte un nouveau lien entre le roi et le pair ; lien qui, devenant un droit du domaine de la couronne, est, par sa nature, perpétuel et indissoluble : le vassal n'y sauroit donner atteinte, et le roi même, suivant les principes de sa justice ordinaire, ne sauroit le rompre. Ce nœud sacré est de la même nature que toutes les conventions qui regardent les fiefs, c'est-à-dire, qu'il ne lie pas seulement la personne du vassal, il affecte la terre, et l'attache pour toujours à la mouvance de la couronne.

Le cinquième principe est, que l'on n'examine point, par rapport à cette question, s'il est dit dans les lettres d'érection, qu'après l'extinction de la pairie, la terre retournera en son premier état, ou si cette clause ne s'y trouve point ; et la raison de ce principe est, qu'une telle clause ne renferme rien de contraire au droit que le roi conserve toujours sur la mouvance, quelque changement qui arrive dans

la pairie : c'est ce qu'il faut développer par les réflexions suivantes :

1.° Il seroit contraire à tous les principes, d'interpréter cette clause contre le roi, et de vouloir qu'elle
renfermât une abdication réelle et absolue d'un droit
qui lui est légitimement acquis; il faudroit trouver,
dans les lettres d'érection, des termes beaucoup
plus clairs et plus précis pour produire un si grand
effet.

2.° Il n'y a rien de plus aisé que d'expliquer cette
clause, par la distinction qu'on a déjà faite entre les
droits personnels et les droits réels, c'est-à-dire,
entre la dignité de la personne et la mouvance de la
terre.

Ces droits n'ont rien ni de commun ni d'inséparable; les droits personnels, les prérogatives d'honneur et de dignité attachées aux mâles de la famille
royale que le roi appelle aux fonctions des pairs de
France, s'éteignent avec eux; mais les droits réels,
tels que la mouvance de la terre, peuvent survivre,
et survivent en effet à l'extinction de la pairie.

Que si l'on demande la raison de cette différence,
il est facile de l'expliquer par les principes déjà
établis; elle est appuyée en un mot sur deux fondemens également solides.

L'un, que, sans cela, le roi pourroit perdre une
mouvance qui est devenue domaniale, et par conséquent inaliénable.

L'autre, que les droits personnels ne sont que de
pures grâces et de véritables priviléges, dont le roi
étend ou resserre les bornes comme il lui plaît, et
dont l'extinction ne lui fait aucun préjudice : il n'en
est pas de même de la mouvance; elle est de droit
étroit, parce qu'elle entre dans la nature de la pairie,
et d'ailleurs, elle regarde autant l'intérêt du roi que
celui du vassal; et comme cet intérêt dure toujours,
on peut dire aussi, avec justice, que la mouvance ne
s'éteindra jamais.

Ainsi, quels sont l'esprit et l'effet de la clause qui porte, qu'après l'extinction de la pairie *la terre retournera en son premier état?*

C'est une clause que le roi ajoute aux lettres contre les possesseurs étrangers de la terre, mais non pas contre lui-même.

Elle marque que tous les droits personnels et ceux qui dépendent de la personnalité, comme le titre de duché, de pairie, de comté, etc. s'éteindront avec la famille qui est l'objet de la grâce du prince; mais elle n'a aucun effet par rapport au roi même.

3.º Enfin, cette clause a encore un autre sens très-naturel dans plusieurs lettres d'érection où elle se trouve, et où elle n'a été employée, comme la lecture de ces lettres le fait voir, que pour montrer que la terre ne seroit point domaniale après l'extinction de la pairie, et qu'elle retourneroit dans son premier état, c'est-à-dire, qu'elle seroit aussi libre, aussi patrimoniale, aussi héréditaire, qu'elle pouvoit l'être avant l'érection.

Que si cette clause n'empêche pas que le droit du roi ne se conserve en son entier, même par rapport aux érections dans lesquelles elle se trouve, la chose doit souffrir encore moins de difficulté par rapport à celles où elle n'a pas été employée.

Or, elle ne se trouve point dans les lettres d'érection de Soissons en pairie : ainsi, dans cette espèce, il n'y a pas même de prétexte à vouloir combattre le droit commun.

Enfin, le dernier principe qu'on doit suivre dans cette matière, est que toutes ces maximes acquièrent encore un nouveau degré de force et d'autorité, lorsque le roi a été reconnu depuis l'extinction de la pairie, et que par conséquent le droit et le fait, le titre et la possession se réunissent également en sa faveur.

C'est encore ce qui se trouve dans l'espèce particulière de cette affaire; les droits personnels de la pairie ont été éteints, dès l'année 1412, à l'égard des

14 *

descendans de Marie de Coucy, et cependant, dans cette même année, Robert de Bar a rendu hommage au roi; seize ans après, sa fille lui a demandé souffrance; ainsi non-seulement le roi a dû être servi, mais il l'a été.

Réunissons à présent tous ces principes, et voyons quelle est la conséquence générale qui en résulte.

Par le premier, la réunion d'une mouvance à la couronne est favorable, et la désunion au contraire en est odieuse ;

Par le second, cette maxime a encore plus lieu à l'égard des fiefs de haute dignité, qui deviendroient domaniaux par l'érection en pairie, si le roi ne dérogeoit à ses ordonnances ;

Par le troisième, cette dérogation empêche bien le roi d'acquérir la propriété de la terre après l'extinction de la pairie, mais il est absurde de penser que cette dérogation puisse lui en faire perdre la mouvance ;

Par le quatrième, le domaine du roi, et par conséquent ses mouvances, qui en sont une des plus nobles parties, sont inaliénables.

Ainsi, suivant ces quatre premiers principes, il est indubitable que, de droit commun, après l'extinction de la pairie, la mouvance demeure dans le même état qu'auparavant.

On ne peut opposer à ce droit commun, que la clause ordinaire par laquelle il est dit que la terre, après l'extinction de la pairie, retournera dans son premier état.

Mais, par le cinquième principe, 1.° cette clause ne s'explique jamais contre le roi; 2.° elle ne s'entend que des droits personnels et non de la mouvance; 3.° elle se réduit souvent à empêcher que la terre ne soit réputée domaniale; et, d'ailleurs, elle ne se trouve pas dans l'érection du comté de Soissons.

Enfin par le sixième principe, il ne peut plus y avoir de difficulté sur l'esprit de cette clause, quand le roi a été reconnu depuis l'extinction des droits personnels de la pairie, comme il l'a été dans l'espèce particulière du comté de Soissons.

Ainsi, c'est en vain que les évêques de Soissons veulent profiter de l'extinction de la pairie par rapport à la moitié de ce comté, pour faire revivre leur mouvance prétendue ; le droit commun et le fait particulier de l'érection du comté de Soissons en pairie résistent également à leur prétention.

S'il étoit nécessaire de joindre les exemples aux principes, il seroit facile d'en alléguer plusieurs qui ne peuvent pas être contestés.

On se serviroit de celui du duché de Penthièvre, érigé en l'année 1569 en faveur de Sébastien de Luxembourg, de ses enfans mâles, et même des enfans mâles de ses filles, *à la charge qu'en cas que les enfans mâles ou femelles de ce seigneur n'eussent aucuns héritiers mâles, tellement que la ligne masculine vînt à défaillir, la dignité de duc et pair demeureroit éteinte, et retourneroit ladite seigneurie de Penthièvre en son premier état, tout ainsi que si ladite érection de duché et pairie n'auroit été faite.*

Le cas prévu par cette clause arriva ; Sébastien de Luxembourg ne laissa qu'une fille, qui épousa le duc de Mercœur : à la vérité, s'il étoit issu des enfans mâles de ce mariage, ils auroient pu prétendre être appelés à la possession de ce duché ; mais comme le duc de Mercœur n'eut qu'une fille, qui épousa César de Vendôme, il est certain que le duché s'éteignit en sa personne, et à plus forte raison la pairie.

Cependant, les descendans de Sébastien de Luxembourg ont continué de rendre hommage pour la seigneurie de Penthièvre, non au roi comme duc de Bretagne, mais au roi comme roi, en la chambre des comptes de Paris, ainsi qu'ils l'avoient fait pendant la durée de la pairie ; c'est ce qui paroît par un hommage rendu en l'année 1686 par M.ᵉ Louis-Joseph duc de Vendôme.

Cet exemple est d'autant plus considérable, que

les lettres d'érection portoient expressément qu'après l'extinction de la pairie, *la seigneurie de Penthièvre retourneroit en son premier état*, et qu'on y avoit même ajouté ces termes remarquables, *tout ainsi que si ladite érection de duché et pairie n'avoit été faite*.

On ne voit rien de semblable dans l'érection du comté de Soissons en Pairie ; et, quand on y trouveroit une clause pareille, elle devroit toujours s'expliquer comme on l'a déjà dit, et comme l'exemple de Penthièvre le fait voir, par rapport aux priviléges des possesseurs de la terre, et non par rapport aux droits du roi, qui ne souffrent aucun changement par l'extinction de la pairie.

On ajouteroit à ce premier exemple celui du duché de Fronsac, érigé en 1608 en faveur de François d'Orléans. Eléonor, son fils unique, ayant été tué au siége de Montpellier en 1622, la terre de Fronsac fut achetée par le sieur Charles, secrétaire du roi ; et, après cette acquisition, il ne resta plus sur cette terre aucun vestige des titres d'honneur qu'elle avoit reçus pendant qu'elle étoit dans des mains plus illustres.

Cependant, le sieur Charles en rendit hommage au roi, en la chambre des comptes de Paris, le 20 juin 1628 ; et cela, parce que les lettres d'érection portoient que le roi avoit distrait et démembré cette terre, en l'érigeant en duché, du ressort du duché de Guyenne et du comté de Périgord, et que l'on crut avec raison que l'effet de cette clause subsistoit toujours, même après l'extinction du duché et de la pairie.

Un troisième exemple encore plus frappant, seroit celui du duché de Beaufort, exemple que les évêques de Soissons n'auroient jamais dû citer, puisqu'il est absolument contraire à leur prétention, et que c'est ce duché qui a servi de matière à la décision célèbre de l'arrêt de 1694, qui auroit pu empêcher les évêques de Soissons de traiter de nouveau une question si récemment et si solennellement décidée par cet arrêt et par celui qui fut rendu l'année suivante pour le duché de Damville.

En l'année 1597, la terre de Beaufort fut érigée en pairie par le roi Henri le Grand, en faveur de César de Vendôme, son fils.

En l'année 1686, M.ʳᵉ Louis-Joseph de Vendôme la vendit à M.ʳᵉ..... de Montmorency, maréchal de France, en faveur duquel le roi voulut bien ériger de nouveau cette même terre en titre de duché, titre qu'elle avoit perdu en passant dans une famille étrangère.

L'engagiste du domaine de Chaumont en Bassigny prétendit que l'extinction du titre de pairie avoit fait retomber cette terre dans son ancienne mouvance, qui l'attachoit, disoit-il, à la terre de Chaumont.

La cause fut portée à l'audience de la grand'chambre; et, par un arrêt contradictoire, la cour des pairs, instruite des véritables maximes de la pairie et du domaine de la couronne, jugea que l'engagiste étoit mal fondé dans sa demande, et par conséquent, que la mouvance du comté de Beaufort étoit toujours demeurée attachée à la tour du Louvre, sans que l'extinction de la pairie eût apporté aucun changement à cet égard.

Cet arrêt fut suivi d'un jugement encore plus solennel, que la cour rendit, en l'année 1695, au sujet de la terre de Damville, et qui fournit un quatrième exemple de l'usage établi en cette matière.

En 1610, cette terre fut décorée du titre de pairie en faveur de Charles de Montmorency et de ses enfans mâles.

Après la condamnation de Henri de Montmorency, qui fut prononcée en 1632, le roi ayant eu la bonté de rendre ses biens à sa famille, la baronnie de Damville dépouillée, par sa mort, du titre de pairie, échut en partage à Marguerite de Montmorency, femme de M.ʳᵉ de Lévi de Ventadour; elle en fit dans la suite une donation au comte de Brion, son fils, qui obtint du roi, en 1648, une grâce pareille à celle que Louis XIII avoit accordée, en 1610, à Charles de Montmorency.

Mais cette grâce n'eut aucun effet, parce que les lettres qui contiennent cette nouvelle érection n'ont point été registrées au parlement.

La terre de Damville ayant passé en la personne de M.^re... de Lévi de Ventadour, par le legs qui lui en fut fait par le sieur comte de Brion, il en rendit hommage au roi seulement, en l'année 1682, entre les mains de M. le chancelier. Il se vit poursuivi, peu de temps après, à la requête de M.^re... duc de Bouillon, qui prétendoit que la baronnie de Damville relevoit du domaine d'Evreux, que le roi lui avoit cédé par l'échange de Sedan; le sieur duc de Ventadour opposa à ces poursuites l'hommage qu'il avoit rendu au roi, et, par un arrêt du 21 Avril 1682, il obtint main-levée de la saisie féodale faite à la requête dudit sieur duc de Bouillon.

Enfin, le 21 juillet 1694, Mre Hercules Mériadec de Rohan, et dame.... de Lévi de Vendatour, sa femme, vendirent la baronnie de Damville à messire Louis-Alexandre de Bourbon, comte de Toulouse, et marquèrent expressément dans le contrat, que cette *terre étoit mouvante du roi à cause de sa grosse tour du Louvre, suivant et depuis les lettres de 1610.* Cette vente fut suivie d'une nouvelle érection en pairie; mais, avant que les lettres en fussent registrées en la cour, ledit sieur duc de Bouillon fit saisir féodalement la baronnie de Damville, comme étant dans sa mouvance; et les lettres de nouvelle érection en pairie accordées par le roi à messire Louis-Alexandre de Bourbon, comte de Toulouse, ayant été registrées en la cour, ledit sieur duc de Bouillon se réduisit à demander le paiement des droits seigneuriaux échus jusqu'au jour de cette érection.

Il prétendoit que l'autorité du droit commun, les différentes lettres d'érection de la baronnie de Damville en pairie, et enfin les clauses particulières de l'échange de Sedan lui étoient également favorables;

que ces titres concouroient tous ensemble à faire voir que la terre de Damville étoit retombée dans sa première mouvance long-temps avant l'échange de Sedan, et qu'ainsi il falloit la considérer comme un fief dépendant de la châtellenie de Breteuil, membre du cómté d'Evreux, jusqu'au jour de la nouvelle érection.

Sur ces moyens, la cause ayant été solennellement plaidée pendant plusieurs audiences, la cour, agissant toujours dans le même esprit, rendit un arrêt semblable à celui qu'elle avoit prononcé l'année précédente à l'égard du duché de Beaufort; et, en déboutant messire de la Tour, duc de Bouillon, de toutes ses demandes, elle jugea que l'ancienne mouvance d'une terre érigée en pairie n'étoit pas seulement suspendue, comme le prétendoit ledit sieur duc de Bouillon, mais qu'elle étoit absolument éteinte et anéantie, sans aucune espérance de revivre jamais, même après l'extinction de la pairie.

Deux exemples si récens et si illustres auroient dû sans doute empêcher les évêques de Soissons de renouveller la même question, et d'autant plus que l'on trouve dans ces exemples trois circonstances qui en relèvent infiniment la force et l'autorité.

La première est, qu'il ne s'agissoit pas, dans le premier de ces exemples, de faire perdre au roi une mouvance pour la rendre à un seigneur particulier; la seigneurie de Beaufort demeuroit toujours mouvante du roi, soit que l'on jugeât que la mouvance en étoit attachée perpétuellement à la tour du Louvre, soit que l'on décidât au contraire que cette mouvance étoit retournée à la tour de Chaumont : ainsi, le roi ne pouvoit rien perdre, et il n'étoit question que d'une simple transaction de mouvance; cependant, la maxime contraire à celle qu'on soutient pour l'évêque de Soissons, a paru si inviolable, que l'on a condamné la prétention de l'engagiste du domaine de Chaumont. Qu'auroit-on donc fait s'il eût été question d'un seigneur particulier qui auroit prétendu disputer au roi une mouvance irrévocablement acquise à la couronne par une érection en pairie?

La seconde est, que dans les lettres d'érection de la baronnie de Damville en pairie, il étoit expressément marqué, *qu'après l'extinction de cette pairie, la chose retourneroit en son premier état et dû, tout ainsi qu'il étoit avant ladite érection.*

Si l'on a jugé que, malgré cette clause, il falloit distinguer entre les droits personnels qui s'éteignoient avec la pairie et les droits réels, tels que la mou-mouvance, qui survivoient à la pairie même, quel jugement doit-on porter des érections qui, comme celle de Soissons, ne renferment aucune clause semblable?

Enfin la troisième réflexion est, qu'il y avoit même, dans l'espèce de l'arrêt qui fut rendu pour la pairie de Damville, une circonstance singulière qui paroissoit entièrement favorable au sieur duc de Bouillon, et cette circonstance étoit que, dans les secondes lettres d'érection accordées par le roi au comte de Brion, en l'année 1648, il étoit dit que la baronnie de Damville étoit mouvante du roi à cause de sa châtellenie de Breteuil, en son duché d'Evreux.

On inféroit de cette expression que le roi lui-même avoit décidé la question, et qu'il avoit supposé dans ces lettres que l'extinction de la pairie avoit rendu la baronnie de Damville à sa première mouvance : cependant la cour n'eut aucun égard à un argument si spécieux; elle jugea qu'une simple énonciation, fondée sur l'erreur excusable de ceux qui, en dressant ces secondes lettres, avoient cru ne pouvoir mieux faire que de copier trop fidèlement les premières, ne devoit pas balancer la force de ces grands principes de notre droit public, qui ne souffrent pas que le roi perde ce qu'il a une fois acquis, et que le hasard de la durée ou de l'extinction d'une pairie décide du sort et de la qualité des mouvances de la couronne.

Rien ne peut donc ébranler la certitude de cette

maxime : et, bien loin que, pour empêcher le rétablissement de l'ancienne mouvance, il faille, comme
le prétendent les évêques de Soissons, que le roi
le déclare formellement et par une clause expresse
dans les lettres d'érection, il faudroit au contraire,
pour produire ce retour de la mouvance à son
premier état, que la volonté du roi fût si clairement
marquée sur ce point, et dans des termes si précis,
qu'il n'y eût aucun lieu de douter de son intention.

La cour sera surprise, après cela, de voir que l'on
ait choisi l'exemple du duché de Beaufort, pour
appuyer la maxime contraire, et pour montrer que
l'usage étoit de faire revivre l'ancienne mouvance
après l'extinction de la pairie.

Il est vrai qu'en alléguant cet exemple, on n'a
pas prétendu, sans doute, pouvoir l'employer par rapport à ce qui s'est passé depuis l'érection de 1597;
mais on remonte beaucoup plus haut, et on prétend
que ce duché ayant été compris dans le nombre
des terres qui furent érigées en pairie une première
fois en 1404, en faveur de Charles de Navarre, et
une seconde fois en 1505, en faveur de Gaston de
Foix; l'effet de ces deux érections ayant cessé, la
terre de Beaufort retourna à son ancienne mouvance,
c'est-à-dire, à celle de la tour de Chaumont en
Bassigny, et, pour toutes preuves de ce fait, on
renvoie ceux qui en voudront douter au traité des
droits du roi composé par les sieurs Dupuy, *sur le
mot Nemours.*

Pour développer ce qui a été proposé fort confusément à cet égard par les évêques de Soissons, il
est nécessaire de remarquer :

Que par des lettres de l'an 1404, le roi de Navarre
obtint du roi Charles VI le don et l'érection en
pairie des terres de Nemours, de Beaufort et de
plusieurs autres, moyennant quoi il renonça à tous les
droits qu'il prétendoit avoir sur les comtés de Champagne et d'Évreux;

Que ce roi n'ayant laissé que deux filles, Blanche
et Béatrix de Navarre, celui qui remplissoit alors

la charge de procureur-général, demanda que le duché de Nemours et toutes les terres qui le composoient fussent déclarées confisquées au profit du roi, attendu l'alliance que Blanche avoit contractée avec les Anglais ;

Que Béatrix de Navarre, mère d'Eléonore de Bourbon, femme du comte d'Armagnac, forma de sa part plusieurs demandes contre sa sœur Blanche ;

Que Louis XI termina ce grand procès, en imposant silence à son procureur-général par une autorité absolue, et que le crédit de Jacques d'Armagnac faisant en cette occasion une violence ouverte à toutes les règles, le procureur-général fut obligé d'obtenir des lettres de Louis XI, par lesquelles ce prince déclaroit qu'il *sauvoit l'honneur de cet officier*, qui auroit beaucoup souffert sans cela par l'abandonnement qu'il fut obligé de faire des droits du roi ;

Que ce même Jacques d'Armagnac ayant eu ses biens confisqués, le duché de Nemours fut réuni une seconde fois au domaine ;

Que cependant le roi Charles VIII eut la bonté de le rendre à Jean et Louis d'Armagnac, par des lettres qui ne furent enregistrées qu'avec plusieurs modifications ;

Qu'enfin ces deux seigneurs étant morts sans enfans, le maréchal de Gié prétendit avoir droit sur ce duché, à cause de Marguerite d'Armagnac, sa femme, et qu'il en rendit hommage au roi ;

Que cet hommage réveilla le zèle du procureur-général ; que celui qui le représentoit à la chambre des comptes, animé du même esprit, s'éleva aussi bien que lui contre la prétention du maréchal, qui, pendant ces difficultés qu'il éprouvoit au parlement et à la chambre des comptes, rendit, à ce qu'on prétend, un aveu aux officiers du roi à Chaumont.

Telle est la seule pièce par laquelle ledit sieur duc de Bouillon, en 1695, et les évêques de Soissons en 1701, ont prétendu prouver que la pairie de

Nemours étant éteinte, la mouvance de Beaufort
étoit retournée à la tour de Chaumont.

Après avoir expliqué, ou plutôt supposé ces faits,
qui sont tirés de l'auteur même que l'évêque de
Soissons a cité, il est aisé de répondre en plusieurs
manières à cette objection.

1.° Cet aveu qu'on allègue est une pièce unique,
pièce d'ailleurs très-informe, puisque ceux qui en
ont parlé n'en ont jamais vu, ainsi qu'ils le déclarent
eux-mêmes, qu'une simple copie sans aucune signature.

2.° Quand on examine toutes les voies d'autorité
dont on usa dans cette affaire, et qui sont expliquées au long par le sieur Dupuy ; quand on voit
que l'on y viola toutes les maximes du domaine, ce
qui étoit fort ordinaire au roi Louis XI, et ce qui
a fait qu'on n'a eu aucun égard à un grand nombre
d'aliénations que ce prince avoit faites ; enfin, quand
on considère qu'il n'étoit pas question, dans ce procès,
de savoir si le comté de Beaufort étoit mouvant de
la tour du Louvre ou de celle de Chaumont, mais
de décider si la propriété de ce comté, et de toutes
les autres terres qui composoient le duché de Nemours, n'étoit pas réunie à la couronne, on reconnoîtra, d'abord, qu'on ne peut tirer aucun avantage
de ce qui s'est passé dans un temps où l'on ne pouvoit reconnoître le maréchal de Gié pour le véritable propriétaire du comté de Beaufort, où par
conséquent tous les actes qu'il a faits doivent être
regardés comme des actes absolument inutiles, par
lesquels il cherchoit apparemment à surprendre les
officiers du roi, pour se procurer une espèce de titre
coloré.

3.° Cet exemple peut se rétorquer contre ceux
même qui l'emploient ; car on y voit que, quoique
la pairie de Nemours fût éteinte, et qu'ainsi, suivant
la prétention des évêques de Soissons, la mouvance
de Beaufort eût dû être retournée à Chaumont, cependant le maréchal de Gié en fit hommage au roi,
et le porta ensuite à la chambre des comptes, ce

qu'il n'auroit pas fait, si l'ancienne mouvance eût été rétablie ; il se seroit au contraire adressé aux officiers du roi à Chaumont, comme on prétend qu'il l'a fait dans la suite, pour faire recevoir son aveu.

Pourquoi donc a-t-il porté enfin ce dénombrement à Chaumont? La raison en est bien évidente: c'est parce que la chambre des comptes, instruite du vice de son droit, refusa de registrer son hommage ; il crut trouver plus de facilité auprès des officiers de Chaumont, et il leur rendit cet aveu dans la vue de se ménager un titre et un acte de possession qui pût lui servir dans la suite.

Ainsi cet exemple, fondé sur un acte informe, et qui n'est tout au plus que l'effet abusif d'un trop grand crédit, ou ne prouve rien du tout, ou, s'il prouve quelque chose, c'est uniquement pour le roi.

Ajoutons enfin, que, quand on prendroit cet exemple à la rigueur et dans toute son étendue, il ne prouveroit encore rien pour la cause des évêques de Soissons, parce que le roi retrouvant, dans la mouvance de la tour de Chaumont, ce qu'il paroissoit perdre d'un autre côté, et n'y ayant personne qui fût intéressé à combattre le prétendu rétablissement de l'ancienne mouvance, il est fort possible que les officiers du roi n'aient pas veillé avec toute l'attention qu'ils devoient avoir sur ce changement, sans que l'on puisse conclure de là que la règle et l'usage soient pour le rétablissement de l'ancienne mouvance.

Et, pour être pleinement persuadé que ce fait, tel qu'il soit, ne prouve rien, il suffit de considérer ce qui s'est passé à l'égard de Colommiers, qui étoit compris comme Beaufort dans le duché de Nemours, et qui, après l'extinction de ce duché, avoit dû retourner (comme on prétend que cela est arrivé de Beaufort) à son ancienne mouvance, c'est-à-dire, à celle de Meaux.

Cependant le contraire paroît par deux hommages

rendus à la chambre des comptes, l'un le 20 mars 1566, l'autre en 1673, qui prouvent que l'on a toujours regardé cette terre, même depuis l'extinction de la pairie, comme un fief mouvant de la couronne.

Mais ce n'est point par la vigilance des propriétaires des terres, et par celle des officiers du roi, ou par la négligence des uns et des autres, qu'il faut juger des véritables maximes qu'on observe en cette matière ; c'est par les principes généraux que l'on a expliqués, et par les arrêts qui les ont confirmés toutes les fois que la question s'en est présentée.

Ainsi c'est inutilement que l'on dit pour l'église de Soissons, et que l'on disoit aussi en 1695 pour ledit sieur duc de Bouillon, que l'érection même du comté de Beaufort en pairie, faite en 1597 par le roi Henri le grand, montre que ce comté étoit retombé dans son ancienne mouvance, puisque ce prince ordonna qu'à l'avenir il seroit tenu de la tour du Louvre.

Quand il seroit vrai qu'on auroit souffert, avant cette érection, que les officiers du roi à Chaumont reçussent l'hommage du comté de Beaufort, un fait de cette qualité, qui n'a été ni relevé ni peut-être remarqué, ne pourroit être d'aucune conséquence.

Mais, d'ailleurs, l'induction que l'on tire de ces lettres, pour prouver ce fait, est si vague et si peu certaine, qu'on peut dire que rien n'est moins constant que ce que l'on suppose néanmoins être une vérité indubitable.

Il est dit simplement dans ces lettres, que le roi unit la baronnie de Saucourt au comté de Beaufort, et que ces deux terres, ainsi unies et érigées en pairie, seront tenues *à l'avenir* à une seule foi et hommage du roi, à cause de sa couronne et de son château du Louvre : or, qui ne voit que ce terme *à l'avenir*, s'applique beaucoup plus naturellement à l'unité de la foi qui se rendra pour ces deux terres, qu'au lieu où cette foi doit être rendue.

L'on reconnoît même dans ces lettres, que les

appellations de Beaufort avoient toujours été relevées
directement en la cour, ce qui forme une induction
d'autant plus naturelle pour la mouvance, que, comme
on l'a déjà dit, et comme on sera obligé de le répéter dans un moment, la mouvance immédiate est
beaucoup plus essentielle aux pairies que le ressort
immédiat.

En effet, si des exemples de la mouvance conservée après l'extinction de la pairie, on passe aux
exemples du ressort immédiat, conservé pareillement
après l'extinction, que restera-t-il à désirer pour
l'établissement des droits du roi sur cette dernière
question ?

Y a-t-il une comparaison plus naturelle que celle du
ressort et de la mouvance ?

Mais, allons encore plus loin, et ajoutons que cette
comparaison est entièrement avantageuse à la mouvance, par les raisons que l'on a déjà touchées plusieurs fois ; premièrement, parce que la mouvance
immédiate est de l'essence de la pairie, au lieu que
le ressort immédiat n'en est qu'un privilége ; secondement, parce que le pair seul est intéressé dans
la conservation du ressort, au lieu que le roi même
a intérêt dans la conservation de la mouvance.

Si donc on a jugé que le droit de ressort ne s'é-
teignoit point avec la pairie, combien doit-on juger
à plus forte raison, que le droit de ne relever que du
roi se perpétue même après l'extinction des honneurs
personnels attachés à la dignité de la pairie.

On ne sauroit plus prétendre, après tous les jugemens qui sont intervenus dans cette matière, que
lorsque la pairie s'éteint, le ressort retourne dans
son premier état : cette question a été tant de fois
décidée, qu'après les arrêts intervenus, soit en
1599, en faveur des officiers de Colommiers ; soit
en.... pour les officiers de Bray-sur-Seine ; soit en
1634, en faveur de ceux d'Aiguillon ; et enfin, après
l'exemple du comté de Beaufort, dont les appellations
ont toujours été portées en la cour, même depuis
l'extinction de la pairie, comme les lettres de 1597

le marquent expressément, on peut dire que c'est
une maxime absolument certaine, que le droit de
ressort est mis au nombre des droits réels qui se conservent, lors même que la terre est dépouillée du
titre de pairie.

Il seroit d'autant plus inutile de vouloir prouver
ici cette maxime par un plus grand nombre d'exemples, que la question a été solennellement décidée
pour le comté de Soissons en particulier.

Les officiers du présidial de Soissons ayant prétendu que les appellations du juge du comté de
Soissons devoient être portées devant eux dans les
deux cas de l'édit des présidiaux, la cour, le 19
mars 1671, rendit un arrêt contradictoire, qui a été
produit par M.ʳᵉ Thomas-Amédée de Savoye, par
lequel elle ordonna que toutes les appellations du
juge du comté de Soissons, sans aucune distinction,
seroient dorénavant portées en la cour.

On ne peut se dispenser de faire ici quatre observations importantes, qui relèvent infiniment le préjugé de cet arrêt.

La première, qu'il ne s'agissoit, dans ce procès,
que du droit de ressort immédiat dans les cas de
l'édit des présidiaux, et qu'ainsi le droit de ressort
immédiat dans les cas ordinaires étoit regardé comme
un privilége si certain, qu'on ne pensoit pas seulement à le révoquer en doute.

La seconde, que l'arrêt n'a fait aucune distinction
entre la portion qui étoit unie au domaine du roi, et
celle qui est possédée par un seigneur particulier,
quoique dépouillée depuis long-temps des honneurs
de la pairie.

La troisième, qu'on a jugé que cette même règle
devoit avoir lieu, même contre les prérogatives de la
juridiction attribuée aux siéges présidiaux, le privilége réel de la pairie ayant été jugé si inviolable
par cet arrêt, que l'on n'a pas cru que la création
des présidiaux pût y donner la moindre atteinte,
quoique cette création eût été faite depuis l'extinction
de la pairie.

La quatrième, que, quoique les officiers du présidial se fussent mis en possession du droit de ressort depuis le temps de leur établissement, le parlement a cru devoir rétablir l'observation des règles que l'ordre public du royaume prescrit en cette matière.

Les objections que les évêques de Soissons ont faites contre un préjugé si décisif, et qui s'applique encore plus fortement à la mouvance, par les raisons qu'on a tant de fois expliquées, ne servent qu'à en affermir l'autorité, en donnant lieu de le mettre dans un plus grand jour.

Ils ont dit d'abord que, comme la moitié du comté de Soissons est engagée depuis long-temps aux propriétaires de l'autre moitié, ils n'ont qu'un seul juge pour exercer toute la justice de ce comté; de là vient que ce juge, prenant sa dénomination de sa plus noble qualité, se qualifie juge royal, et se donne même le titre de bailli : ainsi c'est par une suite naturelle de l'union de la qualité de juge de seigneur et de celle de juge royal, qu'il est arrivé aussi que les appellations et jugemens ont été relevés nûment en la cour et sans distinction, à cause de la difficulté qu'il y auroit eu de séparer les jugemens qu'il auroit rendus comme juge de seigneur, de ceux qu'il auroit rendus comme juge royal.

Ils ont ajouté ensuite, que, comme le bailli du comté étoit en possession de ce privilége avant l'établissement du présidial de Soissons, on a jugé que la création de ce nouveau siége ne devoit lui faire aucun préjudice; que ce sont ces deux raisons qui ont servi de motifs à l'arrêt de 1671, et que l'on n'a pu faire aucune attention aux priviléges et aux droits d'une pairie qui étoit éteinte long-temps auparavant.

Des objections si foibles méritent à peine une réponse.

La première n'est qu'une vaine couleur qui disparoîtra d'elle-même, si l'on considère,

1.º Que c'est précisément parce qu'il n'y a eu qu'un juge dans tous les temps pour l'une et pour l'autre moitié du comté de Soissons, que l'on doit conclure que le privilége réel de la pairie, et le droit de ressort immédiat en la cour, s'est toujours conservé, même pour la portion dont les propriétaires n'avoient plus le titre et les droits personnels des pairs de France.

Car, si le droit de ressort avoit été renfermé, comme la pairie personnelle, dans la part des ducs d'Orléans, il est indubitable que l'on auroit obligé ceux qui étoient en même temps propriétaires de la moitié du comté de Soissons, et engagistes de l'autre, à avoir deux juges différens; l'un, pour la partie des ducs d'Orléans, qui auroit jugé à la charge de l'appel immédiat au parlement; l'autre, pour la part de Robert de Bar et de ses descendans, qui auroit jugé à la charge de l'appel au baillage royal de Soissons : mais comme l'une et l'autre moitié de la justice du comté de Soissons avoit le même privilége, on a cru qu'il n'y avoit aucun inconvénient à laisser exercer toute la justice du comté par le même juge; ainsi le fait même qui est avancé par les évêques de Soissons se tourne en preuve contr'eux.

3.º On ne prend pas garde, quand on l'avance, que, lorsque les propriétaires de la moitié du comté de Soissons qui appartient aujourd'hui à Mr Thomas-Amédée de Savoye, se sont maintenus dans la possession du droit de ressort, même depuis l'extinction de la pairie, il n'y avoit point encore de juge royal pour la moitié de la justice qui appartient à présent au roi : cette moitié a été possédée pendant quatre-vingt-six ans entiers par les ducs d'Orléans, depuis la division du comté de Soissons, jusqu'au temps où Louis XII est monté sur le trône. Or, dans tout ce temps-là, on ne nie point de la part des évêques de Soissons, que le droit de ressort n'ait eu lieu pour l'une et pour l'autre portion ; ce n'est donc point la faveur et le titre de juge royal, qui ont, pour ainsi dire, anobli et relevé la qualité de juge de seigneur qui y étoit jointe, puisque, long-temps avant l'union de ces deux titres, et lorsque les deux juges n'exerçoient tous

15 *

deux que la justice d'un seigneur particulier, ils jouissoient également de la prérogative des pairies, c'est-à-dire, du droit de n'être réformés que par le parlement.

3.° C'est si peu la qualité de juge royal qui a déterminé la cour en faveur des officiers du comté de Soissons, et de feu dame Marie de Bourbon, princesse de Carignan, qui prenoit leur fait et cause, que, si le bailli de ce comté n'avoit eu que ce seul titre pour lui, il auroit indubitablement succombé à la demande des officiers du présidial.

Car il faut bien remarquer ici qu'il ne s'agissoit pas des cas ordinaires, dans lesquels on ne nioit pas que le droit de ressort en la cour ne dût avoir lieu ; voilà tout ce que la qualité de bailli royal, jointe à celle de juge de seigneur, pouvoit donner aux juges du comté de Soissons ; mais il s'agissoit de savoir si, dans le cas de l'édit des présidiaux, les appellations du comté devoient être portées au présidial ou au parlement.

Or, bien loin que la qualité de bailli royal pût exempter par elle-même les juges du comté, de la juridiction des présidiaux, il est certain, au contraire, qu'en cette qualité, le bailli du comté de Soissons y auroit été assujetti.

Car il ne pouvoit pas prétendre, comme bailli, que sa condition dût être meilleure que celle de tous les autres bailliages non présidiaux, dont les appellations ressortissent au présidial dans l'étendue duquel ils sont situés, lorsqu'il s'agit des deux cas de l'édit.

Il seroit inutile d'alléguer ici, comme les évêques de Soissons l'ont fait dans la seconde objection qu'ils proposent contre l'arrêt de 1671, que l'érection du présidial étant postérieure à celle de la justice du comté, cette érection n'a pu lui faire aucun préjudice ; car si ce raisonnement avoit lieu, il en faudroit conclure qu'il n'y auroit presque aucun bailliage royal en France, dont les appellations dussent être relevées au présidial dans les cas de l'édit, parce qu'il n'y en a presque aucun dont l'établissement ne soit plus ancien que l'institution des présidiaux.

Cependant, comme le roi est le maître absolu des degrés des juridictions, et surtout des juridictions royales, dès le moment que les présidiaux ont été établis, les appellations des baillis, qui se portoient dans tous les cas au parlement avant cet établissement, ont commencé à être portées aux présidiaux dans les deux cas de l'Édit. Il faut donc retrancher absolument l'argument que l'on veut tirer de la nouveauté de l'établissement du présidial de Soissons. Il est impossible qu'un aussi mauvais motif ait déterminé les juges en faveur de la justice du comté, puisqu'il auroit fallu, par le même motif, priver tous les présidiaux de la connoissance des appellations interjettées des bailliages royaux antérieurs à leur établissement.

Ainsi la qualité de bailli royal, favorable au juge du comté de Soissons, dans les cas ordinaires, lui étoit contraire dans les cas de l'édit des présidiaux, puisqu'en l'égalant à la condition des autres baillis royaux, elle lui imposoit, comme à eux, la nécessité de reconnoître le présidial pour son supérieur immédiat dans les deux cas de l'édit.

Quel est donc le privilége ou la prérogative singulière qui a fait distinguer, par ces arrêts, le bailli du comté de Soissons des autres baillis royaux, dont la plupart étant et plus anciens et plus considérables que lui, ne jouissent pas néanmoins de la même exemption par rapport à la juridiction des présidiaux?

Il est évident qu'il ne peut y avoir d'autre fondement de cette distinction, que la qualité de pairie réelle que le comté de Soissons a toujours conservée depuis l'extinction de la pairie personnelle.

Car il est important d'observer que, par un effet de cet esprit d'équité qui porte toujours nos rois, dans toutes leurs lettres-patentes, à réserver en entier le droit d'autrui, ils n'ont pas voulu que l'établissement des présidiaux pût nuire aux droits éminens des pairies ; ensorte que c'est une maxime certaine, que les appellations des pairies se relèvent dans tous les cas au parlement, sans pouvoir jamais être portées aux présidiaux, si ce n'est que les pairs y aient consenti, comme on l'a vu dans l'exemple de la pairie de Châteauroux.

Suivant cette maxime, qui est encore plus incontestable à l'égard des pairies dont l'érection a précédé celle des présidiaux, la cour a jugé, contre les officiers du présidial du Mans, en l'année 1622, que les appellations de Mayenne seroient portées, dans tous les cas indistinctement, au parlement, et cela, dans un temps où la pairie personnelle étant éteinte, il ne restoit plus à cette terre, non plus qu'à la moitié du comté de Soissons, que les droits réels de la pairie ; et l'on peut avancer avec confiance que, toutes les fois qu'une pareille question se présentera, la cour jugera toujours, comme elle l'a fait jusques à présent, que les pairies ne reconnoissent point d'autre supérieur qu'elle, même dans le cas de l'édit des présidiaux.

Après cela, il est difficile de concevoir ce que les évêques de Soissons pourront répondre à ce raisonnement.

Le privilége dans lequel l'arrêt de 1671 maintient la justice du comté de Soissons, par rapport au présidial de la même ville, ne peut être fondé que sur la qualité de juge royal ou sur celle de juge de pairie, qualités qui se réunissent dans la même personne par rapport au comté de Soissons.

Or, il est évident que ce privilége n'est point fondé sur la qualité de juge ou de bailli royal, puisque cette qualité assujettiroit au contraire, ceux qui en seroient revêtus, à la juridiction du présidial, de la même manière que tous les autres bailliages non présidiaux du royaume y sont assujettis, quoique leur établissement soit plus ancien que celui du présidial où leurs appellations ressortissent dans le cas de l'édit.

Donc il est certain que l'arrêt qui confirme l'exemption ou le privilége du comté de Soissons, par rapport au présidial, ne peut avoir d'autre fondement que la qualité de juge de pairie, laquelle seule ne reconnoît point la juridiction des présidiaux.

Donc il est vrai de dire, que la pairie subsiste, quant au droit de ressort, même par rapport à la moitié du comté, qui est possédée par M.re Thomas-Amédée de Savoye en propriété;

Donc il est encore plus vrai de dire que la même pairie subsiste quant à la mouvance immédiate, droit beaucoup plus essentiel et plus inséparable de la pairie que celui du ressort;

Donc on peut assurer avec beaucoup de raison, que l'arrêt de 1671 est un préjugé décisif de la justice des droits du roi sur la mouvance;

Car le droit de ressort, considéré dans son origine par rapport aux pairies, n'est qu'une suite et un effet de la mouvance.

Or, si la cour a conservé le ressort, si elle a jugé, en 1671, que l'effet de la pairie subsistoit encore, comment pourroit-elle aujourd'hui détruire la mouvance et anéantir la cause, après avoir conservé l'effet par un arrêt irrévocable?

C'est donc en vain que les évêques de Soissons ont établi leur principale défense contre le grand argument qui se tire de l'érection en pairie, sur l'extinction de cette même pairie, et sur le rétablissement de leur prétendue mouvance, qu'ils soutiennent avoir été une suite de cette extinction.

On a combattu cette opinion, et par les grandes maximes du domaine, et par l'autorité des exemples, et par celle des préjugés de la cour; exemples et préjugés à l'égard de la mouvance; exemples et préjugés à l'égard du ressort; les derniers encore plus forts, s'il est possible, que les premiers, et d'autant plus, qu'il ne faut point sortir du comté de Soissons pour les trouver, et que la cour, en décidant que la pairie subsiste quant au ressort, a jugé à plus forte raison qu'elle subsiste quant à la mouvance.

Il resteroit maintenant de répondre à une quatrième objection principale, que les évêques de Soissons ont mêlée dans toutes leurs écritures, touchant l'érection de la pairie. Ils ont dit en plusieurs endroits, que cette érection n'avoit pas eu d'effet par rapport à la moitié qui fait le sujet de la contestation, et qu'ainsi tous les raisonnemens que l'on pourroit faire sur cette érection, péchoient par le principe, parce qu'il falloit considérer cette moitié comme s'il n'y avoit jamais eu d'érection.

On a fait voir, dans le fait, que l'érection avoit été faite pour la totalité de la terre, et qu'ainsi elle prouve également, et pour l'une et pour l'autre moitié : il est vrai que le duc d'Orléans donna la moitié de cette terre en paiement à Marie de Coucy ; mais c'est une maxime contraire, qu'en matière de droits seigneuriaux, *datio in solutum et emptio venditio æquiparantur* : il faut donc regarder cette cession de la moitié du comté de Soissons comme une véritable aliénation, qui n'empêche pas que le premier contrat par lequel le duc d'Orléans avoit acquis ce comté, n'ait subsisté dans toute son étendue ; ce qui est si certain, qu'on ne peut pas douter que, dans un cas semblable, le seigneur dominant ne fût bien fondé à prétendre un double droit, l'un pour l'acquisition, et l'autre pour la rétrocession.

Ainsi, le duc d'Orléans et son fils ayant été véritablement propriétaires du comté de Soissons, l'aliénation que le fils a faite d'une partie, a bien pu faire cesser les droits personnels de la pairie par rapport à cette moitié ; mais elle n'empêche pas qu'il ne soit toujours vrai de dire, que cette moitié même a été décorée du titre de pairie ; elle n'a point été évincée sur le duc d'Orléans *ex causâ antiquâ ;* c'est volontairement qu'il l'a cédée à Marie de Coucy, au lieu de lui donner des deniers comptans ; ainsi la cession qu'il en a faite a bien pu éteindre la pairie personnelle ; mais les effets réels de cette pairie, tels que la mouvance et le ressort, ont toujours subsisté, et subsistent encore aujourd'hui.

Enfin, c'est ce qui est nettement jugé par l'arrêt de 1671. Si la cour n'avoit pas cru alors que la pairie avoit fait une impression durable et permanente, même sur la moitié possédée par M.re Thomas-Amédée de Savoye, elle ne l'auroit pas maintenu dans un aussi grand privilége que celui de ne point reconnoître les juges présidiaux pour supérieurs.

Ainsi, on agite de nouveau une question solennellement décidée, quand on veut insinuer que la pairie, dans son origine, a été renfermée dans la seule moitié qui appartient au roi.

On cherche inutilement à se prévaloir de ce qui est dit dans l'arrêt de 1505, que l'érection de la pairie avoit été faite *personis, non terris;* la distinction des droits personnels et des droits réels, et surtout de ceux auxquels le roi même est intéressé, comme la mouvance, fait cesser absolument l'induction que l'on tire de cet arrêt; et il est évident que tout ce que les évêques de Soissons peuvent alléguer de plus spécieux se réduit à dire, non pas que la pairie n'a jamais subsisté par rapport à la moitié du comté de Soissons dont il s'agit dans le procès, mais que cette pairie a été bientôt éteinte par l'aliénation que le duc d'Orléans fit de cette moitié, en 1412.

Par conséquent, cette quatrième objection n'est, à proprement parler, que la troisième, proposée d'une autre manière; et ainsi, il suffit, pour la réfuter, d'employer ce qui a été expliqué avec beaucoup d'étendue pour combattre et pour détruire la troisième.

Il est temps maintenant de revenir sur ses pas, et de résumer en peu de paroles tout ce qui a été proposé pour établir la justice des droits du roi.

On l'a vu paroître également dans les trois temps que l'on a distingués au commencement de cette requête; c'est ce que l'on a prouvé,

Dans le premier,

Par la maxime générale, suivant laquelle tout comté

qui a porté ce nom avant l'introduction de l'hérédité dans les fiefs, est présumé de droit être demeuré dans la mouvance du roi jusqu'à ce que l'on prouve le contraire;

Par l'aveu même des évêques de Soissons, qui ont été obligés de déclarer *qu'ils n'entendoient pas contester que Hugues-Capet n'ait donné le domaine et la seigneurie particulière de la ville de Soissons à Guy de Vermandois, et qu'il ne l'ait érigé en comté;*

Par le passage célèbre de Guillaume de Jumiéges, toujours également décisif, soit qu'il veuille dire que le roi a donné véritablement la propriété du comté de Soissons à Guillaume de Buzac, soit qu'il signifie seulement que le roi, ayant la garde, et de la personne et des biens d'Adé. fille du comte de Soissons, il ait donné ce comté à Buzac en lui donnant en mariage celle qui en étoit l'unique héritière.

Dans le second temps,

Par l'assistance de Guillaume Buzac comte de Soissons, au sacre de Philippe I' (1), avec les plus grands vassaux de la couronne;

Par les deux lettres de saint Bernard, et par celles du roi Louis le jeune (2), où le comte de Soissons est appelé du même nom *d'homme*, de *féal*, de *baron du roi*, que les comtes de Flandres et de Champagne et les ducs de Bourgogne, et où il paroît qu'il étoit soumis, comme ces grands vassaux de la couronne, à la loi qui leur défendoit de se marier sans le consentement du roi;

Par le registre de Philippe-Auguste, où le comté de Soissons est employé dans la liste des ducs et des comtes du royaume de France;

Par l'hommage de Blanche, comtesse de Champagne, où le comte de Soissons est désigné sous le

_____

(1) Onzième siècle.

(2) Douzième siècle.

nom général de *barons du roi*, avec le duc de Bourgogne et plusieurs autres vassaux immédiats de la couronne ;

Par la sentence arbitrale rendue entre l'évêque de Laon et le comte de Soissons (1), où leurs terres sont également qualifiées baronnies, et où le roi agit comme leur commun seigneur ;

Par le jugement de saint Louis contre Pierre de Dreux, auquel le comte de Soissons assista et fit fonction de vassal immédiat du roi ;

Par l'approbation que le roi Philippe le Bel donna en 1300 à la vente faite par le comte de Soissons, d'une partie de son domaine ;

Enfin, par les partages des enfans de Louis de Châtillon, et surtout par la célèbre cession du comté de Soissons, dont tous les actes contiennent une preuve si complète de la justice des droits du roi, que l'on pourroit presque renoncer à toutes les autres pour s'attacher uniquement à celle-là.

Dans le troisième temps,

Par deux sortes de preuves également incontestables.

La première, tirée de sept reconnoissances directes et formelles, que les différens possesseurs du comté de Soissons, soit avant qu'il eût été partagé, soit depuis qu'il l'a été, ont données au roi de sa supériorité immédiate sur le comté de Soissons.

La seconde, fondée sur les deux érections de ce comté en pairie ; l'une, de l'année 1404 ; l'autre, de l'année 1405.

On a traité ce dernier argument avec toute l'étendue qu'il mérite, et on l'a divisé en deux parties.

On a dit, en premier lieu, que ces érections supposoient que le comté de Soissons étoit dans la mouvance directe du roi, parce que, dans le temps qu'elles ont été faites, aucune terre ne recevoit le titre de pairie si elle n'étoit mouvante du souverain.

On a prouvé cette proposition et dans la thèse

_____
(1) Treizième siècle.

générale, et dans l'espèce particulière de l'érection du comté de Soissons.

Dans la thèse générale,

1.º Par des réflexions tirées de la véritable origine des pairies ;

2.º Par l'exemple des XII anciennes pairies ;

3.º Par celui des nouvelles ;

4.º Par l'époque du changement de la jurisprudence en cette matière ; époque marquée par les évêques mêmes de Soissons, et qui est postérieure de près de cent cinquante ans à la première érection du comté de Soissons en pairie.

Dans l'espèce particulière,

Par ce qui a précédé l'érection du comté de Soissons ;

Par ce qui l'a suivi ;

Et par les termes même des lettres, qui sont si forts que l'on a cru qu'il falloit y déroger pour empêcher qu'on ne regardât ce comté comme un apanage et comme un domaine de la couronne.

On a dit, en second lieu, que, quand même le comté de Soissons n'auroit pas été mouvant du roi avant l'érection, le titre de pairie élevant et annoblissant ce comté, l'auroit mis pour toujours dans la mouvance directe de la couronne.

On a prouvé aussi cette seconde proposition et dans la thèse générale, et dans la question particulière.

Dans la thèse générale,

1.º Par les trois clauses qui se trouvent dans toutes les lettres d'érection, dont la première porte que la terre érigée en pairie sera tenue du roi : la seconde, qu'elle sera tenue du roi à cause de sa couronne ; et la troisième, qu'elle se réunira à son domaine après l'extinction de la pairie, si le roi n'y renonce expressément ;

2.º Par l'aveu et la reconnoissance même des évêques de Soissons, qui conviennent de la vérité de la maxime, et qui disputent inutilement sur le temps dans lequel elle a été établie.

Dans la question particulière, on a prouvé la même vérité,

Soit par les clauses communes à toutes les érections, qui se trouvent dans celle de Soissons;

Soit par les clauses particulières qui s'y lisent, et surtout par celle qui porte que ce comté sera possédé par Louis, duc d'Orléans, comme les autres terres qu'il tenoit en apanage.

Enfin, en répondant aux objections de l'évêque de Soissons, on a établi la vérité de trois grandes maximes :

La première, qu'il y a une différence infinie entre les comtés, les marquisats, les duchés mêmes, et les pairies, en ce que les premiers peuvent relever du roi, comme duc ou comme comte, ou même abusivement d'un seigneur particulier; au lieu que les pairies ne peuvent jamais relever que du roi comme roi, en sorte qu'il n'y a nul exemple du contraire :

La seconde, que la mouvance d'une pairie est acquise au roi dès le premier moment de l'érection, avant même que le seigneur dont la terre relevoit auparavant ait été indemnisé; ce qui distingue la mouvance du droit de ressort, qui n'a lieu qu'après l'indemnité payée, par deux raisons essentielles : l'une, que le ressort n'est qu'un privilége; l'autre, qu'il n'y a que le nouveau pair qui y soit intéressé, au lieu que le roi même a intérêt dans la mouvance.

La troisième enfin, que le ressort, et à plus forte raison la mouvance, se conservent et se perpétuent, même après l'extinction de la pairie, ce que l'on a fait voir par plusieurs exemples, et surtout dans le comté de Soissons, par l'arrêt de 1671, lequel ayant jugé que la pairie subsistoit dans tout le comté par rapport au droit de ressort, c'est un préjugé encore plus décisif pour montrer qu'elle subsistoit dans tout le comté par rapport à la mouvance.

Tel est le précis et abrégé de tous les titres que le roi a droit d'alléguer en sa faveur : il resteroit maintenant d'en tirer les propositions solides qui en résultent, et qui sont comme autant de sources lumineuses de décision; mais on a cru qu'il seroit plus à propos de différer de le faire, jusqu'à ce qu'après avoir examiné les titres de l'évêque de Soissons, on puisse faire une comparaison décisive des inductions générales qui résultent des moyens du roi et de ceux de l'évêque.

APRÈS avoir établi, dans la première partie de cette requête, la justice des droits du roi avec toute l'étendue que l'importance de l'affaire peut mériter, il faut à présent détruire, dans la seconde, les titres spécieux que les évêques de Soissons y ont opposés; et cette seconde partie sera beaucoup plus courte que la première, soit parce que le procureur-général du roi pourra se contenter d'employer, contre plusieurs de ces titres, les contredits qui ont été proposés par Mre. Thomas-Amédée de Savoye; soit parce que les principes qu'on a établis dans la première partie, sont plus que suffisans pour renverser les fondemens mêmes de la prétention de l'évêque de Soissons.

C'est donc sans déroger à ces moyens généraux, et pour en augmenter encore la force, que le procureur-général du roi entrera dans l'examen des titres produits par les évêques de Soissons, et il s'attachera principalement aux premiers, qui sont presque les seuls qui méritent une réfutation particulière.

Lorsqu'on n'envisage ces titres, c'est-à-dire, ceux de 1140, de 1141 et de 1147, qu'en général et sans entrer dans une discussion exacte de ce qu'ils contiennent, il faut avouer que le premier coup d'œil est pour les évêques de Soissons, et que l'on a de la peine à résister d'abord à l'impression qu'ils font sur l'esprit de ceux qui ne les ont jamais examinés avec la réflexion qu'ils demandent.

Mais lorsqu'on les lit avec plus d'attention, lorsqu'on en considère la forme, lorsqu'on en compare les dispositions, lorsqu'on en pèse toutes les clauses, on revient aisement de ce premier jugement, et l'on passe bientôt jusqu'à le condamner entièrement:

Suivons donc cet ordre en les examinant, et voyons d'abord ce que ces actes offrent de favorable à l'église de Soissons, pour y répondre ensuite par des réflexions d'autant plus fortes, que les principales seront tirées de ces actes mêmes.

Si l'on en croit le premier de ces actes, qui est daté de l'année 1141, Regnauld, comte de Soissons, frappé d'une grande maladie, se voyant sans enfans, et craignant que le comté de Soissons ne fît naître après sa mort une espèce de guerre civile entre ses parens, voulut faire juger, de son vivant, à qui ce comté appartiendroit; et parce que, suivant ce titre, ce comté de Soissons étoit un fief de l'évêque, il pria Josselin, lors évêque de Soissons, de faire appeler tous ses héritiers présomptifs, afin que celui qui seroit déclaré héritier par le jugement de la cour de l'évêque, prît possession du comté de Soissons, et devînt homme lige de l'évêque pour ce comté. L'évêque accorda au comte Regnauld ce qu'il lui demandoit; tous les héritiers présomptifs furent ajournés, et, au lieu du jugement qui devoit être rendu, leurs amis communs ménagèrent un accommodement entr'eux, dont la condition essentielle fut, que Geoffry de Donzy, Gaultier de Breve et Guy de Dampierre céderoient tous leurs droits sur le comté de Soissons à Yves de Néelle, moyennant une certaine somme d'argent; alors, dit la charte, de Néelle offrit l'hommage lige suivant la nature du fief: l'évêque refusa d'abord de le recevoir, à cause de l'absence de Mathieu de Montmorency, un des héritiers présomptifs; mais, comme l'on jugea qu'il n'étoit pas nécessaire de l'attendre, l'évêque reçut enfin Yves de Néelle à l'hommage lige : voilà ce que contient la première partie de l'acte.

La seconde porte, que l'usage du royaume ne permettant pas aux vassaux de recueillir les fiefs qui leur étoient échus par la succession collatérale, sans avoir payé *le plaît* ou le relief à l'arbitrage du seigneur, Yves de Néelle pria l'évêque d'abonner ce droit moyennant une rente de 60 livres par an et de dix muids de sel à prendre sur le minage de Soissons; l'évêque y consent; et c'est par-là que se termine cette charte, à la fin de laquelle il est dit, qu'outre les autres ôtages ou cautions qu'Yves de Néelle donne à l'évêque pour sûreté de cette convention, le roi Louis le jeune voulut bien lui-même y intervenir comme caution et garant de ce traité.

La seconde charte est datée de l'an 1140, et c'est l'acte par lequel le roi Louis le jeune s'engage à faire exécuter la charte précédente : il est dit nommément, dans ce titre, que l'héritage du comte Regnauld étoit tenu en fief de l'évêque.

Enfin, le troisième titre est la reconnoissance donnée par Yves de Néelle à l'évêque de Soissons, de tout ce qui s'étoit passé dans cette occasion.

Cette reconnoissance est datée de l'an 1147, et Yves de Néelle paroît y reconnoître, presque à chaque ligne, qu'il étoit vassal de l'évêque à cause du comté de Soissons.

C'est ainsi, qu'à ne juger de ces trois actes que par une première vue générale et superficielle, ils paroissent également favorables à la prétention des évêques de Soissons, puisqu'en les réunissant, on y trouve le témoignage des trois personnes que la question de la mouvance du comté de Soissons peut regarder : l'évêque parle dans le premier, le roi dans le second, et Yves de Néelle dans le troisième ; et tous supposent comme un fait absolument certain, que le comte de Soissons étoit vassal de l'évêque.

Il est temps maintenant d'entrer dans un examen plus rigoureux de ces titres, et de voir s'ils n'ont pas plus d'apparence que de solidité.

Sans répéter ici tout ce que le conseil de M.ʳᵉ Thomas-Amédée de Savoye a cru devoir proposer contre ces anciennes chartes, et sans employer toutes ses observations, dont il y en a plusieurs qui ne sont pas exemptes de difficulté, le procureur-général du roi, qui doit encore plus à la vérité qu'à la défense des droits de la couronne, évitera de se servir de tout argument qui puisse être douteux ou contesté, et il s'attachera uniquement à prouver par ces pièces mêmes, et par les autres actes du procès, 1.° Que ces titres n'ayant rien dans leur forme extérieure qui puisse les faire regarder comme des actes obligatoires, ne peuvent par conséquent avoir aucune autorité;

2.° Qu'ils sont si remplis de contradictions évidentes et grossières, qu'il est presque impossible de douter de leur fausseté;

3.° Qu'en tout cas, ils ne peuvent passer que pour des actes surpris par une erreur qui a été bientôt couverte et réparée par des titres postérieurs;

4.° Enfin, que quand même ces pièces demeureroient dans toute leur force, elles seroient encore inutiles à l'église de Soissons.

Quand on relève ici la forme de ces actes, on ne prétend pas s'arrêter à faire remarquer les défauts qui se trouvent dans les copies compulsées qui en ont d'abord été produites; toutes les difficultés que l'on a eu raison de faire autrefois, sur ce point, seront levées aussitôt que l'évêque de Soissons en aura produit les originaux, qu'il a déjà communiqués au procureur-général du roi.

Mais ce qui est beaucoup plus important que toutes les observations qui ont été faites sur l'extérieur de ces titres, c'est que, ni la notice de Josselin, ni la charte d'Yves de Néelle ne peuvent être regardées comme des actes obligatoires qui soient l'ouvrage du commun consentement des parties.

La notice de Josselin n'est scellée que de son sceau; on n'y trouve ni la signature ni le sceau d'Yves de Néelle ni d'aucun de ceux qui paroissent s'y engager avec lui; l'évêque seul parle dans cette notice; l'évêque seul l'a scellée: ainsi c'est un titre qu'il a pu se donner très-aisément à lui-même; il y rend témoignage dans sa propre cause, sans aucune preuve de l'approbation d'Yves de Néelle, qui a pu ignorer absolument tout ce qui est écrit dans cet acte.

Il est vrai que, si la charte de 1147, qui paroît
contenir la reconnoissance d'Yves de Néelle, étoit
revêtue des marques extérieures de son consentement,
il seroit inutile d'observer que ce seigneur n'a ni
signé ni scellé la notice de Josselin, parce qu'en
réunissant ces deux actes, on en composeroit un
contrat qui seroit obligatoire des deux côtés.

Mais cette charte est encore plus défectueuse que
celle de Josselin ; elle n'est ni signée par Yves de
Néelle, ni scellée de son sceau ; on n'y découvre
rien qui marque qu'elle soit son ouvrage, ni qu'il
y ait eu la moindre part : elle porte, au contraire,
le caractère évident de la main de Josselin ; elle n'a
point d'autre authenticité que celle que le sceau de
cet évêque peut lui donner. Il y est dit seulement
qu'Yves de Néelle a prié Josselin de mettre son
sceau à cette charte, pour lui donner une plus grande
force.

Ainsi la foi de cet acte roule uniquement sur le
sceau de l'évêque ; et, comme il n'y avoit que le
sceau d'Yves de Néelle qui pût suppléer au défaut
de sa signature, suivant l'usage de ce siècle, dès
le moment que ce sceau ne se trouve point dans
l'acte dont il s'agit, on a droit d'en conclure que
cet acte est un titre étranger par rapport à lui, où
l'évêque a pu faire écrire tout ce qui lui a plu,
à la faveur de cette prétendue prière qu'il suppose
qu'Yves de Néelle lui a faite de mettre son sceau
au bas de cette charte.

Il seroit aisé de pousser plus loin ce raisonnement ;
et pour peu qu'un critique défiant voulût donner
la liberté à ses conjectures, il pourroit soupçonner
facilement que ceux qui ont voulu donner des titres
aux évêques de Soissons, ne pouvant pas disposer
aussi aisément du sceau d'Yves de Néelle que de
celui de Josselin, que l'on conservoit peut-être dans
les archives de l'évêché, et dont on avoit au moins
plusieurs empreintes attachées aux différentes chartes
qui restoient du temps de cet évêque, ont eu recours à l'expédient facile, mais grossier, d'imaginer

qu'Yves de Néelle n'avoit pas scellé la charte dont il s'agit, parce qu'il avoit prié l'évêque de la sceller au lieu de lui ; prière qui n'auroit rien eu d'extraordinaire, si ce n'eût pas été avec l'évêque seul qu'Yves de Néelle eût traité, mais qui est sans exemple dans un acte où un des contractans s'engage avec celui dont il emprunte le sceau, parce que, comme on l'a déjà dit, il ne reste dans l'acte aucune marque, aucun signe extérieur du consentement de celui qu'on suppose avoir emprunté un sceau étranger.

On répondra, sans doute, que la charte du roi Louis le jeune, qui exprime la même chose en substance que celles de Josselin et d'Yves de Néelle, supplée avantageusement à tout ce qui peut manquer à l'une et à l'autre.

Mais, outre que cette charte ne pouvant être regardée que comme une confirmation de l'accord fait entre Josselin et Yves de Néelle, elle n'a par elle-même aucune force, jusqu'à ce que l'acte qu'elle confirme soit rapporté dans une forme obligatoire et qui prouve le consentement des deux parties ; il faut ajouter encore à cette première raison, que ce titre est si suspect et que l'on trouve des contradictions si grossières entre cette charte et les deux autres, qu'elle auroit besoin, pour se soutenir elle-même, du secours que l'on veut qu'elle donne aux deux autres.

C'est ce qu'il faut montrer dans la seconde espèce de moyens par lesquels on s'est proposé de combattre ces trois titres, c'est-à-dire, par les contradictions qu'ils renferment.

On peut en compter jusqu'à neuf, qui rendent ces pièces indignes de toute créance.

Première contradiction. Suivant la notice de Josselin et la charte prétendue d'Yves de Néelle, le comte Regnauld étoit encore vivant lorsqu'il fut réglé que le comté de Soissons appartiendroit à Yves de Néelle, et lorsqu'il en rendit hommage à l'évêque de Soissons.

16 *

C'est ce qui paroît très-clairement par ces paroles de la notice de Josselin :

Contigit.... ut Raynaldus Suessionensis comes gravi premeretur infirmitate..... cùm autem parentes ipsius tanquam hæreditario jure ad honorem suum certatim aspirarent, timens idem comes ne radix omnium malorum cupiditas, ad totius patriæ dissidium odii fomitem inter eos generaret, quia comitatus ejus episcopale casamentum erat, multorum bonorum consilio nos adiit, rogans ut omnibus hæredipetis suis diem statueremus..... et cui judicio curiæ nostræ adjudicaretur, is hæres ejus esset, acceptoque casamento, homo noster ligius fieret.

La même chose est répétée dans la charte attribuée à Yves de Néelle; et d'ailleurs les historiens du Soissonnois, que le conseil des évêques de Soissons ne regarde pas comme des auteurs suspects, assurent que le comte Regnauld n'est mort que plusieurs années après cette action.

Cependant il n'y a personne qui ne croie le contraire, lorsqu'on lit la charte du roi Louis le jeune, dans laquelle il est dit expressément, que le comte Regnauld mourant sans enfans, Yves de Néelle, son parent, parvint à la succession par droit de parenté... *Cùm comes Raynaldus sine liberis decederet, consanguineus ejus Yvo de Nigella ad hæreditatem consanguinitatis jure pervenit.*

La même charte ajoute ensuite ces mots, *quia hæreditas ex caduco veniebat, oportuit ut episcopo de cujus casamento hæreditas veniebat, placitum faceret.*

Ces termes, comme les premiers, supposent manifestement que le comte Regnauld étoit mort, que sa succession étoit échue, qu'il falloit payer un droit de *relief*, parce qu'il s'agissoit d'une succession collatérale; car c'est ce que veulent dire ces mots, *quia hæreditas ex caduco veniebat*, qui sont fondés sur ce que, par les plus anciennes concessions des fiefs, les descendans en ligne directe y étoient

seuls appelés; ainsi, quand le vassal mouroit sans
enfans, l'hérédité ou le fief étoient caducs, et
devoient se réunir à la table du seigneur, des mains
duquel ils étoient sortis. On trouva ensuite le
moyen de les faire retirer par l'héritier collatéral, en
payant le droit de rachat ou de *relief;* terme dont
la signification est directement opposée à celle du
terme de fief ou d'hérédité *caduque*, l'héritier collatéral *relevant*, pour ainsi dire, par le droit de
rachat, le fief qui, par le défaut des descendans
en ligne directe, étoit *tombé* dans les mains du
seigneur.

Or, tout cela ne pouvoit arriver que par la mort
du dernier vassal; jusques-là la succession n'étant
point encore échue, on ne pouvoit pas dire ni qu'elle
fût *caduque*, ni qu'il fût dû pour cette succession
caduque un droit de *relief* au seigneur.

C'est cependant ce que dit la charte de Louis le
jeune, après avoir marqué en termes formels qu'Yves
de Néelle *parvint à la succession du comte Regnauld
par droit de parenté*.

Ainsi, suivant les chartes de Josselin, et Yves de
Néelle, et les historiens du Soissonnois, Regnauld
n'étoit pas mort en 1141.

Suivant la charte de Louis le jeune au contraire,
il étoit mort dès l'an 1140.

Dira-t-on, pour sauver cette contradiction, qu'il
faut expliquer la charte du roi par celle de l'évêque;
que ces mots *cùm Raynaldus sine liberis decederet*,
ne veulent pas dire que ce comte étoit mort, mais
qu'il devoit mourir sans enfans; que ceux qui suivent,
où il est dit si clairement qu'Yves de Néelle *parvint
à la succession par le droit du sang*, signifient seulement qu'il devoit y parvenir, et qu'enfin quand
le roi Louis le jeune dit qu'il falloit payer un droit
de plaid ou de relief au seigneur, parce que l'hérédité venoit *ex caduco*, tout cela ne marque autre
chose, sinon que, lorsque cette succession écheoiroit
un jour, elle seroit caduque ?

Mais, qui ne voit qu'on ne peut donner cette interprétation à la charte de Louis le jeune, sans faire une violence ouverte à tous les termes dans lesquels elle est conçue? Quand même on pourroit expliquer ces premiers mots ; *cùm comes Raynaldus sine liberis decederet*, et soutenir qu'ils veulent dire seulement que le comte Regnauld étoit sur le point de mourir sans enfans, il seroit absolument impossible de donner aucun sens favorable à ceux qui suivent, *consanguineus ejus Yvo de Nigella ad hæreditatem ejus consanguinitatis jure pervenit :* quelque barbarie que l'on suppose dans ceux qui rédigeoient les actes du douzième siècle, ce qui ne se trouve pas néanmoins dans ceux-ci, il n'est pas permis de croire qu'ils aient voulu dire, *que la succession d'un homme vivant a été déférée par le droit du sang à un de ses parens;* ces paroles renferment une contradiction si grossière, qu'elles ne peuvent jamais être entendues en ce sens, et par conséquent elles n'en ont point d'autre que celui qu'elles présentent d'abord à l'esprit, c'est-à-dire, que le comte Regnauld étoit mort, et que c'est par sa mort que sa succession fut déférée, suivant l'ordre du sang, à Yves de Néelle.

Or , si cela est , la fausseté de cette charte est démontrée par les évêques de Soissons mêmes , qui soutiennent avec raison que le comte Regnauld n'étoit pas mort en l'année 1140, ni même en l'année 1141.

Seconde contradiction. Les chartes attribuées à Josselin et à Yves de Néelle font une exacte mention de cette prévoyance extraordinaire du comte Regnauld, par laquelle il se porta à faire juger de son vivant à qui le comté de Soissons appartiendroit après sa mort, et à se dépouiller même en faveur de celui qui seroit déclaré son héritier, afin qu'il pût entrer en foi, et rendre l'hommage à l'évêque de Soissons; car c'est ce que marquent ces termes de la notice de Josselin.... *Et cui judicio curiæ nostræ*

adjudicaretur, is hæres ejus esset, acceptoque ca-
samento, homo noster ligius fieret.

Cependant on ne trouve rien de tout cela dans la
charte du roi Louis le jeune ; nulle mention de la
maladie de Regnauld, de la pensée que cette maladie
lui inspira, de la citation de ses héritiers présomptifs
en la cour de l'évêque ; et non-seulement, on n'y
trouve rien de tout cela, mais on y lit tout le contraire, puisque, comme on l'a déjà dit, elle ne
parle que de la mort de Regnauld et du droit de
sang, par lequel seul, suivant ce titre, Yves de Néelle
fut appelé à la succession de ce comté.

Cette contradiction paroîtra encore plus extraordinaire, si l'on considère que, suivant la charte de
Louis le jeune et celle d'Yves de Néelle, ce roi étoit
à Soissons, et présent à tout ce qui s'y passoit dans
cette affaire, lorsqu'elle se consomma.

La charte du roi est datée de Soissons, et celle
d'Yves de Néelle marque que tout cela s'est passé
en présence du roi, *regnante in Franciâ Ludovico,*
Ludovici filio, in cujus præsentiâ hæc acta sunt.

Qui peut concevoir après cela les différences infinies qui se trouvent entre ces titres ? Mais cette
difficulté croîtra à mesure que l'on expliquera ces
différences, ou plutôt ces contradictions.

Troisième contradiction. Par la notice attribuée à
Josselin, on apprend que ce ne fut, à proprement
parler, ni par le droit du sang, ni par l'autorité de
la justice, que tout le comté de Soissons fut déféré
à Yves de Néelle, mais que cela se fit par une espèce
d'arbitrage, dans lequel on obligea les compétiteurs
d'Yves de Néelle à lui céder leurs droits, moyennant
une certaine somme d'argent : *Ab amicis hæredita-*
tem petentium elaboratum est, quòd Joffridus, et
Galterus, et Guido, quidquid in terrâ comitis cla-
maverant, Yvoni de Nigella in perpetuum dimi-
serunt, interveniente tamen pecuniâ proùt inter ipsos
convenerat.

Cependant, et la charte du roi et celle d'Yves de
Néelle portent au contraire : l'une qu'Yves de Néelle

a recueilli l'hérédité du comte Regnauld par le droit du sang; l'autre, que c'est par la permission de Dieu et suivant l'ordre de la loi que cette succession lui a été déférée, *Dei permissione ad me jure devenit hæreditas*; ce qui suppose manifestement que ce n'est point par un accommodement et à prix d'argent, mais par droit et par justice, qu'il est parvenu à la possession de tout le comté de Soissons.

Quatrième contradiction. L'hommage d'Yves de Néelle est qualifié *lige* par la notice de Josselin ; mais cette qualification ne se trouve point dans la charte d'Yves de Néelle ; c'étoit néanmoins dans ce titre qu'elle devoit se trouver, encore plus que dans celui de l'évêque, où tout ce que cet évêque a pu dire en sa faveur n'étoit d'aucune autorité, jusqu'à ce que son prétendu vassal l'eût confirmé par sa reconnoissance.

Il n'est pas nécessaire de faire ici de longues dissertations, pour montrer combien l'hommage lige étoit plus fort et plus avantageux que l'hommage simple, surtout dans le siècle où l'on prétend que ces actes ont été passés.

Ainsi, supposé que la charte de Josselin soit véritable dans son énonciation, et qu'Yves de Néelle lui ait rendu effectivement un hommage lige, il est impossible de concevoir que le même Josselin ait reçu, six ans après, une reconnoissance de ce seigneur, dans laquelle il dit simplement qu'il a rendu hommage à l'évêque, sans ajouter que cet hommage étoit lige, quoique cette expression fût absolument nécessaire, l'hommage lige, surtout à l'égard des seigneurs particuliers, étant une exception du droit commun.

Que si l'on suppose, au contraire, que la charte d'Yves de Néelle est véritable, on ne peut s'empêcher de regarder celle de Josselin comme fausse, puisqu'elle donne à l'hommage d'Yves de Néelle une qualité extraordinaire, que Josselin lui-même n'a pas osé faire insérer dans la charte de ce seigneur, qu'il a confirmée par l'approbation de son sceau.

Cinquième contradiction. Suivant la notice qui porte le nom de Josselin, le droit de rachat est abonné, ou amorti, moyennant une rente de 60 livres, dont les comtes de Soissons demeurent chargés, et une redevance de dix muids de sel, à prendre tous les ans sur le minage qui appartenoit aux comtes.

La charte de Louis le jeune s'accorde en ce point avec celle de Josselin.

Au contraire, suivant la charte prétendue d'Yves de Néelle, la rente ne doit être que de dix livres, et la redevance ne doit être que de quatre muids et demi.

Qu'on ne dise point ici qu'il y a cinq années d'intervalle entre la date de la charte de Josselin et la date de la charte d'Yves de Néelle, et que, dans cet intervalle, on a pu modérer la redevance et la réduire sur le pied qui est marqué dans la charte d'Yves de Néelle.

Cette réponse n'auroit qu'une vaine apparence, qui se dissiperoit aussitôt qu'on voudroit la comparer avec la vérité même, telle qu'elle est écrite dans les trois titres dont il s'agit.

Tous ces titres se rapportent à une seule action: ils regardent tous le même fait, la même convention; il suffit de les lire pour en être convaincu: ce sont donc des actes indivisibles, qui ne doivent être regardés que comme un seul et même titre. Ce que Josselin raconte dans sa notice, et que le roi confirme par ses lettres-patentes, ce qu'Yves de Néelle exprime dans sa reconnoissance, est la même composition, le même abonnement qui fut fait, si l'on en croit ces actes, entre l'évêque et le comte pour le droit du relief; il n'y a pas un seul mot dans aucun de ces titres, que la cour jugera sans doute à propos de lire exactement, qui marque qu'il y ait eu deux conventions sur le même fait: l'une, par laquelle on ait abandonné le droit du relief moyennant une rente de 60 livres et une redevance de dix muids de sel ; l'autre, par laquelle on ait réduit la rente à 10 livres, et la redevance à quatre muids et demi de sel.

Or, si cela est, et si la charte prétendue d'Yves de Néelle tombe précisément sur le même fait que la notice de Josselin et la confirmation de Louis le jeune, il est impossible de sauver la contradiction qui se trouve entre ces titres sur la quotité de la rente et de la redevance dont le comte de Soissons se charge envers l'évêque.

Qui pourra se persuader que, si ces actes étoient véritables, la convention la plus importante qu'ils contiennent, celle qui intéressoit davantage l'église de Soissons, y eût été exprimée d'une manière si différente ; que, suivant l'évêque, le comte auroit dû 60 livres de rente et dix muids de sel ; et que, suivant le comte, l'évêque n'auroit pu prétendre que dix livres de rente et quatre muids et demi de sel ?

On ne dira pas sans doute, qu'Yves de Néelle a dit ce qu'il lui avoit plu dans sa reconnoissance, mais qu'il n'a pu préjudicier par là aux droits de l'évêque, qui sont suffisamment établis, et par sa notice et par les lettres-patentes de Louis le jeune.

Une telle objection ne pourroit être faite de bonne foi ; car, comme on l'a déjà remarqué, la reconnoissance prétendue d'Yves de Néelle est bien moins son ouvrage que celui de Josselin, puisque c'est Josselin seul qui l'a scellée, puisque c'est dans les archives de l'évêché qu'elle se trouve, puisqu'elle n'a aucun autre caractère d'authenticité que celui qu'elle a reçu des évêques de Soissons.

Comment Josselin auroit-il pu mettre son sceau à une reconnoissance, qui, exprimant précisément la même convention qu'il avoit expliquée dans sa notice, réduisoit une des redevances comprises dans cette notice au sixième, et l'autre à moins que la moitié ? Comment ne se seroit-il pas élevé contre ce changement ? Comment n'auroit-il pas réclamé l'autorité du roi, qui, si l'on en croit les deux autres actes, s'étoit rendu caution pour le comte de Soissons, non pas d'une rente de dix livres et d'une redevance de quatre muids et demi de sel, mais d'une rente de 60 livres et d'une redevance de dix muids de sel.

Or, s'il est impossible de présumer que Josselin eût jamais voulu approuver cette charte et l'autoriser par son sceau, que reste-t-il à conclure, si ce n'est qu'on doit juger qu'elle est fausse, ou que la notice de Josselin l'est aussi bien que les lettres-patentes de Louis le jeune, et que, dans le doute, ces trois titres doivent être également rejetés?

Sixième contradiction. On trouve dans la prétendue reconnoissance d'Yves de Néelle deux conventions importantes qui ne sont pas dans la notice de Josselin, et que cet évêque n'auroit pas manqué sans doute d'y faire insérer, si elles eussent été véritables.

La première est, qu'Yves de Néelle abandonne à l'évêque une prétention que Regnauld avoit eue contre lui, au sujet de dix livres de rente qu'il avoit demandées à l'évêque pour un fief mouvant de lui : *Sed et querelam decem librarum quas Raynaldus comes ab eo pro feodo quæsierat, sed posteà quietas clamaverat, ego quoque sibi et successoribus suis in perpetuum quietas clamavi.*

La seconde est, qu'Yves de Néelle renonce absolument à la possession dans laquelle ses prédécesseurs étoient, de s'emparer des biens de l'évêque lorsqu'il venoit à mourir : *Rapinam quoque rerum episcopalium, quas prædecessores mei comites sacrilegè et sub excommunicatione, decedentibus episcopis facere consueverant, omninò dimisi.*

Etoit-ce donc là des clauses assez peu considérables pour être entièrement oubliées dans la notice de Josselin? Il seroit plus facile de concevoir qu'elles ne se trouvassent pas dans la charte d'Yves de Néelle; mais, quelles ne se trouvent point dans celle de Josselin, c'est assurément ce qui est incompréhensible, si ces chartes sont véritables.

Septième contradiction, qui en comprend trois par rapport aux différentes précautions que Josselin paroît avoir prises pour la sûreté de l'abonnement qu'il avoit fait avec Yves de Néelle.

1.° **D**ans la notice où l'évêque parle seul, et qui, par cette raison, est le moins considérable de ces trois titres, il est fait mention de Gaulon, frère utérin d'Yves de Néelle, qui s'oblige avec lui, et qui s'engage par serment à l'exécution des clauses portées par cet acte.

Au contraire, la reconnoissance prétendue d'Yves de Néelle, qui est le plus important de tous ces titres, ne parle en aucune manière de l'obligation de Gaulon; il n'y est fait mention que de celle de Drogon et de Raoul, frères germains d'Yves de Néelle.

2.° La notice de Josselin porte que le comte a donné huit ôtages ou cautions de sa fidélité à exécuter sa promesse, qui sont Raoul, comte de Vermandois; Thierri, comte de Flandre; Baudouin, comte de Hainaut; Enguerrant de Coucy; Evrard de Breteuil; Albéric de Roye; Samson, archevêque de Reims; et Simon, évêque de Noyon; sans parler du roi Louis le jeune, dont il ne s'agit pas en cet endroit.

La charte d'Yves de Néelle ne fait aucune mention de ces huit cautions; elle n'en nomme que deux, le roi, qui est aussi nommé dans la notice, et Raoul de Péronne; et ce qui rend cette contradiction encore plus inexplicable, c'est que, non-seulement les huit noms qui sont dans la notice de Josselin ne se trouvent point dans la reconnoissance d'Yves de Néelle, mais il y en a même un tout nouveau, qui est celui de *Raoul de Péronne*, dont il n'est fait aucune mention dans la notice de Josselin.

On ne peut s'empêcher de demander encore ici, comment il seroit possible, si ces titres étoient véritables, que Josselin eût apposé son sceau à la charte d'Yves de Néelle, voyant qu'on en avoit

retranché une clause aussi importante que celle qui
lui donnoit huit cautions de la qualité et du poids
des comtes de Flandre, de Vermandois, de Hainaut,
et des autres seigneurs, dont les noms sont marqués
dans la notice ?

Ce n'est point ici une de ces légères différences,
qui peuvent se trouver dans les actes les plus semblables ; c'est une clause de la dernière importance, clause
honorable, clause avantageuse à l'église de Soissons,
clause, en un mot, qui est de telle nature, qu'elle
ne peut avoir été ni omise à dessein, ni oubliée
par inadvertance ; ainsi, ou la notice de Josselin,
qui la contient, est fausse, ou la reconnoissance
d'Yves de Néelle, qui ne la contient pas, est
supposée.

3.º Selon la notice, si Yves de Néelle n'exécute
pas la convention faite avec l'évêque de Soissons,
c'est Samson, archevêque de Reims, et Simon, évêque
de Noyon, qui doivent l'excommunier et mettre sa
terre en interdit, sans pouvoir l'absoudre que suivant
le bon plaisir de l'évêque de Soissons.

Dans la prétendue reconnoissance d'Yves de Néelle,
on ne parle ni de l'archevêque de Reims, ni de
l'évêque de Noyon, c'est l'évêque de Soissons seul,
qui doit être en même temps juge et partie, et qui
aura la faculté d'excommunier Yves de Néelle, s'il
ne satisfait pas religieusement à ses engagemens.

Huitième contradiction. Jusqu'ici on n'a vu
qu'un de ces trois titres commis avec un des autres,
ou même avec les deux autres ; on va les voir à
présent tous trois contraires les uns aux autres, et
cela sur le point le plus essentiel, et sur lequel il
devroit s'y trouver le moins de variété, c'est-à-dire,
sur le temps dans lequel ce fait rapporté dans ces
actes est arrivé.

Suivant les lettres-patentes du roi, qui sont les
premières dans l'ordre des dates, la chose s'est passée
en l'année 1140, puisque ces lettres sont datées
de cette année : *Actum publicè Suessionis millesimo*

centesimo quadragesimo dominicæ incarnationis anno.

Suivant la notice de Josselin, la convention a été faite en l'année 1141, car cette notice est datée en cette manière : *Actum est hoc, incarnationis dominicæ anno millesimo centesimo quadragesimo primo.*

Enfin, suivant la prétendue charte d'Yves de Néelle, tout cela ne s'est passé qu'en l'année 1147 : *Actum est hoc, incarnationis dominicæ anno millesimo centesimo quadragesimo-septimo sub papâ Eugenio, regnante in Franciâ Ludovico, Ludovici filio, in cujus præsentiâ hæc acta sunt.*

On dira peut-être, pour donner quelque couleur à une si énorme contradiction, que tous ces actes ne sont qu'une espèce de relation d'une chose qui s'étoit passée auparavant, et d'une convention qui n'avoit été faite d'abord que verbalement, mais qu'on a jugé ensuite à propos de rédiger par écrit, ce qui a été exécuté en différens temps par le roi, par l'évêque et par Yves de Néelle.

Mais, 1.º il n'y aura plus aucun moyen de découvrir la fausseté d'un titre, si l'on admet un tel raisonnement ; tous les actes anciens et nouveaux ne sont que des relations de ce qui s'est passé entre les parties. On ne s'est pourtant pas encore avisé, jusqu'à présent, de distinguer la date de la convention, de celle de l'acte qui en contient le récit, si ce n'est lorsque les parties ont pris soin de faire marquer expressément que leur convention est plus ancienne que leur écrit ; hors de ce cas, qui est assez rare, on présume toujours que la convention a été faite le même jour que l'acte en a été passé ; car, de recourir à la supposition d'une convention antérieure qui n'ait été que verbale, et à laquelle on puisse rapporter tous les actes qui en contiennent la preuve en quelque temps qu'ils aient été faits, c'est chercher à défendre une fausseté par une fiction.

Quand donc on lit ces mots au bas des lettres-patentes de Louis le jeune, *actum anno* 1140, il n'y a personne qui ne soit persuadé que cela veut dire que ce qui est contenu dans cet acte se passa en l'année 1140, c'est-à-dire, que ce fut en cette année que le roi Louis le jeune approuva la convention faite entre l'évêque et le comte de Soissons, pour le droit de rachat, et qu'il s'en rendit caution auprès de l'évêque.

Quand on voit, au contraire, ces mots dans la notice de l'évêque, *actum est hoc incarnationis dominicæ anno* 1141, on est également persuadé, non-seulement que cet acte a été fait en l'année 1141, mais encore que ce qui est rapporté dans cet acte s'est passé dans cette année.

Enfin, quand la charte prétendue d'Yves de Néelle s'explique en ces termes, *actum est hoc incarnationis dominicæ anno* 1147, on est convaincu que, si cette charte n'est pas fausse, tout ce qu'elle contient s'est passé en cette année.

Or, comme il est impossible que le même fait, le même accord, la même convention, se soient passés en 1140, en 1141 et en 1147, il est aussi impossible que ces trois actes puissent être véritables : chacun pris séparément pourroit être vrai, mais tous trois pris ensemble ne peuvent pas l'être; et dès le moment qu'il n'y en a aucun qu'on puisse croire plutôt que les autres, il est juste de refuser sa créance à tous également.

2.° Quand même on pourroit douter, dans d'autres occasions, de la vérité de ce principe général, que la date d'un acte s'applique également et à la convention même, et à la rédaction qui en est faite, il seroit impossible de former ce doute à l'égard des actes dont il s'agit.

Car, qui pourra se persuader que, s'il étoit vrai que cette prétendue convention verbale, qui sera la seule ressource des évêques de Soissons, eût précédé les lettres-patentes de l'an 1140, il seroit possible que Josselin, auquel il étoit si important, comme il le dit lui-même au commencement de sa notice, de prévenir par des écrits, et l'inconvénient de l'oubli et les artifices de la mauvaise foi, eût négligé, pendant toute l'année 1140, de rédiger cette convention par écrit, et

qu'il n'eût commencé à y penser qu'en l'année 1141 ?
Mais ce ne seroit pas encore assez, il faudroit supposer
que, n'ayant aucun acte de la part d'Yves de Néelle,
qui pût rendre son engagement solide et durable,
Josselin seroit demeuré, pendant près de sept années,
dans un silence téméraire et dans une incroyable sé-
curité : car ce n'est qu'en 1147, sept ans après cette
prétendue convention verbale, que la charte d'Yves
de Néelle a été faite. Une telle supposition est si peu
vraisemblable, qu'elle ne sert qu'à confirmer les justes
soupçons que l'on conçoit naturellement contre ces
pièces.

Enfin, il est inutile de raisonner pour prouver qu'il
n'y a point ici de distinction à faire entre le temps de
la convention et le temps de la rédaction de l'acte ; il
n'y a qu'à lire la prétendue charte d'Yves de Néelle ;
on y trouve ces mots, qui réunissent si parfaitement le
temps de l'action et celui de l'acte, qu'il est impossible
de les séparer : *Actum est incarnationis dominicæ,
anno millesimo centesimo quadragesimo-septimo, sub
papâ Eugenio, regnante in Franciâ Ludovico, Ludovici filio, in cujus præsentiâ hæc acta fuerunt : huic
actioni interfuerunt comes Radulphus Albericus, etc.*

Il n'est donc pas seulement ici question de l'acte ; il
s'agit des choses mêmes qui ont été faites, ou qui se
sont passées entre les parties, *hæc acta fuerunt ;* il
s'agit de l'action même, c'est-à-dire de la convention,
huic actioni interfuerunt. On ne pouvoit pas marquer,
par des expressions plus propres, que le fait, aussi
bien que l'acte qui en conserve la mémoire, se sont
passés en l'année 1147.

On ne s'est pas même servi du terme de *datum ;*
on ne dit point que cette charte a été donnée un tel
jour : tous les termes de la date se rapportent à l'action, à la chose même, beaucoup plus qu'à la rédaction ou à l'expédition de la charte.

Ajoutons qu'il est absolument inconcevable, que, s'il
étoit vrai que cette convention eût été faite sept années
auparavant, on n'en eût pas dit un seul mot dans cet

acte, et qu'au contraire on y en eût parlé comme d'une chose qui se passoit dans le même temps que l'acte en fut rédigé.

Mais c'est faire trop d'honneur à une telle objection, que d'y répondre avec tant de soin : la première impression que les différentes dates de ces trois titres font sur l'esprit est plus forte que tout ce que l'on y peut ajouter ; car, encore une fois, il n'y a personne qui, en lisant séparément les lettres-patentes de Louis le jeune, ne croie que la chose s'est passée en 1140 ; il n'y a personne qui, en lisant séparément la notice de Josselin, ne croie que la chose s'est passée en 1141 ; il n'y a personne qui, en lisant séparément la reconnoissance d'Yves de Néelle, ne croie que la chose s'est passée en 1147 ; et, enfin, il n'y a personne qui, en réunissant ces trois jugemens, et voyant qu'ils sont absolument incompatibles, n'en conclue qu'il faut rejeter absolument des pièces qui se détruisent mutuellement dans un point où il est impossible que des actes véritables se contredisent.

Neuvième contradiction. Enfin, la charte d'Yves de Néelle marque que la chose s'est passée en présence de quatre témoins : *Huic actioni interfuerunt comes Radulphus, Albericus de Roïa, Theodoricus Galleranni, Joannes Thiericus.*

Il n'est fait aucune mention des témoins dans la notice de Josselin, où lui seul se fait un titre tel qu'il lui plaît. Cette formalité, mieux observée en apparence dans la charte d'Yves de Néelle, ne la rend pas plus solide, parce qu'aucun de ces témoins n'a signé ni scellé cet acte, et ainsi elle ne sert qu'à achever de montrer les différences infinies qui se trouvent entre ces actes, dans les choses les plus essentielles à leur solennité.

Quand même il y en auroit quelqu'une que l'on pourroit expliquer séparément, il ne seroit pas possible de défendre ces actes contre l'impression générale qui résulte de l'union et de l'assemblage de toutes ces contradictions : la vérité est simple, elle est une, elle s'accorde toujours avec elle-même ; au contraire, la variété, l'incertitude, la contradiction, sont les marques les plus certaines et les caractères les plus sensibles de l'erreur.

L'on dira peut-être qu'au contraire, ces différences marquent le peu d'affectation qu'il y a eu dans la rédaction de ces titres, et l'on ajoutera, sans doute, que s'ils avoient été fabriqués après coup, il n'y a point de faussaire assez mal habile pour y avoir laissé tant de contradictions; au contraire, on les auroit copiés exactement l'un sur l'autre, et il ne s'y trouveroit pas la moindre différence.

Voilà sans doute ce que l'on peut dire de plus spécieux de la part des évêques de Soissons.

Mais ce raisonnement, semblable à un de ceux auxquels on a déjà répondu, seroit capable de couvrir toutes les faussetés: il ne faut pas croire qu'il n'y ait que les écrivains de bonne foi qui soient capables de tomber dans des contradictions; au contraire, leur simplicité les préserve de cet écueil, ou du moins leurs fautes sont si légères, qu'elles ne font aucun tort à la vérité: il n'en est pas de même de ceux qui fabriquent de fausses pièces; la foiblesse de l'esprit humain, qui ne peut ni savoir tout, ni embrasser tout, principalement lorsqu'il s'agit de faits qui se sont passés dans des temps éloignés; le doute, l'embarras, l'incertitude, qui sont inséparables de toute personne qui cherche à imiter le vrai pour le détruire; enfin, les ténèbres et l'aveuglement que Dieu se plaît à répandre sur tous ceux qui veulent altérer la vérité, tout cela les jette presque toujours dans des contradictions par lesquelles ils se trahissent eux-mêmes, et se dévoilent souvent par le soin même qu'ils prennent de se cacher.

Le public a donc un grand intérêt qu'on ne lui ôte pas un moyen aussi puissant pour découvrir la fausseté d'un ancien titre, que celui qui se tire des contradictions qu'il renferme.

Ce moyen a même cela d'avantageux, qu'il ne dépend pas du témoignage, souvent suspect et toujours douteux d'un expert; il est fondé sur un genre de preuve qui est à la portée de tous les esprits, et qui peut produire une véritable et parfaite conviction.

Mais d'ailleurs quand il seroit difficile de concevoir qu'un fabricateur de faux titres fût tombé dans des contradictions aussi grandes que celles qui se trouvent entre les titres dont il s'agit, ce raisonnement ne prouveroit encore rien en faveur de l'église de Soissons; la raison en est facile à expliquer.

Il faudroit supposer, pour donner quelque force à un tel argument, que ces trois pièces sont l'ouvrage de la même main; mais, comme cette supposition n'est nullement nécessaire, et qu'il est fort possible que plusieurs mains y aient eu part, et que ce soit même par cette raison qu'on y trouve tant de contradictions, il est évident que ce raisonnement ne peut être ici d'aucune considération.

Au reste, quand les évêques de Soissons qui sont venus dans la suite des temps, auroient eu le malheur de trouver de faux titres dans les archives de leur évêché, il n'y auroit rien en cela d'extraordinaire. Tous ceux qui ont porté plus loin, de nos jours, la connoissance de l'antiquité, nous apprennent que le siècle dans lequel ces pièces paroissent avoir été faites, fut très-fécond en fabricateurs de faux titres; et le savant religieux qui a composé un docte traité sur cette matière, en a fait une remarque particulière.

Ainsi ces titres, déjà suspects par le siècle qui les a produits, et d'ailleurs convaincus de fausseté par les contradictions énormes qu'ils renferment, devroient absolument être retranchés de ce procès, quand on ne pourroit les combattre que par ce moyen.

Il faut néanmoins faire voir encore, dans l'explication du troisième moyen, que quand même ces titres ne seroient pas supposés, on ne pourroit les regarder que comme des actes surpris par une erreur qui a été bientôt réparée.

Trois réflexions générales renfermeront toute la preuve de ce troisième argument :

La première, tirée de l'inexécution de ces actes ;

17 *

La seconde, fondée sur les actes qui les ont suivis;

La troisième, enfin, sera prise du jugement que les évêques de Soissons en ont eux-mêmes porté.

Première réflexion.

Rien ne marque mieux la surprise qui a régné dans ces actes, que le peu d'exécution qu'ils ont eue.

Leur principal objet, ou plutôt toute leur essence, par rapport à l'intérêt des évêques de Soissons, consistoit dans l'abonnement du droit de rachat : c'est uniquement pour cela qu'ils paroissent avoir été faits et conservés avec tant de soin par l'église de Soissons.

Cependant, il ne paroît point que la rente qui est substituée par ces actes au paiement du droit de rachat, ait jamais été payée aux évêques de Soissons : ils conviennent, depuis le procès, qu'ils n'en sont point payés; ils ne rapportent aucun acte qui puisse faire présumer, même par conjectures, que leurs prédécesseurs l'aient été; ils n'ont ni aveu, ni dénombrement, ni acte de foi et hommage qui renouvelle cette obligation : d'abord, ils avoient voulu confondre cette redevance avec un autre droit, dont ils prétendent être en possession; mais le conseil de messire Thomas-Amédée de Savoye leur a fait connoître si clairement leur erreur sur ce fait, qu'ils se sont réduits enfin à dire que cette rente n'avoit rien de commun avec la mouvance, et qu'elle avoit pu être prescrite, sans que le comté de Soissons eût cessé pour cela de relever de l'évêché.

On convient avec eux que la perte de la rente ne devroit pas emporter celle de la mouvance, si cette mouvance étoit d'ailleurs suffisamment établie.

Mais ils doivent aussi reconnoître de bonne foi qu'il est difficile de concevoir que les évêques de Soissons eussent laissé perdre la rente dont il s'agit, s'ils avoient eu autant de confiance qu'ils paroissent en avoir aujourd'hui dans ce prétendu titre primordial qu'ils rapportent.

Il ne s'agissoit pas, pour eux, d'une redevance légère ni peu importante : elle ne le seroit pas même aujourd'hui; mais certainement elle étoit fort considérable dans le douzième siècle et plus de trois siècles après.

Pourquoi donc l'ont-ils laissé prescrire? Pourquoi
la notice de Josselin, les lettres-patentes de Louis le
jeune, la reconnoissance d'Yves de Néelle n'ont-elles
jamais eu d'exécution à l'égard de cette redevance, qui
avoit pour garans les plus grands seigneurs du royaume
et le roi même? Pourquoi enfin, pendant que l'évêque
de Soissons s'est maintenu dans la possession d'une
redevance de 52 sols et d'un minot de sel sur le stillage,
donnés par forme d'aumône à l'église de Soissons par
un des comtes, a-t-il oublié une redevance infiniment
plus considérable, et pour laquelle il avoit des titres
qu'il prétend être si décisifs?

Peut-on en alléguer aucune autre raison vraisemblable, que celle qui se présente naturellement à l'esprit, après tout ce qui vient d'être expliqué? c'est-à-
dire, que le titre constitutif de cette rente est ou supposé ou surpris : car, de dire que la grande autorité
des comtes a empêché les évêques d'agir contr'eux, ce
seroit avancer un fait démenti par tous les titres que
les évêques mêmes ont rapportés, et par lesquels il
paroît qu'ils ont exercé avec une entière liberté leurs
droits ou leurs prétentions contre les comtes; mais
d'ailleurs étoit-il plus difficile de résister à la trop
grande autorité des comtes pour une redevance que
pour l'autre? Et si l'une a été conservée, pourquoi
l'autre est-elle perdue pour l'église de Soissons?

Seconde réflexion.

Les actes qui ont suivi ces trois titres, et dans le
même siècle et dans les siècles suivans, prouvent évidemment qu'on n'y a eu aucun égard, soit qu'on les
ait crus supposés, ou qu'on les ait regardés comme
surpris.

Pour établir cette proposition, il suffit de rappeler,
en un mot, ce qui a été expliqué avec tant d'étendue,
dans la première partie de cette requête, touchant les
titres du douzième, du treizième et du quatorzième
siècles.

On y a vu d'abord saint Bernard rendre à la justice
de la cause du roi un témoignage d'autant moins suspect qu'il est moins recherché, par les titres qu'il

donne au comte de Soissons, *d'homme du roi, de baron du roi, en le confondant, sous ces noms, avec le comte de Flandre et le comte de Champagne.*

On y a remarqué que les deux lettres, où l'on trouve une preuve si éclatante de la véritable qualité du comte de Soissons, sont écrites, l'une en l'année 1142, et l'autre en l'année 1143, c'est-à-dire, immédiatement après les prétendues chartes de Louis le jeune et de Josselin.

On y a même relevé cette circonstance singulière, qu'une de ces lettres est écrite à Josselin, évêque de Soissons.

Après cela, peut-on s'empêcher de répéter encore ce qui a été dit en cet endroit, que, s'il étoit vrai que le comte de Soissons se fût reconnu homme lige de l'évêque en 1141, suivant la notice de Josselin; s'il étoit vrai que le roi eût autorisé cette convention par ses lettres-patentes de l'année 1140; si ces actes n'étoient ni supposés ni surpris; il seroit impossible que saint Bernard, qui n'ignoroit rien de ce qui se passoit de son temps, n'eût pas été instruit d'une convention qui avoit eu les comtes de Hainaut, de Vermandois, de Flandre, avec plusieurs autres grands du royaume, pour témoins et pour garans; et qu'en écrivant un an après à Josselin, prétendu seigneur féodal du comté de Soissons, il eût donné au vassal de cet évêque le titre *d'homme du roi*, qu'il explique dans une autre lettre par celui de *baron du roi*, qualité absolument incompatible avec celle de vassal d'un seigneur particulier.

Si l'on parcourt de la même manière les autres titres que l'on a employés pour la défense des droits du roi, les lettres-patentes de Louis le jeune de l'année 1155, où le comte de Soissons est employé au nombre des *barons du roi;* les registres de Philippe-Auguste, où le même comte est mis dans la liste *des ducs et des comtes du royaume*, au milieu de trente-trois seigneurs qui étoient tous vassaux immédiats de la couronne; l'hommage de Blanche, comtesse de Champagne, dans lequel Raoul, comte de Soissons, est

encore compris sous le nom de *baron du roi*, avec
le duc de Bourgogne, le comte de Nivernois, le
comte du Perche, le comte de Dreux, on en tirera
toujours la même induction, et l'on en concluera
avec raison, que la surprise qui a pu donner aux
évêques de Soissons les trois principaux titres dont
ils se servent, a été bientôt réparée, puisque le comte
de Soissons a toujours conservé, après ces titres, le
même rang, la même qualité *d'homme, de baron
du roi, de comte du royaume*, qu'il avoit auparavant.

Troisième réflexion.

Mais, ce qui achève d'ôter toute sorte de poids et
d'autorité à ces actes, c'est le jugement que les évêques
de Soissons en ont eux-même porté, et le peu de cas
qu'ils en ont fait, dans les temps où ces actes leur
auroient pu être le plus avantageux.

Il ne faut examiner, pour en être convaincu,
que ce qui s'est passé dans les deux temps les plus
remarquables de toute l'histoire du comté de Soissons, c'est-à-dire, dans celui du délaissement de ce
comté à Enguerrant de Coucy, et dans celui de l'érection de ce même comté en pairie en faveur de Louis,
duc d'Orléans.

On a fait voir que l'évêque de Soissons n'avoit eu
aucune part à tout ce qui s'étoit passé dans le premier
fait; que c'étoit le roi seul qui avoit permis à Guy
de Châtillon de disposer du comté de Soissons, qui
avoit reçu sa démission, qui avoit investi Enguerrant
de Coucy, suivant la disposition de la coutume de
Vermandois, en un mot, qui avoit rempli seul tous
les devoirs du seigneur féodal, dans cette mutation
éclatante, qui avoit eu deux royaumes pour témoins.

On a expliqué aussi exactement ce qui regarde
l'érection faite, peu de temps après, du comté de
Soissons en pairie, sans aucune opposition de la part
de l'évêque.

Or, qui pourra concevoir que, si l'évêque de Soissons avoit eu entre ses mains des titres aussi forts que
les trois premiers qu'il rapporte aujourd'hui; si ces

titres avoient existé dès ce temps-là, et si on ne les avoit point regardés comme faux et supposés, ou du moins comme surpris par une erreur que des actes postérieurs avoient corrigée; qui pourra concevoir, encore une fois, que l'évêque de Soissons fût demeuré dans un silence aussi profond que celui qu'il a gardé dans deux occasions si importantes, et qu'il eût vu tranquillement le roi exercer les droits les plus éminens de la supériorité féodale, sans protester, sans réclamer contre tout ce qui se passoit, sans demander au moins une indemnité, dans le temps de l'érection en pairie ?

On a même, sur cela, quelque chose de plus fort qu'un argument négatif; car on voit dans les actes de ce temps-là, non-seulement que les évêques sont demeurés dans le silence lorsqu'ils devoient parler le plus fortement, mais que ce qu'ils ont dit est absolument contraire à ces titres dans lesquels ils ont une si grande confiance, et au langage qu'ils tiennent aujourd'hui.

En effet, c'est dans ce temps-là qu'ils ont donné une déclaration du temporel de leur évêché, dans laquelle, comme on l'a déjà observé, ils n'emploient le comte de Soissons au nombre de leurs vassaux, que pour un fief sans nom, dont la valeur est laissée en blanc.

C'est dans ce même temps qu'ils se sont contentés d'une reconnoissance vague et incertaine du duc d'Orléans, qui, comme on l'a démontré dans la première partie de cette requête, s'applique évidemment à toute autre chose qu'au comté de Soissons.

Tout cela seroit également inconcevable, si l'on supposoit que les évêques de Soissons eussent eu alors quelque confiance dans ces mêmes titres, qu'ils font tant valoir aujourd'hui après les avoir abandonnés autrefois, lorsqu'ils ont reconnu par leur silence le droit que le roi avoit d'investir Enguerrant de Coucy, et d'ériger, quelque temps après, le comté de Soissons en pairie.

Enfin, et c'est le quatrième moyen général par lequel on doit combattre ces actes, quand ils seroient rapportés dans une forme obligatoire ; quand on n'y trouveroit pas des contradictions grossières, qui les rendent tous suspects de fausseté ; quand ils ne paroîtroient pas visiblement surpris à ceux mêmes qui pourroient les croire véritables, ils ne serviroient encore de rien aux évêques de Soissons.

C'est ce qu'il sera aisé de **prouver**, si l'on commence par supposer d'abord trois propositions générales qui ne peuvent plus être contestées, après ce qui a été établi dans la première partie de cette requête.

La première proposition est, que l'origine et le premier temps étant pour le roi, tous les titres postérieurs, de quelque qualité qu'ils soient, ne peuvent être d'aucune considération.

La seconde est, que la fin et le dernier temps étant pour le roi, par une suite nécessaire de l'érection en pairie, tous les actes antérieurs sont effacés et anéantis par cette érection, qui a trouvé le comté de Soissons mouvant du roi, ou qui l'a rendu tel.

La troisième est, que les titres de l'évêque ne prouvent rien, parce qu'ils prouvent trop ; et que, suivant ces titres, tout le comté devroit être dans la mouvance de l'évêché, au lieu que les évêques n'ont prétendu eux-mêmes être seigneurs suzerains que de la moitié, comme cela paroît par tous les actes du procès depuis plus de trois cents ans.

Or, de ces trois propositions générales, appliquées aux trois titres dont il s'agit, il résulte clairement qu'on ne peut jamais y avoir aucun égard, quelque certains qu'on les suppose.

La chose est évidente à l'égard des deux premières, et elle n'est pas moins certaine à l'égard de la dernière.

Car enfin, il est constant, d'un côté, suivant les évêques de Soissons, que ces trois titres comprennent le comté de Soissons dans toute son étendue ; et de l'autre, suivant les mêmes évêques, que leur droit sur la moitié entière de ce comté n'étoit pas soutenable, puisqu'ils n'ont jamais osé le soutenir, et que le roi leur oppose sur ce point un silence de plus de trois cents années.

Comment peuvent-ils donc produire des titres qui, certainement, sont faux pour la moitié de ce qu'ils contiennent, et qui, encore une fois, ne prouvent rien, parce qu'ils prouvent trop.

Reprenons donc, en un mot, tout ce qui a été posé contre les trois principaux titres de l'évêque.

1.° La forme de ces titres ne mérite aucune créance; leur autorité roule uniquement sur la foi de l'évêque, qui rend témoignage dans sa propre cause.

2.° Les contradictions évidentes et grossières qu'ils renferment, les rendent justement suspects de fausseté.

3.° Ils portent d'ailleurs un caractère sensible d'erreur et de surprise; mais erreur et surprise couvertes et réparées par leur inexécution, par les actes contraires qui les ont suivis, par le jugement même que les évêques de Soissons en ont porté.

Enfin, quand ils n'auroient aucun de tous ces défauts, ils seroient absolument inutiles à l'église de Soissons; soit parce que l'origine et les premiers temps étant pour le roi, tout ce qui a suivi n'a pu lui faire perdre le droit qui lui a été une fois acquis; soit parce que l'érection en pairie a dérogé pleinement à tous ces titres; soit parce qu'ils prouvent trop, et par conséquent qu'ils ne prouvent rien.

On s'est appliqué à détruire ces titres en toutes les manières possibles, parce que ce fondement de la prétention des évêques de Soissons étant une fois anéanti, tous les autres actes qu'ils rapportent vont tomber d'eux-mêmes, ces actes ne pouvant avoir eu d'autre principe que la supposition ou l'erreur des premiers.

On se contentera donc de les parcourir rapidement, en y joignant quelques observations sommaires, et en employant au surplus ce qui a été déjà allégué contre ces actes par messire Thomas-Amédée de Savoye.

Il faut commencer par les pièces du douzième siècle.

La première, qui est la quatrième dans l'ordre de la production de l'évêque, est datée de l'année 1169; c'est une charte prétendue d'Hugues de Champfleury, évêque de Soissons, dans laquelle il explique les conditions d'un traité passé entre les chanoines réguliers de Saint-Jean-des-Vignes et Jean d'Ostel, et qu'il finit par ces mots :

Ratum hoc habuit et laudavit Yvo comes, de cujus feodo tenuit Johannes de Ostel; et ego de cujus feodo comes illud tenebat.

C'est de ces derniers mots que les évêques de Soissons ont conclu que le comté de Soissons étoit dans leur mouvance.

CONTREDITS.

Il est évident que cette pièce ne peut être d'aucune considération.

1.º On n'en rapporte qu'une copie collationnée sur une autre copie collationnée, et c'est une maxime constante qu'on ne peut se servir contre le roi que des titres originaux.

2.º A juger de l'original par la copie, on ne peut s'empêcher de croire que la pièce étoit absolument informe, puisqu'il n'y est fait aucune mention ni de la signature ni du sceau des parties; et il est important d'observer que cette circonstance n'a pas été omise dans les autres collations de pièces produites par les évêques de Soissons : ce qui fait voir que, si on l'a omise dans celle-ci, c'est parce qu'en effet la pièce n'étoit pas revêtue de cette formalité.

3.º C'est encore ici un titre que l'évêque se donne à lui-même, puisque l'on n'y trouve ni sceau ni signature d'Yves de Néelle, comte de Soissons, qui puissent marquer qu'il ait approuvé l'énonciation qui est dans cette pièce.

4.º Cette énonciation, telle qu'elle soit, ne prouve point que le comté de Soissons fût mouvant de l'évêque: le comté n'y est pas seulement nommé; elle prouveroit tout au plus, si elle méritoit quelque créance; que le fief, dont la terre d'Ostel relevoit, étoit mouvant de l'évêque; et ce seroit en ce cas à l'évêque de montrer quel est ce fief, et à faire voir qu'il est encore possédé par les comtes de Soissons.

5.º Toute cette pièce paroît fort suspecte de fausseté. Dormay, vol. 2, chap. 77, p. 263 et 264 de son Histoire de Soissons, rapporte les articles de cette transaction, où il est dit que les chanoines de Saint-Jean-des-Vignes avoient *un prieuré-cure à Ostel, dépendant de leur abbaye.*

Cependant le Père Legris, dans son Histoire de l'église de Saint-Jean-des-Vignes, page 86, marque précisément que cette abbaye n'avoit que cinq prieurés-cures qui en dépendissent; il les nomme tous exactement, et celui d'Ostel ne se trouve pas dans ce nombre.

On ne présumera pas, sans doute, que ce religieux, parlant d'un fait qui devoit être notoire, et surtout dans le lieu où il écrivoit, se soit trompé contre l'intérêt de son abbaye, et ait omis un prieuré dans l'énumération de ceux qui en dépendoient.

Ainsi, on ne peut s'empêcher de concevoir quelques suspicions contre le titre dont il s'agit; mais il est inutile d'approfondir ces soupçons, parce qu'il est visible que cet acte ne peut rien prouver, soit qu'on l'envisage dans sa forme, soit qu'on le considère par rapport au fond de ce qu'il contient.

La seconde et dernière pièce du douzième siècle, qui est la cinquième dans l'ordre de la production de l'évêque, est un acte de l'année 1197, par lequel Raoul, comte de Soissons, et la comtesse Adélaïde, sa femme, déclarent qu'ils ont donné en aumône à l'église de Saint-Crépin et Saint-Crespinien de Soissons, un droit qu'ils avoient à prendre sur le bois et sur le charbon; et ils ajoutent qu'ils ont remis cette concession d'aumône dans la main de Nivellon, évêque de Soissons, leur seigneur, qui en a investi l'abbé de Saint-Crépin : *Quam nostræ concessionis eleemosinam posuimus in manu domini nostri Nivellonis*

episcopi Suessionensis, de quo tenebamus, et ipse ad
preces nostras ex illâ investivit præfatum abbatem.

CONTREDITS.

1.º Ce titre ne fait aucune mention du comté de
Soissons, il peut s'appliquer à un autre fief dépendant
de l'église de Soissons, et possédé par les comtes ;

2.º Jamais le roi ni ses officiers n'ont eu connoissance de cet acte. C'est une pièce obscure et secrète,
qui ne peut faire aucun préjudice à ses droits ; et il seroit absurde de prétendre que, par de telles énonciations, un vassal pût se soustraire à la supériorité de
son seigneur légitime, et surtout à celle du roi.

Il faut maintenant passer aux actes du treizième
siècle, qui sont produits sous la cotte C, et dont le
contredit ne sera ni moins court ni moins facile.

Le premier est de l'an 1215 ; c'est une sentence arbitrale rendue entre l'évêque et le comte, par laquelle
il est ordonné que le comte fera ôter une garenne qu'il
avoit fait faire dans la terre de l'évêque, et qu'un
moulin, qui appartenoit apparemment au comte, demeurera dans le lieu où il est, attendu que ce moulin,
in nullo obest vicinis molendinis, et est de feodo
episcopi, sans néanmoins que cela puisse faire aucun
préjudicice à l'évêque et à l'église de Soissons.

CONTREDITS.

1.º Ce n'est qu'une énonciation dans une sentence,
qui n'a aucun rapport avec la mouvance.

2.º C'est une énonciation que le roi est en état de
détruire quand il lui plaira, en interjetant appel de
cette sentence, qui n'est pas rendue avec lui, et qui
ne peut par conséquent lui faire aucun préjudice.

3.º Cette énonciation est fort obscure ; on présume,
à la vérité, que le moulin dont il s'agissoit appartenoit
au comte, mais l'acte ne le porte pas précisément ; et

d'ailleurs tout ce qui pourroit résulter d'une telle
énonciation, c'est que le comte avoit un moulin dans
le fief ou dans la mouvance de l'évêque ; mais qu'est-ce
que cela a de commun avec le comté ? Au contraire, il
semble qu'on n'auroit pas marqué seulement que le
moulin étoit dans la mouvance de l'évêque, si tout le
comté avoit relevé de lui.

La seconde pièce du même siècle est une prétendue
charte de Raoul, comte de Soissons, datée de l'an 1227,
par laquelle il atteste que, de son consentement, Jean,
son fils aîné, a rendu hommage à l'évêque de Soissons
de la moitié du stellage de Soissons, de 100 liv. de
rente sur l'avalage de Soissons, de l'advourie de Villiers et de Blanzy, et de plusieurs autres domaines et
droits énoncés dans cet acte.

CONTREDITS.

1.º L'original n'est point rapporté ; on n'a produit
qu'une copie collationnée de cet acte, qui n'a jamais
été ni produit ni compulsé avec le procureur-général
du roi, et qui par conséquent ne peut être ici d'aucune
autorité.

2.º Cette pièce n'a jamais été connue ni approuvée
par le roi.

3.º On auroit dû y joindre l'hommage qu'on prétend
que le fils du comte Raoul a rendu, et cette pièce auroit été beaucoup plus importante que celle-ci, qui se
réduit à une simple énonciation d'un hommage qu'on
ne rapporte point.

4.º On n'y nomme seulement pas le comté de Soissons : ainsi ce titre, ne pouvant servir à prouver le
prétendu droit universel des évêques sur le comté de
Soissons, les engageroit nécessairement à établir, contre
le roi, la justice de leurs prétentions sur chacun des
domaines et des droits énoncés dans cette pièce ; et
c'est ce que l'on croit qu'ils auroient de la peine à
faire.

Au reste, il est bon de dire, une fois pour toutes,

que le terme de *domino meo*, qui se trouve employé dans cet acte et dans beaucoup d'autres, par rapport à l'évêque de Soissons, est une expression équivoque qui peut se rapporter également à la qualité d'évêque et à celle de seigneur suzerain, pour quelque fief que ce puisse être.

La troisième pièce du même siècle, est une charte de Jean, fils aîné du comte Raoul, donnée au mois de juillet 1234, par laquelle il déclare qu'ayant acquis à titre d'échange le moulin de. . . . . . du chapitre de Saint-Pierre de Soissons, pour lequel il leur avoit assigné quinze muids de blé, à prendre sur le stellage de Soissons, il a mis ledit moulin dans la mouvance de l'évêque, pour le dédommager de la diminution qui arrivoit dans le fief mouvant de lui, par la rente de quinze muids de blé dont il l'avoit chargé ; ensorte que lui et ses successeurs tiendront dorénavant ce moulin en fief de l'évêque, avec le fief qu'il tenoit auparavant de lui : *Ità quòd ego meique hæredes sive successores, cum feodo quod priùs tenebam à dicto episcopo, ab eodem et suis successoribus de cætero tenebimus in feodum dictum molendinum.*

CONTREDITS.

1.° Cet acte reçoit les mêmes réponses que la plupart des précédens ; le roi ne l'a ni connu ni approuvé.

2.° Il ne fait aucune mention du comté ; on n'y parle que d'un fief qu'on ne nomme point, et que l'on dit être mouvant de l'évêque.

La quatrième pièce du treizième siècle est un acte du mois de mars 1238, par lequel Jean, comte de Soissons, abandonne aux religieux de Saint-Léger de Soissons tous les droits qu'il avoit en leurs maisons de Chavigny et d'Espagny, à la réserve de la haute justice, et dit qu'*il a mis toutes ces choses en la main de monseigneur l'évêque de Soissons, cui homme lige je suis, et de cui fié ces choses prennent ;* et la cinquième pièce du même siècle est une confirmation de l'acte précédent, faite par l'évêque au mois de mars de l'an 1239.

CONTREDITS.

1.º On ne rapporte point l'original de ces actes; ils sont tirés d'un cartulaire de religieux, et l'on sait assez combien est légère la foi de ces sortes de répertoires.

2.º On ne voit dans la copie qui en a été transcrite dans ce cartulaire, aucune mention du sceau ni de signatures; ce qui prouve que ces actes n'ont jamais eu leur perfection.

3.º On peut leur opposer les mêmes contredits qu'on a déjà répétés, et qu'on sera encore obligé de répéter plus d'une fois; tous ces actes n'ont été ni approuvés ni confirmés par le roi.

4.º Enfin, le comté de Soissons n'y est pas plus nommé que dans les autres, et par conséquent cette pièce est aussi inutile qu'informe.

La sixième pièce du même siècle est un acte du mois d'avril 1239, par lequel l'évêque et le comte confirment une vente faite par Brchet des dîmes d'Espagny, avec ces mots, dont on prétend tirer un grand avantage : *Idem Petrus Miles, qui de me comite priùs et immediatè tenebat, et ego de domino episcopo, coràm nobis dominis feodalibus constitutus vendidit, etc.*

A quoi il faut ajouter que l'on trouve encore une énonciation semblable dans la suite de cette charte prétendue.

CONTREDITS.

1.º L'original de cette pièce n'est point rapporté, et toute sa foi réside dans celle d'un cartulaire d'où l'on prétend l'avoir tirée.

2.º Cette pièce ne fait encore aucune mention du comté de Soissons; ainsi, elle est aussi étrangère par rapport à la question du procès, que par rapport au roi, qui ne l'a jamais approuvée.

3.° Quand cette pièce seroit rapportée en bonne forme, elle ne prouveroit rien pour l'évêque, et elle prouveroit, pour le roi, la vérité de l'usage qui a servi de fondement à la disposition de la coutume de Vermandois, qui exige que la vente d'un fief se fasse en présence et du consentement du seigneur suzerain ; coutume qui a été religieusement observée par rapport au roi, et non pas par rapport à l'évêque, dans la cession du comté de Soissons faite par Guy de Châtillon à Enguerrant de Coucy, et qui fournit par là un des plus grands argumens que l'on puisse désirer, pour faire voir que le roi étoit alors regardé comme le véritable seigneur suzerain du comté de Soissons.

Les pièces suivantes concernent la vente qui fut faite au chapitre de Soissons par Raoul, frère du comte Jean, de 100 livres de rente à prendre sur l'avalage de Soissons ; et ces pièces sont :

Le contrat de vente ;

La ratification faite par Jean, comte de Soissons ;

La confirmation de l'évêque et celle du roi, qui est du 2 mai 1260.

L'on se sert principalement de l'endroit de ces pièces où il est dit que Raoul tenoit en fief de son frère, le comte de Soissons, la part qu'il avoit dans l'avalage, et que son frère tenoit l'avalage en fief de l'évêque.

CONTREDITS.

1.° Ces pièces ne regardent pas le comté de Soissons ; elles ne peuvent s'appliquer qu'à un droit particulier possédé par le comte.

2.° Elles fournissent même un argument négatif pour défendre la cause du roi.

Car il est inconcevable que, si tout le comté eût relevé de l'évêque, on ne l'eût pas marqué dans ces actes, et qu'on y eût dit simplement que l'avalage étoit tenu en fief de lui.

3.° On ne peut jamais se prévaloir des énonciations qui se trouvent dans des lettres d'amortissement accordées par le roi ; il y a une grande différence entre ce qui est l'objet de ces sortes de lettres, et ce qui n'y est qu'incident : l'objet est de rendre des gens de main-morte capables de posséder des fiefs ; voilà la seule chose à laquelle le roi ou ses officiers donnent quelque attention dans ces lettres ; mais, que le fief acquis par des gens de main-morte dépende d'un tel ou d'un tel seigneur, c'est ce qu'on n'y examine point ; et c'est pourquoi toutes les énonciations qui peuvent s'y trouver à cet égard, ne font jamais aucun préjudice aux droits du roi.

4.° Mais, pour faire voir, d'une manière plus convaincante, combien l'énonciation qui se trouve dans les lettres de confirmation de saint Louis est peu importante, et même mal fondée, il suffit de jeter les yeux sur une charte du même roi, concernant le même Raoul de Soissons et le même droit d'avalage, que le procureur-général du roi a tirée de la chambre des comptes de Blois, et qu'il produira à la fin de cette requête.

Il paroît, par cette charte, que Raoul, frère de Jean, comte de Soissons, donna à Pierre de Soissons, son chirurgien, 8 liv. de rente à prendre sur sa part dans l'avalage du pont de Soissons : le même titre porte, qu'il avoit déjà vendu à ce même chirurgien 10 liv. de rente à prendre sur le même droit.

Il n'est fait aucune mention de l'évêque dans cette charte ; elle ne porte en aucun endroit, que l'avalage du pont de Soissons fût tenu en fief de lui ; et, au contraire, elle suppose manifestement que le roi seul en étoit le seigneur suzerain, puisque, sans parler d'aucun autre seigneur intermédiaire, c'est au roi que Raoul s'adresse directement pour demander la confirmation de la donation et de la vente qu'il avoit faites.

Ainsi, quand on compare cette confirmation de

l'année 1254 avec celle que l'évêque de Soissons a produite, et qui est de l'année 1261, on ne peut s'empêcher de concevoir que l'énonciation de la mouvance de l'évêque, qui se trouve dans la dernière, est l'effet d'une pure surprise, qui vient apparemment de ce que le chapitre de Soissons, auquel le roi a accordé des lettres d'amortissement de 1261, étant dans les intérêts de son évêque, a fait glisser dans ces lettres une énonciation qui ne se trouve pas dans celles qui ont été accordées à des parties moins intéressées à soutenir les prétentions de l'église de Soissons.

Que, si l'on retranche du nombre des pièces qui regardent ce fait, les lettres d'amortissement données par le roi saint Louis, il n'y restera plus rien qui puisse faire le moindre préjudice aux droits du roi, parce qu'on ne peut jamais se servir contre lui, ni de l'ignorance, ni de la négligence, ni de la collusion de son vassal.

On rapporte ensuite plusieurs actes du même siècle, qui regardent l'échange fait en l'année 1267, entre Geoffroy de Mortemer et Robert de Saint-Crépin, de la terre de Villemontoir contre d'autres héritages.

Il est dit dans ces actes, en plusieurs endroits, que Raoul de Soissons étoit seigneur féodal immédiat de cette terre, que le comte de Soissons en étoit seigneur après lui, et enfin l'évêque après le comte, et que leur consentement étoit nécessaire pour la vente et pour l'amortissement de ce fief : *Ità quòd dictus comes dominus feudalis illius, et rei venditæ post dictum Radulphum, et nos* (c'est l'évêque qui parle) *dominus feudalis post eumdem comitem assentiremus,* etc.

CONTREDITS.

1.º Aucun de tous ces actes n'a été approuvé par le roi.

2.º Le comté de Soissons n'est pas encore nommé dans cet acte; on n'y dit point que le comte fût vassal de l'évêque à cause de ce comté ; car on ne prétendra pas sans doute que ces mots, *comitis hominis nostri qui in hoc assensum præbuit*, veulent dire *que le comte étoit homme ou vassal de l'évêque, à cause du comté même*. Il est visible que le terme de comte n'est employé en cet endroit que comme un nom de dignité, pour désigner la personne de Jean et la distinguer de celle de Raoul, son frère ; et, quand l'évêque de Soissons l'appelle son homme ou son vassal, cela ne peut jamais s'entendre que par rapport au fief dont il s'agissoit dans cet acte, et dont la terre de Villemontoir relevoit médiatement.

Or, il n'est dit, en aucun endroit de ces actes, que ce fief fût le comté même de Soissons.

Les deux pièces qui suivent, et qui sont de l'année 1275, regardent le fait de la vente de la terre d'Espagny, ou de ce que le comte de Soissons possédoit en ce lieu, et qu'il tenoit de l'évêque, si l'on en croit ce qui est dit dans le premier de ces actes, comme du fief de l'évêché.

Il vend ce fief à condition que l'acquéreur le tiendra de lui dorénavant en hommage lige.

L'évêque, par la seconde de ces pièces, approuve et confirme cette vente et la condition sous laquelle elle étoit faite, en considération de ce que le comte de Soissons avoit retiré, des deniers mêmes de cette vente, le fief de Buzancy, qui étoit auparavant un arrière-fief, et qui devenoit par là un fief immédiat de l'évêché. L'évêque finit cet acte en déclarant qu'il accorde cette confirmation à la requête du *comte notre homme* : c'est ainsi qu'il le qualifie ; mais il n'ajoute pas qu'il étoit son homme à cause du comté.

CONTREDITS.

1.º Ces deux pièces ne sont pas rapportées en original ; ce sont de simples extraits du cartulaire du chapitre de Soissons.

2.º Ces actes ont été entièrement inconnus au roi ;

ce qui doit les faire rejeter, non-seulement comme inutiles, mais même comme absolument nuls, parce qu'il n'étoit pas permis au comte de Soissons de faire ainsi un fief de son domaine, sans la permission expresse du roi; et il ne faut point chercher ailleurs que dans ces actes mêmes, la preuve de la vérité de cette maxime, puisque l'on y voit que le comte de Soissons prit alors la précaution nécessaire de faire confirmer par l'évêque de Soissons l'inféodation nouvelle qu'il faisoit : or, comme le consentement du seigneur immédiat ne suffisoit pas pour cela, et que celui de tous les seigneurs supérieurs, et surtout du roi, y étoit également requis, on ne peut douter que le défaut de cette condition essentielle ne rende l'acte nul, quand même on supposeroit que l'évêque étoit véritablement le seigneur immédiat du fief possédé par le comte de Soissons.

3.º Quand ces pièces seroient en bonne forme, elles ne prouveroient rien par rapport au comté de Soissons, dont il n'y est fait aucune mention.

4.º On peut même aller plus loin, et faire voir que ces titres sont plus contraires que favorables aux prétentions de l'évêque : une seule observation rendra cette vérité sensible et évidente.

Lorsque l'évêque parle de la terre que le comte vendoit, il ne dit point qu'elle fît partie du comté, il dit seulement qu'elle faisoit partie d'un fief qu'il ne désigne que par ces mots : *Dou fié qu'il tient de nous comme dou fié de notre évéchié;* ce sont les termes mêmes dans lesquels il s'explique.

Or, qui peut croire que, si ce fief dont la terre venduc faisoit partie eût été le comté même, l'évêque ne l'eût pas marqué nommément, et qu'il se fût contenté de désigner ce fief par le nom vague et général *de fief tenu de l'évéché?* Une telle qualification ne donnera assurément à personne l'idée d'une seigneurie aussi distinguée que le comté de Soissons.

Enfin, le dernier titre du treizième siècle est encore de la même nature.

C'est un acte qu'on prétend avoir été donné en

l'année 1279 par Jean, comte de Soissons, et par lequel il déclare qu'il tient en fief de Mgr l'évêque de Soissons, *entre autres choses, 30 livres parisis de rente, que la communauté de Soissons lui doit pour la maison du change de Soissons.*

CONTREDITS.

1.º On n'a point représenté l'original de cet acte, et par conséquent on auroit pu se dispenser de le contredire d'une autre manière.

2.º Cet acte ne regarde en aucune manière le comté de Soissons, duquel seul il s'agit dans le procès, et non de 30 livres de rente dues par la commune de Soissons.

3.º Cet acte est encore contraire à ceux qui le produisent.

Pour en être convaincu, il suffit de faire ce raisonnement, qui est d'autant plus important, qu'on peut en tirer une conséquence générale, qui s'applique presque à tous les titres de l'évêque.

Ou l'on prétendra que les 30 livres de rente dont il s'agit dans cette reconnoissance, faisoient partie du domaine du comté, ou l'on soutiendra le contraire.

Si le conseil de l'évêque prend le premier parti, alors on sera en droit de lui demander pourquoi le comte de Soissons donne une reconnoissance séparée pour ces 30 livres de rente, au lieu de dire qu'il reconnoît tenir tout le comté de l'évêque? Il est inoui qu'on ait exigé d'un vassal une reconnoissance séparée d'un article aussi peu important que celui-là, lorsqu'on peut l'obliger à en donner une pour la seigneurie entière dont ce droit dépend; ainsi, s'il étoit vrai que ces 30 livres de rente fissent partie du comté, une telle reconnoissance ne seroit propre qu'à faire présumer qu'il n'y avoit peut-être dans le comté que cette rente, et quelques autres menus droits, qui fussent tenus en fief de l'évêque.

Il n'y a donc pas apparence que l'on prenne le parti de soutenir que cette rente fit partie du comté.

On dira plutôt que cette rente doit être regardée comme un fief particulier qui n'a rien de commun avec le comté, et que les comtes de Soissons possédoient des fiefs différens du comté, qui étoient dans la mouvance de l'évêque : or, si cela est, si ce fait est une fois bien certain, tous les titres de l'évêque tombent d'eux-mêmes, et n'ont plus d'application au procès, parce qu'on peut fort bien les expliquer de ces autres fiefs différens du comté que les comtes possédoient dans la mouvance de l'évêque.

Le quatorzième siècle fournit à l'évêque de Soissons dix titres, qui se réduisent à six, parce qu'il y en a plusieurs qui regardent le même fait.

Le premier, qui est de l'an 1321, ne mérite pas même d'être expliqué ; c'est un simple certificat donné par Simon de Billy, bailli d'Orléans, par-devant deux notaires au châtelet de Paris, par lequel il atteste, *que l'évêque de Soissons ayant mis en sa main les villes, les bourgeois et les bourgeoises de la comté de Soissons, comme à lui acquises, pour ce que le cuens de Soissons les avoit franchis et assensés, laquelle chose il ne pouvoit faire sans ledit évêque, si comme ledit évêque disoit, pour ce que ce étoit tenu dudit évêque en fief et en hommage.* Ce différent fut terminé à condition que les bourgeois donneroient 400 liv. tournois à l'évêque, et 100 livres au chapitre de Saint-Gervais, et que l'évêque pourroit acquérir des terres dans le comté de Soissons, qui demeureroient amorties jusqu'à concurrence *de* 200 *livres tournois de rente.*

CONTREDITS.

Cette pièce, qui n'est rapportée qu'en copie collationnée, ne mériteroit pas plus d'attention quand on en représenteroit l'original, puisqu'il est évident qu'un pareil certificat, dont l'affectation même est fort suspecte, ne peut jamais avoir aucune autorité.

La seconde pièce, qui est de l'année 1325, suffiroit seule pour prouver la fausseté de la pièce précédente.

Jean de Hainaut, et Marguerite, comtesse de Soissons, sa femme, y déclarent que l'évêque de Soissons leur ayant remontré *que messire Huës, père de ladite comtesse, avoit octroyé, pour certaines et justes causes, à monseigneur Guy, son devancier, jadis évêque de Soissons, que il pour lui et pour l'église peut acquerre jusqu'à* 100 *livres de rente annuelle ez fiés et arrière-fiés de la comté, mouvans des fiés et arrière-fiés de l'évêché de Soissons, toutes amorties; et que, par la vertu de cette grâce ou octroi, ledit évêque Guy avoit acquesté certains acquests,* etc.; le comte et la comtesse ont accordé à l'évêque l'amortissement qu'il demandoit pour cette acquisition, dont le prix n'étoit que de 1200 livres parisis; et il est dit, dans la suite de cet acte, que les terres acquises par l'évêque étoient situées *dans des seigneuries toutes mouvantes des arrière-fiefs de la comté, et lesquels les comtes tiennent en fiefs de l'évêchié de Soissons.*

Enfin, le même acte semble rappeler l'acte précédent; car il y est dit qu'avant que d'accorder cet amortissement, le comte et la comtesse de Soissons voulurent s'informer de la vérité de la grâce qu'on prétendoit que le père de la comtesse de Soissons avoit accordée à l'évêque, et qu'après avoir vu l'information qui en fut faite, et la déposition *de M.ᶜ Simon de Billy sous le scel du châtelet, qui présent avoit été faire ledit octroi,* le comte et la comtesse ont enfin amorti les terres acquises par l'évêque.

Il est aisé de concevoir quelle est l'induction que les évêques de Soissons, qui réunissent ces deux pièces, en tirent pour l'établissement de leurs droits.

CONTREDITS.

Il ne faut, au contraire, que les réunir pour les combattre, et pour faire voir que la dernière, qui est la seule qui puisse mériter quelque attention, est absolument contraire aux prétentions des évêques de Soissons.

1.° Ces deux pièces se contredisent, par conséquent elles se détruisent mutuellement.

La première marque la cause de la permission que le comte donne à l'évêque, d'acquérir des terres dans sa mouvance, avec promesse de les amortir; et, si l'on en croit cette pièce, le motif et le prix de cette promesse fut le consentement que l'évêque donna à l'affranchissement des hommes du comté.

La seconde, au contraire, ne marque rien d'une cause si importante; il y est dit seulement en termes généraux, que le comte a donné cette permission à l'évêque *pour certaines et justes* causes. Si la cause qui est exprimée par le premier acte étoit véritable, se seroit-on contenté de l'exprimer en des termes aussi vagues que ceux que l'on a employés dans le second?

Mais il y a plus, ces deux actes se contredisent grossièrement dans le point le plus essentiel, c'est-à-dire, dans ce qui regarde la quantité de terre que le comte devoit amortir.

Le premier porte, que l'évêque pourra en acquérir jusqu'à concurrence de 200 livres de rente.

Le second porte seulement, que l'évêque pourra *acquerre jusqu'à* 100 *livres de rente*; et ce qui est encore plus surprenant, c'est que ces deux actes étant si contraires l'un à l'autre, le second cependant rappelle expressément le premier, ce qui répand un très-grand soupçon de fausseté sur ces pièces, n'étant pas possible que l'on trouvât une contradiction si grossière entre ces actes, s'ils étoient tous deux véritables. Ainsi il y a au moins tout sujet de présumer, que la prétendue déposition, ou plutôt le certificat de Simon de Billy est absolument faux.

Il ne faut donc pas chercher à faire valoir cette pièce, quelque informe qu'elle soit, en disant, comme on l'a fait pour les évêques de Soissons, que la foi de cet acte, vacillante par elle-même, est affermie par celle de l'acte qui le rappelle. La déposition de Simon de Billy, rappelée par l'acte de Jean de Hainaut, n'est point celle qu'on rapporte aujourd'hui; celle qui a servi de fondement à l'acte de Jean de Hainaut, ne pouvoit pas être différente de ces actes mêmes.

Or, l'acte ne parle que de 100 livres de rente; donc, la déposition sur laquelle il a été tracé n'en contenoit pas davantage : or, celle qu'on représente aujourd'hui en contient davantage, puisqu'elle étend la concession jusqu'à 200 livres de rente; donc, celle qu'on rapporte n'est pas la véritable, et par conséquent on ne peut tirer aucune induction de toutes les énonciations qu'elle renferme.

2.º Non-seulement ces pièces sont inutiles à l'évêque de Soissons, à cause des contradictions qu'elles contiennent; mais la dernière, ou plutôt la seule qu'il reste à examiner après l'observation que l'on vient de faire, est si opposée aux prétentions de l'église de Soissons, que le procureur-général du roi pourroit l'employer pour faire voir que le comté de Soissons ne relevoit pas de l'évêque.

Plusieurs circonstances prouvent également cette vérité.

1.º En supposant pour un moment, avec l'évêque, que le certificat de Simon de Billy est véritable, il suffit de comparer ce certificat avec l'acte dont il s'agit, pour reconnoître que cet acte suppose que le comté de Soissons ne relevoit pas de l'évêque.

Car, au lieu que le certificat dit nettement que le comte n'avoit pu affranchir ses hommes et femmes du comté de Soissons, sans le consentement de l'évêque, *parce que ce étoit tenu dudit évêque en fief et en hommage*, l'acte dont il s'agit ne porte autre chose, sinon que la permission d'acquérir 100 livres de rente dans la mouvance du comté, *a été accordée pour certaines et justes causes.*

Peut-on concevoir la raison de la différence qui se trouve entre ces deux actes, si l'on ne suppose que le comte de Soissons refusa de reconnoître la vérité de ce qui étoit énoncé dans le certificat, et que ce fut par cette raison que l'on prit le tempérament de dire en général que cette concession étoit fondée sur des *certaines et justes causes?*

2.º Si l'on ne lit que la copie de cet acte qui a été produite au procès, on peut croire d'abord que cet acte marque que le comté étoit mouvant de l'évêque, par ces mots, jusqu'à 100 livres de rente annuelle *ez fiés et arrière-fiés de la comté, mouvant des fiés et arrière-fiés de l'évêchié de Soissons*, termes qui semblent faire entendre que le comté étoit mouvant de l'évêché; mais, lorsqu'on les lit dans l'original, on trouve qu'ils prouvent au contraire, qu'il n'y avoit, suivant cet acte, que quelques fiefs dans le comté qui fussent mouvans de l'évêque.

En effet, dans l'original le mot de *mouvant* n'est pas écrit avec un *t* comme dans la copie, il est écrit avec une *s*, ensorte que ce mot ne se rapporte pas à celui de la comté, qui le précède, mais à celui *de fiés et d'arrière - fiés ;* et qu'ainsi le sens de cette clause est que l'évêque peut acquérir des terres dans les fiefs et arrière-fiefs compris dans l'étendue du comté, qui sont mouvans de l'évêché de Soissons.

Quand même on laisseroit ce terme de *mouvant,* écrit comme il l'est dans la copie, la clause ne pourroit pas encore avoir un autre sens; car il est visible qu'on n'a pu vouloir dire dans cet acte que le comté fût mouvant des fiefs et arrière-fiefs de l'évêché; ainsi, il faut absolument que le terme de *mouvant* s'applique non au comté, mais aux fiefs et arrière-fiefs possédés par le comte dans la mouvance de l'évêque.

Cela supposé, il paroît évident que cet acte fait

voir qu'il n'y avoit que quelques fiefs compris dans l'étendue du comté qui fussent mouvans de l'évêque.

Car, si tout le comté avoit été tenu en fief de l'église de Soissons, on auroit dit simplement que l'évêque pourroit acquérir jusqu'à 100 livres de rente dans le comté ou dans les fiefs qui en dépendoient, comme le tout étant également mouvant de l'évêché.

Mais au lieu de se servir de ces termes clairs et précis, qui se seroient présentés naturellement à l'esprit, si l'on eût reconnu que tout le comté dépendît de l'évêque, on s'est contenté de dire que l'évêque auroit la faculté d'acquérir *ez fiés et arrière-fiés du comté, mouvant des fiés et arrière-fiés de l'évêché de Soissons.*

La première impression que ces termes font sur ceux qui les lisent avec attention, est que l'on a supposé par cet acte qu'il y avoit des fiefs et arrière-fiefs dans le comté de Soissons qui étoient mouvans, non pas simplement de l'évêché, mais de fiefs ou d'arrière-fiefs de l'évêché, et que c'est dans ces fiefs ou dans ces arrière-fiefs-là que l'on permet à l'évêque de faire des acquisitions.

Ainsi, et la manière dont on parle de ces fiefs et arrière-fiefs, qui ne peut convenir qu'à des fiefs particuliers et non au corps du comté, et ce que l'on y marque de la mouvance de ces fiefs, qu'on fait dépendre non de l'évêché, mais de fiefs et arrière-fiefs de l'évêché, ce qui convient encore moins à une terre de haute dignité, telle que le comté de Soissons, prouvent également qu'il ne s'agit point du comté de Soissons dans cet acte.

Or, dès le moment que cette convention ne regarde pas le comté même, dans sa véritable signification, et ne regarde que quelques fiefs qui y étoient unis par accident, il résulte de cet acte qu'on ne croyoit pas alors que le comté fût tenu en fief de l'évêque, puisque, sans cela, il est clair, comme on l'a déjà remarqué, qu'on n'auroit pas restreint, comme on l'a fait, la permission accordée à l'évêque; on l'auroit étendue indistinctement à tout ce qui étoit dans la

dépendance du comté, parce que, dans cette supposition, le comté tout entier auroit été de la même
qualité que ces fiefs et arrière-fiefs mouvans de
l'évêché de Soissons, dont il est parlé dans cet
acte.

Ce que l'on a observé sur les termes de cette
clause, peut être encore remarqué sur une autre
clause du même acte, dans laquelle il est dit que
les terres acquises par l'évêque, en vertu de la
concession du comte, étoient situées dans des seigneuries *toutes mouvantes des arrière-fiefs de ladite
comté, et lesquels les comtes tiennent en fiefs de
l'évêché de Soissons.*

Si le comté même avoit relevé de cet évêché,
c'étoit là le lieu de le marquer; et, après ces mots,
toutes mouvantes de arrière-fiefs de ladite comté,
d'ajouter, *laquelle les comtes tiennent en fief de
l'évêché.* Mais, au lieu de cela, on dit *lesquels,*
c'est-à-dire *les arrière-fiefs,* les comtes tiennent
en fief de l'évêché.

Ainsi, dans cette clause, comme dans la précédente, ce que les comtes tiennent de l'évêché n'est
point le comté, ce sont seulement quelques fiefs qui
en dépendent, et qui, originairement, n'en faisoient
pas partie; c'est au moins ce qu'il paroît que l'on
a voulu exprimer dans ces deux clauses.

3.º Toute la suite et le style entier de cet acte
confirment la vérité de cette observation.

On a déjà remarqué avec quel soin on avoit évité
d'y exprimer la raison qui, selon l'évêque, avoit
déterminé le comte à lui accorder cet amortissement,
c'est-à-dire, la nécessité d'obtenir son consentement
pour l'affranchissement des bourgeois et des bourgeoises du comté de Soissons; et cela seul suffiroit
pour montrer que Jean de Hainaut ne voulut pas
reconnoître la vérité de ce motif, ni par conséquent
avouer que le corps du comté de Soissons fût tenu
en fief de l'évêque.

Il suffit donc de joindre à cette réflexion, celle
qui se tire de tout le style de cet acte, où l'on

voit que la permission accordée à l'évêque est toujours traitée de *grâce* et de *libéralité*. Il est dit, dès le commencement de l'acte, que le comte Hüe *octroye à l'évêque*, terme qui marque un don purement gratuit ; mais on ajoute ensuite des expressions plus fortes, lorsque l'on marque *que*, *par la vertu de cette grâce ou octroi*, l'évêque avoit fait certaines acquisitions, et qu'il a requis le comte de vouloir s'informer *dudit octroi et grâce*.

Est-ce donc là le langage d'un seigneur suzerain, qui avoit droit de se faire justice à lui-même, *en mettant en sa main*, comme l'acte de Simon de Billy suppose qu'il l'avoit déjà fait une fois, *tous les hommes de son vassal*, que ce vassal avoit affranchis sans son consentement ? C'étoit à lui de faire grâce, et c'est lui qui la demande : son vassal devoit s'estimer heureux de recouvrer, au prix de l'amortissement qu'on lui demandoit, tous ses hommes, qu'on suppose qu'il avoit perdus par sa faute, et cependant il parle en maître et en bienfaiteur ; c'est lui qui octroie, c'est lui qui fait grâce dans des termes qui prouvent également, et que l'énonciation de l'acte de Billy est fausse, et que le comte ne croyoit point tenir le comté en fief de l'évêque.

La troisième pièce de ce siècle est une copie collationnée du *vidimus*, faite en 1362, d'un prétendu acte de Jeanne de Hainaut, daté de l'an 1346, par lequel elle déclare qu'ayant reçu une visite de l'évêque de Soissons dans son château de Villeneuve, elle le pria de la recevoir à l'hommage qu'elle tenoit de lui, ce que l'évêque voulut bien faire, à condition que cette réception d'hommage ne pourroit faire aucun préjudice ni à lui ni à ses successeurs, ni dispenser Jeanne de Hainaut et ses successeurs *d'aller à lui pour être reçu audit hommage*.

CONTREDITS.

1.° Cette pièce ne peut faire aucune foi, n'étant

point rapportée en original ; le *vidimus* qui la contient, et l'autorité des historiens du Soissonnais, qui n'ont vu sans doute que cette copie collationnée, n'est pas assez considérable pour mériter une réfutation plus étendue.

2.° Cette pièce est encore de la même nature que les titres qui la précèdent immédiatement, et il est aisé de la rétorquer contre ceux qui la produisent.

Il n'y est fait aucune mention du comté de Soissons, et il est inconcevable que si cet hommage qu'on prétend que Jeanne de Hainaut rendit alors à l'évêque eût regardé ce comté, on, ne l'eût pas seulement nommé dans cet acte, et qu'on se fût contenté d'y dire que l'évêque avoit reçu Jeanne de Hainaut à l'hommage qu'elle tenoit de lui, sans marquer précisément sur quoi tomboit cet hommage ; ce qui peut faire présumer, ou que la qualité des fiefs que Jeanne de Hainaut relevoit de l'évêque n'étoit pas bien certaine, ou que ces fiefs étoient peu importans, puisque l'on ne daignoit pas seulement les nommer dans cet acte.

Cette conjecture deviendra infiniment plus vraisemblable, si l'on rappelle ici le souvenir des hommages que Louis de Blois, mari de Jeanne de Hainaut, et ses enfans après lui, ont rendus au roi pour le comté de Soissons ; on peut voir ce qui a été dit sur ce sujet dans la première partie de cette requête, et l'on demeurera convaincu qu'il est impossible de supposer que la femme ait eu une conduite si différente de celle de son mari et de ses enfans, qu'elle ait rendu hommage du comté de Soissons à l'évêque, au lieu que son mari et ses enfans ont reconnu le roi pour leur seigneur féodal immédiat.

Mais il est inutile de pousser plus loin cette conjecture, parce qu'il est certain que cet acte n'a aucune application à la question du procès, puisque le comté de Soissons n'y est pas nommé, et que d'ailleurs les pièces même de l'évêque supposent, comme on l'a déjà remarqué, que les comtes possédoient d'autres fiefs différens du comté, qui étoient dans la mouvance de l'église de Soissons.

Les quatrième, cinquième et sixième pièces du même siècle regardent une fondation faite en l'église de Soissons par Jean de Conflans, seigneur de Dailley.

La quatrième est la fondation, même, qui est du 18 novembre 1365.

La cinquième est la confirmation ou l'amortissement de cette fondation, accordée le 22 novembre 1365, par Louis de Châtillon, qui prend la qualité de comte de Soissons.

Et la sixième est une prétendue confirmation de l'évêque, comme seigneur suzerain du comté, qu'il dit expressément être dans sa mouvance, *ratione comitatûs Suessionensis, quem à nobis tenet in feodum.*

CONTREDITS.

1.° Ces trois pièces sont extraites d'un cartulaire du chapitre de Soissons, qui ne peut avoir aucune autorité.

2.° Elles reçoivent tous les contredits généraux et particuliers qu'on a proposés contre les autres actes ; pièces inconnues au roi, qui ne peuvent lui faire aucun préjudice ; pièces détruites par les actes éclatans qui les précèdent et qui les suivent, c'est-à-dire, le partage des enfans de Louis de Châtillon, la cession faite à Enguerrant de Coucy ; pièces enfin qui prouvent trop, parce que, si l'on en croit l'évêque de Soissons, dans l'acte de 1367, tout le comté de Soissons étoit dans sa mouvance, proposition qu'il n'oseroit pas avancer aujourd'hui.

3.° Il n'y a, dans toutes ces pièces, que celle qui est l'ouvrage de l'évêque, et dans laquelle il parle seul, qui porte que le comté soit mouvant de l'évêque ; ainsi, c'est encore ici un de ces titres qu'il se donne à lui-

même; et qui par conséquent ne mérite aucune attention.

Il est même nécessaire de faire en cet endroit une
réflexion très-importante, sur la différence qui se
trouve entre les titres où l'évêque parle seul, et ceux
où le comte parle ou seul, ou avec l'évêque.

Dans les uns, l'évêque n'ayant point de contradicteur, dit ce qu'il lui plaît, et parle quelquefois du
comté de Soissons comme d'un fief mouvant de lui.

Dans les autres, si l'on en excepte la charte d'Yves
de Néelle, qui a été pleinement détruite, on ne
parle point du comté de Soissons, on se sert seulement d'expressions générales, capables de faire présumer qu'il y avoit quelques fiefs particuliers pour
lesquels les comtes étoient vassaux des évêques :
voilà l'induction qui en résulte, induction bien
différente de celle qui se tire des titres où les évêques
parlent seuls, et où ils s'attribuent une mouvance
qui s'acquéreroit facilement, s'il ne falloit pour cela
qu'énoncer qu'elle leur appartient.

La septième pièce de ce siècle paroît d'abord la
plus considérable de toutes celles qui sont produites
par l'évêque.

C'est un extrait tiré de la chambre des comptes,
d'une déclaration du temporel de l'évêché de Soissons, donnée en 1373, par-devant M.e Raulon, substitut du procureur-général au bailliage de Vermandois,
et commissaire du roi en cette partie; l'original de
cette déclaration est un rouleau dans un des dépôts
de la chambre des comptes.

Si l'on en croit ce que l'évêque y déclare en sa
faveur, le comté de Soissons étoit entièrement mouvant de l'évêché; voici ce que porte cet acte :

Ci-après sont déclarés aucuns autres fiefs tenus
dudit évêché, desquels ledit évêque a hommes, et si
n'a pu avoir de son temps adveux et dénombremens,
et par défaut de dénombremens non baillés sont jà
pieça saisis, etc.

Premièrement, la comté de Soissons, qui est toute

*tenue dudit évéché, excepté la monnoye, les épaves
et les aubaines.*

L'induction que l'évêque tire de cette pièce est
évidente.

CONTREDITS.

1.º Cette pièce n'est revêtue d'aucune des formalités qui devroient s'y trouver pour en faire un
véritable titre.

Elle n'a jamais été envoyée sur les lieux pour y
être publiée et vérifiée; le comte de Soissons n'en a
jamais eu connaissance; le substitut du procureur-
général qui l'a reçue, étoit commis pour recevoir de
semblables déclarations, non pas pour les vérifier,
encore moins pour les contredire, ne pouvant pas
faire en même temps la fonction de juge ou de commissaire, et celle de partie.

Ainsi, tout ce qui résulte de cette pièce, est
qu'en 1373 l'évêque de Soissons, trompé par les
titres de Josselin, dont il ignoroit la supposition ou
l'erreur, a prétendu que le comté de Soissons relevoit de lui.

2.º Cette pièce est pleinement détruite par tout ce
qui s'est passé six ans auparavant dans l'affaire de
Guy de Châtillon et d'Enguerrant de Coucy; on y a
vu le roi exercer les droits les plus éminens d'un
seigneur féodal immédiat, pendant qu'on ne faisoit
pas seulement mention de l'évêque de Soissons.
Quelle apparence, après cela, que les officiers du
roi, qui ne pouvoient ignorer un fait si récent et si
éclatant, eussent eu la complaisance de recevoir une
déclaration telle que l'évêque de Soissons la présenta
six ans après ce fait, sans s'élever contre une entreprise aussi facile à réprimer que celle de l'évêque?
Ainsi, il est évident que jamais cette prétendue déclaration n'a été ni examinée ni vérifiée, et par conséquent qu'elle ne peut balancer un moment la grande
autorité des actes qui se sont passés dans l'affaire
d'Enguerrant de Coucy.

3.° Cette déclaration est évidemment fausse, et l'évêque de Soissons n'en sauroit disconvenir.

Elle énonce que tout le comté est tenu en fief de l'évêque; cependant on a démontré que toute la prétention des évêques de Soissons, depuis plus de trois cents ans, se réduit à la mouvance de la moitié du comté; on a observé avec soin qu'ils n'avoient jamais fait aucune poursuite pour raison de l'autre moitié, non-seulement depuis qu'on peut leur opposer un silence de trois cents ans à cet égard, mais avant même que le roi eût cet avantage contre eux.

Outre cette preuve négative, on peut tirer encore cet argument très-positif des actes qui regardent le partage des enfans de Louis de Châtillon, et la cession faite à Enguerrant de Coucy. Avec telle prévention qu'on lise ces actes, il est impossible de n'y pas voir qu'il y avoit au moins une grande partie du comté de Soissons qui relevoit du roi; car le fait avancé par les évêques, que tout ce qui relevoit du roi se réduisoit à la monnoie, aux épaves et aux aubaines, a été si pleinement réfuté dans la première partie de cette requête, qu'on ne peut pas croire qu'une si foible défense puisse encore être proposée.

Or, s'il est certain qu'il y avoit au moins une partie du comté de Soissons dans la mouvance du roi, la déclaration qui porte que tout le comté étoit tenu en fief de l'évêché, ne peut être qu'évidemment fausse, et indigne de faire aucune espèce de preuve dans un procès de cette importance.

4.° Cette déclaration est encore fausse dans un autre point; c'est en ce qu'elle suppose que la monnoie, les épaves et les aubaines, que l'on excepte, par cet acte, de la mouvance de l'évêque, étoient possédés par le comte et faisoient partie du comté.

On a prouvé la fausseté de cette supposition, et l'on a fait voir qu'il étoit impossible que ces droits fissent partie du domaine des comtes, puisqu'ils étoient possédés par le roi : on laisse à juger, après cela, de quel poids peut être une déclaration de cette qualité.

5.º Enfin, cette déclaration est puissamment combattue par une autre déclaration du temporel de l'évêché de Soissons, qui se trouve transcrite en entier
dans le registre de la chambre des comptes coté G,
des dénombremens du bailliage de Vermandois,
d'où le procureur-général l'a fait extraire pour la
produire à la fin de cette requête.

Cette déclaration est sans date, mais on peut suppléer à ce défaut par les noms de Mathieu de Roye,
de Guillaume de Dormans, de Marie de Coucy, et
de Jean, baron de Montmorency, qui y sont employés comme vivans, et qui fixent la date de cette
pièce entre l'année 1361 et l'année 1380, comme il
seroit facile de le prouver, si l'on ne craignoit de se
jeter ici dans une dissertation peu nécessaire, parce
qu'apparemment le fait ne sera pas contesté.

Que l'on parcoure exactement cette déclaration
depuis le commencement jusqu'à la fin, on n'y trouvera en aucun endroit que le comté de Soissons
soit mis au nombre des fiefs mouvans de l'évêque.

On y voit seulement (et c'est ce qui augmente
encore la force de ces argumens négatifs), on y voit
seulement que le comte de Soissons possédoit un fief
dans la mouvance de l'évêque; mais voici quel
étoit ce fief, suivant les termes mêmes de cette
déclaration :

*Le comte de Soissons tient dudit évêque un fief séant
à   contenant   et peut valoir par an*

On ne dira pas assurément que ce fief sans nom,
dont on ne marque ni la consistance ni la valeur,
fût le comté de Soissons.

Comment peut-on donc concilier cette déclaration
avec celle que les évêques de Soissons ont produite ?

Dans l'une, c'est le comté de Soissons tout entier
qui relève d'eux;

Dans l'autre, toute leur prétention est réduite à
un fief inconnu, dont on laisse la consistance et la
valeur en blanc.

Dira-t-on que c'est par oubli que le comté de

Soissons est échappé à ceux qui ont dressé cette déclaration ? Mais à qui pourroit-on rendre une telle
négligence vraisemblable, surtout quand on voit
qu'il est fait mention du comté de Soissons dans
cet acte, et pour un fief qui pouvoit échapper
beaucoup plus facilement que le comté de Soissons ?

On dira donc plutôt, suivant toutes les apparences,
que la déclaration rapportée par l'évêque est en meilleure forme que celle qu'on lui oppose ; l'une est en
original à la chambre des comptes, l'autre ne se
trouve que dans un registre de dénombremens ; l'une
a une date, l'autre n'en a point : voilà tout ce qu'on
peut dire pour faire valoir la déclaration que l'évêque
produit en sa faveur.

Mais tout cela ne peut point détruire la foi d'un
registre public, qui se conserve dans un dépôt aussi
sacré que celui de la chambre des comptes.

Les registres dans lesquels les originaux sont trans-
crits, n'ont pas moins de poids que les originaux
mêmes. Doutera-t-on que la déclaration sans date
dont il s'agit, n'ait eu son original sur lequel elle
ait été transcrite ? Si on admettoit un tel doute, il n'y
auroit presque plus rien de certain ; on ne retrouve
la plus grande partie des anciens titres que dans des
registres semblables, dont l'autorité n'a jamais été
attaquée.

Or, si cette déclaration ne peut être suspecte,
comment se trouve-t-elle dans les registres de la
chambre des comptes ? Qui est-ce qui l'a présentée ?
qui est-ce qui l'a dressée ? Il est impossible qu'elle y
soit venue d'une autre main que de celle de l'évêque ;
et, si cela est, l'évêque peut-il revenir aujourd'hui
contre son fait, et prétendre la mouvance de tout le
comté de Soissons, au lieu que son prédécesseur n'a
mis le comté de Soissons au nombre de ses vassaux
que pour un fief dont il n'a pu dire le nom ?

Enfin, ce qui rend cette déclaration d'un très-
grand poids dans cette affaire, c'est qu'elle s'accorde
parfaitement avec l'impression générale qui résulte
de toute la suite des pièces qui sont produites de part

et d'autre ; le jugement le plus favorable à l'église de Soissons, que l'on puisse porter à la vue de ces différens titres, est que les comtes de Soissons ont possédé quelques domaines dans la mouvance des évêques, mais que ces domaines n'étoient ni le comté de Soissons, ni même des terres considérables ; or, ce jugement, qu'on auroit peut-être voulu faire passer pour une conjecture, acquiert, pour ainsi dire, du corps et de la réalité, par la déclaration dont il s'agit, qui ne pouvant servir, dans la forme où elle est, que contre ceux qui l'ont donnée, prouve suffisamment contre les évêques de Soissons, qu'ils n'étoient seigneurs suzerains que d'un fief particulier possédé par les comtes, et que ce n'est que par erreur ou par surprise, que l'on a voulu substituer dans quelques actes le comté même de Soissons, au fief sans nom que les comtes tenoient en fief de l'évêque.

Avant de passer à une autre pièce, il est important de remarquer, qu'avant que les évêques eussent produit en entier la déclaration de leur temporel de l'année 1373, ils avoient déjà produit un extrait de la même pièce, délivrée en l'année 1432 ; mais ils y avoient joint alors un extrait du premier article de l'autre déclaration, dont le procureur-général du roi se sert pour combattre celle de 1373 ; à la vérité, ils ne l'avoient pas produite en entier, car elle auroit fourni contre eux l'argument que l'on vient d'expliquer ; mais il résulte néanmoins de-là, qu'ils ne peuvent pas rejeter l'autorité d'une pièce qu'ils ont eux-mêmes produite.

La huitième et la neuvième pièce regardent le don de la terre de Clamecy, fait en 1393, par Enguerrant de Coucy et Isabelle de Lorraine sa femme, à Jean de Clamecy.

Mais ces pièces ont déjà été expliquées et contredites avec tant d'étendue, dans la première partie de cette requête, qu'il suffit d'employer ici ce qui a été dit en cet endroit.

Nous entrons maintenant dans le quinzième siècle, dont il faudroit à présent examiner les actes, si l'on n'avoit pas déjà fait cet examen dans la première partie de cette requête, où l'on a été obligé de contredire par avance presque toutes ces pièces, parce que le conseil des évêques de Soissons en a tiré les plus fortes objections qu'il a faites contre les titres du roi.

Les actes du quinzième siècle qui ont été contredits dans la première partie de la présente requête, sont :

La reconnoissance de Louis, duc d'Orléans, du 4 juillet 1405.

Les trois actes du 20 mars 1405 et 31 décembre 1410, concernant le don des terres de Bagneux et de Villeneuve, fait aux célestins par le même Louis, duc d'Orléans, et la confirmation accordée par l'évêque.

Les copies des lettres missives de Louis et de Pierre de Luxembourg.

La commission et les autres procédures faites depuis 1475 jusqu'en 1484, par rapport à la saisie féodale du comté de Soissons à la requête de l'évêque.

L'acte de souffrance donné par l'évêque à Clément Havé, comme procureur de Jacques de Savoye, le 2 septembre 1484, et l'acte de foi et hommage rendu par le même Clément Havé, le 22 avril 1485.

Les deux lettres prétendues de Marie de Luxembourg, du 12 février 1487, et celle de François de Bourbon, comte de Soissons.

Il faut joindre ici, à ces copies de lettres, une autre copie d'une lettre prétendue écrite par Clément Havé à l'évêque de Soissons, le 10 août 1484, qui n'a point encore été contredite, et qui ne mérite guères de l'être.

On prétend que Clément Havé marquoit par cette lettre, que le bailli de Soissons et lui avoient visité les titres qui étoient chez le nommé Joüenquc, lieutenant de l'évêque, et qu'il s'y étoit trouvé quatre ou six chartes, scellées des sceaux de quatre comtes, l'un après l'autre, par lesquelles ils reconnoissent tenir le comté de l'évêque ; et Clément Havé ajoute par cette même lettre, *que M. d'Orléans verroit ces pièces en son conseil.*

CONTREDITS.

1.° L'original de cette prétendue lettre, qui ne seroit qu'une écriture privée, n'est pas rapporté.

2.° Quand cette lettre seroit véritable, elle ne prouve rien, sinon que l'on a représenté des titres de la part de l'évêque, et qu'on est convenu de les examiner.

3.° Cette pièce est très-suspecte de fausseté.

On y fait tenir un langage fort extraordinaire à Clément Havé. On lui fait dire qu'il a vu quatre ou six chartes, comme si, dans une affaire de cette importance, et s'agissant de titres qu'il avoit vus dans la semaine même dans laquelle on suppose qu'il écrivoit cette lettre, il avoit pu se tromper sur un aussi petit nombre de chartes que celui de quatre ou six, en sorte qu'il ne sût pas précisément quel en étoit le véritable nombre.

4.° Il dit encore que ces quatre ou ces six chartes étoient des actes scellés du sceau de quatre comtes, l'un après l'autre, par lesquels ils reconnoissent tenir le comté de l'évêque.

Or, il n'y a rien de semblable dans les titres produits par l'évêque.

Les premiers, qui sont les plus forts, ne sont point scellés du sceau des comtes, et les autres ne portent point que le comté est mouvant de l'évêque.

Il y a donc une grande apparence ou que cette lettre est très-fausse, ou que, si elle ne l'est pas, on a montré de faux titres à Clément Havé ; et en effet, on ne voit pas que ces titres aient fait aucune impression sur le duc d'Orléans, puisque jamais il n'a reconnu l'évêque pour son seigneur.

On répondra apparemment que c'est la longueur du temps, le malheur des guerres civiles, et peut-être un incendie, qui a fait perdre à l'évêque ces quatre ou six titres.

Mais il faut avouer que ces accidens ont été bien malheureux pour l'église de Soissons, si, pendant que le feu a épargné des copies de lettres missives, il n'a pas respecté ces chartes authentiques et ces monu-mens précieux de la mouvance du comté de Soissons, que le seul Clément Havé dit avoir vus.

Il ne reste donc, de tout ce siècle, qu'une seule pièce qui n'ait pas été contredite, et qui puisse de-mander quelque réponse.

C'est un procès-verbal de l'année 1447, par lequel il paroît que le duc d'Orléans, ayant obtenu du roi des lettres d'amortissement des terres qu'il avoit données aux célestins de..... la chambre des comptes nomma deux commissaires pour informer de la valeur de ces terres, et pour savoir s'il n'y avoit rien qui fût de la censive ou de la mouvance du roi ; et il est dit à la fin de ce procès-verbal, que les célestins tenoient les seigneuries de Bagneux et de Villeneuve, du comté de Soissons ; *et les comtes ou le comte de Soissons, de l'évêque de Soissons ; et l'évêque du roi.*

CONTREDITS.

1.° M.ʳᵉ Thomas-Amédée de Savoye a remarqué, avec beaucoup de raison, qu'un des deux commis-saires nommés dans cette pièce étoit le sieur Ducerf, bailli de l'évêque, et il n'est pas surprenant qu'un tel commissaire ait voulu profiter de cette occasion pour favoriser l'église de Soissons.

2.° Cette pièce en elle-même est fort indifférente ; elle n'énonce ni titres, ni possession ; elle marque seulement que les commissaires ont appris que la terre que les célestins possédoient, étoit tenue en fief du comté, et en arrière-fief de l'évêque ; mais com-ment l'ont-ils appris ? c'est ce qu'ils n'expliquent point, et il n'est pas juste assurément d'en croire, sur sa simple parole, un officier de l'évêque.

3.° Enfin, cette pièce ne parle pas même du comté. Elle parle de ce que les célestins tenoient en fief du comte, et qu'on dit que le comte reportoit à l'évêque; mais il n'y a rien en tout cela qui marque que le comté même fût tenu de l'évêque. Les commissaires n'avoient aucun pouvoir pour vérifier ce fait, qui excédoit visiblement les bornes de leur commission : ainsi, toute sorte de moyens se réunissent contre cet acte; affectation, incompétence, inutilité; il est d'ailleurs environné de tant d'actes éclatans et décisifs pour la cause du roi, que, quand on le compare avec ces titres, il ne peut faire aucune impression sur l'esprit.

A l'égard du seizième siècle, les évêques de Soissons n'ont produit aucun titre qui puisse mériter la moindre attention.

On y voit seulement une copie collationnée d'une commission du bailli de l'évêché, donnée le 30 août 1528, pour faire assigner le comte de Soissons, comme personne fieffée de l'évêché, pour assister à l'entrée d'un nouvel évêque de Soissons.

Mais, outre que cette pièce n'est pas en bonne forme, elle prouve tout au plus que les évêques de Soissons ont eu en 1528 la même prétention qu'ils ont aujourd'hui; mais on ne voit pas que cette prétention ait eu alors aucun succès, ni que le comte de Soissons ait en effet assisté à la cérémonie à laquelle on veut qu'il ait été appelé.

On y trouve de prétendus défauts donnés aux assises de l'évêque, le 15 octobre 1530, et le 26 juillet 1588, contre le roi et le prince de Condé, propriétaires par indivis du comté de Soissons; mais défauts qui n'ont jamais été signifiés, et qui par conséquent ne prouvent qu'une volonté foible et inefficace de la part des évêques, de soutenir leur prétendu droit.

On y voit encore deux extraits de registres, tous deux également informes.

Il est dit, dans le premier, que lorsque l'évêque fait son entrée, il est porté dans sa chaire *à quatuor casatis majoribus, comite videlicet Suessionensi, domino Petræfontis, domino Montismirelli, domino Bazochiæ.*

Mais, outre que ce registre n'a aucune autorité, et qu'il est l'ouvrage de l'évêque, le nom seul de *casati* qui est employé, prouve que ce ne pouvoit pas être en qualité de comtes que les seigneurs de Soissons assistoient à cette cérémonie, s'il est vrai qu'ils y aient jamais assisté, mais par rapport à quelqu'autre fief, pour lequel ils étoient cazes ou officiers des évêques.

A l'égard du second registre, on n'en rapporte aussi qu'une copie collationnée; c'est d'ailleurs un registre du chapitre de l'église cathédrale de Soissons, peu digne par conséquent d'être réfuté, et dans lequel il est dit simplement que l'évêque Mathieu de Longuejoue a été porté, lors de son entrée, *per dominum temporalem de Bazochiis, et alios casatos, seu alios eorum loco destinatos.*

Le comte de Soissons n'est pas nommé dans cet acte; ainsi on ne voit pas quelle induction l'on pourroit en tirer, quand même la forme de la pièce seroit plus authentique.

Enfin, on a jugé à propos de produire, pour dernier titre de ce siècle, une copie informe d'un répertoire de fiefs, qu'on dit être relevans du comté de Soissons; répertoire qui n'a ni commencement ni fin, et dont on ne tire qu'une induction vague et générale, qui est que les seigneuries de Cœuvres, de Buzancy, d'Ostel, d'Espagny, Saint-Pierrelle, Bregy, Clamecy, et Lavalage, sont des dépendances du comté de Soissons.

On ne peut rien dire sur une pièce de cette qualité, si ce n'est qu'on auroit pu se dispenser d'en grossir la production des évêques de Soissons.

Il reste encore quelques procédures de ce même siècle, qui ne méritent aucun contredit particulier, et auxquelles le conseil de Mre Thomas-Amédée de Savoye a suffisamment répondu.

Le dix-septième siècle, plus favorable aux évêques,

leur a fourni les pièces qui ont fait apparemment le sujet de toute leur confiance, c'est-à-dire, les conclusions de M.ʳᵉ.... de la Guesle, lors procureur-général du roi; la sentence des requêtes du palais du 24 mars 1605, et la transaction du 30 mars suivant.

On a répondu, dès le commencement de cette requête, à l'argument que l'on prétendoit tirer des conclusions de M. de la Guesle, et l'on croit avoir montré, par toute la suite de cette même requête, que ce n'étoit pas sans raison que le grand magistrat qui a signé ces conclusions, y avoit ajouté une réserve dont le procureur-général se sert aujourd'hui, pour soutenir par de nouveaux titres et de nouveaux moyens, une cause que son prédécesseur n'auroit jamais abandonnée, s'il l'avoit trouvée dans l'état où elle est aujourd'hui.

La sentence des requêtes du palais n'est ni un titre ni un préjugé décisif, et le procureur-général du roi espère que la cour ne trouvera aucune raison qui l'empêche de l'infirmer, sur l'appel qui en sera interjeté par la présente requête.

Dès le moment que les conclusions et la sentence des requêtes du palais ne subsisteront plus, la transaction par laquelle Catherine de la Trémouille, princesse de Condé, a reconnu l'évêque de Soissons, tombera d'elle-même, et la raison en est évidente : alors le comte de Soissons, abandonné par le roi, ne pouvoit pas se dispenser de se soumettre à l'évêque; mais aujourd'hui le roi embrassant la défense de son vassal, le relève pleinement de tous les engagemens qu'il a contractés malgré lui, et qui ne peuvent lui faire aucun préjudice, dès le moment qu'ils ne peuvent en faire au roi.

Il faut donc retrancher absolument ces pièces du procès, aussi bien que toutes les autres procédures et jugemens qui les suivent, et qui ont été suffisamment contredits par le conseil de M.ʳᵉ Thomas-Amédée de Savoye, pour se renfermer dans l'examen des véritables titres qui ont été produits de part et d'autre, et sur lesquels on ne peut se dispenser de faire, en finissant cette requête, un petit nombre de réflexions courtes et décisives, qui seront comme le précis et le fruit de tout ce que l'on y a proposé pour détruire le droit de l'évêque, et pour établir celui du roi.

Si l'on envisage d'abord le droit de l'évêque, on sera surpris de voir à combien peu de titres il est réduit, lorsqu'on en a retranché tous ceux qui sont informes et inutiles.

En effet, en parcourant les contredits qui ont été proposés contre ces titres, il est facile de se convaincre qu'il n'en reste que onze ou douze qui soient en bonne forme ; tout le reste doit donc être absolument retranché, comme ne pouvant être produit contre le roi, qui a pour lui la présomption générale, à laquelle on ne doit opposer que des titres dont la forme soit entièrement authentique.

Si l'on entre ensuite dans l'examen de la qualité de ces douze titres, dans lesquels seuls réside toute la cause de l'église de Soissons, on reconnoîtra, d'abord, qu'il faut encore ôter de ce petit nombre, tous ceux qui ne font aucune mention du comté de Soissons, et qui peuvent s'appliquer à un autre fief possédé par les comtes dans la mouvance de l'évêque.

Or, des douze titres que l'évêque rapporte en bonne forme, il y en a huit de cette qualité, c'est-à-dire, dans lesquels il n'est fait aucune mention du comté.

Tels sont l'acte de 1197, où il n'est fait mention que d'un droit sur le charbon, qu'on prétend avoir été alors tenu en fief de l'évêque.

La sentence arbitrale de 1215, qui ne parle que d'un moulin, et qui en parle même fort obscurément, sans faire aucune mention du comté.

La charte de Jean, fils du comte Raoul, du mois de juillet 1234, qui ne regarde que le droit de stillage, et non le comté.

Les pièces qui concernent la vente de 100 livres de rente sur l'avalage, faite par Raoul de Soissons au chapitre, pièces qui reçoivent d'ailleurs plusieurs autres contredits, que l'on peut voir dans le lieu où on les a examinées, mais qui ne parlent pas encore expressément du comté de Soissons.

Les titres qui regardent l'échange de Villemontoir, fait en l'année 1267, où il n'y a encore rien qui désigne ce comté.

Les lettres d'amortissement de 100 livres de rente accordées en 1325 à l'évêque de Soissons, par Jean de Hainaut; pièce qui, non-seulement ne dit point que le comté de Soissons fût dans la mouvance de l'évêque, mais qui fait entendre au contraire que ce comté n'y étoit pas, et qu'il n'y avoit que des fiefs particuliers qui fussent dans la dépendance de l'évêché.

La reconnoissance de Louis, duc d'Orléans, laquelle, bien entendue, prouve précisément la même chose.

Les titres qui expliquent l'amortissement accordé aux célestins, actes où l'évêque parle seul, actes suspects par plusieurs raisons qu'on a suffisamment expliquées en les réfutant; mais actes inutiles, parce qu'ils ne font aucune mention expresse de la mouvance du comté.

Ainsi, par un premier retranchement de toutes les pièces informes, les titres de l'évêque se trouveront réduits au nombre de douze.

Par un second retranchement de tous les actes qui ne font pas une mention expresse de la mouvance du comté, il ne reste plus que quatre actes que l'on puisse opposer au roi.

Ces quatre titres sont, 1.º la notice de Josselin et les deux chartes qui ne composent, avec cette notice, qu'un seul et même titre;

2.º La déclaration du temporel de l'évêché de Soissons, de l'année 1373;

3.º Le procès-verbal fait en 1447, au sujet de l'entérinement des lettres d'amortissement obtenues par les célestins;

4.° La souffrance accordée à Clément Havé, en 1484, comme procureur du comte de Romont, mari et bail de Marie de Luxembourg, et l'hommage fait en 1485 par le même.

Voilà à quoi se réduisent, après une exacte discussion, tous les titres par lesquels on prétend balancer les droits du roi sur le comté de Soissons.

Mais, de tous ces titres, il n'y a que le premier qui ait pu faire quelqu'impression, avant qu'on l'eût combattu par des moyens aussi puissans que ceux dont on s'est servi pour le détruire.

Les trois autres sont si foibles lorsqu'on les sépare du premier, qu'ils ne méritoient presque pas une réfutation sérieuse.

Car, qu'est-ce qu'une déclaration qui n'a jamais été ni publiée ni vérifiée, où l'évêque a dit ce qu'il lui a plu, sans inspecteur, sans contradicteur légitime, et à laquelle on oppose une déclaration contraire du même évêque ?

Qu'est-ce qu'un procès-verbal fait par l'officier même de l'évêque, qui ne contient qu'une énonciation, non-seulement suspecte, mais fausse, qui n'est soutenue par aucun titre, et qui n'a point d'autre appui que la foi plus que douteuse de son auteur ?

Qu'est-ce enfin qu'un seul acte de foi et hommage fait par un procureur pour une femme en puissance de mari, qui n'a jamais ratifié une si mauvaise démarche, et dont les descendans ont toujours soutenu au contraire, autant qu'il leur a été possible, la justice de la cause du roi ?

Que reste-il donc aux évêques de Soissons, lorsqu'on pèse leurs titres avec une exacte et scrupuleuse sévérité ?

C'est la deuxième réflexion qui se tire, comme par une conséquence générale, de toutes les observations que l'on a faites sur les titres qu'ils ont produits.

La troisième ne mérite pas moins d'attention, et, quoiqu'elle ne fournisse qu'un argument négatif, il est presqu'impossible de résister à l'impression qu'elle doit faire sur l'esprit.

Il n'y a personne qui, en voyant cette grande multitude d'actes, bons ou mauvais, utiles ou inutiles, informes ou authentiques, que les évêques de Soissons ont produits, puisse croire qu'ils ont laissé perdre leurs principaux titres, ni qu'il leur manque aucune des pièces importantes qui pouvoient servir à l'établissement de leurs droits.

Cependant, au milieu de cette foule de pièces, on ne trouve, depuis l'année 1140, que commencent les premières pièces des évêques de Soissons, jusqu'à présent, c'est-à-dire, pendant plus de six cents ans, aucun acte de foi et hommage, aucun aveu et dénombrement rendu par les comtes de Soissons.

Il n'y a, dans cette longue suite d'années, que deux actes qui puissent suppléer à ce défaut : l'un est la notice de Josselin et les deux chartes qui la suivent, l'autre est l'hommage de l'année 1484.

Mail il faut, d'abord, retrancher ce dernier acte comme inutile, puisqu'il a été fait pour une mineure qui n'a jamais rendu la foi et hommage à l'évêque de Soissons, depuis sa majorité.

Il ne reste donc que le premier, qui porte, à la vérité, que Yves de Néclle a rendu hommage à l'évêque de Josselin.

Mais, sans répéter ici tout ce qui a été proposé contre cet acte, et quand l'énonciation, qui s'y trouve, ne seroit pas aussi pleinement détruite qu'elle l'a été, comment pourroit-on concevoir que, si cette pièce étoit véritable, elle fût unique, et qu'on ne rapportât, depuis ce temps-là, aucun hommage, aucun aveu des comtes de Soissons ?

Dira-t-on que c'est par la négligence des anciens évêques, que leurs successeurs n'ont aujourd'hui aucun des actes par lesquels une mouvance doit être prouvée ?

Mais, sera-t-il bien aisé de faire croire à qui que ce soit, que les évêques de Soissons aient eu une si grande indifférence pour une mouvance de la qualité de celle du comté de Soissons, qu'ils n'aient pas daigné faire la moindre démarche pour obliger les comtes à leur rendre les devoirs attachés à la qualité de vassal ?

Et, d'ailleurs, le soin que ces mêmes évêques ont eu de conserver tant de pièces inutiles, ne laisse aucun prétexte à ceux qui voudroient imputer à leur négligence la disette de véritables titres dans laquelle l'évêque de Soissons se trouve aujourd'hui.

Prétendra-t-on que c'est le pouvoir et l'autorité des comtes qui ont empêché les évêques d'exiger d'eux ces sortes de titres ? Mais ce même pouvoir ne les a pas empêchés d'en obtenir les titres inutiles qu'ils rapportent aujourd'hui.

Enfin, se réduira-t-on à soutenir que ces titres ont péri pendant les guerres civiles ? Mais, encore une fois, par quelle fatalité ces actes importans seroient-ils les seuls que les évêques de Soissons auroient eu le malheur de perdre, pendant qu'ils auroient conservé tant de papiers informes et inutiles, dont ils ont rempli leurs productions ?

Ainsi, de quelque côté que l'on se tourne, on ne pourra jamais trouver une couleur capable d'excuser le défaut des véritables titres, par lesquels l'église de Soissons devroit régulièrement prouver sa mouvance.

Or, si ce défaut ne peut être couvert, il en résulte une présomption presqu'invincible contre la prétention des évêques de Soissons.

Car, si l'on ne sauroit imputer ce défaut ni à la négligence des évêques, ni à la trop grande autorité des comtes, ni aux malheurs des temps, on ne peut plus en imaginer aucune autre cause, que le refus que les comtes ont fait dans tous les temps de se reconnoître vassaux de l'évêque pour le comté; et il n'en faut pas davantage pour faire voir que l'évêque de Soissons n'a aucune possession pour lui, et qu'ainsi il auroit perdu la mouvance du comté de Soissons, quand même il seroit vrai qu'il l'auroit eue autrefois, bien loin d'avoir pu faire perdre au roi le droit qu'il a eu sur ce comté dès le temps de sa première origine.

C'est ce qui conduit naturellement l'esprit à la troisième conséquence générale, qui se tire de toutes les observations que l'on a faites sur les titres de l'évêque de Soissons.

Cette conséquence est, que l'évêque n'a aucune possession pour lui; et comme on vient d'en voir la preuve dans la réflexion précédente, il est inutile de s'étendre davantage sur cet argument.

La quatrième conséquence est, qu'aucun de ces titres, si l'on en excepte le premier, n'a été ni connu ni approuvé par le roi; ce sont tous actes étrangers, qui ne peuvent faire aucun préjudice à ses droits; on ne peut lui imputer ni la négligence ni la collusion de son vassal; ainsi, quand on donneroit à ces actes toute l'étendue qu'il a plu aux évêques de Soissons de leur donner, ils seroient encore inutiles contre le roi, à l'égard duquel la cause est toujours entière, jusqu'à ce qu'il ait valablement et expressément confirmé la reconnoissance faite par son vassal de la supériorité d'un autre seigneur.

La cinquième conséquence générale est, que tous les titres produits par l'évêque, et les inductions qu'il en tire, ont tous le même défaut; ils ne prouvent rien, parce qu'ils prouvent trop.

Si l'on en croit les évêques de Soissons, ces titres prouvent que la mouvance entière de tout le comté de Soissons appartient à leur église.

Cependant rien n'est plus faux que cette proposition.

La fausseté en est démontrée, non-seulement par tout ce qui s'est passé dans le partage des enfans de Louis de Châtillon, et dans la cession du comté de Soissons faite par Guy de Châtillon à Enguerrant de Coucy, où les évêques eux-mêmes, qui ont produit les premiers les titres de ces deux grands faits, sont obligés de reconnoître qu'au moins une partie du comté de Soissons étoit mouvante du roi ; mais encore plus par le silence profond que les évêques gardent depuis trois cents ans, à l'égard de la moitié du comté de Soissons qui est à présent unie au domaine du roi. Si cette moitié eût été dans leur dépendance, n'auroient-ils jamais formé la moindre demande ni contre la maison d'Orléans, tant qu'elle a possédé cette portion du comté de Soissons, pour obliger les princes de cette maison à les reconnoître, ni contre le roi, depuis que cette portion a été réunie à son domaine, pour obtenir l'indemnité qui ne pouvoit pas leur être refusée, si cette portion avoit été véritablement dans leur mouvance ?

On ne peut pas prévoir ce qu'ils répondront à un argument si pressant.

Diront-ils que c'est l'autorité du roi qui les a obligés à demeurer dans le silence ? Mais à qui pourront-ils persuader que cette autorité, qui ne les empêche pas de disputer au roi la mouvance de l'autre moitié du comté de Soissons depuis plus de cent cinquante ans, les ait néanmoins empêchés de demander l'indemnité qui leur étoit certainement due sur l'autre moitié, s'il étoit vrai que tout le comté de Soissons eût relevé autrefois de l'évêque ?

Personne n'ignore, d'ailleurs, avec quelle équité nos rois ont souffert, dans tous les temps, que leurs sujets demandassent et obtinssent contre eux-mêmes la justice qui pouvoit leur être dûe. Les registres du parlement sont pleins de semblables demandes, et l'on y voit plusieurs exemples célèbres de ces jugemens, si honorables aux rois et à la justice même, où le prince, plaidant contre ses sujets devant des juges qui étoient aussi ses sujets, a perdu glorieusement sa cause et s'est laissé vaincre avec honneur par ses propres lois.

Pourquoi donc les évêques de Soissons n'ont-ils jamais osé former une demande contre les ducs d'Orléans, ni contre le roi, pour cette moitié du comté de Soissons, si ce n'est parce qu'ils ont été eux-mêmes persuadés que la mouvance ne leur en appartenoit pas ?

Or, si ce fait est constant, comment peuvent-ils soutenir des titres qui sont tous fondés sur une supposition fausse, et abandonnée par ceux-mêmes qui les produisent ? Divisera-t-on la foi indivisible d'un acte, et voudra-t-on que, pendant que cet acte est certainement faux pour la moitié du comté de Soissons, il soit certainement véritable pour l'autre moitié de ce même comté ? Il faut ou le rejeter ou l'approuver tout entier : dès le moment qu'il est faux pour la moitié, il est faux pour le tout; et par conséquent il ne reste plus aucun titre aux évêques de Soissons, dont ils puissent tirer une induction solide et soutenue dans toutes ses parties.

Telles sont les six conséquences générales qui résultent de tout ce que l'on a opposé aux titres de l'évêque, et qui suffiroient seules pour les faire rejeter absolument.

Première conséquence. De toutes les pièces produites par l'évêque, il n'y en a, au plus, que douze dont la forme soit authentique.

Seconde conséquence. De ces douze pièces, il faut en retrancher huit, qui ne font aucune mention expresse du comté de Soissons; et des quatre qui restent, il y en a trois qui ne méritent presqu'aucune attention.

Troisième conséquence. Dans toutes ces pièces, il n'y en a aucune, à la réserve de la première, qui renferme une preuve directe de la mouvance prétendue par l'évêque : on n'y voit ni aveu, ni dénombrement, ni acte de foi et hommage; une seule souffrance demandée pour une mineure, qui n'a jamais rendu l'hommage qu'on avoit mal-à-propos exigé d'elle pendant sa minorité.

Quatrième conséquence. L'évêque n'a aucune possession pour lui; ainsi le fait et le droit lui manquent également.

Cinquième conséquence. Aucun des titres produits par l'évêque n'a été ni reconnu ni approuvé par le roi, si l'on excepte le premier acte, qui est plus que prescrit, quand même il seroit véritable et légitime.

Sixième conséquence. Tous les titres produits par l'évêque ne prouvent rien parce qu'ils prouvent trop, et qu'ils supposent que tout le comté étoit tenu en fief de l'évêque, quoique l'évêque borne toutes ses prétentions à la moitié.

Tel est le droit de l'évêque, telle est l'idée qu'on doit en concevoir, après une discussion exacte de ses titres.

Voyons maintenant quel est celui du roi, en le réduisant, de la même manière, à certains points fixes qui forment autant de propositions générales qui résultent de tout ce que l'on a établi dans toute la suite de cette requête.

PREMIÈRE PROPOSITION.

Toutes les fois qu'il s'agit de mouvance, la présomption générale est toujours pour le roi : il n'a rien à prouver de sa part ; c'est à celui de ses sujets qui lui dispute une mouvance, à établir son droit par des titres incontestables.

Mais si la cause est douteuse ; si les titres sont ou équivoques en eux-mêmes, ou combattus par d'autres titres également puissans ; alors ce doute même devient un principe de certitude et de décision pour le roi, et il lui suffit d'avoir fait douter pour faire décider en sa faveur.

On ne croira pas parler ici par un excès de prévention pour la cause du roi, quand on avancera, après tout ce qui a été dit dans cette requête, qu'il y a au moins, dans les titres et dans les moyens qui y sont expliqués, de quoi faire douter tout esprit juste et indifférent.

Or, si cela est, il n'en faut pas davantage pour faire décider la cause en sa faveur, parce que telle est la force et la grande prérogative du droit commun, que, dans le doute, il l'emporte toujours sur ce qui n'est qu'un privilége et une exception.

SECONDE PROPOSITION.

Cette présomption générale, suivant laquelle toute mouvance est censée appartenir au roi, jusqu'à ce qu'on prouve le contraire, est infiniment plus forte à l'égard des fiefs de dignité qu'à l'égard des simples fiefs; parce que, dans ces fiefs, le roi joint la présomption qui se tire de la dignité, à celle qui se tire du fief, et qu'ainsi il a pour lui une double présomption : l'on peut dire même, que celle qui est fondée sur la nature des dignités est encore plus puissante que celle qui est fondée sur la nature des fiefs, parce qu'il n'y a personne qui doute que, dans l'origine, toutes les dignités n'aient été une émanation de la puissance royale.

Or, le comté de Soissons a été certainement dans tous les temps un fief de dignité ; dignité qui n'est ni récente, ni ajoutée au fief, mais qui est née, pour ainsi dire, avec le fief, ou plutôt, qui est plus ancienne que le fief même; ensorte que le fief n'a été, à proprement parler, que l'accessoire de la dignité, comme on l'a fait voir dans le commencement de cette requête.

Et par conséquent, comme on ne peut douter que cette dignité, à laquelle le fief a toujours été uni depuis qu'elle est devenue héréditaire, ne soit sortie des mains du roi, il est impossible de concevoir une présomption plus forte et plus puissante que celle qui est acquise au roi dans cette affaire, indépendamment de tous les titres qu'il joint par surabondance de droit, plutôt que par nécessité, à une si forte présomption.

TROISIÈME PROPOSITION.

Cette présomption, puissante à l'égard de tous les fiefs, mais décisive à l'égard des anciens fiefs de dignité, se convertit en une preuve parfaite et démonstrative, quand on considère tout ce qui s'est passé dans le temps de l'origine du comté de Soissons, qui, comme on l'a fait voir, est entièrement pour le roi.

C'est ce que l'on a prouvé par les maximes fondamentales de cette matière ; par l'explication de ce qui s'est passé dans le temps de la conversion des dignités en fiefs héréditaires ; par l'impossibilité où l'évêque de Soissons se trouve de feindre qu'il ait jamais pu acquérir la qualité de seigneur dominant du comté de Soissons, soit parce qu'il n'a jamais été le supérieur de ce comté dans l'ordre de la juridiction ou du gouvernement, soit parce qu'il n'a jamais eu la propriété du comté, qu'il n'a pu par conséquent inféoder ; par l'aveu même des évêques, qui ont expressément reconnu que Hugues-Capet donna le domaine de la seigneurie de Soissons à Guy de Vermandois ; enfin, par le témoignage de Guillaume de Jumiége, qui prouve que ce même comté a été donné une seconde fois par un de nos rois, après qu'il fut retombé dans leurs mains par la révolte d'un comte de Soissons.

Or, si l'on ne peut nier que le comté de Soissons ne soit sorti des mains du roi, pour passer immédiatement dans celles des premiers comtes qui l'ont possédé en propriété ; si cette vérité est attestée par les évêques mêmes de Soissons ; tout ce qui a pu se passer dans la suite entre les comtes et les évêques, ces actes, ces énonciations qu'ils relèvent avec tant de soin, tout n'a pu faire aucun préjudice aux droits du roi ; on ne peut lui opposer ni son propre silence, ni les paroles de son vassal.

Quand même ce silence n'auroit jamais été interrompu de la part du roi ; quand même son vassal n'auroit jamais parlé depuis ce premier temps, en faveur des droits de la couronne; ces droits, solidement établis dans la première origine du comté de Soissons, se soutiendroient toujours contre le nombre des années, contre la multitude des actes postérieurs, qui ne pourroient prouver, tout au plus, qu'une usurpation, longue à la vérité, mais impuissante contre un droit que le roi ne sauroit perdre ni par négligence, ni par prescription.

On auroit donc pu se dispenser, comme on l'a déjà dit, de contredire tous les titres rapportés par l'évêque de Soissons; il suffisoit d'y opposer ce contredit général, aussi précis que solide: l'origine et les premiers temps sont certainement pour le roi, de l'aveu même de l'évêque; donc, tous les actes que l'évêque prétend lui être favorables depuis cette origine et ce premier temps, sont indifférens, parce que, s'ils ne regardent point le comté de Soissons, ils sont inutiles, et s'ils le regardent, ils sont nuls et vicieux.

QUATRIÈME PROPOSITION.

Telle est la nature et le privilége des droits du roi, qu'il n'a pas besoin du secours de la possession pour les conserver; comme ils sont inaliénables, ils sont aussi imprescriptibles: c'est une maxime qui n'a plus besoin d'être prouvée.

Ainsi, quand même depuis ce premier temps, qui est entièrement favorable au roi, il ne pourroit alléguer aucun acte de possession, il faudroit, dans la rigueur des principes de notre droit public, remonter jusqu'à la source, et rétablir, même après plusieurs siècles d'interruption, un droit obscurci, mais non pas effacé par la longueur des temps.

CINQUIÈME PROPOSITION.

Une possession suivie de siècle en siècle, et affermie

par des actes éclatans, donne au droit juste et légitime
en lui-même, toute la faveur qu'il n'auroit pas, s'il
étoit privé d'un si grand avantage.

C'est cette possession qu'on a prouvée, peut-être
avec trop d'étendue, par les actes des douzième,
treizième, quatorzième, quinzième et seizième siècles,
et surtout par le registre de Philippe-Auguste, par
le partage des enfans de Louis de Châtillon, par la
cession du comté de Soissons à Enguerrant de Coucy,
par les érections de Soissons en pairie, et par les
hommages qui accompagnent et qui suivent ces
érections; actes qui sont si publics et si éclatans,
qu'ils effacent tous les titres que les évêques de
Soissons peuvent leur opposer, et qui font voir que
le fait et le droit sont également favorables à la
cause du roi.

Enfin, c'est pour établir cette même possession,
que l'on a fait voir que, sans remonter plus haut
que le temps de Louis de Châtillon, on trouveroit
la preuve de treize reconnoissances successives que
le roi a reçues du comté de Soissons.

Les trois premières, dans le partage des enfans
de Louis de Châtillon, et dans les actes qui les
accompagnent :

La quatrième, dans les actes de la cession faite
à Enguerrant de Coucy ;

La cinquième, dans le don des droits seigneuriaux
du comté de Soissons, fait par le roi Charles VI
à son frère le duc d'Orléans, en 1404 ;

La sixième, dans l'érection en pairie accordée au
même prince, en la même année 1404 ;

La septième, dans l'hommage de Valentine de
Milan, de 1407 ;

La huitième, dans celui de Charles, duc d'Orléans,
de l'an 1412 ;

La neuvième, dans l'hommage de Robert de Bar,
de la même année ;

La dixième, dans les lettres de souffrance accordées à Jeanne de Bar, en l'an 1428 ;

La onzième, dans les lettres de don des droits seigneuriaux du comté de Soissons, expédiées en faveur de Charles, duc d'Orléans, en l'année 1440;

La douzième, dans la seconde érection du comté de Soissons en pairie, qui suppose et qui confirme la première;

La treizième, enfin, dans l'hommage rendu en l'année 1558, par messire Louis de Bourbon, prince de Condé.

Tous ceux qui examineront cette affaire sans prévention, conviendront, sans peine, que le roi n'avoit pas besoin d'un si grand nombre d'actes pour montrer qu'il a toujours conservé, par la possession, un droit dont la propriété lui est acquise dès le dixième siècle, et peut-être même dans un temps encore plus reculé.

SIXIÈME PROPOSITION.

Cette possession n'est point équivoque, et elle comprend tout le comté de Soissons, sans distinction.

Si l'on remonte jusqu'au temps le plus éloigné, cette proposition ne peut recevoir aucune difficulté.

Les argumens par lesquels on a prouvé que les premiers comtes de Soissons n'avoient pu recevoir ce comté que des mains du roi, s'appliquent également à tout le comté.

C'est des mains de Hugues-Capet que la propriété héréditaire de tout le comté de Soissons a passé dans celles de Guy de Vermandois, selon les évêques de Soissons mêmes, qui n'y mettent, en cet endroit, aucune restriction.

C'est le comté tout entier que Guillaume Buzac a reçu de la libéralité du roi Henri I.

C'est à raison du comté tout entier que le comte de Soissons est perpétuellement placé au rang des grands vassaux de la couronne, soit dans le registre de Philippe-Auguste, soit dans les autres actes du même siècle qu'on a cités.

Si l'on s'attache à consulter les actes des derniers siècles, à commencer depuis la cession faite à Enguerrant de Coucy, on voit partout le roi agir comme seul seigneur dominant du comté de Soissons.

C'est en cette qualité qu'il l'érige en pairie, qu'il en reçoit l'hommage, qu'il en donne les droits seigneuriaux; on ne voit ni l'évêque, ni aucun autre seigneur, entrer en partage de cette qualité avec le roi.

A une possession si uniforme, on ne peut opposer que quelques énonciations qui se trouvent dans les seuls actes de partage des enfans de Louis de Châtillon, et dans les actes préliminaires du traité fait entre Guy de Châtillon et Enguerrant de Coucy; mais on a tellement répondu à cette objection, et elle est tellement détruite, par les actes qui précèdent et qui suivent ceux dont on la tire, qu'il n'y a pas d'apparence que l'on veuille la renouveler.

SEPTIÈME PROPOSITION.

Enfin, le dernier état est certainement pour le roi, et d'une manière qui ne peut souffrir aucune difficulté.

C'est ce que l'on a fait voir par l'explication de ce qui s'est passé dans le dernier âge du comté de Soissons, surtout par l'érection de ce comté en pairie.

C'est là que l'on a montré que, quand même cette érection ne prouveroit pas invinciblement que le comté de Soissons étoit alors tenu en fief de la couronne, elle auroit, seule, été suffisante pour lui imprimer ce caractère; que, par elle, il auroit secoué le joug de tout autre seigneur, pour ne plus s'abaisser que devant la majesté royale, et que, sans examiner quel avoit été l'état de ce comté avant l'érection en pairie, il falloit reconnoître que, depuis ce moment, il étoit tombé, pour toujours, dans la dépendance immédiate de la couronne, parce qu'en un mot, l'érection en pairie l'avoit trouvé mouvant du roi, ou l'avoit rendu tel, *aut invenit, aut fecit.*

Ainsi, quand on conviendroit de tous les titres allégués par l'évêque de Soissons, quand on en admettroit la vérité, l'authenticité, l'autorité prétendue, tout cela ne serviroit encore de rien, jusqu'à ce que l'évêque de Soissons eût fait voir qu'une terre érigée en pairie n'est pas, pour cela seul, mouvante de la couronne, quel qu'ait été son état avant l'érection.

Or, comme il ne prouvera jamais cette proposition, tous ses titres lui sont absolument inutiles; car, que lui serviroit-il d'avoir montré que l'église de Soissons avoit autrefois la mouvance du comté, s'il est vrai qu'elle ait perdu ce prétendu droit, il y a plus de trois cents ans, et que, depuis trois siècles, les évêques de cette église n'ont plus eu d'autre parti à prendre que celui de demander une indemnité à laquelle le roi ne doit prendre aucune part.

Ainsi, le premier et le dernier âge du comté de Soissons étant certainement pour le roi, on pourroit retrancher absolument, de cette affaire, tous les titres du second âge ; parce que, d'un côté, il est certain que ces titres n'ont pu donner aucune atteinte aux droits que le roi a eus sur ce comté dès le temps de son origine, et que, de l'autre, tout ce qui s'est passé dans ce temps intermédiaire, a été avantageusement réparé par l'érection en pairie, qui auroit rappelé ce comté à l'honneur de sa première origine, quand même il seroit vrai qu'il en seroit déchu pendant quelque temps ; ce qui auroit suffi pour le mettre au rang des grands fiefs de la couronne, quand il n'auroit pas eu cet honneur avant l'érection.

Telles sont les principales propositions qui renferment comme le fruit de tout ce que l'on a établi dans cette requête pour la défense des droits du roi.

Il ne reste plus maintenant que d'en faire le parallèle avec ceux de l'évêque, en reprenant la suite et la gradation des propositions dans lesquelles on a renfermé les uns et les autres, pour faire voir, comme d'un coup d'œil, la grande différence qui est entre les moyens du roi et ceux de l'évêque, et finir cette longue discussion par une comparaison qui peut y répandre une grande lumière.

D'un côté, on a vu que l'évêque ne rapportoit qu'un petit nombre de titres qui fussent dans une forme authentique; presque aucuns qui s'appliquassent nécessairement au comté de Soissons; un seul dont il paroît que le roi ait eu connoissance, et ce titre unique, d'une foi très-douteuse, pour n'en pas dire davantage; nulle possession qui eût suivi ce titre plus que suspect; nuls actes de foi et hommage, ou tout au plus un seul; nuls aveux et dénombremens; quelques énonciations équivoques, et, par conséquent, des preuves qui ne peuvent passer que pour indifférentes; enfin, une prétention ambitieuse qui se détruit elle-même par son excès, et des argumens qui ne prouvent rien, parce qu'ils prouvent trop.

De l'autre côté, on vient de voir le jour croître, pour ainsi dire, par degrés, et parvenir successivement jusqu'à la plus grande clarté.

La présomption générale pour le roi; cette présomption, encore plus forte et plus décisive dans les anciens fiefs de dignité, convertie en véritable preuve par tout ce qui s'est passé dans le premier âge du comté de Soissons; un droit qui n'a pas besoin du secours de la possession; une possession capable non-seulement de conserver, mais d'établir le droit, s'il n'avoit pas des fondemens encore plus solides; une possession qui n'a rien d'équivoque, et qui s'applique également à tout le comté de Soissons; enfin, un dernier état qui, seul, pourroit être décisif, une érection en pairie, qui a conservé ou rétabli l'ancienne noblesse du comté de Soissons, et

qui l'auroit certainement élevé au rang de fief mouvant de la couronne, quand même il auroit eu besoin
de cet honneur.

CE CONSIDÉRÉ, il vous plaise donner acte au
procureur-général du roi, de ce qu'il prend le fait
et cause. de M.re Thomas-Amédée de Savoye, propriétaire de la moitié du comté de Soissons; et, en
conséquence, le recevoir appelant de la sentence
rendue aux requêtes du palais, le 24 mars 1605;
faisant droit sur ledit appel, sur lequel il sera dit
que les parties demeureront appointées au conseil,
et joint à l'instance pendante en la cour, mettre
l'appellation et ce dont a été appel au néant; émen-
dant, sans s'arrêter aux demandes dudit évêque de
Soissons, maintenir et garder ledit seigneur roi dans
le droit et possession de la mouvance de la part et
portion du comté de Soissons, qui appartient en
propriété audit M.re Thomas-Amédée de Savoye, et
donner acte audit procureur-général du roi de ce
qu'il emploie le contenu en la présente, ensemble
les pièces qui y sont jointes, et tout ce qui a été
écrit et produit par ledit de Savoye, pour causes et
moyens d'appel, écritures, contredits et productions,
et de ce qu'il produit cesdites pièces, jointes à la
présente requête, aux inductions qui y sont expliquées; savoir :

Pour montrer que le comté de Soissons, dans sa
première origine, a été incontestablement dans la
mouvance immédiate du roi :

L'extrait du chapitre IX du livre IX de l'Histoire
de Grégoire de Tours ;

L'extrait du chapitre XXV du livre II des Capitulaires ;

L'extrait de la charte de l'an 1015, par laquelle
le roi Robert confima l'échange de la seigneurie de
Sancerre, contre le comté de Beauvais; ladite charte
rapportée par Antoine Loisel, dans l'histoire du
Beauvoisis;

L'emploi de l'avertissement de l'évêque de Soissons, au fol. 33, où il reconnoît que Hugues-Capet a donné le domaine et la seigneurie de Soissons à Guy de Vermandois, qu'il l'érigea en comté perpétuel et héréditaire en faveur de ce prince, et lui en donna la justice en hérédité, sans approuver néanmoins le surplus de ce qui est dit en cet endroit;

L'extrait de l'histoire de Guillaume de Jumiége, livre XX, chapitre VII.

Pour faire voir que le comte de Soissons a été mis, en cette qualité, dans le onzième siècle, au rang des grands vassaux de la couronne :

L'extrait d'un ancien manuscrit, contenant la description de ce qui s'est passé au sacre du roi Philippe I; ledit extrait, tiré du Recueil des historiens de Duchesne, tome IV.

Pour faire voir que, dans le douzième siècle, le comte de Soissons a été pareillement mis au rang des grands vassaux de la couronne et des barons du royaume, qui tenoient leur seigneurie nûment du roi :

L'extrait de deux lettres de saint Bernard; la première, de l'année 1142, écrite à Josselin, évêque de Soissons;

La seconde, de l'année 1143, écrite à Etienne Preneste; rapportées toutes deux dans le même Recueil de Duchesne, tome IV, et dans la dernière édition des OEuvres de saint Bernard;

L'extrait des lettres-patentes de Louis le jeune, de l'an 1155, rapportées par André Duchesne, au même endroit, page 584;

L'extrait de la lettre écrite au pape par le même roi, et rapportée au même endroit et en la même page;

L'extrait du registre de Philippe-Auguste, étant au trésor des chartes de la couronne;

L'extrait de l'hommage de Blanche, comtesse de Champagne, de l'an 1200, tirée du même registre.

Pour justifier que, dans le treizième siècle, le roi a exercé les droits de seigneur féodal immédiat sur le comté de Soissons, et que le comte de Soissons a joui réciproquement de ceux qui sont attachés à la qualité de grand vassal de la couronne :

La sentence arbitrale rendue par le roi saint Louis, en 1225, entre l'évêque et le comte de Soissons, dans laquelle le domaine de l'évêché et celui du comté sont également qualifiés du nom de *baronnie*, dont les limites sont réglées par le roi ; ladite sentence tirée du trésor des chartes ;

Le jugement rendu par le même roi, en 1230, contre Pierre de Dreux, dit Mauclerc, où le comte de Soissons est placé au rang des vassaux immédiats de la couronne ;

Les lettres-patentes de l'an 1300, tirées du trésor des chartes, par lesquelles le roi, seul, confirme la vente faite à Charles de Valois par le comte de Soissons, de tout le droit et seigneurie qu'il pouvoit avoir dans la forêt de Retz.

Pour faire voir que le droit du roi a paru avec encore plus d'éclat, dans le quatorzième siècle, par ce qui s'est passé dans le partage fait entre les enfans de Louis de Châtillon, et dans les suites de ce partage :

Emploi dudit partage produit par M.re Thomas-Amédée de Savoye, à la fin duquel le roi *est supplié de l'approuver et confirmer, et, semblablement, le comte de Hainaut, de Hollande et de Zélande, pour les terres qui étoient tenues de lui et de sa seigneurie ;*

Emploi de la procuration donnée par Guy de Châtillon, le lendemain de la Pentecôte de l'année 1366, par laquelle il constitue cinq procureurs pour entrer, envers le roi, en foi et souffrance pendant sa captivité ;

Emploi de l'acte du 13 juillet 1366, par lequel Louis de Châtillon s'est démis et dessaisi du comté de Soissons en faveur de Guy de Châtillon, son frère, en exécution dudit partage ;

Emploi des lettres-patentes du 26 juillet 1366, par lesquelles le roi Charles V saisit Huë de Villiers du comté de Soissons, comme procureur de Guy de Châtillon, reçoit de lui le serment de féauté pour le comté de Soissons et autres terres, et le met en souffrance jusqu'à un mois après que Guy de Châtillon sera retourné ès parties de France.

Toutes lesquelles pièces renferment expressément la preuve de deux hommages consécutifs rendus au roi, l'un par Louis, et l'autre par Guy de Châtillon, et implicitement la preuve d'un hommage précédent, rendu par Louis de Châtillon, leur père commun.

Pour faire voir que, dans le même siècle, le roi a continué de jouir des droits, et de remplir publiquement les fonctions de seigneur féodal, suivant la coutume de Vermandois, dans le ressort de laquelle le comté de Soissons est situé :

L'article CXXVI de la coutume de Vermandois, qui explique les formalités qui doivent être observées, par rapport au seigneur féodal, dans l'aliénation des fiefs mouvans de lui ;

Emploi de l'acte du jour de Pâques fleuries 1366, par lequel Jean de Blois consent que Guy, son frère, puisse vendre, etc., le comté de Soissons, lequel comté est tenu du roi; sans approuver néanmoins ce qui est dit dans le même acte, que le comté étoit aussi tenu de l'évêque ou autres seigneurs; ledit acte produit par M.re Thomas-Amédée de Savoye;

Emploi de l'acte du 26 mai 1366, donné par Louis, frère aîné dudit Guy de Châtillon, contenant un semblable consentement et une pareille énonciation, que la suite a fait voir n'être véritable que par rapport au roi ;

Emploi de la commission donnée par Charles V à Guillaume, maître des requêtes, pour recevoir, au nom du roi, le dévestissement ou la démission de Guy de Châtillon, et pour investir, en sa place, Enguerrant de Coucy du comté de Soissons; ladite commission aussi produite par ledit Mre Thomas-Amédée de Savoye ;

Emploi de la cession ou donation du comté de Soissons, faite par Guy de Châtillon, en faveur d'Enguerrant de Coucy et d'Isabelle d'Angleterre, sa femme ; ladite cession reçue et approuvée par le commissaire du roi, qui investit ensuite ledit Enguerrant de Coucy et sa femme, et leur enjoint de se retirer par-devers le roi, pour lui faire la féauté et hommage à cause du comté de Soissons : ladite pièce produite pareillement par ledit Mre Thomas-Amédée de Savoye.

Pour montrer que, dans le troisième et dernier temps, que l'on a distingué, dès l'entrée de cette requête, les droits du roi ont encore reçu un nouveau degré d'évidence et de clarté :

Emploi des lettres de don des droits seigneuriaux dûs pour l'acquisition du comté de Soissons ; ce don fait, le 22 juin 1404, par le roi Charles VI à Louis, duc d'Orléans, son frère ; lesdites lettres produites par ledit Mre Thomas-Amédée de Savoye ;

Emploi de l'hommage double rendu au roi, par Valentine de Milan, duchesse d'Orléans, le 3 janvier 1407, tant pour le fief que pour la pairie de Soissons ; ledit hommage produit par ledit Mre Thomas-Amédée de Savoye ;

Emploi de l'hommage rendu de la même manière, et pour la moitié du même comté de Soissons, par Charles, duc d'Orléans, le 22 août 1412 ; ledit acte aussi produit par ledit messire Thomas-Amédée de Savoye ;

Emploi des lettres-patentes de l'an 1440, par lesquelles le roi Charles VII fait don de remise à Charles d'Orléans de tous les droits qui pourroient lui être dûs pour la vente que ledit Charles d'Orléans vouloit faire de la moitié du comté de Soissons, *la foi et hommage, le ressort et souveraineté réservés au roi* ; lesdites lettres produites par messire Thomas-Amédée de Savoye ;

Emploi de l'hommage rendu au roi le 8 avril 1412,

par Robert de Bar, pour l'autre moitié du comté de Soissons; ledit acte produit par ledit messire Thomas-Amédée de Savoye;

: Emploi de lettres de souffrance accordées par le roi à Jeanne de Bar, pour la même moitié du comté de Soissons, le 18 janvier 1428; lesdites lettres produites par ledit messire Thomas-Amédée de Savoye;

Emploi de l'hommage rendu au roi pour la même moitié du comté de Soissons, par messire Louis de Bourbon, prince de Condé, en l'année 1558; l'acte dudit hommage produit par ledit messire Thomas-Amédée de Savoye.

Pour montrer que le comté de Soissons a été deux fois érigé en pairie, une première fois en faveur de Louis, duc d'Orléans, et une seconde fois en faveur de Claude de France, fille de Louis XII et femme de François I.er; ce qui prouve d'une manière invincible que ce comté étoit tenu en fief du roi, et que, quand même on pourroit supposer qu'il eût été mouvant d'un autre seigneur avant l'érection, il auroit cessé depuis ce moment, c'est-à-dire depuis plus de trois cents ans, de reconnoître aucun autre seigneur que le roi:

: Emploi des lettres-patentes du 22 mai 1404, par lesquelles le roi Charles VI érige le comté de Soissons en pairie; lesdites lettres enregistrées en la cour, le..... et produites par ledit messire Thomas-Amédée de Savoye;

Lettres-patentes de 1505, portant nouvelle érection du même comté en pairie, en faveur de Claude de France, registrées en la cour.

Pour faire voir que l'extinction de la pairie n'a produit aucun changement dans la mouvance, et que cette question a même été expressément jugée pour le comté de Soissons, par rapport au droit de ressort immédiat en la cour, qui se conserve plus difficilement que la mouvance :

Arrêt de 1694 rendu pour le duché de Beaufort;
Arrêt de 1695 rendu pour le duché d'Anville ;
Emploi de l'arrêt du 19 mars 1671, par lequel la

21 *

cour a ordonné que les appellations des sentences rendues par le bailli du comté, ressortiroient nûment au
parlement, même dans le cas de l'édit des présidiaux;
ledit arrêt produit par ledit messire Thomas-Amédée
de Savoye.

Pour faire voir que, si les comtes de Soissons ont
autrefois tenu quelque domaine en fief de l'évêque de
Soissons, ce ne pouvoit être tout au plus que quelques
petits fiefs obscurs et peu considérables, et non le comté
même de Soissons :

La déclaration, tirée de la chambre des comptes,
du temporel de l'évêché de Soissons, qui paroît avoir
été donnée entre l'année 1360 et 1371, et dans laquelle
il n'est point dit que le comté de Soissons fût tenu en
fief de l'évêque, mais seulement que ledit comte tenoit
dudit évêque un fief, dont la situation, le nom, la
contenance et la valeur sont laissés en blanc.

Pour faire voir qu'on ne doit avoir aucun égard aux
actes rapportés par l'évêque pour prouver que le roi
saint Louis, en confirmant, après l'évêque de Soissons,
la rente que Raoul, frère du comte Jean, avoit faite au
chapitre, de 100 liv. de rente sur l'avalage de Soissons,
a reconnu par-là et approuvé le droit de l'évêque sur
le comté.

Extrait tiré de la chambre des comptes de Blois,
d'une charte de l'année 1254, par laquelle le même
roi confirme une pareille constitution de rente à prendre
sur le même droit d'avalage, sans qu'il soit fait mention
d'aucune confirmation intermédiaire de l'évêque.

SECONDE REQUÊTE.

PREMIÈRE REQUÊTE

Sur la mouvance de la terre de Saint-Maigrin.

A MESSIEURS DU PARLEMENT.

Supplie le procureur-général du roi : disant que, dans l'instance qui est pendante en la cour entre le sieur comte de Sainte-Maure, appelant de la saisie féodale de la terre de Saint-Maigrin, et ledit procureur-général du roi, comme prenant le fait et cause de son substitut au bureau des finances de la Rochelle, intimé sur ledit appel ; il s'agit uniquement de savoir si la châtellenie de Saint-Maigrin est mouvante en plein fief, ou du sieur comte de Sainte-Maure, à cause de la baronnie d'Orchiac, ou du roi, à cause du comté de Saintonge.

Pour terminer ce combat de fief, dans lequel on ne peut opposer au roi que l'autorité de quelques arrêts rendus dans un tribunal incompétent, il suffiroit presque d'employer, pour toute défense, le simple récit des différens états de la châtellenie de Saint-Maigrin ; et c'est aussi à quoi on s'attachera dans la première partie de cette requête. On expliquera, dans la seconde, les longues contestations qui, depuis plus d'un siècle, rendent le sort de cette mouvance douteux et incertain : on entrera ensuite dans l'examen des différens titres que l'on allègue ou que l'on peut alléguer de part et d'autre, et l'on fera voir, dans cette troisième partie, que la cause du roi n'est pas moins juste par les titres qu'il produit, que par ceux que le sieur comte de Sainte-Maure ne veut pas produire, quoique ce soient les seuls titres qu'il puisse alléguer en sa faveur ; et enfin, on répondra, dans la quatrième partie, à l'autorité des arrêts, dans lesquels le sieur comte de Sainte-Maure a mis toute sa confiance ; prévoyant, avec raison, que si cet unique retranchement étoit forcé, il n'auroit plus rien à opposer, dans le fond, à la justice évidente des droits du roi.

PREMIÈRE PARTIE.

Histoire des différens états de la châtellenie de Saint-Maigrin.

On ne peut se former une plus juste idée de ces différens états, et en même temps de toute cette affaire, qu'en distinguant d'abord trois temps, qui en font tout le partage :

Un premier temps, qui a précédé l'usurpation que les seigneurs d'Orchiac ont voulu faire sur le roi ;

Un second temps, qui est celui de l'usurpation même ;

Enfin, un troisième temps, qui comprend ce qui a suivi l'usurpation.

On ne peut parcourir ces trois temps sans être pleinement convaincu que le roi n'a besoin, pour défendre sa cause, que des titres mêmes par lesquels on a voulu la lui faire perdre.

PREMIER TEMPS.

Avant l'usurpation.

Pour découvrir la véritable mouvance de la terre de Saint-Maigrin, il est inutile de remonter plus haut que le quatorzième siècle.

On apprend, par les titres de ce siècle, que la châtellenie d'Orchiac et celle de Saint-Maigrin étoient alors deux châtellenies distinctes et séparées, mouvantes en plein fief du roi, indépendantes l'une de l'autre, et possédées sans confusion par les mêmes seigneurs, qui étoient de l'ancienne maison d'Orchiac.

Aimard d'Orchiac, qui possédoit ces deux châtel-lenies vers le milieu du quatorzième siècle, laissa ses deux enfans mineurs, Aimard et Jeanne d'Orchiac, sous la garde et la tutelle de Marie Chasteignier, leur mère.

Elle reconnut le roi comme seigneur immédiat d'Orchiac et de Saint-Maigrin ; et elle obtint, le 11 septembre de l'année 1351, des lettres de Guy de Néelle, qui étoit alors lieutenant-général pour le roi en Saintonge, par lesquelles il déclara qu'il l'avoit reçue, en qualité de tutrice de ses enfans, à faire le serment de féauté (qu'on distinguoit alors de l'hommage plus qu'on ne fait aujourd'hui), *pour les châteaux et châtellenies d'Orchiac et de Saint-Maigrin*, et qu'il lui avoit donné souffrance pendant un an, à l'égard de l'hommage.

Mais la guerre, qui étoit alors très-allumée entre la France et l'Angleterre, n'ayant pas permis à la dame d'Orchiac de s'acquitter de ce devoir dans le temps qui lui étoit prescrit par ces lettres, elle en obtint de secondes du roi même, le 24 mai 1353, par lesquelles la souffrance fut renouvelée, attendu que les *châteaux d'Orchiac et de Saint-Maigrin étoient des places frontières.*

Comme ces deux châtellenies étoient tenues du roi à deux différens hommages, et qu'elle composoient deux fiefs distincts et séparés, il y avoit dans chacune un capitaine qui y recevoit séparément les ordres du roi ; c'est ce qui paroît par une commission de Charles d'Espagne, connétable de France, du 27 novembre 1363, adressée aux capitaines d'Orchiac et de Saint-Maigrin, *pour contraindre les habitans desdits lieux à la garde et contribution des réparations desdits châteaux comme places frontières.*

Aimard d'Orchiac, l'aîné des deux enfans qui étoient en 1351 sous la tutelle de Marie de Chasteignier leur

mère, étant mort sans aucune postérité, Jeanne d'Orchiac sa sœur demeura seule propriétaire des châtellenies d'Orchiac et de Saint-Maigrin.

Elle porta ces seigneuries en mariage à Guillaume
de Mareuil, qui s'acquitta, pour elle et pour lui-même,
du devoir de la foi, par un acte du 22 octobre 1361,
où l'on voit que Jean de Chaudon, vicomte de Saint-
Sauveur, lieutenant du roi d'Angleterre, qui étoit alors
en possession de la Saintonge, reçut *Guillaume de*
Mareuil à faire deux sermens de féauté, savoir, à
cause des terres par lui possédées, et pour sa femme,
à cause des châtellenies de Saint-Maigrin et d'Or-
chiac, avec souffrance de rendre les hommages jus-
qu'à la venue du roi.

Cette souffrance dura jusqu'en l'année 1365. Ce fut
en cette année que Guillaume de Mareuil rendit au roi,
à cause de sa femme, deux hommages et deux aveux
distincts et séparés, l'un pour le château et la châtellenie de Saint-Maigrin, l'autre pour le château et la
châtellenie d'Orchiac.

Peu de temps après ces hommages, Jeanne d'Orchiac mourut; et, comme elle n'avoit point d'enfans,
elle fit un legs considérable à Guillaume de Mareuil,
son mari.

Ce legs fut contesté par Foucault d'Orchiac, oncle
paternel et héritier de la testatrice; et, comme ce fut
dans le cours de cette contestation qu'on jeta les fondemens de la première usurpation que l'on a voulu faire
des droits du roi sur la châtellenie de Saint-Maigrin,
ce n'est qu'en cet endroit qu'il faut finir le premier
temps que l'on a distingué d'abord, c'est-à-dire, celui
qui a précédé l'usurpation.

Il n'est pas nécessaire de remarquer ici que, dans
ce premier temps, tout est pour le roi; les actes parlent
assez d'eux-mêmes pour n'avoir pas besoin du secours
des expressions.

Il faut voir maintenant par quelle surprise on a voulu
faire perdre au roi une mouvance si justement et si
anciennement établie.

SECOND TEMPS,

Qui est celui de l'usurpation.

Il est important de distinguer dans ce second temps deux usurpations différentes.

La première arriva à l'occasion du procès dont on vient de parler, en l'année 1369 et 1370.

La seconde usurpation eut pour prétexte un **autre** accommodement, qui fut fait dans la maison d'**Orchiac** en l'année 1396.

Pour expliquer la première, il faut reprendre ce qui vient d'être dit du testament de Jeanne d'Orchiac, et de la contestation que ce testament fit naître.

Cette contestation fut terminée par deux transactions, l'une de l'année 1369, et l'autre de l'année 1370.

Par la première, Foucault d'Orchiac consent que le *lieu, fort et château de Saint-Maigrin demeurent à Guillaume de Mareuil, avec* 100 *livres de rente, lesquelles lui seront assises, selon la coutume et usage du pays, sur les terres, rentes et revenus appartenans audit lieu et châtel.*

Jusque-là il n'y a encore rien, dans cet acte, de contraire aux droits du roi.

Mais on ajoute, aussitôt après, une clause, dans laquelle on entreprend si grossièrement sur ces droits, que, pour détruire l'acte qui contient cette entreprise, il ne faut employer que l'acte même.

Foucault d'Orchiac stipule, dans cette clause, que Guillaume de Mareuil, et ses hoirs, tiendront ledit *lieu de Saint-Maigrin, avec lesdites cent livres de rente et l'assiette d'icelles, par hommage lige dudit sieur d'Orchiac et de ses hoirs, au devoir qui seroit abonné selon l'hommage lige, en cas que faire se pourroit et devroit.*

Et, parce que l'on vouloit établir par cette clause une espèce de parage conventionnel, ce qui étoit impossible, comme on le fera voir dans la suite de cette requête, on convient, à la fin de cette clause : *Que le sire d'Orchiac fera gariment audit sire de Mareuil desdites choses, en payant par ledit sire de Mareuil devoirs royaux et anciens dûs à cause des terres qui lui demeuroient;* c'est-à-dire, que Foucault d'Orchiac, en exigeant l'hommage de Guillaume de Mareuil, s'engage à le garantir envers le roi.

La seconde transaction n'est que l'exécution de la première.

Foucault d'Orchiac y fait l'assiette des cent livres de rente données à Guillaume de Mareuil par la transaction précédente, et il lui délaisse, pour cette assiette, *le châtel, lieu et forteresse de Saint-Maigrin,* ensemble toute ladite juridiction et seigneurie, rentes, revenus, etc., *et toute haute, basse et moyenne juridiction,* mère mixte, impaire, et tous hommages, etc., *ainsi et par la forme et manière que les seigneurs de Saint-Maigrin et d'Orchiac les ont accoutumé avoir.*

On y renouvelle la stipulation de l'hommage lige, on y règle la qualité du devoir dont Guillaume de Mareuil sera tenu ; et l'acte porte expressément, *que ledit Mareuil sera tenu à perpétuité pour lui et les siens, ès qualités de seigneur et de vassal à cause de ladite terre, faire hommage lige au sire d'Orchiac et aux siens, au devoir ou rachat d'une lance.*

Tel a été le premier changement que l'on a tenté de faire dans la mouvance de la châtellenie de Saint-Maigrin ; changement vicieux dans son principe, et inutile dans ses suites, parce qu'il n'a duré que fort peu de temps.

La seconde espèce d'usurpation ne sera pas plus longue à expliquer.

Foucault d'Orchiac, qui auroit voulu, par ces actes, faire un arrière-fief du fief qu'il tenait immédiatement du roi, eut trois enfans : Aimard d'Orchiac, Béchette d'Orchiac, et Blanche d'Orchiac.

Blanche, étant veuve de Jean Biefs, retira la châtellenie de Saint-Maigrin des héritiers de Guillaume de Mareuil; mais elle ne la conserva pas long-temps, et elle la fit passer bientôt après entre les mains d'un seigneur de ses voisins, qui vivoit avec elle dans une familiarité criminelle, et qui en avoit eu une fille.

Ce seigneur étoit Regnault de Pons, et ce fut à lui que Blanche d'Orchiac vendit, en 1390, son château et sa terre de Saint-Maigrin, pour demeurer quitte envers lui de la somme de cinq mille livres qu'elle reconnut lui devoir, et elle déclara en même temps, que, sans les deniers qu'il lui avoit prêtés, *elle n'auroit pu retirer ledit château des héritiers de Guillaume de Mareuil.*

Il est fait mention, dans cet acte, de l'hommage de la châtellenie de Saint-Maigrin; mais, parce que Blanche d'Orchiac n'ignorait pas, sans doute, le vice des conventions faites sur cet hommage entre Foucault d'Orchiac son père et Guillaume de Mareuil, elle en parla dans des termes qui marquent tant de doute et d'incertitude, que le procureur-général du roi ne manquera pas de les employer dans la suite de cette requête, pour faire voir combien les seigneurs d'Orchiac même ont eu de défiance de la justice de leur cause.

La clause qui regarde l'hommage est conçue en ces termes:

Sans rien retenir ni réserver, fors seulement l'hommage dudit château, tel qu'il devra appartenir à Aimard d'Orchiac, frère de ladite Blanche, si et en tant que par droit, raison, usage et coutume du pays seroit trouvé que l'hommage lui en devroit appartenir.

Blanche d'Orchiac ne survécut pas long-temps à cet acte, que l'on regarda plutôt comme une donation simulée, que comme une vente véritable; et, peu contente d'avoir donné cette première marque de son affection à Regnault de Pons, elle fit un testament, dans lequel elle le nomma son exécuteur, et lui légua ce qui resteroit de ses meubles après que son testament auroit été accompli.

Sa mort donna à ses héritiers, Aimard et Béchette d'Orchiac, la liberté d'attaquer les actes, qu'ils prétendoient que la passion avoit dictés, et dont ils soutenoient que Regnault de Pons étoit indigne, par le motif même qui les avoit inspirés à Blanche d'Orchiac.

Cependant, après de premières tentatives, ils crurent devoir renoncer à leurs prétentions, et ils cherchèrent à se dédommager, en quelque manière, de ce qu'ils perdoient en cette occasion, en usurpant de nouveau une mouvance qu'ils n'auroient jamais pu acquérir légitimement, ensorte que ce fut, à proprement parler, aux dépens du roi et de son domaine que l'on fit un accommodement.

La transaction qui fut passée sur ce sujet, le 5 juin de l'année 1396, porte d'abord que les meubles légués au seigneur de Pons, lui demeureroient, à la charge d'exécuter le testament; et les parties entrant ensuite dans le véritable esprit de Blanche d'Orchiac, et confirmant cette espèce de fidéicommis tacite, qu'on présuma qu'elle avoit voulu faire en faveur de sa fille naturelle, en mettant la terre de Saint-Maigrin entre les mains de Regnault de Pons, elles conviennent, que *cette terre et ses appartenances seront héritages perpétuels à Jeanne, fille naturelle de ladite dame Blanche, et à ses hoirs ou hoires descendus et procréés de sa chair et de loyal mariage, laquelle Jeanne et sesdits hoirs ou li tiendront ledit châtel et châtellenie en franc parage dudit seigneur d'Orchiac, tant comme ledit lignage dureroit, jouxte et selon la coutume du pays de Saintonge delà la Charente, et qu'en cas où ladite Jeanne iroit de vie à trépassement sans hoir descendant de sa chair, ou sondit hoir ou hoirie iroit à trépassement sans hoir ou hoirie descendus de leur chair, ledit châtel ou châtellenie, terres et appartenances de Saint-Maigrin, retourneroient de plein droit en pleine propriété auxdits*

seigneurs d'Orchiac et à ladite dame Jeanne Bé-
chette, et à ceux qui d'eux auroient cause, ainsi
et par la manière que messire Foucault d'Orchiac
la transporta à messire Guillaume Mareuil, et ledit
messire Guillaume Mareuil et ladite dame Blanche
la tenoient par avance, etc.

C'est ainsi que, par une entreprise qui n'a peut-
être jamais eu d'exemple, on a voulu soustraire au
roi une mouvance, par la stipulation irrégulière et
contraire aux bonnes mœurs d'un parage successif
en faveur d'une fille naturelle, parage aussi peu
solide et aussi peu digne d'être opposé aux droits
du roi, que celui qui avoit été stipulé quelques
années auparavant en faveur de Guillaume Mareuil.

Il semble même qu'on ait eu une espèce de honte
de cette concession extraordinaire. Car on voit que,
lorsqu'en l'année 1416, Regnault de Pons maria
Jeanne de Pons, sa fille naturelle, avec Jean d'Estuer,
il les chargea seulement *de faire porter et payer*
pour la terre de Saint-Maigrin les devoirs anciens
dûs, sans oser exprimer que ces devoirs seroient dûs
aux seigneurs d'Orchiac.

Ce fut par ce mariage que la terre de Saint-Maigrin
passa dans la maison d'Estuer ; et c'est par rapport
à ceux de cette maison qui ont possédé cette terre,
qu'il faut examiner, dans le troisième temps qu'il
reste à parcourir, les suites des deux usurpations
que l'on a voulu faire dans le second.

TROISIÈME TEMPS,

Depuis l'usurpation.

Quelque attention que les seigneurs d'Orchiac
aient eu, dans ce dernier temps, à conserver par
des énonciations inutiles une mouvance qu'ils avoient
entrepris d'acquérir par une convention vicieuse,
il leur est néanmoins arrivé plusieurs fois de revenir,

comme malgré eux, à la vérité ; et l'on trouve plusieurs actes, dans lesquels, en se déclarant vassaux
immédiats du roi pour la terre de Saint-Maigrin,
ils lui ont caché l'usurpation qu'ils avoient voulu
faire de l'hommage de cette terre.

Ainsi, pour ranger les actes de ce dernier temps
dans un ordre naturel qui en démêle la confusion et
en fixe l'incertitude, il est nécessaire de les diviser
en deux classes différentes.

Les uns sont des suites de l'usurpation et paroissent
favorables aux prétentions du sieur comte de Sainte-
Maure, à présent seigneur d'Orchiac.

Les autres, au contraire, dissimulent cette prétention, et s'accordent parfaitement avec les anciens
titres que le roi a droit d'alléguer, pour appuyer la
justice de sa cause.

Les premiers sont un des hommages et aveux que
les seigneurs d'Orchiac ont reçus des seigneurs de
Saint-Maigrin, ou les aveux qu'ils ont eux-mêmes
rendus au roi, et dans lesquels ils ont compris la
terre de Saint-Maigrin comme tenue d'eux en parage.

Le procureur-général du roi pourroit, à la vérité,
se dispenser de parler de toutes ces pièces, parce
qu'elles ne sont pas produites par le sieur comte de
Sainte-Maure.

Mais, comme ses auteurs les ont produites autrefois, et qu'il y a lieu de croire qu'il les produira lui-
même dans la suite ; que d'ailleurs la profession
publique que le procureur-général fait de soutenir
encore plus les intérêts de la vérité que ceux du roi
même, l'engage à l'expliquer dans toute son étendue,
sans rien dissimuler de tout ce qui pourroit être contraire à la cause qu'il défend ; et qu'enfin, ces actes
mêmes bien entendus se tournent en preuve pour
établir la justice des droits du roi, le procureur-
général a cru, par toutes ces raisons, devoir prévenir
ici la production de ces titres, que l'on ne manquera
pas sans doute de faire bientôt pour le sieur comte
de Sainte-Maure ; et il espère de prévenir en même
temps toutes les inductions que l'on pourra en tirer

lorsqu'on les produira, ensorte qu'il n'aura pas même besoin d'y répondre pour remplir à cet égard les devoirs de son ministère.

Il est donc vrai d'abord, que les auteurs du sieur comte de Sainte - Maure ont produit autrefois au grand conseil trois hommages qu'ils prétendoient avoir reçus de la châtellenie de Saint-Maigrin :

Le premier, du 22 octobre 1492, rendu par Guillaume d'Estuer, fils de Jeanne de Pons;

Le second, du 17 décembre 1529, rendu par Pons d'Estuer, fils de Guillaume ;

Et le troisième, du 17 septembre 1543, rendu par François d'Estuer.

On ne peut savoir si ces hommages sont en bonnes formes, jusqu'à ce qu'ils aient été produits. Mais ce qu'il y a de certain, c'est qu'ils ne s'accordent pas avec le titre même sur le fondement duquel ils sont rendus, c'est-à-dire, avec les transactions de 1370 et de 1396, qui portent que la terre de Saint-Maigrin sera tenue de la seigneurie d'Orchiac *au devoir d'une lance;* au lieu que les hommages dont les seigneurs d'Orchiac ont voulu se servir autrefois contre le roi, marquent que le devoir est d'un épervier à longe de soie, avec cette condition expresse que, s'il se trouve quelque appointement qui établisse un plus grand droit, les seigneurs de Saint-Maigrin se soumettent à le payer.

Il est vrai, en second lieu, que, dans les deux aveux que les seigneurs d'Orchiac ont présentés au roi en la chambre des comptes, mais qui n'ont jamais été ni publiés, ni vérifiés, ni reçus, ils ont avoué tenir du roi la *baronnie et châtellenie d'Orchiac, et, outre cela, le châtel et châtellenie de Saint-Maigrin.* Jusque-là il n'y a rien qui ne soit favorable à la cause du roi; mais ils ont ajouté ensuite dans les uns, que les hoirs de feu dame Blanche d'Orchiac tenoient d'eux ladite terre en parage, et dans les autres, qu'ils la tenoient d'eux *hommagement.*

La première énonciation se trouve dans l'aveu de 1455.

La seconde est dans l'aveu de 1499.

On la trouve encore dans l'aveu de 1607. Mais il faut tout d'un coup retrancher ce dernier aveu du procès, soit parce qu'ayant été renvoyé sur les lieux pour être vérifié, il ne l'a pas encore été, soit parce qu'il a été présenté depuis que la question de la mouvance de Saint-Maigrin a été agitée.

Telles furent les suites d'une usurpation, qui, comme on vient de le remarquer, n'étoit pas bien d'accord avec elle-même, soit pour la qualité du devoir, que les premiers titres disent être d'une lance, et les derniers d'un épervier à longe de soie; soit pour la nature de la tenure féodale, que les premiers qualifient *parage*, et qui paroît réduite dans les derniers à un simple hommage et à une mouvance ordinaire.

Il faut parcourir maintenant, avec la même rapidité, la seconde espèce de titres de ce dernier temps, c'est-à-dire ceux dans lesquels on a conservé les vestiges de l'ancienne mouvance en dissimulant le changement qu'on avoit voulu y introduire.

C'est ainsi qu'en l'année 1458, Jeanne de Pons comparut, le 18 mars, par-devant le lieutenant-général et le prévôt d'Angoulême, pour y reconnoître et déclarer qu'elle tenoit du roi son *château et châtellenie de Saint-Maigrin*.

C'est ainsi que Guillaume d'Estuer, son fils, soutint ouvertement contre le seigneur d'Orchiac, que cette terre étoit mouvante du roi; et la contestation ayant été portée par-devant le sénéchal de Saintes, ce juge rendit une sentence le 19 mai 1466, qui ordonna qu'il seroit fait enquête, suivant le style ordinaire de ce temps-là. C'est un fait qu'on apprend par la lecture des arrêts que le sieur comte de Sainte-Maure a produits.

Mais ce qui est infiniment plus considérable, ce sont les actes de foi et hommage des 9 mai 1470, 14 août 1472, 24 octobre 1498, 9 février 1515 et 6 août 1549, et les aveux des premier mai 1516 et 4 mars 1593, dans lesquels les seigneurs d'Orchiac ont déclaré purement et simplement qu'ils tiennent la terre de Saint-Maigrin en plein fief du roi, sans faire aucune mention de ce prétendu parage, par lequel ils ont dans la suite prétendu avoir fait perdre au roi cette mouvance immédiate pour se l'approprier, en se mettant ainsi à la place du roi, par une entreprise contraire à tous les principes du droit coutumier.

Ainsi, même dans ce dernier temps, il n'y a aucun titre qui ne soit pour le roi. Tous ceux que l'on rapporte supposent que la terre de Saint-Maigrin étoit tenue de lui en plein fief : quelques-uns veulent qu'elle en ait été éclipsée par un parage prétendu ; mais ces titres n'ont point été approuvés par le roi, et il paroît au contraire que, dans ceux qu'il a connus et approuvés, qui sont des actes de foi et hommage, on lui a entièrement dissimulé le changement que l'on avoit tenté de faire dans la mouvance de la châtellenie de Saint-Maigrin.

On a donc eu raison de dire d'abord, que la simple explication des différens états de la châtellenie de Saint-Maigrin suffiroit pour la défense des droits du roi, et que le procureur-général du roi pourroit à la rigueur se renfermer dans cette première partie, sans manquer aux devoirs de son ministère.

Mais, comme l'on oppose à un droit si évident l'autorité de quelques arrêts qui ont été rendus en faveur des auteurs du sieur comte de Sainte-Maure, il est nécessaire de les expliquer dans la seconde partie de cette requête, où le procureur-général du roi s'est posé de faire un récit abrégé des contestations qui ont été formées, dans le siècle dernier, au sujet de la mouvance de Saint-Maigrin.

SECONDE PARTIE.

Récit des contestations formées sur la mouvance de la terre de Saint-Maigrin.

Louis d'Estuer de Caussade étant devenu propriétaire de la terre de Saint-Maigrin, par la mort de François d'Estuer, son père, il refusa de rendre hommage à Jacquetie de Monberon, dame d'Orchiac.

Une saisie féodale et une demande en commise furent les suites de ce refus; et, parce que le sieur de Caussade avoit coupé dans sa forêt plusieurs bois de haute futaie, la dame d'Orchiac demanda les lods et ventes qu'elle prétendoit lui être dûs pour cette aliénation d'une partie du fonds de la terre.

Le sieur de Caussade réclama le secours du substitut du procureur-général du roi; mais, malgré l'intervention de cet officier, il eut le malheur de succomber et de perdre sa cause, par une sentence du sénéchal de Saintes, qui confirma la saisie féodale, et ordonna que le sieur de Saint-Maigrin défendroit dans quinzaine à la demande en commise.

Il interjeta appel de cette sentence. Il obtint en même temps des lettres en forme de requête civile contre un arrêt du parlement de Bordeaux, du 17 janvier 1603, qui confirmoit une sentence du 23 avril 1597, par laquelle il avoit été ordonné que le sieur de Caussade déclareroit précisément s'il tenoit la terre de Saint-Maigrin du château d'Orchiac.

Les parties, qui avoient commencé à procéder au parlement de Bordeaux, furent attirées au grand conseil, sous prétexte d'une demande en réglement de juges; et comme la saisie réelle de la terre de Saint-Maigrin y étoit pendante, et que le roi y avoit renvoyé, par un arrêt du 9 novembre 1602, les procès et différends concernant le paiement des dettes du sieur de la Vauguyon, seigneur de Saint-Maigrin, le grand conseil retint la connoissance de cette affaire, et il rendit un premier arrêt, le 31 décembre 1603, sur les conclusions des gens du roi, par lequel, sans avoir égard à la requête civile, les parties furent mises hors de cour sur la demande en commise, la sentence confirmée dans le reste de ses dispositions, et la demande des lods et ventes, qui étoit encore pendante devant le juge d'Orchiac, évoquée au grand conseil.

Le préjugé de cet arrêt a été dans la suite une barrière insurmontable dans le tribunal qui l'avoit rendu.

Sur le fondement de ce premier jugement, Henri de Bourdeilles, devenu seigneur d'Orchiac, obtint des condamnations redoublées contre le sieur de Saint-Maigrin, par un nouvel arrêt du 7 mars 1606, et par deux autres arrêts rendus tous deux le 5 juin 1610, qui ne doivent tous être regardés que comme une exécution du premier, et qui, n'ayant pour objet que les lods et ventes de la forêt, en la perte des fruits, ont été rendus sans conclusions du parquet.

Accablé de tant de condamnations réitérées, le sieur de Caussade céda enfin à l'autorité, et se résolut de rendre hommage au seigneur d'Orchiac ; mais la forme dans laquelle cet hommage devoit être fait, fit naître un second procès qui fut encore porté au grand conseil.

Ce fut alors que celui qui exerçoit l'office public dans ce tribunal, commença à ouvrir les yeux, mais trop tard, sur le préjudice sensible que le roi souffroit dans cette affaire ; et il se contenta de s'opposer à l'arrêt du 5 juin 1610, qui n'étoit qu'une exécution de celui de 1605, au lieu de se pourvoir contre cet arrêt même.

Sur cette opposition et sur les demandes respectives des parties, la cause fut appointée ; et, par un arrêt du 18 août 1611, rendu par forclusion, non-seulement contre le sieur de Caussade, mais même contre celui qui exerçoit l'office public, on ordonna, sans avoir égard à son opposition, qu'il seroit informé *par turbes de la forme de l'hommage lige* dont on a accoutumé d'user entre mer et Charente.

Et la cause du roi étant toujours aussi abandonnée ou aussi mal défendue qu'elle l'avoit été dans le

commencement, un dernier arrêt rendu sans conclusions du parquet, sur un défaut faute de comparoir, régla *la forme de l'hommage, et ordonna
que le sieur de Caussade le rendroit la tête nue,
sans ceinture, épée ni éperons, un genou en terre,
les mains jointes entre celles du sieur de Bourdeilles,
seigneur d'Orchiac, et lui jureroit fidélité contre
tous, la personne du roi exceptée.*

Cet arrêt fut suivi d'un dénombrement de la terre
de Saint-Maigrin, donné par Louis d'Estuer au sieur
d'Orchiac.

Peu de temps après, la terre de Saint-Maigrin
ayant été saisie réellement, elle fut adjugée à Jacques
d'Estuer de Caussade, qui transigea en 1617 avec
Henri de Bourdeilles, sieur d'Orchiac, sur les lods
et ventes que Louis d'Estuer avoit été condamné
de lui payer, et qui reconnut ce même seigneur
par un hommage du 22 mai 1632, et par un aveu du
7 janvier 1633.

Les choses étoient dans cet état, et les sieurs
d'Orchiac, ayant su profiter de l'ignorance ou de la
négligence de leurs adversaires, jouissoient en paix
d'une usurpation trop heureuse, qui avoit su éblouir
les yeux de la justice même; lorsqu'un traitant,
chargé du recouvrement du domaine de Guyenne,
renouvela la contestation qui avoit été jugée par
les arrêts du grand conseil, et la porta mal à
propos dans cette juridiction, au lieu de se pourvoir dans le tribunal auquel le jugement des causes
du domaine de la couronne a été particulièrement
confié.

Ce traitant, plus avide de gain qu'instruit des
règles de l'ordre public, s'opposa à l'exécution des
arrêts qui avoient adjugé au sieur d'Orchiac la mouvance de la terre de Saint-Maigrin. Il joignit des
lettres en forme de requête civile à cette opposition.
Celui qui exerçoit alors l'office public au grand
conseil, appuya la demande de cette nouvelle partie,

et obtint lui-même des lettres en forme de requête civile.

Les droits du roi furent à la vérité beaucoup mieux défendus qu'il ne l'avoient été dans le cours de la première contestation.

Mais la fatalité de la forme, ou l'autorité des premiers arrêts ne permit pas apparemment aux juges qui les avoient rendus, d'entrer de nouveau dans l'examen du fond; et, par un dernier arrêt du 30 août 1635, les parties furent mises hors de cour et de procès.

C'est ainsi que le roi a perdu sa cause, mais dans un tribunal notoirement incompétent.

Ce seul mot efface par avance l'autorité de tous ces préjugés, et c'est sans doute ce qui a déterminé le substitut du procureur-général au bureau des finances de la Rochelle, à regarder la terre de Saint-Maigrin comme étant toujours demeurée dans la mouvance du roi, et à la faire saisir féodalement.

L'appel de cette saisie féodale, interjeté par le sieur comte de Sainte-Maure, qui s'est rendu adjudicataire en la cour de la baronnie d'Orchiac, fait tout le sujet de la contestation présente par rapport au procureur-général du roi, comme il l'a dit au commencement de cette requête; et après avoir expliqué, dans les deux premières parties, l'histoire de la châtellenie de Saint-Maigrin, et celle des différends que la mouvance de cette terre a fait naître, il va montrer, dans la troisième, qu'à ne considérer que les titres des parties et le fond du procès, la cause du roi n'est pas susceptible de la moindre difficulté.

TROISIÈME PARTIE.

Preuves de la justice des droits du roi.

Pour donner à ces preuves un ordre simple et naturel, qui les rende aussi sensibles qu'elles sont solides, le procureur-général du roi réduira toutes les réflexions qu'il doit faire dans cette troisième partie, à trois points principaux.

Il expliquera, dans le premier, les principes du droit coutumier, qui doivent servir de fondement à la décision de la contestation présente.

Il établira, dans le second, les vérités de fait qu'il faut supposer nécessairement pour entendre le véritable état de la question.

Et enfin, il tirera, dans le troisième, les conséquences qui résultent et des principes de droit et des vérités de fait qu'il aura établis dans les deux premiers ; et il fera voir que jamais le droit et le fait n'ont été plus parfaitement d'accord, qu'ils le sont dans cette affaire, en faveur de la cause que le procureur-général du roi est chargé de soutenir.

Comme toutes les questions que l'on peut former dans cette affaire, dépendent de la nature et des effets du PARAGE, il est nécessaire de se former d'abord une juste idée de ce droit, et d'examiner ensuite s'il est reçu dans la partie de la Saintonge où la terre de Saint-Maigrin est située ; et enfin, s'il peut y être reçu contre le roi.

Si l'on demande d'abord ce que c'est que le *parage*, on ne peut mieux répondre à cette question que par la définition que l'ancienne coutume de Normandie en donne en deux endroits différens, c'est-à-dire dans le chap. 28 et dans le chap. 30.

Les fiefs sont tenus par parage, dit cette coutume dans le chap. 28, *quand le frère ou le cousin prend sa part de l'héritage de ses ancesseurs, et il la tient de son aîné, et lui répond de toutes les choses qui appartiennent à sa partie du fief et des droitures aux hiefs seigneurs.*

Tenure par parage, dit la même coutume dans le chap. 30, *est quand cil qui tient et cil de qui il tient, doivent par raison de lignage être pers ès parties de l'héritage qui descend de leurs ancesseurs ; en cette manière tient le puîné de l'aîné jusqu'à ce qu'il vienne au sexte degré du lignage ; mais d'illec en avant sont tenus les puînés faire féauté à l'aîné ; et au septième degré et d'illec en avant sera tenu par hommage, ce qui devant étoit tenu par parage.*

Boutillier, dans sa Somme rurale, tit. 84, donne à peu près la même définition de ce droit, et il marque l'origine du nom de parage, en disant que l'aîné et les puînés sont *paraux en fief, jaçoit et que l'un soit plus grand que l'autre, et toutefois le tient-il aussi noblement comme l'aîné fait le gros, et si sont paraux en lignage.*

Ainsi, selon cet auteur, c'est cette double égalité, ou, si l'on peut parler ainsi, cette double *parité* et de fief et de lignage, qui a servi de fondement et au droit et au nom même de parage.

Si l'on ajoute à ces définitions que, pendant que le parage dure, les puînés, exempts de rendre l'hommage à leur aîné, ne le rendent pas non plus au seigneur suzerain, parce qu'ils sont garantis sous la foi de l'aîné qui couvre, pour ainsi dire, tout le fief de son ombre ; on aura une idée juste et parfaite de la véritable nature du parage, qui n'est autre chose, en effet, qu'une espèce de *tenure féodale,* par laquelle les puînés, comme étant égaux et pairs à l'aîné, tiennent les parts et portions des fiefs qui leur sont échus par une succession commune dans laquelle le droit d'aînesse peut avoir lieu, aussi noblement que lui, et jouissent librement de ces portions sous la foi de l'aîné, sans être tenus de lui en rendre aucun hommage, jusqu'à ce que le parage soit fini, auquel cas ils commencent à lui devoir la foi ; *car alors,* dit l'ancien coutumier de Normandie, *sera tenu par hommage, ce qui devant étoit tenu par parage.*

Cette espèce de tenure, autrefois très-commune dans ce royaume, est maintenant renfermée dans un assez petit nombre de coutumes.

Dans les unes, comme dans l'Anjou, le Maine, la Touraine, le Laudunois, l'aîné, ou celui qui le représente, est appelé *parageur,* et les puînés sont nommés *parageaux.*

Dans d'autres, comme dans le Poitou, l'Angoumois, la Saintonge, les noms des parageurs, paragers ou parageaux, sont donnés aux puînés, et l'aîné porte le nom de *chemier;* nom qui, suivant la remarque du sieur Cange, dans sa troisième dissertation sur l'histoire de saint Louis, vient de *caput mansi*, que nos anciens praticiens ont traduit par celui de *ché*, chef, de *meix*, et par contraction de *chemier*.

Il résulte de la définition du parage, qu'il n'y en avoit autrefois qu'une seule espèce, qui avoit lieu entre nobles dans le partage des fiefs échus par succession ; et c'est ce que marque l'ancienne coutume de Normandie, quand elle dit : *Que tenure par parage est quand cil qui tient et cil de qui il tient, doivent, par raison de lignage, être pers ès parties de l'héritage qui descend de leurs ancesseurs.*

Et, en effet, la plus grande partie des coutumes qui admettent le parage, n'en reconnoissent point d'autre que celui que l'on peut nommer parage légal ou successif.

Mais, à l'imitation de cette première espèce de parage, quelques coutumes en ont établi une seconde, à laquelle on peut donner le nom de *parage conventionnel*, et qui produit une espèce de tenure que ces coutumes désignent ordinairement par ces mots, *tenir part-prenant et part-mettant*, ou par celui de *gariment*.

Cette seconde espèce de parage, qui a lieu principalement dans la coutume de Poitou, s'établit par une convention, par laquelle tous ceux qui ont acquis un fief en commun, à quelque titre que ce puisse être, stipulent en le partageant, que celui qui aura la maison seigneuriale noble, avec la partie la plus considérable du fief, *sera le chemier et garantira les autres sous son hommage.*

C'est ce qui résulte des articles 30, 99 et 107 de la coutume de Poitou, et de tous les commentateurs de cette coutume.

Après tout ce qui vient d'être observé, touchant la nature et la division du parage, il est aisé de concevoir quelles sont les conditions sous lesquelles cette espèce de tenure féodale peut avoir lieu.

Et, premièrement, s'il s'agit du véritable parage ; c'est-à-dire du parage légal ou successif, il faut, comme le remarque M.e Jean Vigier dans son commentaire sur les articles 25, 26 et 27 de la coutume d'Angoumois, nombre 3, que trois choses concourent en même temps, qui forment comme autant de maximes générales en cette matière.

La première, que le parage ayant pour premier principe, d'un côté, cette égalité que la nature a mise entre les frères, et ceux qui les représentent, et, de l'autre, les prérogatives du droit d'aînesse ; le véritable parage ne peut aussi être admis qu'entre ceux qui sont formés d'un même sang, et entre lesquels le droit d'aînesse peut avoir lieu.

La seconde, que, comme le droit d'aînesse ne s'exerce que dans le partage d'un fief échu par succession, le parage, qui est une suite de ce droit, ne peut aussi être établi par aucune autre espèce de convention, que par le partage même.

La troisième, que le parage n'a son effet que lorsqu'un seul fief est divisé en plusieurs portions entre l'aîné et les puînés ; en sorte que s'il y a plusieurs fiefs dans une succession, et que, dans le partage, on donne un fief entier au puîné, on ne peut pas convenir que ce fief entier soit tenu en parage et garanti par la foi que l'aîné rend au seigneur suzerain : une telle convention seroit nulle et vicieuse, parce que, en un mot, tout l'effet du parage se réduit à faire que les portions d'un même fief soient garanties par l'aîné, qui seul est chargé d'en rendre l'hommage pendant que le parage dure.

De ces trois maximes, la première et la seconde se prouvent par elles-mêmes, et par la définition du parage que l'ancienne coutume de Normandie et Boutillier nous ont donnée.

On y voit que c'est entre les frères ou les cousins que le parage est admis ; que c'est entre les aînés et les puînés, entre ceux qui sont *paraux* en lignage ; enfin, que c'est à l'occasion du partage, et de la part que le puîné *prend à l'héritage qui descend de ses ancesseurs.*

Le langage de toutes les autres coutumes qui ont admis le parage, est conforme à celui de la coutume de Normandie, et il suffit de parcourir leurs dispositions sur le parage, pour être convaincu de la vérité de ces deux maximes; c'est-à-dire que le parage est en même temps une suite de l'égalité que la nature met entre les frères, et un effet de la prérogative que la primogéniture donne à l'aîné, et qu'ainsi il ne peut avoir lieu que dans les partages où le droit d'aînesse peut être exercé.

La troisième maxime est contenue si évidemment dans l'idée et dans la définition du parage, qu'elle n'a pas plus besoin de preuves que les autres.

Mais comme cette maxime, qui veut que le parage n'ait lieu que pour les portions d'un seul et même fief partagé entre plusieurs frères, ou ceux qui les représentent, est un des principaux fondemens de la justice des droits du roi dans cette affaire; il ne sera peut-être pas inutile de la développer, et de la rendre encore plus sensible par les réflexions suivantes :

Première réflexion. Le parage n'a été inventé que par la nécessité de diviser un seul fief entre plusieurs cohéritiers. D'un côté, l'intérêt du seigneur s'opposoit à cette division ; de l'autre, l'équité naturelle la favorisoit. Pour concilier deux intérêts si différens, nos pères ont imaginé l'expédient du parage, par lequel, à la vérité, la matière de la foi, c'est-à-dire le fief, est réellement divisé ; mais la foi subsiste en son entier ; en sorte que, du côté du seigneur, et par rapport à l'hommage qu'il reçoit, il ne paroît pas qu'il y ait eu aucune division dans le fief tant que le parage dure.

Ainsi, pour donner lieu au parage, il faut qu'il soit nécessaire de faire une division réelle et actuelle du fief; alors l'intérêt du seigneur, qui est de conserver toujours, autant qu'il est possible, l'intégrité du fief, cède à celui des vassaux qui sont obligés de le partager;

le droit naturel l'emporte sur le droit féodal, et le seigneur est obligé de se contenter de l'expédient du parage, qui conserve au moins l'ombre et l'image de la première unité et de l'intégrité du fief.

Mais, lorsque la division du fief n'est pas nécessaire, lorsque, par le partage, on a trouvé de quoi satisfaire le puîné, en lui donnant un fief entier, sans morceler un seul fief en plusieurs parties différentes ; alors n'y ayant plus de combat entre l'intérêt du seigneur et celui des vassaux, entre le droit naturel et le droit féodal, l'expédient du parage seroit vicieux, parce qu'il seroit inutile ; et il est juste de revenir au droit commun, qui, en ce cas, est favorable au seigneur, et n'est point contraire aux vassaux.

Seconde réflexion. Le parage est odieux, soit parce qu'il dispense les propriétaires d'une portion de fief du devoir de la foi, soit parce qu'il tend à un véritable démembrement du fief, et que, lorsqu'il est fini, les portions des puînés, qui étoient auparavant tenues en fief du seigneur suzerain, commencent à n'être plus tenues qu'en arrière-fief ; en sorte que, comme parle la coutume de Poitou, et plusieurs autres, le parage est un des cas dans lesquels le vassal *peut empirer le fief de son seigneur malgré lui.*

De là vient que, quoique le parage fût autrefois le droit commun du royaume, il est à présent renfermé dans le ressort de neuf ou dix communes qui en conservent l'usage.

De là vient enfin que la cour a jugé que ce droit ne pouvoit pas être étendu d'une cause à une autre, et qu'elle a décidé, par un arrêt rendu en 1687, entre la dame de Bourgon et Thomas Liger, à cause de Jeanne Porteau, sa femme, que, quoique les coutumes de Poitou et d'Angoumois soient les coutumes les plus voisines de celle de la Rochelle, et que M.e Charles Dumoulin ait dit que l'on avoit accoutumé de suppléer à la coutume de la Rochelle par la disposition de celle de Poitou, cependant le parage admis par les coutumes de Poitou et d'Angoumois ne devoit pas être reçu dans celle de la Rochelle.

Or, si le parage est odieux, il ne peut être autorisé que lorsqu'il est nécessaire dans l'esprit des coutumes qui l'admettent, et il ne peut être nécessaire que dans les cas de la division actuelle d'un même fief, comme on l'a fait voir dans la première réflexion ; ainsi il doit cesser absolument, lorsque, par l'événement du partage, un fief entier est échu au puîné.

Troisième réflexion. Pour pouvoir *garantir* un fief sous sa foi, il faut être possesseur de la plus grande ou de la principale partie de ce fief ; car il seroit absurde que celui qui n'a aucun droit sur un fief, et qui n'en possède aucune portion, pût être regardé comme le seul propriétaire par rapport au seigneur suzerain, et que, n'ayant pas même droit d'en rendre l'hommage, il pût affranchir ses puînés de l'obligation de le rendre : c'est cependant ce qui arriveroit, si, lorsque le puîné possède un fief entier, on pouvoit convenir que l'aîné le garantiroit sous la foi qu'il en rendroit mal à propos au seigneur suzerain. Cette proposition est si absurde, qu'il n'en faudroit pas davantage pour démontrer la vérité de la maxime contraire.

Quatrième réflexion. Le parage est l'ouvrage d'un droit purement positif, et qui dépend entièrement de l'autorité des coutumes qui l'ont établi. Or, dans toutes ces coutumes, il n'y en a pas une seule qui ne suppose et qui ne décide même expressément, que le parage cesse, lorsque le puîné possède un fief entièrement distinct et séparé ; et que ce droit n'a lieu que lorsqu'un même fief se trouve réellement divisé entre l'aîné et les puînés.

C'est ce qui est marqué très-clairement dans le texte de l'ancienne coutume de Normandie, que l'on a déjà rapporté.

Les fiefs sont tenus par parage, dit cette coutume, quand le frère prend *sa part de l'héritage*. Il faut donc qu'il y ait une division réelle dans l'héritage, qu'une portion passe à l'un, que le surplus reste à l'autre.

Elle ajoute qu'en ce cas, le puîné répond à l'aîné *de toutes les choses qui appartiennent à sa partie du fief.*

Il faut donc qu'il n'en possède qu'une partie ; c'est la condition essentielle du parage.

Elle dit encore que *la tenure par parage, est quand cil qui tient et cil de qui il tient sont pers ès parties de l'héritage qui descend de leurs ancesseurs.* C'est donc un seul héritage partagé en plusieurs parties, qui est le sujet et la matière du parage.

La coutume de Tours s'explique encore plus fortement dans l'article 266, et celle de Laudunois dans l'article 12 du chapitre 27, lorsqu'elles décident, en termes formels, que si le puîné a pour partage un fief entier, il sera tenu d'en faire l'hommage.

L'article 115, de la coutume de Poitou, contient une semblable décision : Si par *le partage il eschet au puîné chose dont il soit dû hommage, ledit puîné fera les hommages nonobstant que l'aîné l'eût fait pour tous.* Et en effet, lorsque cette coutume, dans l'article 126, établit le parage, elle ne parle que d'une portion de fief accordée par l'aîné au puîné pour son partage.

On trouve le même esprit dans la coutume d'Angoumois, articles 25, 26 et 27, et dans la coutume de Saintonge, articles 22 et 30, et plus précisément encore dans l'article 37.

Il est vrai que les coutumes d'Anjou et du Maine, semblent d'abord faire une exception à cette maxime ; mais cette exception ne sert, au contraire, qu'à confirmer la règle, et elle se tourne en preuve pour l'établir.

Ces coutumes marquent également en plusieurs endroits, que le cas du parage est celui du partage d'un fief en plusieurs portions, entre l'aîné et les puînés ; elles envisagent ensuite le cas d'un fief entier donné par l'aîné à un puîné, et elles font une distinction.

Si le fief est donné à une fille puînée, alors, comme les filles sont héritières, c'est-à-dire propriétaires, suivant ces coutumes, elle ne pourra être garantie par la foi de l'aîné, et il faudra qu'elle s'acquitte elle-même du devoir de l'hommage. Ainsi le parage cesse absolument en ce premier cas, de même que dans les autres coutumes.

Mais, si le fief entier est donné à un puîné mâle, alors il doit être *garanti* par l'aîné, et par conséquent, il semble d'abord que cette décision seroit contraire à la règle que l'on a établie ; mais si l'on examine quelle en est la raison, on trouvera que cette exception est fondée sur la règle même, et qu'elle la confirme bien loin de la détruire.

En effet, quelle est la raison de cette décision ? Elle est écrite dans les coutumes mêmes. C'est parce que les puînés ne sont qu'*usufruitiers ;* ils ne possèdent leur portion dans un fief, ou même un fief entier, qu'en *bienfait*, comme parlent ces coutumes, c'est-à-dire, en usufruit, et la propriété en demeurera toujours à l'aîné.

Ainsi, il n'est pas surprenant que l'aîné soit toujours chargé du devoir de la foi, et qu'il doive garantir les puînés, puisqu'il est propriétaire, et que les puînés ne sont qu'usufruitiers.

Il résulte donc de la distinction faite par ces coutumes, que toutes les fois que l'aîné demeure propriétaire du fief donné aux puînés, il peut et doit les garantir sous sa foi ; c'est ce qui arrive à l'égard des puînés mâles : et qu'au contraire, lorsque la propriété d'un fief entier passe aux puînés, il n'y a plus, en ce cas, ni garantie ni parage ; c'est ce qui arrive dans le cas des filles puînées.

Et, par conséquent, rien ne peut donner atteinte à cette règle inviolable, que, lorsque l'aîné ne conserve aucune part dans le fief qu'il donne aux puînés, le fondement du parage ne subsistant plus, le parage cesse aussi absolument.

Cinquième réflexion. Enfin, il y a près de 500 ans que cette question a été agitée, et qu'elle a été décidée suivant les grands principes que l'on vient d'établir. C'est ce que l'on apprend du commentaire de Ferrière, sur le chapitre 5 du livre 3, de l'ancienne coutume de Normandie, où cet auteur dit : *Qu'il faut noter que par arrêt d'eschiquier, tenu à Falaise l'an 1213, il fut jugé que deux frères partans la succession de leur père, chacun desquels avoit une baronnie, ne tiendroient point par parage, mais tiendroient du roi chacun par hommage, qui fait la décision d'une question amplement débattue par la glose; savoir, si en une succession y avoit trois fiefs nobles qui échéent à trois fils, si les puînés tiendront de l'aîné par parage.*

La règle que l'on a établie, a donc l'avantage d'avoir pour elle la force des principes du droit coutumier, l'autorité des coutumes; et le préjugé d'un arrêt vénérable par son antiquité, autant que par la sagesse de sa décision.

Il n'est pas nécessaire de faire ici une longue dissertation pour montrer que ces principes, qui ont d'abord été établis par rapport au parage légal et successif, ont une exacte et parfaite application au parage conventionnel.

S'il n'est pas permis à des frères, lorsqu'ils possèdent chacun un fief entier, de convenir que l'aîné garantira tous les autres sur sa foi, il doit être encore plus défendu aux simples copropriétaires de plusieurs fiefs, de stipuler que l'un d'entr'eux couvrira, pour ainsi dire, tous ces fiefs par son hommage; il seroit absurde d'accorder à des étrangers ce que l'on refuse à des frères, qui sont infiniment plus favorables : ce seroit abuser de la patience de la cour, que de s'arrêter à prouver une vérité si claire et si évidente.

Enfin, c'est une question réellement décidée par

la coutume même qui a introduit cette espèce de parage, c'est-à-dire, par la coutume de Poitou.

Il ne faut, pour en être persuadé, qu'envisager simplement les termes dont cette coutume se sert pour exprimer cette tenure féodale : elle dit que ceux qui tiennent de cette manière, tiennent *part-prenant, part-mettant.* C'est ainsi qu'elle s'explique dans l'article 99, en parlant des différentes manières de tenir des *héritages.*

Et ceux qui sont tenus noblement, dit cet article, *sont tenus par hommage lige, ou pilaise en parage, ou part-prenant ou part-mettant.*

Ces expressions, qui paroissent barbares, sont très-énergiques. Elles renferment toute la substance du principe que l'on vient d'établir, c'est-à-dire, que pour tenir un fief dans cette espèce de parage, il faut y *prendre part* ou y *mettre part;* en un mot, il faut qu'il y ait une division dans le fief, par laquelle plusieurs propriétaires y aient chacun leur part ; sans cela, il n'y a point *de part-prenant* ni *de part-mettant,* et si cela est, il n'y a point de parage.

On pourroit prouver la même vérité, par une longue déduction de tous les articles de la coutume de Poitou, qui font mention de cette espèce de parage ; mais comme on n'ajouteroit rien à l'évidence de la preuve qui se tire du nom même de *part-prenant* ou de *part-mettant,* il vaut mieux reprendre la suite des principes généraux de la matière des parages ; et, après avoir marqué ce que les deux espèces de parage ont de commun, il est temps d'expliquer encore plus sommairement en quoi elles diffèrent l'une de l'autre.

Trois différences essentielles distinguent ces deux espèces de parage :

La première regarde leur constitution; *la seconde,* leur durée ; *la troisième,* leur effet.

Par rapport à leur constitution, on a déjà remarqué que le parage successif a pour principe, d'un côté, cette égalité que la nature met entre les frères, et de l'autre, la prérogative du droit d'aînesse ; au lieu que le parage conventionnel n'est fondé que sur la commodité commune du seigneur et des copropriétaires d'un même fief, auxquels il convient également, à l'un de recevoir, et aux autres de rendre le devoir de la foi par le ministère d'un seul.

De cette différence, tirée de la nature même de ces deux espèces de parage, il résulte que le parage légal ne peut avoir lieu que dans le partage d'un fief échu par succession, et qu'il n'est admis qu'entre ceux qui sont formés d'un même sang, issus d'une même tige, et entre lesquels le droit d'aînesse peut avoir lieu.

De là vient que ce parage cesse non-seulement entre des cohéritiers étrangers, mais même entre les plus proches parens, lorsqu'il s'agit du partage d'une succession collatérale, si ce n'est dans quelques coutumes singulières, où le droit d'aînesse a lieu même entre les collatéraux.

Il n'en est pas de même du parage conventionnel, que la coutume de Poitou appelle *part-prenant et part-mettant;* non-seulement il peut avoir lieu dans le partage des successions collatérales ; mais il est admis entre toutes sortes de copropriétaires d'un même fief, à quelque titre qu'ils en aient acquis la propriété. La raison qui a fait introduire cette espèce de parage n'ayant point d'autre fondement que la commodité réciproque du seigneur et des vassaux, il n'est pas surprenant qu'on l'ait étendu à toutes sortes de propriétaires et de partages, parce qu'il n'y en a aucun auquel on ne puisse appliquer cette raison.

Par rapport à la durée du parage, on trouve les mêmes différences entre le parage successif et le parage conventionnel.

Le premier finit et s'éteint en plusieurs manières : soit lorsque la parenté s'éloigne au delà du quatrième degré, dans plusieurs coutumes, et au delà du sixième, dans d'autres; soit lorsqu'elle manque tout-à-fait, suivant la disposition de la coutume de Poitou; soit, enfin, quand le puîné vend sa portion à un étranger, et même, suivant la coutume de Poitou, lorsque l'aîné vend la part à laquelle le droit de *chemerage* est attribué.

Dans tous ces cas, qu'il est inutile d'expliquer avec plus d'étendue, le parage successif s'éteint et s'évanouit; et telle est sa nature, qu'il ne peut presque durer au delà d'un certain nombre de générations.

Le parage conventionnel, au contraire, est perpétuel; et c'est ce que l'on ne sauroit mieux expliquer que par ces termes de l'article 107 de la coutume de Poitou :

Entre tenir en parage, et tenir part-prenant et part-mettant, y a différence; car le parage vient par succession et lignage, et défaut ledit parage, faillant le lignage ; et le part-prenant et part-mettant vient par convention et longue usance, et ne change par transport et faute de lignage.

Enfin, *l'effet* de ces deux sortes de parages n'est pas moins différent que leur constitution et leur durée.

Le parage successif se termine toujours en véritable démembrement, ou, pour parler comme nos anciens praticiens, *à un abrégement et un allongement de fief* : car, lorsque le parage finit soit *par le transport ou par le défaut de lignage,* suivant l'expression de la coutume de Poitou, alors la portion du puîné, qui jusque-là avoit été tenue en plein fief du seigneur suzerain, commence à s'éloigner d'un degré, et n'est plus tenue de lui qu'en arrière-fief, et en plein fief de l'aîné : *D'illec en avant,* dit l'ancienne coutume de Normandie, *sont tenus les puînés faire féauté à l'aîné.... Et sera tenu par hommage, ce qui devant étoit tenu par parage.*

Mais dans le parage conventionnel les droits du seigneur suzerain se conservent toujours dans leur entier; il n'y arrive jamais, par la nature de ce parage, aucun démembrement, aucun allongement de fief, et celui qui exerce le droit de *chemier* ne peut jamais se mettre à la place du seigneur suzerain, pour recevoir l'hommage de ses *part-prenans* ou *part-mettans* : il peut, à la vérité, rendre la foi pour eux, et son hommage couvre tout le fief ; voilà le seul changement que cette espèce de parage apporte dans la tenure féodale; changement qui ne consiste presque que dans la manière de rendre la foi, et qui n'en altère ni l'essence ni la plénitude; c'est ce que la coutume de Poitou a marqué en un mot, quand elle a dit que cette espèce de parage *ne change ni par transport, ni par défaut de lignage.*

Tels sont donc les trois principaux caractères de différence qui distinguent ces deux espèces de parage.

Différence dans la *constitution* : l'un ne subsiste que par un partage fait entre des frères, ou leurs représentans; l'autre a lieu même entre des étrangers. Il suffit, pour y donner lieu, qu'un fief soit possédé par plusieurs copropriétaires, à quelque titre que ce soit.

Différence dans la *durée* : celle du parage successif est incertaine et toujours limitée, celle du parage conventionnel n'a point de bornes.

Enfin, différence dans l'*effet* : celui du parage successif est de produire un véritable démembrement, par lequel la portion des puînés devient un fief de l'aîné et un arrière-fief du seigneur suzerain ; au contraire, le parage conventionnel n'étant point borné dans sa durée et ne finissant jamais, laisse toujours subsister la mouvance du seigneur dans son premier état.

Ces principes généraux de la matière du parage étant une fois supposés, il ne reste plus que d'examiner si le parage est reçu dans la partie de la Saintonge où la terre de Saint-Maigrin est située, et s'il doit y avoir lieu contre le roi même.

Il faut d'abord supposer ici que la portion de la Saintonge où cette terre est située, est précisément celle qui n'a point de coutumes rédigées par écrit et revêtues de l'autorité du roi. On n'y suit que des usages non écrits, que l'on appelle ordinairement l'usance de Saintes, et qui ne tiennent lieu de règle dans les jugemens, suivant la remarque de l'auteur qui a recueilli ces usages, *que dans l'un de ces trois cas : le premier, lorsque les parties en demeurent d'accord ; le second, lorsque l'usance dont il s'agit a été confirmée par divers jugemens, et principalement par arrêts; le troisième, après une preuve faite par une notoriété.*

Voilà quel est en général, selon cet auteur, le caractère et l'autorité de cette espèce de coutume non écrite, par laquelle une partie de la Saintonge se régit.

Si on examine ensuite cette usance par rapport à la matière des parages en particulier, il est certain que le même auteur atteste que l'une et l'autre espèce de parage y sont en usage, à l'exemple des coutumes de Poitou, d'Angoumois et de Saint-Jean-d'Angeli; mais, suivant les règles qu'il établit lui-même, il faudroit, pour donner quelque autorité à un tel usage, ou que les deux parties le reconnussent également, ou qu'il eût été confirmé par plusieurs jugemens, et principalement par des arrêts de la cour, ou qu'on eût admis les parties à en faire la preuve par des actes de notoriété.

Jusque-là le témoignage de Béchet ne seroit pas suffisant pour donner à ce prétendu usage des parages dans cette partie de la Saintonge, le caractère et l'autorité d'une véritable loi.

Mais, si l'autorité de cette usance prétendue est très-incertaine, si le fait même de cette usance par rapport au parage n'est pas prouvé, il seroit encore plus difficile d'établir qu'un usage de cette qualité, qui n'a jamais été ni approuvé ni autorisé par le roi, pût faire admettre le parage successif ou conventionnel dans les fiefs qui relèvent immédiatement de la couronne ; et cela, contre l'ancien droit des fiefs, contre la disposition précise d'une ordonnance célèbre, contre l'autorité du droit commun, contre les maximes les plus inviolables du domaine.

Si l'on s'attache d'abord à l'ancien droit des fiefs, on en trouvera des vestiges, ou plutôt des monumens éclatans dans les livres des fiefs de Lombardie, qui sont un des plus anciens recueils que nous ayons en cette matière.

Il n'y a qu'à jeter les yeux sur le titre 9 et le titre 77 du livre 4 *de feudis*, suivant l'édition de M.ᵉ Cujas; on y trouvera le parage condamné en termes formels : *Cùm plures fratres vassalli paternum habent beneficium, donec illud indivisum possident, una fidelitas et unum servitium domino fieri debet ; si verò partitum fuerit, quot partes, tot erunt fidelitates.*

Si l'on veut voir ensuite ces anciens usages autorisés, ou plutôt rétablis par une loi du royaume, on reconnoîtra que ce parage est absolument aboli par l'ordonnance de Philippe-Auguste, de l'an 1209, par laquelle ce prince ordonna qu'à commencer au premier jour du mois de mai, toutes les fois qu'un fief seroit partagé, la foi seroit rendue au seigneur suzerain par chaque cohéritier pour sa part dans le fief, de la même manière qu'elle l'étoit par un seul pour tout le fief avant sa division. C'est ce que cette ordonnance établit en ces termes :

Ut à primo die maii, quidquid tenetur de domino ligio, vel alio modo, si contigerit per successionem hæredum, vel quocumque alio modo, divisionem indè fieri, quocumque modo fiat, omnes qui de illo feodo tenebunt, de domino feodi principaliter et nullo medio tenebunt, sicut unus anteà tenebat, priusquàm divisio facta esset, etc.

Une loi si conforme à la pureté des maximes féodales et à l'intérêt commun de tous les seigneurs, auroit dû être religieusement observée dans toute l'étendue du royaume.

Cependant il faut avouer que nous apprenons par plusieurs monumens des antiquités françaises, et même par le témoignage de quelques coutumes qui subsistent encore aujourd'hui, que l'ordonnance de Philippe-Auguste ne fut pas généralement exécutée. L'autorité excessive et presque souveraine que les grands seigneurs du royaume avoient usurpée, le désordre des guerres civiles, publiques et privées qui déchiroient presque toujours le sein de la France, et enfin la foiblesse de certains règnes, ont donné lieu à l'établissement de plusieurs coutumes contraires à cette ordonnance, que les rois étoient obligés de tolérer pour éviter de plus grands maux.

Mais s'ils ont bien voulu souffrir que quelques-uns des grands vassaux de la couronne aient permis à leurs vassaux de s'écarter de la disposition de cette ordonnance, et de conserver, malgré cette loi, le droit abusif des parages, il faut cependant convenir que l'ordonnance de Philippe-Auguste devoit au moins s'observer exactement dans l'étendue de son domaine, et ce, à l'égard de ses vassaux immédiats.

C'est ainsi que par une suite du désordre qui régnoit dans ces siècles de licence, la prohibition des guerres privées que saint Louis fit en l'année 1245, fut renfermée dans les terres de son domaine; les grands du royaume n'ayant pas voulu la recevoir dans l'étendue de leurs seigneuries.

Mais jamais personne n'a douté que cette ordonnance de saint Louis ne dût au moins être pleinement exécutée dans tout ce qui faisoit partie de son domaine immédiat.

Il faut donc porter le même jugement sur l'ordonnance par laquelle Philippe-Auguste abolit les parages, et reconnoître que le moindre effet qu'ait pu avoir cette ordonnance, a été de déroger à ce droit dans l'étendue de son domaine immédiat.

Or, si cet effet ne peut être justement contesté à l'ordonnance de Philippe-Auguste, même dans ces temps malheureux de trouble et de confusion, qui répandoient des ténèbres jusque sur l'éclat de la majesté royale, comment pourroit-on soutenir, à

présent qu'elle est rétablie dans son ancienne splen-
deur, que cette même loi ne doit point avoir lieu
à l'égard des terres qui relèvent pleinement du domaine de la couronne ?

Opposera-t-on à une telle ordonnance une usance
non écrite, non autorisée, qui a besoin d'être prouvée dans chaque fait particulier ? Voudra-t-on obliger
le roi à faire céder l'autorité de ses ordonnances à
un usage qui n'a jamais été ni observé ni approuvé
par lui ? Et n'est-ce pas à ce cas que l'on doit appliquer ces paroles célèbres d'un jurisconsulte romain :
*Consuetudinis diuturnæ ususque longævi non vilis
est auctoritas, sed non tanta, ut aut rationem vincat,
aut legem ?*

Qu'on autorise, si l'on veut, des usages semblables à ceux de cette partie de la Saintonge qui
est entre la Charente et la Garonne, qu'on appelle
Lamer en cet endroit, lorsque ces usages ne résistent
ni à la force des principes généraux, ni à l'autorité
de la loi, c'est tout ce que l'on peut accorder à la
faveur d'un ancien usage; mais quelque grande que
soit cette faveur, elle doit respecter l'empire de la
raison et de la loi. Or, il faudroit ici mépriser l'une et
l'autre, pour admettre le parage contre le roi, sur la
foi de la prétendue usance de Saintes.

La raison condamne cette usance, puisque, comme
on l'a assez montré en expliquant la nature du parage, ce droit résiste aux premières maximes des
fiefs, et qu'en effet il étoit ignoré, comme on vient
de le faire voir tout-à-l'heure, chez les peuples
qu'on a regardés comme les premiers auteurs, et,
pour ainsi dire, les premiers compilateurs de la jurisprudence féodale.

La loi n'est pas moins certaine ; il n'y a rien de
plus clair ni de plus précis que l'ordonnance de
Philippe-Auguste, et cette ordonnance, encore une
fois, ne doit jamais être observée plus rigoureusement
que lorsqu'il s'agit de fiefs mouvans immédiatement
du roi.

Ainsi, quel qu'ait été le sort de cette loi dans les fiefs dépendans du domaine des particuliers, rien ne peut ébranler cette première réflexion, c'est-à-dire, que lorsqu'il est question d'une mouvance immédiate du roi, l'ordonnance de Philippe-Auguste a toujours dû et doit encore à présent être observée inviolablement, sans que l'on puisse opposer une usance obscure et incapable d'entrer jamais en parallèle avec une ordonnance du roi, et cela contre le roi même.

On a dit, en troisième lieu, que cette usance, contraire aux anciens usages des fiefs, contraire à l'ordonnance de Philippe-Auguste, ne l'étoit pas moins aux règles du droit commun qui s'observe dans le royaume; c'est ce que l'on a déjà prouvé par avance dans les réflexions générales qui ont été faites sur le parage, où l'on a montré que ce droit étoit tellement regardé comme une exception et une dérogation à la règle générale, qu'on ne l'étendoit point d'une coutume à une autre.

C'est ainsi que la justice et l'équité de l'ordonnance de Philippe-Auguste l'ont enfin emporté sur les oppositions que cette loi avoit éprouvées de la part de quelques seigneurs, en sorte qu'elle est devenue le droit commun de la France, soit dans les provinces qui suivent le droit coutumier, soit dans celles qui se régissent par le droit romain.

Or, c'est un principe certain que le roi se maintient toujours dans la possession du droit commun, et que ceux qui plaident contre lui sont obligés de justifier leur exception, et de la justifier par des titres auxquels le roi lui-même ait bien voulu s'assujettir.

Ainsi, par exemple, comme la règle, *nulle terre sans seigneur*, est le droit commun de la France, et que le franc-alleu n'est considéré que comme une exception de cette règle, on a jugé que le franc-alleu devoit être prouvé contre le roi par des titres singuliers, et que les dispositions générales de quelques coutumes favorables à la liberté naturelle de tous les héritages, ne pouvoient pas avoir lieu contre le souverain, qui étant fondé en droit commun et universel, n'admet aucune dérogation à ce droit, que lorsque la dérogation se trouve établie par des titres dont il est lui-même l'auteur et l'approbateur.

C'est encore par une suite du même principe, qu'on a décidé plusieurs fois que les prescriptions introduites par les coutumes ne pouvoient être opposées au roi; et que, quoique la coutume de Bourbonnois, par exemple, admette la prescription de cens, on ne devoit avoir aucun égard à cette prescription dans les terres qui dépendoient du domaine de la couronne : et ce n'est pas seulement sur l'imprescriptibilité de ce domaine que cette décision est fondée, elle a encore pour principe cette maxime qu'on ne sauroit trop répéter, c'est-à-dire qu'une des plus grandes prérogatives du domaine de la couronne est d'être toujours gouverné par les plus anciennes règles, qui composent ce que l'on appelle le droit commun.

Enfin, si l'on cherche un exemple encore plus illustre de cette maxime, on le trouvera dans *la régale*, qui est un des droits les plus éminens de la couronne.

Ce droit né, comme parle M.ᵉ Charles Dumoulin, avant toutes les dispositions canoniques qui ont altéré la pureté des anciennes règles, *ante omnia jura canonica natum*, s'est toujours maintenu dans la glorieuse prérogative de n'admettre aucune des nouvelles servitudes auxquelles les autres collateurs se sont laissé assujettir par tolérance ou par prescription; le roi l'exerce avec toute la liberté dont les collateurs jouissoient autrefois suivant les anciens canons de l'église; il ne reconnoissoit pas même autrefois les conventions faites entre les évêques et les chapitres sur la collation des bénéfices; il retenoit et il exerçoit le droit commun et primitif dans toute sa plénitude, et ce n'est que par la déclaration de l'année 1682 que le roi a bien voulu se relâcher, à cet égard, d'un droit que saint Louis a lui-même exercé.

Il n'y a donc rien qui puisse ébranler la certitude de ce principe, que tous les droits de la couronne se règlent principalement par les anciennes maximes qui forment le droit commun, jusqu'à ce que l'on prouve le contraire.

Ce sera donc à ceux qui voudront peut-être opposer ici l'usance de Saintes à l'autorité du droit commun, de faire voir que cette usance ait été approuvée par le roi en ce qui regarde les parages, et pour les fiefs qui relèvent immédiatement de lui; et jusqu'à ce qu'ils aient prouvé clairement la vérité de ce fait, ils seront obligés de reconnoître qu'une telle usance ne peut être d'aucun poids, quand il s'agit de juger des droits du roi.

Enfin, on a dit, en quatrième lieu, que cette usance telle que Béchet la suppose dans la matière des parages, résistoit aux maximes les plus inviolables du domaine; et c'est ce qu'il est très-facile de prouver.

Il n'y a certainement point de principes plus incontestables en cette matière, que celui de l'inaliénabilité du domaine de la couronne : or le parage donne atteinte à cette inaliénabilité; et il suffit, pour en être convaincu, de considérer que ce domaine ne consiste pas seulement dans ce que le roi possède en propriété, il consiste encore dans ce que le roi possède en mouvances, et ces mouvances sont même la plus noble partie de son domaine; ainsi, toutes les fois qu'elles diminuent ou qu'elles s'éloignent de leur source, en sorte que ce qui étoit tenu en plein fief, commence à être tenu en arrière-fief, il arrive alors un véritable démembrement, et par conséquent une véritable aliénation par laquelle un fonds qui produisoit autrefois des fruits utiles pour le roi dans les différentes mutations qui y arrivoient, devient stérile pour lui, et fertile pour un autre seigneur, qui, par l'effet du parage, se trouve substitué à la place du roi.

Telle est donc la circonstance singulière, qui, dans cette matière, distingue essentiellement la cause du roi, de celle des autres seigneurs. La seigneurie directe des particuliers, n'est point inaliénable; elle est dans le commerce, comme tout le reste de leurs biens; elle est susceptible d'altération et de diminution, suivant les différens usages des lieux où leurs fiefs sont situés.

Il n'en est pas de même de la seigneurie directe du roi; elle fait une partie principale de ce domaine sacré qui est hors du commerce des hommes, et sur l'aliénation duquel les usages locaux, et les coutumes mêmes n'ont aucun pouvoir : de là vient, comme on l'a déjà dit, qu'on a jugé que le cens appartenant au roi dans le duché de Bourbonnois n'étoit pas sujet à la prescription, quoiqu'elle soit établie en termes généraux par cette coutume.

Instruite des véritables maximes du domaine, dont elle est la dépositaire, la cour a toujours cru, que l'imprescriptibilité de tous les droits dépendans du domaine du roi, étoit une règle supérieure à toutes les décisions des coutumes.

Il en est de même, à plus forte raison, de l'inaliénabilité de ce même domaine, qui est le fondement de l'imprescriptibilité; il est évident que l'autorité d'un usage, tel qu'il soit, ne peut jamais donner atteinte à ce privilége, auquel le roi luimême ne peut pas renoncer.

Qu'on ne dise point ici, que, si l'on se sert de l'autorité d'un tel usage, ce n'est pas contre le roi comme roi, c'est contre le roi comme comte de Saintonge; et qu'on ne peut pas douter que le roi ayant succédé aux droits des anciens comtes de cette province, ne soit assujetti aux mêmes règles dont on auroit pu se servir contre eux.

1.º On pourroit toujours justement révoquer en doute cette maxime, et soutenir que tout ce qui est uni au domaine de la couronne participe, dès le premier moment de cette union, à la nature et aux priviléges de ce domaine : c'est une partie qui se réunit à son tout, et qui n'en peut plus être distinguée après la réunion : c'est un fleuve qui se perd heureusement dans la mer, et qui devient par là une même chose avec elle. En effet, nous voyons que tout ce qui se réunit au domaine de nos rois, jouit des mêmes prérogatives que leur ancien patrimoine incessible, inaliénable, imprescriptible.

On ne distingue point ce qui a toujours été domaine, et ce qui l'est devenu; l'un et l'autre s'administrent de la même manière, et se règlent par les mêmes lois.

2.° Mais, sans faire ici de longues dissertations sur une question qui a été si souvent agitée, une seule distinction suffit pour concilier toutes les opinions contraires sur ce point : car, en un mot, ou les usages locaux qu'on oppose au roi, ne donnent aucune atteinte aux prérogatives éminentes de son domaine, ou, au contraire, elles font quelque préjudice à ses droits.

Dans le premier cas, il ne paroît pas qu'il y ait aucun inconvénient à suivre de tels usages, même contre le roi.

Mais, dans le second, il est évident que l'on ne peut y avoir aucun égard.

Ainsi, par exemple, qu'il s'agisse de savoir si les droits qui sont dûs pour la vente d'un fief seront réglés sur le pied du quint ou du sixième denier; alors, comme il n'y a rien en cela qui intéresse le privilége des droits du roi, et qu'en ce point, ils ne sont point différens de ceux des seigneurs particuliers, on peut et l'on doit se conformer à l'usage de la province.

Mais, lorsqu'il est question de savoir si le roi peut perdre une mouvance directe et immédiate, ou par prescription ou par la convention d'un partage; alors, comme le roi a, sur ce sujet, un pouvoir singulier, qui le distingue des seigneurs particuliers, les usages locaux ne peuvent être d'aucune autorité : autrement le roi perdroit, par ces usages, le droit qui lui est acquis par les ordonnances; et, contre la pensée du jurisconsulte romain que l'on a cité, l'on feroit prévaloir l'autorité de l'usage à la raison et à la loi.

3.º Enfin, on ne peut pas dire ici, comme on l'a dit souvent, et peut-être sans fondement, dans plusieurs occasions semblables, que le roi, en approuvant les coutumes, est censé s'y être soumis, et avoir bien voulu qu'on le comprît lui-même dans le nombre des seigneurs qui sont assujettis aux dispositions coutumières.

A quoi donc se réduit toute cette question? Il ne s'agit pas de savoir si une coutume rédigée par ordre du roi, en vertu de ses lettres-patentes, en présence de ses officiers, et homologuée en son parlement, peut faire une loi contre le roi; il s'agit uniquement de décider, si un usage non écrit, qui n'a que Béchet pour garant, peut l'emporter sur l'ancien usage des fiefs, sur la disposition d'une ordonnance, sur l'autorité du droit commun, et sur les maximes fondamentales du domaine de la couronne. Une telle question ne paroît pas bien difficile à décider; et cependant on verra bientôt que ce point unique, qui ne paroît pas avoir jamais été traité pour la défense de la cause du roi, suffiroit seul, indépendamment de tous les autres, pour la faire juger en sa faveur.

Tels sont tous les principes généraux qui doivent servir de fondement à la décision de cette affaire.

On a montré, dans l'explication qu'on en a faite, ce que c'est que le parage, combien il y en a d'espèces, en quoi les deux espèces de parage conviennent, en quoi elles diffèrent, soit dans leur constitution, soit dans leur durée, soit dans leur effet; enfin, on a fait voir que c'est une question douteuse de savoir si le parage est reçu dans la province de Saintonge, qui se régit par ce que l'on appelle l'usance de Saintes; mais que ce n'en est pas une de savoir si une telle usance, quand même elle seroit certaine sur ce point, peut avoir quelque autorité contre le roi, qui ne l'a jamais ni reconnue ni approuvée.

Il faut maintenant, pour suivre l'ordre que le procureur-général du roi s'est prescrit dans cette troisième partie, passer de l'établissement des principes du droit à celui des *vérités de fait*, qui, comme on le va voir dans un moment, seront autant de sources de décision pour la cause du roi.

On peut réduire ces vérités de fait, qu'il faut établir en cet endroit, à deux points principaux, qui peuvent être démontrés en fort peu de paroles :

Le premier, que la châtellenie de Saint-Maigrin est une seigneurie absolument distincte et séparée de celle d'Orchiac;

Le second, que cette châtellenie a eu de tout temps l'honneur de relever immédiatement du roi, comme comte de Saintonge, de même que celle d'Orchiac.

Jamais fait n'a été mieux prouvé que le premier, soit que l'on examine les actes passés avant l'usurpation des seigneurs d'Orchiac, soit que l'on envisage ceux mêmes par lesquels ils ont voulu faire cette usurpation.

Avant l'usurpation, on trouve d'abord une transaction passée, dès l'année 1264, entre Aimard d'Orchiac, seigneur de Saint-Maigrin, et Ogier, abbé de Baigne, au sujet d'une contestation que ces deux seigneurs avoient pour leur justice; et l'on y remarque que la terre de Saint-Maigrin étoit, dès ce temps-là, un corps de seigneurie subsistant par lui-même, indépendamment de tout autre, qui avoit toute justice, haute, moyenne et basse, comme il paroît entr'autres choses par ces termes qu'on lit dans cette transaction : *Justitiâ mutilationis membrorum, seu suspensionis domino de Sancto-Magrino reservatœ, ad furcas suas de Sancto-Magrino faciendâ.*

Le seigneur de Saint-Maigrin étoit donc connu dès l'année 1264; il avoit, dès ce temps-là, sa justice, ses officiers, des fourches patibulaires, en un mot, toutes les marques d'une seigneurie principale, qui existe et qui se soutient par elle-même; on ne lui donne même dans cet acte, que la seule qualité de seigneur de Saint-Maigrin.

On trouve, en second lieu, dans le même temps, c'est-à-dire dans celui qui a précédé l'usurpation, des lettres données, le 11 septembre 1351, par Guy de Néelle, alors lieutenant pour le roi en Saintonge, par lesquelles il déclare qu'il a reçu de Marie de Chasteignier, mère et tutrice d'Aimard et de Jeanne d'Orchiac, *le serment de féauté* qu'elle étoit tenue de faire au roi pour cause *des châteaux et châtellenies d'Orchiac et de Saint-Maigrin;* et qu'il lui a donné un an de répit pour rendre l'hommage, que l'on distinguoit alors de la foi beaucoup plus qu'on ne le fait aujourd'hui.

Il n'y a point là d'équivoque : Orchiac et Saint-Maigrin sont tous deux, dans cet acte, également qualifiés *châteaux* et *châtellenies*, sans confusion, sans dépendance, sans subordination.

Une troisième preuve éclatante de la même vérité, se tire des lettres-patentes par lesquelles le roi Jean renouvelle lui-même, deux ans après, le 24 mai 1353, la souffrance qui avoit déjà été accordée à Marie de Chasteignier par les lettres précédentes; et dans ce titre, qui est en latin, les terres d'Orchiac et de Saint-Maigrin sont d'abord qualifiées, *castra et castellaniæ de Orchiaco et de Sancto-Magrino.*

La même dénomination y est encore répétée plus bas, dans ces mots, *ratione castrorum et castellaniarum prædictarum.*

Il y avoit donc deux terres, deux châteaux, deux châtellenies différentes et indépendantes l'une de l'autre, pour chacune desquelles il étoit dû un hommage distinct et séparé.

La quatrième preuve est écrite dans un acte du 22 octobre 1361, par lequel Guillaume de Mareuil, qui avoit épousé Jeanne d'Orchiac, prête, pour elle, le serment de féauté au roi d'Angleterre, qui occupoit alors la Saintonge, à cause des *chastels d'Orchiac et de Saint-Maigrin.*

L'induction de ce titre est aussi évidente que celle des pièces précédentes.

Le même Guillaume de Mareuil a fourni la cinquième preuve du même fait dans ce premier temps, par l'aveu qu'il rendit, le lundi avant la fête de la Toussaint, du château de Saint-Maigrin et de ses appartenances; aveu qu'il rendit séparément de celui d'Orchiac, quoique le même jour, comme s'il eût eu intention de prévenir, par la distinction des aveux, la confusion que l'on voudroit peut-être faire un jour des deux seigneuries.

Enfin, on peut ajouter à tous ces actes une sixième preuve, tirée des lettres du 27 novembre 1363, par lesquelles Charles d'Espagne enjoint *aux capitaines des châteaux d'Orchiac et de Saint-Maigrin* de contraindre les habitans de ces lieux à faire la garde et à contribuer aux réparations *desdits châteaux*.

Que si, après avoir examiné les actes qui ont précédé l'usurpation, on envisage ceux mêmes par lesquels cette usurpation a été faite, on n'y trouvera pas moins de preuves de la distinction et de l'indépendance de ces deux seigneuries.

Ces actes sont principalement, la transaction du jeudi avant la fête de Saint-Thomas de l'an 1370, la vente du 1.ᵉʳ février 1395, la transaction du 5 juin 1396, et le contrat de mariage du jour de Saint-Barnabé de l'an 1416.

On voit, dans tous ces actes, que la terre de Saint-Maigrin y est regardée comme un château, comme un fief, comme une seigneurie toute différente de celle d'Orchiac, qui avoit sa justice, ses mouvances, ses droits entièrement distincts et séparés. La chose est trop évidente à tous ceux qui ont seulement parcouru ces titres, pour mériter que l'on s'attache, en cet endroit, à relever les clauses et les expressions particulières dont on peut tirer cette conséquence générale.

Le second point de fait que l'on s'est proposé d'établir en cet endroit, n'est pas moins constant ni moins évident que le premier, puisqu'il se prouve,

1.º Par les mêmes actes par lesquels on vient de prouver la distinction des deux seigneuries d'Orchiac et de Saint-Maigrin;

2.º Par d'autres actes d'autant plus décisifs, qu'ils sont postérieurs à l'usurpation que les seigneurs d'Orchiac ont voulu faire de la mouvance de Saint-Maigrin:

3.º Par l'usurpation même, et par la couleur que l'on a voulu donner à cette usurpation.

La première espèce de preuves se tire,

1.º Des lettres de répitou de souffrance, du 11 septembre 1351, dans lesquelles Marie de Chasteignier rend également au roi le serment *de féauté*, et pour le château et châtellenie d'Orchiac, et pour le château et châtellenie de Saint-Maigrin, et obtient également souffrance à l'égard de l'hommage qu'elle devoit pour l'un et pour l'autre.

2.º Des lettres-patentes du roi Jean, du 24 mai 1353, qui portent expressément, non pas que la seigneurie d'Orchiac seulement, mais que *les châteaux et châtellenies d'Orchiac et de Saint-Maigrin étoient tenus de tout temps du roi et des rois ses prédécesseurs, sans aucun moyen.*

Pouvoit-on marquer par des termes plus expressifs, la parfaite égalité qui étoit entre ces deux terres, et surtout dans le point principal, c'est-à-dire, dans la prérogative dont elles jouissoient, *de tout temps*, de ne relever que du roi.

3.º Du serment *de féauté* rendu, le 28 octobre 1361, à un usurpateur, à la vérité, mais qui représentoit le seigneur légitime, par Guillaume de Mareuil, à cause de Jeanne d'Orchiac, sa femme, *pour les châteaux d'Orchiac et de Saint-Maigrin......qu'il tenoit et devoit* tenir *du roi en la sénéchaussée de Saintonge.*

4.º Des deux aveux distincts et séparés que Guillaume de Mareuil rendit au prince d'Aquitaine, le lundi avant la fête de la Toussaint de 1363, à cause de Jeanne d'Orchiac, sa femme; l'un, pour le château de Saint-Maigrin; l'autre, pour le château d'Orchiac.

Telle est la première preuve de cette importante vérité.

La seconde, qui est fondée sur des actes postérieurs à l'usurpation, est encore plus considérable.

On ne trouve, dans le dépôt de la chambre des comptes, que cinq actes de foi et hommage rendus au roi par les seigneurs d'Orchiac; et dans ces cinq actes,

qu'on expliquera bientôt avec encore plus d'étendue,
et qui sont des années 1470, 1472, 1498, 1515, 1549,
on voit qu'ils ont toujours rendu hommage au roi de
la châtellenie de Saint-Maigrin, comme d'un fief qui
relevoit aussi nûment du comté de Saintonge, que
la terre d'Orchiac, avec laquelle celle de Saint-Maigrin
est employée dans ces actes.

Quatre aveux des années 1455, 1499, 1516, 1593,
confirment encore la même vérité, comme on le fera
voir avec plus d'étendue dans l'explication des moyens.

Enfin, c'est sans doute sur tous ces titres que, dans
un ancien registre qui se conserve au parquet du présidial de Saintes, on a compris la *châtellenie de
Saint-Maigrin*, dans le nombre des terres mouvantes
en plein fief, foi et hommage lige du comté de *Saintonge*, dont ce registre contient une exacte énumération.

Mais, quelque évidentes que soient les inductions
qui résultent de ces actes, les seigneurs d'Orchiac ont
fourni au roi, par leur usurpation même, une preuve
encore plus invincible de l'ancienne et véritable mouvance de Saint-Maigrin.

En effet, qu'ont-ils opposé et qu'opposeront-ils
encore aujourd'hui au droit du roi? Quel a été et quel
sera toujours le fondement unique, et le seul prétexte
de leur entreprise? Ils n'ont jamais allégué, et n'allégueront jamais aucun autre titre pour appuyer leur
mouvance, qu'un droit de parage, par lequel ils soutiennent que ce qui étoit autrefois un domaine que les
seigneurs d'Orchiac tenoient nûment du roi, est dé-
venu leur fief et un arrière-fief du roi.

Il faut donc qu'ils reconnoissent eux-mêmes qu'avant
ce parage, dont on fera voir bientôt le vice et la nullité, Saint-Maigrin étoit un plein fief du comté de
Saintonge, tenu immédiatement du roi : et, par conséquent, toute la question du procès se réduit à savoir,
si ce parage vicieux a pu faire perdre au roi une mouvance directe, qui, de l'aveu même des seigneurs
d'Orchiac, lui appartenoit auparavant.

C'est ce qu'il faut examiner présentement dans *le dernier point* que l'on s'est proposé de traiter, et dans lequel on va faire voir, par des conséquences directes et immédiates des principes de droit et des vérités de fait que l'on a établis dans les deux premiers points, que la cause du roi, considérée dans le fonds, et indépendamment des prétendus préjugés qu'on lui oppose, n'est pas susceptible de la moindre difficulté.

Mais, avant toutes choses, il est nécessaire de remettre devant les yeux de la cour les principaux faits sur lesquels roule l'unique question qu'elle doit décider.

Rappelons donc ici le souvenir des deux différentes tentatives que l'on a faites, l'une, en 1369 et en 1370, et l'autre, en l'année 1396, pour soustraire au roi la mouvance de la seigneurie de Saint-Maïgrin.

Première tentative. Par la transaction des années 1369 et 1370, où l'on voit que cette seigneurie qui, jusque-là, avoit toujours été dans la mouvance directe du roi, passa entre les mains de Guillaume de Mareuil, sous la condition précise de l'hommage lige que le nouveau possesseur et les siens seront tenus *de rendre aux seigneurs d'Orchiac et aux siens, au devoir ou rachat d'une lance.*

Seconde tentative. Par la transaction du 5 juin 1396, par laquelle Aimar et Béchette d'Orchiac consentent,
« que la terre de Saint-Maigrin et ses appartenances
» soient héritages perpétuels à Jeanne, fille naturelle
» de Blanche d'Orchiac et de Regnault de Pons, et à
» ses hoirs ou hoirs descendus et procréés de sa chair
» et de loyal mariage, laquelle Jeanne et sesdits hoirs
» tiendront ledit chastel ou chastellenie en *franc parage* dudit seigneur d'Orchiac, tant comme ledit
» lignage dureroit, jouxte et selon la coutume du
» pays de Saintonge, delà la Charente ».

Tels sont les seuls titres sur lesquels les seigneurs d'Orchiac aient pu appuyer l'usurpation qu'ils ont

faite d'une mouvance qui, selon eux-mêmes, appartenoit au roi avant ces transactions.

Ces faits étant ainsi supposés, on renfermera toutes
les conséquences qui résultent des principes de droit
et des vérités de fait qui ont été établis jusqu'à présent, dans trois propositions générales, par lesquelles
on démontrera pleinement la nullité des deux parages
que l'on veut opposer au roi,

1.° Par rapport au seigneur dominant, que l'on a
voulu frustrer de ses anciens droits par ces parages ;

2.° Par rapport à ceux qui ont voulu les établir
par une convention non-seulement vicieuse, mais
absurde ;

3.° Par rapport à la terre même de Saint-Maigrin,
qui a été le siége et la matière de ces prétendus parages.

PREMIÈRE PROPOSITION.

Nullité des deux parages, par rapport au seigneur
dominant.

Après tous les principes qui ont été établis, cette
première proposition ne peut plus souffrir aucune
difficulté.

En effet, ce seigneur dominant, dont on a voulu
éclipser la mouvance, est le roi; et l'on a montré en
tant de manières, qu'une pareille convention ne pouvoit lui être opposée dans le pays qui se régit par
l'usance de Saintes, qu'il est inutile de s'étendre sur
cette première conséquence, qui résulte naturellement
des principes que l'on a posés.

Tout se réduit, en un mot, à cet argument, aussi
simple que décisif.

On ne peut opposer au roi que l'usance qui s'observe ordinairement dans la partie de la Saintonge
qui est entre mer et Charente, et dans laquelle toutes
les parties conviennent que la terre de Saint-Maigrin
est située.

Or, cette usance, qui n'est pas même absolument

certaine dans la matière des parages, ne peut jamais faire aucun préjudice aux droits du roi, qui a pour lui l'ancien usage des fiefs, la disposition d'une ordonnance, la force du droit commun, les prérogatives singulières, mais inviolables de son domaine, et auquel on ne peut opposer ici l'argument que l'on tire quelquefois de l'approbation qu'il a donnée aux coutumes, parce qu'il n'a jamais approuvé l'usance de Saintes.

SECONDE PROPOSITION.

Nullité des deux parages dont il s'agit, par rapport à ceux qui ont voulu les établir.

Pour être pleinement persuadé de la vérité de cette proposition, il ne faut que reprendre la suite des principes généraux qui ont été exposés, et en faire ici une juste application.

Premier principe. Il n'y a que deux espèces de parages : parage légal, parage conventionnel.

Deuxième principe. Le parage légal n'a lieu qu'entre frères ou leurs représentans dans le partage d'une succession où le droit d'aînesse peut être exercé : le parage conventionnel a lieu entre les autres copropriétaires.

Troisième principe. Le parage légal finit après un certain nombre de générations, ou par l'aliénation des portions tenues en parage; le parage conventionnel ne finit jamais ni *par transport,* comme dit la coutume de Poitou, ni *par défaut de lignage.*

Quatrième principe. La seule faveur du droit d'aînesse fait qu'après la fin du parage, la portion des puînés commence à être tenue en plein fief de l'aîné, et en arrière-fief du seigneur dominant; dans le parage conventionnel, au contraire, la foi ne s'éloigne jamais, et la raison en est évidente, c'est que ce parage doit toujours suivre le troisième principe.

Appliquons ces quatre principes aux deux parages

qu'il s'agit d'examiner; et commençons par celui qu'on a voulu établir par la transaction passée avec Guillaume de Mareuil.

On ne péut considérer ce parage que comme un parage légal, ou comme un parage conventionnel; il n'y a point de milieu entre deux.

Si l'on veut le faire passer pour un parage légal, il faudra en même temps reconnoître qu'il est absolument nul.

Car, suivant le deuxième principe, trois conditions sont également essentielles au parage légal : la première, qu'il s'établisse entre des frères ou ceux qui les représentent ; la deuxième, que ce soit dans le partage d'une succession commune; la troisième, que cette succession soit du nombre de celles dans lesquelles le droit d'aînesse peut avoir lieu.

Or, ces trois conditions manquoient également à Foucault d'Orchiac et à Guillaume de Mareuil, lorsqu'ils ont passé les transactions de 1369 et de 1370.

1.º Bien loin d'être frères, ils n'étoient pas même parens ; et la mort de Jeanne d'Orchiac, qui ne laissa aucune postérité, ayant rompu jusqu'aux liens de l'alliance qui étoit entr'eux, il est certain que Guillaume de Mareuil étoit un étranger par rapport à Foucault d'Orchiac, et qu'ainsi il étoit impossible que le parage légal pût avoir lieu entr'eux.

2.º Il ne s'agissoit point de partager une succession commune, Foucault d'Orchiac et Guillaume de Mareuil n'étoient point cohéritiers; le premier étoit héritier de Jeanne d'Orchiac, sa nièce ; le second étoit légataire de la même Jeanne d'Orchiac, sa femme ; qualités directement contraires, suivant les principes du droit coutumier, et qui, en excluant toute idée de partage entre ceux qui les exercent, ne laissent aucun prétexte pour établir entr'eux une espèce de parage légal et successif;

3.º Enfin, puisqu'ils n'étoient pas même cohéritiers, il ne pouvoit pas y avoir entr'eux de droit d'aînesse.

Donc il est impossible de trouver dans cette transaction une matière plus éloignée d'un parage légal; et l'on ne craint point de dire qu'il seroit non-seulement injuste, mais absurde, de vouloir donner cette couleur à la convention qui fut faite entre Foucault d'Orchiac et Guillaume de Mareuil.

Il faut donc nécessairement prendre le second parti, et soutenir que le parage établi par cette convention est un parage conventionnel.

Mais cette supposition, un peu moins absurde que la première, n'a pas plus de solidité.

En effet, suivant le deuxième, le troisième et le quatrième principe, trois caractères distinguent essentiellement cette espèce de parage.

Le premier, est qu'il a lieu entre ceux qui sont copropriétaires; ainsi, pour pouvoir l'établir, il faut que plusieurs personnes aient possédé quelque temps en commun la propriété d'un fief par indivis.

Le deuxième, est que ce parage dure toujours; en sorte que les copropriétaires entre lesquels il a lieu, demeurent toujours pairs entr'eux, sans dépendance, sans subordination, s'acquittant du devoir de la foi par celui d'entre eux qu'on appelle *chemier*, et toujours *garantis* sous son hommage.

Le troisième, est que, par conséquent, la foi ne s'éloigne jamais dans cette espèce de parage, parce que, comme il dure toujours, jamais il ne peut arriver que ce qui étoit tenu en fief, commence à être tenu en arrière-fief : car, comme on l'a remarqué plusieurs fois, ce changement n'arrive en faveur de l'aîné dans l'autre espèce de parage, que parce que ce parage s'éteint, et lorsqu'il s'éteint.

Si l'on examine à présent la *convention* passée entre Foucault d'Orchiac et Guillaume de Mareuil, ou n'y trouvera aucun de ces trois caractères, sans lesquels néanmoins le parage conventionnel ne sauroit subsister.

1.º Foucault d'Orchiac et Guillaume de Mareuil n'étoient point copropriétaires de la seigneurie de Saint-Maigrin; au contraire, le droit de l'un excluoit

le droit de l'autre. L'un étoit héritier et l'autre légataire ; ainsi, ou le droit de l'héritier étoit bon,
et, en ce cas, le légataire n'y en avoit aucun ; ou le
droit du légataire étoit le meilleur, et, en ce cas, l'héritier n'étoit plus censé avoir eu aucune propriété
dans le bien légué à Guillaume de Mareuil.

Or, si leurs droits étoient de telle nature qu'ils ne
pouvoient jamais concourir, il est impossible de
feindre que la propriété de la terre de Saint-Maigrin
ait jamais été commune entr'eux, ni qu'ils l'aient possédée un seul moment par indivis ; et, par conséquent,
il étoit pareillement impossible d'établir entr'eux un
parage conventionnel, qui ne peut avoir lieu qu'entre
des copropriétaires.

2.º Le parage conventionnel dure toujours, et
l'on verra, au contraire, que celui que Foucault
d'Orchiac a voulu inutilement établir, ne durera
pas même un seul moment, puisque, par l'acte
même où l'on cherche la naissance de ce parage,
on en trouve d'abord la fin, dans la stipulation
par laquelle Foucault d'Orchiac exige la foi et
hommage de Guillaume de Mareuil, au lieu qu'il
devoit la rendre pour lui, et le *garantir* perpétuellement sous son hommage, suivant les lois du
parage conventionnel. Il n'y a donc rien de plus
absurde que de donner le nom de parage à une
convention qui détruit essentiellement l'égalité, ou,
si l'on peut s'exprimer ainsi, la parité, en assu-
jettissant l'une des parties à la supériorité féodale
de l'autre.

3.º Enfin, dans le parage conventionnel, la foi
ne souffre jamais ni altération, ni éclipse, ni démembrement ; ici, tout au contraire, le fief est véritablement démembré, puisque la foi est d'un côté,
et la terre de l'autre ; c'est-à-dire, que les seigneurs
d'Orchiac se chargent de rendre hommage au roi,
pendant que toute la seigneurie passe entre les mains
de Guillaume de Mareuil ; en sorte que, si une telle
convention pouvoit jamais nuire au roi, il seroit
perpétuellement privé des profits du fief de Saint-

Maigrin, et réduit à recevoir une foi stérile, dont il ne retireroit jamais aucune utilité.

Ainsi, le nom de parage conventionnel ne sera pas plus heureusement appliqué que celui de parage légal, à ce qui se passe dans ces actes.

Or, si ce n'est point un parage, ce ne peut-être qu'une convention vicieuse, une usurpation grossière, par laquelle le propriétaire de deux fiefs indépendans, en abandonne un pour le faire servir à l'autre, et pour en soustraire la mouvance utile au roi, en se l'attribuant injustement.

Si l'on passe ensuite à l'examen du second parage qui fut établi, quelques années après, entre Aimar et Béchette d'Orchiac, d'une part, et Jeanne de Pons, fille naturelle de Blanche d'Orchiac, de l'autre, on y trouvera encore les mêmes défauts et les mêmes nullités par rapport à ceux qui ont voulu l'introduire.

En effet, quels sont ceux qui transigent dans l'acte du 5 juin 1396 ?

Ce sont, comme on vient de le dire, d'un côté, Aimar et Béchette d'Orchiac, héritiers légitimes de Blanche d'Orchiac, leur sœur; et, de l'autre, Jeanne de Pons, fille naturelle de Blanche d'Orchiac, et Regnault de Pons, son père.

Or, ces différentes parties étoient-elles liées par les nœuds d'une étroite parenté ? Étoient-ce des frères ou des sœurs ? S'agissoit-il entr'elles du partage d'une succession commune, et d'une succession dans laquelle le droit d'aînesse pût avoir lieu ? Circonstances qui sont toutes essentielles, comme on l'a dit plusieurs fois, au parage légal.

On ne voit rien de semblable dans cette transaction; Regnault de Pons étoit un étranger par rapport à Aimar et à Béchette d'Orchiac; et, pour avoir vécu dans une familiarité criminelle avec Blanche, leur sœur, il n'étoit pas devenu leur parent. Jeanne de Pons, fille naturelle de Blanche, n'avoit, comme parlent les lois, ni famille ni parens, et ce seroit faire trop d'honneur au crime qui lui donna naissance, que de prétendre qu'on ait pu établir par elle un parage qui est uniquement fondé sur l'égalité qu'une naissance légitime et un sang également pur mettent entre des frères.

Si la qualité des parties résiste absolument à la supposition d'un parage légal, elle ne s'accorde pas mieux avec la fiction d'un parage conventionnel.

Sans répéter ici tout ce que l'on a déjà dit sur ce sujet, par rapport au premier parage, il suffit de considérer, en un mot, que les deux principaux caractères de ce parage ne se trouvent pas plus dans le second que dans le premier.

1.° Ceux qui l'établissent par une convention vicieuse, n'étoient point copropriétaires; qualité sans laquelle il ne peut y avoir de parage conventionnel. Aimar et Béchette d'Orchiac étoient héritiers légitimes de Blanche, leur sœur; mais la terre de Saint-Maigrin ne faisoit point partie de sa succession; elle l'avoit vendue peu de temps avant sa mort à Regnault de Pons: il est vrai que l'on prétendit que cette vente étoit simulée, et qu'elle devoit être regardée comme une véritable donation, dont Regnault de Pons étoit incapable. Mais c'est cette prétention même qui prouve que Regnault de Pons et Aimar et Béchette d'Orchiac ne pouvoient jamais être regardés comme copropriétaires; en effet, on peut faire ici la même observation que sur le premier parage. Bien loin que les droits des deux parties qui ont établi le second parage, pussent concourir, ils s'excluoient au contraire mutuellement. Si la vente, qui étoit le titre de Regnault de Pons, étoit valable, Aimar et Béchette d'Orchiac ne pouvoient rien prétendre dans la terre de Saint-Maigrin; si, au contraire, cette vente étoit nulle et frauduleuse, Regnault de Pons n'avoit aucun droit sur cette terre : il est donc impossible de feindre entr'eux aucun concours de propriété, aucune communion, pour parler comme les jurisconsultes, qui aient donné lieu de recourir à l'expédient du parage conventionnel; et, par conséquent, il n'y eut jamais de stipulation plus irrégulière que celle par laquelle on a voulu l'établir, aux dépens du domaine du roi, qui perd seul sa cause dans cet acte, pendant que les autres parties y trouvent un avantage considérable.

Regnault de Pons et Jeanne de Pons, sa fille, y conservent la propriété d'une terre qu'on leur disputoit.

Aimar et Béchette d'Orchiac y acquièrent l'assurance d'une mouvance qui ne leur appartenoit pas.

Le roi seul, encore une fois, est blessé par cet acte; c'est sur lui, comme on l'a déjà dit, que les parties prennent la matière et le prix de leur accommodement.

2.º Un second caractère du parage conventionnel est d'être perpétuel; cependant on stipule, par la transaction de 1396, que le parage qui y est établi ne *durera qu'autant que le lignage dureroit;* en sorte qu'oubliant également dans cet acte et les règles de l'honnêteté naturelle et les maximes fondamentales du parage, on veut supposer une *parenté,* un *lignage* en faveur d'une bâtarde, afin d'avoir un prétexte de placer dans cet acte le nom de parage, par lequel on vouloit enlever au roi la mouvance utile de la terre de Saint-Maigrin.

TROISIÈME PROPOSITION.

Nullité de ces mêmes parages par rapport à la terre de Saint-Maigrin, qui en est le sujet.

Si l'on examine d'abord cette nullité par rapport au premier parage, il sera fort indifférent qu'on lui donne en cet endroit le nom de parage légal, ou qu'on veuille le faire passer pour un parage conventionnel.

C'est une règle commune à l'une et à l'autre espèce de parage, que tout parage suppose un partage et une division; en sorte que celui qui ne retient aucune portion d'un fief, ne peut le *garantir* sous son hommage, comme on l'a fait voir avec beaucoup d'étendue en expliquant les principes généraux de cette matière.

C'est pour cela que Philippe de Beaumanoir, chapitre 47, page 262 de ses coutumes de Beauvoisis, donne un avis important aux aînés : *bien se gart li frère qui fait partie à ses maisnés, que il ne leur baille de chacun fief que li tiers, car s'il leur en baille plus du tiers, il pert l'hommage de ses frères et en chette manière, puent venir li maisnés à l'hommage don seigneur.*

C'est ce que l'on apprend encore de Joannes Galli, dans sa question 374, lorsqu'après avoir dit qu'en Champagne le puîné a la liberté de tenir sa portion en fief de son aîné, il ajoute cette décision remarquable : *quod verum est, si portiunculam saltèm ipsius feudi retinet primogenitus, ut quod tradit ab illâ portiunculâ tanquàm à dominio moneatur, aliàs non, quià facere non posset, quòd feudum ab illo separatum teneretur.*

C'est donc une condition essentielle à tout parage, que le *chemier* ou celui qui *garantit* les autres sous sa foi, retienne une partie du fief; sans cela, il n'y a plus ni de garantie ni de parage. Voyons maintenant si cette condition se trouve dans l'espèce présente.

Foucault d'Orchiac cède à Guillaume de Mareuil, par la transaction de 1370, *le château et forteresse de Saint-Maigrin, avec la juridiction et seigneuries, rentes, revenus, appartenances, dépendances, domaines, justice, haute, moyenne et basse, mère, mixte, impère, hommages, féages, fiefs, arrière-fiefs appartenans audit château et forteresse, en la manière que les seigneurs de Saint-Maigrin et d'Orchiac avoient accoutumé de les tenir anciennement.*

Pouvoit-il faire un abandonnement plus général et une abdication plus absolue de tout le fief de Saint-Maigrin? Il ne s'en réserve aucune portion, ni dans les droits honorables, ni dans les droits utiles; il n'est plus ni propriétaire ni seigneur d'aucune partie de cette terre. En cet état, comment pourroit-on supposer qu'il fût encore en droit de mettre cette seigneurie en parage entre lui et Guillaume de Mareuil ?

Pour être vassal, il faut être propriétaire; pour être en droit de rendre hommage pour les autres, il faut être en état de le rendre pour soi-même.

Or, Foucault d'Orchiac n'est plus propriétaire, il ne peut donc plus être vassal : il ne peut plus rendre la foi pour lui-même, comment pourroit-il donc la rendre pour les autres ?

C'est, néanmoins, ce que l'on a voulu faire par les actes qu'il a passés avec Guillaume de Mareuil; actes absurdes par lesquels on veut que Foucault d'Orchiac, ne conservant aucune portion dans la propriété de la terre de Saint-Maigrin, garantisse le propriétaire de cette terre envers le roi, et le mette à couvert par un hommage qu'il n'étoit plus en droit de rendre.

Mais, pour développer encore davantage toute l'absurdité d'une telle convention, on ne peut s'empêcher de demander ici quel pouvoit donc être le chef-lieu de la mouvance que Foucault d'Orchiac vouloit s'attribuer par cet acte ? ce ne pouvoit pas être une portion de la seigneurie de Saint-Maigrin, puisqu'il la cédoit toute entière : ce ne pouvoit pas être non plus la châtellenie d'Orchiac, car il n'y avoit aucune subordination entre Orchiac et Saint-Maigrin, et il n'étoit pas permis à Foucault d'Orchiac de faire servir une de ces terres à l'autre : c'est donc une espèce de fief en l'air qu'il a voulu établir, et auquel il a jugé à propos d'attacher une mouvance aussi considérable que celle de la terre de Saint-Maigrin.

Si l'on envisage le second parage par rapport à la même nullité, on pourra y appliquer les mêmes réflexions que l'on vient de faire sur le premier, puisque Aimar et Béchette d'Orchiac, en renonçant à leurs prétentions sur la terre de Saint-Maigrin, en faveur de Jeanne de Pons, n'en ont réservé aucune portion, et que, par conséquent, le parage qu'ils ont voulu établir est un parage imaginaire, qui, n'ayant point de corps ni de réalité, est une espèce de chimère et de monstre dans l'ordre des fiefs.

Que s'il n'y a pas un de ces moyens qui ne soit décisif contre une entreprise si grossière sur les droits du roi, que sera-ce, si après les avoir expliqués séparément, on les réunit tous ensemble pour envisager, comme dans un seul point de vue, les trois grandes nullités qui se trouvent également dans les deux parages par lesquels on a voulu soustraire au roi la mouvance de la terre de Saint-Maigrin.

Nullité par rapport au roi, qui ne sauroit perdre une mouvance immédiate par la stipulation d'un parage, surtout dans les pays où il n'y a point de coutume approuvée par le roi, qui l'établisse.

Nullité par rapport à ceux qui ont voulu établir ce prétendu parage toujours également vicieux, soit qu'on lui donne le nom de parage légal, soit qu'on veuille le faire passer pour un parage conventionnel, puisque les trois conditions essentielles à chacun de ces parages lui manquent également.

Enfin, nullité par rapport au fief et à la seigneurie qui est le sujet d'une convention si irrégulière; seigneurie, qui, passant toute entière, d'abord entre les mains de Guillaume de Mareuil, et ensuite dans celles de Jeanne de Pons, sans que les sieurs d'Orchiac en aient retenu aucune portion, n'a jamais pu faire la matière d'un parage, dont la loi immuable est que celui qui garantit les autres sous sa foi, conserve toujours une partie du fief.

Ce n'est donc pas sans fondement que l'on a dit plusieurs fois, dans la suite de cette requête, qu'il n'y a peut-être jamais eu d'usurpation plus manifeste que celle que l'on a voulu couvrir dans cette affaire du nom spécieux de parage, et qu'il ne faut, pour dissiper une si vaine couleur, qu'employer les actes mêmes par lesquels on a affecté de la répandre.

Mais comme l'injustice est souvent timide, et surtout dans ses premières démarches, on voit aussi que les seigneurs d'Orchiac ont senti intérieurement le vice de leur entreprise, et qu'il leur en est échappé des preuves certaines, malgré tous les efforts qu'ils ont faits, sans doute, pour les étouffer.

Il ne faut donc que les opposer à eux-mêmes; et c'est par cette importante réflexion que l'on finira, dans cette troisième partie, tout ce qui regarde l'établissement des droits du roi.

Les seigneurs d'Orchiac ont marqué, sans y penser, par trois traits éclatans, le jugement intérieur qu'ils portoient eux-mêmes sur leur prétention.

Le premier se trouve dans l'acte par lequel ils en ont jeté les premiers fondemens, c'est-à-dire dans la transaction de 1369, où il est dit expressément que Guillaume de Mareuil *tiendra* le lieu de Saint-Maigrin, etc., *par hommage lige dudit sieur d'Orchiac et des siens, au devoir qui sera abonné selon hommage ligè, EN CAS QUE FAIRE SE POURRA ET DEVRA.*

Les seigneurs d'Orchiac doutoient donc eux-mêmes de leur pouvoir; ils n'étoient pas bien assurés que ce qu'ils entreprenoient de faire, *se pût et se dût faire.* Il ne s'agit donc aujourd'hui que de les juger sur la condition même dont ils ont fait dépendre l'exécution de cette clause : ils n'ont voulu exiger l'hommage lige de Guillaume de Mareuil, *qu'en cas que faire se pourroit et devroit.* Or, on croit avoir pleinement démontré que cela ne *se pouvoit et ne se devoit faire.* Qu'ils souffrent donc qu'on les rappelle aux termes simples et ingénus de leur première convention, dans laquelle ils se sont condamnés par avance; telle est la loi qu'il se sont imposée et qu'ils ne peuvent se dispenser de subir aujourd'hui.

Le second trait n'est pas moins éclatant que le premier. On le trouve dans la vente que Blanche d'Orchiac fit, en l'année 1390, à Regnault de Pons, de la terre de Saint-Maigrin.

Elle y prit la précaution, en faveur de son frère Aimar d'Orchiac, d'y faire mention de l'hommage lige qu'il prétendoit lui être dû ; mais, parce qu'elle doutoit avec beaucoup de fondement, de la justice de cette prétention, elle fit ajouter cette clause importante dans le contrat : *Si et entant est, que par droit, raison, usage et coutume du pays, seroit trouvé que l'hommage lui en devroit appartenir.*

Pouvoit-elle marquer par des expressions plus naturelles, le doute, l'incertitude, l'hésitation avec laquelle on parloit de cette prétention dans la maison d'Orchiac ? Et n'est-on pas en droit de rétorquer encore ces paroles contre celui qui possède aujourd'hui la terre d'Orchiac, et de lui dire que, puisqu'il est prouvé que *par droit, raison, usage et coutume du pays, l'hommage de Saint-Maigrin n'a point dû appartenir au seigneur d'Orchiac,* il ne doit pas résister à une vérité qui a été reconnue par ceux mêmes qui avoient le plus d'intérêt à la dissimuler.

Enfin, *le dernier* trait par lequel cette même vérité se trouve confirmée, est encore infiniment plus considérable, et on ne craint point d'avancer qu'il suffiroit seul pour décider cette contestation ; et c'est pour cela que le procureur-général du roi supplie la cour d'y donner une attention singulière.

Personne n'ignore que lorsqu'il s'agit d'établir ou de conserver une mouvance, il n'y a point de titres plus importans que les actes de foi et hommage : c'est dans ces actes que réside la preuve directe et naturelle de la féodalité ; les autres preuves ne sont, pour ainsi dire, que des preuves subsidiaires et indirectes, qui appuient les premières, mais qui ne peuvent jamais les égaler.

Ainsi, pour savoir si les seigneurs d'Orchiac ont cru eux-mêmes pouvoir soutenir que la terre de Saint-Maigrin étoit un fief immédiat par rapport à eux, et un arrière-fief par rapport au roi, il n'y a qu'à examiner comment ils ont parlé dans les actes de foi et hommage qu'ils ont rendus.

Le procureur-général du roi a déja remarqué que

l'on en trouvoit cinq dans le dépôt de la chambre des comptes, tous postérieurs aux deux prétendus parages par lesquels les seigneurs d'Orchiac ont voulu usurper cette mouvance; le premier, du 9 mai 1470; le second, du 14 août 1472; le troisième, du 24 octobre 1498; le quatrième, du 9 février 1515; et le cinquième, du 6 août 1549.

Or, de quelle manière se sont-ils expliqués par ces actes, qui sont les seuls dans lesquels ils aient traité contradictoirement avec le roi? Car, à l'égard des aveux, comme on le dira dans un moment, il n'y en a aucuns qui aient été reçus.

L'acte de foi et hommage de 1470 porte, que Jacques d'Orchiac a rendu au roi les *foi et hommage lige qu'il étoit tenu faire à cause de sa baronnie d'Orchiac, chasteaux et chastellenies dudit Orchiac et de Saint-Maigrin, leurs appartenances, appendances et dépendances quelconques, tenues et mouvantes de nous, à cause de notre comté de Saintonge et du pont de Saintes.*

Celui de 1472 est conçu dans des termes semblables.

Celui de 1498 distingue encore plus clairement la terre de Saint-Maigrin de celle d'Orchiac, comme étant toutes deux indépendantes l'une de l'autre, et toutes deux également mouvantes du roi.

Le roi y déclare qu'il a reçu les *foi et hommage lige que Jacques d'Orchiac étoit tenu de lui faire pour raison de son chastel, chastellenie et baronnie d'Orchiac, et aussi du chastel et chastellenie de Saint-Maigrin,* etc.

La même distinction se trouve encore dans l'acte de 1515, où, après avoir dit qu'Adrien de Montberon a rendu la foi pour Orchiac, on ajoute aussitôt après, *et semblablement de la chastellenie, terre et seigneurie de Saint-Maigrin.*

Enfin, l'acte de 1549 est conçu à peu près dans les mêmes termes que les deux premiers, et ne prouve pas moins évidemment que la terre de Saint-Maigrin est toujours demeurée dans la mouvance immédiate du roi.

Mais, quoique de tels actes n'aient pas besoin d'explication, ils sont néanmoins d'une si grande conséquence dans cette affaire, que le procureur-général du roi a cru qu'il étoit de son devoir d'en faire sentir la force par les réflexions suivantes.

1.° On y remarque que la terre de Saint-Maigrin y est toujours portée nûment au roi comme une terre relevante immédiatement du comté de Saintonge.

2.° On y voit qu'elle n'y est point employée comme une dépendance et un accessoire de la seigneurie d'Orchiac, mais comme une terre distincte et séparée, qui subsistoit par elle-même, et pour laquelle il étoit dû une foi et hommage au roi, comme pour la terre d'Orchiac.

C'est ce qui fait que l'on met toujours dans ces actes le mot de foi et hommage au pluriel; on n'y dit pas que le roi a reçu *la foi et hommage*, mais *les foi et hommage*, ce qui prouve qu'il étoit dû au roi deux hommages, l'un pour Orchiac, l'autre pour Saint-Maigrin.

C'est encore par la même raison qu'on y marque que ces terres, et non pas une seule, *sont tenues et mouvantes du roi à cause de son comté de Saintonge.*

Enfin, c'est pour cela que dans deux de ces actes, qui sont ceux de 1498 et de 1515, on a distingué encore plus expressément ces deux terres, en appliquant à chacune d'elles, séparément, l'hommage qui en étoit rendu en même temps au roi.

3.° Il n'y est fait aucune mention du changement que les seigneurs d'Orchiac avoient voulu faire dans cette mouvance. On n'y dit point que la terre de Saint-Maigrin fût tenue en fief des seigneurs d'Orchiac; on y cache absolument leur prétention; on y parle de cette seigneurie comme si elle fût toujours demeurée dans son ancien état.

4.º Il est donc vrai, et c'est une suite de la réflexion précédente, que le roi n'a jamais ni connu ni approuvé l'entreprise des seigneurs d'Orchiac ; et, par conséquent, que la cause est toute entière par rapport au roi, à l'égard duquel l'affaire doit être jugée, comme si les transactions de 1369, 1370 et 1396 n'avoient jamais été passées.

5.º C'est encore une conséquence directe des réflexions précédentes, que le seigneur d'Orchiac ne peut jamais être admis à soutenir que la terre de Saint-Maigrin a cessé d'être dans la mouvance immédiate du roi.

Peut-il revenir contre le témoignage précis que ses auteurs ont rendu du contraire dans ces actes de foi et hommage consécutifs ?

Qu'il soutienne, s'il veut, son prétendu parage, tout irrégulier qu'il est, contre le seigneur de Saint-Maigrin, c'est tout ce qu'il pourroit prétendre de plus avantageux, et en quoi il seroit même très-mal fondé ; mais par rapport au roi, comment peut-il avancer que la terre de Saint-Maigrin est devenue un arrière-fief du comté de Saintonge, dans le temps qu'on lui montre, par des actes authentiques, que, pendant deux siècles, tous les seigneurs d'Orchiac, aux droits desquels est le sieur comte de Sainte-Maure, ont perpétuellement reconnu que le roi étoit seigneur suzerain immédiat de la terre de Saint-Maigrin.

On ignore quel parti il jugera à propos de prendre sur un argument si pressant.

Peut-être répondra-t-il que, si les actes de foi et hommage ne sont pas suffisamment expliqués, cette omission est couverte par les aveux et dénombremens qui ont suivi, et principalement par ceux de 1455 et de 1499, dans lesquels les seigneurs d'Orchiac ont avoué tenir du roi la châtellenie de Saint-Maigrin, mais en ajoutant aussitôt après, que cette même châtellenie étoit tenue d'eux en *parage*, selon le premier, et *hommagement*, selon le dernier.

Si c'est-là la réponse que le sieur comte de Sainte-Maure se propose de faire à cet argument, le procureur-général déclare par avance qu'il se servira avantageusement de cette réponse même pour la défense des droits du roi.

En effet, ces aveux, tout informes qu'ils sont, comme on le dira dans un moment, prouvent invinciblement le fait qui sert de fondement à toute cette requête, c'est-à-dire, que la seigneurie de Saint-Maigrin a toujours été et est encore mouvante immédiatement du roi; car c'est ainsi que ces quatre aveux sont tous conçus par rapport à cette seigneurie :

Item , j'avoue tenir de mondit seigneur à l'hommage lige, à cause de sadite comté de Saintonge et pont de Saintes, le chasteau et chastellenie de Saint-Maigrin, avec ses appendances et dépendances quelconques.

Il est vrai que les mêmes aveux ajoutent ensuite, que cette même terre, que le seigneur d'Orchiac reconnoît être mouvante nûment du roi, étoit tenue de lui *en parage*, si l'on en croit l'aveu de 1455, et *hommagement*, si l'on ajoute foi à celui de 1499.

Mais, outre que cette énonciation sera fortement combattue dans les réflexions suivantes, il suffit de considérer à présent qu'il y a deux questions différentes dans cette instance.

L'une, qui consiste à savoir si la terre de Saint-Maigrin relève du seigneur d'Orchiac ou du roi.

L'autre, si le prétendu parage par lequel les seigneurs d'Orchiac ont soutenu que cette terre avoit commencé à être mouvante d'Orchiac, est un titre légitime.

De ces deux questions, la première est clairement décidée en faveur du roi par ces deux aveux, qui sont les titres les plus avantageux à la prétention du sieur comte de Sainte-Maure.

Ainsi, il doit, avant toutes choses, s'il ne veut pas encourir la commise du fief de Saint-Maigrin, déclarer expressément qu'il reconnoît le roi pour seigneur immédiat de cette seigneurie.

Il ne restera donc plus, après cela, que la seconde question qui regarde le parage; mais on ne craint point de dire, après toutes les observations qui ont été faites, que cette question n'en est pas une, et qu'il n'y eut peut-être jamais de parage plus chimérique et plus mal fondé que celui qu'on a voulu établir dans la terre de Saint-Maigrin.

Que si le sieur comte de Sainte-Maure vouloit encore se prévaloir de l'énonciation qui se trouve dans ces aveux, pour insinuer que le roi a approuvé par là ce parage imaginaire, il seroit aisé de répondre, en plusieurs manières, à cette prétention.

1.° Les aveux dont il s'agit ne sont point revêtus des formalités nécessaires pour en faire un titre contre le roi.

Non-seulement ils n'ont jamais été publiés ni vérifiés, mais ils n'ont même jamais été présentés à la chambre des comptes, et jamais cette chambre ne les a renvoyés ni pu renvoyer sur les lieux pour être vérifiés en la manière accoutumée.

Ce sont des aveux que l'on a trouvés apparemment en Saintonge dans l'étude de quelque notaire, et que l'on a fait apporter à la chambre des comptes, plutôt pour y servir de mémoires et d'enseignemens, que pour y être reçus comme des dénombremens authentiques.

Ainsi, ces aveux peuvent bien nuire, mais ils ne sauroient jamais servir à ceux qui les ont signés.

2.° Ces deux aveux ne s'accordent pas, et il ne faut que les opposer l'un à l'autre pour les détruire.

Dans le premier, qui est de l'année 1455, on fait dire au seigneur d'Orchiac, après qu'il a reconnu tenir du roi la terre de Saint-Maigrin, que cette même terre est tenue de lui en parage par Jeanne de Pons, *que tient dudit seigneur d'Orchiac en parage dame Jeanne de Pons;* ce sont les termes mêmes de l'aveu.

Dans le second, au contraire, il est dit, *que les hoirs et successeurs de Jeanne de Pons, tiennent la même terre hommagement du seigneur d'Or-chiac.*

Tenir en parage, comme on l'a fait voir dans l'explication des principes de cette matière, c'est tenir aussi noblement que l'aîné ou le principal possesseur du fief ; le mot même de parage l'emporte, comme on l'a remarqué au même endroit.

Cil qui tient, et cil de qui il tient, doivent être pers ès parties de l'héritage qui descend de leurs ancesseurs, dit la coutume de Normandie, en définissant *la tenure par parage.*

L'aîné et les puînés, dit Bouteillier, *sont paraux en fief comme en lignage, et le puîné tient aussi noblement ce qu'il possède, que l'aîné fait le gros du fief.*

De là vient que tant que le parage dure, les puînés ne rendent point l'hommage à l'aîné, et qu'ils ne commencent à le lui devoir que quand le parage est éteint ; c'est ce que la coutume de Normandie exprime parfaitement en deux mots, qui ont déjà été cités, et qui renferment toute la substance de cette matière : *car de là en avant,* dit cette coutume, c'est-à-dire, après la fin du parage, *sera tenu par hommage, ce qui étoit tenu par parage.*

Ainsi tenir par parage et tenir par hommage, ce sont deux expressions contradictoires, qui marquent deux espèces de tenures féodales directement opposées.

Et par conséquent les deux aveux de 1455 et 1499 se contredisent très-grossièrement, puisque l'un porte que la terre de Saint-Maigrin étoit tenue du seigneur d'Orchiac *en parage,* et que l'autre marque que cette terre en étoit tenue *hommagement.*

On ne peut pas éluder cet argument en disant que le parage étoit certain dans le temps du second de ces aveux ; car, supposé que ce parage ait été une fois légitimement établi, il a dû durer autant que le lignage de Jeanne de Pons, suivant la transaction

même de 1398, et suivant la disposition de la coutume de Poitou, à laquelle on prétend que l'usance
de Saintes est conforme.

Or, le lignage de Jeanne de Pons dure encore
aujourd'hui; et d'ailleurs, les auteurs du sieur comte
de Sainte-Maure ont eux-mêmes produit autrefois
des actes de foi et hommage rendus par Guillaume
d'Estuer en 1492, et par Pons d'Estuer en 1529;
l'un fils, et l'autre petit-fils de Jeanne de Pons.

Comment pourroit-on avancer, après cela, que le
parage établi en faveur de Jeanne de Pons ait été
éteint dès l'année 1499, dans le temps que le second
aveu a été présenté, puisque la seconde génération
duroit encore, et que, dans les coutumes qui restrei-
gnent le plus le parage, il s'étend au moins jusqu'à
quatre générations?

Il n'y a donc point d'apparence que le conseil du
sieur comte de Sainte-Maure fasse une si mauvaise
objection; mais comme c'est néanmoins la seule qu'il
puisse faire, il faut donc qu'il reconnoisse que l'aveu
de 1455 et celui de 1499 sont directement opposés
l'un à l'autre; et que, se détruisant ainsi mutuellement,
ils ne servent qu'à affermir le droit du roi, et à faire
voir l'incertitude, la variation et la contradiction
même dans laquelle on est tombé quand on a voulu
l'attaquer.

3.º Ces deux aveux ne peuvent jamais entrer en
parallèle avec les cinq actes de foi et hommage consécutifs, par lesquels les sieurs d'Orchiac se sont déclarés vassaux immédiats du roi pour la terre de
Saint-Maigrin, sans protestation, sans condition,
sans réserve, sans faire aucune mention de ce prétendu parage dont ils se sont servis, dans la suite,
pour usurper la mouvance de cette terre.

En effet, quelle comparaison pourroit-on faire
entre des actes où le vassal parle seul, et dit ce qu'il
lui plaît, sans aucun contradicteur, des actes qui
n'ont jamais été ni vérifiés ni approuvés, des actes
enfin, qui se combattent et qui se détruisent mutuellement; et des actes authentiques, contradictoires

entre le seigneur et son vassal, où ils contractent l'un et l'autre un engagement aussi réciproque qu'inviolable.

4.° Enfin, ces deux aveux sont encore puissamment combattus par deux dénombremens postérieurs, l'un de 1516, l'autre de 1593, dans lesquels on a cessé de faire aucune mention d'un parage qu'on a toujours évité de faire paroître aux yeux du roi et de ses officiers ; car c'est ainsi que la terre de Saint-Maigrin est employée dans ces deux actes. :

« Item, j'avoue tenir du roi, mon souverain sei-
» gneur, à hommage lige à cause que dessus, c'est-
» à-dire, à cause du comté de Saintonge, le chastel
» et chastellenie de Saint-Maigrin, avec ses appar-
» tenances quelconques. »

Il n'y a plus là d'équivoque ; on n'ajoute plus dans ces aveux, que le même château de Saint-Maigrin étoit tenu ou *en parage* ou *hommagement*, du seigneur d'Orchiac : un conseil plus éclairé, qui apparemment a dicté ces actes, a eu honte d'exposer aux yeux du roi un parage si irrégulier ; il l'a caché par un silence judicieux, qui s'élève aujourd'hui contre les deux premiers aveux, dans lesquels on n'avoit pas pris la même précaution.

Il est donc vrai, comme on l'a avancé d'abord, que les sieurs d'Orchiac ont eux-mêmes, dans tous les temps, condamné leur prétention ambitieuse ; et l'on ne pouvoit mieux finir l'établissement des droits du roi, dans cette première proposition, qu'en relevant ces trois traits éclatans par lesquels ils ont prononcé leur propre condamnation :

Le premier, dans la transaction de 1369, qui est le fondement de toutes les autres, et dans laquelle Foucault d'Orchiac n'a exigé l'hommage de Saint-Maigrin, *qu'en cas que faire se pourroit et devroit ;*

Le second, dans la vente de 1390, où Blanche d'Orchiac n'oblige l'acquéreur de Saint-Maigrin, à rendre l'hommage à son frère Aimar d'Orchiac, que *si et enfant est que par droit, raison, usage et coutume du pays seroit trouvé que l'hommage lui en devroit appartenir;*

Le troisième enfin, dans *cinq* actes de foi et hommage, et dans *deux* aveux et dénombremens qui assurent perpétuellement au roi la mouvance de Saint-Maigrin, et dans lesquels on n'a pas osé faire la moindre mention du parage par lequel on a voulu lui faire perdre cette mouvance; actes auxquels on ne peut opposer que deux dénombremens qui ne prouvent rien pour le seigneur d'Orchiac, et qui prouvent, au contraire, infiniment pour le roi.

Il est temps maintenant de recueillir, en peu de paroles, tout le fruit de ce que l'on a établi dans la troisième partie de cette requête, et de renfermer, dans un petit nombre de propositions évidentes, les fondemens solides de la décision de cette affaire.

Première proposition. Les terres d'Orchiac et de Saint-Maigrin sont, dans leur origine, des seigneuries entièrement distinctes et séparées, et indépendantes l'une de l'autre; c'est un fait qui est démontré par tous les actes du procès.

Seconde proposition. Ces deux terres étoient aussi, dans leur origine, également mouvantes du roi; c'est une vérité qui a éclaté dans tous les temps, avant l'usurpation, après l'usurpation, dans l'usurpation même; les seigneurs d'Orchiac en ont fourni autant de preuves qu'ils ont rendu d'hommages, qu'ils ont signé d'aveux et dénombremens, qu'ils ont passé d'actes pour cette terre.

Troisième proposition. Il ne s'agit donc point, à proprement parler, d'établir le droit du roi, puisque ce droit a été reconnu, dans tous les temps, par les auteurs de celui qui le combat aujourd'hui : il s'agit de faire voir comment le roi l'a perdu, et tout le poids de cette preuve tombe sur le sieur comte de Sainte-Maure; c'est à lui de montrer que cette mou-

vauce immédiate qui appartenoit au roi, selon ses
auteurs mêmes, lui a été légitimement enlevée :
jusqu'à ce qu'il ait établi cette proposition par des
titres aussi clairs, aussi incontestables que ceux que
ses prédécesseurs ont eux-mêmes fournis à la cause
du roi, cette cause sera toujours également victorieuse, soit par la présomption générale, qui est
toujours pour le roi, soit par les titres particuliers,
qui lui sont encore plus favorables.

Quatrième proposition. Le sieur comte de Sainte-
Maure ne peut certainement opposer au roi que les
deux prétendus parages qu'on vient d'examiner ;
c'est une vérité qui n'a pas besoin de preuve : elle
est établie par toute la suite des faits et des moyens
qui ont été expliqués dans toute la suite de cette
requête ; et il ne faudroit employer, pour la prouver,
que les aveux mêmes dont le sieur comte de Sainte-
Maure voudra, sans doute, se prévaloir, dans lesquels, après que ses auteurs ont avoué tenir du roi
la terre de Saint-Maigrin, en plein fief, ils ont
ajouté que cette même terre étoit tenue d'eux *en
parage.* Ils reconnoissent donc, par là, que c'est
à titre de parage, seulement, qu'ils ont pu en acquérir
une mouvance subordonnée à celle du roi.

Cinquième proposition. Ce parage, seul et unique
fondement des prétentions des seigneurs d'Orchiac,
est si évidemment nul, qu'on ne croit pas que, si la
cause étoit entière, le sieur comte de Sainte-Maure,
lui-même, osât la soutenir.

Nul par rapport au roi, qui n'admet point de
parages contre lui, dans la partie de la Saintonge
où la terre de Saint-Maigrin est située.

Nul par rapport aux personnes qui ont voulu
établir ce prétendu parage, et qui n'en avoient pas
le pouvoir, suivant la disposition des coutumes mêmes
qui sont les plus favorables aux parages.

Nul, enfin, par rapport à la terre de Saint-Maigrin,
qui n'étant point *partagée,* ne pouvoit être la matière d'un parage, et que l'on a voulu faire dépendre

d'un fief en l'air, qui n'a jamais existé que dans les idées ambitieuses des seigneurs d'Orchiac.

Sixième proposition. Ce parage chimérique a été perpétuellement condamné par ceux mêmes qui avoient intérêt de le soutenir. C'est ce que l'on a démontré par le langage qu'ils ont tenu,

Soit dans la transaction de 1369, qui en a jeté les premiers fondemens ;

Soit dans la vente de 1390, où l'on en fait une mention qui n'est propre qu'à le faire rejeter ;

Soit dans tous les actes de foi et hommage qui sont à la chambre des comptes, et dans deux aveux de 1516 et de 1593, qui ne contiennent ni énonciation ni réserve de ce parage prétendu, et auxquels on ne peut opposer que deux aveux qui en font mention ; *aveux* informes, qui n'ont jamais été vérifiés ; *aveux* où les seigneurs d'Orchiac ont parlé sans contradicteur, et qui ne peuvent entrer en comparaison avec des actes de foi et hommage, qui sont des titres authentiques et contradictoires entre le seigneur et le vassal ; *aveux* enfin qui se contredisent et qui se détruisent mutuellement dans le point essentiel, puisque selon l'un, Saint-Maigrin étoit tenu *en parage* des seigneurs d'Orchiac, et que selon l'autre, il en étoit *tenu hommagement*, tenures et expressions diamétralement opposées.

Septième proposition. Bien loin que ce parage ait jamais été approuvé par le roi, il ne l'a jamais connu. On a toujours affecté de le lui cacher ; les seigneurs d'Orchiac ont toujours paru à ses yeux les véritables propriétaires de la châtellenie de Saint-Maigrin ; ils lui en ont toujours rendu l'hommage comme d'Orchiac, sans aucune restriction.

On avoit, à la vérité, hasardé de faire mention de ce parage vicieux dans les aveux de 1455 et de 1499 ; mais comme ces aveux n'ont pu être vérifiés, peut-être par cette raison, et que certainement ils ne l'ont point été, on n'a plus osé parler de cette prétention dans les aveux postérieurs de 1516 et de 1593, et le roi est demeuré dans la même possession de la mouvance de Saint-Maigrin sans aucune limitation, jusqu'aux arrêts du grand conseil que l'on va bientôt examiner.

Telles sont les sept propositions qui démontrent pleinement la justice de la cause du roi. S'il n'y en a aucune, prise séparément, qui puisse être contestée avec la moindre apparence de raison, leur concours et leur union forment une évidence et une plénitude de lumière à laquelle il ne paroît pas possible de résister.

Le sieur comte de Sainte-Maure pourroit-il opposer à cette foule de preuves, le foible argument qu'il tire de trois actes de foi et hommage des années 1492, 1529 et 1543, par lesquels il prétend que ses auteurs ont été reconnus par les seigneurs de Saint-Maigrin?

Mais, 1.º quand ces actes seroient rapportés en bonne forme, au lieu que le premier est suspect d'altération, et que le second n'est qu'une copie collationnée, ils ne serviroient qu'à prouver ce qui n'est pas douteux dans cette affaire, c'est-à-dire, que les seigneurs d'Orchiac ont voulu usurper la mouvance de la terre de Saint-Maigrin, et qu'ils ont surpris quelques reconnoissances des possesseurs de cette terre; mais c'est ce qui fait la matière du procès, bien loin de servir à le décider.

2.º Tous ces actes pourroient faire quelqu'impression, si les seigneurs d'Orchiac avoient eu le bonheur de perdre le titre primordial et constitutif de cette mouvance; mais ce titre étant une fois rapporté, et paroissant aussi vicieux qu'il l'est en effet, les actes postérieurs n'ont fait qu'en perpétuer le vice, bien loin de le corriger; parce que, sans s'arrêter à ces titres, qui ne prouvent que l'usurpation, il faut toujours, suivant le sentiment uniforme de tous les feudistes, remonter jusqu'à la concession primitive et à la première investiture, par laquelle seule, lorsqu'on peut la retrouver, les questions féodales doivent être décidées. On peut donc appliquer ici au sieur comte de Sainte-Maure la maxime commune, qu'il vaut mieux n'avoir point de titre, que d'avoir un titre nul et vicieux.

La possession qu'il allègue pourroit être de quelque considération, si le titre de cette possession ne paroissoit pas ; mais le vice de l'origine, vice certain et connu par la représentation du titre, a infecté cette possession prétendue jusque dans sa source, et en a rendu toutes les preuves inutiles.

3.° Aucun de ces actes n'a été ni connu ni approuvé par le roi, contre lequel on ne peut jamais se servir de ces reconnoissances obscures par lesquelles on veut intervertir l'ordre de ses mouvances.

4.° Malgré tous ces actes, et dans le temps même que les seigneurs d'Orchiac les exigeoient, ils ont toujours reconnu eux-mêmes que la terre de Saint-Maigrin étoit un fief tenu à hommage lige du roi. Ainsi, non-seulement le roi n'a pas su, mais il n'a pu même savoir le changement que ces seigneurs avoient tenté de faire dans la mouvance de cette terre ; il a dû demeurer en repos, pendant qu'on lui a toujours rendu hommage ; il est impossible que les seigneurs d'Orchiac aient pu acquérir pendant ce temps-là aucune possession contre le roi ; et cette possession, quand elle seroit prouvée, ne pourroit être que clandestine, frauduleuse et de mauvaise foi ; ce qui est d'autant plus véritable, que les seigneurs d'Orchiac n'ont jamais osé faire publier ni vérifier les deux aveux dans lesquels ils avoient entrepris de faire mention du parage, qui est le seul titre de leur possession.

Voyons maintenant si cette cause, si juste dans le fond, a reçu par la fatalité de la forme, une plaie irréparable ; ou si, au contraire, on ne doit pas juger que, dans les saines maximes du domaine, elle est encore toute entière par rapport au procureur-général du roi. C'est ce qui doit faire le sujet de la quatrième et dernière partie de cette requête.

QUATRIÈME PARTIE.

Réponse aux préjugés qu'on tire des arrêts du grand conseil.

Il est important de remarquer d'abord, que c'est dans ces arrêts que le sieur comte de Sainte-Maure a mis toute sa confiance, puisqu'après avoir communiqué de bonne foi plusieurs de ses titres au procureur-général du roi, il a jugé à propos de n'en produire aucun, pour se renfermer dans l'autorité de ces préjugés : unique et dernière ressource d'une cause qui n'est pas soutenable dans le fond, et qui ne le sera pas plus dans la forme, quand le procureur-général aura établi en très-peu de paroles,

1.º L'incompétence notoire du tribunal qui a rendu ces jugemens ;

2.º L'omission de défenses de la part du roi, qui seule a pu lui faire perdre une cause si indubitable.

PREMIER MOYEN.

Incompétence du tribunal.

Deux principes certains, et qui se démontrent par la seule exposition que l'on va en faire, ne permettent pas de douter du premier point, c'est-à-dire, de l'incompétence du tribunal qui a rendu les arrêts que le sieur comte de Sainte-Maure oppose au roi.

Le premier principe est, qu'au lieu que l'autorité de la cour est fondée sur le droit commun, parce qu'elle possède, pour ainsi dire, la plénitude de la juridiction, le grand conseil n'est au contraire qu'une juridiction de privilége et d'attribution, qui, n'ayant point de titre général, est obligée de justifier son pouvoir dans chaque affaire particulière, et de montrer sa mission; en un mot, le parlement a tout ce que l'on ne prouve point qu'on lui ait ôté, et le grand conseil n'a que ce qu'il peut prouver qu'on lui a donné.

Le second principe est, qu'outre la disposition du droit commun qui est entièrement pour le parlement et contre le grand conseil, le parlement a encore, dans la matière dont il s'agit, une attribution particulière; puisque personne n'ignore que, suivant la disposition des anciennes et des nouvelles ordonnances, la connoissance des causes du domaine de la couronne est spécialement confiée au zèle et aux lumières de la cour.

Dépositaire des maximes fondamentales par lesquelles ces sortes de causes doivent être décidées, elle réunit en cette matière l'autorité du privilége à celle du droit commun.

Pour détruire le préjugé des arrêts du grand conseil, il ne faut que leur opposer ces deux principes incontestables, qui reçoivent une juste et parfaite application à l'espèce de cette cause.

Dans quel état étoit-elle, lorsque le grand conseil a jugé à propos de s'en attribuer la connoissance?

Une saisie féodale avoit donné la naissance à cette contestation; l'appel de cette saisie avoit été porté en la sénéchaussée de Saintes. Là, le sieur d'Orchiac avoit formé une demande en *commise* contre le sieur de Saint-Maigrin; les juges de Saintes avoient confirmé la saisie féodale, sans s'arrêter à la réquisition du substitut du procureur-général du roi, qui demandoit simplement la communication des titres; et à l'égard de la demande en commise, ils avoient ordonné que dans un temps le sieur de Saint-Maigrin seroit tenu d'y défendre.

L'appel de cette sentence avoit été porté au parlement de Bordeaux, où toutes les parties procédoient volontairement.

En cet état, le substitut du procureur-général du roi en la chambre du trésor, fait saisir féodalement la terre de Saint-Maigrin comme mouvante en plein fief du roi.

Ce combat de fief, formé dans le ressort de deux parlemens différens, donna lieu au sieur de Caussade de se pourvoir au grand conseil, où il exposa qu'il étoit traduit au parlement de Bordeaux par le sieur d'Orchiac, sur une saisie féodale de la terre de Saint-Maigrin; que, d'un autre côté, il ne pouvoit se pourvoir qu'au parlement de Paris, sur l'appel de la saisie féodale de la même terre, faite à la requête du substitut du procureur-général du roi en la chambre du trésor; et, attendu qu'il ne pouvoit procéder sur le même fait en deux parlemens différens, il demande que les parties soient réglées de juges.

C'est dans ces circonstances, qu'au lieu de prononcer simplement sur le réglement des juges, le grand conseil évoque le différend des parties, et s'en retient la connoissance; imitant, s'il est permis de le dire, ce jugement fameux qui a été tant de fois reproché aux Romains par les Romains mêmes, par lequel, étant arbitres entre deux peuples leurs voisins, qui se disputoient la propriété d'une terre frontière, ils s'adjugèrent eux-mêmes ce qui étoit contesté entre ces deux peuples.

Il est vrai que cette rétention auroit eu quelque couleur, si le roi n'eût pas été partie dans cette affaire par le ministère du substitut du procureur-général en la chambre du trésor, parce que la saisie réelle de la terre de Saint-Maigrin étoit pendante au grand conseil.

Mais le privilége de la cause du roi faisoit cesser tous les prétextes de litispendance et de connexité; et quand même on auroit dû déroger, en cette occasion, à un privilége si inviolable, il n'y avoit que le roi seul qui pût le faire; il n'appartenoit ni au grand conseil, ni à aucune autre compagnie du royaume, de faire perdre au roi la prérogative qui lui est acquise par toutes les anciennes ordonnances, de ne plaider qu'en la cour, dans toutes causes dans lesquelles son domaine est intéressé : peut-on moins donner à la majesté royale, lorsqu'elle s'abaisse à plaider devant ses propres sujets, que de lui laisser le choix de ses juges et du tribunal à la décision duquel elle se soumet ?

Ce choix est fait, il y a long-temps, par les lois fondamentales du royaume, et c'est à ces lois que l'arrêt de rétention du grand conseil donne atteinte.

On ne dira pas, sans doute, que le roi devoit être censé avoir renoncé à son privilége, parce que, par un arrêt rendu dans son conseil privé, le 9 novembre 1602, les procès et différends pour raison du paiement des dettes de la succession du feu sieur de la Vauguyon, seigneur de Saint-Maigrin, avoient été renvoyés au grand conseil.

Mais si l'on faisoit une si mauvaise objection pour le sieur comte de Sainte-Maure, il seroit aisé d'y répondre :

1.º Que cette liquidation des dettes du sieur de la Vauguyon n'avoit rien de commun avec la question de la mouvance de la terre de Saint-Maigrin.

2.º Que le roi n'est jamais censé donner de privilége contre lui-même ni déroger à ses droits sans le savoir, sans le vouloir, et sans qu'il en soit question : dans l'arrêt par lequel on prétend qu'il y renonce, il faudroit que le renvoi eût été demandé avec le roi même, que la question en eût été agitée et décidée avec lui, pour pouvoir lui opposer ensuite l'arrêt qui a été rendu; mais de prétendre que, parce que le roi renvoie au grand conseil une discussion de créances à laquelle il n'a aucun intérêt, il ait voulu par là se dépouiller par avance du droit qui lui appartient incontestablement de ne reconnoître que la cour pour juge de son domaine, ce seroit avancer un paradoxe dans l'ordre judiciaire.

3.º Enfin, il y auroit même une absurdité évidente

à soutenir cette proposition dans l'espèce particulière de cette cause.

Car, dans le temps que l'arrêt de renvoi au grand conseil a été rendu, c'est-à-dire en l'année 1602, la contestation à laquelle on voudra peut-être appliquer ce renvoi, n'étoit pas encore née; puisque la saisie féodale faite à la requête du substitut du procureur-général du roi en la chambre du trésor, qui est le premier acte par lequel le roi est devenu véritablement partie dans cette affaire, est postérieure de quelques années à cet arrêt.

Comment pourroit-on donc prétendre que le roi eût eu intention de renoncer dès lors au droit de se servir de son privilége, et cela, par rapport à un différend qui n'étoit pas encore formé? Une telle supposition ne mérite pas d'être réfutée sérieusement.

L'arrêt du 9 novembre 1602, sur lequel il y a lieu de croire que le grand conseil s'est fondé pour retenir cette affaire, ne lui donnoit donc pas ce pouvoir : cet arrêt étoit un titre par rapport à ceux avec lesquels il avoit été rendu; mais il ne pouvoit nuire à une nouvelle partie, et surtout à une partie telle que le roi, qui seul étoit en droit de déroger à son privilége.

L'entreprise que le grand conseil a faite en cette occasion sur l'autorité royale est d'autant plus extraordinaire, que le roi a été traité moins équitablement dans ce tribunal, qu'aucun de ses sujets ne l'auroit été dans un cas semblable.

En effet, et c'est ici une réflexion décisive qui renverse jusqu'aux fondemens des arrêts du grand conseil, quand même on auroit pu juger que le privilége du roi devoit céder à la raison d'une prétendue connexité, et quand on supposeroit encore que le grand conseil auroit eu le pouvoir de juger cette question, qui devoit être réservée au jugement du roi, il auroit fallu du moins que le roi eût été partie dans l'arrêt de rétention, et qu'on eût jugé avec lui que son privilége cessoit en cette occasion;

ainsi il falloit faire assigner au grand conseil le substitut du procureur-général du roi en la chambre du trésor, pour statuer avec lui sur cette rétention.

Telle est la règle inviolable qui s'observe dans toutes les demandes en réglement de juges; il est inouï qu'on les ait jamais décidées sans appeler les parties qui y sont intéressées, et surtout les parties principales entre lesquelles le conflit de juridiction s'est formé.

Cependant on refuse ici au souverain ce que l'on accorde tous les jours au moindre de ses sujets. Le conflit de juridiction se forme entre le roi, d'un côté, dont le procureur, chargé de veiller en première instance à la défense de son domaine, saisit une juridiction ressortissante au parlement de Paris; et de l'autre, entre le seigneur d'Orchiac, qui porte ses prétentions au parlement de Bordeaux. Au milieu de ce combat de fief et de juridiction tout à la fois, le vassal, saisi des deux côtés, porte une demande en réglement de juges au grand conseil, et cette demande s'y juge, sans que l'officier chargé de défendre le privilége de la cause du roi et de soutenir la juridiction du domaine soit partie.

Encore une fois, il n'y a jamais eu de particulier si mal traité dans aucun tribunal, que le roi paroît l'avoir été au grand conseil dès le premier pas de la procédure.

Ainsi, la cause est aussi entière avec lui par rapport à la forme, que par rapport au fond; l'arrêt de rétention, qui est le fondement de tous les autres, n'étant point rendu avec le roi, le procureur-général est encore en droit et en état d'y former *opposition*, et de renverser par là tout l'édifice que l'on a voulu élever sur un fondement si ruineux.

Car, pour résumer en un mot toutes les observations que l'on vient de faire sur l'*incompétence* du grand conseil, on ne peut douter,

1.º Que le privilége du roi, de n'avoir point d'autres juges en dernier ressort que le parlement, dans les causes de son domaine, ne soit incontestable;

2G*

2.º Que le grand conseil n'avoit point le pouvoir de juger de l'étendue du privilége du roi, et que c'étoit au roi même qu'il étoit réservé d'en connoître;

3.º Que le roi n'y a jamais dérogé, et qu'il n'a pu le faire par l'arrêt du 9 novembre 1602, puisque la contestation dans laquelle le roi avoit ce privilége, n'étoit pas encore née;

4.º Que, quand même le grand conseil auroit eu le pouvoir de juger de ce privilége, et de décider si le roi y avoit voulu déroger, il auroit toujours fallu discuter cette question avec le roi même, et appeler au grand conseil l'officier qui étoit chargé de soutenir le privilége du roi, en défendant l'intérêt de sa juridiction qui en étoit inséparable.

Or, si toutes ces propositions sont également indubitables, on doit en tirer deux conséquences qui effacent pleinement le préjugé de tous les arrêts du grand conseil :

La première, que ce tribunal, comme on l'a avancé d'abord, étoit notoirement incompétent par rapport au roi ;

La seconde, que, quand même il auroit eu un pouvoir qu'il n'avoit certainement pas, il en auroit abusé, en condamnant le roi sans l'entendre.

Mais ce défaut est du nombre de ces fautes heureuses qui sont d'autant plus faciles à réparer, qu'elles sont plus grossières, et qu'en voulant trop faire contre le roi, on n'a rien fait du tout.

On a entrepris d'abord de lui faire perdre son privilége dans le conflit de juridiction qui donnoit lieu à la demande en réglement des juges, pour lui faire perdre ensuite la prérogative de sa mouvance dans le combat de fief.

Mais, heureusement pour la cause du roi, la première de ces injustices a rendu la seconde entièrement inutile; car l'autorité du tribunal étant une fois détruite, celle de ses décisions ne peut plus être d'aucun poids dans cette affaire, où il paroît d'ailleurs que les intérêts du roi ont été aussi négligés dans le fond, que son privilége a été violé dans la forme : c'est le second moyen que l'on a opposé d'abord aux arrêts du grand conseil.

SECOND MOYEN.

Omission de défenses de la part de ceux qui ont soutenu la cause du roi.

Pour bien développer ce moyen important, mais qui n'est néanmoins nullement nécessaire pour la décision de cette affaire, il faut supposer d'abord que, de tous les arrêts qui ont été rendus au grand conseil, il n'y en a que quatre qui puissent être opposés au roi avec quelque vraisemblance.

Le premier est celui de 1605, qui a jugé la question de la mouvance en faveur du seigneur d'Orchiac.

Le second est celui du 5 juillet 1611, rendu à l'audience du grand conseil, par lequel on voit que le seigneur d'Orchiac ayant prétendu que l'hommage que le sieur de Saint-Maigrin lui devoit étoit un hommage lige, celui qui exerçoit l'office public au grand conseil forma opposition à un arrêt du 5 juin 1610, par lequel le seigneur d'Orchiac avoit fait juger que l'hommage devoit être lige, et dit *que cette prétention étoit trop ambitieuse, les hommages liges n'appartenant qu'au roi seul;* paroles qui ne marquent pas une grande connoissance des matières féodales.

Sur cette opposition, et sur plusieurs autres contestations, les parties furent appointées en droit; c'est tout ce que porte cet arrêt.

Le troisième est celui qui intervint sur cet appointement, le 18 août 1611, et qui est rendu par forclusion, non-seulement contre le sieur de Caussade, mais même contre le roi; l'hommage prétendu par le seigneur d'Orchiac fut encore déclaré lige par cet arrêt.

Enfin, le dernier, et le plus célèbre de tous, est celui de 1635, dans lequel M.ᵉ Etienne Goutte, chargé du recouvrement des domaines de Guyenne, fut débouté, aussi bien que celui qui exerçoit l'office public au grand conseil, des oppositions que le premier avoit formées, et de l'entérinement des lettres en forme de requête civile que l'un et l'autre avoient obtenues contre les arrêts précédens.

Tels sont tous les arrêts dont on peut se servir contre le roi.

Il faut en retrancher d'abord le premier : on y trouve, à la vérité, des conclusions du parquet du grand conseil ; mais on ne voit point que le roi y ait été partie.

Or, il est très-important de remarquer ici qu'il y a une très-grande différence à faire entre les arrêts où le procureur-général du roi a donné seulement des conclusions, et ceux dans lesquels il a été véritablement partie pour le roi.

Les derniers seuls sont réputés contradictoires avec le roi ; les autres sont des préjugés, mais non pas de véritables décisions.

La raison solide de cette différence est que, lorsque le procureur-général du roi donne seulement des conclusions sur une instance ou sur un procès dans lequel le roi a intérêt, il n'en résulte autre chose, sinon que l'affaire a été communiquée au parquet, et que le procureur-général n'a pas cru devoir se rendre partie pour le roi : mais son opinion n'emporte point une décision irrévocable ; il a pu se tromper, et en cas qu'il se soit trompé en effet, on regarde son silence comme une véritable omission de défense contre laquelle le roi est toujours facilement relevé.

Il n'en est pas de même lorsque le procureur-général s'est rendu partie, et que les juges instruits de la cause du roi, par l'organe de son défenseur, ont rendu un jugement véritablement contradictoire ; alors ce n'est plus un simple préjugé qui se tire du silence du procureur-général du roi, c'est une véritable décision qui se rétracte beaucoup plus difficilement.

Cette distinction étant une fois supposée, il est évident que le premier arrêt du grand conseil ne peut être regardé comme un arrêt de décision contre le roi, et que la seule conséquence qu'on puisse en tirer, quand même il seroit rendu dans un tribunal compétent, c'est que celui qui exerçoit le ministère public n'a pas jugé à propos de se rendre partie pour le roi.

Mais, c'est en cela même qu'il a manqué ; ainsi son silence est une omission manifeste de défense, qui fournit au roi un moyen infaillible pour revenir contre cet arrêt par tous les moyens qui ont été expliqués dans cette requête.

Il en est de même, en quelque manière, que si celui qui est chargé de la défense d'un mineur ou d'une église, après avoir pris communication d'un procès dans lequel cette église ou ce mineur auroient intérêt, ne jugeoit pas à propos d'y former aucune demande.

Si, dans la suite, on trouvoit qu'il s'est trompé dans ce jugement, et que la cause qu'il n'a pas cru pouvoir défendre étoit très-juste et très-bien fondée ; bien loin que son silence pût nuire à l'église et au mineur, ce seroit, au contraire, parce qu'il auroit pris le parti de se taire, dans une occasion où il devoit parler, que le mineur et l'église seroient en droit d'alléguer qu'ils n'ont point été défendus, et qu'il n'en faut point chercher d'autre preuve que le silence même de leur défenseur qu'on leur oppose.

Ainsi, toute la question, dans ce cas, soit à l'égard de l'église et du mineur, soit à l'égard du roi, se réduit toujours à savoir s'il est vrai que dans le fond leur prétention soit juste et légitime : or, c'est ce que l'on croit avoir pleinement démontré, dans la troisième partie de cette requête, à l'égard du roi, dans l'espèce particulière de cette cause ; et par conséquent le préjugé de l'arrêt de 1605, quand il seroit rendu par des juges compétens, ne peut être opposé au roi, puisque ce préjugé est uniquement fondé sur un silence qui est le moyen même dont le roi se sert pour faire voir que ses droits n'ont point été défendus.

Le second arrêt ne juge rien et ne prononce qu'un

appointement en droit ; ainsi il ne fait aucun préjudice aux intérêts du roi.

On ne peut cependant se dispenser d'en relever une circonstance, qui est une preuve sensible de la négligence avec laquelle la cause du roi a été défendue au grand conseil.

On apprend, par cet arrêt, que celui qui entreprit alors de la défendre, ne se récria que sur la qualité d'hommage lige, et il prétendit qu'un tel hommage ne pouvoit être rendu qu'au souverain.

Ainsi, au lieu de contester sur le fond de la mouvance, et d'alléguer les mêmes moyens que le procureur-général propose aujourd'hui, celui qui exerçoit l'office public se contenta de former une très-mauvaise difficulté sur la qualité d'un hommage, à laquelle le roi, suivant la jurisprudence des derniers siècles, n'avoit aucun intérêt ; et en effet, n'ayant pu rien proposer de vraisemblable sur une difficulté si mal fondée, il fut condamné par *forclusion*, ce qui n'a peut-être jamais eu d'exemple dans les affaires où le roi est intéressé.

L'arrêt qui prononce cette forclusion est le troisième de ceux que l'on oppose au roi ; mais en marquant qu'il est rendu par forclusion, on en a dit assez pour le détruire.

Il ne reste donc que le dernier arrêt qui pût faire quelque impression, s'il étoit rendu dans un autre tribunal. En effet, il semble que ceux qui avoient entrepris de soutenir la cause du roi, au grand conseil, se soient alors réveillés de leur profond sommeil, et qu'ils aient commencé à ouvrir les yeux sur leur négligence passée.

Ils ont fait, au moins dans la forme, tout ce qui dépendoit d'eux pour la réparer ; ils ont formé opposition aux arrêts précédens ; ils ont cru même devoir prendre la précaution d'obtenir, par une formalité assez rare dans les affaires du roi, des lettres en forme de requête civile contre ces mêmes arrêts : mais, puisqu'ils ont encore succombé dans une cause si juste, on doit présumer qu'ils l'ont mal défendue dans le fond ; car, en un mot, ce mauvais succès ne peut venir que de l'une de ces trois causes :

: Ou parce que l'on a regardé le premier arrêt de 1603, comme un obstacle et une barrière insurmontable ;

Ou parce que le parage qui étoit le principal fondement des prétentions du seigneur d'Orchiac, a été regardé comme un parage juste et légitime ;

Ou, enfin, parce que l'on a cru que les sieurs d'Orchiac avoient prescrit la mouvance de Saint-Maigrin, par plusieurs actes de foi et hommage que l'on a insérés avec un grand soin dans le vu de l'arrêt.

Or, il n'y a aucun de ces trois moyens qui ait pu être victorieux, que par une très-grande omission de défenses ; c'est ce qu'il faut établir en très-peu de paroles.

Le premier fondement de l'arrêt de 1635 a été, sans doute, le préjugé de l'arrêt de 1605.

Or, c'est en cela même que le roi n'a pas été bien défendu ; allons encore plus loin ; c'est en cela qu'il ne l'a pu être au grand conseil.

Car quelle devoit être, dans la forme, la défense du roi contre cet arrêt? Il falloit y former opposition, non pas seulement par rapport au fond, mais même par rapport à la forme ; et quel devoit être le moyen d'opposition ? L'incompétence certaine du tribunal, l'irrégularité et la nullité de l'arrêt de rétention, auquel il falloit aussi s'opposer.

Or, non-seulement ces moyens n'ont jamais été proposés, mais il est évident qu'ils ne l'ont pu être ; car, par qui l'auroient-ils été ? Le fermier du domaine qui, par une ignorance grossière, avoit porté la demande au grand conseil, n'avoit garde de révoquer en doute la compétence d'un tribunal qu'il avoit reconnu ; et pouvoit-on espérer que celui qui exerçoit l'office public au grand conseil, trahît, pour ainsi dire, les intérêts de sa compagnie, pour prendre en main la défense d'une juridiction étrangère ? Et, quand il auroit voulu le faire, le grand conseil auroit-il pu être juge d'une question de cette nature ?

Il est donc vrai, non-seulement que la cause du roi n'a pas été défendue, mais qu'elle n'a pu l'être sur ce premier point, qui est cependant la base et le fondement de tous les autres.

Ainsi, première omission de défenses, qui ne peut jamais être ni couverte ni réparée, en ce que l'on n'a pas attaqué l'incompétence des juges qui étoient saisis de cette affaire.

Le second fondement apparent de l'arrêt de 1635, est le prétendu parage par lequel les seigneurs de la maison d'Orchiac ont voulu s'attribuer la mouvance de Saint-Maigrin.

Mais, outre que l'omission de la première défense du roi a rendu toutes les autres défenses inutiles,

On ne voit point que la question du parage ait été traitée comme elle auroit dû l'être :

On ne voit point que l'on ait fait voir que ce parage étoit nul par rapport au roi, qui n'en admet point contre lui dans l'usance de Saintes ; par rapport aux contractans, qui n'avoient pas le pouvoir d'établir un parage ou légal ou conventionnel ; par rapport à la terre de Saint-Maigrin, dont les seigneurs d'Orchiac n'ayant retenu aucune partie, n'avoient pu s'attribuer l'hommage.

On ne trouve aucun de ces trois grands moyens indiqués au moins dans le vu de l'arrêt ; et on ne peut pas croire que, s'ils eussent été expliqués, le roi eût pu perdre sa cause dans quelque tribunal que ce pût être.

On répondra, sans doute, qu'on doit présumer que ces moyens ont été proposés, puisque la plus grande partie des pièces sur lesquelles ils sont fondés, ont été produites, et qu'elles sont visées dans le vu de l'arrêt du grand conseil.

Mais, lorsqu'on réunira toutes les circonstances de cette affaire, lorsqu'on envisagera, d'une seule vue, l'incompétence du tribunal, l'irrégularité de la procédure, la négligence avec laquelle la cause du roi a été défendue, l'erreur par laquelle il paroît que l'on a relevé des difficultés frivoles, pendant que l'on gardoit le silence sur des objections solides, on sera pleinement persuadé que cette présomption générale que l'on tire de la production des principaux titres, est bien légère dans l'espèce de cette cause, et qu'elle ne peut dispenser ceux qui l'allèguent de rapporter les écritures qui leur ont été alors signifiées pour le roi ; jusque-là, on présumera toujours qu'une cause si négligée, si mal défendue dans les commencemens, ne l'a pas mieux été dans les suites ; et l'on fera l'honneur aux juges qui ont rendu cet arrêt, de présumer en leur faveur qu'ils ne l'auroient jamais rendu, si les moyens que l'on propose aujourd'hui leur avoient été expliqués.

Enfin, ce qui achève de prouver clairement cette vérité, c'est que cet arrêt adjuge au seigneur d'Orchiac plus qu'il ne pouvoit prétendre, quand même ses titres auroient été valables.

Comme ce moyen, qui démontre sensiblement l'omission de défenses dont le roi a droit de se plaindre aujourd'hui, est de la dernière importance, la cour est suppliée de renouveler son attention sur un point si décisif.

On l'a déjà dit plusieurs fois, l'unique titre des seigneurs d'Orchiac est un parage irrégulier, commencé en 1369 avec Guillaume de Marcuil, et renouvelé en 1396 avec Jeanne de Pons.

Le premier de ces parages étoit chargé d'hommage et de devoir ; mais le second, qui a couvert le premier, étoit un *parage franc*, selon les termes mêmes de la transaction de 1396, c'est-à-dire, un parage exempt de tout devoir, dans lequel, suivant la disposition de l'ancienne coutume de Normandie, celui qui tient et celui de qui il tient sont égaux, et tiennent aussi noblement l'un que l'autre.

Ces deux parages avoient également cela de commun, que les seigneurs d'Orchiac devoient perpétuellement garantir les seigneurs de Saint-Maigrin sous leur foi.

C'est pour cela qu'il est dit, dans les transactions de 1369 et de 1370, que le seigneur d'Orchiac *pour soi et les siens perpétuellement fera bon et loyal GARIMENT envers tous et contre tous audit seigneur de Mareuil et aux siens*, à la charge *que le seigneur de Mareuil payera les devoirs royaux et anciens, dûs à cause des terres qui lui demeureront*:

Paroles qui confirment encore ce qui a été dit tant de fois dans cette requête, que Saint-Maigrin étoit une terre tenue du roi, et que tout ce que l'on a prétendu faire dans les conventions passées entre les seigneurs d'Orchiac et les seigneurs de Saint-Maigrin, étoit une espèce de parage et de gariment par le moyen duquel la foi seroit toujours rendue au roi pour cette terre par les seigneurs d'Orchiac, qui, d'un autre côté, se la faisoient rendre par les seigneurs de Saint-Maigrin.

Et en effet, on a vu que dans tous les actes de foi et hommage qui ont été rendus au roi, les seigneurs d'Orchiac y ont toujours compris la terre de Saint-Maigrin, non comme un arrière-fief, mais comme un plein fief du roi, mouvant également du comté de Saintonge, comme la seigneurie d'Orchiac.

La cour n'a pas oublié non plus que les aveux dont les seigneurs d'Orchiac ont voulu se prévaloir, contiennent la même énonciation, et ne diffèrent des actes de foi et hommage qu'en ce que l'on y suppose que cette même terre, qui étoit tenue en plein fief du roi, étoit tenue d'eux en parage par les seigneurs de Saint-Maigrin.

Il étoit donc constant que jamais la foi dûe au roi pour la châtellenie de Saint-Maigrin, n'avoit souffert aucune atteinte, et que le roi en avoit toujours été servi paisiblement sans aucune interruption.

Quand donc on auroit voulu tolérer ce parage irrégulier, par lequel les seigneurs d'Orchiac avoient usurpé une mouvance subordonnée à celle du roi,

il falloit au moins réserver la première et la principale mouvance dont le roi étoit demeuré en possession, même depuis le parage.

Cependant, par une surprise inconcevable, mais
qui montre clairement combien la cause du roi a été
peu entendue au grand conseil, on le condamne purement et simplement, sans exception, sans réserve,
et sans marquer au moins que si le seigneur d'Orchiac
pouvoit recevoir un hommage subordonné de Saint-
Maigrin, il en devoit lui-même le véritable et le
principal hommage au roi, conformément à ses
propres titres.

De quelque côté qu'on envisage cette condamnation, elle est également insoutenable; car, en un
mot, ou le parage étoit nul, ou on le regardoit
comme légitime:

S'il étoit nul, il ne falloit pas même souffrir que le
seigneur d'Orchiac reçût un hommage subordonné
de la terre de Saint-Maigrin:

S'il étoit légitime, il falloit au moins obliger le
seigneur d'Orchiac à continuer d'en rendre l'hommage direct et principal au roi.

On ne fait cependant ni l'un ni l'autre, et l'omission de défenses est portée si loin dans la cause du
roi, qu'on lui fait perdre ce qui ne pouvoit lui être
contesté, et qu'on adjuge au seigneur d'Orchiac
ce qu'il ne prétendoit et ne pouvoit prétendre.

Ainsi le dernier arrêt du grand conseil est du
nombre de ces preuves ambitieuses qui se détruisent
elles-mêmes et qui ne prouvent rien, parce qu'elles
prouvent trop.

Enfin, le troisième motif de ce jugement a peut-
être été la prescription que le seigneur d'Orchiac a
prétendu, sans doute, avoir acquise par plusieurs
actes de foi et hommage consécutifs, qui lui ont été
rendus pour la terre de Saint-Maigrin.

Mais, si la décision du grand conseil a pu être fondée sur ce motif, elle a eu pour principe une double
erreur de droit et de fait, qu'on ne sauroit détruire

sans faire voir encore que la cause du roi a été aussi mal défendue sur ce moyen que sur les deux premiers.

Erreur de droit, en premier lieu, si l'on a supposé que la prescription pouvoit avoir lieu contre le roi en matière de mouvance.

Il est vrai que quelques docteurs particuliers, qui ont peut-être servi de guides aux juges dans cette affaire, ont cru que l'on devoit distinguer entre les droits qui appartiennent au roi comme roi, et ceux qui ne lui appartiennent que comme seigneur particulier ; que les premiers étoient seuls imprescriptibles, au lieu que les derniers pouvoient avoir, en ce point, le même sort que les droits des particuliers.

Mais cette opinion a toujours été condamnée par la cour, instruite des véritables maximes du domaine, dont la conservation est commise à sa justice ; et c'est dans ce même esprit qu'a été tracée la disposition de l'édit de 1667, qui rejette toute distinction en cette matière, et qui n'admet aucune espèce de prescription contre les droits qui dépendent du domaine de la couronne.

Erreur de fait, en second lieu, si l'on a cru au grand conseil que dans l'espèce particulière de cette cause il y eût aucune prescription acquise contre le roi, quand même on ne le regarderoit que comme un seigneur particulier.

Cette erreur paroît manifestement par les actes de foi et hommage de 1498, de 1515 et de 1549, et par les aveux et dénombremens de 1516 et de 1593 ; pièces nouvelles, que l'on auroit pu tirer de la chambre des comptes en 1635, avec autant de facilité que le procureur-général du roi les en a tirées aujourd'hui, et dont la production sera une nouvelle preuve de l'omission de défenses qui éclate dans toute cette affaire.

Il résulte de toutes ces pièces, que le roi a été reconnu comme seul seigneur immédiat de Saint-

Maigrin, et même sans aucune mention du parage, postérieurement aux actes par lesquels les seigneurs d'Orchiac ont apparemment prétendu en avoir prescrit la mouvance, et qui sont tous compris dans l'étendue du temps qui s'est passé depuis 1472 jusqu'en 1543.

Or, si les seigneurs d'Orchiac ont eux-mêmes porté au roi la terre de Saint-Maigrin, comme mouvante de lui en plein fief, comment ont-ils pu, pendant ce temps-là, prescrire contre lui la mouvance de cette même terre? Le vassal peut-il prescrire contre son seigneur, et acquérir par prescription la mouvance du fief dont il lui rend continuellement l'hommage?

Une telle proposition est assurément un paradoxe qui n'a pas besoin d'être réfuté; mais ce qui est encore plus surprenant, c'est qu'un tel paradoxe ait pu être autorisé par un arrêt. Voilà, néanmoins, à quoi se réduit la décision qu'on oppose aujourd'hui aux droits du roi; elle suppose, encore une fois, qu'un vassal immédiat du roi a pu prescrire contre le roi même la mouvance d'une seigneurie dont il lui a toujours rendu hommage.

En faudroit-il davantage pour montrer jusqu'à quel point la cause du roi a été peu entendue, négligée, abandonnée? Et quand le procureur-général n'auroit que ce seul moyen pour combattre l'arrêt du grand conseil, pourroit-il en craindre le préjugé?

Après cela, il ne s'arrêtera pas à répondre à ce qui a été avancé par le sieur comte de Sainte-Maure dans ses causes et moyens d'appel, que l'instance jugée par l'arrêt du grand conseil de 1635 fut communiquée au prédécesseur du procureur-général du roi, et que ses conclusions sont visées au fol. 15 *verso* de cet arrêt.

Il est vrai qu'on trouve en cet endroit, au nombre des pièces produites par les parties, des conclusions données par le procureur-général du roi, pour raison de l'hommage de Saint-Maigrin ; mais il seroit absurde de penser que ce fût sur cette instance pendante au grand conseil que le procureur-général eût donné ces conclusions. On ne peut concevoir comment celui que le sieur comte de Sainte-Maure a chargé de sa défense, a pu saisir une idée si bizarre et si contraire à la vraisemblance ; tout ce qui résulte donc de cette remarque, est qu'une des parties a produit des conclusions qui avoient été données autrefois sur quelque instance pendante au parlement par rapport à la terre de Saint-Maigrin ; mais on ne voit ni quelles étoient ces conclusions, ni en quel temps, ni sur quoi elles ont été données, ni de quels arrêts elles ont été suivies : il faudroit néanmoins savoir tout cela pour en pouvoir tirer quelque conséquence.

Le sieur de Sainte-Maure ne doit donc plus mettre toute sa confiance dans des titres si vicieux : car, pour reprendre en très-peu de paroles ce qui a été dit sur ce sujet, tout concourt à faire voir la nullité et l'inutilité de ces arrêts.

Le tribunal qui les a rendus a été notoirement incompétent, et la procédure par laquelle il a voulu s'attribuer la connoissance de cette affaire n'ayant point été faite avec le roi, la cause est encore toute entière à son égard, et il peut renverser jusqu'au fondement de tous ces arrêts, en s'opposant à l'arrêt de rétention.

La cause du roi n'a été ni pu être valablement défendue dans ce tribunal si peu compétent.

Le premier arrêt n'est qu'un simple préjugé, qui n'est fondé que sur le silence de celui qui exerçoit le ministère public, et par conséquent sur une véritable omission de défenses de la part du roi.

Le second n'est qu'un appointement en droit.

Le troisième est rendu par forclusion contre le roi, par conséquent sans défenses de sa part, et à plus forte saison sans défenses valables.

Le quatrième est rendu avec plus de précaution, mais non pas avec plus de justice. Il n'a pu avoir que trois motifs, qui auroient facilement été détruits, si la cause du roi avoit été défendue.

Premier motif. Le préjugé du premier arrêt : mais c'étoit cet arrêt même qu'il falloit attaquer par la voie de l'incompétence, et cette voie n'a point été et n'a pu même être mise en usage au grand conseil.

Second motif. Le parage par lequel le seigneur d'Orchiac a prétendu avoir acquis la mouvance de Saint-Maigrin : mais,

1.° Ce parage étoit nul, comme il étoit facile de le démontrer ; ce qui ne paroît point avoir été fait ;

2.° Quand on auroit pu le tolérer, il auroit fallu toujours conserver la mouvance ancienne et principale qui avoit toujours appartenu au roi ; cependant on la lui fait perdre, et cela contre les titres mêmes du seigneur d'Orchiac.

Troisième motif. La prescription par laquelle le seigneur d'Orchiac prétendoit encore avoir acquis cette mouvance : mais si la cause du roi avoit été mieux défendue, on auroit fait voir que ce moyen ne pouvoit être fondé que sur une double erreur de droit et de fait :

Erreur de droit, en ce que l'on suppose que la prescription pouvoit avoir lieu contre le roi ;

Erreur de fait, en ce que l'on alléguoit une prescription imaginaire et combattue par les actes de foi et hommage par lesquels les seigneurs d'Orchiac avoient eux-mêmes reconnu que le roi étoit le seigneur direct et immédiat de Saint-Maigrin, en sorte qu'il étoit impossible que les seigneurs d'Orchiac eussent prescrit contre le roi la mouvance d'un fief pour lequel ils lui avoient toujours rendu hommage.

Au milieu de tant de moyens, dont un seul pourroit suffire, le procureur-général n'estime pas que les arrêts du grand conseil puissent faire encore aucune impression sur l'esprit des juges, ni balancer la force et le poids des moyens qu'il a expliqués, par rapport

au fond du droit. Ce n'est même que par une précaution surabondante qu'il formera opposition à ces
arrêts; car l'incompétence certaine du tribunal qui
les a rendus, pouvoit le dispenser de cette formalité.

Il ne croit pas non plus devoir contredire en détail
les actes de foi et hommage, et les aveux et dénombremens que les auteurs du sieur comte de Sainte-
Maure peuvent avoir exigés des seigneurs de Saint-
Maigrin depuis les arrêts du grand conseil.

Tous ces actes ne sont que des suites forcées et
nécessaires de ces arrêts, qui tomberont avec eux,
aussitôt qu'ils seront détruits, et qui, par conséquent, ne peuvent faire aucun préjudice aux droits
du roi.

Il est encore une autre question dans cette instance, c'est celle de la demande en *garantie* que le
sieur comte de Sainte-Maure a formée contre les
directeurs des créanciers de la maison de Bourdeilles;
mais comme cette demande ne regarde point les
droits du roi, qui n'a aucun intérêt d'empêcher
cette garantie, si le sieur de Sainte-Maure y est bien
fondé, le procureur-général ne doit prendre aucune
part à cette contestation subsidiaire qui se forme
entre les autres parties; et il lui suffit d'avoir fait
voir, dans toute la suite de cette requête, que le droit
du roi, incontestable dans le fond, n'a reçu aucune
atteinte dans la forme par les arrêts du grand conseil,
qui sont les seuls titres que le sieur comte de Sainte-
Maure a cru jusqu'à présent devoir lui opposer.

CE CONSIDÉRÉ, il vous plaise donner acte
au procureur-général du roi de l'opposition qu'il
forme à l'exécution des arrêts du grand conseil du
23 mai 1603, portant rétention du procès et différend des seigneurs d'Orchiac et de Saint-Maigrin,
et des 30 septembre 1603, 4 juillet et 18 août 1611,
et 30 août 1635; faisant droit sur ladite opposition,
ensemble sur l'appel interjeté par ledit sieur de
Sainte-Maure de la saisie féodale de la terre de Saint-

Maigrin, faite à la requête du substitut dudit procureur-général au bureau des finances de la Rochelle, mettant l'appellation au néant, ordonner que ce dont est appel sortira son plein et entier effet, condamner l'appelant en l'amende ordinaire de 12 livres; et en conséquence, sans s'arrêter à cet égard à la demande dudit sieur de Sainte-Maure, maintenir et garder ledit seigneur roi dans les possession et propriété de la mouvance du fief et seigneurie de Saint-Maigrin, tenue à la foi et hommage lige dudit seigneur, à cause du comté de Saintonge et pont de Saintes, et donner acte audit procureur-général de ce que, pour réponse aux causes et moyens d'appel dudit de Sainte-Maure, écritures, productions et contredits, il emploie le contenu en la présente requête, ensemble les pièces qui suivent et qui demeureront jointes à ladite requête; et vous ferez justice.

TROISIÈME REQUÊTE.

SECONDE REQUÊTE

Sur la mouvance de la terre de Saint-Maigrin.

A MESSIEURS DU PARLEMENT.

Supplie le procureur-général du roi, disant que, quelque étendue que l'on ait donnée aux contredits servant de défenses que le sieur comte de Sainte-Maure, en qualité de seigneur d'Orchiac, a fait signifier au procureur-général, il est aisé néanmoins de les réduire à deux points également simples, l'un dans la forme, et l'autre dans le fond.

Le procureur-général avoit cru devoir commencer la requête qu'il a donnée dans cette instance, par établir, dans le fond, la justice des droits du roi; et il l'avoit finie en répondant aux objections que le sieur comte de Sainte-Maure emprunte de la forme, pour couvrir la foiblesse de sa cause dans le fond.

Le défenseur du sieur comte de Sainte-Maure a jugé à propos de changer cet ordre, et de répondre d'abord à ce que le procureur-général avoit dit sur la forme, avant que de proposer ses défenses sur le fond.

Comme il n'y a rien de plus indifférent que cet ordre, le procureur-général se conformera volontiers, dans cette réplique, à celui que le sieur comte de Sainte-Maure a suivi dans sa défense; et, traitant cette affaire dans le dernier état où il la trouve, il tâchera d'abord de détruire, en peu de mots, tout ce que le sieur comte de Sainte-Maure allègue de plus spécieux sur la forme, dans laquelle on voit bien qu'il met sa plus grande confiance, pour passer ensuite à la réfutation des moyens beaucoup moins apparens que l'on a opposés dans le fond aux principes établis par la requête du procureur-général du roi.

Mais, avant que de s'expliquer sur l'un et sur l'autre point, le procureur-général croit devoir avertir ici le conseil du sieur comte de Sainte-Maure qu'il n'a pas été fort heureux dans ses conjectures, lorsqu'il a avancé, sans doute avec bonne intention, et pour donner une couleur plus favorable à la cause dont il a entrepris la défense, que c'étoit le sieur de Saint-Maigrin qui plaidoit dans cette affaire, sous le nom du roi; le procureur-général sait trop ce qu'il doit au ministère qu'il a l'honneur d'exercer, pour autoriser ni même pour tolérer qu'on se servît du nom du roi, ou plutôt, qu'on abusât de ce nom respectable, pour soutenir une prétention qu'il ne croiroit pas légitime.

L'office public ne se prête ni aux passions ni aux intérêts des particuliers; et ce que l'on dit sur ce sujet de la part du sieur comte de Sainte-Maure, sans y faire assez de réflexion, ne doit être regardé que comme une figure, souvent inutile dans les affaires mêmes des particuliers, mais qu'il ne convient jamais d'employer, quand on est obligé d'écrire contre celui que son ministère ne rend partie pour la défense des droits du roi qu'avec les dispositions d'un juge et le même esprit de justice.

PREMIÈRE PARTIE.

Où l'on examine les moyens qui regardent la forme.

POUR réduire tout ce qui regarde la forme à des points fixes et certains, qui en rendent la décision claire et facile, le procureur-général le renfermera

dans sept propositions, qu'il a déja suffisamment établies dans sa première requête, et qu'il confirmera
par quelques nouvelles réflexions, qui sont autant
de principes par lesquels la cour pourra juger de la
qualité des objections du sieur comte de Sainte-
Maure.

Première proposition. Le parlement est juge naturel de tout ce qui regarde le fonds du domaine
du roi, non-seulement par droit commun, mais par
une attribution spéciale et singulière.

Seconde proposition. De là vient que les causes
du domaine ne peuvent en être évoquées, et qu'elles
ne sont jamais comprises dans les priviléges les plus
généraux et les plus étendus que le roi puisse attribuer à d'autres tribunaux.

Troisième proposition. Le roi n'a jamais évoqué
la contestation dont il s'agit par rapport à la mouvance
de la châtellenie de Saint-Maigrin.

Quatrième proposition. Le grand conseil n'a pu
faire ce que le roi n'avoit pas fait, et évoquer à ce tribunal la connoissance de ce différend.

Cinquième proposition. Quand le grand conseil
auroit eu le pouvoir d'évoquer une affaire de cette
matière, il auroit mal usé de ce pouvoir, en n'y ob-
servant aucune forme légitime.

Sixième proposition. L'incompétence ne peut jamais se couvrir à l'égard du roi, et la multitude des
arrêts rendus par un tribunal incompétent, ne fait
que multiplier le vice essentiel de la procédure, bien
loin de le réparer.

Septième proposition. Donc tous les arrêts que le
grand conseil a rendus contre le roi dans cette affaire,
et tous les argumens que l'on en tire pour établir de
prétendues fins de non-recevoir contre la demande
du procureur-général, ne méritent aucune attention.

La première proposition est incontestable, et il n'y

a point de prérogative ni plus certaine, ni plus honorable au parlement, que d'être, entre tous les tribunaux ordinaires, le seul dépositaire des droits de la couronne, et l'unique arbitre de toutes les contestations qui intéressent le domaine.

C'est pour cela que, depuis que nos rois ont commencé de faire des lois pour la conservation de la juridiction des seigneurs hauts justiciers ou des siéges royaux inférieurs, en faisant des défenses générales de traduire les sujets du roi au parlement pour y procéder en première instance, ils en ont tous excepté les causes qui regardoient les droits du roi.

C'est ainsi que s'en explique le roi Philippe le bel dans son ordonnance de l'an 1302, art. XXV : *Nec eorum causæ, nisi in casu ressorti, in nostris curiis audiantur, vel in casu alio ad nos* (hoc est ad jus nostrum regium) *pertinenti.*

Le roi Jean, dans son ordonnance de l'année 1363, faisant l'énumération des causes qui peuvent être introduites directement en la cour, y marque expressément celles qui concernent le domaine de la couronne : *Similiter causa proprietatis nostri patrimonii.*

Charles VII s'explique avec plus d'étendue, mais toujours dans le même esprit, lorsque, dans l'art. V de son ordonnance de l'année 1453, il met au nombre des causes et procès qui, de leur nature et droit, doivent être introduits et traités au parlement, *les causes de notre domaine, et de nos droits et de nos régales, et les causes auxquelles notre procureur sera principale partie.*

Enfin, pour ne point multiplier inutilement les preuves d'une vérité si constante, telle est encore l'idée que Louis XI donne de l'autorité du parlement dans ses lettres-patentes du 11 mai 1478, touchant la confiscation des biens du dernier duc de Bourgogne. Il ordonne, par ces lettres, que tous les différends qui regarderont cette confiscation, soient jugés en sa cour de parlement à Paris, *qui est,* dit ce prince, *la cour de justice souveraine de notre royaume, où ressortissent et se doivent juger et terminer les matières touchant les grands droits appartenans à notre couronne.*

La juridiction du parlement, en cette matière, n'est pas seulement fondée sur l'éminence et la dignité de ce tribunal, mais sur les maximes fondamentales des fiefs, qui veulent que tous les différends qui regardent, tant le domaine du seigneur, que celui de ses vassaux ou de ses pairs, soient jugés dans sa cour ; en sorte qu'entre les autres titres que l'on peut donner au parlement, on peut l'appeler justement la cour féodale du roi et du royaume, où se traitent toutes les causes qui intéressent le grand fief, le fief souverain de la couronne, et celles des seigneurs qui ont l'honneur de tenir leurs fiefs ou pairies de ce fief vraiment dominant, qui ne relève de personne, et dont tous les autres fiefs relèvent.

Ainsi, toutes les ordonnances qui établissent le droit que les pairs ont de ne reconnoître aucun autre juge de leurs pairies, que la cour surnommée par excellence *la cour des pairs*, confirment, à plus forte raison, le privilége inviolable du domaine de la couronne, puisqu'il seroit absurde que les vassaux eussent un droit que leur chef, leur seigneur, et leur maître n'eût pas aussi éminemment et aussi inviolablement qu'eux.

S'il est certain, comme on l'a dit en premier lieu, que le parlement est juge naturel et unique, entre tous les tribunaux ordinaires, des causes qui concernent le domaine du roi, la seconde proposition, qui n'est qu'une suite nécessaire de la première, n'est pas moins constante, c'est-à-dire, que les causes du domaine ne peuvent jamais être évoquées, et que le droit du roi l'emporte toujours, et en toute sorte d'occasions, sur tout autre privilége.

L'ordonnance de 1669 qui a renouvelé cette maxime, dans l'article seize du titre des évocations, n'est que la répétition et la suite naturelle des anciennes ordonnances que l'on vient d'expliquer, et de l'usage inviolable qui en a affermi perpétuellement l'autorité.

De là vient que le privilége du *committimus* cesse absolument en cette matière, et que, par la déclaration de l'année 1543, touchant la juridiction de la chambre du trésor, le roi François I a fait des défenses expresses aux requêtes du palais de connoître de toutes les causes où il s'agiroit des droits de propriété du domaine du roi.

De là vient, pour remonter encore plus haut, que, lorsqu'il fut question en l'année 1465 de régler le ressort du comté-pairie d'Eu, et de déroger au traité de Saint-Maur, où le roi Louis XI avoit été contraint d'accorder à l'échiquier de Normandie le ressort de ce comté, ce prince s'explique en ces termes, dont il est facile de faire l'application au domaine de la couronne, puisque, comme on l'a déjà remarqué, ce qui a lieu pour les pairies, a lieu, à plus forte raison, pour le domaine du roi, dont elles sont les plus nobles dépendances : *Nous vous mandons*, dit le roi Louis XI, *à vous, gens de notredit échiquier, que contre ni au préjudice des droits de ladite pairie de France, voir desdites causes et matières touchant notredit cousin et sesdits sujets du comté d'Eu, ne teniez ni entrepreniez aucune cour et jurisdiction; et, en outre, mandons à vous, gens de notredit parlement à Paris, que les causes et matières, en quelque état qu'elles soient, qui, au préjudice des droits et prérogatives de la pairie, auroient été introduites et seroient pendantes autre part que en notredite cour de parlement, vous évoquiez pardevant vous en notredite cour*, etc.

Ainsi, d'un côté, ce roi fait défense à l'échiquier de Normandie de connoître des causes de la pairie d'Eu, et de l'autre, il enjoint au parlement d'en prendre connoissance et de les évoquer, en quelque tribunal qu'elles soient pendantes; d'où l'on peut conclure, qu'il n'est pas même libre au parlement de se dépouiller de la connoissance directe des causes qui regardent les pairies, et encore moins de celles du domaine du roi, les pairies n'ayant ce privilége que par l'honneur qu'elles ont d'approcher de fort près de la dignité du domaine de la couronne, dont elles sont regardées comme une émanation, dans lequel elles retomberoient de plein droit au défaut de possesseurs mâles, si le roi n'empêchoit cette réunion par une dérogation expresse à ses ordonnances.

Le grand conseil n'a pas plus de privilége sur ce point que les autres tribunaux, auxquels il est interdit de prendre connoissance de tout ce qui regarde le domaine du roi.

La question en a été agitée il y a long-temps, et décidée contre ce tribunal, par un arrêt rendu par le roi dans son conseil, le 5 mars 1614, entre les religieux de l'abbaye de Saint-Germain-des-Prés, qui se fondoient sur des lettres d'évocation générale, portant attribution au grand conseil, et le substitut du procureur-général du roi en la chambre du trésor, prenant le fait et cause du receveur du domaine de Paris, qui n'opposoit à ces lettres que le privilége toujours supérieur du domaine du roi.

Il seroit facile de rapporter un nombre infini d'exemples semblables, si l'on croyoit que le sieur comte de Sainte-Maure pût révoquer en doute la vérité de cette maxime, que les causes du domaine ne peuvent jamais être évoquées.

La troisième proposition, qui est que le roi n'a jamais évoqué expressément ni renvoyé au grand conseil la connoissance de la contestation qui y a été jugée autrefois sur la mouvance de Saint-Maigrin, n'a pas besoin de preuve; c'est un fait certain dans le procès.

Prétendra-t-on faire passer pour une évocation tacite, et pour un renvoi indirect, l'arrêt du conseil du 9 décembre 1602, par lequel le roi avoit renvoyé au grand conseil *le procès et différend pour raison du payement des dettes de la succession du sieur de la Vauguyon, seigneur de Saint-Maigrin?*

Mais on vient de montrer que les causes du domaine ne sont jamais censées comprises dans les évocations les plus générales, et dans les priviléges les plus formels.

Est-il nécessaire de rappeler encore ici, que le roi n'est jamais présumé donner des priviléges contre lui-même? sans cela il ne seroit pas vrai de dire que les causes du domaine ne peuvent jamais être évoquées. L'ordonnance qui renouvelle cette maxime seroit perpétuellement éludée, s'il suffisoit que le roi eût attribué à un tribunal extraordinaire la connoissance d'une contestation, pour pouvoir y joindre une question qui intéresse le domaine, sous prétexte de connexité ou de litispendance.

Il n'est pas même vrai, dans le fait, qu'il y eût une connexité véritable et nécessaire entre les contestations renvoyées au grand conseil, et la question de la mouvance de Saint-Maigrin : il n'y a de contestations véritablement connexes, que celles qui sont indivisibles, et dont on ne sauroit juger l'une sans l'autre; mais qu'y avoit-il de plus aisé à séparer que cette question de mouvance, et toutes celles qui pouvoient regarder la discussion des dettes du sieur de la Vauguyon? N'arrive-t-il pas tous les jours que des contestations de cette nature se jugent séparément et dans des tribunaux différens? Il est vrai que, comme la question de la mouvance pouvoit influer sur le prix de la terre de Saint-Maigrin, s'il eût été nécessaire de la vendre, il auroit été de l'intérêt commun du débiteur et des créanciers de faire juger cette question avant que l'on procédât à l'adjudication; mais parce qu'il convient à l'avantage des parties de faire statuer sur une contestation avant que d'en faire juger une autre, s'ensuit-il de là que l'une et l'autre doivent être jugées dans la même juridiction? Si cela étoit, il n'y auroit point de tribunal qu'on ne pût dépouiller de la connoissance d'une question de mouvance, sous prétexte qu'il est important que cette question soit décidée avant que la terre qui l'a fait naître soit vendue en justice dans un autre tribunal.

L'ordonnance de 1669 a condamné par avance cette mauvaise prétention, non-seulement lorsqu'elle a décidé qu'il y avoit des causes d'une telle nature qu'elles ne pouvoient être évoquées, mais lorsqu'en établissant que les décrets et les ordres ne pourroient être évoqués, elle a ordonné néanmoins que les oppositions qui y seroient faites pourroient être évoquées; elle ne suppose donc point qu'il y ait une liaison et une connexité nécessaire entre un décret et l'opposition qui y est formée, de quelque nature qu'elle soit, puisqu'elle permet à toute sorte de personnes qui peuvent demander une évocation ou un renvoi (car la même règle a lieu dans l'un et dans l'autre cas), de porter leur opposition dans un tribunal, pendant que la poursuite du décret demeure dans un autre.

Or, si cette règle s'observe en faveur même de ceux qui n'ont le choix de certains tribunaux que par grâce et par privilége, comment osera-t-on soutenir qu'elle ne doit pas avoir lieu en faveur de celui qui plaide, non par privilége, mais par droit commun dans le premier tribunal du royaume, c'est-à-dire, en faveur du roi même ?

Qu'on ne cherche donc plus à donner une couleur apparente aux arrêts du grand conseil, en alléguant le prétexte de connexité et de litispendance ; ou, si l'on persiste encore à soutenir cette proposition, qu'on soutienne donc en même temps que le roi a moins de privilége que ses sujets.

Qu'auroit-on dit, par exemple, si un pair de France eût eu, à cause de sa pairie, la même prétention, ou plutôt le même droit qu'a le roi, à cause de sa couronne, sur la mouvance de Saint-Maigrin ? Auroit-on pu l'obliger, contre le privilége des pairies, à plaider au grand conseil ? Auroit-on osé seulement en faire naître la contestation ? Et ce qui n'auroit pas été possible à l'égard d'un pair de France, sur le même prétexte de connexité, on voudra qu'on l'ait pu faire valablement contre le roi !

Qu'on ne se serve donc point, encore une fois, de ce prétexte, pour prétendre qu'un combat de fief entre le roi et le seigneur d'Orchiac, ait été renvoyé au grand conseil, comme connexe avec la vente des biens du sieur de Saint-Maigrin, possesseur de la terre qui faisoit naître ce combat.

Comment auroit-il été possible que le roi eût eu intention de comprendre ce combat de fief dans ce renvoi ? Présumera-t-on que le roi ait voulu agir contre la disposition de ses ordonnances, contre la prérogative de son domaine, et cela, sans qu'il fût question en son conseil du renvoi de ce combat de fief, sans qu'on en eût formé aucune demande, sans qu'il en soit fait mention ni directement ni indirectement dans l'arrêt qui est l'unique fondement de la juridiction du grand conseil ?

La troisième proposition est donc absolument certaine, et il est évident que le roi n'a ni évoqué à soi, ni renvoyé au grand conseil la question de la mouvance de Saint-Maigrin ; et la quatrième proposition, qui est que le grand conseil n'a pu faire ce que le roi n'avoit pas fait, ni s'attribuer un pouvoir que le roi ne lui avoit pas donné, est encore plus évidente, s'il est possible.

On a ajouté, en cinquième lieu, que, quand ce tribunal auroit pu évoquer de lui-même un tel différend, il auroit mal usé de son pouvoir.

C'est ce qui a été pleinement prouvé dans la première requête du procureur-général, soit parce que l'évocation dont il s'agit, a été ordonnée par le grand conseil sur une demande en réglement de juges, qui, suivant l'ordre public du royaume, ne pouvoit être portée dans ce tribunal ; soit parce que cette évocation a été admise sans entendre le substitut du procureur-général du roi en la chambre du trésor, partie nécessaire dans le réglement de juges formé entre cette chambre et le parlement de Bordeaux : le procureur-général du roi s'est récrié, avec raison, contre une procédure si monstrueuse, et on n'a rien opposé de solide à ses raisons, ni rien même qui ait la moindre apparence.

On ne disconvient point des principes que le procureur-général a établis sur la forme de statuer sur les réglemens de juges, et on se réduit uniquement à répondre que cette évocation, qu'on n'excuse que par le mauvais prétexte de la connexité, a été faite sur les conclusions de celui qui exerce le ministère public au grand conseil; comme si ces couleurs pouvoient couvrir le défaut essentiel de n'avoir pas entendu le substitut du procureur-général en la chambre du trésor, avec qui le réglement de juges étoit formé, et qui seul pouvoit défendre les droits de la juridiction.

Dire qu'une partie si nécessaire, si légitime, a pu être représentée par celui qui remplit l'office public au grand conseil, c'est avancer un paradoxe qui tombe de lui-même : la défense des droits de la chambre du trésor n'a jamais résidé et ne peut résider jamais dans la bouche de cet officier; au contraire, comme la défense de la juridiction de sa compagnie lui est confiée, il avoit, en cette occasion, un intérêt, ou, pour parler encore plus correctement, une fonction directement opposée à celle du substitut du procureur-général en la chambre du trésor; il étoit, pour ainsi dire, sa partie, et par conséquent vouloir qu'il ait pu suppléer à l'absence de ce substitut, et couvrir par là le vice essentiel de la procédure, c'est prétendre qu'une partie puisse être représentée et défendue par sa partie même. Telle est cependant la seule réponse que l'on ait pu faire à une objection si décisive; et si elle demeure dans toute sa force, comment peut-on opposer au roi une évocation contraire non-seulement aux droits de sa couronne et aux lois fondamentales de son royaume, mais même à l'équité et à la justice naturelle, puisqu'elle a été admise sans que l'officier contre qui elle étoit demandée ait été entendu, et sans qu'il ait eu aucun autre défenseur que celui qui devoit être et qui étoit sa partie?

Dira-t-on, enfin, pour dernière défense, que la

prétention du substitut du procureur-général en la chambre du trésor n'étoit pas légitime, parce que cette chambre n'avoit que la prévention dans la sénéchaussée de Saintes, et que c'est, au contraire, cette sénéchaussée qui l'avoit prévenue? Mais ce seroit vouloir défendre la forme par le fond, et cela en faveur d'un tribunal qui n'étoit juge ni de l'un ni de l'autre. Il ne s'agit pas ici de savoir si c'étoit au parlement de Bordeaux ou à la chambre du trésor que la contestation devoit être renvoyée; il s'agit de décider si la procédure qui a été faite au grand conseil, pour y retenir cette contestation, est valable, et si elle peut même se soutenir avec quelque vraisemblance : or, soit que ce fût le parlement de Bordeaux qui dût connoître de cette affaire, soit qu'elle fût de la compétence de la chambre du trésor, la nullité de l'évocation prononcée par le grand conseil, est également évidente; soit parce que ce tribunal n'avoit aucun droit de prononcer entre la juridiction du parlement de Bordeaux et celle de la chambre du trésor, soit parce que, pour y prononcer, il falloit entendre ceux que l'ordre public chargeoit de la défense des droits de ces deux tribunaux, ce que le grand conseil n'a point fait : il importe donc peu de savoir si, dans le fond, c'est le parlement de Bordeaux qui a droit de se plaindre de l'entreprise du grand conseil, ou si c'est la chambre du trésor.

Le roi, dont la cause devoit être défendue dans l'une ou dans l'autre de ces deux juridictions, profite également du défaut de défense de l'une et de l'autre, qui ont été également condamnées sans être entendues; et il est toujours en droit de dire que ce tribunal, en s'attribuant à lui-même une cause réclamée par deux autres juridictions, sans entendre ni l'une ni l'autre, est tombé dans un abus de son pouvoir qui rendoit éternellement nuls tous les actes de juridiction qu'il a exercés dans cette occasion.

Mais une incompétence si certaine et si évidente, a-t-elle pu se couvrir? C'est ce qu'il reste à examiner pour établir la sixième proposition, c'est-à-dire, que la multiplicité des arrêts rendus contre le roi par un tribunal incompétent, ne fait qu'augmenter le vice essentiel de la procédure, au lieu de le réparer.

Pour développer cette proposition, qui mérite d'être traitée avec un peu plus d'étendue que les autres, il est nécessaire de remarquer,

Premièrement, qu'à l'égard même des particuliers, l'incompétence du tribunal ne pourroit jamais se couvrir, si l'on s'attachoit exactement aux règles étroites de l'ordre public. Tout ce qui appartient à cet ordre est au-dessus des conventions et des démarches des particuliers; et, comme leur convention expresse ne peut y déroger, leur ignorance ou leur négligence peut encore moins y donner atteinte. Il y a long-temps qu'on a réformé cet ancien abus qui permettoit aux parties de se choisir des juges; et dans le temps même que cet abus étoit quelquefois toléré, il n'avoit lieu qu'en faveur des juges ordinaires et supérieurs, devant lesquels on souffroit que, pour abréger les longueurs de la procédure, et pour éviter souvent plusieurs degrés de juridiction, les parties portassent directement leur contestation : ainsi la compétence des juges et l'ordre des juridictions faisant partie, sans difficulté, du droit public, les démarches, les consentemens, la collusion des particuliers ne devroient, à la rigueur, avoir aucun effet contre un ordre qui n'est utile qu'autant qu'il est immuable; et, malgré le nombre des arrêts, l'intérêt public, qui tend à conserver cet ordre, devroit réclamer, dans tous les temps, contre ceux qui l'ont violé.

Secondement. Il faut avouer néanmoins qu'il y a des cas où l'on n'observe pas cette rigueur, et où la justice, écoutant favorablement les fins de non-recevoir, autorise indirectement par là une procédure vicieuse dans son principe, et des arrêts rendus par un tribunal incompétent. Mais quelle est la raison de cette tolérance, contraire aux règles étroites de l'ordre public? C'est l'indignité du plaideur, qui allègue trop tard ces grandes règles. Il devoit le savoir, lorsqu'il a commencé à attaquer ou à se défendre; on ne présume point qu'aucune personne ignore les lois du pays où elle passe sa vie : il devoit proposer d'abord ses justes exceptions contre le tribunal où on le traduisoit; et, lorsqu'au lieu d'en user de cette manière, il y a procédé volontairement pendant plusieurs années, qu'il y a opposé toutes ses défenses, et qu'il s'y est laissé condamner plusieurs fois, quoique dans la suite il veuille retourner au tribunal à qui il appartient de juger de ses différends, la justice, qui n'est pas établie pour favoriser la malice ou la négligence des hommes, refuse quelquefois d'écouter ses plaintes tardives, et elle lui impute très-justement la violence qu'il a faite lui-même à l'ordre public, en reconnoissant volontairement l'autorité d'un tribunal incompétent.

Troisièmement. Il reste après cela à examiner si ces raisons, qui seules déterminent quelquefois la justice à s'écarter de la règle générale, peuvent jamais s'appliquer au roi.

Deux raisons ôtent souvent toute espérance de retour aux particuliers qui réclament trop tard l'ordre public qu'ils ont violé; l'une, qu'ils se défendent par eux-mêmes; l'autre, qui est une suite de la première, que l'on peut par conséquent leur imputer la reconnoissance qu'ils ont faite d'une juridiction étrangère.

Mais il est évident que ni l'une ni l'autre de ces raisons ne peut jamais convenir au roi.

L'élévation de la majesté royale a fait établir que le roi, qui ne dédaigne pas de plaider devant les juges qui sont ses sujets, n'y comparoîtroit que par un officier chargé du ministère honorable de le défendre.

Cet officier est le procureur-général, seul dépositaire, par le titre de sa charge, de la conservation des droits du domaine de la couronne, qu'il défend, ou par lui-même en la cour, ou par l'organe de ses substituts dans les tribunaux inférieurs.

Il est vrai qu'il y a aussi, dans les juridictions extraordinaires, comme la cour des aides et comme le grand conseil, un officier chargé du ministère public.

Mais il est très-important de remarquer ici, pour faire cesser l'équivoque des objections que le sieur comte de Sainte-Maure a faites sur ce sujet, qu'au lieu que le procureur-général du roi a la plénitude du ministère public, les officiers, qui parlent au nom du roi dans ces tribunaux extraordinaires, n'ont qu'une portion de ce noble office ; et l'on ne peut donner une plus juste idée de l'étendue et des limites de cette portion, qu'en disant qu'elle a les mêmes bornes que la juridiction du tribunal où ils l'exercent, et qu'ils n'ont le pouvoir de représenter la personne du roi que dans les affaires qui sont de la compétence de leur compagnie.

Suivant cette notion générale du pouvoir des différens officiers qui remplissent le ministère public, on peut dire que le roi se partage, pour parler ainsi, et se multiplie en autant d'officiers qu'il y a de juridictions établies pour connoître des différentes natures d'affaires ; ainsi il faut regarder le roi, ou plutôt ses défenseurs, comme autant de différentes parties, qui ne sont jamais censées l'être ou l'avoir été véritablement, que lorsqu'elles le sont dans les matières dont la défense leur est confiée, suivant le partage que l'ordre public fait entr'elles.

Il suit de ce principe, que le roi n'est jamais présumé avoir été partie dans un procès, à moins qu'il n'y ait été défendu par l'officier qui est chargé de sa défense dans le genre d'affaires dont il s'agit, et dans le tribunal qui a droit d'en connoître.

Ainsi, dans une matière d'aides et de gabelles, ou d'autres impositions semblables, le roi est défendu à la cour des aides par celui qui exerce l'office public dans cette cour : on peut dire alors véritablement que le roi a été partie.

Ainsi, quand il s'agit du fonds du domaine de la couronne, quand le roi est défendu en la cour par son procureur-général, on est vraiment dans le cas où l'on a droit de soutenir que le roi a été partie.

Mais, si l'on renverse l'ordre naturel des choses, et que l'on porte, par abus ou par erreur, au grand conseil une matière d'aides ou de domaine, on ne peut pas dire alors que le roi ait été véritablement partie, parce que le roi n'étant jamais partie par lui-même; et ne pouvant l'être que par ses défenseurs, chacun dans ce qui est de son ressort, il est vrai de dire que le roi n'ayant point été partie par l'officier par lequel seul il le pouvoit être, il ne l'a été en aucune manière, et que sa cause, défendue par un officier sans pouvoir, demeure toujours toute entière.

Quelque évidentes que paroissent ces maximes, un exemple les rendra encore plus sensibles.

Un mineur a deux tuteurs : l'un a la qualité générale et absolue de tuteur, et l'universalité de la tutelle lui est déférée; en sorte qu'il a tout ce qu'on ne lui a point ôté par la distraction d'une certaine nature d'affaires; l'autre tuteur, au contraire, n'a que ce qu'on lui a donné expressément; c'est, si l'on veut, un subrogé tuteur, dont la fonction consiste principalement à assister à l'inventaire des biens du mineur; ou c'est un tuteur particulier, chargé seulement de défendre le mineur dans les procès qu'il a contre son tuteur universel, si l'on peut se servir de cette expression.

Que ce tuteur particulier comparoisse pour le mineur dans une affaire qui ne sera point de cette nature, et qui regardera le ministère du tuteur universel; qu'il y propose toutes ses défenses, sans que la partie qui plaide contre lui pense à relever le défaut de sa qualité; que cette erreur durant long-temps, on rende plusieurs arrêts contre ce tuteur, et qu'on redouble contre lui des condamnations sans nombre, dès le moment que le véritable tuteur paroîtra, toutes les fins de non-recevoir s'évanouiront, toutes les condamnations tomberont d'elles-mêmes, et loin d'opposer au seul tuteur légitime ce qui a été fait avec un tuteur supposé, qui n'avoit aucun pouvoir, on écoutera de nouveau la défense du mineur, comme si jamais elle n'avoit été proposée; on ne plaindra pas même la partie du mineur, parce qu'elle doit s'imputer la négligence qu'elle a eue de ne pas approfondir

28 *

la qualité du tuteur contre lequel elle a obtenu plusieurs arrêts, et toute sa ressource sera d'obtenir contre lui une condamnation de dommages et intérêts, qui ne fera aucun préjudice aux droits du mineur.

Le droit romain va encore plus loin; non-seulement ce qui a été décidé contre un mineur défendu par un tuteur supposé, ne peut être d'aucune autorité contre le mineur; mais si c'est, au contraire, le mineur qui a gagné sa cause sous le nom d'un tuteur qui ne l'étoit pas véritablement, le préteur accorde la restitution à celui qui a plaidé de bonne foi contre ce tuteur, et dans une juste ignorance de sa qualité: tant il est vrai que la justice naturelle, à laquelle il faut souvent revenir dans cette cause, pour dissiper les nuages de la forme, ne souffre point qu'un jugement, qui n'est rendu qu'avec l'ombre, pour ainsi dire, et le fantôme d'une partie, et non pas avec la véritable partie même, ait aucune autorité. Le titre entier du Digeste, *quod falso tutore auctore gestum esse dicetur*, contient plusieurs décisions sur cette matière, qu'il est inutile d'approfondir davantage; il suffit d'en faire l'application à la défense des droits du roi.

Le roi ne se défend pas par lui-même, non plus que les mineurs: il a des défenseurs d'un ordre différent; l'un est chargé de la défense en général, et c'est le procureur-général du roi qui est comme le défenseur universel des droits de la couronne; les autres ne sont que des défenseurs particuliers, qui n'ont qu'un pouvoir borné et limité à une certaine nature d'affaires: s'ils excèdent les bornes de ce pouvoir, s'ils entreprennent de défendre le roi dans des matières qui ne sont pas confiées à leur ministère; tout ce qu'ils font n'est pas plus valable que ce qui se fait avec un tuteur particulier, hors des cas pour lesquels il est nommé tuteur.

En vain une partie imprudente et mal instruite de l'ordre public, obtient des condamnations réitérées contre un défenseur sans pouvoir et sans caractère, dans un tribunal entièrement incompétent; toutes ces condamnations s'évanouissent, lorsque le véritable

défenseur commence à paroître, et l'on ne doit pas y
avoir plus d'égard que si elles n'avoient jamais été
rendues contre le roi, parce qu'en un mot, le roi,
non plus que les mineurs, ne peut être regardé comme
ayant été partie, que lorsqu'il l'a été par son défenseur
légitime, et dans le tribunal auquel seul il appartient
d'en connoître.

C'est donc très-inutilement qu'on prétend tirer
des fins de non-recevoir de jugemens rendus en
apparence contre le roi, mais dans lesquels on ne
peut pas dire, suivant les principes qu'on vient
d'établir, que le roi ait été véritablement partie;
c'est la différence essentielle qui distingue le roi, des
particuliers qui plaident par eux-mêmes, et contre
qui, par conséquent, on peut acquérir quelquefois de
semblables fins de non-recevoir.

Mais la seconde raison n'est pas moins décisive.
On peut imputer à une partie ordinaire d'avoir procédé volontairement dans un tribunal incompétent:
quand elle veut attaquer, sous ce prétexte, l'autorité des jugemens qui ont été rendus contre elle,
elle cherche à profiter de sa propre faute.

Il n'en est pas de même quand on se sert de ce
moyen pour le roi; à qui imputeroit-on, en ce cas,
d'avoir reconnu une juridiction incompétente? Ce
ne seroit pas au roi, qui ne plaide jamais par lui-
même; ce ne seroit pas non plus au procureur-général du roi à qui on ne peut faire ce reproche,
puisqu'il ne procède et ne peut jamais procéder qu'en
la cour : s'il y a donc quelque faute en cette matière,
elle ne peut être imputée qu'à l'officier qui exerce
le ministère public dans le tribunal incompétent où
l'on porte mal à propos une question qui intéresse
le domaine de la couronne : cet officier auroit dû,
il est vrai, avouer lui-même l'insuffisance de son
pouvoir, et représenter à sa compagnie que la connoissance de cette question étoit réservée à un autre
tribunal; mais parce qu'il ne l'aura pas fait, et qu'il
aura préféré l'autorité de sa juridiction aux règles
de l'ordre public, faudra-t-il que sa faute retombe

sur le roi, et que la majesté royale perde, par le fait d'un officier qui manque ou de lumières, ou d'attention, ou de fermeté, le privilége, ou plutôt le droit de ne soumettre le jugement des causes qui intéressent son domaine, qu'aux juges qu'il a lui-même établis pour en connoître?

Cette proposition n'est pas plus soutenable que si l'on prétendoit, dans l'exemple du mineur qui a été proposé, que parce que le défenseur d'un mineur auroit agi pour lui dans une affaire pour laquelle il n'auroit pas été nommé tuteur, et qu'il n'auroit pas allégué le défaut de sa qualité, le mineur seroit condamné sans ressource, quoique jamais il n'eût eu de véritable ni de légitime défenseur.

On s'étend peut-être trop sur cette matière; mais il est si important de faire sentir le vice et l'inutilité des fins de non-recevoir dans lesquelles le sieur comte de Sainte-Maure met toute sa confiance, et qu'il tire principalement de ce que le moyen d'incompétence n'est allégué ici, de la part du procureur-général, qu'après plusieurs arrêts définitifs du grand conseil, et de ce que le roi a des officiers dans ce tribunal qui exercent le ministère public, qu'on a cru ne pouvoir trop s'attacher à développer les principes de l'ordre public en cette matière.

Ces principes prouvent évidemment la vérité de la sixième proposition que l'on a avancée d'abord, c'est-à-dire, que le moyen d'incompétence ne peut jamais se couvrir à l'égard du roi, et par conséquent que la multiplicité des jugemens rendus par des juges incompétens qu'on lui oppose, n'a servi qu'à multiplier le vice de la procédure, au lieu de le réparer.

On a donc eu raison d'en tirer cette conséquence, dans la septième proposition, que tous les arrêts du grand conseil, tous les argumens qu'on en tire pour établir de prétendues fins de non-recevoir contre la demande du procureur-général du roi, ne méritent aucune attention; c'est ce qu'il est aisé de faire voir, en appliquant ces principes généraux aux objections particulières du sieur comte de Sainte-Maure, auxquelles on a déjà répondu en rétablissant les maximes; on va les parcourir en peu de mots, pour achever de répondre à tout ce qui regarde la forme.

Que sert, par exemple, au sieur comte de Sainte-Maure, de faire valoir, comme il le fait presque à chaque page, la qualité des arrêts obtenus par le seigneur d'Orchiac, comme s'ils étoient rendus contradictoirement avec le roi; ce qu'on ne peut pas dire, quand on voudra parler suivant les règles de l'ordre public, puisqu'ils n'ont été rendus qu'avec un officier qui n'avoit ni caractère ni pouvoir pour défendre le domaine du roi, et dans un tribunal qui ne pouvoit en être juge?

Que lui sert encore de dire que cet officier ait pris des lettres en forme de requête civile contre les premiers arrêts du grand conseil? La voie même de la requête civile ne seroit pas recevable aujourd'hui, suivant la disposition de l'article IV de l'ordonnance de 1667. On ne dira point, pour répondre à cette objection, qu'il s'agit ici d'arrêts qui sont tous rendus avant l'ordonnance de 1667; on ne dira pas non plus que ce seroit une grande question de savoir si cet article doit avoir lieu contre le roi; on ne fera point dépendre la justice de sa cause d'une question douteuse et problématique; on se renfermera uniquement dans ce grand principe, que le procureur-général opposera toujours à toutes les objections du sieur comte de Sainte-Maure, parce qu'il les détruit toutes également, et on lui répondra toujours, que les requêtes civiles obtenues par un défenseur illégitime, et portées dans un tribunal incompétent, doivent être réputées comme une procédure nulle et inutile, qui ne fait pas plus de préjudice aux droits du roi que si elle n'avoit jamais été faite, parce que ce qui est essentiellement nul ne peut produire aucun effet.

Qu'on ne dise pas non plus, que le laps du temps a mis ces arrêts hors d'atteinte. Dans quelle matière veut-on faire valoir le privilége du temps? C'est précisément dans celle où ce privilége cesse absolument, et où les anciennes et les nouvelles ordonnances déclarent également que la plus longue possession est inutile. Ce seroit donner trop d'avantage à une procédure faite contre le roi sans aucun contradicteur légitime, que de prétendre qu'elle pourroit servir de fondement à une prescription inconnue, ou plutôt condamnée par nos lois, dans tout ce qui intéresse le domaine de la couronne ; et cette objection se détruit par le même principe que le procureur-général est forcé, malgré lui, de remettre tant de fois sous les yeux de la cour.

L'exécution paisible et continuelle des arrêts du grand conseil est un moyen qui paroît employé encore plus légèrement de la part du sieur comte de Sainte-Maure ; il ne s'agit pas ici du vassal que le roi réclame, c'est-à-dire, du sieur marquis de Saint-Maigrin : les seigneurs d'Orchiac peuvent, à la vérité, lui opposer l'exécution qui a suivi de sa part les arrêts du grand conseil ; mais à l'égard du roi, il n'y a pas un seul acte par lequel on puisse prouver que ces arrêts aient jamais été exécutés ; ainsi cette objection ne devroit pas seulement être proposée.

Il en est de même de ce que l'on a dit que le roi ayant, dans toutes les juridictions, des officiers chargés de la défense de ses droits, on ne peut pas dire qu'il ait été sans défenseur dans le tribunal du grand conseil. On ne parle ici de cette objection, déjà réfutée si pleinement dans l'établissement des principes généraux, que pour faire voir les conséquences singulières du système que le sieur comte de Sainte-Maure est obligé de soutenir ; car si cette proposition étoit véritable, il s'en suivroit de là qu'il n'y a point de tribunal où l'on ne puisse faire juger valablement toutes les causes qui regardent le domaine du roi : ainsi, s'il convient à l'intérêt des parties de faire naître une question de cette nature à la cour des aides, ou dans celle des monnoies, en vain le procureur-général réclamera les règles de l'ordre public, qui ne confient les droits du domaine qu'à sa défense et au jugement de la cour : on lui opposera toujours que le roi a été défendu, parce que dans la juridiction où l'affaire avoit été jugée, il y a un officier chargé de la défense de ses droits, auquel la cause auroit été communiquée; ainsi ce privilège du domaine de la couronne, et la juridiction que la cour exerce seule sur cette matière, ne seroient plus qu'une illusion et une vaine prérogative, si l'on pouvoit l'éluder par une telle subtilité.

On laisse à juger, après cela, si c'étoit dans une affaire de cette nature, qu'on devoit faire valoir ces textes célèbres du droit romain, pour montrer que le prince se soumet lui-même à ses propres lois, et si ce lieu commun est bien placé dans la cause que le sieur comte de Sainte-Maure soutient contre le roi.

On reconnoît, avec plaisir, la vérité de cette maxime générale; mais ici, bien loin de demander une exception contre les règles ordinaires, le roi ne fait que réclamer l'autorité de ces mêmes règles, qui ont été toutes violées, dans la procédure du grand conseil : la majesté royale n'a besoin ici d'aucun privilège, la seule autorité du droit commun, la plus simple et la plus littérale observation des ordonnances, lui suffisent; et telle est la nature singulière de cette affaire, que c'est ici le souverain qui combat pour l'observation des lois, et que c'est le sujet, au contraire, qui les attaque, en voulant faire prévaloir une mauvaise procédure à des lois si inviolables.

On devoit, au moins, en se servant de ce lieu commun inutile, ne pas réduire le roi, comme on a voulu le faire pour le sieur comte de Sainte-Maure, à l'état d'un simple comte de Saintonge; comme si l'on pouvoit ignorer que depuis que le comté de Saintonge a été réuni à la couronne, ce comté a participé de plein droit à toutes les prérogatives du reste du domaine du roi, avec lequel il a été confondu et incorporé; en telle sorte que vouloir traiter aujourd'hui avec le roi comme on auroit pu le faire autrefois avec le comte de Saintonge, c'est prétendre réduire le roi à la condition de ses sujets.

On conviendra donc volontiers, avec le sieur comte de Sainte-Maure, que si un sujet du roi, tel que l'étoit le comte de Saintonge, eût procédé volontairement au grand conseil pendant trente ans, et qu'il y eut laissé rendre plusieurs arrêts contradictoires contre lui, le moyen d'incompétence qu'il allégueroit si tard, après un grand nombre de condamnations réitérées, pourroit être fortement combattu par les fins de non-recevoir qui résulteroient de sa propre conduite.

Mais quelle conséquence peut-on tirer de là contre la cause du roi, qui, comme on l'a déjà dit plusieurs fois, ne peut ni reconnoître personnellement l'autorité d'un tribunal incompétent, ni souffrir de la faute d'un défenseur illégitime qui l'a reconnu mal à propos ? On devoit donc retrancher une comparaison si peu juste, et dont le sieur comte de Sainte-Maure ne sauroit jamais tirer aucun avantage.

Le procureur-général a presque oublié de répondre à une autre objection, encore plus extraordinaire que la précédente. Le sieur comte de Sainte-Maure persiste toujours à soutenir, qu'un des arrêts du grand conseil a été rendu sur les conclusions du procureur-général du roi, sous prétexte qu'entre les pièces qu'on y a visées, on y a trouvé ces mots : *Conclusions des procureurs-généraux des parlemens de Paris et de Bordeaux.* Sur ce fondement, et malgré tout ce que le procureur-général avoit dit par avance, dans sa première requête sur ce sujet, on ne craint point d'entreprendre de persuader à la cour cette étrange proposition ; qu'il s'est trouvé un procureur-général, assez peu instruit des règles de son devoir, pour donner des conclusions sur un procès pendant au grand conseil, et que ce tribunal a reçu ces conclusions, pendant qu'en même temps l'officier qui exerçoit le ministère public au grand conseil, a aussi donné des conclusions sur le même procès.

Une proposition si absurde ne mérite pas l'honneur

qu'on lui feroit, en la réfutant une seconde fois. Qui ne voit que ces conclusions qui ont été produites, et non pas données au grand conseil, étoient apparemment des conclusions dont le seigneur d'Orchiac prétendoit tirer quelque induction pour sa défense? On ne peut pas dire ce que c'étoit que ces conclusions, puisqu'on ne les voit pas; mais on peut dire certainement ce qu'elles n'étoient pas, et assurer qu'il est plus que moralement impossible que ce fussent des conclusions données au grand conseil par le procureur-général du roi, sur une question du domaine, dont la cour seule pouvoit prendre connoissance.

Quand même on pourroit fermer les yeux, pour un moment, sur l'absurdité d'une proposition si inouie, quel avantage le sieur comte de Sainte-Maure pourroit-il en recueillir? La seule conséquence qu'on tireroit d'un fait si bizarre, seroit, que celui qui remplissoit alors la place du procureur-général, auroit fait une faute énorme contre le devoir de son ministère; mais plus cette faute seroit énorme, moins elle pourroit nuire au roi. Rien ne marqueroit mieux combien la cause du prince auroit été mal défendue, ou, pour mieux dire, abandonnée, qu'une démarche si extraordinaire : il ne suffit pas que ce soit le procureur-général qui défende les droits du domaine de la couronne, il faut encore qu'il la défende en la cour, et non pas dans un tribunal incompétent; ainsi, dans le fait, la supposition qu'on a faite pour le sieur comte de Sainte-Maure est absolument incroyable, et dans le droit, elle ne feroit aucun préjudice au roi, ou plutôt, elle serviroit au roi même, en faisant voir la nullité et le vice des moyens inouis qu'on avoit employés contre lui dans cette affaire.

Enfin, on a objecté au procureur-général qu'il ne se pourvoyoit que contre une partie des arrêts du grand conseil, et qu'il en laissoit subsister plusieurs autres, dont on a tiré des fins de non-recevoir contre son opposition. Le procureur-général avoit négligé ces arrêts, parce qu'ils ne servent que d'instruction, et il s'étoit contenté de s'opposer à ceux qui contiennent une décision ; mais, puisque l'on veut se faire un moyen de son silence, il fera cesser une objection si légère, en s'opposant à ces arrêts de simple procédure, comme il s'est déjà opposé à ceux qui paroissent plus importans.

Mais en formant cette opposition, il protestera, comme il l'a déjà fait dans sa première requête, qu'il ne le fait que par une précaution surabondante, puisqu'à la rigueur, il n'est pas même obligé de prendre cette voie contre des arrêts rendus dans un tribunal incompétent, et qui sont pour le procureur-général du roi comme s'ils n'étoient pas, par toutes les raisons que l'on vient d'expliquer, qui démontrent si évidemment la nullité de ces prétendus préjugés.

Après avoir pleinement discuté tout ce qui regarde la forme, unique ressource de celui qui attaque dans cette cause le droit du roi, il ne reste plus au procureur-général que de répondre aux nouvelles objections qui ont été faites sur le fond, ce qui méritera beaucoup moins de discussion. On y joindra ce qui regarde l'omission de défenses de la part du roi, parce que, quoique ce moyen appartienne à la forme, et appuie fortement tout ce que l'on vient de dire sur ce sujet, on ne peut cependant l'établir, ou plutôt le rétablir pleinement que par la discussion du fond.

SECONDE PARTIE.

Où l'on examine les moyens qui regardent le fond.

Il faudroit faire un volume entier, si l'on vouloit répondre à tout ce qui pourroit être justement relevé dans les écritures du sieur comte de Sainte-Maure, ou sur le fait ou sur le droit ; mais, pour réduire cette affaire au véritable nœud de sa difficulté, on se contentera de rétablir deux propositions, qui, remontant jusqu'au premier principe par lequel cette contestation doit être décidée, détruiront suffisamment toutes les propositions incidentes ou accessoires, qu'il seroit trop long de combattre en détail.

La première proposition qu'il faut établir regarde le droit, et elle consiste à faire voir que, s'il est vrai que la seigneurie d'Orchiac et celle de Saint-Maigrin aient été toujours des châtellenies distinctes et séparées, également mouvantes du roi, on n'a jamais pu faire, ni par la voie du *parage*, ni par celle du *jeu de fief*, qu'une de ces deux terres sortît de la mouvance immédiate du roi, et devînt son arrière-fief, en devenant le plein fief du seigneur de l'autre terre.

La seconde proposition regarde le fait, et elle se réduit à faire voir que les seigneuries d'Orchiac et de Saint-Maigrin sont en effet deux terres distinctes et séparées, également principales, également mouvantes du roi, sans aucune subordination de l'une à l'autre.

Sans répéter ici tout ce qui a été dit dans la première requête du procureur-général pour prouver la première proposition, il lui suffira d'y ajouter, en un mot, que cette proposition n'est plus douteuse, et qu'on doit la regarder comme un principe constant, de l'aveu même du sieur comte de Sainte-Maure; car c'est ainsi qu'il s'en est expliqué dans ses contredits :

Supposant que Saint-Maigrin, de toute ancienneté, fût mouvant du roi, la prétention de M. le procureur-général auroit quelque apparence; on n'auroit pas pu stipuler, sans le consentement du roi, que ce fief, mouvant du roi, deviendroit, à l'avenir, mouvant d'un seigneur particulier; et ainsi, si la cause étoit entière, si elle n'avoit pas été jugée par plusieurs arrêts, il y a plus d'un siècle, l'objection seroit raisonnable.

Après un aveu si formel de la vérité de la proposition de droit, il ne reste donc plus au procureur-général que d'établir, ou plutôt de confirmer la proposition de fait, qui est si certaine, que la cause du roi n'est plus susceptible de difficulté;

dès le moment qu'on est obligé de la réduire à cet unique point.

On peut prouver solidement la distinction et l'indépendance de la seigneurie de Saint-Maigrin et de celle d'Orchiac par deux sortes de preuves : les unes anciennes, qui ont déjà été employées dans la première requête du procureur-général du roi ; les autres nouvelles, qui sont proprement l'objet de cette requête par rapport au fond ; mais avant que de proposer ces nouvelles preuves, il est bon d'examiner, en peu de mots, ce que l'on a dit contre les anciennes, et de faire voir que ces premières preuves sont plus que suffisantes pour démontrer que la seigneurie de Saint-Maigrin n'a jamais fait partie de celle d'Orchiac.

Le procureur-général a réduit les faits dont il a entrepris d'établir la vérité, à deux points essentiels :

Le premier, que la châtellenie de Saint-Maigrin est une seigneurie absolument distincte et séparée de celle d'Orchiac ;

Le second, que cette châtellenie (c'est-à-dire, celle de Saint-Maigrin) a toujours relevé immédiatement du roi, à cause du comté de Saintonge, de même que la seigneurie d'Orchiac.

De ces deux points il seroit inutile de retoucher le second, le sieur comte de Sainte-Maure en convient ; il reconnoît que Saint-Maigrin n'avoit point anciennement d'autre seigneur immédiat que le roi ; il prétend seulement que si Saint-Maigrin relevoit nûment du comté de Saintonge, ce n'étoit que comme faisant partie de la seigneurie d'Orchiac, d'où il veut que celle de Saint-Maigrin n'ait été qu'un membre et une portion.

Ainsi toute la difficulté se renferme uniquement dans le premier point, c'est-à-dire, dans l'examen des preuves par lesquelles le procureur-général a fait voir que ces deux terres étoient deux corps de seigneuries absolument distinctes et séparées.

C'est ce qu'il a établi dans sa première requête par toutes sortes d'actes, c'est-à-dire,

1.º Par ceux qui ont précédé l'usurpation que les seigneurs d'Orchiac ont voulu faire de la mouvance de Saint-Maigrin ;

2.º Par les actes mêmes dans lesquels on a jeté les fondemens de l'usurpation ;

3.º Par ceux qui ont suivi cette usurpation aussi longue qu'injuste.

Les actes de la première espèce sont, la transaction passée en 1264 entre l'abbé de Baigne et Ademar d'Orchiac, en qualité de seigneur de Saint-Maigrin ; les lettres de Guy de Nesle de 1351 ; les lettres du roi Jean de 1353 ; l'hommage rendu par Guillaume de Mareuil, mari de Jeanne d'Orchiac ; l'aveu du même seigneur ; les lettres de Charles d'Espagne, datées par erreur de 1363, et qui peuvent être de 1353, comme on l'a remarqué pour le sieur comte de Sainte-Maure.

Les contredits qu'il a fournis contre chacun de ces titres, ne servent qu'à fortifier l'induction que le procureur-général en a tirée.

Contre la transaction de 1264, le sieur comte de Sainte-Maure dit que cette pièce ne prouve point que la terre de Saint-Maigrin ne fût pas un membre de celle d'Orchiac ; que s'il n'y est pas fait mention d'Orchiac, c'est qu'il ne s'y agissoit que des droits qui dépendoient du fief de Saint-Maigrin, et que c'est par cette seule raison qu'Ademar d'Orchiac n'y a traité qu'en qualité de seigneur de Saint-Maigrin.

Pour répondre pleinement à une si mauvaise objection, le procureur-général pourroit se contenter de supplier la cour de lire la pièce entière à laquelle on l'applique, elle y verroit :

1.º Qu'Ademar d'Orchiac n'y traite nullement comme seigneur d'Orchiac ; il ne s'en donne pas même la qualité : s'il y prend le nom d'Orchiac, c'est parce que c'étoit le nom de sa maison, mais il ne s'en dit nullement seigneur ; il ne se qualifie au contraire, que seigneur de Saint-Maigrin : *Inter Otgerium, venerabilem abbatem monasterii Beanensis, ex unâ parte, et Ademarum de Orchiaco, valetum, dominum Sancti-Magrini*. Si Saint-Maigrin n'avoit été qu'un membre et un accessoire de la terre d'Orchiac, auroit-on omis de faire mention de cette terre dans une transaction de cette importance ? A-t-on jamais vu d'acte passé sur les droits d'un fief qui fait partie d'une grande seigneurie, dans lequel on ne parle en aucune manière de cette seigneurie ? Et le sieur comte de Sainte-Maure pourroit-il citer un seul exemple d'une pareille réticence ? La force de cet argument croît à mesure qu'on avance dans la lecture de la transaction de 1264. Le seigneur avec lequel l'abbé de Baigne traite, est nommé jusqu'à quatre fois dans la suite de cet acte, et toutes les quatre fois, il n'y a point d'autre nom que celui de Saint-Maigrin ; tant il est vrai que la terre de Saint-Maigrin étoit regardée comme une seigneurie principale, subsistant par elle-même, et non comme une dépendance et un accessoire d'une plus grande seigneurie.

2.º La cour verra encore dans cet acte, lorsqu'elle en prendra la lecture, que le seigneur de Saint-Maigrin avoit toute justice, haute, moyenne et basse, dans sa terre, et qu'il étoit seulement question de savoir comment il devoit l'exercer dans les lieux qui étoient contentieux entre lui et l'abbé de Baigne, qu'il avoit un juge, appelé dans cette transaction, le prevôt de Saint-Maigrin, *præpositus de Sancto-Magrino* ; qu'il y avoit droit de mesure, la connoissance des grands crimes, des fourches patibulaires, non pas, comme on a voulu le faire entendre de la part du sieur comte de Sainte-Maure, des fourches patibulaires qui dépendissent de la seigneurie d'Orchiac, mais qui appartenoient à la seigneurie de Saint-Maigrin, et qui en portent la dénomination dans cette transaction, *ad furcas suas de Sancto-Magrino* ;

Enfin, que l'on y réserve spécialement à cette

haute justice, le droit d'imposer la peine de la potence, et toutes celles qui emportent mutilation de membres : *Justitiâ mutilationis membrorum, seu suspensionis, domino de Sancto-Magrino réservatâ.*

Qui pourroit, encore une fois, lire cette transaction sans être persuadé que la terre de Saint-Maigrin étoit une seigneurie pleine et parfaite, composée de fief et de justice, qui subsistoit par elle-même en l'année 1264 ?

On verra bientôt que cette conséquence que le procureur-général a tirée de la transaction de 1264, est à présent pleinement démontrée, puisqu'Ademar d'Orchiac ne possédoit pas encore la terre d'Orchiac en l'année 1264, et par conséquent qu'il étoit impossible que la seigneurie de Saint-Maigrin fût un accessoire d'une terre qu'il ne possédoit pas. Mais pour ne pas interrompre l'ordre qu'on s'est prescrit, on différera d'expliquer ce fait, jusqu'à ce qu'on ait détruit tous les contredits que le sieur comte de Sainte-Maure a opposés aux pièces produites par le procureur-général.

Celles qui suivent la transaction de 1264, dans ce premier temps, c'est-à-dire, avant l'usurpation, sont les lettres de Guy de Néelle, de l'année 1351 ; les lettres du roi Jean de l'année 1353, et celle de Charles d'Espagne, de la même année, et le serment de féauté prêté par Guillaume de Mareuil, le 22 octobre 1361.

Jamais titres ne furent plus décisifs pour établir le point fondamental de la distinction et de l'indépendance des deux seigneuries d'Orchiac et de Saint-Maigrin. On y voit que le serment de féodalité y est fait, ou la souffrance accordée, *pour cause des châteaux et châtellenies d'Orchiac et de Saint-Maigrin.* Les autres titres ne s'expliquent pas moins clairement que les titres français, puisque les deux terres dont il s'agit y sont appelées *castra et castellania de Orchiaco et de Sancto-Magrino.*

On ne croyoit pas que rien pût obscurcir la clarté d'une induction si évidente.

D'Aguesseau. Tome VI. 29

Cependant le sieur comte de Sainte-Maure prétend avoir trouvé dans ces pièces mêmes de quoi les détruire, en disant que, puisqu'il n'y a eu qu'un seul serment de féauté prêté par ces actes par les seigneurs d'Orchiac et de Saint-Maigrin, on doit supposer que ces deux terres n'en composoient qu'une; sans cela, dit-on, il se trouveroit autant de sermens différens qu'il y auroit eu de seigneuries distinctes et séparées.

Il faut convenir d'abord que ce principe, par lequel on veut suppléer une union qui n'a jamais existé, est nouveau et singulier. Il faudroit, pour donner quelque couleur à cette présomption, qu'il y eût une loi qui défendît aux vassaux de rendre hommage pour deux terres par un même acte, quoiqu'elles relèvent toutes deux du même seigneur; mais, comme cette loi n'a jamais été écrite ni dans aucune ordonnance, ni dans aucune coutume, et que l'usage a laissé sur cela une entière liberté aux vassaux et aux seigneurs, rien n'est plus foible que la conjecture qu'on tire de ce que les seigneuries d'Orchiac et de Saint-Maigrin ont été comprises dans les mêmes actes de fidélité et de souffrance, pour en conclure qu'elles ne formoient qu'un seul corps de seigneurie.

Il seroit aisé de produire une infinité d'hommages, dans lesquels on a rassemblé un grand nombre de seigneuries, qui n'avoient entr'elles ni dépendance, ni subordination; et cependant, par le principe nouveau que l'on a hasardé pour la défense du sieur comte de Sainte-Maure, on ne forme de toutes ces seigneuries qu'une seule et même terre.

Ainsi, par exemple, nous voyons qu'en l'année 1412 Robert de Bar rendit au roi la foi et hommage qu'il lui devoit par les seigneuries de Marle, de La-Fère sur Oise, de Soissons, d'Ongnies et de Montcornet; dans les lettres qui en furent expédiées, le roi Charles VI se sert de ces expressions : *Robert de Bar nous a cejourd'hui fait la foi et hommage qu'il nous étoit tenu faire de ces terres, châtellenies et seigneuries de Marle, de La-Fère sur Oise, de Soissons, d'Ongnies et de Montcornet en Thierarche.*

Prétendra-t-on que toutes ces terres, si distinctes, si séparées les unes des autres, ne composoient cependant qu'une seule et même seigneurie, parce qu'on en a rendu hommage au roi en même temps par un seul acte? Et appuiera-t-on cette prétention extraordinaire sur une observation grammaticale, en faisant valoir, avec soin, que le terme d'hommage est employé au singulier dans cet acte? D'où, par une vraie subtilité, on conclura que, puisqu'il n'y a eu qu'un seul hommage, il n'y avoit non plus qu'un seul fief ou qu'une seule seigneurie composée de ces différentes terres.

Jeanne de Bar, fille de Robert, qui avoit rendu l'hommage dont on vient de parler, obtint, le 18 janvier 1428, des lettres de souffrance qui portent, *que le roi lui accorda répit et souffrance de lui faire la foi et hommage et de bailler dénombrement, que tenue lui est de faire et bailler à cause des comtés de Marle et de Soissons, et de sa terre et seigneurie de Montcornet.*

Y a-t-il quelqu'un qui voulût entreprendre de soutenir que le comté de Marle et le comté de Soissons n'étoient qu'une seule et même terre, parce qu'il n'est fait mention dans ces lettres que d'une seule foi, que d'un seul hommage et que d'un seul dénombrement?

Si ces exemples ne suffisent pas au sieur comte de Sainte-Maure, il sera facile de lui en fournir un grand nombre d'autres; mais le roi n'en a pas même besoin pour répondre à une si foible objection.

Il lui suffiroit, pour la détruire, de se renfermer dans les actes mêmes que l'on veut attaquer.

Pouvoit-on mieux marquer, qu'on l'a fait par ces actes, la distinction et l'indépendance des seigneuries d'Orchiac et de Saint-Maigrin?

Si Saint-Maigrin n'avoit été qu'une dépendance d'Orchiac, en auroit-on fait mention dans ces lettres de serment de féauté et de souffrance? Y a-t-on parlé de dix-sept paroisses que l'on compte entre les membres de la seigneurie d'Orchiac? Y en a-t-on nommé un seul? Est-ce même l'usage de faire mention des dépendances d'une seigneurie dans un simple acte de

29*

souffrance? Le sieur comte de Sainte-Maure pourroit-il en citer un seul exemple? Par quel hasard seroit-il donc arrivé qu'on auroit nommé Saint-Maigrin, si Saint-Maigrin n'avoit été qu'un des membres de la seigneurie d'Orchiac? Et pourquoi auroit-on fait mention de cette seule dépendance d'Orchiac, pendant qu'on auroit gardé le silence sur toutes les autres?

Ce n'est pas tout encore : pourquoi auroit-on parlé de cette dépendance prétendue, d'une manière aussi forte et en des termes aussi nobles que ceux qu'on a employés pour le chef-lieu dont on prétend que Saint-Maigrin dépendoit? Car, enfin, Orchiac n'est pas traité avec plus de distinction, dans ces actes, que Saint-Maigrin.

Ces deux terres y ont la même dénomination; elles y sont employées comme des seigneuries également principales: l'une y est appelée le château et châtellenie d'Orchiac; l'autre, le château et la châtellenie de Saint-Maigrin. Par quel endroit peut-on reconnoître, dans cette égalité parfaite, que l'une de ces terres n'est que l'accessoire de l'autre? Pourquoi prétendra-t-on plutôt faire passer Saint-Maigrin pour une dépendance d'Orchiac, qu'Orchiac pour une dépendance de Saint-Maigrin? L'un et l'autre seroient également injustes; les deux terres sont également employées comme deux seigneuries principales dans les actes dont il s'agit; l'une et l'autre y portent le même titre, sans aucune marque d'union ni de dépendance : donc l'une et l'autre étoient alors des terres absolument séparées, possédées, à la vérité, par le même vassal, et tenues du même seigneur, mais sans aucune confusion : c'est une conséquence si nécessaire de tous ces actes, qu'il est surprenant qu'on ait entrepris de la révoquer en doute; mais ce doute ne servira qu'à affermir les droits du roi.

On vient de le voir par les réflexions précédentes; il faut le montrer encore plus clairement par le dernier des titres des premiers temps, c'est-à-dire par les aveux que Guillaume de Mareuil rendit, en 1369, pour la terre d'Orchiac et pour celle de Saint-Maigrin.

Le procureur-général n'en avoit qu'une copie informe dans le temps de sa première requête ; mais, après de nouvelles recherches dans la chambre des comptes, il y a enfin trouvé ces aveux, qu'il produira en bonne forme à la fin de cette requête.

Il n'y a point d'équivoque à faire sur ces titres, aucune subtilité ne peut en éluder l'induction. On ne pourra point dire qu'ils sont compris dans le même acte, que le mot d'aveu y est employé au singulier, et que, par conséquent, l'unité d'aveu doit faire naître une espèce de présomption tacite de l'union des deux terres.

L'aveu d'Orchiac et l'aveu de Saint-Maigrin sont rendus par des actes séparés ; et par conséquent toutes ces couleurs, peu solides en elles-mêmes, doivent disparoître absolument.

Guillaume de Mareuil reconnoît dans l'un, qu'il tient, à cause de sa femme Jeanne d'Orchiac, le château d'Orchiac avec tout ce qui en dépend, *castrum de Orchiaco cum suâ castellaniâ, et suo prætorio cum suis universis juribus et pertinentiis, appenditiis et ressortis, feodis et retrofeodis*, etc.

Le même Guillaume de Mareuil déclare, par l'autre acte du même jour, qu'à cause de sa femme il tient le château de Saint-Maigrin avec ses dépendances, *castrum de Sancto-Magrino, cum suo territorio, et cum omnibus suis juribus et pertinentiis, appenditiis et ressortis.*

Répétera-t-on, après cela, les légers contredits qu'on a proposés, dans le fond, contre ces aveux ? Dira-t-on qu'ils sont rendus par un mari, et non par le propriétaire ? Mais le mari n'exerce-t-il pas, en cette matière, les droits de la femme ? N'est-ce pas en son nom qu'il parle et qu'il a droit de parler ? Jeanne d'Orchiac a-t-elle jamais désavoué son mari ? A-t-elle jamais tenu un langage différent ? Y a-t-il des actes contraires à ces aveux ? Le sieur comte de Sainte-Maure peut-il même en rapporter un seul qui puisse faire présumer l'union de la terre de Saint-Maigrin à celle d'Orchiac ? Et dans le temps qu'il n'a pas le moindre titre en sa faveur, il voudroit combattre, par de tels argumens, des actes aussi clairs et aussi décisifs que ces deux aveux, pour montrer l'indépendance et la séparation des seigneuries d'Orchiac et de Saint-Maigrin.

Mais, dit-il, il y a lieu de soupçonner que Guillaume de Marcuil, qui avoit envie de s'approprier la terre de Saint-Maigrin, qu'il a en effet possédée dans la suite, étoit bien aise de la faire passer pour une seigneurie séparée : il y a tant de réponses à faire à cette objection, que l'on ne peut craindre, en cet endroit, que d'abuser de la patience de la cour.

1.° On laisse à juger d'abord de quel poids peuvent être une conjecture, un soupçon, une probabilité très-médiocre, pour détruire des actes authentiques, et qui forment une preuve si directe de la distinction des deux seigneuries d'Orchiac et de Saint-Maigrin.

2.° Si ces aveux de Guillaume de Marcuil étoient le seul titre par lequel cette distinction fût prouvée, ce soupçon pourroit peut-être d'abord avoir un peu plus de vraisemblance; mais, lorsque l'on joint à cet acte tous ceux qui le précèdent, et où la distinction des châteaux et châtellenies de Saint-Maigrin est si clairement marquée; lorsqu'on y ajoute tous ceux qui le suivent, soit dans le temps de l'usurpation, soit après l'usurpation; lorsqu'on voit que Guillaume de Marcuil n'a fait, dans ses aveux, que tenir précisément le même langage que ses prédécesseurs et ses successeurs, on ne découvre pas même le moindre soupçon de fraude dans sa conduite, et la vanité des conjectures qu'on a voulu former contre ses aveux, paroît dans tout son jour.

3.° Quel est même, après tout, le fondement de cette conjecture? Comment peut-on prouver que Guillaume de Mareuil eût conçu, dès l'année 1365, le dessein de se rendre un jour maître de la terre de Saint-Maigrin? Le testament de sa femme, qui seul a pu lui en faire naître la pensée, n'a paru qu'en l'année 1369, c'est-à-dire, quatre ans après ces aveux : par ce testament, elle lui légua la troisième partie des terres d'Orchiac et de Saint-Maigrin; ainsi, si l'on vouloit

donner un effet rétroactif à ce testament, on prouveroit aussi bien par là que Guillaume de Mareuil avoit
envie de s'approprier Orchiac, comme l'on veut en
conclure de la part du sieur comte de Sainte-Maure,
qu'il vouloit devenir seigneur de Saint-Maigrin.

4.º On ne prend pas garde même, quand on propose une conjecture si dénuée de toute vraisemblance,
que quand Guillaume de Mareuil auroit eu, dès l'année 1365, le dessein qu'on lui attribue, rien ne lu.
convenoit moins, suivant le propre système du sieur
comte de Sainte-Maure, que de faire passer Orchiac
et Saint-Maigrin pour deux terres absolument distinctes et séparées. En effet, quelle est la seule
couleur que le sieur comte de Sainte-Maure emploie
aujourd'hui pour soutenir le parage et la sous-inféodation par laquelle on a voulu faire de Saint-Maigrin
un fief dépendant de la seigneurie d'Orchiac? Il ne
l'emprunte que de l'union prétendue de ces deux
terres, dont il veut n'en faire qu'une seule, afin de
faire passer pour un jeu de fief permis, les conventions
qui ont été faites sur la mouvance de Saint-Maigrin
entre Foucault d'Orchiac et Guillaume de Mareuil;
ainsi, s'il étoit vrai que, dès l'année 1365, Guillaume
de Mareuil eût été animé du même esprit qu'il a eu
dans les transactions de 1366 et de 1379, bien loin
d'avoir intérêt de distinguer les deux seigneuries
d'Orchiac et de Saint-Maigrin, son intérêt, au contraire, auroit été de les confondre, et de ne les faire
passer que pour une seule et même seigneurie, comme
le sieur comte de Saint-Maure le fait aujourd'hui pour
soutenir les transactions de 1369 et 1370; par conséquent rien n'est plus opposé au système du sieur comte
de Saint-Maure même, que le dessein imaginaire dans
lequel il suppose que Guillaume de Mareuil a rendu
deux aveux différens, l'un pour Orchiac, et l'autre pour
Saint-Maigrin; et si la seule couleur, par laquelle on
a voulu obscurcir l'évidence de la preuve qui résulte
des deux aveux rendus par Guillaume de Mareuil, se
dissipe d'elle-même, le procureur-général a eu raison
de conclure de ces aveux, et des pièces qui les

précédent, que la distinction et l'indépendance des seigneurs d'Orchiac et de Saint-Maigrin ne pouvoient pas être révoquées en doute dans ce premier temps, c'est-à-dire, dans celui qui précède l'usurpation.

Il faut reprendre à présent, en peu de mots, les actes du second temps, c'est-à-dire, ceux par lesquels l'usurpation de la mouvance de Saint-Maigrin a été faite par les seigneurs d'Orchiac; et ces actes sont principalement la transaction de 1370, la vente du premier février 1395, la transaction du 5 juin 1396, et le contrat de mariage de 1416.

La transaction de 1370 représente Saint-Maigrin comme une seigneurie entièrement distincte et séparée d'Orchiac : *le chastel, lieu et forteresse de Saint-Maigrin, avec toute jurisdiction et seigneurie.... toute haute, basse et moyenne justice et juridiction, mere, mixte, impere, et tous hommages, féages, fiefs et rière-fiefs.* C'est ainsi que l'on y désigne la terre qui est abandonnée à Guillaume de Mareuil.

On donne même le premier rang à la seigneurie de Saint-Maigrin sur celle d'Orchiac, dans une clause suivante, où l'on dit que Guillaume de Mareuil jouira de Saint-Maigrin; *ainsi et en la forme et manière que les seigneurs de Saint-Maigrin et d'Orchiac les ont accoutumé avoir et tenir.*

On marque, dans la suite du même acte, l'endroit qui faisoit la séparation des seigneuries d'Orchiac et de Saint-Maigrin; ce que l'on exprime en ces termes, *le gué de Chillaut où part la terre d'Orchiac et de Saint-Maigrin.*

Ainsi, non-seulement la seigneurie de Saint-Maigrin est désignée, dans cette transaction, comme une terre principale et indépendante, non-seulement on la nomme avant celle d'Orchiac, mais on y marque les limites anciennes qui séparoient ces deux seigneuries. Pouvoit-on mieux montrer qu'elles n'avoient jamais été regardées comme ne composant qu'une seule terre? On ne met des bornes qu'entre des seigneuries réellement distinctes; et si Saint-Maigrin n'avoit été qu'une dépendance d'Orchiac, on ne se seroit jamais avisé de marquer le lieu de séparation de deux terres qui n'en faisoient qu'une; ç'auroit été mettre des bornes entre Orchiac et Orchiac même.

On ne s'étoit pas étendu sur toutes ces circonstances dans la première requête du procureur-général, on avoit cru qu'il suffisoit de renvoyer le sieur comte de Sainte-Maure à la lecture de l'acte même, c'est-à-dire, de la transaction de 1370, pour le convaincre de la distinction des deux seigneuries; mais, puisqu'il ne paroît point y avoir fait assez d'attention, on a été obligé de s'étendre un peu plus sur cet article, pour prouver l'indépendance ancienne de Saint-Maigrin, par les actes mêmes par lesquels on a voulu rendre cette seigneurie dépendante d'Orchiac.

La vente du premier février 1395, la transaction de 1396 et le contrat de mariage de 1416, donnent à Saint-Maigrin toutes les marques d'une seigneurie principale; il est inutile de le répéter, d'autant plus qu'on n'a rien opposé de la part du sieur comte de Sainte-Maure contre ces actes.

Il reste maintenant à parcourir ceux du troisième temps, c'est-à-dire, du temps qui a suivi l'usurpation; actes qui forment une preuve d'autant plus invincible, qu'on y voit que, même après l'usurpation faite par les seigneurs d'Orchiac de la mouvance de Saint-Maigrin, ils n'ont jamais fait mention de cette terre dans les actes passés avec le roi, que comme d'une seigneurie principale, subsistante par elle-même, indépendante d'Orchiac, et également mouvante du roi en fief direct et immédiat.

C'est ce qu'ils ont reconnu par cinq actes de foi et hommage consécutifs, rendus au roi en 1470, en 1472, en 1498, en 1515 et en 1549, et par deux aveux de 1516 et de 1593.

Pour éviter une répétition inutile, le procureur-général supplie la cour de relire ce qu'il a dit, et sur la teneur de ces hommages, et sur les conséquences inévitables qui en résultent contre la prétention du seigneur d'Orchiac, dans sa première requête.

Le sieur comte de Sainte-Maure, pressé par des titres si décisifs, a cherché à en éviter le poids, en disant pour contredits que les seigneurs d'Orchiac étoient obligés de rendre la foi au roi pour Saint-Maigrin, parce que, suivant les transactions de 1370 et 1396, ils devoient garantir les seigneurs de Saint-Maigrin sous leurs hommages.

Mais il a bien prévu que le procureur-général lui répondroit, comme il l'avoit fait par avance dans sa première requête, que l'on n'avoit fait aucune mention du parage ni du jeu de fief dans ces hommages, et par conséquent, que le roi avoit toujours eu une juste raison de croire que la seigneurie de Saint-Maigrin étoit possédée par les seigneurs d'Orchiac, et tenue de lui directement et principalement, de même que la seigneurie d'Orchiac.

Ainsi, pour répondre à ce silence des seigneurs d'Orchiac, si décisif pour le roi, le sieur comte de Sainte-Maure a prétendu qu'on devoit l'expliquer et y suppléer par deux aveux, l'un de 1455, l'autre de 1499, dans le premier desquels les seigneurs d'Orchiac ont dit que la seigneurie de Saint-Maigrin étoit tenue d'eux *en parage*, et dans le second, qu'elle en étoit tenue *hommagement*.

Le sieur comte de Sainte-Maure n'a rien dit, sur ce sujet, qui n'ait été pleinement réfuté par avance dans la première requête du procureur-général, où il croit avoir montré évidemment que ces deux aveux, inutiles dans la forme, parce que jamais ils n'ont été ni publiés, ni reçus, contraires à eux-mêmes dans le fond, ne pourroient jamais entrer en parallèle avec les cinq actes de foi et hommages, qui sont les seuls actes, dans cette affaire, qu'on puisse dire être contradictoires entre le roi et son vassal; ainsi, pour toute réponse aux contredits que le sieur comte de Sainte-Maure a essayé de former sur ce point, le procureur-général emploiera ce qu'il a déjà écrit sur le même sujet dans sa première requête.

Les preuves que le procureur-général a employées dans sa première requête pour faire voir la distinction et l'indépendance des seigneuries d'Orchiac et de Saint-Maigrin, subsistent donc dans leur entier ; et quand le procureur-général n'auroit rien à y ajouter, il pourroit dire, avec raison, que ce point critique et décisif est pleinement établi.

Mais comme le zèle qu'il doit avoir pour la défense des droits du roi ne lui permet pas de retrancher aucune des preuves qu'il peut alléguer pour les soutenir, il en joindra de nouvelles à celles qu'il a déjà proposées, et elles lui paroissent si fortes, qu'il ne croit pas que le sieur comte de Sainte-Maure puisse entreprendre, lorsqu'il les aura examinées, de soutenir encore que la seigneurie de Saint-Maigrin n'étoit anciennement et avant le parage dont il s'agit, qu'un membre et une dépendance de la terre d'Orchiac.

Ces preuves peuvent se renfermer dans cet unique raisonnement.

S'il est vrai que la terre de Saint-Maigrin ait été possédée par la maison d'Orchiac, long-temps avant qu'elle possédât la seigneurie d'Orchiac, il est évident qu'on ne peut pas prétendre que cette terre, c'est-à-dire, celle de Saint-Maigrin, possédée ainsi séparément, et *divisim*, de celle d'Orchiac, et tenue, dans cet ancien temps, en plein fief du roi, fût un accessoire et une dépendance de la seigneurie d'Orchiac.

Or, il est certain que la maison d'Orchiac a possédé Saint-Maigrin long-temps avant que d'avoir acquis Orchiac.

Ainsi, il est impossible de concevoir que Saint-Maigrin ait jamais été un membre et une portion d'Orchiac avant l'usurpation, par laquelle on a voulu que des deux terres qui, jusque-là, avoient chacune formé un corps de seigneurie distincte et indépendante, l'une soit devenue l'accessoire de l'autre ; et, si l'on peut s'exprimer ainsi, qu'un tout devînt la partie d'un autre tout.

De ces trois propositions, il n'y a que la seconde qui ait besoin d'être prouvée ; la première et la dernière étant incontestables, si la seconde est une fois bien établie.

Or, rien n'est plus aisé que de la prouver solidement ; mais, pour cela, il est nécessaire de reprendre ici, en peu de mots, l'histoire des anciens possesseurs des seigneuries d'Orchiac et de Saint-Maigrin.

A l'égard des possesseurs de Saint-Maigrin, on a déjà dit (et la transaction de 1264 le prouve évidemment) que, dès le treizième siècle, cette terre étoit dans la maison d'Orchiac, puisque Ademar d'Orchiac, comme seigneur de Saint-Maigrin, transige par cet acte avec l'abbé de Baigne sur les droits et les limites de cette seigneurie.

C'est ce qu'on pourroit prouver encore par une transaction passée le samedi après la Saint-Georges de l'année 1293, entre Aimard d'Orchiac et le commandeur des templiers de la maison de Noyers, par laquelle Aimard ratifie toutes les donations faites à cette maison par les seigneurs de Saint-Maigrin, ses prédécesseurs.

Il seroit facile d'y joindre aussi une donation faite le mercredi avant la nativité de la Vierge, 1296, par Viviers, seigneur de Barbezieux, et Aimard d'Orchiac, seigneur de Saint-Maigrin, de quelques droits seigneuriaux qui lui étoient dûs dans cette seigneurie.

Mais ces titres ne sont pas même nécessaires ici, puisque la transaction de 1264, qui est produite, prouve suffisamment que, dès ce temps-là, la maison d'Orchiac étoit en possession de la terre de Saint-Maigrin.

L'histoire des possesseurs de la seigneurie d'Orchiac est un peu plus longue, et n'est pas moins constante.

Cette seigneurie étoit possédée, vers l'an 1048, par un seigneur appelé Mornard, et surnommé le Riche ;

il est qualifié dans quelques anciens monumens de notre histoire, seigneur d'Orchiac et de Boutteville.

Pétronille, sa fille et son unique héritière, épousa Geoffroi, comte d'Angoulême, dont elle eut cinq enfans.

Foulques, qui étoit l'aîné, eut pour son partage le Comté d'Angoulême, et toutes les terres qui avoient appartenu à sa mère.

C'est ce qui est marqué par l'ancien auteur de l'Histoire des évêques et des comtes d'Angoulême, que le P. Labbe a donnée au public dans le premier tome de sa Bibliothèque des Manuscrits, page 249.

Voici les termes de cet auteur, qui n'ont besoin d'aucun commentaire, cap. 30, pag. 257 : *Successit in consulatum* (c'est-à-dire, au comté) *Auduino Gaufridus, seu Joffridus, frater ejus, cujus erat uxor Petronilla, filia Mornardi, dicti Divitis, domini Orchiaci et Botavillæ, et sola ejus hæres, pro quâ totam hæreditatem patris habuit et possedit....... Gaufridus verò comes, de uxore suâ prædictâ filios genuit Fulconem, Gaufridum Rudelli, Arnoldum de Montosorio..... Fulconi primogenito dedit comitatum Engolismæ, ac terram quam ex parte uxoris suæ habebat.*

Corlieu, dans son histoire des comtes d'Angoulême (1), raconte le même fait, et marque, sur la foi d'anciens monumens, qu'après les partages qui furent donnés aux cadets, *le reste des biens, savoir les terres de Bouteville, Orchiac, etc., demeura à Foulques, comme l'aîné.*

Foulques eut pour fils et pour successeur dans le comté d'Angoulême, Guillaume, surnommé Tailliefer, qui, comme le marque le même ancien historien des évêques et des comtes d'Angoulême, eut de vaillans ennemis à combattre, et entr'autres Audouin de Barbezieux, et *Ademar d'Orchiac,* qui était sans doute un cadet de la maison d'Orchiac, parent de Mornard

(1) Chap. 8, pag. 51, 52.

le Riche, dont la fille avoit porté la seigneurie d'Orchiac dans la maison des anciens comtes d'Angoulême (1). *Fulconi prædicto (dit cet ancien auteur), successit in comitatum Guillelmus, filius ejus primogenitus, dictus Sector ferri..... Strenuos et præcipuos viros in tempore suo inimicos habuit, Ardoinum, seu Audoninum de Berbesillo, Ademarum de Orchiaco*, etc.

Ademar s'empara même par surprise du château d'Orchiac, qu'il enleva à Guillaume Taillefer, comte d'Angoulême ; mais Wulgrain, fils de ce comte, le reprit par force, aidé du secours et des conseils de Gérard, évêque d'Angoulême (2), légat du saint siége. C'est toujours le même historien qui parle : *Castellum Orchiaci fortuitò ablatum de manu Ademari de Orchiaco, præstantis viri auxiliis et consiliis, felicis memoriæ Gerardi, Engolismensis episcopi, et romanæ ecclesiæ legati, viriliter recuperavit (Wulgrinus).*

La seigneurie d'Orchiac demeura ensuite dans la possession paisible des successeurs de ce comte d'Angoulême ; ils la possédoient encore lorsque ce comté passa dans la maison de Lezignan.

On voit en effet, par le partage qu'Hugues de Lezignan, comte de la Marche et d'Angoulême, et Isabelle, reine d'Angleterre, sa femme, firent entre leurs enfans en l'année 1242, qu'ils donnèrent à Guy de Lezignan, un de leurs puînés, les terres de Cognac, Merpins, Orchiac, etc. *Volumus quod Guido de Leziniaco, post mortem nostram, habeat Cognac, Merpinum, Orchiacum et Leberteviam, cum pertinentiis eorumdem.*

L'original de ce partage est au trésor des chartres, et l'on en produira une expédition avec cette requête.

Guy étant mort sans enfans, les terres qu'il avait eues pour partage revinrent à un autre Hugues de

(1) *Cap.* 34, *pag.* 582.

(2) *Loco cit.*

Lezignan, son neveu, qui, par un testament du
1.er février 1269; que le procureur-général produira
aussi, donne à Guy ou Guyost, son second fils, mille
livres de rente, pour lesquelles il lui assigne le château d'Orchiac avec ses appartenances; et il ajoute que
ce château doit lui écheoir par la succession de Guy,
son oncle : *Do Guidoni, filio meo, mille libras
annui redditûs, pro quibus assigno scilicet castrum
de Orchiaco, cum pertinentiis, quod mihi debet eve-
nire ex successione domini Guidonis, avunculi mei.*

Hugues de Lezignan, fils aîné du testateur, mourut sans enfans, et Guy, son frère, qu'il avoit dé-
shérité par son dernier testament, s'étant emparé des
comtés de la Marche et d'Angoulême mourût aussi
sans enfans, et sa mort fit naître de grandes contestations entre le roi et ses héritiers.

La loi du sang et de la coutume étoit pour les derniers; mais le roi opposa à ces titres le droit de confiscation, fondé sur les crimes de Guy ou Guyost,
qu'on accusoit d'avoir brûlé un testament de son frère,
fort avantageux au roi, d'avoir conspiré avec les Anglais contre l'état, et de leur avoir livré Cognac et
Merpins.

Ces contestations furent terminées par plusieurs
transactions, sur lesquelles il seroit inutile de s'é-
tendre ici. On ne parlera que de celle où il est fait
mention de la seigneurie d'Orchiac; c'est la transaction qui fut passée au mois de mars de l'année 1308,
entre le roi et Yolande de la Marche, dame de Pons,
sœur de Guyost; elle sera aussi produite avec cette
requête.

Après y avoir réglé ce qui regardoit les autres terres
de la succession de ce seigneur, on y convient que le
roi et Yolande donneront à Ademar d'Orchiac, pour
lui et pour ses héritiers, tout ce qui appartenoit à
Guyost dans le château et la châtellenie d'Orchiac,
avant qu'il fût comte d'Angoulême, et qu'Ademar
tiendra ce bienfait du roi et de la dame de Pons, en
foi et hommage lige du roi seul : *Et est actum et con-
cordatum inter dictum dominum nostrum regem ac*

nos quòd tàm ipse quàm nos simul donamus ex nunc Ademaro domino d'Orchiaco , pro se et suis hæredibus perpetuò, ea omnia quæ dominus Guyardus habebat et tenebat in castro et castellaniâ de Orchiaco antequàm esset comes Marchiæ ; quæ omnia tenebuntur à dicto domino rege, et de quibus dominus Ademarus , et ejus hæredes , domino nostro regi homagium ligium præstabunt.

Telle a donc été la suite des possesseurs de la seigneurie d'Orchiac.

Elle étoit possédée dans le onzième siècle par Mornard le Riche ; Pétronille, sa fille, la porta dans la première maison des comtes d'Angoulême, où cette terre est demeurée jusqu'à l'extinction de cette maison.

Ysabelle , dernière héritière des anciens comtes d'Angoulême, d'abord femme du roi d'Angleterre appelé Jean sans Terre , et ensuite d'Hugues de Lezignan , fit passer la seigneurie d'Orchiac avec le comté d'Angoulême dans la maison de Lezignan ; d'où , après plusieurs générations, cette seigneurie est enfin rentrée dans l'ancienne maison d'Orchiac , par le don que le roi Philippe le bel et Yolande de Lezignan , dame de Pons, en firent à Ademard d'Orchiac , par la transaction de 1308.

Ce don est-il un titre de propriété bien légitime et bien solide dans la personne des possesseurs de la seigneurie d'Orchiac ? C'est ce que le procureur-général ne prétend pas examiner quant à présent, et il ne peut que se réserver ici le droit de le faire , quand il croira que le devoir rigoureux de son ministère pourra l'y obliger.

Mais , sans entrer dans une question si importante, il est au moins certain que ce don est le seul titre par lequel on puisse faire voir que la terre d'Orchiac ait appartenu aux seigneurs qui en ont porté le nom, depuis que cette terre étoit devenue le patrimoine des comtes d'Angoulême , descendus de Pétronille , fille de Mornard le Riche.

Ainsi la maison d'Orchiac n'a acquis , de nouveau , la propriété de ce lieu , qu'en l'année 1308.

Cependant la même maison possédoit la terre de Saint-Maigrin dès l'année 1264, c'est-à-dire, quarante-quatre ans avant que d'être propriétaire de celle d'Orchiac, comme la transaction de 1264 le prouve clairement.

Il est donc absolument impossible que la terre de Saint-Maigrin ait jamais été une dépendance et un membre de celle d'Orchiac, dans le temps qui a précédé l'usurpation dont le procureur-général du roi se plaint, puisque ces terres étoient possédées séparément par différens seigneurs ; l'une, par la maison d'Orchiac, l'autre, par les comtes d'Angoulême ; et que l'une et l'autre étoient certainement dans la mouvance directe et immédiate du roi, comme le sieur comte de Sainte-Maure en convient, et comme ses propres titres le démontrent.

Faut-il, pour prouver une vérité si évidente, remarquer ici qu'une terre peut être regardée en deux manières comme la dépendance d'une autre terre ; *ou* parce que la première dépend de la seconde en genre de mouvance, *ou* parce qu'elle en fait partie dans l'ordre de la propriété : il n'y a certainement que ces deux rapports sous lesquels on puisse envisager une terre comme dépendante d'une autre terre.

Ainsi, pour montrer que Saint-Maigrin étoit anciennement une dépendance d'Orchiac, il faudroit faire voir, ou qu'elle en eût été mouvante en genre de féodalité, ou qu'elle en eût fait partie en genre de propriété.

On ne sauroit prouver le premier, et on ne le prétend pas même, puisque, soit que Saint-Maigrin fasse partie d'Orchiac, ou qu'il n'en fasse pas partie, on soutient que Saint-Maigrin n'a jamais relevé du roi.

Il n'est pas moins impossible de prouver le second, c'est-à-dire que Saint-Maigrin faisoit anciennement partie d'Orchiac en genre de propriété, puisque ces deux terres ont été pendant long-temps possédées par différens seigneurs, sans aucun mélange ni confusion de propriété.

D'Aguesseau. Tome VI. 30

Ainsi la distinction et l'indépendance de ces deux seigneuries sont si évidentes dans le temps qui a précédé l'usurpation, qu'il y a lieu d'espérer que le sieur comte de Sainte-Maure ne voudra plus combattre une vérité si clairement et si pleinement démontrée.

La proposition *de fait* est donc entièrement établie, c'est-à-dire, pour reprendre les termes dont on s'est servi au commencement de cette seconde partie, que les terres d'Orchiac et de Saint-Maigrin sont deux terres distinctes et séparées, également principales, également mouvantes du roi, sans aucune subordination de l'une à l'autre.

La proposition *de droit* qui est, comme on l'a dit au même endroit, que l'on n'a jamais pu faire, ni par la voie du parage, ni par celle du jeu de fief, qu'une de ces deux terres, également mouvantes de la couronne, sortît de cette mouvance immédiate, et devînt l'arrière-fief du roi, en devenant le plein fief du seigneur de l'autre terre, est donc aussi certaine que la proposition de fait; puisque, selon le sieur comte de Sainte-Maure, *en supposant que Saint-Maigrin de toute ancienneté soit mouvant du roi, il est vrai de dire qu'on n'a pu stipuler, sans son consentement, que ce fief, mouvant du roi, deviendroit à l'avenir mouvant d'un seigneur particulier; et qu'ainsi, si la cause étoit entière, si elle n'avoit pas été jugée par plusieurs arrêts, il y a plus d'un siècle, l'objection seroit raisonnable;* ce sont les termes mêmes de ses contredits.

Or, le procureur-général a prouvé que *Saint-Maigrin de toute ancienneté a été mouvant du roi,* comme une terre distincte et séparée de celle d'Orchiac; il a prouvé que *la cause étoit entière,* et que les prétendus préjugés des arrêts du grand conseil, rendus contre le roi sans défenseur légitime, et dans un tribunal incompétent, ne peuvent lui faire aucun préjudice.

Donc, selon les principes du sieur comte de Sainte-Maure même, on n'a pu faire perdre au roi la mouvance immédiate de Saint-Maigrin; donc, pour se servir de ses termes, *l'objection du procureur-général du roi est raisonnable;* donc, la cause du roi ne peut plus souffrir aucune difficulté.

Quoiqu'après un aveu si formel de la part du seigneur de Saint-Maigrin, il soit assez inutile de traiter davantage la question *de droit,* cependant, pour ne rien négliger dans la défense des droits du roi, le procureur-général répondra, en peu de mots, aux principales objections que le sieur comte de Sainte-Maure a faites sur la qualité du *parage* qui a servi de couleur à l'usurpation que ses auteurs ont voulu faire de la mouvance de Saint-Maigrin.

On peut réduire toutes ces objections à deux propositions générales : l'une, que les seigneurs d'Orchiac ont pu se réserver valablement la mouvance de Saint-Maigrin, indépendamment même de l'agrément du roi; l'autre, que le roi a approuvé cette réserve : c'est l'ordre le plus naturel que l'on puisse donner à ces objections.

Pour établir la première proposition, le sieur comte de Sainte-Maure prétend :

1.º Qu'il ne s'agit point ici de parage, et que tout ce que le procureur-général a dit dans sa requête, pour faire voir que les conventions faites entre les seigneurs d'Orchiac et ceux de Saint-Maigrin étoient réelles dans les principes du parage, n'a aucune application à cette affaire, où, selon lui, il s'agit d'un simple jeu de fief, et non d'un véritable parage ;

2.º Que la réserve que le seigneur d'Orchiac a faite dans la transaction de 1370 des hommes de Maffort et de rentes ou dixmes agrières, et des fourches patibulaires, étoit suffisante pour donner du corps au jeu de fief qu'il a fait, et pour empêcher qu'on ne puisse lui reprocher qu'il ait voulu faire un fief en l'air, auquel il ait attaché la mouvance de Saint-Maigrin ;

3.º Que ni le parage conventionnel ni le jeu de fief

30 *

ne font aucun préjudice réel et sensible au roi, qui par conséquent n'a aucun intérêt dans cette affaire.

Ces trois objections renferment toute la substance des contredits du sieur comte de Sainte-Maure, par rapport à la validité du parage ou du jeu de fief.

La première paroît directement contraire aux titres qui sont ici communs entre le roi et le sieur comte de Sainte-Maure.

Pour mettre cette vérité dans tout son jour, il faut rappeler en cet endroit la distinction des deux usurpations que les seigneurs d'Orchiac ont voulu faire de la mouvance de Saint-Maigrin,

L'une, par les actes passés avec Guillaume de Mareuil en 1369 et en 1370;

L'autre, par la transaction qui a été faite en 1396 entre Aimard et Béchette d'Orchiac, d'un côté, et Regnault de Pons, de l'autre.

A la vérité, le caractère d'un véritable parage n'est pas marqué si évidemment dans les actes de la première usurpation, quoiqu'on y trouve le mot de *gariment* que la coutume de Poitou emploie pour exprimer le parage conventionnel; mais, pour éviter toutes les discussions inutiles, il suffit de remarquer, en un mot, que les conventions faites entre Foucault d'Orchiac et Guillaume de Mareuil ne sont point le titre des auteurs du sieur de Saint-Maigrin.

Ces premiers titres, c'est-à-dire les transactions de 1369 et de 1370, sont devenus inutiles par la mort de Blanche d'Orchiac, qui avoit retiré la terre de Saint-Maigrin des héritiers de Guillaume de Mareuil.

On a observé, dans le fait expliqué par la première requête du procureur-général, que, malgré la vente simulée que Blanche avoit faite de cette terre à Regnault de Pons, Aimard et Béchette d'Orchiac prétendirent que cette terre leur appartenoit; que Regnault de Pons ne put soutenir une vente qui n'étoit en effet qu'une donation dictée par la passion et contraire aux bonnes mœurs, et que, par la transaction qui termina ces différends avec Aimard et Béchette d'Orchiac, héritiers de Blanche, ils abandonnèrent la terre de Saint-Maigrin à Jeanne de Pons, fille naturelle de Blanche et de Regnault, et aux siens, à condition qu'au défaut des descendans de Jeanne, cette terre retourneroit de plein droit à Aimard et à Béchette d'Orchiac, et à leurs ayant cause.

Cette transaction prouve donc trois choses également importantes :

La première, que l'on n'a eu aucun égard à la vente simulée que Blanche d'Orchiac avoit faite à Regnault de Pons de la terre de Saint-Maigrin, et qu'on a reconnu que cette terre ne lui appartenoit point ;

La seconde, que par conséquent Aimard et Béchette d'Orchiac en étoient les véritables propriétaires, comme héritiers de Blanche, leur sœur ;

La troisième, que cependant, par considération pour la fille de leur sœur, qui, quoiqu'illégitime, étoit néanmoins sortie de deux maisons également illustres, ils lui ont abandonné la terre de Saint-Maigrin, par une convention qu'on ne peut regarder que comme une nouvelle concession féodale, qui a fait de cette terre un nouveau fief en la personne de Jeanne de Pons et de ses descendans.

En effet, on y trouve tous les caractères d'une nouvelle inféodation, entièrement différente de celle qui avoit été faite à Guillaume de Mareuil.

1.º Le fief étoit vraiment retourné à son propriétaire, c'est-à-dire que par la mort de Blanche, qui en étoit regardée comme propriétaire, malgré la vente simulée qu'elle en avoit faite, Aimard et Béchette d'Orchiac étoient rentrés, au moins de droit, dans la propriété de Saint-Maigrin ; ainsi le délaissement qu'ils en font à Jeanne de Pons, qui n'y avoit aucun droit avant cette concession, est certainement une nouvelle constitution de fief.

2.º La première concession qui avoit été faite à Guillaume de Mareuil étoit chargée de devoirs, au lieu que celle qui est faite à Jeanne de Pons est exempte de tous droits, puisqu'elle est faite à condition que la terre de Saint-Maigrin sera tenue par Jeanne de Pons et ses descendans *à franc parage*, ce qui emporte un entier affranchissement, et réduit cette terre à l'état d'un fief d'honneur et sans aucun profit.

3.º L'inféodation faite à Guillaume de Mareuil étoit perpétuelle, sans aucune charge de retour, au lieu que celle qui est faite à Jeanne de Pons par l'acte de 1396, est chargée d'un droit de réversion, qu'Aimard et Béchette d'Orchiac stipulent en leur faveur, en cas qu'il ne reste aucun héritier de la ligne de Jeanne.

On remarque ici avec soin ces trois caractères principaux qui distinguent le titre de Jeanne de Pons de celui de Guillaume de Mareuil, parce qu'il résulte de ces différences essentielles, que la première concession est éteinte, qu'elle ne subsiste plus depuis plus de trois cens ans, et que c'est uniquement par la nouvelle concession qu'il faut juger de la qualité de la terre de Saint-Maigrin, et de la nature de l'inféodation que les seigneurs d'Orchiac ont voulu en faire.

Ce principe certain une fois supposé, il faut maintenant examiner si ce que l'on a avancé pour le sieur comte de Sainte-Maure, lorsque l'on a dit qu'il s'agissoit ici non d'un parage, mais d'un simple jeu de fief, peut avoir quelque apparence.

Il n'est pas question en cette matière, comme en beaucoup d'autres, d'examiner ce que les contractans pouvoient vouloir; il s'agit de savoir ce qu'ils ont voulu. Tout est de rigueur et de droit étroit en matière de sous-inféodation, parce qu'en général toute sous-inféodation est un acte odieux qui tend à troubler l'ordre naturel des mouvances, et dans lequel, par conséquent, on ne supplée rien, et où l'on peut encore moins substituer une clause à une autre clause, pour changer, par subtilité, la forme essentielle de l'engagement que les parties intéressées ont voulu contracter.

Or, qu'est-ce que ceux qui ont fait le traité de l'année 1396 ont voulu faire? Quelle a été l'intention du seigneur qui a fait l'inféodation, et du vassal qui l'a reçue? Ont-ils prétendu faire un jeu de fief, c'est-à-dire une sous-inféodation par laquelle le seigneur retenant une certaine portion de son fief veut que la portion qu'il démembre relève de lui, à cause de la portion qu'il retient?

On ne trouve pas le moindre vestige d'une pareille intention dans l'acte de 1396. Il n'y est fait aucune mention de jeu de fief, de rétention d'une partie de la terre de Saint-Maigrin à laquelle l'on attache la mouvance de l'autre partie, de devoir seigneurial ou domanial réservé sur la portion aliénée; ce sont là cependant les caractères essentiels, et comme les conditions inséparables du jeu de fief.

Mais il y a plus, on y trouve des caractères absolument opposés : on y lit le terme de parage, qui suppose *une égalité de tenure*, comme parlent nos anciennes coutumes, *égalité* absolument incompatible avec le jeu de fief; on y voit même le terme de *franc parage*, qui exclut toute idée de servitude, et qui est aussi conforme à la nature du parage, qu'il est contraire à celle de jeu de fief.

Envain, pour éluder une disposition si précise, le sieur comte de Sainte-Maure a voulu la faire passer pour une erreur du notaire qui a dressé cet acte, et qui a ajouté, dit-on, par pur style et sans réflexion, que la terre de Saint-Maigrin *seroit tenue en franc parage* par Jeanne de Pons. Il n'y a rien qu'on ne puisse changer à son gré dans les titres les plus décisifs, avec une défaite si facile à imaginer, mais si difficile à établir.

A qui pourra-t-on persuader qu'une convention par laquelle un seigneur qui abandonne la portion d'une seigneurie considérable, se prive de tous droits et de tous devoirs, soit une clause de style, une expression échappée à un notaire par habitude? Une telle défaite a d'autant moins de vraisemblance, que l'acte, considéré en lui-même et dans sa nature, n'admettoit aucune idée de parage; il ne s'agissoit ni de partage entre frères, ni même de partage en général; où le notaire auroit-il donc pris cette idée de parage et de *franc parage*, si cette stipulation n'avoit fait une partie considérable des conventions des parties? Mais, encore une fois, cette défaite a trop peu de vraisemblance pour mériter une plus longue et plus sérieuse réfutation.

Ainsi, pour reprendre la suite du raisonnement que le procureur-général du roi a interrompu pour répondre à cette foible objection, non-seulement on ne voit rien dans l'acte de 1396 qui favorise l'idée nouvelle du jeu de fief que le sieur comte de Sainte-Maure veut y faire trouver, on y voit au contraire la stipulation d'un véritable et franc parage qui efface absolument jusqu'à l'ombre du jeu de fief.

Il semble néanmoins que, pour donner du corps à cette ombre, on ait voulu insinuer que l'acte de 1396 rappeloit l'inféodation faite à Guillaume de Mareuil, et que par là on devoit présumer que l'intention des contractans avoit été d'en renouveler toutes les clauses, et surtout celles qui chargent Guillaume de Mareuil d'un certain devoir à chaque mutation de vassal.

Mais, pour peu qu'on lise attentivement la transaction de 1396, on démêle d'abord l'équivoque de cette objection.

Ce n'est point dans le lieu où l'on règle la forme et les conditions de la tenure féodale, que l'on rappelle la cession faite par Foucault d'Orchiac à Guillaume de Mareuil; ce n'est que dans la clause de stipulation de retour au profit d'Aimard et de Béchette d'Orchiac, et de leur postérité. Il est dit en cet endroit, qu'au défaut des descendans de Jeanne de Pons, *ledit châtel et châtellenie et appartenances de Saint-Maigrin retourneront de plein droit à Aimard et à Béchette d'Orchiac, ou à ceux qui cause d'eux auront.* Et c'est après ces mots que l'on ajoute ceux qui font mention de la première cession de Saint-Maigrin : *comme ainsi et en la manière que M. Foucault, sieur d'Orchiac, le bailla et transporta à M. Guillaume, sieur de Mareuil, et ladite dame Blanche le tenoit, avant qu'il y eût aucune convention entre ledit sieur de Pons et ladite dame Blanche, et n'en seront tenus payer aucunes réparations.*

Ainsi, en remettant cette clause dans le lieu où elle doit être, et où elle est en effet, il n'y a personne qui ne voie que c'est uniquement par rapport à l'étendue et à la continence de la terre dont le retour est stipulé en faveur d'Aimard et de Béchette d'Orchiac, que l'on rappelle la première cession qui en avoit été faite à Guillaume de Mareuil.

Si la seule lecture de cette clause ne suffit pas pour en convaincre le sieur comte de Sainte-Maure, on le prie de considérer :

1.º Que ce n'est point par rapport au temps de la possession de Jeanne de Pons, qu'on rappelle l'investiture de Guillaume de Mareuil; c'est, au contraire, par rapport au temps où cette possession cessera : il n'y est pas dit que Jeanne de Pons possédera la terre de Saint-Maigrin comme Guillaume de Mareuil l'avoit fait, mais il est dit qu'au défaut des descendans de Jeanne, cette terre retournera à Aimard et Béchette d'Orchiac, ainsi que Foucault d'Orchiac la transporta à Guillaume de Mareuil, et que Blanche d'Orchiac, qui l'avoit retirée des héritiers de Guillaume de Mareuil, la tenoit, avant qu'il y eût aucunes conventions entr'elle et Regnault de Pons.

2.º Que l'objet de cette clause étoit, d'un côté, d'empêcher que pendant la possession de Jeanne de Pons on ne diminuât rien de l'étendue qu'avoit la terre de Saint-Maigrin lorsqu'elle fut cédée à Guillaume de Mareuil; et de l'autre côté, que réciproquement Aimard et Béchette d'Orchiac ne voulussent

comprendre dans le droit de retour qu'ils se ré-
servoient, les nouvelles acquisitions que l'on avoit
faites ou que l'on pouvoit faire, pour les joindre à
cette terre : en effet, on voit dans la suite de l'acte,
que Blanche d'Orchiac avoit fait quelques acquisitions qui étoient à la bienséance de la terre de Saint-
Maigrin, et qu'on abandonne ces acquisitions pour
une certaine somme à Regnault et à Jeanne de Pons.
Or, il est évident que ces raisons n'ont pas le moindre
rapport avec la nature et les charges de l'inféodation ; ainsi, il n'est pas moins clair qu'on ne peut
jamais se servir de cette clause pour faire voir que
l'on ait voulu assujettir Jeanne de Pons à la même
espèce de tenure féodale à laquelle Guillaume de
Mareuil s'étoit soumis.

3.° Enfin, ce qui achève de prouver qu'il ne s'agit
dans cette clause que de la propriété et de l'étendue
de la terre de Saint-Maigrin, et non pas de la qualité
de la mouvance, c'est que l'on ajoute tout de suite
dans la même clause, qu'Aimard et Béchette d'Orchiac exerçant le droit de retour qu'ils se réservent
sur Saint-Maigrin, ne seront tenus de payer aucunes
réparations ; ensorte qu'il est de la dernière évidence
que l'intention des parties, dans cette clause, a été
uniquement de stipuler, que dans le cas du retour,
Aimard et Béchette d'Orchiac reprendroient Saint-
Maigrin dans le même état que leur auteur l'avoit
donné autrefois à Guillaume de Mareuil, sans pouvoir
profiter des acquisitions qu'on y joindroit depuis cet
acte de 1396, et sans être tenus aussi des dépenses
qu'on y feroit pour l'entretenir ou pour l'embellir.

C'est donc sans aucun fondement qu'on a voulu
réunir ces deux inféodations, en supposant que la
dernière renouveloit toutes les conditions de la première ; et, si cela est, il faut nécessairement que le
sieur comte de Sainte-Maure convienne que dans
l'acte de 1396 on ne trouve pas même l'apparence
d'un jeu de fief, et qu'on y voit, au contraire, et la
lettre et l'esprit d'un véritable et franc parage.

Qu'il ne prétende donc plus, après cela, faire

juger le combat de mouvance dont il s'agit, par les principes de la matière du jeu de fief; ces principes sont ici absolument étrangers.

La question ne peut être décidée que sur les principes du parage, et, par conséquent, il n'y a pas même de question dans cette affaire, quand on l'envisage dans le fond, puisqu'on ne peut jamais soutenir la validité d'un parage stipulé en faveur d'une fille naturelle; parage contraire à la nature de cette convention, contraire même aux bonnes mœurs, et incapable, par conséquent, d'être jamais opposé aux droits du roi. On verra bientôt qu'on ne peut pas même faire passer ce prétendu parage pour un parage conventionnel; mais il faut s'attacher à la suite des objections du sieur comte de Sainte-Maure.

Toujours occupé de l'idée d'un jeu de fief, permis et légitime, il fait entendre, en second lieu, que, comme dans la cession que Foucault d'Orchiac avoit faite de Saint-Maigrin à Guillaume de Mareuil, il s'étoit réservé les hommes du lieu de Maffort, et les dixmes agrières du même lieu, il y avoit, dans cette réserve, un fondement assez solide pour assurer la validité du jeu de fief qu'il faisoit, et pour éviter le reproche d'avoir voulu faire un fief en l'air.

Ici, le procureur-général du roi entrera, pour un moment, dans la pensée du sieur comte de Sainte-Maure, et il fera voir que, quand même on pourroit appliquer l'inféodation de Guillaume de Mareuil à celle de Jeanne de Pons, et quand il seroit vrai que l'une et l'autre pourroient être regardées comme un jeu de fief, la prétention du sieur comte de Sainte-Maure n'en seroit pas plus apparente, ni celle du roi moins solide; parce qu'en un mot, en suivant même ici les règles du jeu de fief, on n'y trouveroit jamais le concours des conditions nécessaires pour le rendre valable.

Deux conditions, entr'autres, sont absolument essentielles à la validité du jeu de fief:

L'une, que le seigneur qui se joue de son fief s'en réserve une portion considérable, qui doit être au

moins du tiers, suivant le droit le plus commun du
royaume;

L'autre, qu'il se réserve aussi quelque droit seigneurial ou domanial sur la portion qu'il aliène.

Le sieur comte de Sainte-Maure dira, peut-être,
que ce droit est fondé sur l'article 51 de la nouvelle
coutume de Paris ; qu'il y a été ajouté contre la
disposition de l'ancienne ; enfin, que, quoiqu'à présent le droit commun du royaume soit assez conforme à la règle que les réformateurs de la coutume
de Paris ont établie, on ne peut pas se servir, néanmoins, d'une loi si nouvelle pour décider de la
validité d'un acte fait plus de deux cents ans avant
la réformation de cette coutume.

Mais, si le sieur comte de Sainte-Maure rejette
l'autorité de la nouvelle coutume de Paris, il res-
pectera peut-être davantage celle de la coutume
de Poitou, pour laquelle il a tant d'attachement,
qu'il reproche au procureur-général, en un endroit
de ses écritures, d'avoir tiré la définition du parage
légal de l'ancienne coutume de Normandie, au lieu
de la prendre dans la coutume de Poitou ; comme si
le procureur-général n'avoit pas cité la coutume de
Poitou aussi bien que celle de Normandie, et comme
si, entre deux coutumes qui admettent également
le parage légal, il n'étoit pas permis d'en prendre
la définition dans celle qui en donne une idée plus
parfaite, et qu'il fallût nécessairement aller chercher les définitions de proche en proche, sans oser
sortir du voisinage des lieux où la terre qui fait
naître la question est située.

Mais enfin, si le sieur comte de Sainte-Maure
veut absolument que sur la matière du parage on
ne cite que la coutume de Poitou, qu'il applique
donc au prétendu fief dont il s'agit, la règle établie
par l'article 130 de cette coutume.

Cet article, qui paroît être le seul de cette coutume qu'on puisse appliquer au jeu de fief, traite
de l'aliénation de la portion du chemier, et la coutume y décide en quel cas, et sous quelle condition,

le chemier peut faire cette aliénation, *et demeurer en hommage*, suivant l'expression de la coutume de Poitou.

Elle distingue deux cas différens.

S'il y a dans le fief un hôtel ou chef d'hommage, l'aliénation de cet hôtel seul en fait perdre l'hommage au chemier, ensorte que le seigneur suzerain du chemier est en droit d'obliger l'acquéreur à lui en rendre l'hommage.

S'il n'y a point de chef-lieu dans le fief, alors il faut que le chemier retienne au moins le tiers de son fief, sans quoi l'hommage passe aussi au seigneur : c'est la disposition de l'article 130 de la coutume de Poitou, et il faut observer ici que cet article n'est point une loi nouvelle, ajoutée à la coutume de Poitou, dans le temps de sa dernière réformation en l'année 1559; le même article se trouve dans la coutume réformée en l'année 1514 et 1517, et pour remonter encore plus haut, on le lit pareillement dans la très-ancienne coutume de Poitou, rédigée en l'année 1486; ainsi, on ne peut pas douter que cet article ne contienne les plus anciens usages de la province de Poitou, sur cette matière.

Il ne reste plus, après cela, que d'en faire l'application à l'aliénation de Saint-Maigrin, faite par Foucault d'Orchiac, en faveur de Guillaume de Mareuil.

Il y avoit un *chef-lieu*, un *château*, un *hôtel*, pour parler comme la coutume de Poitou, dans la terre de Saint-Maigrin : ce fait n'est pas douteux, suivant tous les titres produits dans cette instance : ainsi, Foucault d'Orchiac étoit dans le premier des deux cas distingués par l'article 130 de cette coutume. Il devoit donc conserver le château, s'il vouloit *demeurer en hommage*, pour parler toujours le langage de la coutume de Poitou; mais en l'aliénant, il en auroit perdu l'hommage, suivant cette coutume, quand même il en auroit retenu *le demeurant*; c'est ainsi qu'elle s'explique; ensorte que, pour suivre toujours le style de cette coutume, *il convenoit*, en ce cas, que Guillaume de Mareuil, *à qui la chose avoit été transportée, en fît hommage* au roi, seigneur primitif de Saint-Maigrin.

Quand même il n'y auroit point eu de château et de chef d'hommage à Saint-Maigrin, il auroit toujours fallu que Foucault d'Orchiac eût conservé, au moins, le tiers de la terre de Saint-Maigrin ; ainsi, ce seroit, en ce cas, au sieur comte de Sainte-Maure, à faire voir que les hommes de Maffort et les dixmes agrières, valent le tiers de la terre de Saint-Maigrin.

On remarquera, en passant, en cet endroit, qu'on ne voit point, dans la transaction de 1370, qu'il soit fait aucune mention de rentes agrières, dans la clause où l'on trouve la réserve des hommes de Maffort ; il n'y est fait mention que de justice haute, moyenne et basse, et de tous droits, rentes, revenus et émolumens.

C'est donc, encore une fois, au sieur comte de Sainte-Maure, à montrer que cette réserve comprend le tiers de la terre de Saint-Maigrin ; jusque-là, quand même il seroit dans le second cas de l'article de la coutume de Poitou, il n'auroit encore rien fait en sa faveur, puisque c'est un principe certain, suivant la disposition littérale de cet article et le sentiment des auteurs qui ont traité du démembrement de fief, que, si le seigneur qui aliène son fief retient moins que le tiers, l'hommage de ce qu'il aliène est acquis à son seigneur suzerain.

Les principes du jeu de fief n'étoient donc pas plus favorables à Foucault d'Orchiac que ceux du parage, et le sieur comte de Sainte-Maure, qui veut réduire la décision de cette affaire aux règles du jeu de fief et à l'autorité de la coutume de Poitou, doit convenir qu'il y a plus de trois cents ans que, suivant ces règles et cette coutume, l'hommage de Saint-Maigrin a été acquis au roi par l'acte même par lequel on a voulu le lui faire perdre, puisque Foucault d'Orchiac n'a retenu ni le château de Saint-Maigrin, ni le tiers de cette terre.

Il est presqu'inutile, après cela, de répondre à ce que le sieur comte de Sainte-Maure a dit en premier lieu, que ni le parage ni le jeu de fief ne faisoient aucun préjudice véritable au roi, et que par conséquent le roi étoit sans intérêt dans cette affaire, parce qu'on lui a toujours rendu et qu'on lui rendra toujours hommage de la terre de Saint-Maigrin, le seigneur d'Orchiac s'étant chargé de garantir, sous son hommage, le possesseur de Saint-Maigrin.

On fera bientôt voir que par ce langage même le sieur comte de Sainte-Maure abandonne les arrêts du grand conseil et en fait sentir l'injustice, puisque ces arrêts n'ont pas même réservé au roi ce que le sieur comte de Sainte-Maure convient qu'il ne peut lui refuser.

Mais, sans tirer encore cette conséquence de l'objection du sieur comte de Sainte-Maure, il est bon d'examiner en cet endroit s'il est bien vrai, comme il le prétend, que ni le parage ni le jeu de fief ne font aucun tort au roi, et en quel sens il peut entendre cette proposition.

1.º A l'égard du parage, il est certain que le parage légal ou successif lui fait un préjudice sensible, puisqu'après un certain nombre de générations, dans quelques coutumes, et après l'extinction de la ligne, dans d'autres, la portion de fief qui étoit tenue en parage commence à devenir le plein fief de l'aîné, ou, comme parlent nos coutumes, du chemier ou du parageur, et un arrière-fief du seigneur suzerain dont cette portion relevoit entièrement avant ce changement, ainsi que le reste du fief; et il est si certain que le parage fait préjudice au seigneur dominant, que, suivant l'expression de nos coutumes, c'est un des cas où le vassal peut *empirer le fief du seigneur.*

A la vérité, le parage conventionnel ne lui fait pas le même préjudice, parce que ce parage durant toujours, suivant la disposition de la coutume de

Poitou, jamais la portion de ceux que cette coutume appelle *part-prenans et part-mettans*, ne s'éloigne d'un degré de la seigneurie dont elle relevoit avant le parage.

Mais il ne s'agit pas ici de cette seconde espèce de parage; celui qui a été établi par la transaction de 1396, est un parage successif, introduit, à la vérité, par convention, mais sur le modèle du vrai parage successif légal qui a lieu entre frères, suivant plusieurs coutumes de ce royaume.

C'est ce qui paroît par ces mots : *tiendront ledit châtel et châtellenie en franc parage, tant comme le lignage durera, jouxte et selon la coutume du pays de Saintonge deçà la Charente.*

Or, dès le moment que le parage établi par cet acte est attaché au lignage, suivant la disposition de la coutume de Poitou à laquelle le sieur comte de Sainte-Maure soutient que l'usance de Saintes est conforme, on ne peut pas douter que l'intention des contractans n'ait été d'établir un parage successif.

Donc, suivant la nature de ce parage, et suivant la lettre même de la transaction de 1396, il doit finir avec le lignage de Jeanne de Pons; et, si le droit de retour stipulé en ce cas en faveur d'Aimard et de Béchette d'Orchiac, ne peut plus être exercé par le défaut de successeurs qui les représentent, il est certain qu'en suivant les principes des coutumes de parage, il faudroit dire, s'il s'agissoit d'un parage valablement constitué, que la châtellenie de Saint-Maigrin s'éloigneroit alors d'un degré du comté de Saintes, son ancien fief dominant, et qu'en devenant le plein fief de la seigneurie d'Orchiac, elle ne seroit plus que l'arrière-fief du roi, comme comte de Saintes.

Le roi soutient donc, avec autant d'intérêt que de raison, la nullité du parage qui sert de fondement aux prétentions du sieur comte de Sainte-Maure.

Le procureur-général croit avoir démontré pleinement cette nullité dans sa première requête. Après avoir répondu, dans celle-ci, aux objections du sieur comte de Sainte-Maure, il y a ajouté ce seul raisonnement qui est d'autant plus fort, qu'il suffiroit pour faire décider la question en faveur du roi, quand même le parage pourroit lui être opposé dans le pays qui se régit par l'usance de Saintes, et quand il ne s'agiroit pas ici d'une terre entièrement distincte et séparée de celle d'Orchiac :

Régulièrement le vassal ne peut, par son fait, *empirer le fief de son seigneur*, pour se servir de l'expression de nos coutumes, et en ce point la cause du seigneur est toujours favorable, et celle du vassal toujours odieuse.

Elles n'exceptent de cette règle que le cas du parage légal et successif, qui a lieu de plein droit entre frères, et entre cohéritiers entre lesquels le droit d'aînesse est admis.

On ne peut donc pas faire par convention ce que la coutume n'admet que dans le cas de la succession. Ce dernier cas est seul excepté de la règle ; le premier, par conséquent, y demeure assujetti : on n'étend point les exceptions, surtout dans une matière où, comme on vient de le dire, la règle est favorable, et l'exception odieuse.

Non-seulement les principes généraux résistent à cette extension, mais la coutume de Poitou la condamne même expressément, puisqu'elle décide que dans le parage conventionnel qu'elle admet entre deux copropriétaires qui ne sont pas cohéritiers, la mouvance directe du seigneur ne souffre jamais de préjudice, parce que ce parage ne cessant point, un copropriétaire ne devient jamais le seigneur immédiat de l'autre.

Ce changement, ou plutôt cet éloignement de mouvance, est donc uniquement l'ouvrage du parage légal et successif ; la convention des parties n'a aucun pouvoir à cet égard ; et si l'homme entreprend de faire ce que la loi s'est réservé, la loi détruit l'ouvrage de l'homme ; et, sans avoir égard à une convention irrégulière, elle rétablit les choses de plein droit dans l'état où elles étoient avant la convention.

La cour préviendra d'elle-même l'application qu'on peut faire de ce raisonnement à la terre de Saint-Maigrin. Il ne pouvoit y avoir de parage légal entre les possesseurs de cette terre et de celle d'Orchiac ; la nature et la loi y résistoient également. On a voulu faire l'un et l'autre par une convention vicieuse, contre laquelle le droit coutumier et les bonnes mœurs mêmes réclament perpétuellement ; ainsi cette mouvance qu'on a voulu soustraire au roi par la fiction illicite d'un parage légal, a toujours fait et fera toujours partie de son domaine.

2.° Quoiqu'après cela il soit peu nécessaire d'examiner s'il est vrai, comme le sieur comte de Sainte-Maure l'a avancé, que le jeu de fief ne fasse point de préjudice au roi, puisqu'il ne s'agit ici que d'un parage abusif, et non pas d'un jeu de fief, cependant il ne sera peut-être pas inutile d'obliger le sieur comte de Sainte-Maure à s'expliquer plus clairement sur ce sujet, afin que la cour sache en quel sens il entend cette proposition.

Il est déjà certain que le jeu de fief ne peut nuire au seigneur suzerain par rapport à l'hommage, puisque, dans les hommages qu'on lui rend pour les fiefs dont on a démembré une portion par jeu de fief, le vassal est obligé de comprendre l'intégrité du fief, comme s'il n'y avoit jamais eu de démembrement.

Il en est de même des aveux ; le seigneur est en droit de n'y souffrir aucun usage du jeu de fief.

Mais le droit du seigneur va encore plus loin, suivant les principes les plus certains et les mieux suivis en cette matière.

S'il y a ouverture dans le fief dont on a démembré une portion, le seigneur est en droit de saisir féodalement non-seulement la portion retenue par son vassal, mais celle qu'il a aliénée, et dont *il s'est joué*, pour se servir de l'expression du même droit coutumier.

S'il est dû un droit de relief, le seigneur peut le prendre également sur l'une et l'autre portion.

Enfin, si la portion que le vassal a retenue se vend, les droits seigneuriaux sont dûs au seigneur pour la totalité du fief, à proportion du prix de la portion que le vassal s'étoit réservée dans ce jeu de fief ; en sorte que, s'il s'est réservé un tiers, suivant la coutume de Paris, et que ce tiers se vende cent mille livres, le quint sera dû sur le pied de cent mille écus.

Telles sont les conséquences nécessaires de ce principe, aussi simple que fécond dans cette matière, que le seigneur ne doit souffrir aucun préjudice du jeu de fief fait par son vassal, et que le fief demeure, à son égard, dans le même état que s'il n'y avoit jamais eu de démembrement.

Il ne s'agit pas même, ici, d'examiner ce que le droit positif de quelques coutumes a ajouté ou retranché aux règles que l'on vient de marquer : on se contente, quant à présent, de retracer seulement les principes généraux, pour donner lieu, au sieur comte de Sainte-Maure, d'expliquer plus clairement ce qu'il a entendu par cette proposition, que le jeu de fief, à quoi il veut réduire ce qui s'est passé dans cette affaire, ne fait aucun préjudice au roi.

Quand il aura développé le sens qu'il donne à cette proposition, soit par rapport à l'hommage et aux aveux, soit par rapport à la saisie féodale, au relief, et aux droits seigneuriaux qu'il devroit lui-même, pour la terre de Saint-Maigrin, en raisonnant conséquemment sur ses propres principes, le procureur-général saura à quoi il doit répondre à cet égard ; mais il ne sauroit le faire, jusqu'à ce que le sieur comte de Sainte-Maure, entrant dans le détail d'une proposition trop vague et trop générale, marque précisément à quoi il la réduit : peut-être, néanmoins, fera-t-il plus sagement de s'épargner cette explication assez inutile, parce qu'en un mot, il ne prouvera jamais, contre l'intention des contractans, contre la lettre aussi bien que l'esprit de leur convention, enfin, contre la nature même des choses, puisqu'il s'agit de deux terres réellement distinctes et séparées, ni qu'il soit question d'un jeu de fief dans cette affaire, ni que le jeu de fief puisse être admis contre le roi, et surtout dans les lieux qui se régissent par l'usance non écrite du pays d'Aulnis.

Après toutes les réflexions qui ont été faites de la part du procureur-général, et pour exclure l'idée de jeu de fief, dont on ne trouve ici aucune trace, et pour y combattre celle du parage, qui y est en effet, mais d'un parage si évidemment et si grossièrement nul, qu'il ne peut jamais nuire au roi, il avoit cru, dans sa première requête, pouvoir tirer avantage de l'incertitude et de l'hésitation avec lesquelles on a parlé, dans quelques-uns des titres que le procureur-général a produits, de l'hommage que les auteurs du sieur comte de Sainte-Maure ont cru avoir acquis sur la terre de Saint-Maigrin par les transactions de 1369 et 1370.

Le procureur-général a observé, dans sa première requête, que la transaction de 1369 marque, à la vérité, que *Guillaume de Mareuil tiendra la terre de Saint-Maigrin par hommage lige du sieur d'Orchiac, au devoir qui sera abonné selon l'hommage lige*, mais avec cette addition, qui marque, dans le sieur d'Orchiac, une grande défiance de son droit : *En cas que faire se pourra et devra*.

Le procureur-général a aussi observé que Blanche d'Orchiac, parlant du même hommage dans la vente qu'elle fit de Saint-Maigrin à Regnault de Pons, y ajouta cette réserve : *Si, en tant que par droit, raison et usage et coutume du pays, seroit trouvé que l'hommage lui en devroit appartenir*.

Tel est le langage que l'on a tenu, dès le temps même de la constitution de cet hommage, et avant que le roi eût réclamé le vassal que l'on vouloit lui soustraire.

On a répondu, dans les écritures du sieur comte de Sainte-Maure, que les termes qui se trouvent dans la transaction de 1369 signifient seulement que, dans le cas où l'hommage sera dû au sieur d'Orchiac, le devoir ou les droits en seront abonnés selon la nature de l'hommage lige, et qu'ainsi ces termes ne renferment aucune condition par laquelle il paroisse que Foucault d'Orchiac ait douté de son droit, mais une simple explication, qui marque que, lorsque l'hommage sera dû, le devoir en sera réglé ainsi qu'il se pratique dans le pays à l'égard de l'hommage lige.

Deux observations, également courtes, feront connoître à la cour combien cette interprétation est peu naturelle.

La première est que, si c'étoit là le véritable sens de la clause dont il s'agit, elle auroit été conçue en ces termes : *Dans le cas où faire se devra* (c'est-à-dire; l'hommage); mais, au lieu de s'expliquer ainsi, on se sert de cette expression : *En cas que faire se pourra et devra* ; expression qui renferme manifestement une condition qui doit être entendue comme si l'on avoit dit : *Supposé que faire se puisse et se doive.*

La seconde est que, dans le sens que le sieur comte de Sainte-Maure donne à ces mots, on auroit dû dire seulement : *En cas que faire se devra;* mais à quoi auroit-il servi de dire : *En cas que faire se pourra?* ce qui suppose manifestement qu'on doutoit que cela pût se faire; autrement il étoit inutile de parler de la possibilité, puisqu'un hommage n'est point impossible toutes les fois qu'il est légitime. Ainsi, parler du *pouvoir en termes conditionnels,* c'est marquer suffisamment qu'on en doute, et, par conséquent, le sens le plus naturel que ces paroles portent à l'esprit est celui que le procureur-général leur a donné, quand il a dit que ceux mêmes qui auroient voulu usurper la mouvance de Saint-Maigrin avoient douté de leur droit.

Mais, quand même il y auroit de l'obscurité dans

cette première clause, le sieur comte de Sainte-Maure convient lui-même qu'il n'y en a point dans celle qui se trouve ajoutée au contrat de vente de Saint-Maigrin, et qui marque un doute bien formé dans l'esprit de Blanche d'Orchiac, sur la justice de l'hommage prétendu par Foucault d'Orchiac.

Qu'oppose-t-il donc à ce doute, qui est né, pour ainsi dire, avec le fief même qu'on a voulu constituer au profit du sieur d'Orchiac? Il prétend que la clause qui marque ce doute est l'effet de la haine que Blanche d'Orchiac avoit pour son frère, à qui elle étoit bien aise de nuire, par la vente qu'elle faisoit à Regnault de Pons.

Mais une conjecture de cette qualité, qui n'est fondée sur aucun fait connu, ou dont on puisse rapporter la moindre preuve, détruira-t-elle l'impression qu'une telle clause fait naturellement sur l'esprit de ceux qui la lisent? N'y avoit-il que la haine qui pût inspirer cette réserve à Blanche d'Orchiac? Et le procureur-général n'a-t-il pas fait voir que le doute qu'elle avoit sur la justice de cet hommage n'étoit que trop légitime? C'étoit donc la raison, et non la passion, qui inspiroit ce doute à Blanche d'Orchiac, comme elle l'avoit inspiré à Guillaume de Mareuil, dans la condition marquée par la transaction de 1369. Ils ont dû faire cette réserve, ils l'ont faite; et le roi ne fait, en réclamant la mouvance de Saint-Maigrin, que confirmer le jugement que les parties intéressées à cette mouvance en ont porté, il y a plus de trois cents ans, dans les actes mêmes où l'on jetoit les fondemens de l'usurpation.

Après avoir détruit toutes les raisons dont le sieur comte de Sainte-Maure s'est servi pour prouver que les seigneurs d'Orchiac auroient pu s'approprier la mouvance de Saint-Maigrin sans le consentement du roi, il resteroit de répondre à la seconde espèce d'objections que l'on a distinguée d'abord, et qui consiste à faire voir que le roi a approuvé leur entreprise.

Mais, comme il n'y a point d'autres preuves de

ce fait que deux aveux , dont le procureur-général a déjà fait voir pleinement, dans sa première requête , et la contrariété et l'inutilité , il est inutile de grossir une requête déjà plus longue qu'on ne l'avoit cru faire d'abord , par la répétition des preuves qui ont déjà été épuisées à cet égard dans la première requête.

Il ne reste plus au procureur-général pour finir celle-ci , que de tirer une conséquence générale de tous les moyens qu'il a expliqués dans ses deux requêtes , et de faire voir, par une récapitulation sommaire de ces moyens, que la cause du roi n'a pas été suffisamment défendue au grand conseil , et qu'ainsi, non-seulement le roi n'a pu avoir dans cette juridiction de défenseur légitime , mais qu'il n'y a pas même eu de défenseur véritable.

On l'a déjà dit , en finissant la première partie de cette requête ; quoique ce moyen appartienne , en quelque manière , à la forme , il a fallu néanmoins se réserver de le traiter après l'examen du fond, parce qu'il doit être comme le résultat de tout ce que l'on a établi par rapport au fond de la contestation.

On renfermera donc ce moyen dans de simples propositions, qui sont autant de conséquences des moyens et des titres nouveaux que le procureur-général a ajoutés à ceux qui ont été proposés au grand conseil pour l'établissement des droits du roi, et il n'y aura aucune de ces propositions qui ne découvre une omission importante de défenses de la part de ceux qui , sans pouvoir et sans caractère , ont voulu alors défendre la cause du roi.

PREMIÈRE OMISSION DE DÉFENSES.

La plus capitale, et celle qui a été le principe de toutes les autres, est de n'avoir point allégué l'incompétence du tribunal. C'étoit par ce point que la défense du roi auroit été commencée, si elle eût été entre les mains d'un défenseur légitime ; et cette première omission de défenses dans la forme, en a produit presque nécessairement une seconde qui regarde le fond.

SECONDE OMISSION DE DÉFENSES.

Lorsque le procureur-général combat pour la défense du domaine du roi, devant les juges auxquels, seuls, il appartient d'en connoître, c'est-à-dire devant la cour, il trouve tous les secours qui lui sont nécessaires, soit dans le dépôt de la chambre des comptes, qui a toujours été étroitement unie au parlement pour la conservation du domaine du roi; soit dans le trésor des chartres de la couronne, dont la garde est spécialement commise aux soins du procureur-général du roi, qui, depuis plus d'un siècle, possède la charge de trésorier des chartres, unie à celle de procureur-général : c'est dans ces deux dépôts qu'il trouve toujours des armes toutes prêtes pour la défense des droits du roi. Ces dépôts, toujours ouverts au procureur-général, étoient également fermés et inaccessibles à celui qui exerce l'office public au grand conseil, dans les matières qui sont de la compétence de ce tribunal : ainsi, quelque zèle qu'il pût avoir pour le soutien des droits de la couronne, il ne pouvoit le suivre dans toute son étendue; les titres et les instructions lui manquoient, et, par conséquent, le roi ne pouvoit trouver en lui non-seulement un défenseur légitime, mais un défenseur pleinement instruit de tout ce qu'il falloit savoir pour remplir toute l'étendue du ministère public en cette matière.

L'on diroit inutilement, pour répondre à cette grande et importante considération, que si celui qui exerce l'office public au grand conseil manquoit lui-même de ce secours, il lui étoit facile d'y suppléer, en recourant au procureur-général du roi, qui auroit pu lui faciliter l'accès des dépôts publics, et le mettre en état d'y trouver les titres dont il auroit eu besoin pour défendre la cause du roi.

Ce recours n'étoit pas praticable de la part de cet officier ; il auroit révélé par là le mystère de l'incompétence de son tribunal : le procureur-général du roi, averti, par cette démarche, de l'entreprise que l'on faisoit au grand conseil sur le pouvoir incontestable de la cour, n'auroit pas manqué de s'y opposer ; il se seroit bien gardé de fournir des titres à un défenseur illégitime, pour les produire dans un tribunal incompétent : ainsi ce défenseur ne pouvoit chercher les titres du roi sans s'exposer au péril certain de faire dépouiller le grand conseil du jugement de cette affaire, par les mesures mêmes qu'il prendroit pour l'instruire pleinement. Il a donc été réduit à se servir des seuls titres que les parties ont eu le bonheur ou le crédit de découvrir, il n'a pu défendre le droit du roi qu'avec les armes que leurs connoissances ou leurs recherches lui ont fournies ; en sorte que la cause du roi n'a pu être mieux défendue par l'officier public au grand conseil, qu'elle l'auroit été par le sieur de Saint-Maigrin seul, puisqu'en effet l'officier public n'a fait que prêter, pour ainsi dire, l'ombre et la faveur de son ministère, aux raisons et aux titres du sieur de Saint-Maigrin.

Ici, tout au contraire, le roi se défend par ses propres titres, et non pas seulement par ceux qu'il trouve entre les mains de son vassal ; ainsi l'affaire change de face en changeant de défenseur, et les nouveaux titres que le procureur-général du roi tire de la chambre des comptes et du trésor des chartres, pour soutenir la cause du roi, font voir que ce n'est pas sans raison que l'ordre public du royaume veut que le roi ait toujours pour défenseur, celui que le même ordre public met aussi toujours le plus en état de le défendre.

TROISIÈME OMISSION DE DÉFENSES.

Pour mettre cette troisième omission de défenses dans tout son jour, il faut en faire l'application aux titres que le procureur-général ajoute à ceux qui ont été produits au grand conseil, et cet examen fait voir que non-seulement celui qui exerçoit l'office public dans cette compagnie n'a pu éviter d'omettre de produire plusieurs titres importans, par les raisons que l'on a expliquées dans l'observation précédente, mais qu'en effet il y en a plusieurs qui lui sont échappés, et que le procureur-général rapporte aujourd'hui.

Tels sont les hommages du 24 octobre 1498, du 9 février 1515, et du 6 août 1549, qui n'ont jamais été vus au grand conseil, et qui ont été produits à la fin de la première requête du procureur-général.

Tels sont les aveux et dénombremens de 1516 et de 1593.

Telle est aussi la transaction de 1264, passée entre l'abbé de Baigne et Ademar d'Orchiac, comme seigneur de Saint-Maigrin.

Tels sont encore le partage fait par Hugues de Lezignan entre ses enfans, en 1244, et le testament d'un autre Hugues de Lezignan, de l'année 1269.

Enfin, quoique les deux aveux rendus séparément par Guillaume de Mareuil, en 1369, l'un, pour la terre d'Orchiac, et l'autre, pour celle de Saint-Maigrin, soient visés dans un des arrêts du grand conseil, il y a grande apparence néanmoins que ces deux aveux n'y ont paru que par une copie informe que le sieur de Saint-Maigrin en avoit entre ses mains, et dont le procureur-général avoit été aussi obligé de se servir d'abord, jusqu'à ce qu'une recherche plus exacte et plus laborieuse dans la chambre des comptes l'ait mis en état d'en produire une expédition plus en forme, comme il le fera à la fin de cette requête.

Voilà donc un grand nombre de titres nouveaux que le procureur-général rapporte aujourd'hui; et, quand le roi n'auroit que ce seul moyen en sa faveur, ne seroit-il pas plus que suffisant pour vaincre les difficultés de la forme, et pour faire détruire des arrêts qui n'ont été rendus, dans un tribunal incompétent, que parce que celui qui entreprit alors de défendre la cause du roi ne pouvoit avoir, et n'avoit pas en effet, les titres nécessaires pour y réussir? Ces titres, qui seroient assez puissans pour mettre le procureur-général en état de revenir contre des arrêts rendus par la cour même, ne suffisent-ils pas pour détruire de prétendues fins de non-recevoir qu'on tire de quelques arrêts rendus par un tribunal évidemment incompétent? C'est ce qui conduit naturellement à l'examen de la qualité de ces titres.

QUATRIÈME OMISSION DE DÉFENSES.

Ce ne sont pas seulement de nouveaux titres que le procureur-général rapporte; mais ces titres sont aussi respectables par leur poids que par la nouveauté de la découverte que le procureur-général en a faite.

On pouvoit opposer au roi, dans le temps des arrêts du grand conseil, le petit nombre d'hommages par lesquels il paroissoit que le roi avoit été reconnu seigneur direct et immédiat de la châtellenie de Saint-Maigrin, même depuis l'usurpation. On n'en rapportoit que deux en ce temps-là; ce n'étoit pas même l'officier public qui les produisoit alors, c'étoit le sieur d'Orchiac. Ces deux hommages ne continuoient la possession du roi que jusqu'en l'année 1472. Le procureur-général y en joint trois autres aujourd'hui, qui, avec les deux autres, font cinq hommages consécutifs, depuis l'année 1470 jusqu'en 1549, c'est-à-diré, environ cinquante ans avant le commencement du procès; hommages qui, comme on l'a déjà dit, sont les seuls actes contradictoires entre le roi et son vassal, depuis le commencement de l'usurpation; hommages décisifs, puisqu'ils font voir que le roi a toujours conservé son droit, malgré les actes clandestins par lesquels on a voulu y donner atteinte; hommages, par conséquent, qui ajoutent aux deux

premiers tout le poids qui pouvoit leur manquer
pour emporter la balance, dans cette affaire.

Si ces nouveaux hommages sont très-importans
dans cette affaire, les nouveaux aveux que le procureur-général a produits le sont encore beaucoup
plus.

Dans le temps que l'affaire étoit pendante au grand
conseil, il n'y avoit d'aveux et dénombremens dans
le procès que de la part du sieur d'Orchiac ; il vouloit se prévaloir de deux ou trois dénombremens,
dans lesquels on avoit fait mention du parage et de
la prétendue mouvance que les seigneurs d'Orchiac
avoient voulu se réserver sur Saint-Maigrin. On
pouvoit, à la vérité, contredire ces deux aveux, en
faisant voir qu'ils n'avoient jamais été ni vérifiés sur
les lieux, ni reçus définitivement à la chambre des
comptes ; mais cet argument négatif avoit beaucoup
moins de force, tant qu'on ne rapportoit point d'a-
veux et de dénombremens contraires, où il ne fût fait
aucune mention de ce parage irrégulier, et de cette
mouvance abusive.

L'affaire change de face à présent, par les deux
nouveaux aveux que le procureur-général a produits.
On n'y voit pas le moindre vestige du parage, ni de
la sous-inféodation que l'on a voulu faire valoir contre
le roi ; ils effacent donc absolument le préjugé des
aveux qui ont été produits au grand conseil, et ils
l'effacent d'autant plus, qu'ils sont postérieurs à ces
aveux ; en sorte qu'il est plus que vraisemblable que,
comme l'on a bien senti que l'expression d'un parage
si vicieux empêcheroit toujours la réception des aveux
d'Orchiac, l'on a jugé à propos de n'en plus faire aucune mention dans les aveux postérieurs.

Telle est la grande importance de ces nouveaux
aveux ; celle de la transaction de 1267, du partage
de 1244, et du testament de 1269, n'est pas moins
considérable.

Il n'est pas nécessaire de répéter ici que le véritable nœud de cette affaire consiste à savoir si les

seigneuries d'Orchiac et de Saint-Maigrin ne composoient autrefois qu'une seule et même terre, ou si,
au contraire, elles étoient entièrement distinctes, séparées et indépendantes l'une de l'autre.

La cause du roi est indubitable dans le fond, si
ce dernier fait est certain ; le sieur comte de Sainte-
Maure l'avoue lui-même.

Or, ces trois actes, joints ensemble, renferment
une preuve claire et évidente de ce fait, puisqu'ils font
voir que la maison d'Orchiac possédoit la seigneurie
de Saint-Maigrin avant que d'avoir celle d'Orchiac,
et, par conséquent, qu'il est impossible de présumer
que l'une de ces terres ne fût que la dépendance et
l'accessoire de l'autre.

Voilà ce que l'on devoit dire au grand conseil,
pour la défense des droits du roi ; voilà ce que l'on
n'y a point dit, et ce que l'on ne pouvoit pas même
y dire, parce que celui qui a voulu y défendre le domaine de la couronne, n'avoit point les titres dont le
procureur-général tire aujourd'hui une conséquence
si décisive.

L'omission de défenses est donc également évidente, par tous les titres nouveaux que le procureur-
général rapporte, et qui sont de telle nature, qu'ils
pourroient suffire, seuls, pour faire décider la contestation en faveur du roi.

CINQUIÈME OMISSION DE DÉFENSES.

A ces titres nouveaux, et aux argumens qui en résultent, le procureur-général a joint aussi des moyens
de droit également nouveaux, et dont on ne voit
point qu'on ait fait usage au grand conseil.

Il ne paroît point, par exemple, qu'on y ait rien
dit de la nullité du parage qui est le seul titre du
sieur comte de Sainte-Maure, soit par rapport à la
qualité de ceux qui ont voulu l'établir, soit par rapport au roi, auquel on l'oppose. On s'est contenté
d'appuyer sur la distinction des deux terres, qui ne

permettoit pas que, sous prétexte d'un parage, on rendît l'une dépendante de l'autre ; mais a-t-on fait voir, par les principes mêmes du parage, que, quand il auroit pu avoir lieu par rapport à sa matière, c'est-à-dire, par rapport aux terres d'Orchiac et de Saint-Maigrin, il ne pouvoit être admis en faveur d'une fille naturelle, telle que Jeanne de Pons l'étoit ? A-t-on montré que, quand il auroit lieu contre les seigneurs particuliers, il ne pourroit être autorisé au préjudice du roi, et surtout dans la portion du pays d'Aulnis qui se régit par l'usance de Saintes ? C'est ce qui ne paroît point que l'on ait traité dans le temps que le procès a été instruit au grand conseil. Il y a peut-être encore d'autres moyens dont on pourroit dire la même chose ; mais, après toutes les réflexions que l'on a faites pour montrer combien la cause du roi a été mal défendue au grand conseil, il est inutile d'entrer dans une plus longue comparaison des raisons qui ont été alléguées en ce temps-là, et de celles qui auroient dû l'être, et qui le sont en effet aujourd'hui, de la part du procureur-général du roi.

Ainsi, il croit être en droit de conclure de tout ce qu'il a établi dans les deux parties de cette requête, que, d'un côté, la forme des arrêts dont on prétend tirer des fins de non-recevoir contre le roi est si mauvaise, qu'on peut dire que la cause est toute entière, et qu'elle doit être jugée comme si elle n'avoit jamais été décidée par aucun arrêt ; et de l'autre, que le fond est si évidemment bon pour le roi, que, quand même les arrêts auroient été rendus dans un tribunal compétent, les titres et les moyens nouveaux qu'il emploie seroient suffisans pour faire rétracter ces arrêts.

CE CONSIDÉRÉ, il vous plaise donner acte au procureur-général du roi, de ce qu'en tant que besoin est ou seroit, il forme opposition aux arrêts rendus au grand conseil sur cette affaire, et à tout ce qui a suivi ; faisant droit sur ladite opposition, recevoir ledit procureur-général opposant auxdits arrêts, et, en conséquence, lui adjuger les conclusions par lui ci-devant prises dans sa première requête; lui donner pareillement acte de ce que, pour toutes écritures et salvations contre les contredits dudit sieur comte de Sainte-Maure, il emploie le contenu en la présente requête.

Pour montrer que la terre de Saint-Maigrin a toujours été une châtellenie distincte et séparée de celle d'Orchiac, le procureur-général produit :

La transaction du mercredi après la fête de saint Hilaire, en l'année 1264, passée entre Ademar d'Orchiac, seigneur de Saint-Maigrin, et Ogier, abbé de Baigne, par laquelle il paroît que Saint-Maigrin étoit, dès-lors, un corps de seigneurie subsistant par lui-même, et indépendant de la terre d'Orchiac ;

Les lettres du 11 septembre 1351, par lesquelles Guy de Néelle déclare qu'il a reçu, au nom du roi, le serment de féauté, et qu'il a donné souffrance à l'égard de l'hommage pour les châteaux et châtellenies d'Orchiac et de Saint-Maigrin, qui y sont employés comme deux châtellenies entièrement distinctes et séparées ;

Les lettres du 24 mai 1353, par lesquelles le roi Jean proroge la souffrance accordée par les lettres précédentes, et confirme la même distinction des deux terres.

Ces deux pièces ne sont, à la vérité, rapportées qu'en copies collationnées ; mais la collation en est faite dès l'année 1462, et une collation si ancienne peut tenir lieu d'original.

Les lettres du 22 octobre 1361, par lesquelles on voit que Guillaume de Mareuil a fait le serment de féauté pour les châteaux d'Orchiac et de Saint-Maigrin ; ce qui prouve toujours la même distinction entre ces deux terres ;

Emploie les lettres du 27 novembre 1363, par lesquelles Charles d'Espagne parle de la garde des châteaux d'Orchiac et de Saint-Maigrin comme de deux châteaux différens (1) ;

Produit les aveux rendus par le même Guillaume de Mareuil, le lundi avant la Toussaint de l'année 1365, où il ne comprend que la terre de Saint-Maigrin, comme étant une seigneurie subsistante par elle-même, ensuite duquel il rend séparément aveu pour la terre d'Orchiac, le tout à cause de Jeanne d'Orchiac, sa femme.

Quoiqu'on n'ait pu recouvrer qu'une copie informe de ces aveux, le sieur comte de Sainte-Maure ne peut pas néanmoins les désavouer, puisqu'ils sont visés comme extraits de la chambre des comptes dans les arrêts qui lui servent de titre. On pourra les retrouver dans la chambre des comptes, où il faut qu'ils aient été égarés depuis ces arrêts.

Les transactions du 16 janvier 1369, et du jeudi avant la fête de saint Thomas, de 1370, qui font voir qu'avant le prétendu parage qu'on a voulu établir par ces actes, il n'y avoit ni union ni subordination entre la terre d'Orchiac et celle de Saint-Maigrin ;

Le contrat du 1.er février 1395, par lequel Blanche d'Orchiac vend à Regnault de Pons la seigneurie de Saint-Maigrin, d'où l'on peut tirer la même induction ;

La transaction du 5 juin 1396, entre Aimar et Béchette d'Orchiac, d'une part, et Regnault de Pons, de l'autre, par laquelle Aimar et Béchette d'Orchiac cèdent la terre de Saint-Maigrin, en entier, à Jeanne, fille naturelle de Regnault de Pons et de Blanche d'Orchiac, où l'on voit encore que cette terre étoit une châtellenie différente de celle d'Orchiac.

A la vérité, ces quatre pièces ne seront produites qu'en copies collationnées ; mais cette forme est plus

(1) Visées au fol. 22, verso, de l'arrêt du grand conseil, du dernier septembre 1605, produit par le sieur comte de Sainte-Maure, sous la cote D.

que suffisante, parce que ce sont des pièces communes, et qui sont même les fondemens de la prétention du sieur comte de Sainte-Maure,

Et sont toutes lesdites pièces cotées A.

Pour montrer que la terre de Saint-Maigrin, dans son origine, étoit mouvante aussi immédiatement du roi, que celle d'Orchiac, le procureur-général emploie les lettres ci-dessus produites, du 11 septembre 1351, du 24 mai 1353, et du 22 octobre 1361, ensemble des aveux du lundi avant la Toussaint 1365 ;

Et les transactions de 1369, 1370 et 1396, en ce qu'elles supposent évidemment qu'avant le jugement qu'on a voulu faire par ces actes, la terre de Saint-Maigrin relevoit nûment du roi,

Et sont lesdits emplois cotés B.

Pour montrer que l'on ne peut opposer au roi que le parage introduit par ces actes, emploie lesdites transactions, d'où cette induction résulte clairement ;

Emploie les arrêts du grand conseil de 1607 et de 1635, produits par le sieur comte de Sainte-Maure, en ce que, par le vu de ces arrêts, on reconnoît encore que les seigneurs d'Orchiac n'ont jamais pu alléguer d'autre titre que ce prétendu parage,

Et sont lesdits deux emplois cotés C.

Pour faire voir que ce parage est nul par rapport au seigneur dominant, qui est le roi, emploie le fait certain que la terre de Saint-Maigrin est située dans la partie de la Saintonge dans laquelle il n'y a point de coutume autorisée par le roi qui établisse le parage, et surtout dans les fiefs relevant nûment de lui,

Et est ledit emploi coté D.

Pour prouver que ce parage est nul, en second lieu, par rapport à ceux qui l'ont voulu établir,

Emploie les transactions de 1369, de 1370 et de 1396, par lesquelles il paroît que ceux qui ont entrepris d'introduire ce parage, n'étoient ni frères ou même parens, ni copropriétaires, qualités sans lesquelles il n'y a point de parage,

Et sont lesdits emplois cotés E.

Pour montrer que ce parage est nul, en troisième lieu, par rapport à la terre de Saint-Maigrin, qu'on a voulu y assujettir,

Emploie les transactions de 1370 et de 1396 et le contrat de vente de 1395, par toutes lesquelles pièces on voit que les seigneurs d'Orchiac n'ont retenu ni le chef-lieu ni la principale portion de la terre de Saint-Maigrin; qu'ils l'ont cédée avec tous ses droits, d'abord à Guillaume de Mareuil, ensuite à Jeanne de Pons, et qu'ainsi ils n'ont eu aucun prétexte pour établir un parage dans un fief où il n'y avoit point de division,

Et sont lesdits emplois cotés F.

Pour faire voir que ceux mêmes qui ont établi ce parage ont justement douté qu'il pût être légitime, et n'ont pas osé le faire paroître aux yeux du roi,

Emploie la transaction de 1369, où il est dit que ce parage aura lieu *en cas que faire se pourra ou devra;*

Emploie le contrat de vente de 1395, où Blanche d'Orchiac dit que l'hommage de Saint-Maigrin sera rendu au seigneur d'Orchiac, *si en tant est que par droit, raison, usage et coutume du pays, seroit trouvé que l'hommage lui en devroit appartenir;*

Produit cinq actes de foi et hommage tirés de la chambre des comptes; le premier, du 9 mai 1470; le second, du 14 août 1472; le troisième, du 24 octobre 1498; le quatrième, du 9 février 1515; et le cinquième, du 6 août 1549; tous postérieurs au prétendu parage dont il s'agit, et par lesquels les seigneurs d'Orchiac ont reconnu tenir la terre de Saint-Maigrin en plein fief du roi, sans aucune mention du parage par lequel ils ont voulu s'attribuer la mouvance;

Deux aveux, tirés aussi de la chambre des comptes, l'un de 1516, l'autre de 1593, dans lesquels les seigneurs d'Orchiac ont aussi avoué tenir du roi la seigneurie de Saint-Maigrin, sans aucune réserve de la mouvance subordonnée qu'ils prétendoient avoir acquise sur cette terre,

Et sont lesdites pièces cotées G.

Pour montrer que, même depuis le parage, le roi a toujours été servi du fief de Saint-Maigrin, sans qu'on ait tenté de lui faire connoître ce parage vicieux, et de le lui faire approuver, si ce n'est dans deux aveux qui n'ont jamais été publiés ni vérifiés, et qui, d'ailleurs, se contredisent,

Emploie lesdits cinq actes de foi et hommage, et lesdits aveux de 1516 et de 1593, ci-dessus produits;

Et les aveux de 1455 et de 1499, que l'on ne produit ici que pour faire voir qu'ils n'ont jamais été vérifiés, et qu'ils se contredisent, en ce que l'un porte que le *parage* est *franc*, au lieu que, selon l'autre, ce même parage est chargé d'*hommage*,

Et sont lesdits emplois et pièces cotés H.

QUATRIÈME REQUÊTE.

PREMIÈRE REQUÊTE

Sur la mouvance de la seigneurie de Bourdeilles.

A MESSIEURS DU PARLEMENT.

Supplie le procureur-général du roi, disant que la seigneurie de Bourdeilles, dont la mouvance fait le sujet d'une contestation aussi importante que difficile, entre le receveur du domaine de Guyenne et les directeurs des créanciers de la maison de Bourdeilles, d'une part, et le sieur Le-Prestre de Vauban, abbé de Brantôme, d'autre part, est composée de deux parties, qui forment, pour parler ainsi, deux seigneuries dans une seule terre.

L'une porte le nom de comté depuis plus de trois siècles ;

L'autre a tantôt porté le nom de châtellenie et tantôt celui de baronnie.

Chacune de ces deux parties a son château et son manoir seigneurial, en sorte qu'on pourroit les regarder comme deux terres distinctes et séparées, si elles ne se réunissoient sous la même dénomination de Bourdeilles.

Pour expliquer d'abord l'histoire de ces deux seigneuries, à présent réunies, et autrefois divisées, et pour le faire plus exactement que ceux qui jusqu'à présent ont ou attaqué ou défendu les droits du roi dans cette affaire, le procureur-général envisagera la terre de Bourdeilles dans deux états différens.

Le premier a pour objet le temps dans lequel les

deux parties qui la composent étoient entièrement séparées, et possédées par différens propriétaires.

Le second est celui de la réunion de ces deux parties dans la personne du même possesseur ; et ce second état, qui a commencé en 1480, est l'état présent de cette terre.

PREMIER ÉTAT.

Division des deux parties de la terre de Bourdeilles.

On vient d'observer qu'il est certain que ce premier état a fini en l'année 1480 ; mais il n'est pas également facile de marquer en quel temps il a commencé, ou plutôt on peut dire que, suivant les titres qui ont été rapportés de part et d'autre, on ne voit aucun temps dans l'antiquité la plus reculée, dans lequel les deux seigneuries de Bourdeilles, qu'on nomme à présent comté et baronnie, aient été unies ensemble de telle sorte qu'elles n'aient composé qu'un seul corps de seigneurie.

Ce fait, qui sera prouvé dans la suite, étant ici supposé, il est nécessaire d'expliquer séparément l'histoire de chacune de ces seigneuries ; on commencera cette histoire par celle du comté, et on la finira par celle de la baronnie.

Si l'on en croit l'abbé de Brantôme, cette portion qui n'avoit autrefois que le titre de châtellenie, et qui porte à présent le nom de comté, avoit appartenu à la dame Tharie et à ses héritiers.

Il suppose encore que la famille des descendans de la dame Tharie étant éteinte, l'abbé de Brantôme réinféoda cette portion de la terre de Bourdeilles à Gerard ou Geraud de Malomont ou Maumont, son frère ; que l'élection de cet abbé, et la réinféodation qu'il avoit faite ayant été attaquée par l'évêque de Périgueux, qui avoit même déposé l'abbé, l'évêque d'Angoulême, délégué par le saint Siége, pour terminer ce différent, comme arbitre et amiable compositeur, rendit une sentence arbitrale à laquelle toutes les parties acquiescèrent, par laquelle il confirma, d'un côté, l'abbé de Brantôme dans la possession de cette abbaye, et il approuva, de l'autre, la réinféodation que cet abbé avoit faite à son frère Gerard de Malomont, de la partie de Bourdeilles qui avoit appartenu à la dame Tharie et à ses héritiers.

Mais cette sentence n'ayant été ni connue ni approuvée par le roi, quoiqu'elle porte expressément qu'on lui en demanderoit la confirmation, le procureur-général, qui sera obligé de combattre ce titre dans la suite de cette requête, ne le prendra point pour fondement de la narration qu'il doit faire, en cet endroit, de l'état de cette partie de Bourdeilles.

Il supposera donc, comme un fait certain et reconnu par toutes les parties, que Gerard de Malomont a certainement possédé autrefois ce que l'on appelle aujourd'hui le comté de Bourdeilles.

Sans examiner ici quel avoit été le titre de sa possession, il est encore certain qu'il transmit cette portion de Bourdeilles à ses enfans.

Il en laissa trois, Elie, Guillaume et Pierre de Malomont.

Elie, engagé dans l'état ecclésiastique, et doyen de Saint-Ivier, mourut le premier, après avoir fait un testament dans lequel il choisit pour exécuteur testamentaire Guillaume de Chanac, official de Paris.

Cet exécuteur ayant voulu se mettre en possession des biens qui avoient appartenu au testateur, et entr'autres du château de Bourdeilles, Guillaume de Malomont, frère d'Elie, s'y opposa, et prétendit que la propriété de ce château lui avoit toujours appartenu depuis la mort de Gerard de Malomont, son père.

On ignore quelle fut la fin de cette contestation, et il y a lieu de présumer que l'on reconnut, dans la suite, que ces trois frères avoient tous quelque droit dans la seigneurie de Bourdeilles.

En effet, le roi Philippe le bel ayant formé le dessein d'acquérir le château de Bourdeilles, avec

quelques autres châteaux qui appartenoient aux Malomont, et qui étoient sur les frontières de la Guyenne
et du Périgord, il en traita par échange avec Guillaume de Chenac, tant en qualité d'exécuteur du
testament d'Elie, que comme procureur de Pierre et
de Guillaume de Malomont.

Par ce traité, le roi céda les seigneuries de Châteauneuf en Auvergne, et de Moret, dans le diocèse
de Sens, en échange des châteaux et châtellenies de
Bourdeilles, de Chalus, Chalussy et Chabrol.

A peine le roi fut-il devenu propriétaire de cette
partie de Bourdeilles, qu'il fut averti qu'Elie de
Bourdeilles, possesseur de l'autre partie, faisoit cons-
truire un fort trop proche du château du roi. Le roi
lui fit d'abord défenses de passer outre; mais Elie
de Bourdeilles ayant demandé justice au roi dans son
parlement, il fut seulement ordonné, par un arrêt
de l'an 1308, qu'Elie feroit en sorte que son nouveau bâtiment ne commanderoit point le château
du roi.

C'est ainsi que ce château a passé, pour la première
fois, entre les mains de nos rois. Il y demeura pendant près de trente-cinq ans, et il en sortit à l'occasion de l'acquisition que Philippe de Valois fit de
Bergerac dans les années 1338 et 1341.

Le premier titre que ce prince avoit acquis sur
cette ville, étoit une donation que Regnault de Pons,
comte de Carlat, lui en avoit faite, en 1338, et dont
l'original se conserve au trésor des chartes de la couronne.

Mais, parce que Roger Bernard, comte de Périgord, avoit des droits sur Bergerac, du chef de
Jeanne de Pons, sa femme, sœur de Regnault, le
roi fit un traité avec ce comte, par lequel, d'un
côté, le comte céda tous ses droits au roi, et de
l'autre, le roi promit au comte, entr'autres choses,
de lui donner 1200 livres de rente, avec *toute juridiction*, assises en bons *châteaux et châtellenies*,
dans *l'estimation desquelles les bâtimens ne seroient
comptés pour rien.*

On proposa ensuite de donner au comte de Périgord la châtellenie de Bourdeilles, pour consommer
une partie de cet assignat.

Sur une commission donnée par le roi à l'évêque
de Beauvais, son lieutenant en Languedoc et en
Saintonge, on procéda, devant ce commissaire, à
l'évaluation du domaine de Bourdeilles, dont le revenu annuel fut estimé valoir, par année commune,
309 livres 2 sous 9 deniers et une obole tournois,
et l'évêque de Beauvais en fit la délivrance au comte
de Périgord, par des lettres données à Bergerac, le
20 septembre 1341.

Mais, comme il avoit excepté le château par ces
lettres, le roi lui ordonna, par des lettres-patentes
du 3 octobre 1342, de le remettre aussi entre les
mains du comte de Périgord ; l'évêque de Beauvais
obéit aux ordres du roi, le château fut cédé comme
le reste de la seigneurie, et Philippe de Valois confirma tout ce que l'évêque de Beauvais avoit fait dans
cette affaire, par des lettres-patentes du mois de
juin 1343, par lesquelles il ordonna que l'assiette qui
avoit été faite sur la châtellenie de Bourdeilles, seroit pleinement exécutée, *encore que l'information
de la véritable valeur de cette châtellenie n'eût pas
été renvoyée à la chambre des comptes, comme les
lettres adressées aux commissaires du roi le portoient expressément.*

Enfin, le comte de Périgord, voulant assurer encore davantage le titre de sa possession, obtint des
dernières lettres du roi Jean, par lesquelles ce prince
approuva et ratifia tout ce qui s'étoit fait dans cette
affaire par les ordres du roi son père.

Toutes ces lettres sont dans le trésor des archives
du roi, au château de Pau.

Après cet assignat, fait au comte de Périgord, il
restoit encore au roi une espèce de taille seigneuriale, qui porte le nom de *commune* dans tous les
titres qui seront produits au procès, et que le roi
avoit droit de lever sur la châtellenie de Bourdeilles

et sur les paroisses de Celle, de Bertrier, de Vertheillac, de Cassagues, de Saint-Privat, de Puycornier, etc., outre les droits de vente royaux, *vendas regias*, que le roi tenoit en parage avec le chapitre de Saint-Front.

Cette taille et ces droits ont aussi passé dans la personne des comtes de Périgord, à peu près dans le même temps que la seigneurie de Bourdeilles, mais par des titres différens.

On apprend, par d'anciennes chartes qui sont dans les mêmes archives de Pau, que le roi Jean, alors duc de Normandie et d'Aquitaine, fit, en l'année 1344, un traité avec le comte de Périgord, par lequel, d'un côté, le comte s'engagea à garder ses châteaux et la frontière de Périgord avec deux cents hommes d'armes et quatre cents sergens, depuis la fête de saint Martin d'hiver jusqu'à Pâques, et de l'autre, le duc de Normandie lui promit de lui faire payer par le roi la somme de 12,000 livres.

Mais, comme l'état de ses affaires ne lui permit pas apparemment de payer cette somme, il céda au comte de Périgord, par des lettres-patentes du mois de novembre 1345, les *communs* qui lui étoient dûs, et qui se payaient anciennement au château de Bourdeilles, cédé depuis peu au même comte, dans les paroisses dont on vient de marquer les noms; il lui céda en même temps les *ventes royales* qu'il possédoit avec le chapitre de Saint-Front, et, enfin, d'autres communs qui lui étoient dûs sur les bourgs et paroisses de Marsan et autres lieux.

Tous les droits compris dans cette cession furent évalués à la somme de 10,000 livres, et on y ajouta deux conditions importantes :

L'une, que si, dans la fête de sainte Madeleine de l'année suivante, le roi ne remboursoit pas au comte la somme de 10,000 livres en entier, le comte demeureroit possesseur et propriétaire incommutable des droits qu'on lui cédoit en paiement de cette somme;

L'autre, qu'après ce terme passé, en cas que le roi ne retirât point ces droits, ainsi engagés, on feroit une estimation légale, suivant laquelle le roi et le comte se rendroient justice l'un à l'autre, s'il paroissoit que les droits cédés valussent plus ou moins que la somme de 10,000 livres.

Le terme marqué par cette cession arriva; la somme de 10,000 livres ne fut point payée au comte de Périgord, et le roi Philippe de Valois confirma purement et simplement le traité du mois de novembre 1345, par ses lettres-patentes du mois de novembre 1346.

Le roi Jean étant parvenu, peu de temps après, à la couronne, exécuta encore la même convention; mais la première information qui avoit été faite sur la valeur des droits cédés au comte de Périgord, ayant été déclarée nulle, à cause des défauts et des erreurs qui s'y étoient glissés, il ordonna qu'il en seroit fait une nouvelle, par des lettres-patentes du 6 avril 1352, dont on ignore quelle a été l'exécution.

Tels furent les titres en vertu desquels les comtes de Périgord réunirent successivement en leur personne tous les droits qui avoient appartenu au roi, dans la seigneurie de Bourdeilles; un premier traité leur donna le château et la châtellenie; un deuxième traité les mit en possession des communs.

Ils ne jouirent pas long-temps de ces avantages.

Archambaud, fils de celui qui les avoit acquis, les perdit par sa rébellion, et son fils, héritier du nom de son père, l'ayant été aussi de sa révolte, ils eurent tous deux le même sort, et leurs biens furent confisqués au profit du roi, par deux arrêts, l'un du 8 août 1393, l'autre du 19 juillet 1399.

Par cette confiscation, le comté de Bourdeilles, qui fut regardé alors comme une dépendance de celui de Périgord, retomba une seconde fois entre les mains du roi.

Mais il n'y demeura pas long-temps; Charles VI, qui étoit alors assis sur le trône, le donna, avec le comté de Périgord, à son frère Louis, duc d'Orléans, par des lettres-patentes du 23 janvier 1399; et c'est dans ces lettres que l'on trouve, pour la première fois, la seigneurie de Bourdeilles, qualifiée du titre de comté, titre dont l'origine est obscure, mais inutile pour la décision de la contestation présente.

Quelques auteurs, même contemporains, ont cru que le don du comté de Périgord, dans lequel celui du comté de Bourdeilles étoit compris, avoit été fait au duc d'Orléans, en augmentation d'apanage.

Louis, duc d'Orléans, ayant été tué à Paris, en l'année 1407, Charles, son fils, lui succéda dans tous ses biens, et entr'autres dans les comtés de Périgord et de Bourdeilles.

Mais ce prince ayant été fait prisonnier à la bataille d'Azincourt, après une captivité de plusieurs années, il résolut de vendre ces comtés, et il obtint, pour cela, le consentement de Jean, comte de Dunois, auquel la jouissance, et même, selon quelques auteurs, la propriété du comté de Périgord avoit été donnée par Louis d'Orléans, son père.

Ce fut en l'année 1437 que le comte de Dunois donna ce consentement, et ce fut encore dans le même temps que le même comte fut chargé de la procuration de Charles, duc d'Orléans, pour vendre le comté de Périgord et ses dépendances.

En vertu de cette procuration, il passa, par d'autres procureurs qu'il substitua en sa place, suivant le pouvoir que le duc d'Orléans lui en avoit donné, un contrat de vente avec Jean de Bretagne, vicomte de Limoges. La seigneurie de Bourdeilles est énoncée dans ce contrat comme une dépendance et un accessoire du comté de Périgord, et elle y est qualifiée comté, comme dans les lettres du don de l'année 1399.

Les procureurs qui passèrent ce contrat y promirent de le faire ratifier et par Charles, duc d'Orléans, et par le roi.

La première de ces conditions fut accomplie par la ratification que le duc d'Orléans fit de cette vente le 1.er juin 1442 ; à l'égard de la deuxième, on ne voit pas que l'on y ait jamais satisfait.

Jean de Bretagne, acquéreur du comté de Bourdeilles, aussi bien que de celui de Périgord, en prit
possession le 10 septembre 1445 ; Arnaud de Bourdeilles, possesseur de l'autre portion de cette seigneurie, et gouverneur du château du comté, fut
celui qui le remit entre les mains du vicomte de Limoges, par lequel il fut ensuite rétabli dans la charge
de gouverneur de ce château ; et, en effet, entre
les pièces qui concernent cette vente, et qui sont au
trésor des archives de Pau, on trouve cinq quittances données à Jean de Bretagne, comte de Périgord, par Arnaud de Bourdeilles, pour les gages qu'il
avoit touchés de la capitainerie du château de Bourdeilles, depuis l'année 1447 jusqu'en l'année 1454.

Le nouveau comte de Périgord et de Bourdeilles
étant mort sans enfans, Guillaume de Bretagne, son
frère, lui succéda et ne laissa qu'une fille nommée
Françoise, qui épousa Alain, sire d'Albret, auquel
elle porta en dot le comté de Périgord, avec celui de
Bourdeilles qui en faisoit partie.

Ce fut cet Alain d'Albret qui vendit, conjointement avec Françoise de Bretagne, sa femme, le comté
de Bourdeilles à François, qualifié baron de l'autre
partie de Bourdeilles.

Le contrat en fut passé le 10 janvier 1480.

Tout est important dans cet acte ; la dénomination
de la seigneurie qu'on y vend, les bornes qu'on lui
donne, le prix pour lequel on l'aliène, les conditions
sous lesquelles cette aliénation se fait ; il n'y a aucune
de ces quatre circonstances qui ne mérite une attention
particulière.

1.º La seigneurie qu'on y vend y est dénommée le
château qui appartenoit à Alain d'Albret et à Françoise
de Bretagne, *auprès de l'ancien château que François de Bourdeilles, acquéreur*, avoit au même lieu ;
et l'on y ajoute ensuite la portion de la ville, des
bourgs et châtellenie de Bourdeilles, qui appartenoit
au comte et à la comtesse de Périgord: *Videlicet eorum
castrum quod habebant apud Burdeliam, propè*

castrum antiquum ipsius Francisci de Burdeliâ emp-
toris, et eorum partem villæ, burgorum et cas-
tellaniæ prædictorum de Burdeliâ, prout ad ipsos
dominum de Lebreto comitem, et ipsam dominam
comitissam, ad causam ejusdem dominæ comitissæ,
spectant et pertinent, etc.

Voilà ce qui est vendu par rapport à Bourdeilles ;
enfin le même contrat contient encore la vente de la
justice de Brantôme et autres lieux, qui étoit commune entre le comte de Périgord et le chapitre de
Saint-Front de Périgueux.

2.º Les bornes de ce qui est vendu sont aussi marquées dans le même titre, qui porte que la seigneurie
de Bourdeilles, vendue par Alain d'Albret et par
Françoise de Bretagne, sa femme, *pertendunt usque*
ad fluvium Dronæ, à parte villæ Petragoricensis
prout durat et se extendit usque ad castrum, partem
villæ, burgorum et castellaniæ dicti domini de
Burdeliâ emptoris.

3.º Le prix de cette vente est de quatre mille écus
d'or pur, marqués au coin du roi de France.

4.º Les conditions principales de cette vente sont ;
premièrement, que l'acquéreur rendra l'hommage
lige de ce qu'il acquiert, à Alain d'Albret et à ses
successeurs au comté de Périgord ; et en second lieu,
que les appellations des sentences rendues par le juge
de cette partie de Bourdeilles, seront relevées par le
juge du comté de Périgord.

C'est ainsi que cette portion de Bourdeilles qui
porte le nom de comté, après avoir passé successivement des Malomont au roi, du roi aux anciens comtes
de Périgord, de ces comtes au roi une seconde fois,
du roi aux ducs d'Orléans, des ducs d'Orléans dans
la maison de Bretagne, et de la maison de Bretagne
dans celle d'Albret, s'est enfin réunie, en l'année 1480,
dans la personne des sieurs de Bourdeilles, anciens
possesseurs de l'autre portion de la même seigneurie,
dont il faut à présent expliquer l'histoire, avant que
de passer au second état dans lequel on a dit d'abord

que la terre de Bourdeilles pouvoit être considérée, c'est-à-dire, celui de la réunion de ses deux parties.

L'histoire de cette seconde partie sera beaucoup plus courte que celle de la première.

Sans examiner, quant à présent, quelle est l'étendue de cette partie de Bourdeilles, si elle relève ou toute entière du roi seul, ou toute entière du seul abbé de Brantôme, ou en partie du roi et en partie de l'abbé, on se contentera de faire en cet endroit une exposition simple et historique des titres qui sont rapportés de part et d'autre, par rapport à ce que l'on appelle aujourd'hui baronnie de Bourdeilles.

Le plus ancien de tous est un arrêt de 1279, que l'abbé de Brantôme regarde comme un titre victorieux, quoiqu'il n'ait été rendu ni avec le comte de Périgord, ni avec le roi.

Cet arrêt a jugé que le château de Bourdeilles étoit dans le fief, ou, ce qui est la même chose, dans la mouvance de l'abbaye de Brantôme.

On examinera dans la suite de cette requête, si ce préjugé est aussi fort que le sieur abbé de Vauban le prétend, et si les termes de *castrum de Burdeliâ*, employés par cet arrêt, doivent s'entendre de toute la châtellenie, ou seulement du château de Bourdeilles. Mais, pour ne point interrompre à présent la suite des faits, le procureur général du roi passera à l'explication du deuxième acte produit par l'abbé de Brantôme, par rapport à la baronnie de Bourdeilles.

Ce titre est un acte de foi et hommage de l'an 1364, qui n'est point rapporté en original par l'abbé, mais qui est transcrit dans un aveu de l'an 1479, dont on sera bientôt obligé de parler.

Archambaud de Bourdeilles reconnoît, dans cet hommage, qu'à l'exemple de ses prédécesseurs, il tient du bienheureux saint Sicaire et de l'abbé de Brantôme, son lieutenant, *à beato Sicario et à D. D. abbate, locum tenente suo*, son château de Bourdeilles et le bourg ou lieu de Bourdeilles, autant qu'il lui en appartient : *Càstrum unum de Burdeliâ, et bur-gum seu locum dicti loci de Burdeliâ, quantùm ipsum tangit, et ad ipsum spectat et pertinet dun-taxat;* il ajoute que pour ce fief, qu'il tient de l'ab-baye de Brantôme, il est obligé de faire un *hommage plein* sans serment de fidélité, avec promesse, néan-moins, *que toutes les fois qu'il apparoîtroit que lesdits sieurs de Bourdeilles eussent fait, ou fussent tenus de faire ledit serment*, en ce cas, Archambaud de Bourdeilles et ses successeurs s'acquitteroient du même devoir.

Enfin, une clause importante termine cet hom-mage : elle porte, que si l'on trouvoit *quelque chose* dans la châtellenie de Bourdeilles, *qui fût mouvant* de l'abbé, *l'intention d'Archambaud* étoit que *tout ce qui seroit* de cette qualité, fût *censé compris* dans l'hommage *qu'il rendoit.*

Depuis l'année 1364 jusqu'en 1479, on ne trouve aucuns titres qui puissent appuyer la prétention de l'abbé de Brantôme, si ce n'est une simple saisie féo-dale faite en l'année 1448, dont on ignore les suites.

En l'année 1464, Arnaud de Bourdeilles, si l'on en croit le sieur abbé de Vauban, rendit à l'abbaye de Brantôme un hommage pareil à celui de 1364 ; mais il ne rapporte, pour prouver ce fait, que l'ex-trait d'un ancien livre ou cartulaire de cette abbaye, et l'autorité de ces sortes de registres est trop dou-teuse pour pouvoir être employée contre le roi.

Il est même assez difficile de concilier cet hommage avec les contestations qui paroissent avoir duré pen-dant long-temps entre l'abbé de Brantôme et les sieurs de Bourdeilles, et qui n'ont été terminées que par une transaction de l'année 1479, dix-neuf ans après cet hommage prétendu.

Le sujet du refus que les sieurs de Bourdeilles fai-soient alors de rendre hommage à l'abbaye de Bran-tôme, pour ce qui pouvoit être tenu en fief de cette abbaye, étoit principalement fondé sur la forme et sur la solennité de l'hommage que l'abbé vouloit exi-ger d'eux.

D'un côté, cet abbé soutenoit que l'hommage lui devoit être rendu en forme d'hommage plein, avec serment de fidélité.

De l'autre, les `sieurs de Bourdeilles prétendoient qu'ils ne devoient l'hommage qu'à saint Sicaire de Brantôme, et que si l'abbé le recevoit, ce n'étoit que comme représentant ce saint et comme son lieutenant ; et que, par cette raison, l'abbé devoit recevoir cet hommage *devant l'autel du saint, revêtu d'habits sacerdotaux, et tenant sa crosse en la main, ledit sieur Bourdeilles étant debout, et sans serment de féauté.*

Cette contestation ayant duré jusqu'en l'année 1479, elle fut enfin terminée par une transaction du 5 février, par laquelle on convint, 1.° que l'hommage seroit rendu à saint Sicaire et à l'abbé de Brantôme, son lieutenant, en la même forme que celui d'Archambaud de Bourdeilles ;

2.° Qu'on n'exigeroit, dans cet hommage, aucun serment de fidélité, sauf à l'abbé à justifier que ce serment lui étoit dû ;

3.° Que cet hommage seroit rendu par le sieur de Bourdeilles, debout devant l'autel de saint Sicaire, entre les mains de l'abbé, sans néanmoins que l'abbé fût revêtu d'aucuns ornemens sacerdotaux, ni qu'il eût sa crosse à la main.

La transaction qui porte toutes ces choses, et plusieurs autres conventions étrangères à cette contestation, fut exécutée dans le moment même qu'elle fut passée, et l'on observa exactement la forme qu'elle prescrivoit dans l'hommage que François de Bourdeilles rendit le même jour à l'abbé de Brantôme sans serment de fidélité.

Tels sont tous les actes qui favorisent en un sens, et qui combattent en un autre, la prétention de cet abbé, jusqu'au temps de la réunion des deux portions de Bourdeilles, qui arriva un an après cette transaction et cet hommage :

Un arrêt de 1279, qui ne fait mention que du

château de Bourdeilles, et qui n'est rendu ni avec le roi, ni avec ceux que le roi représente ;

Un hommage de 1364, qui réduit le droit de l'abbé, comme on le dira bientôt, au château et à une partie du bourg de Bourdeilles ;

Une saisie féodale de 1448, qui n'est qu'une simple procédure sans aucune suite ;

Un prétendu hommage de 1464, qui ne mérite aucune créance, par la forme dans laquelle il est rapporté ;

Une transaction et un hommage de 1479, qui n'ajoutent rien à celui de 1364.

De la part du roi, outre les inductions puissantes qu'il tire des titres mêmes de l'abbé, comme on le fera voir dans la suite de cette requête, il a encore pour lui, dans le même temps, deux reconnoissances authentiques.

La première, du 16 septembre 1456, est un acte de foi et hommage qu'Arnaud de Bourdeilles rend *au roi, à cause de ses seigneuries et droits des communes et des paroisses de Bourdeilles, de Saint-Julien, de Cressac, de Boulonnois, de Saint-Crespin, de Valeuil et de Paussac, assises en la châtellenie dudit lieu de Bourdeilles.*

La deuxième, encore plus précise, est un hommage rendu au roi, le 2 décembre 1469, par Arnaud de Bourdeilles, *pour raison des seigneuries, terres et paroisses de Bourdeilles, de Saint-Julien, etc., assises en la châtellenie de Bourdeilles.*

La foi de ces deux actes ne peut être suspecte, puisqu'ils se conservent l'un et l'autre dans le dépôt de la chambre des comptes, à Paris.

Si on les compare avec ceux que l'abbé de Brantôme a produits, on y remarquera d'abord, qu'au lieu que dans les uns il ne s'agit que du château, ou tout au plus d'une portion du bourg de Bourdeilles, les autres comprennent le corps même et la totalité de la châtellenie que les sieurs de Bourdeilles ont déclaré tenir en fief du roi.

Mais, sans pousser plus loin ce parallèle, qu'on sera obligé de faire avec plus d'étendue dans la suite de cette requête, il faut reprendre l'ordre des faits; et après avoir envisagé d'abord les deux parties de Bourdeilles, séparées l'une de l'autre, il est temps de les considérer dans l'état de leur réunion, qui, comme on l'a déjà dit, a commencé en 1480, et dure encore à présent.

SECOND ÉTAT.

Réunion des deux parties de la terre de Bourdeilles.

Il est certain, d'abord, que dans ce second temps l'abbé de Brantôme n'a aucun titre en sa faveur; il ne rapporte ni actes de foi et hommage, ni aveux et dénombremens, ni aucune espèce de reconnoissance féodale, de quelque nature qu'elle puisse être, si ce n'est celle que le sieur de Jumillac, adjudicataire de la terre de Bourdeilles, a eu l'imprudence de lui rendre depuis que le procès est commencé.

Il n'en est pas de même à l'égard du roi; son droit n'est pas seulement appuyé sur le défaut de titres de la part de l'abbé de Brantôme, il s'établit encore par des titres positifs, par l'explication desquels on finira ce qui regarde l'histoire de la seigneurie de Bourdeilles.

Le premier de ces titres est un hommage rendu au comte de Périgord, par François de Bourdeilles, en conséquence de lettres-patentes expédiées le 8 avril 1499. Ce seigneur reconnoît dans cet acte, qu'il tient du comte de Périgord la baronnie de Bourdeilles, le commun de la paix de la baronnie, et ses dépendances.

Cet acte est aussi dans le dépôt de la chambre des comptes.

Environ quarante ans après, Henri, roi de Navarre, fit appeler tous ses vassaux du comté de Périgord,

pour lui rendre hommage en la personne de son sénéchal de Périgueux.

On trouve dans le nombre de ces vassaux le seigneur de Bourdeilles, qui y est employé en deux
endroits, d'abord par rapport au fief, et ensuite par
rapport à la justice.

Depuis l'année 1541 on n'a pu encore recouvrer
aucuns titres jusqu'en l'année 1624, que l'on trouve
un aveu solennel rendu par Henri de Bourdeilles, aux
commissaires nommés par le roi pour la vérification
de son ancien domaine de Navarre et de Périgord.

Il n'est pas encore temps d'entrer dans une discussion exacte et scrupuleuse de cette pièce, dont il
semble que les deux parties aient voulu jusqu'à présent tirer un égal avantage.

Il suffit d'observer ici, que Henri de Bourdeilles
y reconnoît d'abord que la terre de Bourdeilles est
tenue en fief du roi, comme comte de Périgord; il
est vrai qu'il semble en excepter ensuite ce qu'il
appelle la baronnie de Bourdeilles, et qu'il dit être
dans la mouvance *des reliques du précieux corps et
innocent martyr saint Sicaire de Brantôme.*

Mais sans examiner en cet endroit quelle peut être
la force et quel doit être l'effet de cette énonciation,
il est certain que l'abbé de Brantôme n'en a fait
aucun usage, qu'il ne s'en est point servi pour entrer
en possession de sa prétendue mouvance, et qu'au
contraire le roi seul a continué d'être reconnu seigneur
suzerain de Bourdeilles.

On voit en effet qu'en l'année 1666, François de
Bourdeilles lui en rendit hommage, par un acte dans
lequel il avoue tenir du roi la terre et seigneurie et
baronnie de Bourdeilles.

Cet acte fut reçu par les trésoriers de France de la
généralité de Guyenne, à la charge que le sieur de
Bourdeilles donneroit un dénombrement, suivant l'u-
sage ordinaire.

Claude de Bourdeilles suivit cet exemple en l'année
1679, et rendit au roi un pareil hommage.

33 *

Cet hommage fut suivi d'un aveu présenté le 7 septembre 1680, où l'on voit, à la vérité, que l'on a transcrit mal à propos les énonciations qui avoient été insérées dans celui de 1624, par rapport à la mouvance de la baronnie de Bourdeilles.

Ce sont, sans doute, ces énonciations qui ont enfin réveillé l'attention des abbés de Brantôme, après un oubli, et, si l'on peut parler ainsi, après un sommeil de plus de deux siècles.

Le dernier acte que l'abbé de Brantôme allègue en sa faveur est de l'année 1479, et ce n'a été qu'en 1694 qu'il a fait saisir féodalement la baronnie de Bourdeilles.

Cette saisie fut encore renouvelée en 1698, et la terre de Bourdeilles ayant été vendue par décret en la cour, d'un côté, le nouvel acquéreur de cette terre rendit hommage de la baronnie à l'abbé de Brantôme, et il le fit avec tant de légèreté et si peu de précaution, qu'il excéda même les bornes de l'hommage qu'il devoit aux termes de la transaction de 1479 : d'un autre côté, le sieur de Vauban, abbé de cette abbaye, prétendit que les fruits de la baronnie de Bourdeilles lui étoient acquis du jour de la première saisie féodale qu'il en avoit faite, et cette prétention fit partie des contestations que la cour avoit à juger dans l'ordre du prix de la terre de Bourdeilles.

Le procureur-général du roi, à qui l'opposition de l'abbé de Brantôme fut communiquée, ayant reconnu l'importance de cette prétention, et l'intérêt sensible que le roi avoit dans cette affaire, requit que les titres de l'abbé, qui n'étoient pas produits en original, lui fussent communiqués : il ignore par quelle raison la cour, en la quatrième chambre des enquêtes, ne crut pas devoir déférer à ce réquisitoire ; et le respect que le procureur-général doit à l'autorité des arrêts, lui imposant silence sur ce sujet, il se contentera de remarquer ici qu'il intervint un arrêt le 13 mai 1701, par lequel la cour déclara la perte des fruits de la baronnie de Bourdeilles encourue depuis l'année 1694

jusqu'en l'année 1699, au profit de l'abbé de Brantôme, et ordonna que l'estimation de ces fruits seroit
faite par experts dont les parties conviendroient,
sinon, qui seroient nommés d'office par le lieutenant-
général de Périgueux.

En exécution de cet arrêt, les parties comparurent,
et nommèrent des experts devant le juge; mais à
peine ces experts eurent-ils été nommés, qu'il se
forma une contestation préalable entre les parties,
pour savoir quelle étoit l'étendue de ce qui relevoit de
l'abbé de Brantôme.

Le lieutenant-général de Périgueux crut, avec
raison, que le jugement d'une telle contestation
excédoit les bornes de son pouvoir; et, après avoir
entendu les dires et réquisitions des parties, il ordonna
qu'elles se pourvoiroient en la cour.

L'affaire étoit dans cet état, lorsque le receveur
des domaines de la généralité de Guyenne est inter-
venu dans l'instance, et y a formé plusieurs demandes
importantes qui ont donné lieu au renvoi de l'affaire
en la grand'chambre, suivant le privilége des causes
où il s'agit du domaine du roi.

Ces demandes, formées successivement par trois
requêtes, l'une du 7 septembre 1701, l'autre du 7
janvier, et la troisième du 24 juillet 1702, renferment
trois différens chefs de conclusions.

Le premier tend à ce qu'il soit ordonné, que dans
tel temps qu'il plaira à la cour, l'abbé de Brantôme
sera tenu de rapporter les titres en vertu desquels il
prétend la mouvance d'une portion de la terre de
Bourdeilles, sinon qu'il soit débouté de sa demande,
et condamné à restituer les fruits par lui perçus depuis
quarante ans.

Par le second, il conclut à être reçu opposant
à l'arrêt rendu en la quatrième chambre des enquêtes, en ce que cet arrêt suppose que la mouvance
de la baronnie de Bourdeilles et de la coseigneurie
de Brantôme appartient au sieur abbé de Vauban.

Enfin, par le troisième, il demande que la baronnie

de Bourdeilles, Saint Pardoux, Quintilhac, la co-seigneurie de Brantôme et leurs dépendances, soient déclarées mouvantes en plein fief du duché de Guyenne; que le comté de Bourdeilles soit pareillement déclaré relever en plein fief du roi, à cause de son comté de Périgord, etc.

De la part des directeurs des créanciers de la maison de Bourdeilles, obligés de se soumettre à la décision de l'arrêt de la quatrième chambre des enquêtes, qui a été rendu contradictoirement avec eux, ils se contentent de demander que, faute par l'abbé de Brantôme d'avoir représenté ses titres par-devant le lieutenant-général de Périgueux, il sera procédé à l'estimation et liquidation des fruits à lui adjugés, sur l'aveu et dénombrement rendu au roi le 24 mai 1624.

Enfin, le sieur abbé de Vauban a formé deux demandes différentes.

Dans la première, il suppose, comme une vérité constante, que le comté de Bourdeilles étoit dans la mouvance du roi, et il se réduit à soutenir que, pour fixer l'étendue et la consistance du comté mouvant du roi, et de la baronnie de Bourdeilles, qu'il prétend être mouvante de l'abbaye de Brantôme, on doit s'arrêter uniquement au contrat de vente de 1480, dont on a déjà expliqué les principales dispositions.

Mais, changeant ensuite de langage, et devenant contraire à lui-même, il a poussé le progrès de ses prétentions jusqu'à demander par une de ses requêtes, que le comté même de Bourdeilles fût déclaré être dans la mouvance de l'abbaye de Brantôme.

Telles sont toutes les demandes sur lesquelles il s'agit de prononcer : elles forment trois questions principales, qui feront comme le partage et la division naturelle de cette requête en trois parties.

Dans la première, le procureur-général examinera si l'abbé de Brantôme peut soutenir avec la moindre vraisemblance, que le comté de Bourdeilles soit tenu en fief de son abbaye.

Dans la deuxième, il envisagera la mouvance de l'autre portion de Bourdeilles qu'on nomme à présent baronnie, et il expliquera les raisons que le roi a de soutenir que l'abbé de Brantôme ne sauroit prétendre la mouvance de la totalité de cette portion.

Enfin, supposé qu'il puisse y avoir quelque partie de Bourdeilles qui relève de l'abbé, le procureur-général du roi s'appliquera, dans la troisième partie de cette requête, à faire voir quelle peut être l'étendue de cette portion, et par quels principes on peut la déterminer.

PREMIÈRE PARTIE.

Si le comté de Bourdeilles est mouvant du roi ou de l'abbé de Brantôme.

Le procureur-général du roi pourroit trancher cette question en un mot, par les grandes fins de non-recevoir que l'abbé de Brantôme a lui-même fournies au roi, contre la demande tardive qu'il a formée par rapport à cette mouvance.

Fins de non-recevoir par ses écrits : il n'a presque rien écrit dans tout le cours du procès, soit à la quatrième chambre des enquêtes, soit en la grand'-chambre, qui ne suppose que le roi est le seul seigneur suzerain du comté de Bourdeilles ; et s'il vouloit se faire restituer contre l'aveu qu'il en fait, il faudroit qu'il prît des lettres de rescision presque contre toutes les pages de ses écritures.

Fins de non-recevoir par ses actions, encore plus puissantes et plus décisives que par ses écrits : s'il saisit féodalement, ce n'est que la baronnie de Bour-deilles ; s'il demande une perte de fruits, ce n'est que de la baronnie de Bourdeilles ; s'il obtient un arrêt favorable à ses prétentions, ce n'est que pour la baronnie de Bourdeilles ; enfin, s'il exécute cet arrêt, ce n'est que par rapport à la baronnie de Bourdeilles.

De quoi s'agissoit-il en effet entre les parties, en exécution de cet arrêt? De fixer les limites du comté et de la baronnie de Bourdeilles, de régler l'étendue de l'un et de l'autre. Pourquoi tout cela? Parce que l'abbé de Brantôme convenoit qu'il n'avoit rien à prétendre dans tout ce qui seroit regardé comme une dépendance du comté, et qu'il soutenoit au contraire, que tout ce qui étoit compris dans les limites de la baronnie, faisoit partie de sa mouvance.

Mais, sans s'arrêter plus long-temps à des fins de non-recevoir si importantes, on veut bien laisser à l'abbé de Brantôme la liberté d'user, pour ne rien dire de plus fort, des priviléges de l'église, toujours mineure, pour rétracter ce qu'il avoit avancé, et pour former une demande qu'il avoit d'abord regardée comme insoutenable.

Ainsi le procureur-général, qui doit soutenir dans cette cause les intérêts du roi, sans oublier ce qu'il doit aussi à la défense de ceux de l'église, entrera tout d'un coup dans l'examen du fond, où il ne lui sera pas difficile de faire voir, en opposant l'abbé de Brantôme à lui-même, que cet abbé devoit s'arrêter à son premier jugement, et qu'il s'en faut beaucoup que ses secondes pensées aient été aussi justes et aussi solides que les premières.

Comme l'évidence des droits du roi, dans ce premier point, n'a presque pas besoin du secours d'aucun raisonnement, on se contentera d'établir le plus sommairement qu'il sera possible la vérité de ces deux propositions:

La première, que l'abbé de Brantôme n'a aucun titre véritable et légitime pour prétendre la mouvance du comté de Bourdeilles;

La seconde, que quand même il auroit eu quelque droit sur cette mouvance, il y a long-temps que ce droit seroit éteint, sans pouvoir jamais revivre en faveur de l'abbaye de Brantôme.

PREMIÈRE PROPOSITION.

L'abbaye de Brantôme n'a aucun titre solide pour prétendre d'avoir eu autrefois la mouvance du comté de Bourdeilles.

Toute la preuve du droit que l'abbé de Brantôme peut avoir eu sur cette mouvance, est renfermée dans trois pièces, dont le sieur abbé de Vauban en a produit deux, et dont il cite la troisième sur la foi du sieur du Puy, dans son Traité des droits du roi.

La première est l'arrêt de 1279, dont on a parlé dans l'histoire de la seigneurie de Bourdeilles, et par lequel il a été jugé que le château de Bourdeilles étoit dans la mouvance de l'abbaye de Brantôme.

La seconde est une sentence arbitrale rendue en 1294, dont on a aussi expliqué au même endroit les principales dispositions, entre lesquelles on trouve celle qui porte que la portion de Bourdeilles possédée autrefois par la dame Tharie, sera tenue en foi et hommage de la même abbaye.

La troisième est l'opposition formée en 1306 par Guillaume de Malomont, à la prise de possession de Guillaume de Chanac, exécuteur du testament d'Elie de Malomont, où l'on prétend qu'il a déclaré que la portion de Bourdeilles qu'il possédoit, étoit tenue de l'abbaye de Brantôme.

Tels sont tous les titres de l'abbé de Brantôme à l'égard du comté de Bourdeilles, tous renfermés dans l'espace de vingt-sept années; aucun n'est postérieur à l'année 1306.

De ces titres, on auroit dû retrancher d'abord le premier, parce qu'il n'a aucune application à la partie de Bourdeilles qui porte à présent la dénomination de comté.

Pour en être convaincu, il ne faut que lire les

titres mêmes de l'abbé de Brantôme, et surtout la sentence arbitrale de 1294, dans laquelle il met toute sa confiance.

Il n'est pas douteux dans cette instance, que la portion de Bourdeilles qui est à présent qualifiée comté, ne soit celle qui a appartenu à la dame Tharie et aux Malomont; or, pour juger si cette portion étoit séparée du reste de la seigneurie de Bourdeilles avant l'arrêt de 1279, ou si elle n'en a été désunie que depuis cet arrêt, il ne faut, encore une fois, que considérer de quelle manière on en parle dans la sentence arbitrale de 1294 :

Pars castri, villæ et castellaniæ de Bordeliâ, quæ quondàm fuit defunctæ dominæ Thariæ, et hæredum ejus ; c'est ainsi que cette partie de Bourdeilles est désignée dans ce titre.

Il est donc constant que la dame Tharie, à qui elle avoit appartenu, étoit morte il y avoit long-temps, *quondàm.*

Il est encore certain qu'après la mort de la dame Tharie, cette portion de Bourdeilles avoit été possédée par ses héritiers : *Quæ quondàm fuit defunctæ dominæ Thariæ, et hæredum ejus.*

Or, si cela est, comme ceux qui produisent cette pièce n'en sauroient disconvenir, il est impossible de ne pas supposer que la seigneurie de Bourdeilles étoit déjà divisée en deux parties dans le temps de l'arrêt de 1279, et que la portion qui porte le nom de comté appartenoit dès lors à la dame Tharie ou à ses héritiers.

Sans cela, comment auroit-on pu dire quinze ans après cet arrêt, que cette portion avoit été possédée long-temps auparavant, *quondàm,* par la dame Tharie et ses héritiers ? Supposera-t-on, après cela, que cette portion n'a été séparée de l'autre partie de Bourdeilles que depuis l'arrêt de 1279; que la dame Tharie ne l'a possédée que depuis ce temps-là; que, par conséquent, ce n'est que depuis ce même temps que ses héritiers en ont joui après elle, et cependant que pour exprimer ce qui s'est passé dans un temps si court, et dans le cercle étroit de quatorze ou quinze années, on se soit servi du terme de *quondàm*.

Qui ne voit, au contraire, qu'on a voulu marquer par-là un temps éloigné, dans lequel on a compris la possession de la dame Tharie et de ses héritiers ou descendans, qui avoit duré sans doute un grand nombre d'années?

Il est donc impossible, encore une fois, d'appliquer la décision de 1279 à cette partie de Bourdeilles, ou bien il faudroit faire voir que la dame Tharie ou ses héritiers étoient parties dans cet arrêt : mais l'arrêt même prouve le contraire, puisqu'il n'y est fait mention que du seigneur de Bourdeilles, et par conséquent on doit conclure de cette circonstance décisive, qu'il ne s'agissoit dans cet arrêt que du seul château de la baronnie possédée par la maison de Bourdeilles, laquelle n'a commencé à avoir droit sur le comté qu'en l'année 1480.

Le deuxième titre de l'abbé de Brantôme n'a pas, à la vérité, le même défaut que le premier; car il faut convenir que ce titre, qui est la sentence de l'année 1294, a eu constamment pour objet la partie de Bourdeilles, qui porte à présent le nom de comté.

Mais, si ce second titre n'a pas les défauts du premier, il en a tant d'autres qui lui sont particuliers, que l'abbé de Brantôme ne pourroit presque en tirer aucun avantage, quand même il ne seroit pas couvert par une prescription de plus de quatre siècles.

Car, pour renfermer en très-peu de paroles tous les vices essentiels de ce jugement, on peut dire, en un mot, que c'est un titre également nul, suspect et inutile.

Titre nul par l'incompétence du tribunal dont il est émané, puisque ni l'évêque d'Angoulême, qui a rendu la sentence de 1294, ni le pape, qui lui a donné le pouvoir de la rendre, n'avoient droit de connoître d'une matière aussi séculière et aussi profane que la validité d'une réinféodation.

Titre plus que suspect par la qualité des parties.

Deux frères, encore plus unis par leur intérêt que par les liens du sang, entreprennent de frustrer les droits du véritable seigneur, dans la mouvance duquel cette partie de Bourdeilles devoit demeurer, en sortant des mains de l'abbaye de Brantôme. Pour exécuter ce dessein, on donne à l'aliénation que l'on fait de cette partie, le nom spécieux d'inféodation.

D'abord, les religieux réclament contre une telle aliénation; mais on trouve bientôt le moyen de les appaiser. On leur fait entendre qu'il est de leur intérêt d'assurer à l'abbaye une telle mouvance : ces religieux s'accordent aisément avec leur abbé et le frère de leur abbé, au préjudice d'un tiers.

C'est par une collusion si naturelle, et si facile à présumer, que l'on jette les fondemens d'une mouvance, qui n'a pour principe que l'entreprise et l'usurpation.

Qu'on ne dise point ici que Géraud de Malomont avoit intérêt de relever plutôt du roi, ou même du comte de Périgord, que de l'abbaye de Brantôme; toute l'histoire du siècle dans lequel cette sentence a été rendue, s'éleveroit en témoignage contre une telle objection.

Qui peut ignorer, en effet, que les seigneurs de ce temps-là, et surtout ceux qui, comme Géraud de Malomont, étoient voisins des terres possédées alors en France par les rois d'Angleterre, aimoient beaucoup mieux relever d'une abbaye que du roi même?

Sous prétexte de dépendre d'une abbaye, ils ne dépendoient de personne; tantôt ils servoient leur prince légitime, tantôt ils se livroient à un prince étranger. Ils se rendoient souvent maîtres de leur seigneur même; et de défenseurs qu'ils devoient être des abbés et des abbayes dont ils se disoient les vassaux, ils en devenoient quelquefois les oppresseurs.

Ce caractère convient surtout à Géraud de Malomont, dont on ne peut se former une plus juste idée, que par le portrait qu'on en trouve dans un mémoire tiré des archives de Pau, dont on sera obligé de parler dans la suite de cette requête, et dans lequel il est dit, que

*Géraud de Malomont étoit un grand et puissant tyran,
qui prenoit à dextre et à senestre.*

On laisse à juger, après cela, si l'on doit avoir beaucoup d'égard à une sentence arbitrale rendue entre un
seigneur de ce caractère, et son frère, abbé de Brantôme, tous deux également intéressés à tromper le roi
ou le comte de Périgord; l'un, pour acquérir une
mouvance considérable; l'autre, pour conserver une
entière indépendance, en ne dépendant que d'un abbé,
qui d'ailleurs étoit son frère.

Enfin, cette sentence est non-seulement un titre
nul et un titre suspect, mais elle est encore un titre
inutile; l'inféodation qu'elle approuve, n'y est confirmée que sous la condition essentielle d'obtenir
l'approbation du roi, et jamais cette approbation n'a
été ni demandée ni accordée.

Que si l'on se sert encore, après cela, de l'acte
de 1306, allégué par le sieur du Puy, où Guillaume
de Malomont, voulant empêcher que l'exécuteur du
testament de son frère ne prît possession de cette partie
de Bourdeilles, a déclaré qu'il la tenoit en fief de
l'abbé de Brantôme; il seroit facile au procureur-général du roi de répondre à ce dernier titre, qu'on ne
peut regarder l'allégation de Guillaume de Malomont
que comme une suite de la fraude que son père avoit
concertée, douze ans auparavant, avec l'abbé de
Brantôme, au préjudice du seigneur légitime; et
d'ailleurs la cour y reconnoîtra aisément le langage
d'une partie intéressée, qui se préparoit des moyens
pour combattre le testament d'Elie de Malomont son
frère, et qui croyoit peut-être que, pour empêcher
qu'un sergent royal ne mît Guillaume Chanac en possession de la portion de Bourdeilles qui avoit appartenu à Géraud de Malomont, il étoit bon d'avancer
que cette partie étoit dans la mouvance de l'abbaye de
Brantôme.

Ce n'est point par de tels discours que l'on doit
décider une question de la qualité de celle dont il
s'agit; et quand on entreprend de combattre la présomption générale qui est toujours pour le roi en

matière de mouvance féodale, il faut avoir d'autres titres qu'une énonciation hasardée dans l'opposition formée entre les mains d'un sergent, à un acte de prise de possession.

A la vérité, si la sentence arbitrale de 1294, si l'opposition de 1306, avoient été suivies d'une longue possession de la part de l'abbé de Brantôme, ce seroit alors qu'on pourroit dire avec beaucoup de vraisemblance, que les défauts qui se trouvent dans la sentence sont couverts par le laps de plusieurs siècles, et que, quand il s'agit d'une sentence consacrée, pour parler ainsi, par son antiquité, il faut présumer que tout s'y est passé dans les formes les plus exactes, quoique l'injure du temps en ait dérobé la preuve; on pourroit aussi, en ce cas, tirer quelques avantages de l'énonciation qui se trouve dans l'opposition de Guillaume de Malomont, parce que, dans cette hypothèse, cette opposition seroit également soutenue, et par la sentence qui l'a précédée, et par la possession qui l'auroit suivie.

Mais il s'en faut bien que l'abbé de Brantôme ne soit dans ces circonstances: la sentence arbitrale de 1294 est le premier et le dernier de tous les actes qu'il produit par rapport au comté de Bourdeilles; l'opposition de 1306 n'est pas rapportée en forme: mais, quand on la supposeroit véritable, il est toujours certain que, depuis 1306 jusqu'à présent, l'abbé de Brantôme ne peut pas même alléguer une seule énonciation en sa faveur.

Or, si l'on joint ce défaut absolu de toute possession à tous les moyens de nullité, de suspicion, d'inexécution par lesquels on a combattu la sentence arbitrale de 1294, qu'on peut regarder comme le seul titre de l'abbé, qui pourra douter que ce titre unique ne doive être entièrement retranché de cette cause?

S'il avoit pu être de quelque poids, si ceux qui avoient vu rendre ce jugement n'en avoient connu encore mieux les défauts qu'on ne peut les découvrir après quatre siècles, les religieux de Brantôme auroient-ils souffert qu'on l'eût violé, peu d'années après, dans une de ses principales dispositions?

Car c'est ici qu'il faut remarquer qu'entre les conditions sous lesquelles l'inféodation de cette partie de Bourdeilles avoit été faite à Géraud de Malomont, il avoit été expressément stipulé que ce seigneur ne pourroit faire passer cette terre entre les mains d'une personne plus puissante, sans le consentement de l'abbé et des religieux.

Cependant, malgré cette condition imposée au seigneur, il s'étoit à peine écoulé treize années depuis la sentence de 1294, que ses enfans cédèrent au roi cette partie de Bourdeilles, sans que l'on trouve aucune mention du consentement de l'abbé et des religieux de Brantôme dans l'échange qui fut fait de cette terre.

Dira-t-on que le respect a lié les mains à ces religieux? Mais s'ils n'ont osé demander justice au roi contre le roi même, ne pouvoient-ils pas se pourvoir contre les enfans de Géraud de Malomont, pour les faire condamner aux dommages et intérêts résultant de l'inexécution d'une clause si essentielle de l'inféodation faite à leur père?

Pourquoi donc sont-ils demeurés dans le silence? pourquoi ont-ils oublié, pendant plus de quatre cents ans, une sentence qui est aujourd'hui leur seul titre, si ce n'est parce qu'en effet ils en ont senti euxmêmes le vice et la nullité?

Il est donc vrai, comme on l'a dit d'abord, que l'abbaye de Brantôme n'a aucun titre solide pour prétendre avoir eu autrefois la mouvance de la portion de Bourdeilles qui porte aujourd'hui le nom de comté.

SECONDE PROPOSITION.

Il faut ajouter à ce premier moyen, que quand même l'abbaye de Brantôme auroit eu autrefois quelque droit sur cette mouvance, il y a plus de quatre siècles qu'elle l'auroit absolument perdu.

Le prétendu droit de l'abbaye de Brantôme sur la mouvance de ce qui porte à présent le nom de comté de Bourdeilles, est éteint il y a plus de quatre cents ans.

Quoiqu'à la rigueur, il soit vrai de dire qu'un droit ne puisse périr qu'une fois, il est bon néanmoins de distinguer deux genres d'extinction différens, par lesquels le prétendu droit de l'abbé de Brantôme s'est tellement anéanti, qu'il est absolument impossible de le faire revivre, quand même on pourroit croire que ce droit a véritablement existé.

Premier genre, ou, si l'on veut, première cause de l'extinction; parce que cette portion de la seigneurie de Bourdeilles qui porte le nom de comté, étant tombée entre les mains du roi, a été pleinement affranchie de la servitude dans laquelle on prétend qu'elle a été autrefois à l'égard de l'abbaye de Brantôme.

Second genre d'extinction; parce qu'une prescription de quatre siècles, pendant lesquels le roi seul a été reconnu seigneur suzerain du comté de Bourdeilles, a tellement effacé les vestiges obscurs du droit de l'abbé de Brantôme, qu'on peut dire qu'il n'y a rien de plus téméraire que le dessein qu'on a formé de ranimer aujourd'hui un droit doublement éteint, après plus de quatre cents ans de silence de la part de cet abbé.

Le premier genre d'extinction n'est douteux ni dans le fait ni dans le droit.

Dans le fait, il est certain que ce que l'on qualifie à présent comté de Bourdeilles, est tombé deux fois entre les mains du roi; une première fois, par l'échange que le roi Philippe le bel fit, en 1307, avec les enfans de Géraud de Malomont; une seconde fois, par la confiscation du comté de Périgord et de celui de Bourdeilles, adjugés au roi, en 1396 et 1399, pour punir la félonie d'Archambaud de Périgord et de son fils, qui portoit le même nom.

Dans le droit, pour expliquer, en peu de mots,

le progrès de la jurisprudence féodale sur cette matière, il est constant d'abord que dans tous les temps,
même dans ceux où il semble que l'intérêt des
seigneurs particuliers avoit prévalu, en quelque manière, sur celui du seigneur souverain, on a toujours
cru que la majesté des empereurs ou des rois ne
devoit jamais s'abaisser aux pieds de leurs sujets,
pour s'acquitter d'un hommage que les uns ne pouvoient rendre, et que les autres ne devoient pas
recevoir.

C'est ce que répondit l'empereur Frédéric I à
un seigneur particulier qui lui demandoit l'hommage :
*Non teneri se fidelitatem facere, cùm omne ho-
minum genus sibi fidelitatem debeat, et ipse soli
Deo*, etc. Lib. 4. Feud. tit. 160.

Nos rois, qui ont le caractère et le pouvoir d'empereurs dans leur royaume, n'ont pas été moins
jaloux de cette prérogative, qui est, pour ainsi dire,
un apanage inséparable de la souveraineté.

C'est ainsi que Louis le gros reconnut, d'un côté,
que le Vexin français étoit un fief mouvant de l'abbaye
de Saint-Denis, et déclara, de l'autre, que, comme
roi, il n'en devoit point l'hommage qu'il auroit dû
en faire sans cela : *ac si rex non esset, hominium
debere*. Duchesne, Histoire de France, tome 4,
page 333.

C'est dans ce même esprit que Philippe-Auguste
se servit de ces termes dans une charte de l'an 1185,
*Cùm nemini facere debeamus hominium, vel pos-
simus;* que Philippe le hardi répéta la même chose
dans une charte de l'an 1204, qui est dans l'abbaye
de Moissac; et que le parlement rendit un arrêt, en
l'année 1313, qui contient ces expressions remarquables : *Cùm reges Francorum subjectis hominium facere nunquàm fuerit consuetum.*

Mais, parce que l'intérêt des seigneurs étoit blessé,
toutes les fois qu'un fief tenu d'eux immédiatement
passoit entre les mains du roi, on a trouvé deux
tempéramens en cette matière, pour accorder les

droits du seigneur immédiat avec le respect qui étoit dù à la majesté royale.

Le premier a été de régler que le roi seroit tenu de commettre un sujet capable de rendre l'hommage au lieu de lui, et de s'acquitter des autres devoirs de fief.

C'est ce qui fut décidé par la cour des pairs de Frédéric I, comme il paroît par l'endroit même du livre des fiefs qui a déjà été cité.

C'est aussi ce que nos rois ont pratiqué en plusieurs occasions; les exemples en sont communs; et, sans en faire ici une explication inutile, il suffit de renvoyer ceux qui seront curieux de les vérifier, aux commentaires de Choppin sur la coutume d'Anjou (liv. 1, tom. 7, n. 3), de Pithou sur l'art. 40 de celles de Troyes, de Brodeau sur l'art. 67 de celle de Paris, et au traité de Galland sur le franc-alleu, chap. 2.

Mais ce premier tempérament, plus favorable au sujet qu'au souverain, ayant paru encore contraire à la dignité du prince, qui s'inclinoit toujours, quoique par procureur, aux pieds de son sujet, la dernière jurisprudence en a établi un second, qui concilie parfaitement les intérêts du roi et ceux du seigneur particulier dans la mouvance duquel le roi acquiert un fief.

Par ce second tempérament, nos rois se sont obligés de donner une indemnité au seigneur, et ce seigneur n'est pas en droit de la refuser.

C'est ce qui étoit déjà établi dès l'année 1213, puisque l'on trouve dans le trésor des chartes un titre de cette année, par lequel l'évêque de Noyon remet au roi Philippe-Auguste l'hommage que les comtes de Vermandois devoient à cet évêque; et le même titre porte expressément, *que, par coutume, les rois de France ne sont tenus faire foi et hommage pour les fiefs qui leur adviennent, mais font récompense.*

La même maxime est encore marquée dans deux chartes de l'an 1293, conservées dans le même trésor, où il est dit, par rapport au comté de Bigorre, dont la reine Jeanne de Champagne avoit rendu l'hommage à l'évêque du Puy, que cet hommage ne préjudicieroit point aux droits du roi, *qni n'est tenu faire aucune foi et hommage à personne, et ce, par la coutume de son royaume; et, à cause que le roi ne fait aucun hommage à personne, il récompense le seigneur du fief de son droit qu'il perd.*

C'est sur le fondement de cette maxime que le roi saint Louis, en l'année 1226, donna 400 livres de rente à l'archevêque de Narbonne, *en récompense de plusieurs fiefs et domaines échus au roi par confiscation, le roi n'étant tenu de faire hommage à personne.*

Le même prince observa encore la même chose à l'égard de l'évêque de Béziers, en 1229; l'un et l'autre paroissent par deux titres qui sont au trésor des chartes du roi.

Enfin, de ces exemples particuliers, les rois Philippe le bel, Louis le hutin et ses successeurs, en ont fait une loi générale, accordée aux prières des nobles de Champagne et de plusieurs autres provinces.

Ces princes s'engagèrent, par ces ordonnances, à ne plus faire d'acquisition volontaire dans la mouvance des seigneurs de ces provinces; et, en cas qu'il leur échût quelques fiefs, par voie de confiscation ou autrement, ils promirent de donner un homme à ces seigneurs, ou *une récompense suffisante.*

Il est donc certain, suivant ces ordonnances et les titres précédens qui leur ont servi de fondement, que le roi peut, quand il lui plaît, obliger le seigneur dans la mouvance duquel il acquiert un fief, à se contenter d'une indemnité.

Telle étoit la jurisprudence qui s'observoit dans le royaume, lorsque le roi fit l'acquisition du comté de Bourdeilles, c'est-à-dire, en l'année 1302. Il y avoit alors près de cent ans que l'évêque de Noyon, dans la charte qui a été citée, avoit donné à cette règle le nom de *coutume*, ce qui marque qu'elle étoit déjà

34 *

fort ancienne dans le temps de cette charte, qui est de 1213.

Ainsi, pour appliquer cette maxime à la question présente, s'il étoit vrai que le comté de Bourdeilles eût été dans la mouvance de l'abbaye de Brantôme, lorsque le roi Philippe le bel en fit l'acquisition par l'échange de 1307, tout ce que cette abbaye auroit pu faire pour la défense de ses droits, suivant la jurisprudence de ce siècle, se seroit réduit ou à supplier le roi de substituer en sa place un vassal capable de s'acquitter des devoirs de fief, ou à demander une indemnité.

Voilà ce que cette abbaye devoit faire ; voyons maintenant ce qu'elle a fait.

Le roi possède pendant trente-quatre ans le comté de Bourdeilles.

Pendant un si long espace de temps l'abbé de Brantôme ne lui demande ni un autre vassal ni une autre indemnité : le roi cède ce comté en 1341 au comte de Périgord, qui le possède jusqu'en l'année 1396 ; l'abbé de Brantôme demeure encore dans le silence. Le roi rentre cette année dans la possession du comté de Bourdeilles, qui étoit alors regardé comme une dépendance de celui de Périgord ; on ne voit encore en ce temps-là aucune démarche de la part de l'abbé pour interrompre la possession du roi : enfin, le comté de Bourdeilles passe entre les mains de la maison d'Orléans, et de là successivement dans trois maisons différentes pendant le cours de trois siècles, le roi seul en est regardé comme le seigneur immédiat dans des actes si publics, qu'il est impossible que les abbés de Brantôme n'en aient connoissance, cependant ils se condamnent toujours eux-mêmes à un silence perpétuel, ou du moins ils ne le rompent qu'en l'année 1704.

Qui peut douter, après cela, que si cet abbé a eu autrefois quelque droit sur la mouvance de cette portion de la seigneurie de Bourdeilles, il n'en ait été indemnisé par le roi, ou, ce qui est la même chose, qu'il n'en ait laissé prescrire l'indemnité ?

Cette présomption est si forte dans les circonstances singulières de cette affaire, que le procureur-
général du roi ne craint point de dire ici, qu'il est
impossible à l'abbé de Brantôme de rendre aucune
autre raison de son silence ; car il ne dira pas, sans
doute, que c'est le nom du roi qui lui a fermé la
bouche, et qui ne lui a pas laissé la liberté de défendre les droits de son abbaye.

Sans employer ici toutes les réponses que l'on
pourroit faire, dans le droit, à une si foible objection, on n'a besoin que du fait seul pour la détruire.

Le roi n'a possédé le comté de Bourdeilles que
pendant trente-quatre ans ; depuis ce temps-là, ce
comté a été entre les mains des comtes de Périgord, il est revenu pendant quelques momens en
celles du roi, il en est sorti ensuite pour entrer
dans la maison d'Orléans, qui l'a cédé à celle de
Bretagne, d'où il a passé dans celle d'Albret, et
de-là dans celle de Bourdeilles.

Pourquoi donc l'abbé de Brantôme n'a-t-il point
inquiété ces différens possesseurs ? Pourquoi les a-t-il
laissés jouir paisiblement du comté de Bourdeilles,
sans leur en demander jamais l'hommage ? L'autorité
du roi ne pouvoit plus mettre obstacle à ses prétentions, cette raison imaginaire avoit cessé dès
l'année 1341 ; pourquoi donc a-t-il eu autant de
respect pour ceux qui ont succédé au roi, que pour
le roi même, si ce n'est parce qu'il savoit ou qu'il
n'avoit jamais eu aucun droit sur le comté de Bourdeilles, ou que ce droit prétendu s'étoit éteint pendant
la possession du roi, soit qu'il ait été payé de son
indemnité, soit qu'il l'eût laissé prescrire ; et que
par conséquent cette partie de Bourdeilles, affranchie
de tout devoir, étoit sortie libre des mains du roi,
sans pouvoir désormais être assujettie à aucun autre
seigneur qu'au roi même.

Mais quelque puissant que paroisse ce moyen, qui
résulte de la possession dans laquelle le roi a été
du comté de Bourdeilles, il faut encore y joindre

celui qui résulte de la prescription de la mouvance, contre lequel l'abbé de Brantôme a fait un grand nombre d'efforts inutiles, dans l'une de ses requêtes.

Comme tous ces efforts sont appuyés, d'un côté, sur des maximes ou fausses en général, ou mal appliquées à l'espèce particulière de cette cause, et de l'autre, sur des faits qui n'ont été ni bien approfondis, ni assez exactement discutés, le procureur-général distinguera en cet endroit deux choses qui méritent d'être traitées séparément, pour répondre aux objections de l'abbé de Brantôme, et pour établir en même-temps les droits du roi.

L'une est, pour ainsi dire, le droit de la prescription;

L'autre en est le fait.

Dans le droit, toutes les maximes sont pour le roi;

Dans le fait, toutes les circonstances sont contre l'abbé de Brantôme.

C'est ce qu'il faut montrer, en peu de mots, pour achever cette première partie, qui ne regarde que la mouvance du comté de Bourdeilles.

Dans le droit, il est certain d'abord que la prescription d'une mouvance, qui est si odieuse, si l'on veut, dans la personne d'un seigneur particulier contre un autre seigneur, est en quelque manière favorable dans la personne du roi, contre les seigneurs inférieurs de son royaume, parce qu'à l'égard du roi, la prescription ne fait que rétablir les choses dans leur premier état, en ramenant les fiefs à leur principe, et en les faisant rentrer, pour ainsi dire, dans la source de laquelle ils sont tous sortis.

De ce principe on pourroit tirer cette conséquence générale, que, lorsqu'il s'agit de savoir si la mouvance d'un fief s'est réunie au domaine de la couronne par voie de prescription, on ne doit point décider une telle question par les maximes qui ont lieu entre deux seigneurs particuliers; il faut l'examiner par des vues supérieures, et à peu près semblables à celles par lesquelles on juge de la possession des évêques, contre les exempts : tout est favorable, lorsqu'il s'agit de prescrire en faveur de la règle contre l'exception ; et la prescription, que la loi tolère plutôt qu'elle ne l'approuve dans les autres cas, perd cette haine qui l'accompagne presque toujours, lorsqu'elle ne tend qu'à favoriser le retour au droit commun.

Mais, quelque éminent que soit le caractère qui distingue le roi, en cette matière, des seigneurs particuliers de son royaume, on peut dire que sa cause n'a pourtant pas besoin de ce secours à l'égard du comté de Bourdeilles, puisqu'il est certain qu'il n'y a point de seigneur particulier qui, dans les mêmes circonstances où le roi se trouve aujourd'hui, n'eût prescrit plusieurs fois la mouvance de ce comté contre l'abbaye de Brantôme.

Ainsi, sans se départir des prérogatives singulières qui distinguent le roi des autres seigneurs, le procureur-général veut bien n'employer ici que les maximes qui auroient lieu entre deux seigneurs particuliers.

Il ne dira donc point d'abord, pour réfuter l'argument que l'abbé de Brantôme a voulu tirer de l'article 123 de la coutume de Paris, que le roi n'est point assujetti anx dispositions des coutumes.

Mais il dira, comme on pourroit le dire pour tout seigneur particulier, que cet argument pèche en deux manières différentes :

1.º En ce que le sens que l'on y donne à cet article de la coutume de Paris, n'est pas soutenable ;

2.º En ce qu'on applique mal-à-propos la prétendue disposition de la coutume de Paris, à une question née dans une province qui ne connoît point d'autres lois que les usages du pays de droit écrit.

En effet, quel est l'argument que l'abbé de Brantôme emprunte de la coutume de Paris ?

L'article 123 de cette coutume établit la règle commune, qu'un seigneur peut prescrire le cens contre un autre seigneur ; et il y ajoute que néanmoins la prescription n'a pas lieu, quand *il n'y a pas titre ou reconnoissance du cens.*

D'où le sieur abbé de Brantôme conclut, sur la foi d'un commentateur moderne de la coutume de Paris, que toutes les fois que l'on trouve quelque ancien titre ou quelque vieille reconnoissance en faveur d'un des deux seigneurs, il est impossible que l'autre seigneur prescrive le cens, par quelque laps de temps que ce puisse être; et, comme l'abbé de Brantôme prétend avoir un titre certain dans la sentence arbitrale de 1294, il soutient que, suivant cet article, le roi n'a jamais pu acquérir de prescription contre lui.

Mais, parce qu'on auroit pu lui opposer qu'il ne s'agit que du cens dans l'article 123 de la coutume de Paris, il répond qu'il n'y a rien de plus naturel que de comparer les censives aux fiefs, et que, comme la fidélité doit être encore plus imprescriptible que le cens, l'exception établie en ce cas par la coutume dans la prescription du cens, doit avoir lieu, à plus forte raison, dans la prescription d'une mouvance féodale.

Sans examiner ici quelle peut être la justesse de cette induction, il est certain que, même par rapport à la prescription du cens, l'opinion que l'on a entrepris de soutenir ici, en faveur de l'abbé de Brantôme, est une de ces opinions singulières, qui semblent n'avoir été avancées par des auteurs d'ailleurs estimables, que pour faire connoître combien, dans les matières les plus communes, les esprits les plus éclairés sont souvent susceptibles d'erreur et d'illusion.

Ce qui a donné lieu à cette opinion singulière, et à plusieurs autres interprétations non moins bizarres que la coutume de Paris a reçues en ce point, est la grande incertitude des termes trop vagues et trop généraux dans lesquels l'article 123 a été conçu.

En effet, si l'on parcourt les premiers interprètes de la coutume sur cet article, on reconnoîtra qu'ils l'ont presque tous entendu d'une manière différente; chacun d'eux en a posé l'espèce suivant sa prévention ou ses conjectures, souvent plus heureux à combattre les interprétations des autres, qu'à établir la sienne:

ainsi la plus juste conséquence que l'on puisse tirer de ce combat d'opinions, est que cet article de la coutume de Paris, comme plusieurs autres, a été fort mal rédigé, et que, sans s'arrêter à une décision si vague et si peu déterminée, il faut recourir en ce cas aux règles générales du droit commun.

Que si l'on ne se contente pas de cette première réflexion, et si l'on veut absolument pénétrer le véritable sens de cet article, on en trouvera l'interprétation la plus naturelle dans le commentaire de Joly et de Brodeau, ou, pour remonter encore plus haut, dans les principes généraux établis par M.ᵉ Charles Dumoulin, sur le septième article de l'ancienne coutume de Paris.

Or, quel est, suivant ces deux commentateurs, le sens de l'exception établie par la coutume, lorsqu'elle marque que la prescription de trente ans, qui a lieu de seigneur à seigneur en matière de censive, cesse toutes les fois *qu'il y a titre ou reconnoissance?* Elle veut dire que, quoiqu'un des seigneurs ait été en possession de toutes les marques de suzeraineté pendant l'espace de temps réglé par la coutume, et qu'ainsi il semble qu'il ne lui manque rien pour avoir acquis la prescription, si néanmoins pendant ce même temps l'autre seigneur a été reconnu par le même vassal, ou s'il y a eu quelqu'autre titre entre ce vassal et lui qui ait conservé ses droits, la prescription est suffisamment interrompue, et la possession du premier seigneur lui devient inutile.

Tel a donc été l'esprit des réformateurs de la coutume : ils ont cru que pour acquérir un nouveau vassal par la voie de la prescription, il ne suffisoit pas d'avoir possédé, pour ainsi dire, ce vassal par différens actes de féodalité exercés pendant trente années, qu'il falloit encore qu'aucun autre seigneur ne l'eût possédé ; en sorte que deux conditions doivent toujours concourir en cette matière, défaut de possession de la part d'un des seigneurs, possession réelle et actuelle de la part de l'autre.

C'est non-seulement le meilleur sens, mais l'unique sens raisonnable que l'on puisse donner à cet article.

Autrement, et si on l'entendoit comme le commentateur que l'abbé de Brantôme a pris pour guide dans cette question, il s'ensuivroit de cet étrange principe, que jamais la prescription n'auroit lieu, à proprement parler, en matière de mouvance féodale.

Car, si elle n'a lieu que lorsque le seigneur auquel on l'oppose n'a ni titre ni reconnoissance de son côté, il est évident qu'elle est absolument inutile à celui qui la lui oppose en effet, pourquoi opposeroit-il la prescription à un seigneur qui n'a ni titre ni reconnoissance en sa faveur, et qui, par conséquent, n'a aucun droit contre lequel on ait eu besoin du secours de la possession? Au contraire, bien loin que la prescription cesse, lorsque le seigneur qui la combat allègue des titres et des reconnoissances en sa faveur, c'est précisément dans ce cas-là que la prescription lui devient nécessaire.

Ainsi, ou la coutume n'a aucun sens raisonnable, ou les reconnoissances et les titres dont elle parle, ne peuvent être que ceux qui ont été donnés à un des deux seigneurs, pendant que la prescription sembloit courir en faveur de l'autre.

Aussi, quelque diversité de sentimens qu'il y ait eu sur ce sujet entre les premiers commentateurs de la coutume, les sentimens se réunissent à présent en faveur de l'interprétation naturelle que Brodeau a donnée à cet article. Les derniers interprètes la suivent tous, à l'exception de celui qui a été cité par l'abbé de Brantôme; et c'est une maxime certaine de notre jurisprudence, que la mouvance peut se prescrire entre deux seigneurs, et qu'il n'y a que les reconnoissances données pendant le cours de la prescription, qui aient la force d'en arrêter le cours et d'en empêcher l'accomplissement.

C'est donc avec peine que l'on s'est arrêté, en cet endroit, à réfuter une maxime si peu solide, et qui, d'ailleurs, quand elle seroit véritable dans la coutume de Paris, n'auroit aucune autorité dans le pays de droit écrit; l'on sait que la prescription, en matière de mouvance et de droits seigneuriaux, y est beaucoup plus favorablement reçue que dans le pays de droit coutumier.

Enfin, il faut ajouter à toutes ces raisons, que, suivant les principes établis par la requête même de l'abbé de Brantôme, la maxime sur laquelle il se fonde ne pourroit avoir lieu que dans le cas de la prescription de trente ans; mais jamais aucun auteur n'a cru qu'elle pût être appliquée à une possession non-seulement immémoriale, non-seulement centenaire, mais quatre fois centenaire, comme on le verra incessamment.

C'est d'une telle prescription qu'on peut dire, avec encore plus de raison que Dumoulin ne l'a dit de la possession seulement immémoriale, qu'elle ne doit plus être regardée comme une exception que l'on oppose aux titres d'un autre seigneur, mais comme un véritable titre, et le plus favorable de tous les titres: elle ne sert pas, à proprement parler, à éteindre le droit d'autrui, elle sert plutôt à établir le droit de celui qui la peut prouver; il en résulte une présomption puissante et invincible d'un juste titre, elle en a toute la force; et, pour parler comme M.e Charles Dumoulin, ou plutôt comme les lois mêmes, *habet vim constituti.*

Il est vrai, comme on l'a avancé pour l'abbé de Brantôme, que la longueur du temps ne suffiroit peut-être pas toute seule pour établir cette présomption : il en est de la possession sur laquelle cette présomption est fondée, comme de tous les autres possessions; ce n'est pas assez que le seigneur auquel on l'oppose n'ait pas possédé de son côté, il faut que celui qui se sert de cette présomption ait possédé du sien; il faut que cette possession soit prouvée par des actes réitérés; enfin, il faut que ces actes soient publics, et qu'ils aient pu être connus de celui qui avoit intérêt de les empêcher.

Telles sont les trois conditions dont le sieur abbé

de Vauban prétend que la possession doit être accompagnée en cette matière, et le procureur-général ne sera point obligé d'en exclure aucune, parce qu'elles concourent toutes dans l'espèce présente en faveur du roi.

On ne parlera donc point ici de tout le temps pendant lequel ce comté a été entre les mains du roi ou des comtes de Périgord, auxquels le roi l'avoit donné par forme d'assignat, en récompense de leurs droits sur le domaine de Bergerac; on n'observera point que si dans ce temps, qui a duré près d'un siècle, on ne trouve pas de reconnoissances ni d'hommages rendus au roi, c'est parce que le roi ne pouvoit pas se rendre hommage à lui-même, et que cependant la prescription a toujours couru en sa faveur contre l'abbé de Brantôme, parce que c'est une des prérogatives du souverain qu'il peut prescrire en ce cas sans aucun acte positif de sa part, et par la seule négligence du seigneur particulier contre lequel il prescrit.

Quelque certaine que soit cette prérogative, comme il seroit aisé de le prouver, si cela pouvoit être révoqué en doute, le roi n'en a pas besoin dans cette affaire, et tous les actes que l'on va expliquer, seront autant de preuves de cette vérité.

Le plus ancien est le don que le roi Charles VI fit à Louis duc d'Orléans, son frère, du comté de Périgord, et des autres seigneuries qui avoient été confisquées sur Archambaud de Périgord et sur son fils, qui portoit le même nom.

Les lettres qui contiennent ce don, ont été produites par le fermier du domaine.

On y trouve, dans le nombre des terres données au duc d'Orléans, *le comté de Bourdeilles*; et cette seigneurie lui est donnée, comme toutes les autres, *sous la réserve de la foi et hommage dûs à nous et à notre couronne de France*, lesquels foi et hommage, tant notredit frère que ses successeurs, seront tenus prêter *toutes et quantes fois que le cas y échoira, tant à nous qu'à nos susdits successeurs.* C'est ainsi que le roi

Charles VI s'est expliqué par ces lettres qui ont un double rapport, l'un au passé, et l'autre à l'avenir.

Par rapport au passé, elles marquent expressément que la foi du comté de Bourdeilles, et des autres terres confisquées sur les comtes de Périgord, étoit dûe au roi; et c'est ce que supposent ces expressions, *sous la foi et hommage dûs à nous et à notre couronne.*

Par rapport à l'avenir, elles imposent au duc d'Orléans, et à ses successeurs, l'obligation de rendre perpétuellement l'hommage au roi.

Ainsi, ces lettres qui sont un acte de possession, par rapport au passé, sont en même-temps un véritable titre constitutif de l'hommage, par rapport à l'avenir.

On trouve, trente-huit ans après ces lettres, une seconde preuve non moins publique de la conservation des droits du roi sur le comté de Bourdeilles, dans la vente qui fut faite de ce comté, et des autres biens des comtes de Périgord à Jean de Bretagne.

On rappelle dans le contrat, qui est du 4 mars 1437, les lettres du don fait par le roi au duc d'Orléans; on y représente même l'original de ces lettres comme la base et le fondement de la vente que l'on vouloit faire; on y exprime ensuite les seigneuries comprises dans cette vente, et en particulier le comté de Bourdeilles, *comitatum Bordeliæ,* comme une dépendance du comté de Périgord.

Et enfin, les procureurs de Charles, duc d'Orléans, qui faisoient cette vente, la terminent par ces mots: *Et supplicaverunt, harum præsentium litterarum tenore, domino nostro Franciæ regi et cuilibet alteri cùm fuerit, supplicando ut sibi placeat, et velit ipsum dominum vicecomitem emptorem de prædictis venditis et quolibet ipsorum investire, seu investiri facere, et pro eisdem venditis eumdem emptorem recipere ad homagium et fidelitatis juramentum.*

Ces paroles n'ont besoin d'aucune explication. Le roi qui régnoit alors, et ses successeurs, sont suppliés de recevoir l'hommage, et d'accorder l'investiture de toutes les seigneuries qui sont comprises dans cette vente, et de chacune d'elles, *de prædictis*

venditis et quolibet ipsorum. Que pouvoit-on dire
de plus fort pour marquer que le comté de Bourdeilles n'étoit pas tenu moins immédiatement de la
couronne, que le comté de Périgord?

Si l'on a voulu changer, dans la suite, cette mouvance, et si Alain d'Albret a prétendu faire du comté
de Bourdeilles un fief du comté de Périgord, cette
entreprise, qui n'a fait ni pu faire aucun préjudice
aux droits du roi, se tourne en preuve contre l'abbé
de Brantôme.

Car il est vrai, comme on l'a observé dans
l'explication du fait, que les comtés de Périgord et
de Bourdeilles ayant passé dans la maison d'Albret,
par le mariage de Jeanne de Bretagne, avec Alain
d'Albret, ce seigneur vendit le comté de Bourdeilles,
à François de Bourdeilles, en l'année 1480, et qu'il
stipula, par cette vente, que l'acquéreur tien-
droit, dorénavant, ce comté en fief, de celui de
Périgord.

Mais, il est fort inutile d'examiner, si cette convention étoit légitime, si c'étoit un simple jeu de
fief de la part d'Alain d'Albret, ou s'il est vrai qu'en
aliénant ainsi le corps entier du fief dont il retenoit
la mouvance, il constituoit, à proprement parler,
un fief en l'air, ce qui est contraire au droit commun
du royaume.

S'il étoit nécessaire d'agiter ces questions, le roi
seul auroit droit de les traiter, et non pas le sieur
abbé de Vauban, puisque la mouvance du comté de
Bourdeilles appartenant au domaine de la couronne,
le roi seul auroit eu droit et intérêt d'empêcher cette
espèce de sous-inféodation.

Mais un seul raisonnement suffit ici, pour démontrer pleinement l'inutilité d'une telle dissertation,
même par rapport au roi.

Car, ou l'on dira qu'Alain d'Albret n'a pu faire
ce qu'il a fait, ni s'attribuer une mouvance qui
jusqu'alors appartenoit immédiatement au roi, et,
en ce cas, il est vrai que la convention faite entre

Alain d'Albret et François de Bourdeilles, pour établir cette mouvance, est absolument nulle ; mais cette nullité ne profite qu'au roi seul qui conserve par là une mouvance, dont il étoit en possession avant le contrat de 1480 ;

Ou l'on prétendra, au contraire, que le comté de Bourdeilles n'ayant été regardé, ni dans la donation de 1399, ni dans les actes qui l'ont suivie, que comme une dépendance du comté de Périgord, Alain d'Albret a pu valablement aliéner, même à titre d'inféodation, cette légère portion du comté de Périgord, et qu'il n'est pas vrai que par là il ait constitué ce que l'on appelle un fief en l'air, puisque tout le reste du comté de Périgord a dû être regardé, après cette aliénation, comme le chef-lieu dont le comté de Bourdeilles est devenu une mouvance : et, dans cette supposition, le roi étant à présent aux droits d'Alain d'Albret, dont il descend en ligne directe, et auquel il a succédé dans le comté de Périgord, il est sans difficulté que la mouvance du comté de Bourdeilles lui appartient incontestablement.

En un mot, ou ce comté n'a point cessé d'être mouvant de la couronne, ainsi que les lettres de 1399 le portent expressément, et si cela est, la mouvance en appartient au roi, comme roi ; ou, au contraire, ce comté vendu par Alain d'Albret a pu commencer à être tenu en fief du comté de Périgord, et, en ce cas, la mouvance n'en peut être contestée au roi, comme comte de Périgord.

Ainsi, après avoir écarté les questions inutiles et étrangères à la cause que l'abbé de Brantôme a voulu faire naître, sans intérêt, sur la validité de la réserve de l'hommage faite par Alain d'Albret, en vendant le comté de Bourdeilles, le procureur-général du roi reprendra la suite des titres qui prouvent la possession dans laquelle le roi s'est toujours maintenu de la mouvance de ce comté.

Après le contrat de vente de 1480, le premier

acte qui se présente est l'hommage rendu au roi Louis XII, en l'année 1493, par François I, alors comte d'Angoulême, pour le tiers du comté de Périgord et de ses dépendances, entre lesquelles on trouve, dans cet acte, le comté de Bourdeilles.

On ne répétera point ici ce que l'on a déjà expliqué dans le récit des faits, la cause pour laquelle cet hommage fut rendu par le comte d'Angoulême. En effet, il importe peu de savoir quelle en fut la raison, pourvu qu'il soit constant, comme il l'est par cet acte, que le roi seul étoit reconnu seigneur direct du comté de Bourdeilles, puisque c'est à lui seul que le comte d'Angoulême en rendit l'hommage, lorsque la propriété du tiers de ce comté lui eût été adjugée par deux arrêts du parlement.

On apprend, par les titres qui sont dans les archives de Pau, qu'en l'année 1541, Henri, dernier roi de Navarre, et aïeul du roi Henri le grand, fit appeler tous ses vassaux de Périgord, pour lui rendre hommage par-devant le sénéchal de Périgueux.

Dans le dénombrement qui fut fait de ceux qui comparurent devant cet officier, et qui rendirent l'hommage qu'ils devoient au roi de Navarre, comme comte de Périgord, on trouve le seigneur de Bourdeilles employé pour le château neuf de Bourdeilles et le commun de la paix.

Après ce dénombrement qui, comme on vient de le dire, est dans les archives de Pau, l'on a trouvé dans le même dépôt un autre rôle à la tête duquel on lit ces mots : *S'ensuivent les seigneurs justiciers qui tiennent à hommage du roi de Navarre.*

Dans l'énumération de ces seigneurs, celui de Bourdeilles tient le sixième rang, et y est employé de cette manière : *M. de Bourdeilles, à cause dudit Bourdeilles.*

Il est vrai qu'en cet endroit, on ne fait aucune distinction entre le comté et la baronnie de Bourdeilles ; mais, comme le sieur abbé de Vauban ne voudra pas, sans doute, appliquer cet hommage à la baronnie, il faudra nécessairement l'appliquer au comté.

Deux ans après cette comparution des vassaux du comté de Périgord, soit que l'hommage de François de Bourdeilles n'eût pas été suffisamment expliqué, soit par d'autres raisons, ce seigneur voulant en rendre un nouveau, passa une procuration le 21 septembre 1543, par laquelle il donna pouvoir au porteur de cet acte de faire hommage lige, et de prêter serment de fidélité au *roi de Navarre, à cause de son comté de Périgord, de ce que ledit sieur constituant tenoit en ladite baronnie de Bourdeilles, à cause de la vendition faite par feu, de bonne mémoire, Alain Delebret et Françoise de Bretagne, sa femme, quand vivoient, de ladite comté de Bourdeilles, à feu François de Bourdeilles, père dudit seigneur constituant.*

On ne peut pas douter, après une telle désignation, que cet hommage ne tombe sur le comté de Bourdeilles.

Mais on dira, peut-être, que ce n'est pas là un hommage, que ce n'est tout au plus qu'une préparation à le rendre, qui n'a peut-être été suivie d'aucun effet.

Il est vrai qu'on n'a point encore pu trouver l'hommage qui a été rendu, sans doute, en vertu de cette procuration.

Mais ce qu'il y a de certain, c'est qu'elle se trouve entre les mains du seigneur dominant, puisqu'elle est dans les archives de Pau; que, par conséquent, on ne peut presque pas douter qu'elle n'y ait été portée par celui qui étoit chargé de rendre l'hommage.

Peut-être l'acte qui fut dressé pour rendre cet hommage, a-t-il été perdu depuis ce temps-là; peut-être a-t-on négligé de le dresser, parce qu'on étoit toujours en état de le faire, ayant la procuration du vassal qui le lioit suffisamment; mais, quoi qu'il en soit, dès le moment que cette procuration a passé des mains du vassal dans celles du seigneur, on peut dire, que si elle n'est pas aussi parfaite dans la forme que le seroit un acte de foi et hommage, elle n'est cependant guères moins efficace pour prouver la continuation de la possession du roi.

Enfin, le défaut de cet hommage est pleinement réparé par celui de l'année 1624, et par le dénombrement qui y est joint.

Il est difficile de trouver un acte plus authentique dans la forme, que cet aveu.

Des commissaires nommés par le roi, se transportent sur les lieux pour la vérification de ses mouvances, dans ce que l'on appeloit le domaine de Navarre, ou, pour mieux dire, le patrimoine du roi Henri le grand.

Henri de Bourdeilles comparoît devant ces commissaires, rend la foi, présente son aveu ; cet aveu se publie trois différentes fois ; l'abbé de Brantôme en est averti par ces publications ; ses officiers mêmes assistent à un endroit du procès-verbal où il s'agissoit des limites de la seigneurie de Brantôme ; et c'est dans toutes ces circonstances que Henri de Bourdeilles déclare que le comté de Bourdeilles est tenu en fief du roi.

François de Bourdeilles, suivant l'exemple de ses prédécesseurs, renouvelle le même hommage en l'année 1666 ; et enfin, Claude de Bourdeilles en rend un dernier, le 15 avril 1679, et y joint, le 7 septembre 1680, un aveu pareil à celui que Henri de Bourdeilles avoit rendu au roi en 1624.

Que manquoit-il à ces reconnoissances tant de fois réitérées de la part du vassal, si ce n'est celle du seigneur même qui combat aujourd'hui les droits du roi ?

Mais l'on a vu, au commencement de cette première partie, que la cause du roi avoit encore cet avantage, et que l'abbé de Brantôme, pleinement convaincu que le comté de Bourdeilles n'a point d'autre seigneur suzerain que le roi, avoit lui-même rendu presque autant d'hommages à la justice des droits du roi à l'égard du comté, qu'il avoit fait de démarches pour conserver les droits prétendus de son abbaye sur la mouvance de la baronnie.

Après cette explication sommaire de tous les actes qui prouvent le fait de la possession du roi, il ne reste plus qu'à demander ici au sieur abbé de Brantôme, quel est donc le caractère qui peut manquer à une possession si suivie et si publique?

Dira-t-il, d'abord, qu'il ne suffit pas de faire voir que l'abbé de Brantôme n'a pas été en possession de la mouvance du comté de Bourdeilles, et qu'il faut encore prouver que le roi ait possédé cette mouvance?

On ne convient pas avec lui de la vérité de cette maxime, à l'égard de la mouvance des fiefs que le roi tient en ses mains; mais quand elle seroit véritable indistinctement, la cause du roi est-elle ici seulement fondée sur le défaut du droit d'autrui? Et, au contraire, n'est-elle pas appuyée sur l'exercice actuel et suivi d'un droit que l'abbé de Brantôme n'a jamais osé contester?

Dira-t-il, en second lieu, qu'il faut que cette possession soit prouvée par des actes réitérés? Mais cette seconde condition n'est-elle pas suffisamment remplie par les lettres de don de 1399, qui ne sont pas tant un acte de possession, qu'un titre constitutif et primordial, en un sens, de la mouvance qui appartient au roi, par le contrat de vente de 1437, par celui de 1480, par les hommages rendus au roi de Navarre en 1541, par la procuration de 1543 déposée dans les archives du prince, par l'hommage rendu et l'aveu de 1624, par l'hommage de 1666, par l'hommage du 15 avril 1679, et par l'aveu du 17 septembre 1680.

Si M.ᵉ Charles Dumoulin a cru que deux hommages joints à la prescription de trente ans, pouvoient suffire à un seigneur particulier pour acquérir la mouvance d'un fief contre un autre seigneur particulier, que doit-on dire ici, non pas de deux actes, mais de dix actes consécutifs de possession? non pas d'une prescription de trente ans, mais d'une prescription

35 *

de quatre siècles? non pas en faveur d'un seigneur particulier, mais en faveur du roi, souverain seigneur de tous les fiefs, et dans la main duquel ils retombent, pour ainsi dire, de leur propre poids, comme dans leur centre naturel?

Enfin, l'abbé de Brantôme prétendra-t-il que ces actes tant de fois réitérés pendant un si long espace de temps n'ont pas été publics, et que l'abbé de Brantôme n'en a pu avoir connoissance?

Mais traitera-t-il d'actes clandestins, le don fait par le roi à Louis, duc d'Orléans, son frère, du comté de Bourdeilles, le contrat par lequel Charles d'Orléans vendit ce même comté au vicomte de Limoges, en priant le roi de le recevoir à l'hommage; l'acte de 1480, par lequel Alain d'Albret et Françoise de Bretagne, sa femme, se réservèrent expressément la mouvance du comté de Bourdeilles, acte d'autant plus connu, qu'il devint dans la suite la matière d'un procès, par les lettres de rescision que le roi de Navarre, fils d'Alain d'Albret, obtint contre la vente qui en avoit été faite par son père.

Dira-t-on aussi que l'abbé de Brantôme a pu ignorer la comparution solennelle que tous les vassaux du comté de Périgord firent en 1541, par-devant le sénéchal de Périgueux; qu'il n'a point eu de connoissance de l'aveu de 1624, qui a été publié sur les lieux, et dans lequel on trouve une comparution de ses officiers, par rapport à une question de limites; qu'enfin, il a ignoré l'aveu de 1680, et tous les autres actes de possession qu'il est inutile de répéter en cet endroit?

Mais comment pourroit-il prétendre les avoir ignorés, puisque ce ne peut être que sur la foi de tous ces actes, que l'abbé de Brantôme n'a pas osé révoquer en doute la justice des droits du roi jusqu'en l'année 1704?

Ainsi, jamais entreprise ne fut plus téméraire que celle qu'il a faite, lorsque contre des titres si authentiques, contre une possession si longue, si suivie, il a voulu réclamer une mouvance qu'il auroit perdue plusieurs fois, si elle lui avoit jamais appartenu.

Il faut néanmoins, avant que de passer à ce qui regarde la baronnie, répondre à une dernière objection qui a été faite par l'abbé de Brantôme.

Il prétend, et ce fait est assez bien prouvé, que dans le temps de l'aveu de 1624, par une confidence qui n'étoit que trop ordinaire dans le seizième siècle, et au commencement du dix-septième, les seigneurs de Bourdeilles jouissoient sous un nom emprunté de tous les revenus de l'abbaye de Brantôme; d'où le sieur abbé de Vauban a conclu que cette abbaye étoit alors sans légitime défenseur, ou plutôt qu'elle étoit trahie par celui même qui auroit dû en soutenir les droits.

Mais, outre que cette objection ne tomberoit que sur le seul aveu de 1624, titre peu nécessaire dans cette cause pour la défense des droits du roi, on verra bientôt que le sieur abbé de Vauban, devenu encore ici contraire à lui-même, voudra se prévaloir, par rapport à la baronnie, de ce même aveu qu'il combat, par rapport au comté de Bourdeilles.

Et en effet, il ne sera pas difficile au procureur-général de faire voir, dans la seconde partie de cette requête, que le seigneur de Bourdeilles, uniquement occupé de son intérêt présent, qui étoit de ne relever que de lui-même, comme jouissant de l'abbaye de Brantôme, n'a travaillé dans cet aveu qu'à augmenter la mouvance de l'abbaye de Brantôme, ensorte que, bien loin qu'il ait négligé ou trahi la défense de cette abbaye, il est tombé dans l'extrémité opposée, manquant beaucoup plus à ce qu'il devoit au roi, qu'à ce qu'il devoit à l'abbé de Brantôme, c'est-à-dire à lui-même, puisqu'il étoit véritablement, quoique très-abusivement, l'abbé de cette abbaye.

Cette objection se tourne donc encore en preuve pour le roi; et la justice de sa cause est si évidente, par rapport à la mouvance du comté de Bourdeilles, que le procureur-général croit n'avoir point ici d'autre reproche à se faire, que celui d'avoir employé trop de temps à l'établir.

SECONDE PARTIE.

Si la baronnie de Bourdeilles est mouvante du roi ou de l'abbaye de Brantôme.

Quoique les titres du roi et ceux de l'abbé de Brantôme paroissent d'abord directement opposés sur ce point, le procureur-général s'attachera néanmoins à faire voir, dans cette seconde partie, que la justice des droits du roi ne paroît pas moins par les titres de l'abbé de Brantôme, que par ceux du roi même.

C'est ce qui va résulter de l'explication de ces différens titres; il faut commencer par ceux du roi.

TITRES DU ROI.

C'est un malheur commun aux deux parties, dans cette affaire, que la disette des titres; on n'en trouve que quatre pour le roi, et l'abbé de Brantôme n'en a guère plus en sa faveur.

Le premier de ceux que l'on a pu recouvrer jusqu'à présent pour le roi, est un hommage de l'an 1456, conservé dans le dépôt de la chambre des comptes, par lequel il paroît qu'Arnaud de Bourdeilles a fait au roi les *foi et hommage* qu'il étoit tenu de faire à cause de ses seigneuries et droits des communs des lieux et paroisses de Bourdeilles, de Saint-Julien, de Cressac, de Boulonnois, de Saint-Crespin, de Valeuil, et de Paussac, assis en la châtellenie dudit lieu de Bourdeilles, etc.

On ne peut pas dire qu'il s'agissoit peut-être dans cet acte du comté de Bourdeilles, ou de droits qui en dépendoient; car, comme le procureur-général l'a déjà observé plusieurs fois, le comté n'a passé dans la maison de Bourdeilles, qu'en l'année 1480 ; ainsi, cet acte étant de l'année 1456, il ne peut s'appliquer qu'à la portion de Bourdeilles qui, depuis plusieurs siècles, a toujours appartenu aux seigneurs de ce nom, et qui porte à présent le titre de baronnie.

Il est vrai qu'il ne paroît pas bien clairement par cet hommage, s'il comprend toute la baronnie de Bourdeilles, ou s'il ne tombe que sur les droits appelés des *communs*, qui étoient une espèce de taille ou de capitation que les ducs de Guyenne, les comtes de Rouergue, et plusieurs autres seigneurs, levoient autrefois sur leurs sujets, pour maintenir la défense des guerres privées, et la continuation de la fameuse trève de Dieu.

Mais, quand même on voudroit soutenir que ce titre ne regarde que les *communs*, on en tireroit toujours une conjecture très-puissante de la justice des droits du roi sur la mouvance du reste de la baronnie ; car, la première introduction de cette espèce de capitation ne pouvant pas être plus ancienne que le onzième siècle, vers le milieu duquel la trève de Dieu fut établie, on est en droit de présumer que la baronnie de Bourdeilles étoit alors mouvante du roi, lorsque l'on voit que les *communs* dépendans de cette baronnie sont toujours demeurés dans sa mouvance.

En effet, ces communs n'étant autre chose qu'un droit que les seigneurs de Bourdeilles ont commencé de lever sur leurs sujets, pour la manutention de la trève de Dieu, et ce droit ne pouvant être regardé que comme un accessoire et une suite de la seigneurie, par quelle singularité pourroit-il être arrivé que l'on eût rendu hommage de l'accessoire à celui qui n'auroit pas été le seigneur direct et immédiat du principal ?

Il est donc vrai, encore une fois, que quand l'hommage de 1456 n'auroit été rendu que par rapport aux *communs*, il résulteroit toujours de cet hommage une présomption violente de la justice des droits du roi, même sur le reste de la baronnie.

Mais, s'il y a de l'incertitude dans ce premier titre, il n'y en a aucune dans le second, dont l'original est aussi dans le dépôt de la chambre des comptes.

Dans cet acte, qui est un hommage de l'an 1469, le même Arnaud de Bourdeilles, qui, en 1456, avoit reconnu le roi pour son seigneur immédiat, au moins par rapport aux communs, le reconnoît absolument pour tout ce qu'il possédoit dans la seigneurie de Bourdeilles ;

Car c'est ainsi que cet acte est conçu :

Notre bien-amé Arnaud, seigneur de Bourdeilles, chevalier, nous a aujourd'hui fait la foi et hommage lige, qu'il étoit tenu nous faire, pour raison des seigneuries, terres et paroisses de Bourdeilles, de Saint-Julien, de Cressac, de Boulonnois, de Saint-Crespin, de Valeuil et de Paussac, assises en la châtellenie de Bourdeilles, des communs du bourg et paroisse des Coutures, de la ville et circonstances de Brantôme, etc., tenus et mouvans à cause de notre duché de Guyenne.

Le sieur abbé de Vauban, pressé par les termes de cet hommage, qui ne souffrent aucune explication favorable à ses prétentions, s'est réduit à dire que cet acte, aussi bien que le précédent, avoient été faits en fraude d'une saisie féodale, faite en 1448, à la requête de l'abbé de Brantôme, et d'un hommage de 1464, rendu à son abbaye par le même Arnaud qui avoit reconnu le roi pour son seigneur immédiat en l'année 1456 et en 1469.

Mais, comme cette réponse dépend absolument de la qualité de l'acte sur lequel on l'appuie, le procureur-général du roi en examinera la solidité, lorsqu'il sera obligé de discuter les titres que l'abbé de Brantôme allègue en sa faveur, et de les comparer avec ceux du roi.

Ainsi, pour reprendre la suite des titres du roi, il faut ajouter aux deux hommages que l'on vient d'expliquer, un mémoire ancien qui s'est trouvé dans les archives de Paü.

Ce mémoire, il est vrai, n'est signé d'aucune partie; mais il suffit de le lire, pour y reconnoître un caractère original, et un air de vérité qui supplée aux défauts de la forme, et qui assure pleinement la foi de ce qui est contenu dans cette pièce.

La date n'y est pas non plus marquée expressément; mais il est aisé de la fixer, si l'on considère :

1.° Que ce mémoire précède certainement la vente du comté de Bourdeilles, qui a été faite, en 1480, à la maison de Bourdeilles, puisqu'il y est dit expressément que Mademoiselle (c'est le nom que l'on donne dans ce mémoire à la comtesse de Périgord) possédoit la portion de Bourdeilles qui avoit appartenu à Geraud de Malomont, au roi et aux comtes de Périgord ;

2.° Que l'on ne voit point de fille qui ait été héritière du comté de Périgord, et en même temps de celui de Bourdeilles, avant Nicole de Bretagne, qui les a possédés, selon quelques-uns, ou du moins avant François de Bretagne, qui porta l'un et l'autre en mariage à Alain d'Albret : car le comté de Périgord n'est sorti des mains des mâles de cette maison que par les confiscations de 1396 et de 1398. Depuis ces confiscations, la maison d'Orléans l'a possédé de mâle en mâle jusqu'en 1437 ; Jean de Bretagne en fit l'acquisition en cette année ; Guillaume, son frère, le posséda après lui, ou Nicole de Bretagne, sa nièce, selon quelques-uns.

Mais certainement, soit après la mort de Nicole, soit après celle de Guillaume, ce comté passa entre les mains de Françoise de Bretagne, fille de Guillaume ; ainsi le mémoire dont il s'agit ne peut convenir qu'à Nicole ou à Françoise de Bretagne : si on l'applique à Nicole, il est antérieur à l'année 1454, dans laquelle on croit qu'elle mourut ; si on l'applique à Françoise, il doit être placé entre cette année et celle du mariage de Françoise de Bretagne avec Alain d'Albret ; mais, quelque parti que l'on prenne, il est toujours certain que ce mémoire a été fait entre l'année 1450 et l'année 1480, c'est-à-dire, dans le temps que les successeurs de Jean de Bretagne jouissoient encore du comté de Bourdeilles.

Ces faits ainsi supposés, par rapport à la forme de ce mémoire, il est temps d'entrer dans le fond de ce qu'il contient.

On y apprend qu'il y avoit en ce temps-là plusieurs différends entre la comtesse de Périgord et le sieur de Bourdeilles, dont les principaux avoient pour objet les devoirs et les droits que la comtesse de Périgord prétendoit lui être dûs par le sieur de Bourdeilles; et, quoiqu'il paroisse, par ce mémoire, que la contestation ne rouloit pas sur la mouvance de toute la baronnie de Bourdeilles, et qu'elle tomboit seulement sur quelques dépendances de cette seigneurie, cependant, par la manière dont on y parle de ces dépendances, on peut juger de ce que les parties pensoient de la mouvance du corps de la terre.

Ainsi, dans le premier article de ce mémoire, il est dit que la comtesse de Périgord prétendoit que le sieur de Bourdeilles avoit tort d'occuper l'hôtel noble et appartenances d'icelui, qui jadis fut, de Pierre-Arnaud de Paussac, tenu d'elle par hommage, et que cet hôtel devoit appartenir à Mademoiselle par droit de déshérence, à moins que le sieur de Bourdeilles ne rapportât des titres suffisans pour établir son droit.

Le sieur de Bourdeilles, pour répondre à cet article, allègue des titres de propriété; mais il ne répond rien par rapport à la mouvance, qu'il reconnoît par là tacitement.

Ainsi, dans l'art. 3 de ce mémoire, on voit que la comtesse de Périgord prétendoit que le sieur de Bourdeilles lui devoit l'hommage et les droits seigneuriaux de l'acquisition qu'il avoit faite du repaire du Petit-Brulo, dans la paroisse de Paussac.

Le sieur de Bourdeilles ne conteste point la mouvance prétendue par la comtesse de Périgord; mais il soutient qu'il ne doit pour ce fief, *ni ventes ni autres*

devoirs, parce que, par les priviléges que messei-
gneurs comtes de Périgord ont donnes le temps passé
aux prédécesseurs dudit de Bourdeilles, il peut ac-
quérir, en quelque manière que ce soit, par toutes les
seigneuries que messeigneurs comtes auroient par
icelui temps, ou auroient par le temps à venir, sans
en faire nul devoir, fors que un seul hommage, lequel
ledit Bourdeilles a fait, en la ville de Périgueux,
à monsieur de Freschinet, comme tuteur de Made-
moiselle, etc.

Ainsi, dans le sixième article, où il s'agissoit de
l'hôtel de Cressac, situé dans la châtellenie de Bourdeilles, le sieur de Bourdeilles convient encore de
la mouvance, allègue les mêmes priviléges, et soutient qu'il a fait l'hommage, qui est le seul devoir dont
il soit tenu.

Ainsi, dans le septième article, où il étoit question
des héritages des sieurs de Chambrillac, situés à
Saint-Bibien, il fait encore la même réponse.

Ainsi, dans le dixième article, où l'on met en fait
que toute la paroisse de Paussac dépendoit de la comtesse de Périgord, on ne voit pas que le sieur de Bourdeilles soutienne au contraire que cette paroisse lui
appartenoit entièrement; il borne sa prétention à la
justice de cette paroisse qui étoit *delà le Rein-de-*
Lanche, où il dit que la comtesse de Périgord n'avoit
que le lieu de Montaguer; ainsi il reconnoît et que ce
lieu de Montaguer, et que tout ce qui est en deçà
du Rein-de-Lanche, appartenoit à la comtesse de
Périgord.

On peut donc tirer trois conséquences de ce mémoire :

La première, que les sieurs de Bourdeilles ont reçu
de grands priviléges des comtes de Périgord, et entre
autres, celui d'acquérir des terres dans la mouvance
de ces comtes, sans être tenus de leur rendre aucun
autre devoir que l'hommage ; or, on ne peut pas présumer que les comtes de Périgord eussent accordé un
droit de cette qualité à un seigneur qui n'eût pas été
leur vassal; au contraire, il est vraisemblable que ce

n'est qu'à l'occasion de la mouvance d'une terre aussi considérable que la baronnie de Bourdeilles, que les comtes de Périgord ont accordé un si grand privilége à un seigneur qu'ils regardoient avec distinction, comme un de leurs premiers vassaux, et peut-être même comme leur premier vassal.

La seconde est que, sans examiner si cet hommage que le sieur de Bourdeilles dit dans ce mémoire avoir fait au comte de Périgord, comprenoit la totalité de la baronnie de Bourdeilles, ou s'il n'en comprenoit qu'une partie, il est certain au moins, suivant ce mémoire, que les comtes de Périgord avoient plusieurs mouvances dans l'étendue de la baronnie de Bourdeilles, et, par conséquent, qu'il est impossible que toute cette baronnie soit mouvante de l'abbaye de Brantôme, comme le sieur abbé de Vauban le prétend.

La troisième, que cette vérité paroît encore plus clairement par l'exemple d'une des paroisses que cet abbé soutient être totalement mouvantes de son abbaye, c'est celle de Paussac.

On voit, au contraire, par ce mémoire, dans les articles 1, 3 et 10, que le sieur de Bourdeilles convenoit qu'une grande partie de cette paroisse dépendoit de la comtesse de Périgord.

Or, telle est la nature de toute proposition universelle, qu'elle ne prouve plus rien, dès le moment qu'elle se trouve fausse en un point; ainsi l'universalité prétendue du droit de l'abbé de Brantôme sur la baronnie de Bourdeilles en général, et sur la paroisse de Paussac en particulier, étant pleinement détruite par ce mémoire, le procureur-général aura lieu d'en conclure que l'abbé de Brantôme n'ayant plus de droit universel sur la totalité du territoire, cet abbé est dans la nécessité de prouver chaque article particulier de sa prétendue mouvance.

Mais c'est ce qui sera traité avec encore plus d'étendue, lorsqu'il sera question d'examiner quelles peuvent être les limites des deux mouvances, supposé que celles de l'abbé de Brantôme puissent subsister.

Il ne reste plus, pour achever l'explication des titres du roi, que d'employer ici ce qui a été dit par le fermier du domaine, de l'acte de foi et hommage rendu au roi en l'année 1666, par François de Bourdeilles.

Cet acte, qui est dans les archives du bureau du domaine du roi en la généralité de Guyenne, porte expressément que François de Bourdeilles *a rendu les foi et hommage et serment de fidélité qu'il doit et est tenu de faire au roi, pour raison de la terre, seigneurie et baronnie de Bourdeilles, appartenances et dépendances.*

Une reconnoissance si précise n'a pas besoin d'explication. Il est vrai que l'abbé de Brantôme oppose à cet hommage la déclaration contraire faite en 1624 et en 1679, par les sieurs de Bourdeilles, dans les aveux rendus au roi dans ces années, où ils ont excepté la baronnie de l'hommage qu'ils rendoient au roi, et ont prétendu qu'ils la tenoient en fief des reliques de saint Sicaire de Brantôme; mais c'est ce que le procureur-général va examiner dans la discussion des titres que le sieur abbé de Brantôme allègue en sa faveur.

TITRES DE L'ABBÉ DE BRANTÔME.

Si l'on en croit l'abbé de Brantôme, il a huit titres également décisifs, pour prétendre la mouvance de la baronnie de Bourdeilles.

Un premier hommage de l'année 1261.
Un arrêt contradictoire de l'année 1279.
Un deuxième hommage de 1318.
Un troisième hommage de 1364.
Une saisie féodale de l'an 1448.
Un quatrième hommage de 1464.
Une transaction et un hommage de l'année 1479.

Il joint à tous ces titres, considérables par leur nombre et par leur ancienneté, deux titres, selon lui, encore plus décisifs : ce sont les deux derniers aveux qui ont été rendus au roi pour le comté de Bourdeilles, l'un en l'année 1624, l'autre en l'année 1680, dans lesquels le roi a souffert que les sieurs de Bourdeilles aient déclaré que la baronnie de Bourdeilles étoit tenue des reliques de saint Sicaire de Brantôme.

Tels sont, en peu de mots, tous les titres dans lesquels se renferme le droit de l'abbé de Brantôme.

Il faut d'abord retrancher du nombre de ces titres, ceux qu'on ne rapporte pas aujourd'hui, et dont on ne trouve que de simples énonciations.

Tels sont les hommages de 1261 et de 1318, dont il ne reste aucun vestige, que dans une énonciation qui se trouve dans l'aveu de 1624.

Il est vrai que, dans l'inventaire des titres qui furent représentés par Henri de Bourdeilles, dans le temps de cet aveu, il est dit que ce seigneur fit voir des hommages datés de 1621 et de 1318, écrits en latin et parchemin, bien authentiques.

Mais ces titres ne paroissent pas aujourd'hui, et le procureur-général du roi ignore par la faute de laquelle des deux parties ils ne sont pas produits, s'il est vrai qu'ils existent encore.

D'un côté, le fermier du domaine et les directeurs des créanciers de la maison de Bourdeilles, objectent à l'abbé de Brantôme que, puisqu'il apporte des titres aussi anciens que ceux-là, il ne peut alléguer ici le prétexte de la longueur du temps, ni l'excuse des guerres civiles pour se dispenser de les produire.

De l'autre, le sieur abbé de Vauban prétend que ces titres, aussi bien que plusieurs autres, sont entre les mains des directeurs des créanciers, et qu'il n'est pas possible que des pièces si importantes aient péri depuis l'année 1624, qu'elles furent représentées aux commissaires du roi.

Les directeurs des créanciers se justifient aisément de ce reproche, soit parce qu'il est fondé sur un fait avancé sans preuve, et qu'il est aussi facile de nier que d'affirmer ; soit parce qu'il n'est pas ordinaire qu'une partie saisie confie les titres de ses terres à ses créanciers, qu'elle regarde comme ses plus grands ennemis; soit enfin, parce qu'il est prouvé, par des informations jointes au procès, que Claude de Bourdeilles, dernier possesseur de cette terre, a soustrait et brûlé un grand nombre de titres avant que d'en abandonner la possession.

Mais après avoir donné, en cet endroit, une légère idée des contestations qui se forment sur ce sujet entre les directeurs des créanciers et le sieur abbé de Vauban, le procureur-général du roi ne craindra point de dire ici que ces contestations lui doivent être fort indifférentes; au milieu des doutes que les parties veulent faire naître sur ce point, il est toujours certain que les hommages de 1261 et de 1318, ne sont point rapportés, et que, par conséquent, ils sont, à l'égard du roi, comme s'ils n'étoient pas.

Il est inutile de dire qu'on doit présumer que les commissaires du roi les ont suffisamment examinés autrefois, lorsqu'ils ont ordonné la réception de l'aveu de 1624.

La cour connoîtra bientôt quelles ont été la négligence et le défaut d'exactitude de ces commissaires; et elle jugera par là de la déférence que peut mériter leur jugement, qui n'est même qu'un jugement subalterne, toujours subordonné à l'autorité supérieure du parlement.

Mais d'ailleurs, on sait qu'il y a une extrême différence entre l'examen d'un titre qui n'est point contesté, et dont on n'envisage que la plus légère superficie, et l'examen de ce même titre, lorsque la contestation est formée, et qu'elle a, pour ainsi dire, ouvert les yeux des juges, aussi bien que ceux des parties, en appliquant leur attention à une difficulté certaine et déterminée.

Enfin, l'énonciation de ces titres, qui est la seule chose qui reste à l'abbé de Brantôme, lui est d'autant moins suffisante, qu'il ne s'agit pas seulement ici de prouver qu'il y a eu autrefois une mouvance, mais de montrer quelle étoit l'étendue de ce qui étoit véritablement compris dans cette mouvance.

Or, c'est ce qu'il est absolument impossible de connoître sans la représentation du titre même, et par conséquent, rien n'est plus inutile à l'abbé de Brantôme qu'une telle énonciation.

Après avoir écarté d'abord ces deux premiers titres, ou plutôt ces deux énonciations de titres, il faut entrer dans l'examen de ceux qui sont rapportés par l'abbé de Brantôme; et pour faire cet examen d'une manière solide, il est important de se souvenir toujours que la véritable question qu'il s'agit de décider dans cette seconde partie, consiste à savoir si toute la baronnie de Bourdeilles relève de l'abbaye de Brantôme, comme le sieur abbé de Vauban le prétend: c'est à ce point de vue qu'il faut rapporter toutes les réflexions que l'on va faire sur les titres que l'on oppose ici aux droits du roi.

Le premier est l'arrêt de 1279, qui paroît avoir été rendu entre l'abbé de Brantôme et le sieur de Bourdeilles.

Il est très-important de peser exactement et les qualités des parties entre lesquelles cet arrêt a été donné, et la nature du jugement qui paroît y avoir été prononcé, et, enfin, les termes dans lesquels il a été conçu.

Si on l'examine par rapport aux qualités des parties, on n'y trouvera que l'abbé de Brantôme d'un côté, et Bernard de Bourdeilles de l'autre.

Si l'on considère la nature de ce jugement, il sera aisé de remarquer que ce n'est qu'un jugement possessoire, qui paroît avoir été rendu sur le seul fait de la possession; c'est ce qui résulte de ces termes qu'on trouve au bas de cet arrêt, *inter inquestas et aprisias expeditas in parlamento, pentecostes anno Domini* 1279.

C'est donc par voie d'enquête que l'on a procédé dans cette affaire, suivant l'usage du siècle dans lequel l'arrêt a été rendu; et c'est sans doute sur la preuve testimoniale qui fut faite de la part de l'abbé de Brantôme, que la cour le maintint dans la

possession de la mouvance du château de Bourdeilles.

Si on l'envisage par rapport aux termes dans lesquels il est conçu, on y reconnoîtra aisément que
cet arrêt n'a eu pour objet que le château de Bourdeilles.

En effet, quelle étoit la demande des religieux de
Brantôme? *Dicebant quòd castrum de Bordeliâ,
quod idem Bernardus tenebat, erat de feodo suo.*

Les religieux se réduisoient donc à soutenir que
le château étoit dans leur mouvance. Que prononce
l'arrêt sur cette demande? *Dictos abbatem et con-
ventum intentionem suam super hôc sufficienter et
legitimè probavisse, et dictum castrum de Bordeliâ
esse de feodo dictorum abbatis et conventûs, et ab eis
teneri debere.*

L'arrêt n'est pas plus étendu que la demande, et
il ne pouvoit pas l'être davantage. La cour juge que
l'abbé et les religieux de Brantôme avoient suffisamment prouvé le fait par eux avancé, et que le
château de Bourdeilles étoit tenu en fief de cette
abbaye.

Telles sont les trois principales observations que
l'on doit faire sur la qualité des parties, sur la nature
du jugement, et sur les termes mêmes du jugement.
Il en résulte trois conséquences qui détruisent pleinement le préjugé de cet arrêt.

Première conséquence. L'arrêt de 1279 est une
pièce étrangère par rapport au roi, et qui ne peut
lui faire aucun préjudice.

Non-seulement le roi n'y a point été partie, mais
aucun de ceux que le roi peut représenter dans cette
affaire ne l'a été; ni le comte de Périgord, ni le duc
de Guyenne n'ont été entendus lors de cet arrêt; et
l'abbé de Brantôme y a emporté une victoire facile
sur un vassal qui, n'étant point revendiqué par un
autre seigneur, étoit obligé de subir la loi de celui
qui l'attaquoit.

Deuxième conséquence. L'arrêt de 1279 n'étant
qu'un jugement sur le possessoire, ne peut avoir

aucun poids contre le roi, soit parce que la possession prétendue de l'abbé de Brantôme n'a pas été prouvée avec le roi, soit parce que dans tous les combats de fiefs dans lesquels le roi est partie, la possession n'est pas décisive si elle n'est soutenue par les titres.

Troisième conséquence. Il n'y a que le château de Bourdeilles, dont cet arrêt adjuge la mouvance à l'abbé de Brantôme.

C'est ce château qui a été l'objet de sa demande.

C'est ce château seulement qui est marqué dans le dispositif de l'arrêt; on n'y parle ni de la baronnie, ni même de la châtellenie de Bourdeilles, ni d'aucune des paroisses qui composent à présent cette châtellenie.

Il est vrai que pour éluder la force de cette induction qui se tire des propres titres de l'abbé de Brantôme, il appelle à son secours tous les exemples que l'érudition et les recherches des principales lumières de notre droit coutumier ont pu lui fournir, pour faire voir que dans les anciens titres le terme de *castrum* ne se prend pas à la rigueur, et que ce terme signifie non-seulement le château, mais la seigneurie même, ou la châtellenie qui en dépend.

Le procureur-général ne suivra point en cet endroit l'exemple du receveur du domaine de Guyenne et des directeurs des créanciers de Bourdeilles, qui se sont arrêtés vainement à combattre ces exemples; la vérité, qui lui sert toujours de règle, ne lui permet pas de nier, que souvent le mot de *castrum* ne se prenne pour la seigneurie entière, dont le château du seigneur est, pour ainsi dire, le chef et la plus noble partie; mais la même raison doit obliger aussi l'abbé de Brantôme a reconnoître de bonne foi, que, si dans plusieurs titres la châtellenie entière est désignée par le mot de *castrum*, il y en a beaucoup d'autres dans lesquels ce terme se prend dans sa signification étroite, et ne sert qu'à exprimer le château.

Or, pour juger quelle est la force de cette expression dans le style de l'arrêt de 1279, il n'y a point de règle plus sûre que de recourir aux autres actes de l'abbé de Brantôme, qui ne sauroit jamais se plaindre de ce qu'on explique ses arrêts par ses titres.

Il y en a quatre qu'on peut avoir principalement en vue dans cette recherche : ce sont les hommages de 1364 et de 1464, la transaction de 1479, et l'hommage de la même année.

On n'interrompra point la suite de ces titres, pour répondre à l'induction que l'abbé de Brantôme tire d'une saisie féodale de l'année 1448.

Cette pièce ne mérite presque aucune attention; ce n'est pas une reconnoissance du vassal, c'est une demande du prétendu seigneur, qui peut bien faire voir que l'abbé de Brantôme a une ancienne prétention sur la mouvance de la terre de Bourdeilles, et servir à interrompre la prescription, mais qui ne sauroit jamais passer pour un véritable titre.

Il faut donc se renfermer dans les quatre titres que l'on vient de marquer; c'est dans ces quatre pièces que se réduit la véritable difficulté de cette affaire par rapport à la mouvance de la baronnie.

Pour en donner une juste idée, il est nécessaire de remettre d'abord devant les yeux de la cour le précis et la substance de ces pièces; l'on examinera ensuite quelle en peut être l'autorité, et par rapport à la forme, et par rapport au fond.

On a déjà dit que le premier de ces actes est un hommage qu'on prétend avoir été rendu par Archambaud de Bourdeilles à l'abbé de Brantôme, en l'année 1364.

La forme de cet hommage est singulière.

D'un côté, on y voit Elie, abbé de Brantôme, revêtu de ses habits sacerdotaux, tenant sa crosse à la main, devant l'autel de saint Sicaire, dans l'église de Brantôme; et de l'autre, Archambaud de Bourdeilles, debout devant le même autel, déclare et reconnoît qu'il tient du bienheureux saint Sicaire,

36 *

et de l'abbé, son lieutenant, son château de Bourdeilles, autant seulement qu'il lui en appartient :

*Ante altare beati innocentis Sicarii.......... dicto
domino abbate existente revestito et crossam tenente
in manu suâ, stans pedes contra dictum altare,
præfatus nobilis dixit et recognovit se tenere à beato
Sicario et à dicto domino abbate, suo locum tenente,
castrum suum de Burdeliâ, et burgum seu locum
dicti loci de Burdeliâ, quantùm ipsum tangit et pertinet duntaxat.*

Ces derniers mots ont été ajoutés, parce que l'autre
moitié du bourg de Bourdeilles appartenoit aux
comtes de Périgord, et faisoit partie de ce que l'on
appelle à présent le comté de Bourdeilles.

Il est fait mention ensuite dans cet acte, de la
moitié de la justice de Brantôme qui appartenoit au
même Archambaud de Bourdeilles, et dont il est
dit dans cet acte, qu'il devoit aussi l'hommage à
l'abbé de Brantôme; après quoi on exprime cet hommage en ces termes :

*Et stans pedes dictus nobilis coràm ipso domino
abbate, capucio de capite suo extracto, manibus complosis, ratione præmissorum homagium planum dicto
domino abbati fecit.*

Il est important d'observer qu'on ne trouve point
de serment de fidélité dans cet hommage; et en effet,
on verra bientôt que l'abbé de Brantôme a reconnu
dans une transaction solennelle, qu'il n'avoit aucun
titre pour exiger ce serment du seigneur de Bourdeilles.

Enfin, comme l'hommage rendu pour le lieu de
Bourdeilles, ne comprenoit nommément que le château et la moitié du bourg qui appartenoit à Archambaud de Bourdeilles, on prend la précaution
d'ajouter à cet hommage, que s'il y avoit quelque
chose dans ladite châtellenie de Bourdeilles qui fût
mouvant dudit seigneur abbé, Archambaud de
Bourdeilles l'a mis et entendu le comprendre sous
l'hommage qu'il vient de rendre : *et si aliquid esset,
seu erat in dictâ castellaniâ suâ de Burdeliâ, quod*

moveret à præfato domino abbate, totum illud posuit
tenere sub homagio prædicto.

Telles sont les principales clauses de cet acte important ; on s'est attaché à les expliquer exactement,
parce que les actes suivans y sont presqu'entièrement
conformes.

Celui qui le suit immédiatement est un hommage
du 21 février 1464, rendu par Arnaud de Bourdeilles
à l'abbé de Brantôme, précisément dans la même
forme, et presque dans les mêmes termes que celui
de 1364 ; ainsi il ne demande aucune explication particulière.

Jusqu'ici, on a vu dans les actes qui ont été rapportés, l'abbé de Brantôme recevoir l'hommage des
seigneurs de Bourdeilles en habits sacerdotaux,
comme représentant le saint auquel cet hommage se
rendoit en la personne de l'abbé, son lieutenant.

Mais., parce que cette cérémonie commença à
paroître indécente dans un siècle plus éclairé, l'abbé
de Brantôme ne voulut plus s'assujettir à se revêtir
de ses ornemens sacerdotaux pour recevoir l'hommage
de Bourdeilles ; et c'est ce qui donna lieu en partie à la
transaction de l'année 1479, par laquelle on termina
encore plusieurs différends qui s'étoient formés entre
l'abbé de Brantôme et le seigneur de Bourdeilles ;
l'archevêque de Tours, oncle du dernier, et l'évêque
de Périgueux, supérieur ordinaire du premier, furent
les médiateurs de cet accommodement.

Il seroit inutile d'en expliquer ici toutes les conditions ; on s'attachera seulement à celles qui peuvent
regarder la mouvance du lieu de Bourdeilles.

Au lieu que par les actes précédens on avoit
confondu dans un seul hommage la moitié de la
justice, ou autrement le pariage de Brantôme et la
moitié du repaire de Ramefort avec celui de Bourdeilles, on commença par cette transaction à mettre
une différence considérable entre ces hommages, et
il fut réglé que celui du pariage de Brantôme et du
repaire de Ramefort se feroit *genibus flexis, capite*

discooperto, zonâ amotâ, manibus complosis, avec serment de fidélité.

Il n'en est pas de même de l'hommage du lieu de Bourdeilles.

L'abbé de Brantôme le demandoit en forme d'hommage plein : et il exigeoit, outre cela, le serment de fidélité, *cum juramento fidelitatis* : ce sont les termes de la transaction.

Le sieur de Bourdeilles disoit au contraire, comme ce même acte le porte expressément, qu'*el n'étoit tenu faire ledit hommage en cette forme, mais à monsieur saint Sicaire, et à l'abbé de ladite abbaye, comme son lieutenant, étant devant l'autel dudit saint, revêtu et tenant sa crosse en la main, et ledit seigneur de Bourdeilles étant debout, et sans serment de féauté : ledit sieur de Brantôme disant le contraire, et qu'il devoit ledit hommage plein à lui, et non audit saint Sicaire, et en le recevant ne devoit ne n'étoit aucunement tenu être revêtu d'aucun vêtement saint; et au surplus, qu'il étoit tenu lui faire serment de fidélité accoutumé être fait en tous hommages.*

Telles étoient les contestations qui s'étoient formées entre l'abbé de Brantôme et le sieur de Bourdeilles sur la forme de cet hommage.

On convient pour les terminer, 1.º « Que l'abbé, » en recevant cet hommage, ne sera tenu d'être » revêtu, ni avoir d'autre habillement que le grand » habit abbatial qu'il porte, ni aussi d'avoir sa » crosse, pour ce que les vêtemens de sainte église » sont ordonnés pour le service de Dieu, et non pour » recevoir hommage de personne ».

2.º Qu'au surplus, on suivra la forme de l'hommage contenu dans celui d'Archambaud de Bourdeilles, de l'année 1364, dont on a déjà expliqué exactement toutes les dispositions, et qui est transcrit à la fin de cette transaction.

3.º On règle ce qui regarde le serment de fidélité

demandé par l'abbé, et refusé par le sieur de Bourdeilles, et on le règle en ces termes :

Et pour ce que mondit sieur de Bourdeilles dit et prétend qu'il n'est tenu faire serment de fidélité à mondit sieur de Brantôme, en sera fait un instrument à part, que toutes et quantes fois qu'il apparoîtra par aucun ou aucuns autres hommages précédens ou subséquens les dessusdits, ou autrement deument, que lesdits sieurs de Bourdeilles ayent fait, ou soient tenus faire ledit serment de féauté, ou accordé en ce autre forme, mondit sieur de Bourdeilles et ses successeurs seront tenus de faire à mondit sieur de Brantôme et ses successeurs ledit serment de féauté en autre forme sur ce accordée.

Ainsi, le sieur de Bourdeilles gagne presque entièrement sa cause par cet accommodement, puisque l'on convient que l'hommage sera rendu à saint Sicaire, et non à la personne de l'abbé, conformément à l'acte passé par Archambaud ; et que l'on exempte ce seigneur du serment de fidélité, jusqu'à ce que l'abbé ait rapporté des titres en vertu desquels il puisse l'y assujettir, ce qu'il n'a pas encore fait, et qu'apparemment il ne fera jamais : il n'y a qu'un seul chef que l'abbé gagne par cet accommodement, c'est la dispense de se revêtir d'habits pontificaux pour recevoir l'hommage de Bourdeilles.

En exécution de cette transaction, ce seigneur rendit l'hommage qui est le dernier titre de l'abbé de Brantôme ; il est de la même date que la transaction, et il est absolument conforme à celui de 1364, excepté que l'abbé reçoit cet hommage sans être revêtu des ornemens sacerdotaux.

Au surplus, la même forme y a été exactement observée : l'abbé le reçoit devant l'autel de saint Sicaire, le sieur de Bourdeilles le rend debout à saint Sicaire, et à l'abbé, comme lieutenant de ce saint, pour le château et la partie du bourg qui lui appartenoit, et avec cette clause transcrite mot pour mot sur l'hommage de 1364: Que s'il y avoit, ou s'il se

trouvoit quelque chose dans la châtellenie de Bourdeilles qui fût mouvant de l'abbé, l'intention du
sieur de Bourdeilles étoit de le comprendre sous cet
hommage.

C'est à quoi se réduisent ces quatre actes importans, qui sont, à proprement parler, les seuls titres
de l'abbé de Brantôme.

Après les avoir ainsi expliqués, on pourroit d'abord
les combattre dans la forme, et observer qu'il n'y a
que les deux derniers, c'est-à-dire la transaction et
l'hommage de 1479, qui soient rapportés dans une
forme authentique.

L'hommage de 1364 n'est point produit séparément; il n'a, pour parler ainsi, aucune existence
par lui-même, il n'existe que dans la transaction
de 1479, à la fin de laquelle on l'a transcrit tout
entier.

La forme dans laquelle celui de 1464 paroît aux
yeux de la justice, est encore plus suspecte; non-
seulement on ne rapporte point l'original de ce titre,
mais cet original même n'existe plus, on n'en a
qu'une copie insérée dans un cartulaire de l'abbaye
de Brantôme, cartulaire qui n'est pas même rapporté, et dont on ne rapporte qu'un extrait qui n'a
pas été compulsé avec le procureur-général du roi:
on sait d'ailleurs combien est souvent légère et équivoque la foi de ces sortes de cartulaires; il n'en faudroit pas dire davantage, à la rigueur, pour détruire
toute l'autorité de cette pièce, il est même remarquable que l'on n'en a fait aucune mention dans la
transaction de 1479; il paroît peu vraisemblable que
l'on eût omis d'en tirer avantage de part ou d'autre,
si cet acte avoit jamais existé.

Mais, comme la transaction de 1479 semble suppléer en quelque manière au défaut des actes précédens, qu'elle renouvelle et qu'elle confirme sous
les conditions qui y sont exprimées, le procureur-
général croit devoir s'attacher principalement à examiner les deux questions importantes qui résultent

de cette pièce, et des hommages qui la précèdent et qui la suivent.

La première consiste à savoir si l'hommage que le sieur de Bourdeilles a rendu par ces actes à l'abbé de Brantôme, doit être considéré comme un véritable devoir féodal fondé sur une véritable et légitime inféodation, ou s'il ne faut le regarder que comme un hommage de dévotion par lequel les sieurs de Bourdeilles ont voulu affranchir leur terre de la foi qu'elle devoit au duc de Guyenne, ou au comte de Périgord, et se faire, pour ainsi dire, une espèce de franc-aleu, sous prétexte d'un hommage qui n'étoit qu'une simple cérémonie, n'étant accompagné d'aucun devoir, ni même d'un serment de fidélité.

La deuxième question se réduit à examiner s'il est vrai, quand même on supposeroit que cette reconnoissance des seigneurs de Bourdeilles étoit un hommage véritable et légitime, qu'elle comprît toute la châtellenie de Bourdeilles possédée par les seigneurs de ce nom, ou si, au contraire, elle ne doit être appliquée qu'au château et à la moitié du bourg de Bourdeilles; ensorte que tout ce qui est au-delà de ces bornes, n'étant point compris dans les titres de l'abbé de Brantôme, soit demeuré dans la seigneurie directe du roi, qui a tout ce que les seigneurs particuliers ne peuvent justifier leur appartenir.

Le fermier du domaine s'est fort étendu sur la première de ces deux questions; et quoique tout ce qu'il a dit sur ce sujet ne soit pas également solide, on peut néanmoins profiter de ses conjectures, et lorsqu'on leur aura donné le degré de force et de lumière dont elles sont susceptibles, on pourra en tirer cette conséquence, qu'il est très-vraisemblable que le château et la moitié du bourg de Bourdeilles, qui sont les deux seules choses comprises dans les hommages dont il s'agit, n'étoient point dans leur origine un fief de l'abbaye de Brantôme; que ce n'est que par une convention particulière que l'on a commencé à porter ce fief, non à l'abbé, mais à saint Sicaire, pour le soustraire à l'autorité du duc de Guyenne, ou du comte de Périgord, dont le château de Bourdeilles étoit mouvant dans son origine; ensorte que l'acquisition que l'abbaye de Brantôme a faite de cette mouvance, est, suivant toutes les apparences, une usurpation cachée sous le voile de la religion.

Trois circonstances particulières servent de fondement à toutes ces conjectures :

1.º La qualité de celui auquel l'hommage est rendu ;

2.º La forme de cet hommage ;

3.º La nature irrégulière du fief pour lequel on le rend.

Première circonstance. Quel est celui qui, suivant les titres mêmes du sieur abbé de Vauban, doit être considéré comme le véritable seigneur du château de Bourdeilles ? Ce n'est point l'abbé de Brantôme ; c'est le bienheureux martyr saint Sicaire, qu'une tradition plus que suspecte, met au nombre des saints Innocens. Si l'abbé de Brantôme a quelque part à cet hommage, ce n'est pas en son nom, ce n'est que comme représentant le saint, et en qualité de son lieutenant, ce qui forme le véritable caractère des hommages de dévotion.

Mais cet hommage est-il aussi ancien que l'abbaye ou que le fief de Bourdeilles ? C'est ce qui n'est nullement vraisemblable.

En effet, c'est aux reliques, comme le portent quelques-uns des actes du procès, c'est aux reliques de saint Sicaire, que les sieurs de Bourdeilles ont rendu cette marque de leur respect et de leur piété. Or, on ne sauroit presque nier que ce ne soit au plutôt vers le onzième siècle que ces sortes de reliques ont commencé à être apportées en France. C'est en ce temps que les expéditions d'outremer et les premières croisades ont été entreprises ; et ce ne fut qu'au retour de la terre-sainte, que l'occident s'enrichit, pour ainsi dire, des dépouilles de l'orient, par les reliques que chaque seigneur s'empressoit de rapporter dans son pays.

Ce n'est pas ici le lieu d'examiner, si la foi de ces reliques est entièrement assurée, ou si les Orientaux n'abusèrent pas souvent en ce temps de la pieuse crédulité de nos pères; mais quoi qu'il en soit, il ne paroît pas possible de faire remonter plus haut le transport des reliques attribuées au bienheureux saint Sicaire.

D'un autre côté, il est certain que l'abbaye de Brantôme existoit plusieurs siècles avant ce temps, et qu'elle étoit dédiée à Dieu sous l'invocation de saint Pierre.

Or, de ces deux faits, il en résulte une présomption violente que le château de Bourdeilles n'étoit pas mouvant de l'abbaye dans son origine, et qu'il n'a commencé à le devenir que par la dévotion, et peut-être par l'intérêt de quelque seigneur de ce nom.

Car, si ce château avoit toujours été dans la mouvance de l'abbaye de Brantôme, ou il auroit été mouvant de l'abbé, ou, si l'on avoit voulu le mettre sous la protection de quelque saint, il auroit été naturel de faire hommage à saint Pierre de Brantôme, auquel cette abbaye étoit spécialement consacrée.

Mais, comme ce n'est que long-temps après, et à l'occasion des reliques de saint Sicaire, qui avoient peut-être été apportées par quelque seigneur de la maison de Bourdeilles, qu'on a conçu le dessein de cette nouvelle mouvance, plutôt par voie de protection, que par une véritable inféodation, voilà pourquoi ce fief, ainsi établi, ou plutôt ainsi usurpé sur son premier seigneur, a été porté à saint Sicaire; ce qui suppose qu'avant la convention par laquelle ce changement a été fait, ce fief ne dépendoit pas de l'abbaye de Brantôme.

Ce changement, qui est apparemment l'unique fondement du droit de cette abbaye, est d'ailleurs d'autant plus vraisemblable, qu'il se trouve des exemples de ces sortes de conventions, que la religion sembloit consacrer en quelque manière.

C'est ainsi que dans la légende de saint Robert, premier abbé de la Chaise-Dieu, rapportée par Castel, dans son Histoire des comtes de Toulouse, l. 2, p. 136, il est dit que Raimond de Saint-Gilles se trouvant privé de l'héritage de son père, se rendit à cette abbaye, où étant devant le sépulcre de saint Robert, et ayant mis son épée sur l'autel, il la reprit et fit hommage à saint Robert de la comté de Tholose, comme la tenant de lui, si Dieu lui faisoit la grâce de l'obtenir, comme il le fit bientôt après.

On ne parle pas ici d'une cérémonie presque semblable par laquelle quelques historiens ont prétendu que Charlemagne ayant déposé son diadême sur l'autel de saint Denis, déclara qu'il vouloit désormais tenir son royaume de France en fief de ce saint, non par une servitude humaine, mais par un culte spirituel et divin; *non tamen adstricti humanæ servituti, sed divinæ.* Quoique Nicole Gilles, et d'autres auteurs, aient cru cette histoire véritable, elle est néanmoins si peu assurée, que la seule conséquence qu'on peut en tirer est que, si c'est une fiction, ceux qui l'ont inventée ne l'ayant faite que conformément aux usages de leur siècle, elle sert toujours à prouver que ces sortes d'hommages de dévotion étoient autrefois assez communs.

Ainsi les Normands, après avoir conquis la Pouille, la Calabre et la Sicile, en firent, par une reconnoissance volontaire, un fief du saint Siége.

Ainsi, par une politique plus intéressée, le roi Jean sans terre acheta la protection du pape Innocent III, contre le roi Philippe-Auguste, par l'hommage qu'il lui rendit de son royaume d'Angleterre.

Enfin, pour ne point s'égarer dans une plus longue suite d'exemples semblables, c'est ainsi que dans les derniers siècles, le roi Louis XI mit le comté de Boulogne-sur-Mer sous la protection de la Sainte-Vierge, et lui en donna le fief et l'hommage qu'il promit de lui rendre dans la personne de l'abbé de Notre-Dame de Boulogne.

Telle fut, suivant toutes les apparences, la dévotion des seigneurs de Bourdeilles pour les reliques de saint Sicaire de Brantôme : ils lui consacrèrent leur fief, ils voulurent le tenir de ce saint; et comme ils ne pouvoient lui en rendre l'hommage, ils substituèrent l'abbé de Brantôme en sa place, et ils voulurent que cet abbé reçut leur hommage, comme représentant saint Sicaire, et comme son lieutenant.

Mais ce qu'ils ont voulu faire par là étoit-il en leur pouvoir ? Et peut-on dire qu'il soit permis à tout vassal d'être pieux envers l'église aux dépens de son seigneur, et de le frustrer de l'hommage qu'il lui doit, sous prétexte que par les mouvemens d'une dévotion peu onéreuse, il veut avoir un saint pour seigneur ? à peu près comme ces anciens Romains qui croyoient faire un acte de religion, en dépouillant leurs héritiers de leur succession, pour la donner aux temples de leurs dieux.

Les premiers élémens du droit des fiefs, ou, pour mieux dire, les premiers principes de l'équité naturelle, suffisent pour décider cette question.

Qu'un souverain offre son fief à un saint sous la protection duquel il le consacre, pour ainsi dire, comme Louis XI le fit à l'égard du Boulonnois dans son temps où cette obligation ne pouvoit faire de préjudice qu'à lui-même, parce qu'il possédoit le comté d'Artois, fief dominant de celui de Boulogne ; que le possesseur d'un franc-aleu, s'il y en a qui soit reconnu par le roi, suive encore les mouvemens libres de sa dévotion à cet égard ; il n'y a rien en cela de contraire à la justice, parce qu'aucun seigneur n'est intéressé à empêcher cette espèce de dédicace féodale.

Mais qu'un vassal fasse un don de cette qualité au préjudice de son seigneur, c'est faire servir la religion de voile à l'injustice, et honorer Dieu, non pas de sa propre substance, suivant le précepte de l'écriture, mais de celle de son seigneur féodal.

Voilà cependant ce que l'on peut présumer que les seigneurs de Bourdeilles ont voulu faire : ils n'étoient ni souverains, ni possesseurs d'un franc-aleu ; ainsi le droit de l'abbé de Brantôme ne doit passer que pour une pieuse usurpation dans son origine, dès le moment qu'il sera constant que l'hommage dont il s'agit n'est, à proprement parler, qu'un hommage de dévotion.

C'est ce que l'on a prouvé par la qualité du seigneur auquel cet hommage a été rendu ; il faut y joindre une seconde preuve, elle se tire de la forme dans laquelle on a accoutumé de le rendre.

Le lieu où se rend cet hommage, la posture de celui qui le rend, l'état de celui qui le reçoit, tout concourt à faire voir que cette cérémonie est moins un véritable hommage, qu'une espèce d'acte de religion par lequel les seigneurs de Bourdeilles renouveloient la consécration qu'ils avoient faite de leur château à saint Sicaire de Brantôme.

Ce n'est point dans un château, ce n'est point dans le monastère, ou dans un autre lieu destiné à recevoir la foi des vassaux de l'abbaye, que cet hommage se rend ; c'est dans l'église même, c'est à l'autel de saint Sicaire.

Le vassal prétendu n'y paroît pas dans l'état, ni dans la posture ordinaire des vassaux ; il n'ôte point son épée, il ne se met pas à genoux, il demeure debout devant l'autel du saint, et il ne s'assujettit pas même aux formalités de l'hommage plein qui sont exactement décrites dans la transaction de 1479, mais que le seigneur de Bourdeilles n'accomplit que par rapport à la seigneurie de Brantôme et au domaine de Ramefort, et non par rapport à la seigneurie de Bourdeilles, qui n'est point soumise à cette loi.

Enfin, l'abbé qui reçoit cet hommage, non en son nom, mais comme lieutenant de saint Sicaire, y est aussi debout devant l'autel de ce saint ; et dans la première origine, il devoit y être avec sa crosse à la main, et revêtu des ornemens sacerdotaux ; cet usage a duré fort long-temps ; on le voit observé dans l'hommage de 1364; on le retrouve encore dans celui de 1464, et il n'a été réformé que par la transaction de 1479.

Il ne s'agit pas ici d'examiner s'il y avoit en effet de l'indécence dans cette cérémonie : quand cela seroit véritable, la réflexion qui a été faite long-temps après sur cette indécence, n'empêcheroit pas que cet usage indécent, si l'on veut, n'eût été observé pendant plusieurs siècles. Or, sur quoi un pareil usage auroit-il pu être fondé, si ce n'est sur ce que le seigneur avoit autrefois apporté les reliques de saint Sicaire dans l'église de Brantôme, que l'abbé les y avoit reçues, revêtu des habits sacerdotaux, et que peut-être dans ce moment-là même, le seigneur de Bourdeilles avoit mis son château et la moitié du bourg de Bourdeilles qu'il possédoit, sous la protection de saint Sicaire, s'engageant même à lui en rendre hommage à l'avenir ?

Et parce que cela s'étoit pratiqué de cette manière dès le temps de la première constitution de cet hommage, il est vraisemblable qu'on a voulu, pendant long-temps, en renouveler la mémoire par la répétition de la même cérémonie.

Mais tout cela ne prouve-t-il pas également que l'origine de cet hommage n'est qu'une dévotion peu éclairée, et peut-être intéressée du seigneur de Bourdeilles, qui a voulu avoir saint Sicaire pour seigneur, afin de n'en avoir point.

C'est ce qui paroîtra encore plus probable, si l'on examine la troisième preuve de cette conjecture, qui se tire de la nature irrégulière de ce fief prétendu.

On a observé, en expliquant les titres de l'abbé de Brantôme, que l'hommage qu'il a reçu par ces actes des seigneurs de Bourdeilles, n'est accompagné d'aucun serment de fidélité, et qu'il n'est chargé d'aucun autre devoir.

C'est ce qui paroît par ces termes de la transaction et de l'hommage de 1479, copiés sur ceux de l'hommage de 1364 : *Hôc acto et promisso per dictum dominum de Burdeliâ quòd quotiescumque appareret seu præfatus dominus abbas posset docere in futurum per legitima documenta, quòd idem nobilis deberet, seu teneretur facere aliquod aliud deverium ipsi domino abbati, ratione præmissorum paratus erat et facere offerebat.*

Ainsi, jusqu'à ce que l'abbé rapporte des titres contraires, ce qu'il n'a jamais fait et qu'il ne fera jamais, il demeure pour constant, que le fief prétendu par l'abbaye de Brantôme, n'assujettit ceux qui le possèdent ni à la prestation de serment de fidélité, ni à aucun autre devoir que le simple hommage rendu dans la forme que l'on vient d'expliquer.

Telle est la nature singulière de ce fief, qui fortifie toutes les conjectures par lesquelles on a montré que l'hommage dont il s'agit n'est qu'un hommage de dévotion, dans lequel les seigneurs de Bourdeilles ont bien moins cherché à se soumettre à l'abbé de Brantôme, ou même à saint Sicaire, qu'à s'affranchir de l'obéissance qu'ils devoient à leurs anciens seigneurs, en faisant de leur fief une espèce de franc-aleu, qui n'avoit que le nom et le titre de fief, sans en avoir les charges.

Il est vrai que, quoique l'essence du fief consiste dans la fidélité, les feudistes ont cru néanmoins qu'il pouvoit y avoir des fiefs exempts de la prestation de serment de fidélité. Ils ont distingué entre la foi, qui ne peut jamais manquer de la part du vassal, et la prestation ou le renouvellement de cette foi, dont il peut être dispensé par son seigneur : de là vient la distinction que l'on a faite entre l'hommage et le serment de fidélité ; de là vient encore que quelques anciens auteurs ont cru que les mineurs pouvoient rendre l'hommage, qui ne consiste que dans la soumission extérieure de la personne du vassal, mais qu'ils ne pouvoient prêter le serment de fidélité, parce qu'ils n'étoient pas en âge de s'engager valablement.

Mais, malgré toutes ces distinctions, il faut néanmoins reconnoître qu'il est très-rare de trouver de ces sortes de fiefs, qui n'engagent ni au serment de fidélité,

ni à aucuns services ou devoirs envers le seigneur féodal : comme la nature de ces fiefs est très-singulière,
pour ne pas dire très-irrégulière, il faut aussi que leur
constitution ait eu des causes et des motifs fort extraordinaires : or, entre toutes ces causes, il n'y en a point
de plus vraisemblable que celle qui se tire de l'origine
même du fief.

Pour développer cette pensée, il faut observer ici
que les feudistes ont distingué, avec raison, deux
sortes de fiefs : les uns, qu'ils ont appelés *propres*,
qui viennent originairement de la concession des seigneurs; les autres, qu'ils nomment *impropres*, ou
autrement *fiefs offerts*, qui ne sont établis que par
l'offrande volontaire du vassal.

Ces fiefs n'ont jamais été dans le domaine du seigneur direct, et ils ne sont tombés dans sa mouvance
que par la volonté libre de leur possesseur, qui, par
foiblesse ou par intérêt, a cru devoir acheter la protection d'un voisin puissant, en lui rendant hommage
d'un bien qu'il n'avoit pas reçu de lui, ou qui a voulu
donner une marque de sa piété, en se rendant vassal
de l'église, et en déclarant qu'il veut désormais
tenir d'elle une seigneurie qui auparavant en étoit
indépendante.

Une différence infinie sépare ces deux espèces de
fiefs.

Dans les fiefs *propres*, c'est la volonté du seigneur
qui domine. Comme le vassal tient tout de lui, il est
juste qu'il subisse la loi que son bienfaiteur veut lui
imposer; et de là vient que, de droit commun, les
possesseurs de ces sortes de fiefs sont chargés, non-
seulement de l'hommage, mais du serment de fidélité, et de tous les services et devoirs ordinaires de
fief.

Au contraire, dans les fiefs *impropres* ou *offerts*,
la volonté du seigneur est moins dominante, et celle
du vassal l'est beaucoup plus. Comme c'est lui qui,
pour ainsi dire, se rend volontairement esclave, il
règle aussi, comme il lui plaît, les conditions de sa

servitude ; et ces sortes de fiefs consistent principalement en deux choses, honneur d'un côté, protection de l'autre ; honneur de la part du vassal, protection de la part du seigneur.

De là vient, sans doute, l'exemption du serment de fidélité, l'affranchissement de tous services et de tous devoirs, en un mot, cette franchise de fief, pour se servir des termes des feudistes, qui, semble être une suite naturelle de cette libre et franche volonté par laquelle un seigneur indépendant se soumet de lui-même à un autre seigneur.

Ainsi, partout où l'on trouve ces conditions singulières, on doit présumer facilement que le fief qui est possédé de cette manière, est plutôt un fief impropre qu'un fief propre ; plutôt un fief offert par le vassal au seigneur, qu'un fief donné par le seigneur au vassal; en un mot, un fief de protection, plutôt qu'un fief de devoir.

Jamais fief ne porta plus ce caractère que celui dont les abbés de Brantôme ont reçu l'hommage; car, pour réunir ici les trois circonstances que l'on a développées séparément, ce n'est point à un seigneur ordinaire que cet hommage se rend, c'est à un saint, qui certainement n'avoit pas concédé le château de Bourdeilles aux seigneurs de ce nom, et qui n'a pu qu'en recevoir l'oblation et la dédicace de la part de ces seigneurs; c'est dans l'église, c'est avec une cérémonie presque ecclésiastique, dans laquelle l'abbé devoit autrefois être revêtu des ornemens sacerdotaux ; c'est sans aucune marque extérieure de sujétion féodale, que le seigneur de Bourdeilles rend son hommage; enfin, il le rend sans serment de fidélité, sans être obligé à aucun service, sans être soumis à aucun devoir, sans être assujetti au paiement d'aucuns droits.

Qui pourra donc douter, en réunissant toutes ces circonstances, que ce ne soit ici véritablement un de ces fiefs offerts dont parlent les feudistes, dans lesquels le seigneur, ne donnant rien et recevant tout, laisse au vassal la liberté de mettre telles conditions qu'il lui plaît au présent qu'il fait de sa personne et de son fief?

Un seigneur de Bourdeilles, touché d'un mouvement de zèle pour des reliques qu'il avoit peut-être apportées de la terre-sainte, se dépouille en apparence de la propriété de son château; le remet par fiction entre les mains du saint dont il avoit apporté les reliques; le reprend ensuite des mains de ce saint pour le tenir en fief de lui, sans aucune autre charge que celle d'un hommage plus religieux, si l'on peut parler ainsi, que féodal : voilà, suivant toutes les apparences, quelle est l'origine de ce fief prétendu.

Mais cette constitution bizarre et irrégulière de fief, a-t-elle pu nuire au comte de Périgord ou au duc de Guyenne? C'est ce que l'on n'oseroit pas soutenir, si la longueur du temps ne sembloit avoir purgé, en quelque manière, le vice de l'origine; mais, en ce cas, il faudra examiner à la rigueur tous les actes de possession rapportés par l'abbé de Brantôme, et les envisager avec la prévention que l'on doit toujours avoir contre les suites d'une usurpation.

Or, si on soumet ces actes à une discussion rigoureuse, ils seront réduits à un seul, c'est-à-dire, à la transaction de 1479; car l'hommage qui le suit ne doit être regardé que comme un seul et même acte avec cette transaction.

En effet, l'hommage de 1364 n'est point rapporté, on ne le trouve que dans la même transaction.

Celui de 1464 n'y est pas même rappelé, et la foi de cet acte dépend de celle d'un cartulaire qui n'en mérite aucune.

Or, si la possession de l'abbé de Brantôme est réduite à un seul acte, le droit du roi ne doit pas être moins puissant, puisqu'il a aussi dans ce même temps, c'est-à-dire en 1469, un hommage précis en sa faveur, à quoi il joint quelques autres titres qui ont été expliqués, et, ce qui est encore plus fort, l'autorité du droit commun, et les défauts des titres qu'on lui oppose.

37 *

On répondra, peut-être, pour l'abbé de Brantôme, que sa possession est encore soutenue par les aveux mêmes qui ont été rendus au roi en 1624 et en 1679, où l'on a énoncé que la baronnie de Bourdeilles étoit mouvante des reliques de saint Sicaire de Brantôme; mais, comme cette objection se répand sur tous les moyens par lesquels on peut soutenir la cause du roi, et combattre les titres du sieur abbé de Brantôme, l'on différera d'y répondre, jusqu'à ce que l'on ait achevé l'explication de ces moyens.

Jusqu'ici, l'on a traité la première question qui naît des titres de l'abbé de Brantôme, et qui consiste à savoir, si l'hommage qu'on lui a rendu du château de Bourdeilles, n'est pas une vaine cérémonie, tout au plus, la suite et l'effet d'une pieuse usurpation, qui n'a pu faire aucun préjudice aux droits du véritable seigneur.

Il faut maintenant passer à la seconde question, et examiner si, quand même il s'agiroit dans ces actes d'un hommage légitime et d'un véritable fief, ce fief comprendroit toute la châtellenie de Bourdeilles, ou seulement le château, et la partie du bourg qui appartenoit à la maison de Bourdeilles.

Pour décider cette question subsidiaire et surabondante, il ne faut que peser attentivement les termes des quatre actes, qui sont les seuls titres de l'abbé de Brantôme.

De quoi Archambaud de Bourdeilles rend-il hommage à cet abbé, en l'année 1364?

Du château de Bourdeilles, et du bourg du même lieu, en tant seulement que ce bourg lui appartient, *Castrum suum de Burdeliâ et burgum dicti loci de Burdeliâ, quantùm ipsum tangit et pertinet duntaxat.*

Quel est le fief qu'Arnaud de Bourdeilles reconnoît, cent ans après, tenir de saint Sicaire de Brantôme? C'est encore la même chose, dans les mêmes termes.

Enfin, à quoi s'applique la transaction de 1479,

et l'hommage qui la suit ? Après une longue contestation sur la forme de l'hommage, François de Bourdeilles n'y reconnoît tenir de l'abbaye de Brantôme, en ce qui regarde Bourdeilles, que son château et la partie du bourg de Bourdeilles qui lui appartenoit : *Castrum suum de Burdeliá, et burgum seu locum dicti loci de Burdeliá, quantùm ipsum tangit et ad ipsum spectat et pertinet duntaxat.*

Ce n'est pas tout ; quelle est la précaution que l'on prend également dans tous ces actes, par rapport à l'étendue de cette mouvance ?

On y trouve une clause importante, qui a toujours été répétée avec un grand soin, et cette clause porte, comme on l'a déjà observé, que s'il y avoit, ou si l'on venoit à découvrir quelque chose dans la châtellenie de Bourdeilles, qui fût mouvant de l'abbaye de Brantôme, l'intention des sieurs de Bourdeilles étoit de le comprendre dans l'hommage qu'ils rendoient.

Cette clause étoit également utile aux deux parties.

D'un côté, l'abbé de Brantôme se réserve, par là, la faculté de prouver que sa mouvance s'étendoit au-delà du château, et de la moitié du bourg de Bourdeilles.

De l'autre, le sieur de Bourdeilles établissoit, par là, que par provision et jusqu'au temps de ces actes, il n'y avoit que le château et le bourg qui fussent reconnus être dans la mouvance de l'abbé ; et s'il se trouvoit, dans la suite, quelqu'autre portion de sa seigneurie qui parût en être mouvante, il prévenoit, par la même clause, les saisies féodales que l'abbé auroit pu faire faire, sous prétexte d'un titre nouvellement découvert.

Il est donc nécessaire de répéter ici les termes d'une clause si importante :

Et si aliquid esset, seu erat, aut reperiretur in dictâ castellaniâ suâ de Burdeliá, quod moveret à præfato domino abbate, totum illud posuit et comprehendi voluit tenere sub homagio prædicto.

Telles sont toutes les clauses, et les expressions de ces titres, qu'il faut avoir toujours devant les yeux, pour décider si le terme de *castrum* qui y a été employé, signifie toute la châtellenie, ou s'il ne comprend que le château limitativement, dans sa signification propre et littérale.

Mais, avant que de traiter cette question, il est nécessaire de faire d'abord deux réflexions importantes, qui doivent servir de règle dans l'explication de ce terme.

La première est que, comme la présomption est toujours pour le roi en matière de mouvance, toutes les fois qu'un terme équivoque et susceptible de deux sens se trouve dans un ancien titre, la raison demande qu'on l'explique toujours dans la signification la moins étendue, parce que tout est de rigueur contre un seigneur particulier qui veut contester au roi une mouvance, et que, puisqu'il attaque le droit commun, il ne doit pas trouver étrange qu'on réduise la force des expressions à leur juste valeur, et qu'on les prenne dans leur plus étroite signification.

La deuxième est que cette maxime est encore plus juste contre l'abbé de Brantôme, que contre tout autre seigneur.

En effet, quand tout ce que l'on a observé sur la première question ne suffiroit pas pour effacer l'idée de cette mouvance qu'il prétend, et qui n'est fondée que sur une oblation faite à l'église, par un vassal, au préjudice de son seigneur, il y en a au moins plus qu'il n'en faut, pour faire voir qu'un droit fondé sur une surprise, ne peut jamais être regardé comme favorable, quoiqu'on se soit servi du voile de la religion pour la couvrir, et que, par conséquent, on ne sauroit interpréter trop rigoureusement tous les termes sur lesquels un droit de cette qualité est appuyé; cette réflexion est fondée sur l'équité même qui veut que l'on restreigne toujours ce qui a un mauvais principe et une origine vicieuse.

Si l'on examine sur ces deux principes les termes

dans lesquels les seigneurs de Bourdeilles ont expliqué ce qu'ils tiennent en fief de l'abbaye de Brantôme, on n'aura pas de peine à en tirer cette conséquence, qu'il n'y a que le seul château, et la moitié du bourg, que ces seigneurs aient reconnu être dans la mouvance de saint Sicaire.

Quelques observations, aussi courtes qu'importantes, mettront cette vérité dans tout son jour.

1.° Ils se sont servis du terme de *castrum*; et quoiqu'il y ait plusieurs exemples d'anciens titres, où ce mot signifie non-seulement le château, mais toute la châtellenie, cependant les deux réflexions préliminaires que l'on a faites, persuadent aisément que dans les actes dont il s'agit, le terme de *castrum* doit se prendre dans sa plus étroite signification, soit parce que dans le doute on restreint toujours ce qui est contraire au droit commun, soit parce que les termes doivent s'entendre à la rigueur dans les fiefs offerts, ces sortes de fiefs n'ayant point d'autre fondement que la volonté du vassal, qu'on ne présume pas facilement avoir voulu donner plus que ce qui est renfermé dans la signification la plus exacte et la plus littérale des termes dont il s'est servi.

2.° Archambaud, Arnaud, et François de Bourdeilles, ne disent pas simplement qu'ils tiennent le château de Bourdeilles de saint Sicaire de Brantôme, ils disent que c'est leur château de Bourdeilles qui relève de ce saint, *castrum suum*.

Or, cette expression, qui ne paroit rien d'abord, étant bien approfondie, il en résulte une espèce de démonstration, pour faire voir que c'est au château limitativement, et non pas à la châtellenie, qu'il faut appliquer ces hommages.

Pour sentir toute la force de ce raisonnement, il faut se souvenir ici qu'il n'y avoit qu'une châtellenie, mais qu'il y avoit deux châteaux de Bourdeilles: un château qui appartenoit aux seigneurs de ce qu'on nomme à présent le comté de Bourdeilles; un autre château qui appartenoit aux sieurs de

Bourdeilles, possesseurs de la portion qu'on appelle à présent la baronnie.

Ainsi, lorsqu'il s'agissoit du château seulement, les sieurs de Bourdeilles pouvoient fort bien l'appeler leur château, *castrum suum*; parce qu'en effet ce château leur appartenoit en entier, et qu'ils ne le partageoient avec aucun autre seigneur.

Mais il n'en étoit pas de même de la châtellenie, ils n'en possédoient que la moitié; ils ne pouvoient donc pas l'appeler leur châtellenie absolument et sans aucune limitation, puisqu'ils la partageoient avec un autre seigneur.

Or, si les termes de *castrum suum* employés dans les trois hommages dont il s'agit, ne peuvent convenir qu'au château, et non pas à la châtellenie, il ne faut point chercher ailleurs l'interprétation du mot *castrum*; ce mot s'explique par l'acte même, et il est évident qu'il ne signifie ici que le château.

Faut-il en donner encore une preuve plus sensible et plus convaincante? Il n'y a qu'à comparer la manière dont les sieurs de Bourdeilles se sont expliqués dans ces mêmes actes par rapport au château qui leur appartenoit en entier, avec celle dont ils ont parlé du bourg où ils n'avoient que la moitié.

Quand ils parlent du château, ils disent absolument et sans aucune restriction, *castrum suum*.

Mais quand ils parlent du bourg, ils ajoutent toujours cette limitation, en tant qu'il leur en appartient seulement, *et burgum de Burdeliâ, quantùm ipsum tangit, et ad ipsum pertinet duntaxat.*

Si donc il avoit été question de la châtellenie, comme la châtellenie n'étoit pas moins partagée entr'eux et un autre seigneur que le bourg, ils se seroient servis de la même modification, et en reconnoissant tenir la châtellenie de saint Sicaire de Brantôme, ils auroient ajouté, comme ils le font par rapport au bourg, qu'ils rendoient cet hommage pour la part qu'ils avoient dans la châtellenie.

Mais, parce qu'il ne s'agissoit que du corps du

château, et de la moitié du bourg, ils disent que le château leur appartient en entier, *castrum suum* ; et à l'égard du bourg, ils ne se reconnoissent vassaux que pour la portion qu'ils y possédoient.

3.º Si le terme de *castrum* se trouvoit seul dans ces titres, sans aucune explication plus singulière et plus détaillée de ce qui étoit mouvant de saint Sicaire, ce seroit alors que l'on pourroit agiter avec nos docteurs français, si le mot de *castrum* ne comprend pas tout le territoire qui en dépend ; mais ce terme ne se trouve pas seul dans les hommages dont il s'agit : il est suivi immédiatement d'une expression qui marque que ce terme ne comprenoit que le seul château ; car on ajoute que la moitié du bourg relevoit aussi de saint Sicaire. Or, cette expression étoit inutile, si l'on eût eu intention de comprendre toute la châtellenie sous le seul nom de château : non-seulement cette expression auroit été inutile, mais elle auroit été contraire aux intérêts de l'abbaye de Brantôme ; car la châtellenie de Bourdeilles ne consiste pas seulement dans le bourg de ce lieu, elle comprend plusieurs autres paroisses, et elle paroît être d'une fort grande étendue, à en juger par les titres produits au procès : or, en n'exprimant que ce bourg dans l'hommage des seigneurs de Bourdeilles, on donnoit lieu de croire qu'il n'y avoit que ce bourg, pour la part qui en appartenoit aux sieurs de Bourdeilles, qui fût mouvant de saint Sicaire ; ainsi, encore une fois, cette expression auroit été non-seulement inutile, mais contraire aux intérêts de l'abbaye de Brantôme, s'il eût été vrai que la châtellenie entière eût été mouvante de cette abbaye ; et au lieu de s'exprimer comme l'on a fait, on auroit dit tout d'un coup que le sieur de Bourdeilles reconnoissoit tenir de saint Sicaire de Brantôme *castrum suum de Burdeliâ, et castellaniam, quantùm ipsum tangit et ad ipsum pertinet duntaxat.* Voilà comment on auroit dû s'exprimer, et comme l'on se seroit exprimé en effet, si la châtellenie entière avoit été mouvante de l'abbaye de Brantôme : mais, parce qu'il n'y avoit que le

château et une partie de bourg qui en fussent mouvans, après avoir parlé du château dans ces hommages, on y a ajouté la moitié du bourg, et en
spécifiant ainsi cette moitié du bourg, on a fait voir
que sans cela le terme de *castrum* ne l'auroit pas
comprise, et par conséquent que ce terme étoit
employé dans sa signification propre et naturelle, sans
que les parties eussent eu aucune intention d'y comprendre la châtellenie.

4.° On est encore plus touché de cette réflexion,
lorsqu'on y joint ce qui a été observé, par rapport à
la première question, sur l'origine de la mouvance
prétendue par l'abbé de Brantôme. Comme il y a tout
sujet de présumer que le fief qu'il prétend lui appartenir, est un fief offert par dévotion à son église,
il est naturel aussi de croire que le seigneur de Bourdeilles qui a fait cette oblation, la faisant principalement par rapport à sa personne, à sa famille, et
au lieu où il demeuroit, n'a eu la pensée d'y comprendre que son château et son bourg, qu'il a voulu
mettre par là sous la protection spéciale de saint Sicaire. Voilà, suivant toutes les apparences, quelles
ont été ses intentions, et l'on ne sauroit imaginer une
raison plus spécieuse et plus plausible, pour expliquer pourquoi il n'y a que le château et le bourg
qui soient compris dans les hommages rendus à
l'abbaye de Brantôme.

5.° Mais ce qui ne laisse aucun lieu de douter
de cette vérité, c'est la précaution que l'on a prise
d'ajouter à tous les hommages cette clause importante, qui suffiroit seule pour décider la question
présente.

En effet, après avoir marqué spécifiquement le
château et une partie du bourg, comme les seules
choses qui fussent certainement dans la mouvance
de l'abbaye, on ajoute ces termes, qu'il est nécessaire
de transcrire ici encore une fois : *Et si aliquid esset,*
seu erat, seu reperiretur in dictâ castellaniâ suâ de
Burdeliâ, quod moveret à præfato domino abbate,

totum illud posuit et comprehendi voluit tenere sub homagio prædicto.

Il semble, en lisant ces termes, qu'on a prévu dès-lors la question qui se forme aujourd'hui.

En effet, par quelles expressions pouvoit-on mieux marquer que l'abbé de Brantôme n'avoit pas encore pu prouver qu'il y eût autre chose que le château et la moitié du bourg de Bourdeilles qui fût mouvant de son abbaye?

Le seigneur de Bourdeilles déclare d'abord qu'il tient le château, et une partie du bourg, de saint Sicaire de Brantôme, et de l'abbé, son lieutenant.

L'abbé qui entendoit ces termes d'une manière limitative, suivant l'intention des parties, telle que l'on vient de l'expliquer, craint justement qu'on ne conclue de là qu'il n'y avoit rien dans le reste de la châtellenie qui fût dans sa mouvance : cependant il avoit apparemment des prétentions sur quelques autres domaines qui en dépendoient; d'un côté, il ne veut pas préjudicier à cette prétention; de l'autre, comme elle n'étoit appuyée sur aucun titre, le seigneur de Bourdeilles ne veut pas la reconnoître. Que fait-on pour concilier les parties? On trouve l'expédient de faire une réserve générale du droit de l'abbé, en cas qu'il puisse l'établir dans la suite; et, dans cet esprit, le sieur de Bourdeilles, pour ôter tout sujet de contestation, déclare que si l'on découvre qu'il y ait quelque chose dans sa châtellenie de Bourdeilles qui relève de l'abbaye, il entend le comprendre dans l'hommage qu'il rend : *Et si aliquid esset, seu erat, vel reperiretur in dictâ castellaniâ quod moveret à præfato domino abbate, totum illud posuit et comprehendi voluit tenere sub homagio prædicto.*

Il est donc constant, de l'aveu même de l'abbé de Brantôme, dans les trois actes d'hommage dans lesquels réside tout son droit, qu'il n'y avoit que le château et la moitié du bourg, qui fussent entièrement dans sa mouvance; et qu'à l'égard du reste, il n'avoit qu'une prétention vague, qu'il n'a jamais pu prouver ni avant ni après ces hommages.

Pressé par l'autorité de ses propres titres, le sieur abbé de Brantôme a répondu à une induction si claire et si convaincante, que cette clause a été insérée dans ces hommages à cause de la portion de la châtellenie de Bourdeilles qui porte le nom de comté, et que les sieurs de Bourdeilles ne possédoient pas. Il prétend que c'est pour conserver le droit de l'abbé sur cette autre portion, que l'on est convenu que s'il se trouvoit quelque chose qui fût mouvant de l'abbé, l'intention des sieurs de Bourdeilles étoit de le comprendre dans leur hommage.

Une réponse, ou plutôt une défaite si mal imaginée, ne servira qu'à donner plus de force aux conséquences que le procureur-général du roi a tirées de cette clause.

Car, premièrement, à qui espère-t-on persuader, que si l'on avoit eu intention de réserver le droit de l'abbé de Brantôme sur l'autre moitié de Bourdeilles, on se fût servi de ces expressions vagues, douteuses, incertaines, *Si aliquid esset, seu erat, vel reperiretur in dictâ castellaniâ, quod moveret à præfato domino abbate,* etc. Est-ce ainsi qu'on auroit parlé d'un objet aussi grand et aussi certain que la moitié entière de la seigneurie de Bourdeilles ? Convenoit-il à l'abbé de parler de son droit d'une manière propre à en faire douter ? Et n'est-il pas visible, que si l'intention des parties avoit été telle que le sieur abbé de Vauban la suppose, il auroit dit simplement, *sans préjudice de la mouvance de l'autre moitié de Bourdeilles;* au lieu d'aller chercher des expressions qui ne peuvent servir qu'à faire voir l'incertitude, le doute et l'obscurité dans laquelle il étoit lui-même sur l'étendue et la qualité de ces domaines particuliers, sur lesquels il avoit une vieille prétention.

D'ailleurs, si cette réserve tomboit sur la portion appelée le comté de Bourdeilles, à quoi servoit-il à l'abbé de la faire dans un acte où les possesseurs de cette autre portion n'étoient point présens ? Et par quelle bizarrerie seroit-il arrivé que les abbés de Brantôme ne se seroient souvenu de leur prétendu droit sur le comté, qu'avec les sieurs de Bourdeilles, qui n'avoient nul intérêt de s'y opposer, tandis qu'ils l'ont oublié pendant quatre cents ans à l'égard des possesseurs de ce comté, contre lesquels ils n'ont jamais fait la moindre démarche depuis 1294, pour les obliger à se reconnoître pour leurs vassaux, comme on l'a fait voir dans la première partie de cette requête.

Mais ce qui découvre toute l'absurdité de cette mauvaise défaite, c'est ce que les sieurs de Bourdeilles ajoutent immédiatement après les termes vagues et incertains par lesquels on a désigné la prétention de l'abbé sur quelques autres domaines dépendans de la châtellenie de Bourdeilles : ils déclarent que si l'on y trouvoit quelque chose qui fût mouvant de l'abbé, ils entendent le comprendre sous l'hommage qu'ils rendent.

Avoient-ils donc intention de rendre hommage pour le bien d'autrui ? et vouloient-ils se reconnoître vassaux de l'abbé de Brantôme pour le comté de Bourdeilles qu'ils ne possédoient pas ? Voilà cependant ce qu'il faudroit supposer, pour pouvoir appliquer cette clause à ce comté. C'est ainsi que l'on s'égare toutes les fois qu'on s'écarte du sens naturel et légitime d'une clause et de la véritable intention des parties.

Car enfin, il est évident que les sieurs de Bourdeilles n'ont pu comprendre dans leur hommage que ce qu'ils possédoient ; ainsi, quand ils parlent de ces nouvelles découvertes que l'abbé prétendoit faire de quelques terres mouvantes de lui dans la châtellenie de Bourdeilles, cela ne peut jamais tomber que sur celles dont les sieurs de Bourdeilles étoient propriétaires, et non sur le comté qui faisoit alors partie de celui de Périgord, et qui appartenoit dans le temps du premier hommage aux comtes de Périgueux, dans le temps du second et du troisième à la maison de Bretagne, et à l'égard duquel il auroit été absurde d'exiger une reconnoissance anticipée des sieurs de Bourdeilles, qui ne le possédoient pas, et qui ne l'ont possédé que long-temps après le premier et le second de ces hommages.

Cependant, par une supposition inconcevable, l'abbé de Brantôme veut absolument qu'ils aient eu intention de comprendre dans leur hommage ce qui n'étoit pas à eux; ainsi, selon lui, il faut que les sieurs de Bourdeilles aient voulu dire à l'abbé : Nous vous rendons hommage pour la moitié de Bourdeilles que nous possédons; et, si l'on trouve dans la suite que la moitié que nous ne possédons pas, et sur laquelle nous n'avons aucun droit, et dont une autre maison est propriétaire, soit mouvante de vous, nous voulons la comprendre sous l'hommage que nous venons de vous rendre.

Si ce langage peut paroître vraisemblable, s'il y a quelqu'un qui puisse croire que jamais on ait pu insérer un tel discours dans un acte sérieux et raisonnable, alors il faudra admettre la réponse de l'abbé de Brantôme; mais s'il n'y a point d'exemple d'une clause si bizarre et si peu judicieuse, et s'il est vrai de dire, que jamais aucun homme de bon sens ne croira que l'on ait pu avoir une telle pensée, ne faudra-t-il pas aussi que l'abbé de Brantôme abandonne l'unique réponse qu'il a faite au hasard, sans en avoir bien senti tous les inconvéniens, à une clause qui le condamne évidemment, et qui réduit son droit prétendu au seul château et à la seule moitié du bourg possédés par la maison de Bourdeilles.

Quoiqu'il ne puisse y avoir rien de plus puissant pour établir cette vérité, que les titres mêmes de l'abbé de Brantôme, il ne sera pas inutile néanmoins d'y joindre l'autorité d'un ancien mémoire, dont on a déjà parlé en expliquant les titres du roi, et qui, ne pouvant être appliqué qu'à Nicole ou à Françoise de Bretagne, doit être certainement placé entre l'année 1450 et l'année 1480.

Or, sans retoucher ici les conséquences qu'on en a tirées pour faire voir que ce mémoire supposoit que la comtesse de Périgord, qui l'étoit aussi de

Bourdeilles, avoit un droit universel sur le territoire de la baronnie, il suffit de prouver en cet endroit, par ce mémoire, qu'il y avoit au moins plusieurs domaines dans l'étendue de cette baronnie qui étoient mouvans du comté de Périgord; car, dès le moment que ce fait sera constant, il sera indubitable que l'abbé de Brantôme n'a pas de droit universel; que par conséquent le terme de *castrum* ne signifie pas, dans ses titres, toute la châtellenie, ou, ce qui est la même chose, toute la baronnie; et qu'ainsi ce terme doit s'entendre dans la signification littérale, comme on l'a prouvé par plusieurs raisons auxquelles le mémoire dont il s'agit va mettre le comble.

Pour en bien comprendre toute la force, il faut rappeler ici ce qui a été dit ailleurs, que dans le temps que ce mémoire a été fait, la maison de Bourdeilles ne possédoit pas encore le comté de ce nom, qu'elle n'a acquis qu'en 1480; ainsi, toutes les questions qui sont traitées dans ce mémoire sur des droits seigneuriaux prétendus par la comtesse de Périgord, contre le sieur de Bourdeilles, ne peuvent tomber certainement que sur la portion qui porte le nom de baronnie.

Cela supposé, il n'y a plus qu'à parcourir ce mémoire; et l'on demandera après cela, s'il est possible de douter, qu'il ne fût constant entre les parties, que les membres de la baronnie de Bourdeilles qui faisoient le sujet de leur contestation, étoient mouvans de la comtesse de Périgord, ce qui s'accorde parfaitement avec les titres de l'abbé par lesquels il paroît qu'il n'étoit seigneur direct, tout au plus, que du château et de la moitié du bourg.

Dans le premier article de ce mémoire, il paroît que la comtesse de Périgord se plaignoit de ce que le sieur de Bourdeilles *occupoit l'hôtel noble et appartenances d'icelui, qui jadis fut, de Pierre Arnaud de Paussac, tenu d'elle par hommage.*

Le sieur de Bourdeilles ne disconvient pas de la mouvance, il soutient seulement que la propriété lui en appartenoit, en vertu d'un don que Almin Arnaud, dame dudit héritage, lui en avoit fait.

La comtesse de Périgord répliqua, que cet héritage devoit lui appartenir par deshérence, à moins que le sieur de Bourdeilles ne rapportât les lettres de don.

Ainsi, la mouvance ayant été regardée comme certaine entre les parties, qui réduisoient toute la difficulté à la seule question de la propriété, il s'en suit de ce premier article,

1.º Que toute la paroisse de Paussac, qui fait partie de la terre de Bourdeilles, n'est pas tenue en fief de l'abbaye de Brantôme, comme l'abbé le prétend, sans en avoir d'autre raison, si ce n'est qu'elle est comprise dans ce qu'il appelle la baronnie ;

2.º Que puisque l'hôtel noble de Paussac, qui fait partie de cette baronnie, n'est point mouvant de l'abbaye, il est clair que l'abbé n'a pas un droit universel sur le corps entier de la baronnie de Bourdeilles, comme il le soutient. Or, dès le moment que l'universalité de son droit est renversée, il ne peut plus se prévaloir de l'idée générale qu'il attache au mot de *castrum*, et il faut qu'il se réduise à ce qui est compris littéralement dans ses titres.

Par le troisième article du même mémoire, on voit que Mademoiselle (c'est ainsi que l'on y nomme la comtesse de Périgord) demandoit au sieur de Bourdeilles les droits seigneuriaux de l'acquisition qu'il avoit faite du fief du Petit-Brulo relevant d'elle, dans la paroisse de Paussac.

Le sieur de Bourdeilles convient de la mouvance, il reconnoît même qu'à la rigueur les droits seigneuriaux sont dûs ; mais il prétend que, par un privilége que les comtes de Périgord avoient donné anciennement aux seigneurs de Bourdeilles, ils pouvoient acquérir dans l'étendue de leur comté, sans faire nul devoir, fors qu'un seul hommage qu'il avoit fait.

Pouvoit-il reconnoître plus expressément, que le

Petit-Brulo étoit dans la mouvance du comté de Périgord ? Cependant le Petit-Brulo fait partie des lieux que l'abbé de Brantôme veut envelopper dans sa mouvance, sous prétexte qu'elle s'étend sur toute la baronnie de Bourdeilles, dans laquelle le fief du Petit-Brulo est à présent compris.

Par le neuvième article, la comtesse de Périgord soutenoit que la paroisse de Boulleneix, qui est une de celles que le sieur abbé de Vauban réclame entièrement, étoit dans sa juridiction.

Le sieur de Bourdeilles convint qu'une partie de cette paroisse appartenoit à Mademoiselle.

Mais il prétendit que le bourg de Boulleneix et une partie de la paroisse lui appartenoient.

Et les parties convinrent qu'il en seroit enquis.

Il n'est donc pas vrai que toute cette paroisse fît partie de la prétendue mouvance de l'abbé de Brantôme; et voilà un troisième article où son prétendu droit universel reçoit encore une nouvelle exception.

Enfin, le dixième article en fournit un quatrième exemple, par rapport à la paroisse de Paussac, que le sieur abbé de Vauban prétend être toute mouvante de lui; et cependant on voit, dans ce dixième article, que le sieur de Bourdeilles a reconnu, dans un temps non suspect, que ce qui étoit à Montagriar, dans cette paroisse, appartenoit à la comtesse de Périgord.

Or, le droit universel que l'abbé de Brantôme prétend sur tout le territoire de la baronnie étant pleinement détruit par ce mémoire, peut-il se dispenser de prouver son droit à l'égard de chaque article en particulier? C'est pour cela qu'il s'en est réservé le pouvoir dans les trois hommages que ses prédécesseurs ont reçus pour le château et la moitié du bourg seulement; à l'égard du reste, il a reconnu lui-même qu'il étoit obligé de prouver son droit par d'autres titres; mais c'est ce qu'il n'a jamais fait et qu'il ne fera apparemment jamais.

Que si, pour répondre à toutes ces procédures, l'abbé de Brantôme se sert de l'aveu de 1624, et de celui de 1680, qui a été transcrit sur celui de 1624;

et s'il prétend se prévaloir de ces deux derniers titres, parce qu'il y est dit, non pas comme dans les premiers, que le château et la moitié du bourg, mais que la baronnie de Bourdeilles est mouvante des reliques du bienheureux martyr saint Sicaire, il est aisé de le forcer dans ce dernier retranchement, et de le combattre encore avec ses armes mêmes.

Il ne peut pas, sans doute, avoir oublié tous les efforts qu'il a faits pour montrer l'irrégularité, la confusion, l'inutilité de l'aveu de 1624, et par conséquent de celui de 1680, qui n'en est que la copie.

Il a prétendu avoir prouvé pleinement qu'il y avoit de l'injustice à fixer et à déterminer l'étendue de la baronnie de Bourdeilles par l'aveu de 1624, soit parce que, dans le temps de cet aveu, l'abbaye de Brantôme, possédée par la maison de Bourdeilles, qui se l'étoit appropriée depuis long-temps par une confidence criminelle, étoit sans défense et sans défenseur, soit parce que l'on a confondu, dans cet aveu, tout ce qui pouvoit distinguer le comté de la baronnie. Il s'est étendu longuement sur la preuve de ces deux articles, et il en a tiré cette conséquence générale, que l'aveu de 1624 ne devoit être ici d'aucune considération contre l'abbaye de Brantôme.

Mais si la confusion qui règne, selon lui, dans cette pièce, si l'intérêt que les seigneurs de Bourdeilles avoient de confondre les anciennes limites du comté et de la baronnie, suffisent, suivant le sieur abbé de Vauban, pour faire rejeter ce titre, pourquoi sera-t-il défendu au roi de se servir des mêmes moyens? Et pourquoi cet aveu si vicieux, quand on l'oppose à l'abbé de Brantôme, deviendra-t-il tout d'un coup un titre décisif et une pièce victorieuse, quand il plaît à cet abbé de s'en servir contre le roi?

C'est la première réflexion qui se présente naturellement à l'esprit sur cette pièce.

Il n'est pas vrai d'ailleurs, et cette seconde réflexion est encore plus importante que la première; il n'est pas vrai que, parce qu'une longue confidence avoit rendu les sieurs de Bourdeilles maîtres, en quelque manière, de l'abbaye de Brantôme, l'on doive présumer qu'ils aient voulu favoriser les intérêts du roi, au préjudice de ceux de l'abbaye. C'est un préjugé que l'on a répandu avec beaucoup de soin dans toutes les écritures de l'abbé de Brantôme, mais qui se dissipera de lui-même, pour peu que l'on considère attentivement les véritables intérêts des sieurs de Bourdeilles.

A n'envisager que l'avenir, et l'intérêt juste mais éloigné de ceux de cette maison, il semble d'abord que Henri de Bourdeilles, qui a rendu l'aveu de 1624, auroit dû travailler à étendre la mouvance du roi, plutôt que celle de l'abbé de Brantôme.

Mais, comme un intérêt présent et certain l'emporte presque toujours dans le cœur des hommes sur un intérêt éloigné et incertain, on peut présumer, au contraire, que Henri de Bourdeilles, se trouvant dans ce temps-là l'agent et le patient, le seigneur et le vassal, par rapport à ce qui pouvoit relever de l'abbaye de Brantôme, il aura mieux aimé augmenter ce qui étendoit sa propre mouvance, comme jouissant de l'abbaye de Brantôme, que d'étendre celle du roi.

Non-seulement son intérêt présent le vouloit ainsi; mais on peut dire même que les vues de l'avenir, et la considération d'un intérêt plus éloigné, devoient naturellement le confirmer dans cette pensée. Les titres mêmes de l'abbé de Brantôme fourniront encore la preuve de cette proposition.

On y a vu que l'hommage qui étoit rendu à saint Sicaire par les sieurs de Bourdeilles, n'étoit qu'un hommage franc, libre de tout service, exempt de tous devoirs, affranchi de toute sorte de droits.

Il n'en étoit pas de même de l'hommage que les sieurs de Bourdeilles devoient au roi. C'étoit un hommage lige, assujetti à tous les devoirs de fief, chargé de la prestation des droits seigneuriaux qui sont expressément réservés dans les actes de foi et hommage; en un mot, on ne voit rien dans cette mouvance qui la distingue des autres, et qui l'affranchisse de la loi commune des fiefs.

Il est aisé de juger, après cela, du véritable intérêt de Henri de Bourdeilles, soit par rapport au temps présent, soit par rapport à l'avenir; et, bien loin que l'on doive supposer, avec le sieur abbé de Vauban, que ce seigneur, combattu entre l'intérêt du roi et celui de l'abbé de Brantôme, ait préféré le premier de ces intérêts au second, et n'ait eu en vue que d'agrandir la mouvance du roi, il n'y a personne, au contraire, qui ne présume plutôt qu'il a préféré son propre intérêt à celui du roi; et que, soit qu'il se soit regardé comme le vassal en tant que possesseur de la seigneurie de Bourdeilles, ou comme le seigneur en tant que jouissant de l'abbaye de Brantôme, le langage qu'il a tenu par rapport à l'une ou à l'autre de ces deux qualités qui se réunissoient en sa personne, est toujours également suspect et également incapable de nuire aux droits du roi.

C'est donc sans aucun fondement, que l'abbé de Vauban conclut que l'abbaye de Brantôme étoit sans défense, parce qu'elle ne pouvoit avoir de défenseur que le sieur de Bourdeilles. C'est, au contraire, cette circonstance-là même qui doit faire présumer qu'elle a été trop bien défendue, puisque Henri de Bourdeilles travailloit pour ses propres intérêts en défendant ceux de cette abbaye, et que c'étoit pour lui-même qu'il agissoit lorsqu'il ne sembloit agir que pour elle.

En effet, il n'y a qu'à comparer l'aveu qu'il a rendu avec les hommages de ses prédécesseurs, pour être convaincu qu'il n'y avoit jamais eu d'acte plus avantageux à l'abbaye de Brantôme, que l'aveu de 1624. Mais, comme on n'a pu lui procurer cet avantage qu'aux dépens de la vérité contenue dans les hommages précédens, il ne faut qu'employer cette vérité pour détruire un aveu qui contient une fausseté si manifeste.

C'est la troisième et dernière réflexion que l'on fera sur cette pièce, et qui seule pourroit être décisive.

Il n'y a point de règle plus certaine en matière féodale, que celle qui veut que l'on s'attache ou à la première investiture, si l'on peut la recouvrer,

ou du moins aux hommages et aux aveux les plus
anciens.

Un second principe, non moins certain que le premier, est qu'il est encore beaucoup moins permis de
s'écarter de la première règle, lorsqu'il n'y a aucune
diversité dans les anciens hommages, et qu'ils sont
tous absolument conformes les uns aux autres.

Or, ces deux règles ont été également violées
dans l'aveu de 1624, par rapport à l'énonciation que
l'on y a faite de la prétendue mouvance de l'abbé de
Brantôme.

1.º Les plus anciens hommages marquoient seulement que le château et la moitié du bourg étoient
mouvans de saint Sicaire;

2.º Ces anciens hommages étoient entièrement uni-
formes; il y avoit même une transaction qui les avoit
confirmés, et qui pouvoit passer pour un renouvellement d'investiture : aucun autre acte n'y avoit dérogé depuis ce temps-là, et les choses étoient toujours
demeurées dans leur ancien état.

Cependant, contre l'autorité uniforme de ces anciens titres, Henri de Bourdeilles déclare aux commissaires du roi, dans l'aveu de 1624, *que la baronnie
de Bourdeilles relève des reliques du précieux corps
et innocent martyr saint Sicaire de Brantôme.*

Ainsi, selon lui, ce n'est plus seulement le château
et la moitié du bourg, c'est la baronnie, c'est-à-dire,
à ce que l'on prétend, la moitié entière de la seigneurie
de Bourdeilles, qui est tenue en fief de l'abbaye de
Brantôme.

Ce n'est pas tout encore, on ajoute qu'elle en est
tenue à foi et hommage. Si l'on n'avoit dit qu'à foi
seulement, on auroit parlé d'une manière conforme
aux trois anciens titres de l'abbé; mais, comme on
avoit déjà innové par rapport à l'étendue de ce qui
étoit mouvant de l'abbaye, on se donne aussi la liberté
d'innover sur ce qui regarde la forme et les conditions
de la tenure; ensorte qu'au lieu que, suivant les trois
anciens hommages, l'abbé ne pouvoit exiger le serment de fidélité, on tranche néanmoins la question

en un mot, et l'on dit hardiment que la baronnie de Bourdeilles est tenue à foi et hommage de l'abbaye de Brantôme.

On peut juger, après cela, de l'autorité que mérite une telle pièce ; et il est visible que le sieur abbé de Vauban avoit encore plus de raison qu'il ne croyoit peut-être lui-même, de soutenir que l'on ne doit y avoir aucun égard.

Il est donc vrai, comme on l'a dit d'abord, que cette pièce n'a fait aucun changement dans l'ancien état de la mouvance de Bourdeilles : car, pour reprendre, en un mot, toutes les réflexions par lesquelles on l'a combattue :

1.º C'est un titre que l'abbé de Brantôme attaque lui-même, et dont il cherche inutilement à diviser la foi en voulant s'en servir contre le roi, dans le temps qu'il ne veut pas que le roi s'en serve contre lui ;

2.º Si cette pièce est suspecte à l'abbé de Brantôme, elle doit l'être encore plus au roi, parce qu'il est évident que l'intérêt du sieur de Bourdeilles, soit par rapport au présent, soit par rapport à l'avenir, étoit de diminuer les droits du roi et d'étendre ceux de l'abbé ;

3.º C'est ce qui paroît manifestement par la fausseté de l'énonciation que Henri de Bourdeilles a faite dans ce titre, par rapport à ce qui relevoit de l'abbaye de Brantôme ; fausseté dans l'étendue de la mouvance ; fausseté dans la forme de la tenure ; toutes deux condamnées par les anciens titres dont on a méprisé l'autorité.

Ainsi, en retranchant cet aveu également suspect aux deux parties, et encore plus au roi qu'à l'abbé de Brantôme, il ne reste à cet abbé, d'un côté, qu'un arrêt, dont le sens douteux et incertain ne peut être déterminé que par les titres qui le suivent ; et de l'autre, que trois hommages et une transaction, qui à la rigueur ne prouvent autre chose, si ce n'est que les sieurs de Bourdeilles ont voulu rendre un hommage de dévotion à l'abbaye de Brantôme, au préjudice de leur véritable seigneur, et qui montrent tout au plus que le château, et la moitié du bourg de Bourdeilles, sont compris dans cet hommage, sans que l'abbé de Brantôme ait pu jusqu'à présent faire voir qu'il y ait fait autre chose qui relève de lui dans ce qu'il appelle la baronnie de Bourdeilles.

Voilà ce qui résulte de l'examen des deux questions que le procureur-général du roi s'étoit proposé de traiter par rapport aux titres de l'abbé de Brantôme.

Il faut maintenant passer à la troisième partie, qui doit être comme le fruit et la conclusion des deux autres, et dans laquelle on s'est proposé de faire voir par quels principes on peut faire la distinction de ce qui relève du roi, et de ce qui relève de l'abbé de Brantôme, supposé que la terre entière de Bourdeilles ne relève pas de la couronne.

TROISIÈME PARTIE,

Où l'on examine par quels principes on peut distinguer ce qui relève du roi, et ce qui relève de l'abbé de Brantôme dans la seigneurie de Bourdeilles, supposé que toute cette seigneurie ne soit pas mouvante du roi.

Si tous ceux qui ont traité cette affaire de part et d'autre, s'étoient attachés aux titres aussi exactement que le procureur-général du roi a tâché de le faire, cette troisième partie seroit presque inutile, et il ne lui resteroit qu'à conclure de tout ce qu'il a prouvé dans la première et dans la seconde, que si la cour n'a aucun égard à un hommage usurpé sous le voile de la religion, elle doit adjuger au roi la mouvance entière de la seigneurie de Bourdeilles ; et que si au contraire, elle regarde cette usurpation comme consacrée en quelque manière par son antiquité, il y a lieu au moins d'adjuger au roi la mouvance de la seigneurie de Bourdeilles, à la réserve de la moitié du bourg et du château, qu'on appelle à présent le château de la baronnie.

Mais cette affaire est devenue fort obscure, pendant que d'un côté, l'abbé de Brantôme veut que l'on juge de l'étendue de la mouvance du roi, par le contrat de 1480; et que de l'autre, les directeurs des créanciers de la maison de Bourdeilles, prétendent que c'est par l'aveu de 1624, qu'on doit fixer les limites du comté et de la baronnie de Bourdeilles. Le procureur-général a cru être obligé d'examiner, sur ce point, les vues différentes de ceux qui ont traité cette question jusqu'à présent, non pour marcher dans l'une ou dans l'autre des deux routes qu'ils ont suivies, mais pour faire voir au contraire, que ni l'une ni l'autre ne sont sûres, et qu'il faut nécessairement en ouvrir une troisième, pour parvenir à la décision de cette affaire.

Il est aisé d'abord de renverser en un mot le système que l'abbé de Vauban a imaginé pour fixer les bornes qu'il lui plaît de mettre entre le comté et la baronnie.

Il pose d'abord pour fondement de ce système, le contrat de 1480, par lequel Alain d'Albret et Françoise de Bretagne, sa femme, vendirent ce comté à François de Bourdeilles, seigneur de ce que l'on appelle à présent la baronnie: et, comme les limites du comté sont assez exactement marquées par cet acte, il prétend que tout ce qui n'est pas compris dans ces limites, doit être censé faire partie de la baronnie qu'il soutient être mouvante de lui.

Mais après tout ce qui a été prouvé dans la seconde partie de cette requête, il est évident que ce système, et le fondement sur lequel il est appuyé, n'ont aucune solidité.

Pour en tirer quelque avantage, il faudroit qu'il fût constant que toute la baronnie de Bourdeilles relève de l'abbaye de Brantôme, comme il est certain que tout le comté relève du roi: en ce cas on pourroit (quoique cependant cela reçut encore beaucoup de difficulté) se servir avec plus de fondement du contrat de 1480, pour obliger le roi à renfermer sa mouvance dans les bornes marquées par ce titre.

Mais, comme l'abbé de Brantôme ne prouve ni ne peut prouver l'universalité de son droit par rapport à la baronnie, et qu'au contraire, ses propres titres réduisent sa prétention au château et à la moitié du bourg, il est bien éloigné de pouvoir dire, comme il l'a fait, tout ce qui n'appartient pas au roi, m'appartient; or, il n'y a que ce qui est renfermé dans les bornes marquées par le contrat de 1480, que le roi puisse réclamer; donc le surplus ne peut m'être contesté. Il faut au contraire, pour donner à cet argument la justesse qui lui manque, le retorquer contre son auteur, et pour-lors on aura droit de raisonner en cette manière:

D'un côté, il est certain qu'en matière de mouvance, le roi a pour lui la présomption générale: il est le seigneur universel; tout ce qui n'appartient pas aux seigneurs particuliers, lui appartient, et de là vient qu'il n'a rien à prouver contre eux, et que c'est à eux au contraire de prouver contre lui.

De l'autre, il ne paroît pas moins constant que le droit de l'abbé est borné et limité; qu'il se renferme dans le château, et dans la moitié du bourg, suivant ses propres titres.

Et par conséquent, il est vrai de dire, soit que l'on envisage la qualité de son droit, soit que l'on considère la nature de celui du roi, que tout ce que l'abbé ne peut point justifier être à lui, appartient certainement au domaine de la couronne, soit qu'il fasse partie de ce qu'on appelle comté, soit qu'il soit compris dans ce qu'on appelle baronnie.

C'est donc en vain que l'on a cherché de part et d'autre à connoître et à fixer l'étendue du comté, et celle de la baronnie, comme si les limites qui ont pu les séparer autrefois, faisoient la distinction de ce qui relève du roi, et de ce qui relève de l'abbaye. Cette erreur est fondée sur ce que l'abbé de Brantôme, au lieu de s'attacher à ses anciens titres, s'est laissé séduire par l'énonciation qu'il a trouvée dans l'aveu de 1624. Et quoiqu'il s'élève toujours en apparence contre cet aveu, il voudroit bien néanmoins le faire subsister par rapport à cette énonciation qui favorise sa cause ; ainsi, il commence par supposer, que la baronnie entière relève de lui, et après cela, il veut réduire l'état de la question à examiner quelle est l'étendue de cette baronnie.

Mais c'est au contraire dès ce premier pas qu'il faut l'arrêter ; car dès le moment qu'on ne conviendra pas avec lui que la baronnie entière soit mouvante de son abbaye, ce sera à lui à entrer en preuve, et le contrat de 1480 ne lui sera d'aucun secours, parce que ce contrat peut servir tout au plus à faire voir que le comté ne comprend que ce qui y est exprimé ; mais il ne sert de rien pour décider à qui appartient la mouvance de ce que l'abbé ne justifiera pas être mouvant de lui dans l'étendue de la baronnie.

En un mot, le roi a deux sortes de droits sur les deux parties de la seigneurie de Bourdeilles ;

A l'égard du comté, il a, comme on l'a fait voir dans la première partie, plusieurs titres authentiques, et une possession non interrompue pendant près de quatre siècles.

A l'égard de la baronnie, outre les aveux de 1456 et de 1469, il a l'autorité du droit commun, qui lui donne tout ce qui n'est pas renfermé dans les titres de l'abbé de Brantôme ; or, quand ces titres seroient légitimes, il n'y auroit tout au plus que le château de la baronnie, et la moitié du bourg, qui y fussent renfermés. Ainsi les titres du roi, et les titres mêmes de l'abbé laissant au roi tout ce qui n'est pas le château et le bourg, il est vrai de dire que le roi a un droit certain sur le reste de la baronnie, indépendamment de celui qu'il a sur le comté.

On a presque omis de répondre ici à une grande production que l'abbé de Brantôme a faite fort inutilement, pour prouver que ce que l'on appelle la baronnie de Bourdeilles, ne consistoit pas seulement dans le château, et dans la moitié du bourg, mais qu'il y avoit plusieurs domaines qui en dépendoient, avant même que le comté eût été acquis par François de Bourdeilles en 1480.

Quand même ce fait seroit véritable, le sieur abbé de Vauban ne pourroit en tirer aucune utilité. Il ne s'agit pas ici de savoir quelle étoit autrefois l'étendue de ce qu'on appelle la baronnie de Bourdeilles, il s'agit uniquement de décider quelle portion en relevoit de l'abbaye de Brantôme; et dès le moment qu'on a fait voir qu'il n'y avoit au plus que le château et une partie du bourg qui en fussent mouvans, suivant les titres de l'abbé, tout ce qu'il pourra prouver avoir fait partie de la baronnie de Bourdeilles, ne servira qu'à augmenter l'étendue de la mouvance du roi, et ne profitera qu'à lui seul.

Tel est le dénouement général de toutes les difficultés qui ont été proposées par l'abbé de Brantôme: son droit est un droit circonscrit et limité, et tout ce qui ne lui appartient pas appartient au roi.

Mais en s'éloignant du système de l'abbé de Brantôme, les directeurs des créanciers se sont jetés dans une autre extrémité, quand ils ont avancé que l'aveu de 1624 devoit servir de règle pour fixer l'étendue des deux mouvances.

On a déjà fait voir à la fin de la seconde partie, combien cet aveu méritoit peu d'attention; on y trouve à la vérité beaucoup de formalités extérieures, mais au fond, une grande négligence de la part de ceux qui étoient chargés alors de défendre les droits du roi. Tout y est confondu; rien n'y est marqué avec exactitude, comme le sieur abbé de Vauban l'a fort bien observé: il est absolument impossible de distinguer par cet acte les limites du comté de celles de la baronnie, quand même cette distinction pourroit être de quelque utilité; et d'ailleurs, on a vu avec quelle négligence les officiers du roi ont défendu ses intérêts dans le temps de cet aveu, puisqu'au lieu d'obliger au moins, Henri de Bourdeilles à rendre l'énonciation de la mouvance de l'abbé, conforme aux anciens

titres, et à n'y comprendre que le château et la moitié
du bourg, ils ont souffert qu'il y ait compris la baronnie même, et qu'il y ait ajouté qu'il la tenoit *à
foi et hommage* de l'abbaye de Brantôme, quoique,
suivant les titres de l'abbé, il ne la tienne qu'à hommage, et qu'il soit exempt de la foi ou du serment
de fidélité.

Ainsi, ni l'un ni l'autre des titres par lesquels les
deux parties ont entrepris de fixer l'étendue de la
mouvance du roi et de celle de l'abbé, ne peuvent
servir ici de principe de décision ; il faut rejeter avec
les directeurs des créanciers de la maison de Bourdeilles le contrat de 1480, dont l'abbé réclame en
vain le secours ; il faut rejeter avec l'abbé l'aveu de
1624, dont les directeurs ont trop fait valoir l'autorité : et, pour parvenir à la décision de cette affaire,
il faut nécessairement s'arrêter aux anciens titres ; c'est
la seule route qui a paru sûre au procureur-général
du roi, et à laquelle il s'attachera pour réduire cette
contestation à quelque chose de certain dans la récapitulation par laquelle il doit finir cette requête.

La seigneurie de Bourdeilles est composée de deux
parties qui paroissent avoir été égales autrefois, le
comté et la baronnie ; qualités que la vanité d'un âge
postérieur semble avoir introduites, et dont on ne
trouve point de vestiges avant l'an 1399, dans les
titres produits au procès.

A l'égard du comté, on croit avoir prouvé si solidement la justice des droits du roi, qu'il ne peut
rester aucun doute sur ce point. Mais si cela est, il
y a déjà au moins la moitié de la seigneurie de
Bourdeilles qui est dans la mouvance du roi ; car
l'abbé de Brantôme, qui ne sauroit combattre ses propres titres, ne disconviendra pas, sans doute, que la
sentence arbitrale de 1294 (qui, selon lui, s'applique
à la partie de Bourdeilles qu'on a depuis honorée du
nom de comté) ne porte expressément que ce qui
a été inféodé à Geraud de Malomont étoit précisément la moitié de la seigneurie de Bourdeilles.

Il ne s'ensuit pourtant pas de là, et c'est une remarque qu'il est très-important de faire en cet endroit, que le roi, comme seigneur direct du comté, ne puisse rien prétendre au-delà de la moitié de la seigneurie de Bourdeilles, car il est fort possible que les propriétaires de ce comté aient fait des acquisitions dans leur mouvance, et que, faisant ainsi leur domaine de leur fief, ils aient augmenté le domaine du comté, de telle sorte qu'il excède à présent la moitié du domaine de la seigneurie entière.

Ainsi, supposé, comme on le prétend, que le contrat de 1480, par lequel le comté a été vendu à François de Bourdeilles, comprenne plus de la moitié de la terre entière, c'est sans doute par cette raison que cette augmentation est arrivée ; et le roi a sans difficulté la mouvance de tout ce qui est exprimé dans ce contrat, sans perdre néanmoins les droits qu'il a d'ailleurs sur l'autre moitié qui porte le nom de baronnie.

Voilà donc en quoi consiste l'étendue du droit qui appartient au roi, par rapport au comté.

Il a droit premièrement, comme seigneur direct du comté, sur la moitié de la terre de Bourdeilles, dont ce comté originairement a été formé.

Mais il a droit, en second lieu, sur toutes les augmentations qui ont été faites au comté par voie d'acquisition dans la mouvance du comté même ; et par conséquent, sur tout ce qui a été exprimé dans le contrat de 1480 qui est un fort bon titre par rapport à ce qui regarde la mouvance du comté, et non, quand on veut s'en servir, comme le fait l'abbé de Brantôme, pour exclure le droit du roi sur la baronnie.

Il faut passer maintenant à ce qui regarde cette baronnie, et tâcher de la réduire aussi à des points fixes et certains.

1.º Il est certain qu'il faut d'abord en retrancher les *communs* qui dépendent de cette baronnie, et dont on a expliqué ailleurs l'origine.

Le droit du roi, à cet égard, ne peut pas être contesté.

Outre que la qualité de cette taille fait assez présu-

mer qu'elle n'a pu être inféodée que par les grands
seigneurs qui l'avoient établie, c'est-à-dire, pour ce
qui peut regarder Bourdeilles par les ducs de Guyenne;
il est certain, d'un côté, que le roi a été reconnu seigneur direct de ces communs, par l'hommage de
1456, et par celui de 1469, qui ont été expliqués
au commencement de la seconde partie de cette requête; et d'un autre côté, que jamais on ne les a
compris dans les hommages qui ont été rendus à
l'abbé de Brantôme, dans lesquels il n'en est fait
aucune mention ni directement ni indirectement.

On voit même que ces droits, à la rigueur, ne
faisoient pas partie de la seigneurie de Bourdeilles, et
qu'ils composoient une espèce de fief séparé.

C'est ce que l'on peut prouver aisément par ce qui
se passa à l'égard du comté de Bourdeilles dans le
quatorzième siècle; on l'a déjà expliqué plus exactement en d'autres endroits. Il suffit de retoucher ici
quelques circonstances.

Le roi ayant cédé à Bernard, comte de Périgord,
le comté de Bourdeilles, avec tous les droits qui en
dépendoient, en paiement de douze cents livres de
rente foncière qu'il lui devoit en échange de Bergerac, on voit clairement que cette session ne renfermoit pas les communs, quoiqu'on y eût compris tous
les droits dépendans du comté de Bourdeilles; car
quelques années après, Jean, dauphin, duc de Normandie et de Guyenne, ayant fait un traité avec le
comte de Périgord, par lequel ce comte s'engageoit
à garder la frontière avec deux cents hommes d'armes
et quatre cents sergens, moyennant la somme de douze
mille livres, ce prince lui céda en paiement de cette
somme, jusqu'à concurrence de dix mille livres, les
communs dûs au roi dans la châtellenie de Bourdeilles,
c'est-à-dire, dans le comté.

On a donc regardé alors ces communs comme faisant
un fief distinct du comté, qui n'étoit pas compris dans
la cession générale que l'on avoit de ce comté, et des
droits qui en dépendoient.

Or, l'on peut faire le même raisonnement à l'égard

des communs qui dépendoient de l'autre moitié de la même terre. Ainsi, de quelque manière que l'on envisage ce droit, il est certain qu'il est dans la mouvance du roi, qui seul en a reçu l'hommage sans qu'il paroisse qu'on l'ait jamais rendu à l'abbé de Brantôme.

2.° A l'égard de ce qui compose à présent la baronnie, il faudroit encore en distraire toutes les acquisitions qui ont été faites par les seigneurs de Bourdeilles, et qui étoient dans la mouvance des comtes de Périgord, comme on le voit par le mémoire des différends qui étoient entre ces seigneurs et la comtesse de Périgord vers le milieu du quinzième siècle.

3.° Enfin, après tous ces retranchemens, quand on sera parvenu à ce qui composoit anciennement le corps de la moitié de la seigneurie de Bourdeilles, possédée par les seigneurs de ce nom; alors, ou la cour sera persuadée par les raisons qui ont été expliquées dans la deuxième partie de cette requête, que le fondement du droit de l'abbé de Brantôme, n'est qu'une pieuse usurpation couverte du voile de la religion, qui n'a pu nuire aux droits du seigneur primitif, et en ce cas adjugera au roi la mouvance entière de cette portion, comme de tout le reste ; ou, au contraire, elle jugera que l'ancienneté de cette usurpation a purifié en quelque manière le vice de son origine, ou du moins que dans le doute on ne doit pas donner aisément atteinte à des titres aussi anciens que ceux que l'abbé de Brantôme allègue en sa faveur; et en ce cas, soit qu'elle envisage la qualité du droit peu favorable en lui-même, soit qu'elle s'attache aux propres titres de l'abbé, soit qu'elle y joigne ceux du roi, et surtout le mémoire des différends qui ont été entre les comtes de Périgord et les seigneurs de Bourdeilles, on espère qu'elle sera convaincue que la directe de l'abbé de Brantôme est renfermée dans le château et dans la moitié du bourg, et que le reste doit relever du roi, soit par l'autorité du droit commun, soit par les titres particuliers qu'il y joint, soit encore plus que tout cela, par les titres mêmes de l'abbé de Brantôme, qui laissent au roi tout ce qu'ils ne donnent pas à cet abbé.

CE CONSIDÉRÉ, il vous plaise recevoir le procureur-général du roi, partie intervenante, et opposant en tant que besoin est ou seroit, à l'arrêt rendu en la quatrième chambre des enquêtes, le 13 mai 1701; faisant droit sur lesdites intervention et opposition, maintenir et garder ledit seigneur roi dans la possession et propriété de la mouvance de la seigneurie entière de Bourdeilles, tant pour la partie de la seigneurie qui porte le nom de comté, que pour celle qui porte le nom de baronnie, circonstances et dépendances; ce faisant, débouter ledit de Vauban, abbé de Brantôme, de ses demandes. Et où la cour y feroit difficulté, et estimeroit devoir adjuger audit abbé la mouvance *du château*, et de la moitié du bourg *de Bourdeilles*, ordonner que la mouvance du surplus appartiendra audit seigneur roi; et en conséquence, que dans le procès-verbal de liquidation de fruits dont la perte a été adjugée au profit dudit abbé, par ledit arrêt du 13 mai 1701, il n'y sera compris que ceux que le sieur de Bourdeilles peut avoir droit de prendre dans ledit château, appelé de la baronnie, et dans ladite moitié du bourg de Bourdeilles: donner acte audit procureur-général du roi, de ce qu'il emploie le contenu en la présente requête, ensemble ce qui a été écrit et produit, tant par ledit Charpentier, fermier du domaine de Guyenne, que par les directeurs des créanciers de la maison de Bourdeilles, en ce qui n'est point contraire à ladite requête, pour toutes écritures, productions et contredits, ensemble les pièces qui suivent, et qui demeureront jointes à la présente requête.

Pour montrer que dès l'année 1307, le comté de Bourdeilles est tombé entre les mains du roi, par l'échange qu'il fit des domaines de Châteauneuf en Auvergne, et de Moret contre ce comté;

Emploi dudit échange, dont le procureur-général

du roi n'a pas cru qu'il soit nécessaire de produire une expédition, parce que la vérité en est reconnue et attestée par ledit abbé de Brantôme; ledit emploi coté A.

Pour faire voir comment le comté de Bourdeilles est sorti des mains du roi après y avoir été pendant trente-quatre ans, et a passé dans celles du comte de Périgord, six pièces concernant le délaissement fait par le roi au comte de Périgord de la seigneurie et du château de Bourdeilles, en récompense des droits que ledit comte de Périgord avoit sur les terres de Regnault de Pons, seigneur de Pons et de Bergerac :

La première, du 5 mai 1341, est une commission adressée par Jean, évêque de Beauvais, lieutenant-général du roi Philippe de Valois, en Languedoc et en Saintonge, à Jean de Charles et Jean de Mure, conseillers du roi, pour informer du revenu de la terre et châtellenie de Bourdeilles, baillée par le roi au comte de Périgord, en échange du droit que ledit comte de Périgord avoit sur toute la terre de Regnault de Pons, seigneur de Pons et de Bergerac;

La deuxième, du 20 septembre 1341, sont des lettres de délivrance faite par ledit évêque de Beauvais, lieutenant-général pour le roi en Languedoc et en Saintonge, du domaine de Bourdeilles, à l'exception du château ;

La troisième, du 3 octobre 1342, sont des lettres-patentes de Philippe de Valois, adressées audit évêque de Beauvais, son lieutenant en Languedoc, par lesquelles le roi lui ordonne de remettre ledit château de Bourdeilles entre les mains du comte de Périgord ;

La quatrième, du mois de décembre 1342, sont des lettres de délivrance faite par ledit évêque de Beauvais, lieutenant-général pour le roi en Languedoc, dudit château de Bourdeilles au comte de Périgord ;

La cinquième, du 3 juin 1343, sont des lettres-patentes de Philippe de Valois, par lesquelles le roi confirme tout ce que ledit évêque de Beauvais avoit fait pour raison de l'échange fait entre ce prince et le comte de Périgord ;

Et la sixième, du 6 mai 1363, sont des lettres-patentes obtenues par ledit comte de Périgord, par lesquelles le roi Jean confirme et approuve tout ce qui s'étoit fait par les ordres du roi Philippe de Valois sur ledit échange ;

Et sont lesdites pièces cotées B.

Pour montrer comment le comte de Périgord acquit aussi les communs, qui étoient une espèce de taille que le roi levoit, comme seigneur de Bourdeilles, dans l'étendue de cette terre,

Deux pièces :

La première, du 5 novembre 1345, sont des lettres de Philippe de Valois, par lesquelles il confirme au comte de Périgord, la cession qui lui avoit été faite par Jean, son fils, duc de Normandie et d'Aquitaine, des communs que le roi avoit droit de lever sur la châtellenie de Bourdeilles, et sur les paroisses de Celles et autres lieux qui sont énoncés esdites lettres, pour demeurer quitte de la somme de douze mille livres qu'il lui devoit, et moyennant laquelle ledit comte de Périgord s'étoit engagé à garder ses châteaux et la frontière de Périgord avec deux cents hommes d'armes et quatre cents sergens, depuis la fête de saint Martin d'hiver jusqu'à Pâques.

Par ces mêmes lettres, le roi lui cède encore les ventes royales qu'il possédoit en pariage avec le chapitre de Saint-Front, et d'autres communs qui lui étoient dûs sur les bourgs et paroisses de Marsan et autres lieux ;

La deuxième, du 6 avril 1352, sont des lettres du roi Jean, pour procéder à une nouvelle information sur la valeur des droits cédés au comte de Périgord ;

Et sont ces deux pièces cotées C.

Pour montrer que le comté de Bourdeilles est rentré une seconde fois dans les mains du roi, par la confiscation prononcée contre Archambault et son fils, comtes de Périgord ;

Emploi de deux arrêts, l'un du 8 août 1396, l'autre du 19 juillet 1399, par lesquels ladite confiscation fut adjugée au roi ;

Et est ledit emploi coté D.

Pour faire voir que le comté de Bourdeilles avec celui de Périgord, dont il étoit regardé comme une dépendance, passa des mains du roi Charles VI dans celles de Louis, duc d'Orléans, son frère :

Emploi des lettres de don, du 26 janvier 1399, produites par le receveur du domaine sous la cote B du premier sac ;

Et est ledit emploi coté E.

Pour montrer que le même comté passa ensuite dans la maison de Bretagne, par la vente qui en fut faite à Jean de Bretagne, vicomte de Limoges, au nom de Charles, duc d'Orléans, fils de Louis,

Deux pièces :

La première, du 4 mars 1437, est un contrat de vente du comté de Périgord avec le comté de Bourdeilles et autres lieux y mentionnés, faite au nom de Charles, duc d'Orléans, à Jean de Bretagne, vicomte de Limoges ;

La deuxième, du 10 septembre 1445, est l'acte de prise de possession par Jean de Bretagne, du château de Bourdeilles, qui lui est remis par Arnaud de Bourdeilles, seigneur en partie de Bourdeilles et capitaine dudit château ;

Et sont lesdites pièces cotées F.

Pour faire voir qu'Arnaud de Bourdeilles, seigneur de l'autre partie de Bourdeilles, étoit capitaine dudit château du comté, et en recevoit les appointemens :

Cinq pièces, des premier mars 1447, dernier juin 1450, 2 décembre 1451, 24 février 1453, et 18 juillet 1454, qui sont copies collationnées de quittances données par Arnaud de Bourdeilles à Jean de Bretagne, comte de Périgord, pour ses appointemens de capitaine du château de Bourdeilles ;

Et sont lesdites pièces cotées G.

Pour faire voir comment le comté de Bourdeilles

39 *

a été acquis par le sieur de Bourdeilles, et réuni, dans la personne de François de Bourdeilles, à l'autre portion de la même terre appelée baronnie :

Emploi du contrat du 14 février 1480, par lequel Alain d'Albret et Françoise de Bretagne, sa femme, vendirent conjointement ledit comté à François de Bourdeilles ; ledit contrat produit par ledit abbé de Brantôme, sous la cote D du troisième sac ;

Et est ledit emploi coté H.

Pour montrer que le comte d'Angoulême, qui a regné depuis sous le nom de François I, ayant prétendu que le tiers du comté de Périgord et de ses dépendances lui appartenoit, et l'ayant fait juger ainsi par arrêt du parlement, rendit au roi hommage dudit tiers, et y comprit le tiers du comté de Bourdeilles, comme étant une des dépendances du comté de Périgord :

L'hommage rendu au roi par ledit comte d'Angoulême le 9 juillet 1493, et déposé en la chambre des comptes, par lequel il est dit, que la tierce partie dudit comté et de ses dépendances, qui sont, entr'autres, *le comté et seigneurie de Bourdeilles*, lui ayant été adjugée par arrêt du parlement, il a fait l'hommage lige de ladite tierce partie, comme tenue mouvante nûment et sans moyen du roi, à cause de sa couronne.

Ensuite duquel sont les lettres d'attache de la chambre des comptes sur lesdites lettres, expédiées en la forme ordinaire, *le   jour de l'an* 1493.

Et est ladite pièce côté I.

Pour faire voir que les sieurs de Bourdeilles étant demeurés en possession du comté de Bourdeilles, en ont rendu hommage au comte de Périgord, roi de Navarre :

Extrait tiré des archives de Pau, ayant pour titre *Hommages confessés au roi de Navarre, en l'an 1541, par-devant le sénéchal de Périgueux*, au folio 3 verso duquel le seigneur de Bourdeilles est employé pour le château neuf de Bourdeilles et le commun de la paix ;

Autre extrait d'un rôle tiré desdites archives, ayant pour titre : *S'ensuivent les seigneurs justiciers qui tiennent à hommage du roi de Navarre, au nombre desquels est* LE SIEUR DE BOURDEILLES *à cause* DUDIT BOURDEILLES;

Acte du 21 septembre 1543, déposé dans les mêmes archives, par lequel François de Bourdeilles donne pouvoir à   de rendre hommage pour lui au comte de Périgord, de ce qu'il tient en la baronnie de Bourdeilles, à cause de la vendition faite par Alain d'Albret et Françoise de Bretagne, sa femme, à feu François de Bourdeilles, père dudit constituant ;

Emploi du procès-verbal commencé par les commissaires du roi, le 15 mai 1624, contenant l'hommage et l'aveu rendu aux commissaires par Henri de Bourdeilles, de ladite terre et seigneurie de Bourdeilles ; ledit procès-verbal produit par les directeurs des créanciers de la maison Bourdeilles, sous la cote E du deuxième sac, sans approbation néanmoins de ce qui a été inséré dans ledit aveu contre les droits du roi, et les termes des hommages précédens;

Emploi de l'hommage rendu au roi le 13 septembre 1666, produit par le receveur du domaine, par requête de production nouvelle du 10 juin 1704;

Emploi de l'hommage rendu au roi par Claude de Bourdeilles, le 15 avril 1679, énoncé dans l'aveu du 7 septembre 1680, qui va être produit ;

Aveu du 7 septembre 1680, rendu par le même Claudes de Bourdeilles, que le procureur-général ne produit ici qu'avec la même protestation qu'il a faite sur l'aveu de 1624 ; ledit aveu de 1680, tiré de la chambre des comptes;

Emploi de l'hommage rendu au roi par René Leroy, sieur de Monsanpin, comme fondé de procuration de dame Louise de Broé, sa femme, héritière de Charles de Bourdeilles et de Marie de Bourdeilles, sa tante, etc., pour raison du comté et baronnie de Bourdeilles ; ledit hommage produit par le receveur des domaines, par la requête de production nouvelle du 10 juin 1704;

Et sont lesdites pièces et emplois cotés L.

Pour montrer non-seulement que le roi a été reconnu seigneur de la terre et seigneurie de Bourdeilles, sans excepter la baronnie, comme on l'a vu dans quelques-uns des titres précédens, mais qu'il l'a été aussi de la baronnie de Bourdeilles, en particulier, avant qu'elle fût dans les mêmes mains que le comté,

Deux pièces :

Emploi de l'hommage rendu au roi par Arnaud de Bourdeilles, le 16 septembre 1456, produit par les directeurs des créanciers, deuxième sac, coté F ;

Emploi de l'hommage rendu au roi par Arnaud de Bourdeilles, le 2 décembre 1469, pour raison de la terre et seigneurie de Bourdeilles ; ledit hommage produit aussi par lesdits directeurs des créanciers, même sac et même cote que le précédent;

Lesdits emplois cotés M.

Pour montrer que l'hommage prétendu par ledit abbé de Brantôme, n'est qu'un hommage de dévotion et une espèce d'usurpation cachée sous le voile de la religion, et que d'ailleurs cet hommage ne peut tomber, tout au plus, que sur le château et la moitié du bourg de Bourdeilles :

Emploi de l'hommage qu'on prétend avoir été rendu par le sieur de Bourdeilles au sieur abbé de Brantôme, en 1564, énoncé dans la transaction de 1479 ; de l'hommage du 21 février 1464, de la transaction contenant un même hommage du 5 février 1479, aux inductions seulement qui en ont été tirées par le procureur-général du roi ; lesdites pièces produites par ledit abbé, savoir :

La première et la troisième, au troisième sac, cote C ; et la deuxième, par production nouvelle du premier février 1704;

Lesdits emplois cotés N.

Pour faire voir que l'abbé de Brantôme n'a point de droit universel sur le territoire de la baronnie de

Bourdeilles, et que les sieurs de Bourdeilles ont reconnu qu'il y en avoit plusieurs portions qui relevoient du comté de Périgord :

Mémoire tiré des archives de Pau, ayant pour titre : *S'ensuivent les repaires, villages et autres choses occupés sur Mademoiselle par M. de Bourdeilles*, aux inductions qui en ont été tirées ;

Ladite pièce cotée O.

Toutes lesdites pièces ci-dessus produites, tirées des archives du roi à Pau, à l'exception de l'hommage du 9 juillet 1493, produit sous la cote I, et de l'aveu du 7 septembre 1680, produit sous la cote L, qui ont été tirés de la chambre des comptes.

FIN DU TOME SIXIÈME.

www.ingramcontent.com/pod-product-compliance
Lightning Source LLC
Chambersburg PA
CBHW060830220326
41599CB00017B/2300